计量经济学理论精要

A PRIMER IN ECONOMETRIC THEORY

经济学精选教材译丛

〔澳〕约翰·斯塔胡斯基（John Stachurski）著
王忠玉 等译

北京大学出版社
PEKING UNIVERSITY PRESS

著作权合同登记号图字：01-2018-8813

图书在版编目 (CIP) 数据

计量经济学理论精要 / (澳) 约翰·斯塔胡斯基著；王忠玉等译. — 北京：北京大学出版社，2022. 10
(经济学精选教材译丛)
ISBN 978-7-301-33564-2

Ⅰ. ①计… Ⅱ. ①约… ②王… Ⅲ. ①计量经济学-教材 Ⅳ. ① F224.0

中国版本图书馆 CIP 数据核字 (2022) 第 201686 号

A Primer in Econometric Theory
IBSN 978-0-262-03490-6

书　　名	计量经济学理论精要 JILIANG JINGJIXUE LILUN JINGYAO
著作责任者	(澳) 约翰·斯塔胡斯基 (John Stachurski) 著 王忠玉 等译
策划编辑	王晶
责任编辑	王晶
标准书号	ISBN 978-7-301-33564-2
出版发行	北京大学出版社
地　　址	北京市海淀区成府路 205 号 100871
网　　址	http://www.pup.cn
微信公众号	北京大学经管书苑 (pupembook)
电子信箱	em@pup.cn
电　　话	邮购部 010-62752015 发行部 010-62750672 编辑部 010-62767347
印 刷 者	三河市北燕印装有限公司
经 销 者	新华书店
	787 毫米 ×1092 毫米 16 开本 20 印张 551 千字 2022 年 10 月第 1 版 2022 年 10 月第 1 次印刷
定　　价	68.00 元

译者序

计量经济学(econometrics)从20世纪30年代创立至今,已经经历了近百年不断的发展和演变,成为一个庞大的知识体系,这得益于众多计量经济学家做出的许多重要研究和杰出贡献。

计量经济学家拉格纳·弗里施(Ragnar Frisch)在20世纪30年代为创建计量经济学这一新兴学科发展了早期的方法论,促进了统计方法在经济学中的应用,并且发起建立了世界计量经济学会(Econometric Society),创办了学科专业期刊《计量经济学》(*Econometrica*)。弗里施正是由于这些贡献而闻名,并荣获1969年诺贝尔经济学奖。弗里施在《计量经济学》的创刊词中说道:"用数学方法探讨经济学可以从好几个方面着手,但任何一方面都不能与计量经济学混为一谈。计量经济学与经济统计学决非一码事;它也不同于我们所说的一般经济理论,尽管经济理论大部分都具有一定的数量特征;计量经济学也不应被视为数学应用于经济学的同义语。经验表明,统计学、经济理论和数学这三者对于真正了解现代经济生活中的数量关系来说都是必要的,但各自并非充分条件,而三者结合起来就有力量,这种结合便构成了计量经济学。"

当今,计量经济学领域存在进一步的细分方向或分支,比如理论计量经济学和应用计量经济学、微观计量经济学和宏观计量经济学、经典计量经济学和非经典计量经济学等。理论计量经济学研究计量经济工具和方法的发展,以及计量经济学方法的特性。应用计量经济学则描述定量经济模型的发展,利用经济数据来对这些模型应用计量经济方法,或者说,运用计量经济学的理论与方法分析实际问题。在应用计量经济学研究中,常常要处理各种不同的数据结构,比如横截面数据、时间序列数据、混合横截面数据、面板数据(或纵列数据)等。这几类数据集不仅包括研究问题的观测数据,也包括准实验数据等。计量经济学家对这几类数据的计量经济学理论进行了深入系统的研究,并形成了较为完整的建模理论和方法体系。

詹姆斯·赫克曼(James Heckman)是微观计量经济学的开创者,与另一位经济学家丹尼尔·麦克法登(Daniel McFadden)一起荣获2000年诺贝尔经济学奖。赫克曼曾说过:"就像犹太人是'爱书之人'一样,经济学家则是'模型之人'。"自20世纪初期以来,经济学中有关数学模型的运用日渐增多,特别是计量经济学诞生之后,计量经济模型成为经济科学中十分重要的认识工具和分析方法。赫克曼因为他在解释影响统计样本的未知因素方面的开创性工作而获奖。他的大部分研究成果都可以用于理解早期生活事件是如何影响个人日后的收入潜力和经济地位的。

本书作者约翰·斯塔胡斯基(John Stachurski)是澳大利亚国立大学的经济学教授,目前研究经济和金融领域的优化和均衡问题、计量经济学、时间序列等。斯塔胡斯基非常喜欢数学和编程,这几乎占据了他绝大多数的时间。他特别喜爱阅读数学、概率方面的书,而且是一个购书狂,尤其是概率论、泛函分析和统计学方面的,目前的研究兴趣主要集中在数值分析、随机过程和模拟等。他拥有自己的网页,有时会发表自己的学习和研究心得,同时向那些关注数理经济学及概率论的读者提供他的阅读书单,并称赞这些书都是非常优秀的。

比如,对想要进一步学习和研究高级计量经济学的人,斯塔胡斯基列出了中级水平的研究生教材,并给出了阅读的顺序建议:"从 R. G. Bartle 和 D. R. Sherbert 的《实分析导论》(*Introduction To Real Analysis*)开始。这是我所知道的最好的分析入门读物。A.N. Kolmogorov 和 S.V. Fomin 的《实分析导论》(*Introductory Real Analysis*)是一本关于泛函分析的好书。D. Pollard 的《测度理论概率用户指南》(*A User's Guide to Measure Theoretic Probability*)具有独特的风格和有趣的话题。它使用一种不标准的符号,你需要花点时间来理解,但在某种程度上它对我来说是革命性的。C. D. Aliprantis 和 O. Burkinshaw 的《实分析原理》(*Principles of Real Analysis*)是一本极好的研究生读物,有非常多的练习。R. M. Dudley 的《实分析和概率》(*Real Analysis and Probability*)很好,但它有点让我害怕。R. Schilling 的《测度、积分和鞅》(*Measures, Integrals and Martingales*)写得既漂亮又非常实用。W. Cheney 的《应用数学的分析》(*Analysis for Applied Mathematics*)也是极为优秀的,在理论和应用之间取得了很好的平衡。"同时,斯塔胡斯基还提议大家尝试阅读 N. Ya. Vilenkin 的《寻找无限》(*In Search of Infinity*),认为可以将其当作背景读物。

在 2016 年,斯塔胡斯基和 2011 年诺贝尔经济学奖得主托马斯·萨金特(Thomas Sargent)一起创立了 QuantEcon,这是一家总部位于美国的非营利组织,为经济学及相关领域的计算建模提供开源软件支持。2018 年 1 月,北京大学汇丰商学院曾邀请斯塔胡斯基教授为"2018 年数量经济学冬令营"讲过关于 Python 及其在经济学中应用的内容。

当前,整个社会和企业的数字化程度不断提高,引发了大数据数量的真正爆发。在企业发展中,大数据的应用越来越广泛,特别是对数据的探索深度在不断增加。正如美国经济学家 W. B. Arthur 在文章《第二经济》(The Second Economy) 中所说:"数字化正在创造一个庞大的、自动化的、无形的第二经济体,进而带来自工业革命以来最大的社会剧变。"实际上,经济社会中出现的大数据,不仅有结构化数据,还存在非结构化数据、半结构化数据等。这些不断涌现的新发展激发了研究者不断提出新的探索工具和方法,比如人工智能、机器学习、深度学习、数据科学、商业分析学(business analytics, BA)、分析学(analytics),等等。

在这样的背景下,不论是国内大学经济学系的本科生教学内容,还是其他经济管理类的专业教学内容,都越来越强调计量经济学基本理论和方法的重要性。此外,许多跨专业的研究生也要学习计量经济学,这就带来了从交叉领域来认识和学习计量经济学的切实需求。

斯塔胡斯基教授的《计量经济学理论精要》正是迎合了这样的需求而撰写的教材。本书系统地阐述了计量经济学的基本理论和建模方法,尤其是详细介绍了相关的数学和统计学工具,这些内容是以往大学本科生教材中所缺少的,可以深化和扩展读者在本科生阶段已学的内容,本书同时提供了相关的例子及执行计算的程序,为读者解决实际问题提供了易于掌握的工具和方法,并为继续深入学习高级计量经济学理论及方法打好了基础。

我们认为本书具有三个非常显著的特色。第一,针对计量经济学和统计学、概率论等学科交叉领域的内容,采用一种有机联系的视角,阐述那些十分重要而非常基本的内容。第二,将经典计量经济学的理论和最新的源自数据科学、统计学习领域的某些理论思想结合起来,在阐述有关内容的例子时,提供计算所需的程序,包括 Julia、Python、R。第三,以一种深入钻研的形式来统领全书的内容设计。理解计量经济学结论的最好方法是从证明开始,然后运行一系列模拟来看理论的应用结果如何。换句话说,学习理论可以采用证明方式,而理论的应用则采用模拟方式。此外书中包含适当数量的习题,并提供了参考解答。

美国亚马逊购书网上有一位读者在英文版《计量经济学理论精要》的页面留言并谈到了自己阅读学习本书的心得:"这是一本优秀的教材,涵盖了广泛的主题。全书提供了许多例子,还有非常多的练习(并给出解答!),它们循序渐进地测试了一些重要概念,这使得本书非常方便有用。事实上,这是少数几本我能一页一页读下去的数学著作之一。”由此可见,这本书是非常受读者喜爱的。总之,本书可以与现存的计量经济学教材配套使用,尤其适合希望继续学习高级计量经济学或者深入阅读计量经济学文献的研究生层次的读者,本书还可以为读者阅读更广阔的统计学及数据科学领域的论文提供一种前期准备。

我曾在本科生的选修课教学中将《计量经济学理论精要》作为教材,参与学习这本书的同学包括哈尔滨工业大学经济与管理学院的学生张雨思、罗善媛、周朔峰、陈政、束方鹏、梁威宇,还有数学系的钟世超。这些同学翻译了部分内容,其余章节由我翻译,最后由我综合整理和润色全书。这里特别感谢那些参与学习本书的同学,还有提供帮助的老师。与此同时,衷心感谢北京大学出版社的王晶编辑给予的耐心细致的指导和帮助,使得翻译工作得以顺利完成。另外,我也曾选用《计量经济学理论精要》作教材,为数据分析师和算法工程师讲授有关理论的数学基础和统计方法,并取得良好效果。译文中难免存在纰漏和错误,敬请读者指正,以期未来得到改正和完善,我的联系邮箱是 wangzhy@ hit.edu.cn。

王忠玉

2022 年 10 月

序

这是一本关于计量经济学理论和方法的入门教材,同时包括概率论、统计学和线性代数的基本思想,这些内容对于初入职的计量经济学家来说都是应该知道的。本书聚焦于计量经济学的理论基础和一般原则。尽管写作本书的角度是从教学出发,但由于书中包含了许多配有解答的练习题,故而也非常适合自学使用。研究示例和有关的代码可用来巩固方法的核心思想。

本书的水平适合研究生的第一学年使用,也可以说是研究生一年级的第一学期,即作为计量经济学与统计学高级课程的初级教材。掌握本书内容可以为一些更专门或更具应用性的定量分析课程(比如微观计量经济学、时间序列分析或金融学)、为研读研究生层次的计量经济学教材,以及阅读计量经济学文献和更广阔的统计学及数据科学领域研究论文做好充分的准备。

我写作本书的一个目的是将计量经济学和统计学中的核心话题有机联系起来,找到统一的原则和共同的主题。例如,正交投影定理跨越了从最小二乘到条件期望的许多技术内容,而经验风险最小化的概念将我们的大多数估计理论联系在一起。本书的另一个目的是将传统计量经济学与源自数据科学和统计学习领域的某些理论思想结合起来。

我想强调,现代编程工具的价值不仅体现在数据分析上,而且也可以帮助我们研究计量经济学理论。我确信,理解计量经济学理论结论的最佳方式是首先进行证明,然后运行一系列模拟来展示该理论的实际应用。示例代码是以三种编程语言 Julia、Python 和 R 的混合形式给出的。Python 和 R 在数据科学领域占据着非常重要的地位,现在它们受欢迎的程度也外溢到了计量经济学领域。Julia 是科学编程领域非常受推崇的一种新语言。这三种编程语言都非常有趣,而且是功能强大的高效语言,同时它们都是开源的。我把这些程序代码写在 Jupyter 编译器上,包括众多数据及代码列表。读者可以在网址 johnstachurski.net/emet.html 找到与本书相关的代码。

注意,本书并没有以百科全书式的方式来阐述有关内容,也不是参考手册。我尽量使这本书的内容简明扼要——适合于一个学期的课程,而不是更长的课程。因此,书中省略了许多著名的计量经济学方法,或者只是粗略提到。同样地,本书的目的是作为现有研究生层次的计量经济学教材的一个辅助补充或配套来使用,其中绝大多数的教材都会在之后正文的阐述中被引用。

我从大量的文献中借鉴思想和结果,其中有些被列在每一章末尾的"进一步阅读"部分。毫无疑问,另一些文献却被遗漏了。书中的许多证明在某种意义上是"新"的,即它们是从基本原理开始论证的,但重新混合了已有文献。

本书受益于许多学生和同事的帮助。我要特别感谢 Blair Alexander、Frank Cai、Yiyong Cai、Tim Christensen、Bikramaditya Datta、Chenghan Hou、Takashi Kamihigashi、Paul Kitney、Qingyin Ma、Matthew McKay、Kieron Meagher、José L. Montiel Olea、Alex Olssen、Guanlong Ren、Tom Sargent、Stefan Webb 和 Varang Wiriyawit。特别感谢我的妻子 Cleo,感谢她与我分享这段写作旅程,帮助我校对;也感谢 Akshay Shanker,感谢她如此仔细地阅读这本书。

常用符号说明表

$P \Rightarrow Q$	P 蕴含着 Q
$P \Leftrightarrow Q$	$P \Rightarrow Q$ 且 $Q \Rightarrow P$
$a := 1$	a 被定义为等于 1
$\mathbb{R}$	全体实数
$\mathbb{N}$	自然数$\{1,2,\ldots\}$
rng T	函数 T 的值域
$\langle \mathbf{x},\mathbf{y} \rangle$	$\mathbf{x},\mathbf{y}$ 的内积
$\mathbf{e}_n$	第 n 个典范基向量
$\lVert \mathbf{x} \rVert$	$\mathbf{x}$ 的范数
$\mathbf{x} \perp \mathbf{y}$	$\mathbf{x}$ 与 $\mathbf{y}$ 是正交的
$\mathcal{S}^{\perp}$	$\mathcal{S}$ 的正交补
$\mathrm{proj}\mathcal{S}$	在子空间 $\mathcal{S}$ 上的正交投影
$\mathbf{I}$	单位矩阵
$\mathbf{A}^{\mathrm{T}}$	$\mathbf{A}$ 的转置
$\mathrm{diag}(d_1,\ldots,d_N)$	具有对角元素$(d_1,\ldots,d_N)$的对角矩阵
$\mathcal{L}(x)$	随机变量 x 的分布(或分布律)
$\mathscr{B}(\mathbb{R}^N)$	博雷尔集
$\mathscr{B}$可测的	博雷尔可测的
$\mathrm{N}(\mu,\sigma^2)$	具有均值 μ 与方差 σ^2 的正态分布
Φ	标准正态分布经验累积分布函数
ϕ	标准正态分布密度函数
$\mathbb{1}_B$	集合 B 的指示函数
IID	独立同分布的
$\mathbf{z}_{\mathcal{D}}$	数据集合
$\mathrm{Z}_{\mathcal{D}}$	样本空间

目录

contents

第1章　引论

1.1　计量经济学的本质

计量经济学只是将统计学应用于经济问题吗？这么说似乎有失偏颇。毕竟,计量经济学家们已经对数量建模的理论和实践做出许多基础性的贡献。同时,如果我们不能将一些不同领域的共同原理联系起来,那么也会给自己带来伤害。

那么,答案是肯定的还是否定的呢？如果是否定的,那么计量经济学究竟是研究什么的呢？

我们可能认为,计量经济学是利用数据对经济问题进行数量分析。计量经济学的第一个特性是,大多数经济数据是观察性数据,而不是实验性数据。对于计量经济学家来说,尤其是关注因果推断的计量经济学家来说,观察性数据的盛行一直是一个挑战。这个挑战也确实对我们所称的计量经济学产生了巨大的影响。

计量经济学的第二个特性是,它对人们做出选择的含义进行建模,而人类一直顽固地拒绝会使他们做出的选择很容易在数量模型中被重复的行为模式。即使是最好的经济模型,也只在一个维度或两个维度上是正确的。这一事实导致了对运用部分设定模型的估计方法的相对重视,例如广义矩估计法。

计量经济学的第三个特性是,它倾向于更多地研究可以给出解释的模型,而不是能够提供预测的模型。特别是当人们将计量经济学和数据科学或机器学习这样的领域进行比较时,情况更是如此。例如,考虑以下引自 Vapnik(2006)的内容:

> 我相信,计算机科学和机器学习领域已经发生了一些巨大变化。直到最近,哲学仍然建立在世界是简单的这一观点之上。而在机器学习领域,我们第一次有了世界并不简单的例子。例如,当我们利用样本量为 15 000 的数据来解决“森林”(forest)问题时,得到 85%—87%的准确率。然而,当我们用 50 万个训练样本数据时,就能达到 98%的准确率。这意味着,好的决策规则并不是一个简单的规则,它不能用很少的参数来表示。
>
> 那么问题是,现实世界是什么样的呢？它是简单的还是复杂的？机器学习给我们展示了复杂世界的例子。我们应该从一个完全不同于简单世界的角度来处理复杂世界。例如,在复杂世界应该放弃可解释性(传统科学的主要目的),目的是获得更好的可预测性。

先将经济学是否应该建模为“复杂世界”的问题放置一边,上述引文很好地说明了最优化样本外预测与拟合简单模型之间的权衡,其中简单模型的参数都具有明确的解释。从传统来看,经济学家研究后者,这就是为什么诸如识别这样的专题成为计量经济学的核心,然而在数据科学等领域里，类似的专题很大程度上却被忽视了。

到目前为止我们对计量经济学的讨论焦点是相对独特的，和统计学完全不同。让我们考察一下相反的观点。针对这个观点其实只有一个论据，然而却是一个很好的论据——计量经济学的基本问题和统计学的基本问题其实是一样的：观察一组有限的数据，然后基于这些数据，我们试图做出一般性陈述（general statements）。

举例来说，假定有一组 100 个试点学校接受处理实验（treatment），比如一项新的阅读项目。在 95%的事例中，处理实验是可以产生预期效果的。基于这一结果，可以声称处理实验是非常有效的。这个结论的含义是，我们可以将其推广到更广泛的总体。我们感兴趣的并不是这些试点学校的情况，而是试点学校的结果对其他学校意味着什么。计量经济学家和统计学家想知道的是：对于这个事例和其他事例的一般化（generalization）* 在多大程度上是有效的呢？

一般化的另一种表述是归纳（induction）。归纳学习是指从具体到一般的推理过程，它与从一般到具体的演绎学习（deductive learning）恰恰相反。作为研究人员和科学家，我们经常称赞演绎推理，但是我们对人类的一般化能力思考越多，就会越发认为一般化能力非比寻常。一名 3 岁大的儿童，怎么能确定一只他从来没有见过的狗，实际上是一只狗，而不是一只猫或是一头驴子？这种能力当然大多来自归纳，而不是源于演绎规则。儿童的大脑已经学会了从例子中进行一般化。

同时，对我们的大脑来说，有些问题却很难一般化。尽管我们的祖先能够很好地区分野生生物的种类，在传递基因方面当然也非常成功，但在过去几千年的自然或社会生活中，几乎没有什么准备能够帮助智人（homo sapiens）找出公司规模分布背后的概率结构，或区分最适合追踪资产价格的扩散过程。为了应对这些新问题，统计学和计量经济学为我们提供了衡量和整理自己归纳学习能力的途径。

这就是计量经济学和统计学的基本问题：在现代社会中，我们拥有大量的数据，但仍然缺少有关系统是怎样运作或者不同经济变量之间是怎样彼此关联的深入知识。从数据（也就是从具体观察）中提取一般性知识的过程是什么？可以运用的最好的技术方法是什么？在什么条件下，这个过程会成功？

1.2 数据与理论

对于任何形式的统计学习来说，反复出现的问题之一是需要将理论与数据相协调。为了说明这个观点，假定我们观察到某些系统的输入是 $\mathbf{x}_1,\cdots,\mathbf{x}_N$，而相应的输出是 $y_1,\cdots,y_N$。例如，投入可能是一种“处理实验”，就像上面所提到的学校阅读项目，而输出是这个处理实验效果的一种测量。或者投入可以是诸如支出与利率等政策工具的组合，而输出则是通货膨胀率或失业率等某些数量的响应。根据观察到的输入-输出对，我们寻找函数 f，使得对于给定的新的 $(\mathbf{x},y)$，$f(\mathbf{x})$ 将准确地预测相应的输出 y。

倘若我们知道 $(\mathbf{x},y)$ 的联合分布，那么就可以计算或近似得到条件期望 $\mathbf{E}[y \mid \mathbf{x}]$。正如我们将要看到的那样，对于给定的 $\mathbf{x}$，可以通过条件期望得到关于 y 的最佳预测。可是问题在于我们并

* 在机器学习领域，generalization 常被译为泛化，指模型很好地拟合以前未见过的新数据（从用于创建该模型的同一分布中抽取）的能力。——译者注

不知道分布是怎样的。不过我们有样本,尽管样本中只是包含关于联合分布的部分信息,而非全部信息。

在这样的问题中,为了进行一般化,我们不仅仅需要数据。在理想情况下,数据要与理论模型相结合,该模型概括了我们对正在研究的系统所掌握的知识。利用数据可以确定模型的参数值。如果我们的模型是合理的,那么将模型与数据结合起来就能使我们理解系统是如何运作的。

假如我们没有关于系统是怎样运作的正式模型,但我们想要进行一般化,那么就无法避免做出一些假设。图1.1有助于说明这个想法。考虑上面所述的回归情景,输入为标量 x。想象图中显示的点就是我们的数据。假定最新给出 x 的值是4,现在来推测输出 y 的可能值。

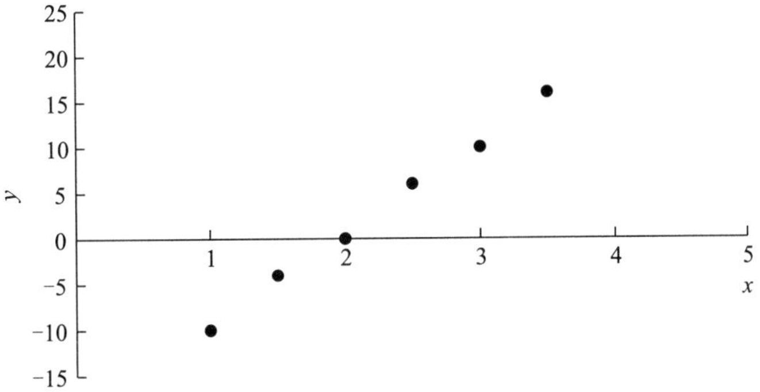

图1.1 一般化推理需要知识

你推测的 y 值接近20吗?如果是,那是因为你的大脑选择了一种模式:这些点大致位于一条直线上。我们的大脑已经被训练或天生就会联想到这些类型的模式。尽管这个思维过程是潜意识的,但最终我们会将自己的假设付诸实践。

根据所分析的问题,我们关于线性关系的假设当然可能是完全错误的。①但核心问题是我们无法仅仅利用数据来预测新的观察结果。天下没有免费的午餐。我们必须表态并对函数关系做出一些假设,为的是当给定新的输入时来推测可能的输出值。这些假设可能来自关于系统的知识,或者来自特定学术界的惯例。无论是哪一种方式,为了推断可能的结果,我们都要给数据添加某些内容。

我们之所以花费一些时间来对这一点展开讨论,是因为认清对给定的估计问题做出什么样的假设、做出这些假设的理由是什么以及这些假设会带来什么样的影响都是十分重要的。这个讨论过程会促使我们更加严谨审慎。本书的目的之一就是找出各种不同的计量经济方法背后的假设及其各自的含义。在没有形成自己判断的情况下,就不应该将这些假设视为合理的。

1.3 文献评述

在过去的几十年间,统计学领域的大部分创新发展都是由上面所提及的机器学习或数据科学研究分支所推动的,也可以用"统计学习"(statistical learning)术语来描述这种推断方法。该领域

① 例如,经济学家欧文·费雪(Irving Fisher)曾在1929年发表著名声明:"股市看起来已经达到了永久性高位",但在这个案例中,线性外推被证明是一个糟糕的预测规则。

的特点是使用灵活的高维模型,同时运用大量的数据。如今,统计学在应用问题上取得的巨大成功已经与基础统计学的重要理论进展相匹配。

这些趋势对计量经济学领域的影响较小。一个原因是,微观计量经济学具有悠久的运用相对简单的模型和少量协变量进行因果建模的传统。另一个原因是,结构模型有可能产生对卢卡斯批判稳健的宏观经济模型。目前尚不清楚如何将以高维数据为中心的方法与这些模型联系起来。

然而,经济学确实包括针对高度复杂关系的研究。首先,思考一下作用于船帆上的力或影响一支枪发射子弹的力有多少种。我们只需考虑几种力就能精确地模拟结果。但是,有多少因素决定美国国债的价格呢?又有多少因素决定美国西班牙裔男性的教育成果呢?或许这些就是万普尼克(Vapnik)的"复杂世界"的例子,这里需要大量的数据和灵活的模型。

尽管这些问题没有明确的答案,但统计学习的理论和机器学习领域不断扩大的研究工作无疑提供了重要的洞察力。这方面的真知灼见将影响我们对某些基本计量经济学问题的研究,包括线性回归和模型选择。

1.4 进一步阅读

关于计量经济学和统计学的更多讨论,可以参考 Heckman(1992)、Hill et al.(2008)、Wooldridge(2010)和 Kennedy(2008)的前面几章。现代计量经济学的概述可以在 Geweke et al.(2006)中找到。

关于机器学习和统计学习的理论与应用方面的高质量教科书,包括 Friedman(2009)、Bishop(2006)、Vapnik(2000)以及 Abu-Mostafa et al.(2012)。关于机器学习技术如何应用于计量经济模型的一些其他讨论,可以参看 Einav and Levin(2014)、Varian(2014)、Athey and Wager(2015)以及 Athey(2015)。

第1篇

背景

第 2 章　向量空间

本书阐述的第一个内容是线性代数，它是应用数学的基石之一，对于计量经济学和统计学尤其如此。* 通过观察得到的成序列数据可以自然地用向量形式表示。一些有联系的向量可以方便地组成矩阵。当我们运用这种方式表示数据时，就需要执行基本的算术运算，或者求解方程，或者求解二次最小化问题。在本章，我们将介绍线性代数中十分基础的向量运算。正如下面将要看到的，如果暂时忽略诸如矩阵等的细节，从更抽象的视角考察线性运算，那么线性代数的概念是非常清楚易懂的。

2.1　向量与向量空间

我们从向量空间和基本的向量运算开始阐述。

2.1.1　向量

对于任意的 $N \in \mathbb{N}$，符号 $\mathbb{R}^N$ 表示所有 N 维向量的集合，或长度为 N 的向量的集合。典型的元素具有以下形式

$$\mathbf{x} = \begin{pmatrix} x_1 \\ x_3 \\ \vdots \\ x_N \end{pmatrix}, \text{其中 } x_n \in \mathbb{R}, \text{对于每一个 } n$$

（$\mathbb{R} = \mathbb{R}^1$ 表示所有实数的集合，它是有理数和无理数的全体）。虽然 $\mathbf{x}$ 可用垂直方式写成一列数字，但我们也可以将它以水平方式写为 $\mathbf{x} = (x_1, \cdots, x_N)$。现在，向量只是数的序列，不论我们是用垂直方式还是水平方式写出它们，都没有什么区别（只有当我们研究矩阵乘法时，才有必要区分列向量和行向量）。

单位向量用 $\mathbf{1}$ 表示，零向量用 $\mathbf{0}$ 表示：

$$\mathbf{1} := \begin{pmatrix} 1 \\ \vdots \\ 1 \end{pmatrix}, \qquad \mathbf{0} := \begin{pmatrix} 0 \\ \vdots \\ 0 \end{pmatrix}$$

尽管向量可以是 $\mathbb{R}^N$ 中的无穷小点，但它们通常用从原点到点本身的箭头直观地表示。图 2.1 展示了 $N=2$ 的例子。

---

* 读者可以考虑先阅读本书的第 15 章“附录”，以回顾关于集合、函数等的基础知识。——编者注

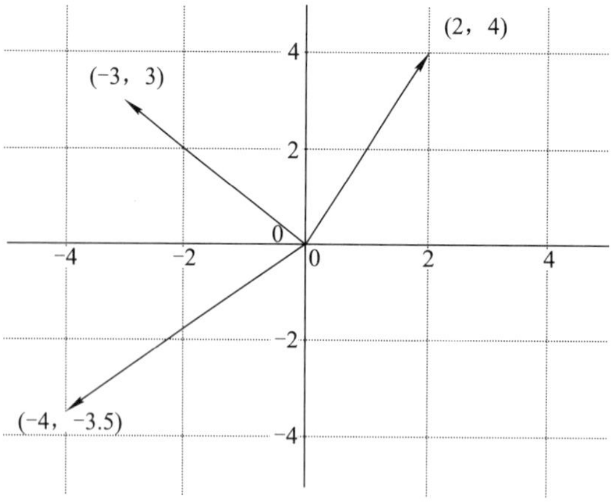

图 2.1 $\mathbb{R}^2$ 中的三个向量

向量空间理论存在两种基本的代数运算：向量加法与标量乘法。对于 $\mathbf{x},\mathbf{y}\in\mathbb{R}^N$，它们的向量和(vector sum)是

$$\mathbf{x}+\mathbf{y}=\begin{pmatrix}x_1\\ \vdots\\ x_N\end{pmatrix}+\begin{pmatrix}y_1\\ \vdots\\ y_N\end{pmatrix}:=\begin{pmatrix}x_1+y_1\\ \vdots\\ x_N+y_N\end{pmatrix}$$

如果 $\alpha\in\mathbb{R}$，则定义 α 与 $\mathbf{x}$ 的标量积(scalar product)是

$$\alpha\mathbf{x}=\alpha\begin{pmatrix}x_1\\ \vdots\\ x_N\end{pmatrix}:=\begin{pmatrix}\alpha x_1\\ \vdots\\ \alpha x_N\end{pmatrix}$$

因而，向量加法与乘法是根据$\mathbb{R}$中的普通加法与乘法定义的，具体计算方法是对逐个元素分别进行加法与乘法。①在 $N=2$ 的情况下，向量加法与标量乘法的例子如图 2.2 与图 2.3 所示。

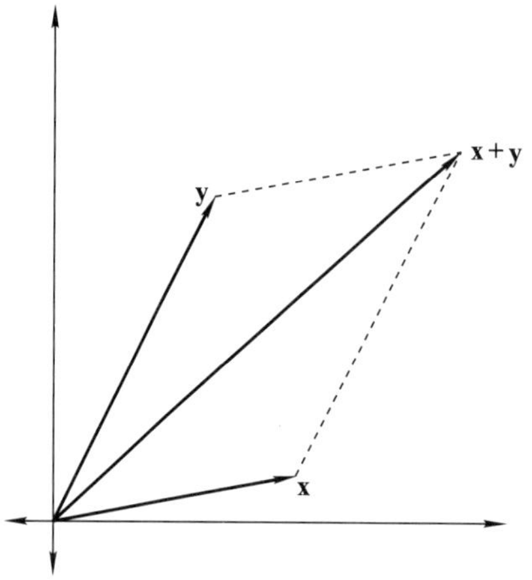

图 2.2 向量加法

① 在某些情况下，标量乘法的概念包括向量乘以复数。接下来我们将几乎完全使用实数标量。因此，除非另外给出说明，标量乘法就意味着实数标量乘法。

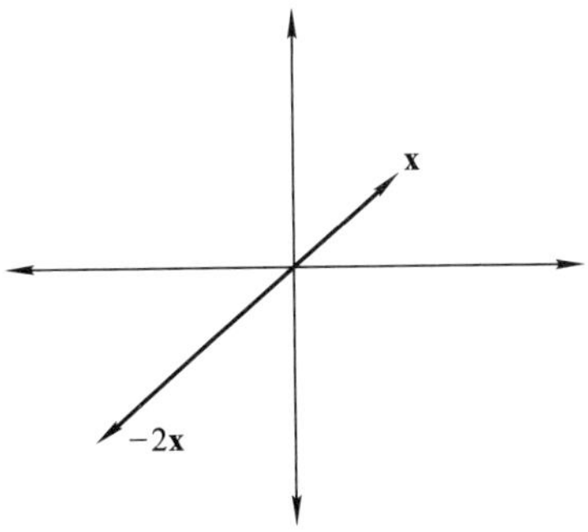

图 2.3　标量乘法

两个向量的减法是通过逐个元素相减而得到的，就像加法一样。减法并不是基本运算，这是因为它可以利用加法与标量乘法给出定义：$\mathbf{x}-\mathbf{y} := \mathbf{x}+(-1)\mathbf{y}$。关于减法的图形说明如图 2.4 所示。记住，这个运算的方法是从 **y** 到 **x** 画一条线，然后把它移到原点。

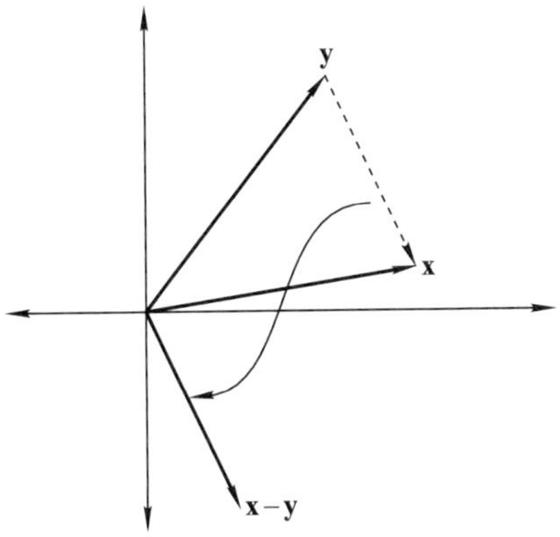

图 2.4　两个向量之差

$\mathbb{R}^N$ 中两个向量 **x** 与 **y** 的内积(inner product)用$\langle \mathbf{x},\mathbf{y}\rangle$表示，并定义为其元素的乘积之和：

$$\langle \mathbf{x},\mathbf{y}\rangle := \sum_{n=1}^{N} x_n y_n \tag{2.1}$$

事实 2.1.1　对于任意 $\alpha,\beta\in\mathbb{R}$ 与任意 $\mathbf{x},\mathbf{y},\mathbf{z}\in\mathbb{R}^N$，下列陈述是正确的：

(i) $\langle \mathbf{x},\mathbf{y}\rangle=\langle \mathbf{y},\mathbf{x}\rangle$；

(ii) $\langle \alpha\mathbf{x},\beta\mathbf{y}\rangle=\alpha\beta\langle \mathbf{x},\mathbf{y}\rangle$；

(iii) $\langle \mathbf{x},\alpha\mathbf{y}+\beta\mathbf{z}\rangle=\alpha\langle \mathbf{x},\mathbf{y}\rangle+\beta\langle \mathbf{x},\mathbf{z}\rangle$。

这些性质很容易通过式(2.1)来检验。例如，对于第二个等式，选择任意 $\alpha,\beta\in\mathbb{R}$ 与任意 $\mathbf{x},\mathbf{y}\in\mathbb{R}^N$，分别通过标量乘法与内积的定义得到

$$\langle \alpha\mathbf{x},\beta\mathbf{y}\rangle = \sum_{n=1}^{N}\alpha x_n\beta y_n = \alpha\beta\sum_{n=1}^{N}x_n y_n = \alpha\beta\langle \mathbf{x},\mathbf{y}\rangle$$

向量 $\mathbf{x}\in\mathbb{R}^N$ 的(欧几里得)范数(norm)被定义为

$$\|\mathbf{x}\| := \sqrt{\langle \mathbf{x},\mathbf{x}\rangle} \tag{2.2}$$

它表示向量 **x** 的长度(在图 2.2—图 2.4 中用箭头表示的向量中，向量的范数等于向量线段的长度。)

事实 2.1.2 对于任意 $\alpha \in \mathbb{R}$ 与任意 $\mathbf{x},\mathbf{y} \in \mathbb{R}^N$,下列陈述是正确的:

(i) $\|\mathbf{x}\| \geqslant 0$ 以及当且仅当 $\mathbf{x}=\mathbf{0}$ 时 $\|\mathbf{x}\|=0$;

(ii) $\|\alpha\mathbf{x}\| = |\alpha| \; \|\mathbf{x}\|$;

(iii) $\|\mathbf{x}+\mathbf{y}\| \leqslant \|\mathbf{x}\|+\|\mathbf{y}\|$;

(iv) $|\langle \mathbf{x},\mathbf{y}\rangle| \leqslant \|\mathbf{x}\| \; \|\mathbf{y}\|$。

对于性质(i)和(ii),人们很容易加以验证。对于性质(iii)和(iv)的证明确实有点难度。性质(iii)被称为三角不等式(triangle inequality),而性质(iv)被称为柯西-施瓦茨不等式(Cauchy-Schwarz inequality)。关于柯西-施瓦茨不等式的证明,需要我们创建更多的工具之后才能给出,这个留作练习题完成(参看练习题 3.5.33)。现在如果同意接受柯西-施瓦茨不等式,那么由此可得三角不等式,这是依据事实 2.1.1 给出的内积性质而获得的,即

$$\|\mathbf{x}+\mathbf{y}\|^2 = \langle \mathbf{x}+\mathbf{y},\mathbf{x}+\mathbf{y}\rangle = \langle \mathbf{x},\mathbf{x}\rangle + 2\langle \mathbf{x},\mathbf{y}\rangle + \langle \mathbf{y},\mathbf{y}\rangle \leqslant \langle \mathbf{x},\mathbf{x}\rangle + 2|\langle \mathbf{x},\mathbf{y}\rangle| + \langle \mathbf{y},\mathbf{y}\rangle$$

利用柯西-施瓦茨不等式得到 $\|\mathbf{x}+\mathbf{y}\| \leqslant (\|\mathbf{x}\|+\|\mathbf{y}\|)^2$,然后取平方根得出三角不等式。

给定两个向量 $\mathbf{x}$ 与 $\mathbf{y}$, $\|\mathbf{x}-\mathbf{y}\|$ 的值可以被解释成这些点之间的"距离"。为了理解其原因,再次参看图 2.4。

2.1.2 线性组合与张成空间

研究向量的基本方法之一是利用线性运算来组合它们。给定 $\mathbb{R}^N$ 中的向量 $\mathbf{x}_1,\cdots,\mathbf{x}_K$,对于标量 $\alpha_1,\cdots,\alpha_K$(即对于所有 $k,\alpha_k \in \mathbb{R}$),这些向量的线性组合(linear combination)就构成如下形式的新向量

$$\mathbf{y} = \sum_{k=1}^{K} \alpha_k \mathbf{x}_k = \alpha_1 \mathbf{x}_1 + \cdots + \alpha_K \mathbf{x}_K \tag{2.3}$$

图 2.5 给出四种不同的线性组合 $\mathbf{y}=\alpha_1\mathbf{x}_1+\alpha_2\mathbf{x}_2$,其中 $\mathbf{x}_1,\mathbf{x}_2$ 表示 $\mathbb{R}^2$ 中的固定向量,标量 α_1 与 α_2 是可以变化的。

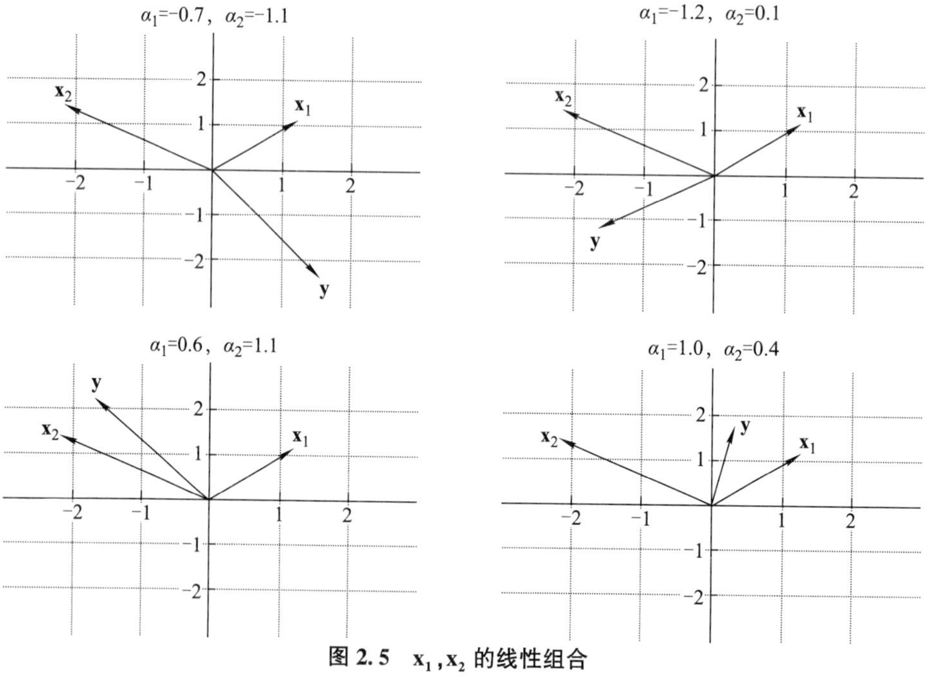

图 2.5 $\mathbf{x}_1,\mathbf{x}_2$ 的线性组合

在给定任意非空 $X \subset \mathbb{R}^N$ 的情况下，由 X 的元素的(有限)线性组合构成的所有向量的集合称为 X 的张成空间(span)，并用 span X 表示。例如，$X := \{\mathbf{x}_1, \cdots, \mathbf{x}_K\}$ 的所有线性组合的集合是

$$\text{span } X := \{\text{使得 } \boldsymbol{\alpha} := (\alpha_1, \cdots, \alpha_K) \in \mathbb{R}^K \text{ 的所有向量 } \sum_{k=1}^{K} \alpha_k \mathbf{x}_k\}$$

如下所述，可以证明，某些向量集合的张成空间与线性方程解的存在性具有紧密联系。

例 2.1.1 通过构造，图 2.5 中标记为 $\mathbf{y}$ 的四个向量位于张成空间 $X = \{\mathbf{x}_1, \mathbf{x}_2\}$ 中。查看这个图形，人们可能会想知道 $\mathbb{R}^2$ 中的任意向量是否都可以被创建为 $\mathbf{x}_1, \mathbf{x}_2$ 的线性组合。答案是肯定的。我们将在第 2.1.5 节证明这一点。

例 2.1.2 设 $X = \{\mathbf{1}\} = \{(1,1)\} \subset \mathbb{R}^2$。$X$ 的张成空间是所有 $\alpha\mathbf{1} = (\alpha, \alpha)$ 形式的向量，其中 $\alpha \in \mathbb{R}$，这就构成了平面中的一条直线。由于我们可以取 $\alpha = 0$，因此原点 $\mathbf{0}$ 在 span X 中。事实上，span X 是平面中通过 $\mathbf{0}$ 与向量 $\mathbf{1} = (1,1)$ 的唯一直线。

例 2.1.3 设 $\mathbf{x}_1 = (3,4,2)$ 与 $\mathbf{x}_2 = (3,-4,0.4)$。$\{\mathbf{x}_1, \mathbf{x}_2\}$ 的张成空间是 $\mathbb{R}^3$ 中的平面，此平面是同时通过这些向量与原点的平面，如图 2.6 所示。

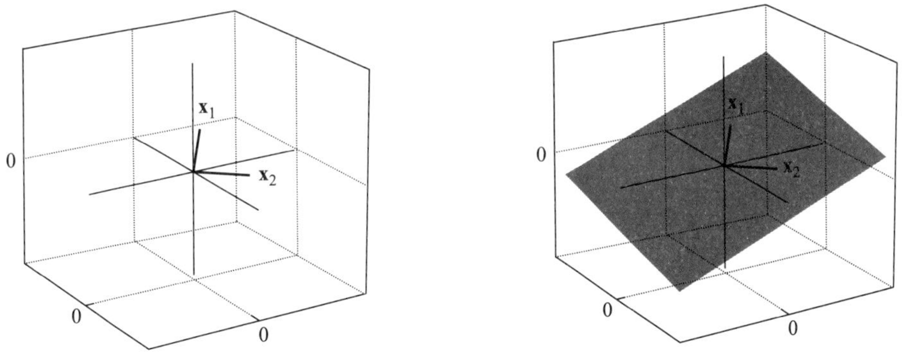

图 2.6　$X = \{\mathbf{x}_1, \mathbf{x}_2\}$ 的张成空间

例 2.1.4 考察向量 $\{\mathbf{e}_1, \cdots, \mathbf{e}_N\} \subset \mathbb{R}^N$，其中 $\mathbf{e}_n$ 表示除 1 作为第 n 个元素，其余元素都为零：

$$\mathbf{e}_1 := \begin{pmatrix} 1 \\ 0 \\ \vdots \\ 0 \end{pmatrix}, \quad \mathbf{e}_2 := \begin{pmatrix} 0 \\ 1 \\ \vdots \\ 0 \end{pmatrix}, \quad \cdots, \quad \mathbf{e}_N = \begin{pmatrix} 0 \\ 0 \\ \vdots \\ 1 \end{pmatrix}$$

$\mathbb{R}^2$ 的情况如图 2.7 所示。向量 $\mathbf{e}_1, \cdots, \mathbf{e}_N$ 被称为 $\mathbb{R}^N$ 的典范基向量(canonical basis vectors)。一个原因是 $\{\mathbf{e}_1, \cdots, \mathbf{e}_N\}$ 张成了 $\mathbb{R}^N$ 的全部。这里给出关于 $N=2$ 的证明：对于任何 $\mathbf{y} \in \mathbb{R}^2$，经过观察我

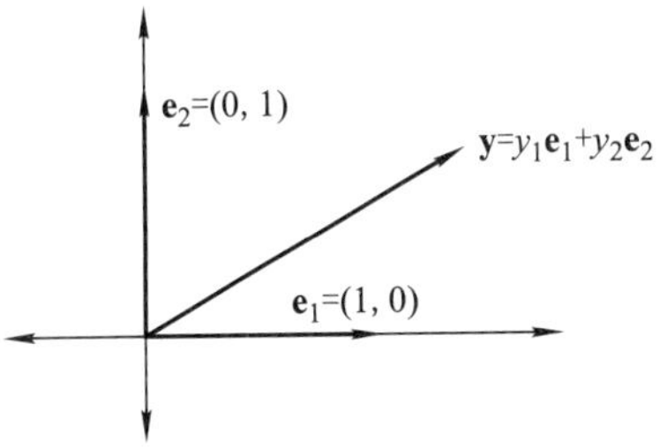

图 2.7　$\mathbb{R}^2$ 中的典范基向量

们得出

$$\mathbf{y} := \begin{pmatrix} y_1 \\ y_2 \end{pmatrix} = \begin{pmatrix} y_1 \\ 0 \end{pmatrix} + \begin{pmatrix} 0 \\ y_2 \end{pmatrix} = y_1 \begin{pmatrix} 1 \\ 0 \end{pmatrix} + y_2 \begin{pmatrix} 0 \\ 1 \end{pmatrix} = y_1 \mathbf{e}_1 + y_2 \mathbf{e}_2$$

因而，$\mathbf{y} \in$ 张成空间$\{\mathbf{e}_1, \mathbf{e}_2\}$。因为 $\mathbf{y}$ 是$\mathbb{R}^2$ 中的任意向量，所以我们证明了$\{\mathbf{e}_1, \mathbf{e}_2\}$张成$\mathbb{R}^2$。

例 2.1.5 考察 $P := \{(x_1, x_2, 0) \in \mathbb{R}^3 : x_1, x_2 \in \mathbb{R}\}$。从图形上看，$P$ 对应于$\mathbb{R}^3$ 中的平面，其中高度坐标总是零。如果取 $\mathbf{e}_1 = (1,0,0)$ 与 $\mathbf{e}_2 = (0,1,0)$，给定 $\mathbf{y} = (y_1, y_2, 0) \in P$，则 $\mathbf{y} = y_1\mathbf{e}_1 + y_2\mathbf{e}_2$。换句话说，任何 $\mathbf{y} \in P$ 都可以表示为 $\mathbf{e}_1$ 与 $\mathbf{e}_2$ 的线性组合。同样地，可以得出 $P \subset \{\mathbf{e}_1, \mathbf{e}_2\}$。

下面的事实可以直接由张成空间的定义得到。

事实 2.1.3 如果 X, Y 是$\mathbb{R}^N$ 的非空子集，并且 $X \subset Y$，则 $\text{span}\, X \subset \text{span} Y$。

2.1.3 线性无关性

线性无关性(linear independence)是一个看似非常简单的概念，但其含义深入到分析的方方面面。如果想要知道矩阵什么时候是可逆的，或者线性方程组什么时候有唯一解，或者最小二乘估计什么时候是唯一定义的，那么最重要的基本思想就是向量的线性无关性。

我们从定义开始阐述。考察一组向量 $X := \{\mathbf{x}_1, \cdots, \mathbf{x}_K\}$。通过设置 $\sum_{k=1}^{K} \alpha_k \mathbf{x}_k$ 中的所有标量 α_k 为零，我们就能知道原点 $\mathbf{0}$ 是这些向量的线性组合。当这种情况是唯一可能性时，集合 X 被称为线性无关的(linearly independent)。也就是说，如果

$$\alpha_1 \mathbf{x}_1 + \cdots + \alpha_n \mathbf{x}_n = \mathbf{0} \Rightarrow \alpha_1 = \cdots = \alpha_K = 0 \tag{2.4}$$

$X \subset \mathbb{R}^N$ 就被称为线性无关。如果它不是线性无关的，则称 X 为线性相关的(linearly dependent)。

例 2.1.6 在图 2.5 中，两个向量分别是 $\mathbf{x}_1 = (1.2, 1.1)$ 与 $\mathbf{x}_2 = (-2.2, 1.4)$。假定 α_1 与 α_2 是标量，并且

$$\alpha_1 \begin{pmatrix} 1.2 \\ 1.1 \end{pmatrix} + \alpha_2 \begin{pmatrix} -2.2 \\ 1.4 \end{pmatrix} = \mathbf{0}$$

这就转化为图 2.8 所示的两个线性方程组，其中未知数是 α_1 与 α_2。唯一解是 $\alpha_1 = \alpha_2 = 0$。因此，$\{\mathbf{x}_1, \mathbf{x}_2\}$ 是线性无关的。

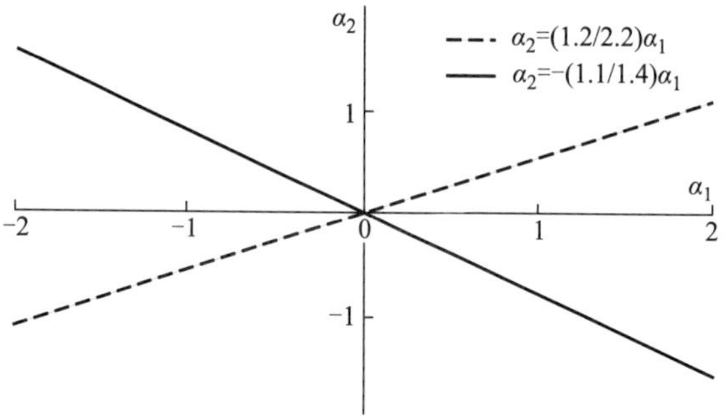

图 2.8 唯一的解是 $\boldsymbol{\alpha}_1 = \boldsymbol{\alpha}_2 = \mathbf{0}$

例 2.1.7 在$\mathbb{R}^N$ 中，N 的典范基向量集合$\{\mathbf{e}_1, \cdots, \mathbf{e}_N\}$是线性无关的。为了证明这一点，设

$\alpha_1,\cdots,\alpha_N$ 是 $\sum_{n=1}^{N}\alpha_n\mathbf{e}_n=\mathbf{0}$ 的系数。同理可以得到

$$\alpha_1\begin{pmatrix}1\\0\\\vdots\\0\end{pmatrix}+\alpha_2\begin{pmatrix}0\\1\\\vdots\\0\end{pmatrix}+\cdots+\alpha_N\begin{pmatrix}0\\0\\\vdots\\1\end{pmatrix}=\begin{pmatrix}\alpha_1\\\alpha_2\\\vdots\\a_N\end{pmatrix}=\begin{pmatrix}0\\0\\\vdots\\0\end{pmatrix}$$

特别地，无论 n 取何值，均有 $\alpha_n=0$。

例 2.1.8　考察如下给定形式的向量组 $\{\mathbf{x}_1,\mathbf{x}_2\}$

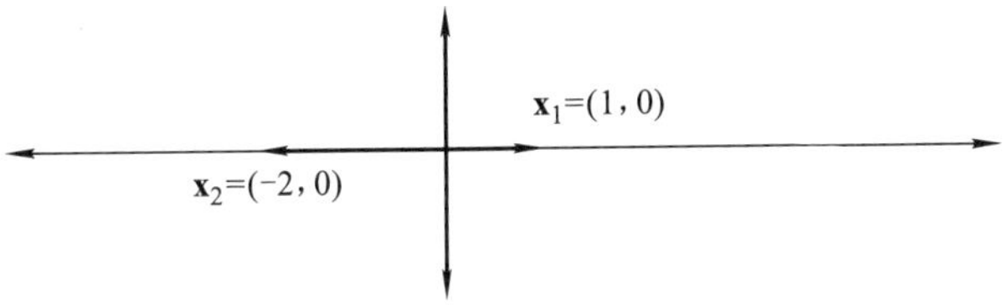

这个向量对并不是线性无关的，因为 $\mathbf{x}_2=-2\mathbf{x}_1$，所以 $2\mathbf{x}_1+\mathbf{x}_2=\mathbf{0}$。

我们如何解释线性无关呢？一种理解它的方法是，线性无关可作为已知向量集合的代数多样性的指标。特别是，在线性无关集合中，张成空间是相对比较大的，即每一个向量都对张成空间有贡献。下面是这个想法的正式陈述。

定理 2.1.1　设 $X:=\{\mathbf{x}_1,\cdots,\mathbf{x}_K\}\subset\mathbb{R}^N$。对于 $K>1$，下面几个陈述是等价的：

(i) X 是线性无关的；

(ii) X_0 是 X 的真子集①$\Rightarrow$span X_0 是 span X 的真子集；

(iii) X 中的任意向量都不能写成其他向量的线性组合。

关于这些等价性的证明，留作练习题 2.4.15。现在，我们举两个例子来阐明这些问题。首先考察 $\mathbb{R}^2$ 中的一对典范基向量 $\{\mathbf{e}_1,\mathbf{e}_2\}$，如图 2.7 所示。正如我们在例 2.1.4 和例 2.1.7 所看到的，这个向量对是线性无关的，且它的张成空间是整个空间 $\mathbb{R}^2$。这两个向量都对张成空间有贡献，因为移除其中任何一个向量都会使张成空间减小到 $\mathbb{R}^2$ 中的一条直线（例如，$\{\mathbf{e}_1\}$ 的张成空间正好是 $\mathbb{R}^2$ 中的水平轴）。这个向量对中的任何一个向量都不能被写成另一个向量的线性组合。

接下来，考察例 2.1.8 中的向量组 $\{\mathbf{x}_1,\mathbf{x}_2\}$。正如例子所说明的，这些向量不是线性无关的。同样很明显的是，任何一个向量都不会改变张成空间，即张成空间在任何情况下都是水平轴。而且正如在例 2.1.8 中所看到的，$\mathbf{x}_2=-2\mathbf{x}_1$，这意味着每个向量都可以写成另一个向量的线性组合。

事实 2.1.4　如果 $X:=\{\mathbf{x}_1,\cdots,\mathbf{x}_K\}$ 是线性无关的，则

(i) X 的每个子集都线性无关；

(ii) X 不包含 $\mathbf{0}$ 向量；

(iii) 对于所有 $\mathbf{x}\in\mathbb{R}^N$，如果 $\mathbf{x}\notin$ span X，则 $X\cup\{\mathbf{x}\}$ 是线性无关的。

这个证明留作练习题完成（练习题 2.4.16）。

2.1.3.1　线性无关性和唯一性

下面我们将看到，线性方程组解的存在性问题可以归结为给定的点是否包含在向量集合的张成空间中（通常与矩阵的列相对应）。这通常取决于张成空间的大小，而张成空间的大小则取决

① A 是 B 的真子集，如果 $A\subset B$ 且 $A\neq B$。

于向量是不是线性无关的。

考虑到线性无关性是解存在的关键条件,因此首先要了解线性无关性也是唯一性的关键条件。正如我们将看到的,线性无关性与唯一性之间的联系来自以下结果。

定理 2.1.2 设 $X:=\{\mathbf{x}_1,\cdots,\mathbf{x}_K\}$ 是 $\mathbb{R}^N$ 中任意向量的集合。下面两个陈述是等价的:

(i) X 是线性无关的;

(ii) 对于任意 $\mathbf{y}\in\mathbb{R}^N$,最多存在一组常数 $\alpha_1,\cdots,\alpha_K$ 使得

$$\mathbf{y}=\alpha_1\mathbf{x}_1+\cdots+\alpha_K\mathbf{x}_K \tag{2.5}$$

证明:((i)⇒(ii))设 X 是线性无关的,同时选择任意的 $\mathbf{y}\in\mathbb{R}^N$。假定存在两组标量使得式(2.5)成立。特别地,假定 $\mathbf{y}=\sum_{k=1}^K\alpha_k\mathbf{x}_k=\sum_{k=1}^K\beta_k\mathbf{x}_k$,由第二个等式可得 $\sum_{k=1}^K(\alpha_k-\beta_k)\mathbf{x}_k=\mathbf{0}$。借助于线性无关性,可以得出对于所有 k 有 $\alpha_k=\beta_k$。换句话说,此表示法是唯一的。

((ii)⇒(i))如果(ii)成立,则最多存在一组标量使得 $\mathbf{0}=\sum_{k=1}^K\alpha_k\mathbf{x}_k$。因为 $\alpha_k=\cdots=\alpha_k=0$ 能使其成立,所以得出结论,没有一组不全为零的标量使得 $\mathbf{0}=\sum_{k=1}^K\alpha_k\mathbf{x}_k$。换句话说,$X$ 是线性无关的。

□

2.1.4 线性子空间

我们可以发现,更仔细地研究由一组向量所生成的张成空间的结构是有益的。集合 X 的张成空间定义的特征之一是,它在向量加法与标量乘法的线性运算下是“封闭的”,这意味着:

(i) $\mathbf{x},\mathbf{y}\in\text{span }X\Rightarrow\mathbf{x}+\mathbf{y}\in\text{span }X$;

(ii) $\mathbf{y}\in\text{span }X$ 且 $\gamma\in\mathbb{R}\Rightarrow\gamma\mathbf{y}\in\text{span }X$。

例如,(i)成立的原因在于 X 中元素的两个线性组合之和仍然是 X 中元素的另一种线性组合。

在标量乘法与向量加法下,封闭集合的概念是非常重要的,以至于拥有它自己的名称:$\mathbb{R}^N$ 的非空子集 S 被称为 $\mathbb{R}^N$ 的线性子空间(linear subspace)或子空间(subspace),如果

$$\mathbf{x},\mathbf{y}\in S \text{ 且 } \alpha,\beta\in\mathbb{R}\Rightarrow\alpha\mathbf{x}+\beta\mathbf{y}\in S \tag{2.6}$$

例 2.1.9 根据前面的讨论,如果 X 是 $\mathbb{R}^N$ 的任意非空子集,则 span X 是 $\mathbb{R}^N$ 的线性子空间。正是由于这个原因,span X 通常被称为由 X 张成的线性子空间。

例 2.1.10 给定任意向量 $\mathbf{a}\in\mathbb{R}^N$,集合 $A:=\{\mathbf{x}\in\mathbb{R}^N:\langle\mathbf{a},\mathbf{x}\rangle=0\}$ 是 $\mathbb{R}^N$ 的线性子空间。为了证明这个结论,设 $\mathbf{x},\mathbf{y}\in A$ 并且设 $\alpha,\beta\in\mathbb{R}$。我们想要验证 $\mathbf{z}:=\alpha\mathbf{x}+\beta\mathbf{y}\in A$;或者等价形式,即 $\langle\mathbf{a},\mathbf{z}\rangle=0$。这个式子是成立的,因为

$$\langle\mathbf{a},\mathbf{z}\rangle=\langle\mathbf{a},\alpha\mathbf{x}+\beta\mathbf{y}\rangle=\alpha\langle\mathbf{a},\mathbf{x}\rangle+\beta\langle\mathbf{a},\mathbf{y}\rangle=0+0=0$$

例 2.1.11 由于 N 维向量的任意线性组合都是 N 维向量,所以整个 $\mathbb{R}^N$ 空间是 $\mathbb{R}^N$ 的线性子空间。

为了使 $\mathbb{R}^3$ 中的子空间可视,考察通过原点的直线和平面。下面是一些关于线性子空间的基本事实:

事实 2.1.5 如果 S 是 $\mathbb{R}^N$ 的线性子空间,则

(i) $\mathbf{0}\in S$;

(ii) $X\subset S\Rightarrow\text{span }X\subset S$;

(iii) span $S=S$。

我们还需要研究关于线性子空间的一个更深入的结果,它是许多基本结论的基石。

定理 2.1.3　设 S 为 $\mathbb{R}^N$ 的线性子空间。如果 S 由 K 个向量张成,则 S 的任何线性无关子集最多含有 K 个向量。

换句话说,如果存在 $X=\{\mathbf{x}_1,\cdots,\mathbf{x}_K\}$ 且 $S\subset \text{span } X$,那么 S 的任何多于 K 个向量的子集都是线性相关的。线性代数的绝大多数教材都提供了这个结论的证明[例如 Jänich(1994)的第 3.5 节]。

例 2.1.12　在例 2.1.4 中,我们已经证明 $\mathbb{R}^2$ 是由典范基向量对 $\{\mathbf{e}_1,\mathbf{e}_2\}$ 所张成的,其中 $\mathbf{e}_i$ 表示 $\mathbb{R}^2$ 的第 i 个典范基向量(也可参看图 2.7)。由这个事实和定理 2.1.3 可得,图 2.1 所给出的 $\mathbb{R}^2$ 中的三个向量是线性相关的。

例 2.1.13　考察例 2.1.5 中的平面 $P:=\{(x_1,x_2,0)\in\mathbb{R}^3: x_1,x_2\in\mathbb{R}\}$。我们可以看出,平面 P 是由两个向量所张成的。作为定理 2.1.3 的结论,可以知道此平面上的任意三个向量都是线性相关的,如图 2.9 所示。

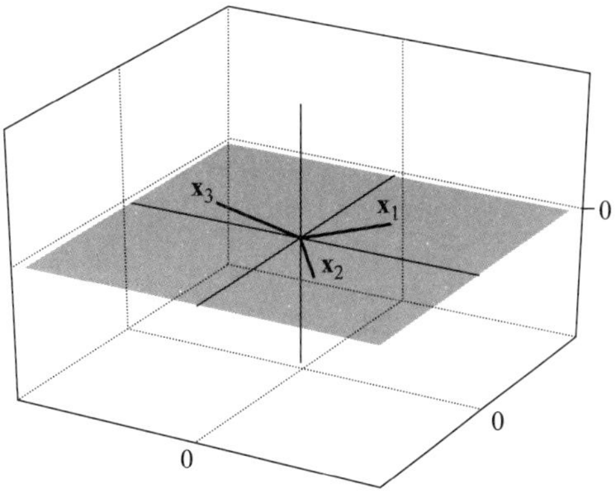

图 2.9　在平面 P 中的任意三个向量线性相关

2.1.5　基底和维数

再次考察图 2.5 中的向量对 $\mathbf{x}_1,\mathbf{x}_2$,以及由 $\mathbf{x}_1,\mathbf{x}_2$ 通过线性组合方式构成的用四个不同向量表示的 $\mathbf{y}$。这幅图给人的印象是,任意 $\mathbf{y}\in\mathbb{R}^2$ 都能通过选择合适的标量 α_1 和 α_2 构造成为 $\mathbf{x}_1$ 和 $\mathbf{x}_2$ 的线性组合。实际上,这是成立的。其原因是 $\{\mathbf{x}_1,\mathbf{x}_2\}$ 线性无关(参看例 2.1.6),同时 $\mathbb{R}^2$ 中的任意线性无关的向量对都可以张成 $\mathbb{R}^2$。下面给出这个结论的一般性陈述。

定理 2.1.4　设 $X:=\{\mathbf{x}_1,\cdots,\mathbf{x}_N\}$ 为 $\mathbb{R}^N$ 中任意 N 个向量的集合。下面两个陈述是等价的:

(i) $\text{span } X=\mathbb{R}^N$;

(ii) X 是线性无关的。

证明:((i)⇒(ii))假定 $\text{span } X=\mathbb{R}^N$ 但 X 并非线性无关的。于是,由定理 2.1.1 可知,存在 X 的一个真子集 X_0 使得 $\text{span } X_0=\text{span } X$。因为 X_0 是 X 的一个真子集,所以它含有 $K<N$ 个元素。而现在可由 K 个向量张成 $\mathbb{R}^N$。特别是,K 个向量的张成空间含有 $N>K$ 个线性无关的向量 $\mathbf{e}_1,\cdots,\mathbf{e}_N$。这与定理 2.1.3 相矛盾。

((ii)⇒(i))假定 X 是线性无关的,但存在 $\mathbf{x}\in\mathbb{R}^N$ 且 $\mathbf{x}\notin\text{span } X$。由事实 2.1.4 可知,$N+1$ 元素集 $X\cup\{\mathbf{x}\}\subset\mathbb{R}^N$ 是线性无关的。由于 $\mathbb{R}^N$ 是由 N 个典范基向量所张成的,这个陈述仍然与定理 2.1.3 相矛盾。 □

我们现在给出一个关键定义。设 S 是$\mathbb{R}^N$ 的线性子空间，并且设 $B\subset S$。集合 B 被称为 S 的基底(basis)，如果满足下述条件：

(i) B 张成 S；

(ii) B 是线性无关的。

从定理 2.1.2 来看，当 B 为 S 的基底时，S 中的每个点都可以用 B 的一些元素的线性组合来唯一地表示。

从定理 2.1.4 可以直接知道，$\mathbb{R}^N$ 中的任意 N 个线性无关的向量都可成为$\mathbb{R}^N$ 的基底。

例 2.1.14 例 2.1.4 中的典范基向量集合$\{\mathbf{e}_1,\cdots,\mathbf{e}_N\}\subset\mathbb{R}^N$ 是线性无关的，并可张成整个$\mathbb{R}^N$。因此，顾名思义，它为$\mathbb{R}^N$ 提供了基底。

例 2.1.15 图 2.5 中的向量对$\{\mathbf{x}_1,\mathbf{x}_2\}$可以成为$\mathbb{R}^2$ 的基底。

例 2.1.16 向量对$\{\mathbf{e}_1,\mathbf{e}_2\}$是由例 2.1.5 所定义的集合 P 的基底。

下面给出关于基底的两个最基本的结论。

定理 2.1.5 如果 S 是$\mathbb{R}^N$ 的一个非$\{\mathbf{0}\}$的线性子空间，则

(i) S 至少含有一组基底；

(ii) S 的每一组基底都含有相同数量的元素。

关于(i)的证明并不是特别难。例如，参看 Jänich(1994)的第 3.2 节。(ii)源自定理 2.1.3，关于它的证明留作练习题完成(练习题 2.4.17)。

如果 S 是$\mathbb{R}^N$ 的一个线性子空间，那么由定理 2.1.5 所确定的公共数被称为 S 的维数(dimension)，并写成 $\dim S$。

例 2.1.17 对于 $P:=\{(x_1,x_2,0)\in\mathbb{R}^3:x_1,x_2\in\mathbb{R}\}$，我们可以得到 $\dim P=2$，这是因为$\{\mathbf{e}_1,\mathbf{e}_2\}\subset\mathbb{R}^3$ 是基底(参看例 2.1.5)且$\{\mathbf{e}_1,\mathbf{e}_2\}$有两个元素。

例 2.1.18 $\dim\mathbb{R}^N=N$，这是因为$\{\mathbf{e}_1,\cdots,\mathbf{e}_N\}\subset\mathbb{R}^N$ 是基底。

例 2.1.19 通过原点的一条直线$\{\alpha\mathbf{x}\in\mathbb{R}^N:\alpha\in\mathbb{R}\}$是一维的。

在$\mathbb{R}^N$ 中，单点子空间$\{\mathbf{0}\}$被说成是 0 维的。

如果我们取一个含 K 个向量的集合，那么它所张成的维数将会是多大呢？下面的定理回答了这个问题。

定理 2.1.6 设 $X:=\{\mathbf{x}_1,\cdots,\mathbf{x}_K\}\subset\mathbb{R}^N$，则

(i) $\dim \operatorname{span} X\leqslant K$；

(ii) 当且仅当 X 是线性无关时 $\dim \operatorname{span} X=K$。

这个证明留作练习题 2.4.19 完成。

这里我们利用前面的结果，推导出下面的事实来结束这一节的阐述。

事实 2.1.6 下列两个陈述是正确的：

(i) 设 S 与 S'都是$\mathbb{R}^N$ 的 K 维线性子空间。如果 $S\subset S'$，则 $S=S'$。

(ii) 如果 S 是$\mathbb{R}^N$ 的 M 维线性子空间，且 $M<N$，则 $S\neq\mathbb{R}^N$。

事实 2.1.6 的(i)意味着，$\mathbb{R}^N$ 的唯一 N 维线性子空间就是$\mathbb{R}^N$ 本身。

2.1.6 线性映射

在应用数学中，最重要的一类函数是线性函数。高中阶段的知识告诉我们，线性函数的图形是一条直线。这里有一个更好的定义：函数 $T:\mathbb{R}^K\to\mathbb{R}^N$ 是线性的，如果

$$T(\alpha\mathbf{x}+\beta\mathbf{y})=\alpha T\mathbf{x}+\beta T\mathbf{y},\quad \text{对于任何 } \mathbf{x},\mathbf{y}\in\mathbb{R}^K \text{ 和 } \alpha,\beta\in\mathbb{R} \tag{2.7}$$

(按照惯例,我们用大写字母表示线性函数,并在不引起混淆的情况下省略括号。之所以有这个惯例是因为线性映射的作用本质上和向量与矩阵的乘法同构。下面很快要讨论这个内容。)

例 2.1.20 用 $Tx=2x$ 定义的函数 $T:\mathbb{R}\to\mathbb{R}$ 是线性的,这是因为对于$\mathbb{R}$ 中的任意 α,β,x,y,可得到 $T(\alpha x+\beta y)=2(\alpha x+\beta y)=\alpha 2x+\beta 2y=\alpha Tx+\beta Ty$。

例 2.1.21 给定 $\mathbf{a}\in\mathbb{R}^K$,由 $T\mathbf{x}=\langle\mathbf{a},\mathbf{x}\rangle$ 定义的函数 $T:\mathbb{R}^K\to\mathbb{R}$ 是线性的。实际上,利用内积法则,对于$\mathbb{R}$ 中的任意 α,β 以及$\mathbb{R}^K$ 中的任意 $\mathbf{x},\mathbf{y}$,可以得到

$$T(\alpha\mathbf{x}+\beta\mathbf{y})=\langle\mathbf{a},\alpha\mathbf{x}+\beta\mathbf{y}\rangle=\alpha\langle\mathbf{a},\mathbf{x}\rangle+\beta\langle\mathbf{a},\mathbf{y}\rangle=\alpha T\mathbf{x}+\beta T\mathbf{y}$$

例 2.1.22 由 $f(x)=x^2$ 定义的函数 $f:\mathbb{R}\to\mathbb{R}$ 并不是线性的,这是因为如果 $\alpha=\beta=x=y=1$,则 $\alpha f(x)+\beta f(y)=2$,而 $f(\alpha x+\beta y)=4$。

例 2.1.23 由 $f(x)=1+2x$ 定义的函数 $f:\mathbb{R}\to\mathbb{R}$ 不是线性的,因为当 $\alpha=\beta=x=y=1$ 时,$f(\alpha x+\beta y)=f(2)=5$,而 $\alpha f(x)+\beta f(y)=3+3=6$。这种函数被称为仿射(affine)函数。我们发现,只用函数的图形是直线来识别线性函数的做法是不正确的。

式(2.7)的定义直接告诉我们,如果 T 是线性的,那么当 $K=2$ 时,在 $T\left(\sum_{k=1}^{K}\alpha_k\mathbf{x}_k\right)=\sum_{k=1}^{K}\alpha_k T\mathbf{x}_k$ 中交换顺序是有效的。通过简单的归纳推理,可将此论证扩展到任意的 K。作为这个事实的应用,考察下述问题:如同例 2.1.4 所讨论的,选择一些合适的标量,任意 $\mathbf{x}\in\mathbb{R}^K$ 向量都可以用基底向量表达成 $\sum_{k=1}^{K}\alpha_k\mathbf{e}_k$ 的形式。因此,对线性函数 T 来说,它的值域,用 rng T 表示,是如下形式的所有点的集合:

$$T\mathbf{x}=T\left(\sum_{k=1}^{K}\alpha_k\mathbf{e}_k\right)=\sum_{k=1}^{K}\alpha_k T\mathbf{e}_k$$

因为我们可以在所有标量范围内改变 $\alpha_1,\cdots,\alpha_K$ 的组合(关于值域的定义,参看第 15.2 节)。换句话说,线性映射的值域是由典范基函数的图像所张成的。这在后面的证明中是十分重要的。下一个事实给出了总结。

事实 2.1.7 如果 $T:\mathbb{R}^K\to\mathbb{R}^N$ 是线性映射,那么

$$\text{rng } T=\text{span } V,\text{其中 } V:=\{T\mathbf{e}_1,\cdots,T\mathbf{e}_K\}$$

下面我们很快转向确定线性函数是不是双射函数(bijection)的问题上,这个问题与矩阵的可逆性密切相关。目前我们需要知道的是,对于线性函数来说,一一对应的性质可以通过检查它映射到原点的集合来确定。为了表达这个想法,对于任意 $T:\mathbb{R}^K\to\mathbb{R}^N$,我们将 T 的零空间(null space)或 T 的核(kernel)定义为

$$\text{null } T:=\{\mathbf{x}\in\mathbb{R}^K: T\mathbf{x}=\mathbf{0}\}$$

事实 2.1.8 如果 $T:\mathbb{R}^K\to\mathbb{R}^N$ 是线性的,则

(i) null T 是$\mathbb{R}^K$ 的线性子空间;

(ii) 当且仅当 T 是一一对应时 null $T=\{\mathbf{0}\}$。

这个证明非常简单。例如,对于某些 $\mathbf{x},\mathbf{y}\in\mathbb{R}^K$,如果 $T\mathbf{x}=T\mathbf{y}$,那么 $T(\mathbf{x}-\mathbf{y})=\mathbf{0}$,因此 $\mathbf{x}-\mathbf{y}\in$ null T。因此如果 null $T=\{\mathbf{0}\}$,则 $T\mathbf{x}=T\mathbf{y}$ 意味着 $\mathbf{x}=\mathbf{y}$,这就表明 T 是一一对应的。

2.1.7 线性无关性和双射函数

许多统计问题可以看成是“反向”问题,这是在如下意义上而言的——我们观察结果,然后希

望确定什么生成了它们。例如,我们想要知道什么样的消费者偏好导致了观测到的市场行为,或者什么样的预期导致了汇率出现特定形式的变化。

考察图 2.10 中的一般性反向问题,其中 F 与 y 是已知的,我们试图求解未知的 x。我们马上就面临两个问题:这个问题有解吗?解是唯一的吗?为了对这些问题给出一般性的答案,我们需要知道 F 是否一一映射、是否满射等(参看第 15.2 节的定义和进一步讨论)。一种最好的情况是 F 是一个双射函数,此时,对于每一个可能的 y,存在唯一解 x。

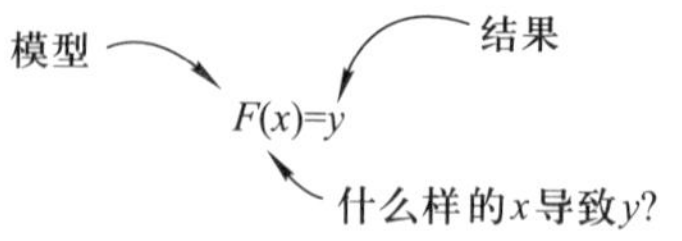

图 2.10 反向问题

一般地说,函数可能是满射的,也可能是一一对应的、双射的,或者以上都不是。然而,对于从 $\mathbb{R}^N$ 到 $\mathbb{R}^N$ 的线性函数,前面三个性质都是等价的!下面的定理给出了详细内容。

定理 2.1.7 如果 T 是从 $\mathbb{R}^N$ 到 $\mathbb{R}^N$ 的线性函数,则下面几个陈述是等价的:

(i) T 是双射的;

(ii) T 是满射的;

(iii) T 是一一映射的;

(iv) null $T=\{\mathbf{0}\}$;

(v) $V:=\{T\mathbf{e}_1,\cdots,T\mathbf{e}_N\}$ 是线性无关的;

(vi) $V:=\{T\mathbf{e}_1,\cdots,T\mathbf{e}_N\}$ 构成 $\mathbb{R}^N$ 的一组基底。

如果这些条件中的任何一个是成立的,则称 T 为非奇异的(nonsingular)(等价地,非奇异函数是线性双射的)。否则 T 被称为奇异的(singular)。关于定理 2.1.7 的证明,留作练习题来完成(练习题 2.4.21)。当 $N=1$ 时,图 2.11 给出了直观图形。在图 2.11 上面的图形中,定理 2.1.7 中

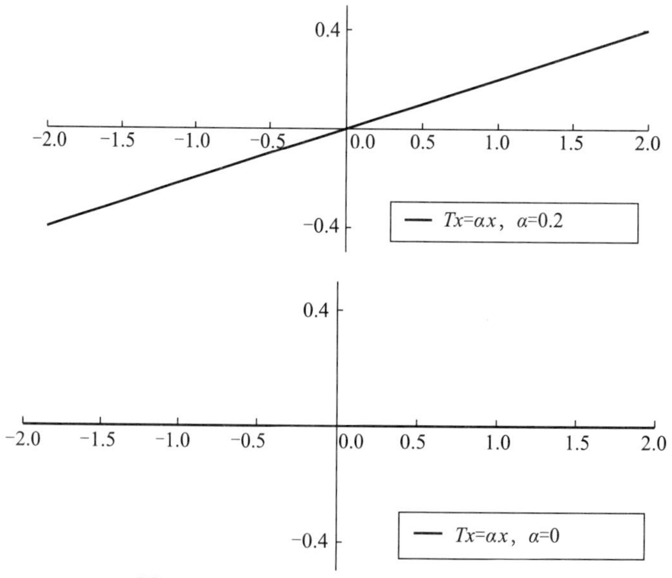

图 2.11 $N=1$ 时,非奇异和奇异的情况

的条件全都满足。在下面的图形中,没有一个条件得到满足。特别地,我们可以看到,T成为一一映射与满射的条件是完全一样的(即 $\alpha \neq 0$)。

如果 T 是非奇异的,那么作为双射函数的 T 必然有逆函数 T^{-1},对于双射函数来说亦如此(见事实 15.2.1)。可以证明,这个逆函数继承了 T 函数的线性(参看练习题 2.4.20)。于是,总结成下面的事实。

事实 2.1.9　如果 $T:\mathbb{R}^N \to \mathbb{R}^N$ 是非奇异的,则 T^{-1}也是非奇异的。

定理 2.1.7 仅可应用于相同维数空间之间的线性映射当中。当线性函数映射于不同维数的两个空间时,情况就发生变化。

定理 2.1.8　对于从$\mathbb{R}^K \to \mathbb{R}^N$ 的线性映射 T,下面几个陈述是正确的:

(i) 如果 $K<N$,那么 T 不是满射的;

(ii) 如果 $K>N$,那么 T 不是一一映射的。

最重要的含义是,如果 $N \neq K$,那么我们就不用考察双射。关于定理 2.1.8 的证明,留作练习题完成(练习题 2.4.22)。

2.2　正交性

本书的核心概念之一是正交性(orthogonality),不仅有向量形式,而且有诸如随机变量这样更复杂的形式。下面我们从向量的正交性定义和一些重要含义开始阐述。

2.2.1　定义和基本性质

设 $\mathbf{x}$ 与 $\mathbf{z}$ 是$\mathbb{R}^N$ 中的向量。如果$\langle \mathbf{x}, \mathbf{z} \rangle = 0$,那么我们可以将其写成 $\mathbf{x} \perp \mathbf{z}$,并称 $\mathbf{x}$ 与 $\mathbf{z}$ 是正交的(orthogonal)。在$\mathbb{R}^2$ 中,当 $\mathbf{x}$ 与 $\mathbf{z}$ 互相垂直时,则称它们是正交的,如图 2.12 所示。对于 $\mathbf{x} \in \mathbb{R}^N$ 以及 $S \subset \mathbb{R}^N$,如果对于所有 $\mathbf{z} \in S$(图 2.13),都有 $\mathbf{x} \perp \mathbf{z}$,则称 $\mathbf{x}$ 正交于 S,并写为 $\mathbf{x} \perp S$。如果集合$\{\mathbf{z}_1, \cdots, \mathbf{z}_K\} \subset \mathbb{R}^N$ 的元素相互正交,即当 j 与 k 不相同时有 $\mathbf{z}_j \perp \mathbf{z}_k$,则称该集合是正交集合(orthogonal set)。

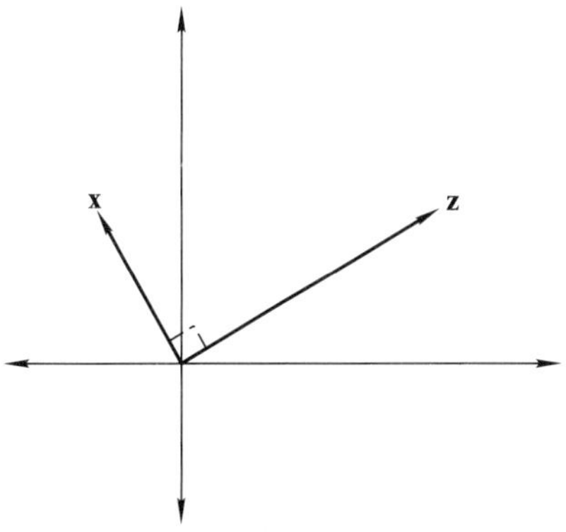

图 2.12　$\mathbf{x} \perp \mathbf{z}$

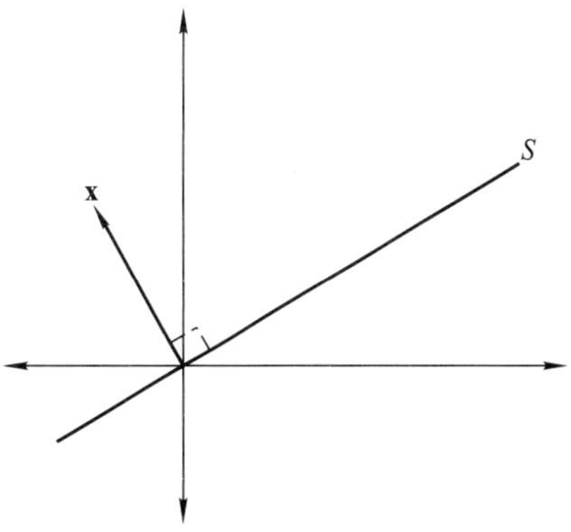

图 2.13　$\mathbf{x} \perp S$

事实 2.2.1　(毕达哥拉斯定理)如果$\{\mathbf{z}_1, \cdots, \mathbf{z}_K\}$是一个正交集合,则

$$\|\mathbf{z}_1 + \cdots + \mathbf{z}_K\|^2 = \|\mathbf{z}_1\|^2 + \cdots + \|\mathbf{z}_K\|^2$$

正交集合与线性无关性是密切联系的。例如,存在下面的事实。

事实 2.2.2 如果 $O \subset \mathbb{R}^N$ 是一个正交集合且 $\mathbf{0} \notin O$,则 O 是线性无关的。

然而,并非每个线性无关集合都是正交的,第 2.2.4 节给出了关于事实 2.2.2 的一个重要反例。

一个正交集合 $O \subset \mathbb{R}^N$ 被称为标准正交集合(orthonormal set),如果对于所有 $\mathbf{u} \in O$ 都有 $\|\mathbf{u}\| = 1$。位于$\mathbb{R}^N$ 中且张成$\mathbb{R}^N$ 的线性子空间 S 的标准正交集合被称为 S 的一个标准正交基底(orthonormal basis)。它必定是 S 的一个基底(为什么呢?)。对于所有$\mathbb{R}^N$,一组标准正交基底的标准例子是典范基底$\{\mathbf{e}_1, \cdots, \mathbf{e}_N\}$。

根据定义,如果 $O = \{\mathbf{u}_1, \cdots, \mathbf{u}_K\}$ 是 S 的所有基底,那么对于任意 $\mathbf{x} \in S$,我们可以找到唯一标量 $\alpha_1, \cdots, \alpha_K$ 使得 $\mathbf{x} = \sum_{k=1}^{K} \alpha_k \mathbf{u}_k$。尽管这些标量值并不总是容易直接获得的,作为一组标准正交基底,它们很容易计算出来。

事实 2.2.3 如果$\{\mathbf{u}_1, \cdots, \mathbf{u}_K\}$是标准正交集合,并且 $\mathbf{x} \in \operatorname{span}\{\mathbf{u}_1, \cdots, \mathbf{u}_K\}$,则

$$\mathbf{x} = \sum_{k=1}^{K} \langle \mathbf{x}, \mathbf{u}_k \rangle \mathbf{u}_k \tag{2.8}$$

关于这个事实的证明,留作练习题完成。已知 $S \subset \mathbb{R}^N$,S 的正交补(orthogonal complement)定义为

$$S^{\perp} := \{\mathbf{x} \in \mathbb{R}^N : \mathbf{x} \perp S\}$$

图 2.14 给出了$\mathbb{R}^2$ 中的例子。

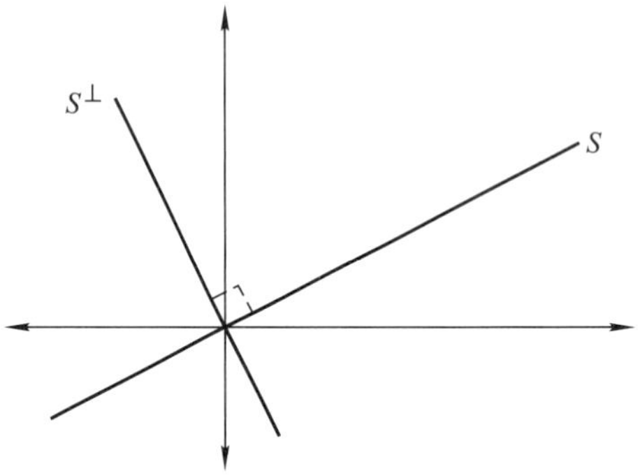

图 2.14 S 的正交补

事实 2.2.4 对于任意非空集 $S \subset \mathbb{R}^N$,集合 $S^{\perp}$是$\mathbb{R}^N$ 的线性子空间。

实际上,如果 $\mathbf{x}, \mathbf{y} \in S^{\perp}$ 且 $\alpha, \beta \in \mathbb{R}$,那么 $\alpha\mathbf{x} + \beta\mathbf{y} \in S^{\perp}$,这是因为对于任意 $\mathbf{z} \in S$,有

$$\langle \alpha\mathbf{x} + \beta\mathbf{y}, \mathbf{z} \rangle = \alpha\langle \mathbf{x}, \mathbf{z} \rangle + \beta\langle \mathbf{y}, \mathbf{z} \rangle = \alpha \times 0 + \beta \times 0 = 0$$

事实 2.2.5 对于 $S \subset \mathbb{R}^N$,可以得到 $S \cap S^{\perp} = \{\mathbf{0}\}$。

2.2.2 正交投影定理

线性回归和许多其他应用领域的中心问题是,利用$\mathbb{R}^N$ 中给定子空间 S 的元素逼近$\mathbb{R}^N$ 中的某些 $\mathbf{y}$。更准确地说,问题是已知 $\mathbf{y}$ 与 S,求出 S 中最接近 $\mathbf{y}$ 的元素 $\hat{\mathbf{y}}$。根据欧几里得范数的闭性

(closeness)，$\hat{\mathbf{y}}$ 是在 $\mathbf{z}\in S$ 中使 $\|\mathbf{y}-\mathbf{z}\|$ 最小化的值：

$$\hat{\mathbf{y}} = \underset{\mathbf{z}\in S}{\operatorname{argmin}} \|\mathbf{y}-\mathbf{z}\| \tag{2.9}$$

下面的定理告诉我们，最小化问题的解 $\hat{\mathbf{y}}$ 总是存在的，同时提供了一种确定它的方法。

定理 2.2.1　（正交投影定理Ⅰ）设 $\mathbf{y}\in\mathbb{R}^N$，并设 S 是 $\mathbb{R}^N$ 的任意非空线性子空间。下列陈述是正确的：

（i）最优化问题(2.9)有一个解；

（ii）当且仅当 $\hat{\mathbf{y}}\in S$ 且 $\mathbf{y}-\hat{\mathbf{y}}\perp S$ 时，$\hat{\mathbf{y}}\in\mathbb{R}^N$ 是式(2.9)的解。

唯一解 $\hat{\mathbf{y}}$ 被称为 $\mathbf{y}$ 正交投影(orthogonal projection)到 S。

从图形来看，人们很容易领会其本质特征，如图 2.15 所示。在此图中可以看到，在 S 中最接近 $\mathbf{y}$ 的 $\hat{\mathbf{y}}\in S$，使得 $\mathbf{y}-\hat{\mathbf{y}}$ 正交于 S。

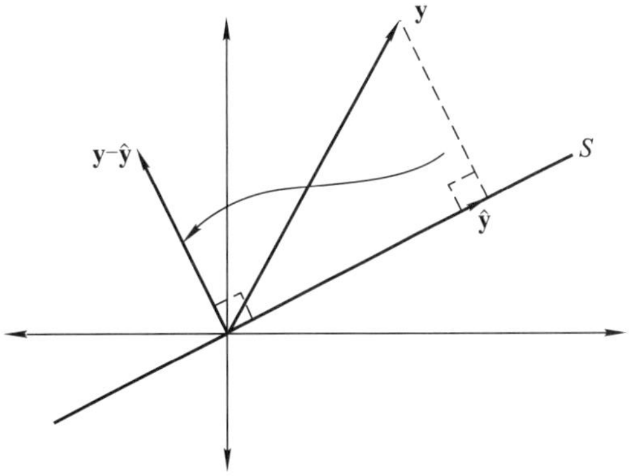

图 2.15　正交投影

例如，为了得到完整的证明，可以参看 Çinlar and Vanderbei(2013)的定理 5.16。下面我们只研究第(ii)部分中条件的充分性：设 $\mathbf{y}\in\mathbb{R}^N$，并设 S 是 $\mathbb{R}^N$ 的线性子空间。设 $\hat{\mathbf{y}}$ 是 S 的一个向量，满足 $\mathbf{y}-\hat{\mathbf{y}}\perp S$。设 $\mathbf{z}$ 是 S 的另外一个点。可以得到

$$\|\mathbf{y}-\mathbf{z}\|^2 = \|(\mathbf{y}-\hat{\mathbf{y}})+(\hat{\mathbf{y}}-\mathbf{z})\|^2 = \|\mathbf{y}-\hat{\mathbf{y}}\|^2 + \|\hat{\mathbf{y}}-\mathbf{z}\|^2$$

第二个等式可由 $\mathbf{y}-\hat{\mathbf{y}}\perp S$（为什么？）和毕达哥拉斯定理得到。由于 $\mathbf{z}$ 是 S 上的任意一点，我们得到 $\|\mathbf{y}-\mathbf{z}\|\geqslant\|\mathbf{y}-\hat{\mathbf{y}}\|$，对于所有 $\mathbf{z}\in S$。因此式(2.9)成立。

例 2.2.1　设 $\mathbf{y}\in\mathbb{R}^N$，并设 $\mathbf{1}\in\mathbb{R}^N$ 是单位向量。设 S 是 $\mathbb{R}^N$ 中每个元素都相等的常数向量组成的集合。很明显，S 是 $\{\mathbf{1}\}$ 的张成空间。$\mathbf{y}$ 在 S 上的正交投影是 $\hat{\mathbf{y}} := \bar{y}\mathbf{1}$，其中 $\bar{\mathbf{y}} := \frac{1}{N}\sum_{n=1}^{N} y_n$。为了认清这一点，注意 $\hat{\mathbf{y}}\in S$ 显然成立。因此，我们只需要检查 $\mathbf{y}-\hat{\mathbf{y}}$ 是否正交于 S，这就足以证明 $\langle\mathbf{y}-\hat{\mathbf{y}},\mathbf{1}\rangle=0$（参看练习题 2.4.14）。这是成立的，因为

$$\langle\mathbf{y}-\hat{\mathbf{y}},\mathbf{1}\rangle = \langle\mathbf{y},\mathbf{1}\rangle - \langle\hat{\mathbf{y}},1\rangle = \sum_{n=1}^{N} y_n - \bar{y}\langle\mathbf{1},\mathbf{1}\rangle = 0$$

2.2.3　投影作为映射

根据定理 2.2.1，对于 $\mathbb{R}^N$ 中每个固定的线性子空间 S，如下运算

$$\mathbf{y}\to\mathbf{y}\text{ 在 }S\text{ 上的正交投影}$$

是一个从$\mathbb{R}^N$到$\mathbb{R}^N$的定义明确的函数。该函数通常用$\mathbf{P}$表示。对于每个$\mathbf{y}\in\mathbb{R}^N$,符号$\mathbf{Py}$代表$\mathbf{y}$在$\mathbf{P}$下的像(image),并且它是正交投影$\hat{\mathbf{y}}$。$\mathbf{P}$被称为$S$上的正交投影,我们写成

$$\mathbf{P} = \text{proj}S$$

图2.16说明了$\mathbf{P}$对两个不同向量作用所得到的结果。

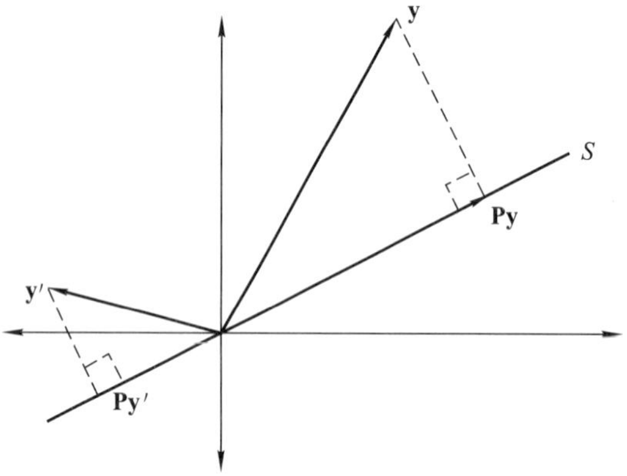

图 2.16　在 P 下的正交投影

利用这种表示法,我们可以重新表述正交投影定理,同时得到$\mathbf{P}$的某些性质。

定理 2.2.2　(正交投影定理Ⅱ)设S是$\mathbb{R}^N$的任意线性子空间,并设$\mathbf{P}=\text{proj}S$。下列陈述是正确的:

(i) $\mathbf{P}$是一个线性函数。

而且,对于任意$\mathbf{y}\in\mathbb{R}^N$,可以得到

(ii) $\mathbf{Py}\in S$;

(iii) $\mathbf{y}-\mathbf{Py}\perp S$;

(iv) $\|\mathbf{y}\|^2=\|\mathbf{Py}\|^2+\|\mathbf{y}-\mathbf{Py}\|^2$;

(v) $\|\mathbf{Py}\|\leqslant\|\mathbf{y}\|$;

(vi) $\mathbf{Py}=\mathbf{y}$当且仅当$\mathbf{y}\in S$;

(vii) $\mathbf{Py}=\mathbf{0}$当且仅当$\mathbf{y}\in S^{\perp}$。

已知定理2.2.1,这些结论都不难证明。关于$\mathbf{P}$的线性性质的证明,留作练习题完成(练习题2.4.29)。(ii)—(iii)部分可直接由定理2.2.1得到。对于(iv),通过观察可以发现,$\mathbf{y}$可分解为$\mathbf{y}=\mathbf{Py}+\mathbf{y}-\mathbf{Py}$,然后应用毕达哥拉斯定理。(v)部分源自(iv)。(vi)部分源自$\mathbf{Py}$的定义——S中最接近$\mathbf{y}$的点。关于(vii)部分的证明,留作练习题完成。

事实 2.2.6　如果$\{\mathbf{u}_1,\cdots,\mathbf{u}_K\}$是$S$的一组标准正交基底,那么对于每个$\mathbf{y}\in\mathbb{R}^N$,

$$\mathbf{Py} = \sum_{k=1}^{K}\langle\mathbf{y},\mathbf{u}_k\rangle\mathbf{u}_k \tag{2.10}$$

事实2.2.6是基本结论。很明显,这是成立的,因为式(2.10)的右边位于S(作为基函数的线性组合)中,同时对于下面基底集合中的任何$\mathbf{u}_j$,有

$$\langle\mathbf{y}-\mathbf{Py},\mathbf{u}_j\rangle=\langle\mathbf{y},\mathbf{u}_j\rangle-\sum_{k=1}^{K}\langle\mathbf{y},\mathbf{u}_k\rangle\langle\mathbf{u}_k,\mathbf{u}_j\rangle=\langle\mathbf{y},\mathbf{u}_j\rangle-\langle\mathbf{y},\mathbf{u}_j\rangle=0$$

这就足以证明$\mathbf{y}-\mathbf{Py}\perp S$(参看练习题2.4.14)。

例 2.2.2　回想例 2.2.1，$\mathbf{y} \in \mathbb{R}^N$ 投影到 $\text{span}\{\mathbf{1}\}$ 的是 $\bar{y}\mathbf{1}$，其中 $\bar{y}$ 表示"样本均值"，即 $\bar{y} := \frac{1}{N}\sum_{n=1}^{N} y_n$。我们从式(2.10)同样能看到这一点。为了应用式(2.10)，我们只需要为 $\text{span}\{\mathbf{1}\}$ 求出一组标准正交基底。一个明显的备选者是 $\{N^{1/2}\mathbf{1}\}$。现在利用式(2.10)，立刻得到 $\mathbf{P}\mathbf{y} = \langle N^{1/2}\mathbf{1}, \mathbf{y}\rangle N^{1/2}\mathbf{1}$。如前所述，这就得到 $\bar{y}\mathbf{1}$。

需要注意的是，$\mathbf{P}$ 还有一个基本性质。假定有两个 $\mathbb{R}^N$ 的线性子空间 S_1 与 S_2，其中 $S_1 \subset S_2$。那么(1)首先将一个点投影到较大子空间 S_2 上，然后将其结果投影到较小子空间 S_1 上，与(2)直接投影到较小子空间 S_1 上，这两者有何区别呢？答案是没有区别，我们得到了相同的结果：

事实 2.2.7　设 S_i 是 $\mathbb{R}^N$ 的线性子空间($i=1,2$)，并设 $\mathbf{P}_i = \text{proj}S_i$。如果 $S_1 \subset S_2$，那么

$$\mathbf{P}_1\mathbf{P}_2\mathbf{y} = \mathbf{P}_2\mathbf{P}_1\mathbf{y} = \mathbf{P}_1\mathbf{y}, \text{对于所有 } \mathbf{y} \in \mathbb{R}^N$$

2.2.4　残差投影

考虑正交投影定理的设置。我们感兴趣的是将 $\mathbf{y}$ 投影到 S 上，其中 S 是 $\mathbb{R}^N$ 的线性子空间。S 中最接近 $\mathbf{y}$ 的点是 $\hat{\mathbf{y}} := \mathbf{P}\mathbf{y}$，其中 $\mathbf{P} = \text{proj}S$。除非 $\mathbf{y}$ 已经在 S 中，否则仍然存在一些误差 $\mathbf{y} - \mathbf{P}\mathbf{y}$。对于我们来说，跟踪和管理这个残差是非常重要的，因此我们引入一个取值为 $\mathbf{y} \in \mathbb{R}^N$ 并且带有残差的算子(operator)$\mathbf{M}$。我们将它定义为

$$\mathbf{M} := \mathbf{I} - \mathbf{P} \tag{2.11}$$

其中 $\mathbf{I}$ 表示 $\mathbb{R}^N$ 上的恒等映射(identity mapping)。对于任意 $\mathbf{y}$，我们需要有 $\mathbf{M}\mathbf{y} = \mathbf{I}\mathbf{y} - \mathbf{P}\mathbf{y} = \mathbf{y} - \mathbf{P}\mathbf{y}$。在回归分析中，$\mathbf{M}$ 是一个被称为"零化子"(annihilator)的矩阵。这是一个非常酷的名字，但它并没有很好地说明它的函数。在下文中，我们将 $\mathbf{M}$ 称为残差投影(residual projection)。

例 2.2.3　回顾前面的例 2.2.1，我们发现 $\mathbf{y} \in \mathbb{R}^N$ 在 $\text{span}\{\mathbf{1}\}$ 上的投影是 $\bar{y}\mathbf{1}$。残差投影是 $\mathbf{M}_c\mathbf{y} := \mathbf{y} - \bar{y}\mathbf{1}$。在计量经济学应用中，当向量元素是通过它的样本均值来进行预测时，我们将它看成是误差向量。下标提示人们，$\mathbf{M}_c$ 是以向量的均值为中心的。

事实 2.2.8　设 S 为 $\mathbb{R}^N$ 的线性子空间，设 $\mathbf{P} = \text{proj}S$，同时设 $\mathbf{M}$ 是式(2.11)所定义的残差投影。下列几个陈述是正确的：

(i) $\mathbf{M} = \text{proj}S^{\perp}$；

(ii) $\mathbf{y} = \mathbf{P}\mathbf{y} + \mathbf{M}\mathbf{y}$，对于任意 $\mathbf{y} \in \mathbb{R}^N$；

(iii) $\mathbf{P}\mathbf{y} \perp \mathbf{M}\mathbf{y}$，对于任意 $\mathbf{y} \in \mathbb{R}^N$；

(iv) $\mathbf{M}\mathbf{y} = \mathbf{0}$ 当且仅当 $\mathbf{y} \in S$；

(v) $\mathbf{P} \circ \mathbf{M} = \mathbf{M} \circ \mathbf{P} = \mathbf{0}$。

(v) 部分说明 $\mathbf{P}\mathbf{M}\mathbf{y} = \mathbf{M}\mathbf{P}\mathbf{y} = \mathbf{0}$，对于所有 $\mathbf{y} \in \mathbb{R}^N$。图 2.17 说明了 $\mathbf{M}$ 的作用。事实 2.2.8 的结论也展示在这个图中。

如果 S_1 和 S_2 是 $\mathbb{R}^N$ 的两个线性子空间，且 $S_1 \in S_2$，那么 $S_2^{\perp} \subset S_1^{\perp}$。这意味着事实 2.2.7 的结论对 $\mathbf{M}$ 是相反的。

事实 2.2.9　设 S_1 和 S_2 是 $\mathbb{R}^N$ 的两个子空间，并设 $\mathbf{y} \in \mathbb{R}^N$。设 $\mathbf{M}_1$ 和 $\mathbf{M}_2$ 分别是在 $S_1^{\perp}$ 和 $S_2^{\perp}$ 上的投影，如果 $S_1 \subset S_2$，则

$$\mathbf{M}_1\mathbf{M}_2\mathbf{y} = \mathbf{M}_2\mathbf{M}_1\mathbf{y} = \mathbf{M}_2\mathbf{y}$$

作为上述思想的应用，现在我们讨论格拉姆-施密特正交化(Gram-Schmidt orthogonalization)过程，它提供了本章所讨论的两个主要概念(即线性无关性和正交性)之间的基本联系。它可以

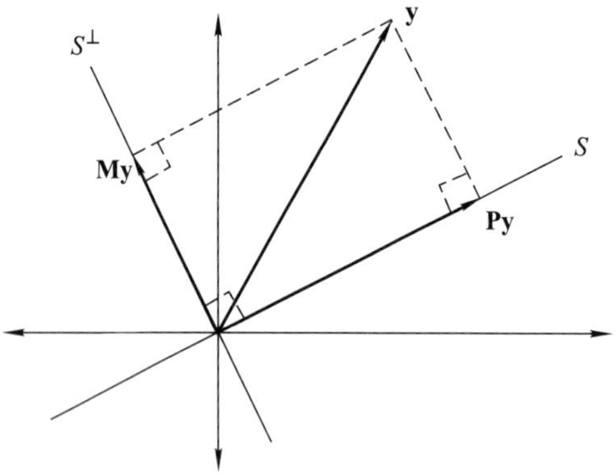

图 2.17 残差投影

看成与事实 2.2.2 部分相反。

定理 2.2.3 对于每个线性无关集合$\{\mathbf{b}_1,\cdots,\mathbf{b}_K\}\subset\mathbb{R}^N$,存在一个标准正交集合$\{\mathbf{u}_1,\cdots,\mathbf{u}_K\}$满足

$$\operatorname{span}\{\mathbf{b}_1,\cdots,\mathbf{b}_k\}=\operatorname{span}\{\mathbf{u}_1,\cdots,\mathbf{u}_k\},\quad k=1,\cdots,K$$

定理 2.2.3 的证明提供了生成标准正交集合$\{\mathbf{u}_1,\cdots,\mathbf{u}_K\}$的重要算法。第一步是,对于每个$k$,构造与$\{\mathbf{b}_1,\cdots,\mathbf{b}_k\}$具有相等张成空间的正交集合$\{\mathbf{v}_1,\cdots,\mathbf{v}_k\}$。构造$\{\mathbf{v}_1,\cdots\mathbf{v}_k\}$时使用了所谓的格拉姆-施密特正交化过程。首先,对于$k=1,\cdots,K$,设

(i) $B_k:=\operatorname{span}\{\mathbf{b}_1,\cdots,\mathbf{b}_k\}$;

(ii) $\mathbf{P}_k:=\operatorname{proj} B_k$ 且 $\mathbf{M}_k:=\operatorname{proj}B_k^{\perp}$;

(iii) $\mathbf{v}_k:=\mathbf{M}_{k-1}\mathbf{b}_k$,其中 $\mathbf{M}_0$ 表示恒等映射;

(iv) $V_k:=\operatorname{span}\{\mathbf{v}_1,\cdots,\mathbf{v}_k\}$。

第(iii)步中,我们将每个连续的元素 $\mathbf{b}_k$ 映射到与 $\mathbf{b}_1,\cdots,\mathbf{b}_{k-1}$ 生成的子空间正交的子空间中。在练习题中,要求读者证明对所有 k,$\{\mathbf{v}_1,\cdots,\mathbf{v}_K\}$是一个正交集合,且 $V_k=B_k$(练习题 2.4.34)。为了完成这个论证,我们通过 $\mathbf{u}_k:=\mathbf{v}_k/\|\mathbf{v}k\|$引入向量 $\mathbf{u}_k$ 并且确保向量集合$\{\mathbf{u}_1,\cdots,\mathbf{u}_k\}$与等于 V_k 的张成空间是标准正交的。关于这些结论的证明,仍然是留作练习题完成。

2.3 进一步阅读

关于向量空间的优秀教科书,可以参看 Marcus and Minc(1988)以及 Jänich(1994)。

2.4 练习题

练习题 2.4.1 证明线性组合的内积满足以下规则:

$$\left\langle \sum_{k=1}^{K}\alpha_k\mathbf{x}_k,\sum_{j=1}^{J}\beta_j\mathbf{y}_j\right\rangle=\sum_{k=1}^{K}\sum_{j=1}^{J}\alpha_k\beta_j\langle\mathbf{x}_k,\mathbf{y}_j\rangle$$

练习题 2.4.2 证明向量(1,1)与(−1,2)是线性无关的。

练习题 2.4.3　利用事实 2.1.2 证明，对于任意 $\mathbf{x} \in \mathbb{R}^N$，如果 $\mathbf{y} \in \mathbb{R}^N$ 使得 $\langle \mathbf{y}, \mathbf{x} \rangle = 0$，那么 $\mathbf{y} = \mathbf{0}$。

练习题 2.4.4　对于非零的 $\mathbf{x} \in \mathbb{R}^N$，考察如下最优化问题：

$$\max_{\mathbf{y}} \langle \mathbf{x}, \mathbf{y} \rangle，\text{其中 } \mathbf{y} \in \mathbb{R}^N \text{ 且 } \|\mathbf{y}\| = 1$$

证明最大化值是 $\hat{\mathbf{x}} := (1/\|\mathbf{x}\|)\mathbf{x}$。①

练习题 2.4.5　$\mathbb{R}^2$ 是 $\mathbb{R}^3$ 的一个线性子空间吗？为什么？

练习题 2.4.6　证明如果 $T: \mathbb{R}^K \to \mathbb{R}^N$ 是一个线性函数，那么 $\mathbf{0} \in \ker T$。

练习题 2.4.7　设 $\{\mathbf{x}_1, \mathbf{x}_2\}$ 是 $\mathbb{R}^2$ 中的线性无关集合，并设 γ 是非零标量。$\{\gamma\mathbf{x}_1, \gamma\mathbf{x}_2\}$ 也是线性无关的吗？

练习题 2.4.8　下列表述是正确的吗？

$$\mathbf{z} := \begin{pmatrix} -3.9 \\ 12.4 \\ -6.8 \end{pmatrix} \in \operatorname{span}\{\mathbf{x}_1, \mathbf{x}_2, \mathbf{x}_3\}，\text{当 } \mathbf{x}_1 = \begin{pmatrix} -4 \\ 0 \\ 0 \end{pmatrix}, \mathbf{x}_2 = \begin{pmatrix} 0 \\ 2 \\ 0 \end{pmatrix}, \mathbf{x}_3 = \begin{pmatrix} 0 \\ 0 \\ -1 \end{pmatrix}$$

为什么？

练习题 2.4.9　证明如果 S 和 S' 是 $\mathbb{R}^N$ 的两个线性子空间，那么 $S \cap S'$ 也是 $\mathbb{R}^N$ 的线性子空间。

练习题 2.4.10　证明事实 2.1.5。

练习题 2.4.11　设 $Q := \{(x_1, x_2, x_3) \in \mathbb{R}^3 : x_2 = x_1 + x_3\}$。$Q$ 是 $\mathbb{R}^3$ 的线性子空间吗？

练习题 2.4.12　设 $Q := \{(x_1, x_2, x_3) \in \mathbb{R}^3 : x_2 = 1\}$。$Q$ 是 $\mathbb{R}^3$ 的线性子空间吗？

练习题 2.4.13　证明如果 $T: \mathbb{R}^N \to \mathbb{R}^N$ 是线性函数，同时 λ 是任意标量，那么 $E := \{\mathbf{x} \in \mathbb{R}^N : T\mathbf{x} = \lambda\mathbf{x}\}$ 是 $\mathbb{R}^N$ 的线性子空间。

练习题 2.4.14　证明如果 $B \subset S$ 且 $\operatorname{span} B = S$，那么当且仅当 $\mathbf{x} \perp \mathbf{b}$ 对于所有 $\mathbf{b} \in B$ 成立时，$\mathbf{x} \perp S$。

练习题 2.4.15　证明定理 2.1.1 中的等价性。

练习题 2.4.16　证明事实 2.1.4。

练习题 2.4.17　证明如果 S 是 $\mathbb{R}^N$ 的线性子空间，那么 S 的每一个基底都有同样数量的元素。

练习题 2.4.18　证明事实 2.1.6。

练习题 2.4.19　证明定理 2.1.6。

练习题 2.4.20　证明如果 $T: \mathbb{R}^N \to \mathbb{R}^N$ 是非奇异的（也就是线性双射的），那么 T^{-1} 也是线性的。

练习题 2.4.21　证明定理 2.1.7。

练习题 2.4.22　证明定理 2.1.8。

练习题 2.4.23　求出正交于 $(1, -2)$ 的两个单位向量（即范数为 1 的向量）。

练习题 2.4.24　证明毕达哥拉斯定理（事实 2.2.1）。如果需要提示，请参看练习题 2.4.1。

练习题 2.4.25　证明事实 2.2.2。

练习题 2.4.26　利用定理 2.2.1 和定理 2.2.2 来证明事实 2.2.8。

练习题 2.4.27　证明事实 2.2.5：如果 $S \subset \mathbb{R}^N$，那么 $S \cap S^{\perp} = \{\mathbf{0}\}$。

---

① 提示：并不需要求导数且将它们设为零，有一种更容易的证明。如果你陷入困境，考虑柯西-施瓦茨不等式。

练习题 2.4.28 证明事实 2.2.7。

练习题 2.4.29 设 $\mathbf{P}$ 是定理 2.2.2 描述的正交投影。证明 $\mathbf{P}$ 是从 $\mathbb{R}^N$ 到 $\mathbb{R}^N$ 的一个线性函数。

练习题 2.4.30 设 $S:=\{(x_1,x_2,x_3)\in\mathbb{R}^3:x_3=0\}$,并且设 $\mathbf{y}:=\mathbf{1}:=(1,1,1)$。利用正交投影定理,求出 S 中最接近 $\mathbf{y}$ 的点。

练习题 2.4.31 设 S 是 $\mathbb{R}^N$ 中的任意线性子空间,并设 $\mathbf{P}=\text{proj } S$(参看定理 2.2.2)。$\mathbf{P}$ 是 $\mathbb{R}^N$ 中一一对应的函数吗?

练习题 2.4.32 证明反三角不等式。也就是,给定两个向量 $\mathbf{x}$ 与 $\mathbf{y}$,证明 $|\,\|\mathbf{x}\|-\|\mathbf{y}\|\,|\leqslant\|\mathbf{x}-\mathbf{y}\|$。①

练习题 2.4.33 证明 $\mathbf{Py}=\mathbf{0}$ 可以推出 $\mathbf{y}\in S^{\perp}$。

在下面三个练习题中,所用符号同定理 2.2.3 及之后的讨论。

练习题 2.4.34 证明对于所有 k,$V_k=B_k$。

练习题 2.4.35 证明 $\{\mathbf{v}_1,\cdots,\mathbf{v}_K\}$ 是一个正交集合。

练习题 2.4.36 证明 $\{\mathbf{u}_1,\cdots,\mathbf{u}_k\}$ 是标准正交集合,并且对于所有 k,其张成空间等于 V_k。

2.5 练习题解答节选

2.4.4 解答 取非零 $\mathbf{x}\in\mathbb{R}^N$。设 $\hat{\mathbf{x}}:=\mathbf{x}/\|\mathbf{x}\|$。将这一点与其他满足 $\|\mathbf{y}\|=1$ 的 $\mathbf{y}\in\mathbb{R}^N$ 进行比较,利用柯西-施瓦茨不等式可以得到

$$\langle\mathbf{y},\mathbf{x}\rangle\leqslant|\langle\mathbf{y},\mathbf{x}\rangle|\leqslant\|\mathbf{y}\|\|\mathbf{x}\|=\|\mathbf{x}\|=\frac{\langle\mathbf{x},\mathbf{x}\rangle}{\|\mathbf{x}\|}=\langle\hat{\mathbf{x}},\mathbf{x}\rangle$$

因此 $\hat{\mathbf{x}}$ 是最大化值。 □

2.4.5 解答 这是一个需要点技巧的问题。为了解决这个问题,你需要仔细查看定义(如往常一样)。$\mathbb{R}^3$ 的线性子空间是具有某些性质的 $\mathbb{R}^3$ 的子集。$\mathbb{R}^3$ 是三元组 (x_1,x_2,x_3) 的集合,其中每个 x_i 都表示实数。$\mathbb{R}^2$ 的元素是二元组(数对),因此不是 $\mathbb{R}^3$ 的元素。因此,$\mathbb{R}^2$ 不是 $\mathbb{R}^3$ 的子集,尤其不是 $\mathbb{R}^3$ 的线性子空间。 □

2.4.6 解答 设 T 如问题所述的那样。我们需要证明 $T\mathbf{0}=\mathbf{0}$。这里仅提供一种证法。由标量乘法的定义可以得知,对于任意向量 $\mathbf{x}$,$0\mathbf{x}=\mathbf{0}$。设 $\mathbf{x}$ 和 $\mathbf{y}$ 是 $\mathbb{R}^K$ 的任意向量,利用线性的定义可以得到

$$T\mathbf{0}=T(0\mathbf{x}+0\mathbf{y})=0T\mathbf{x}+0T\mathbf{y}=\mathbf{0}+\mathbf{0}=\mathbf{0}$$ □

2.4.7 解答 $\{\gamma\mathbf{x}_1,\gamma\mathbf{x}_2\}$ 是线性无关的。假定是相反情况,即 $\{\gamma\mathbf{x}_1,\gamma\mathbf{x}_2\}$ 是线性相关的。于是,一个元素可以写成其他元素的线性组合。在只有两个向量的设置条件下,这转变成对于某些 α,$\gamma\mathbf{x}_1=\alpha\gamma\mathbf{x}_2$。由于 $\gamma\neq0$,我们将两边乘以 $1/\gamma$,从而得到 $\mathbf{x}_1=\alpha\mathbf{x}_2$。这与 $\{\mathbf{x}_1,\mathbf{x}_2\}$ 线性无关相矛盾。 □

2.4.8 解答 有一种简单的方法可以证明这一点:我们知道 $\mathbb{R}^3$ 中任何三个向量组成的线性无关集都将张成 $\mathbb{R}^3$。因为 $\mathbf{z}\in\mathbb{R}^3$,这将包括 $\mathbf{z}$。所以我们只需要证明这三个向量是线性无关的。

① 提示:利用三角不等式。

为此,取任意标量 $\alpha_1,\alpha_2,\alpha_3$ 满足下面等式

$$\alpha_1\begin{pmatrix}-4\\0\\0\end{pmatrix}+\alpha_2\begin{pmatrix}0\\2\\0\end{pmatrix}+\alpha_3\begin{pmatrix}0\\0\\-1\end{pmatrix}=\mathbf{0}:=\begin{pmatrix}0\\0\\0\end{pmatrix}$$

写出三个等式,也就是 $-4\alpha_1=0$,$2\alpha_2=0$ 以及 $-1\alpha_3=0$。因此,$\alpha_1=\alpha_2=\alpha_3=0$,所以这个集合线性无关。

□

2.4.9 解答　设 S 和 S' 是 $\mathbb{R}^N$ 的两个线性子空间。取 $\mathbf{x},\mathbf{y}\in S\cap S'$ 且 $\alpha,\beta\in\mathbb{R}$。我们声称 $\mathbf{z}:=\alpha\mathbf{x}+\beta\mathbf{y}\in S\cap S'$。为了证明这个等式,注意因为 $\mathbf{x},\mathbf{y}\in S$ 且 S 是线性子空间,所以得出 $\mathbf{z}\in S$;因为 $\mathbf{x}$,$\mathbf{y}\in S'$ 且 S' 也是线性子空间,所以我们得出 $\mathbf{z}\in S'$,由此可得 $\mathbf{z}\in S\cap S'$。　□

2.4.11 解答　如果 $\mathbf{a}:=(1,-1,1)$,那么 Q 是满足 $\langle\mathbf{a},\mathbf{x}\rangle=0$ 的所有 $\mathbf{x}$ 的集合。这个集合是 $\mathbb{R}^3$ 的线性子空间,正如例 2.1.10 所示。　□

2.4.15 解答　题目要求证明对于 $X:=\{\mathbf{x}_1,\cdots,\mathbf{x}_K\}$,定理 2.1.1 中的等价性。我们将证明(i)⇒(ii)⇒(iii)⇒(i)。

((i)⇒(ii))我们的目标是证明如果(i)成立且 X_0 是 X 的一个真子集,那么 span X_0 是 span X 的一个真子集。为了简化符号,我们取 $X_0:=\{\mathbf{x}_2,\cdots,\mathbf{x}_K\}$。假定是相反情况,即 span X_0 = span X。由于 $\mathbf{x}_1\in$ span X,那么我们一定得到 $\mathbf{x}_1\in$ span X_0,从而推断存在标量 $\alpha_2,\cdots,\alpha_K$,使得 $\mathbf{0}=-\mathbf{x}_1+\alpha_2\mathbf{x}_2+\cdots+\alpha_K\mathbf{x}_K$。由于 $-1\neq0$,这就与(i)相矛盾。

((ii)⇒(iii))意味着,当(ii)成立时,X 中没有一个向量能写成其他向量的线性组合。假定是相反情况,$\mathbf{x}_1=\alpha_2\mathbf{x}_2+\cdots+\alpha_K\mathbf{x}_K$。设 $\mathbf{y}\in$ span X,从而得到 $\mathbf{y}=\beta_1\mathbf{x}_1+\cdots+\beta_K\mathbf{x}_K$。如果我们利用前面的等式代替 $\mathbf{x}_1$,可以得到 $\mathbf{y}$ 作为 $\{\mathbf{x}_2,\cdots,\mathbf{x}_K\}$ 的线性组合。换句话说,span X 的任何元素都在真子集 $\{\mathbf{x}_2,\cdots,\mathbf{x}_K\}$ 的张成空间中,产生矛盾。

((iii)⇒(i))意味着,当 $\alpha_1\mathbf{x}_1+\cdots+\alpha_K\mathbf{x}_K=\mathbf{0}$ 时,都有 $\alpha_1=\cdots=\alpha_K=0$。假设是相反情况,存在标量使得 $\alpha_1\mathbf{x}_1+\cdots+\alpha_K\mathbf{x}_K=\mathbf{0}$,但是对于至少一个 k,$\alpha_k\neq0$。由此立刻得到 $\mathbf{x}_k=(1/\alpha_k)\sum_{j\neq k}\alpha_j\mathbf{x}_j$。这与(iii)相矛盾。　□

2.4.16 解答　题目的目标是要证明事实 2.1.4。关于(i),我们取 X 是线性无关的,然后证明子集 $X_0:=\{\mathbf{x}_1,\cdots,\mathbf{x}_{K-1}\}$ 是线性无关的(关于更一般子集情况的证明,可类似地给出)。假设是相反情况,X_0 是线性相关的,那么,根据定义,我们取不全为零的 $\alpha_1,\cdots,\alpha_{K-1}$,使得 $\sum_{k=1}^{K-1}\alpha_k\mathbf{x}_k=\mathbf{0}$。设 $\alpha_K=0$,我们可以将它写成 $\sum_{k=1}^{K}\alpha_k\mathbf{x}_k=\mathbf{0}$。因为不是所有的系数都为零,所以这与 X 的线性无关性矛盾。

□

关于(ii),设 $X:=\{\mathbf{x}_1,\cdots,\mathbf{x}_K\}$ 是线性无关的,并且假定 $\mathbf{x}_j=\mathbf{0}$。于是,通过设置对于 $k\neq j$,$\alpha_k=0$ 且 $\alpha_j=1$,我们可以找到不全为零的标量使得 $\sum_{k=1}^{K}\alpha_k\mathbf{x}_k=\mathbf{0}$。

关于(iii),设 $X:=\{\mathbf{x}_1,\cdots,\mathbf{x}_K\}\subset\mathbb{R}^N$ 是线性无关的,并设 $\mathbf{x}_{K+1}$ 是 $\mathbb{R}^N$ 中的任意点,使得 $\mathbf{x}_{K+1}\notin$ span X。这意味着 $X\cup\{\mathbf{x}_{K+1}\}$ 是线性无关的。假定是相反情况,存在不全为零的 $\alpha_1,\cdots,\alpha_K,\alpha_{K+1}$,使得 $\sum_{k=1}^{K+1}\alpha_k\mathbf{x}_k=\mathbf{0}$。关于 α_{K+1} 存在两种可能性,而这两种可能性都导致矛盾:第一,如果 $\alpha_{K+1}=0$,那么因为 $\alpha_1,\cdots,\alpha_K,\alpha_{K+1}$ 不全为零,所以 $\alpha_1,\cdots,\alpha_K$ 中至少有一个为非零数,而且 $\sum_{k=1}^{K}\alpha_k\mathbf{x}_k=\sum_{k=1}^{K+1}\alpha_k\mathbf{x}_k=$

$\mathbf{0}$。这与我们关于 X 假设的无关性矛盾。第二,如果 $\alpha_{K+1}\neq 0$,那么由 $\sum_{k=1}^{K+1}\alpha_k\mathbf{x}_k=\mathbf{0}$ 可知,我们可以将 $\mathbf{x}_{K+1}$ 表示成 X 中元素的线性组合。这与假设 $\mathbf{x}_{K+1}\notin \operatorname{span} X$ 矛盾。 □

2.4.17 解答　设 B_1 和 B_2 是 S 的两个基底,各自含有 K_1 和 K_2 个元素。根据定义,B_2 是 S 的一个线性无关的子集。而且,S 由集合 B_1 张成,其含有 K_1 个元素。应用定理 2.1.3,我们知道 B_2 至多含有 K_1 个元素。也就是,$K_2\leqslant K_1$。当交换 B_1 和 B_2 的位置,可以证明 $K_1\leqslant K_2$。 □

2.4.18 解答　题目的目标是证明事实 2.1.6。假设 S 与 S' 是 $\mathbb{R}^N$ 的 K 维线性子空间,满足 $S\subset S'$。我们声称 $S=S'$。为了证明这个等式,利用维数的定义,S 等于 $\operatorname{span} B$,其中 B 是 K 个线性无关的基向量 $\{\mathbf{b}_1,\cdots,\mathbf{b}_K\}$ 所组成的集合。如果 $S\neq S'$,那么存在一个向量 $\mathbf{x}\in S'$,使得 $\mathbf{x}\notin \operatorname{span} B$。根据定理 2.1.1,集合 $\{\mathbf{x},\mathbf{b}_1,\cdots,\mathbf{b}_K\}$ 是线性无关的。此外,由于 $\mathbf{x}\in S'$ 且 $B\subset S\subset S'$,我们得到有 $K+1$ 个线性无关的向量在 S' 中。同时,因为是 K 维,我们知道 S' 是由 K 个向量张成的。这与定理 2.1.3 矛盾。

关于(ii),假定 S 是 $\mathbb{R}^N$ 的 M 维线性子空间,其中 $M<N$ 且 $S=\mathbb{R}^N$。那么我们有一个由 $M<N$ 个向量张成的空间 S,它也包含了 N 个线性无关的典范基向量。从而这也与定理 2.1.3 矛盾。因此 $S=\mathbb{R}^N$ 不成立。 □

2.4.19 解答　关于(i),设 B 是 $\operatorname{span} X$ 的一组基底。由定义可知,B 是 $\operatorname{span} X$ 的一个线性无关的子集。由于 $\operatorname{span} X$ 是由 K 个向量张成的,利用定理 2.1.3 得出 B 至多含有 K 个元素。因此,$\dim \operatorname{span} X\leqslant K$。

关于(ii),首先假定 X 是线性无关的,则 X 是 $\operatorname{span} X$ 的一个基底。由于 X 含有 K 个元素,我们得出结论,$\dim \operatorname{span} X=K$。反过来,如果 $\dim \operatorname{span} X=K$,那么 X 一定是线性无关的。如果 X 不是线性无关的,那么存在 X 的一个真子集 X_0,使得 $\operatorname{span} X_0=\operatorname{span} X$。根据这个定理的(i),我们可以得到 $\dim \operatorname{span} X_0\leqslant \#X_0\leqslant K-1$。因此 $\dim \operatorname{span} X\leqslant K-1$,这是一个矛盾。 □

2.4.20 解答　设 $T:\mathbb{R}^N\to\mathbb{R}^N$ 是非奇异的,并设 T^{-1} 是它的逆函数。为了证明 T^{-1} 是线性的,只需要证明对于 $\mathbb{R}^N$(T^{-1} 的定义域)中的任意向量对 $\mathbf{x},\mathbf{y}$ 与任意标量 α,β,下述等式成立:

$$T^{-1}(\alpha\mathbf{x}+\beta\mathbf{y})=\alpha T^{-1}\mathbf{x}+\beta T^{-1}\mathbf{y} \tag{2.12}$$

在证明过程中,我们将利用 T 是线性双射的事实。

选择任意向量 $\mathbf{x},\mathbf{y}\in\mathbb{R}^N$ 与两个标量 α,β。由于 T 是双射的,由此可知 $\mathbf{x},\mathbf{y}$ 在 T 下具有唯一的原像(preimage)。特别地,存在唯一的向量 $\mathbf{u}$ 和 $\mathbf{v}$ 使得 $T\mathbf{u}=\mathbf{x}$ 与 $T\mathbf{v}=\mathbf{y}$。利用这些定义,以及 T 的线性性质与 T^{-1} 是 T 的逆函数,可以得到

$$T^{-1}(\alpha\mathbf{x}+\beta\mathbf{y})=T^{-1}(\alpha T\mathbf{u}+\beta T\mathbf{v})=T^{-1}(T(\alpha\mathbf{u}+\beta\mathbf{v}))=\alpha\mathbf{u}+\beta\mathbf{v}=\alpha T^{-1}\mathbf{x}+\beta T^{-1}\mathbf{y}$$

这一系列等式可以证明式(2.12)。 □

2.4.21 解答　像这类等价陈述的组合通常经由一系列循环来给出证明,具体形式为(i)⇒(ii)⇒…⇒(vi)⇒(i)。然而,在本题中,如果我们直接证明所有陈述都等价于 V 的线性无关性,则这种逻辑就更强。

首先,利用事实 2.1.7,观察 V 的映射性质与线性无关性的等价性

$$T\text{ 满射}\Longleftrightarrow \operatorname{rng} T=\mathbb{R}^N\Longleftrightarrow \operatorname{span} V=\mathbb{R}^N$$

根据定理 2.1.4,最后一个陈述和 V 的线性无关性等价。

其次,我们证明 $\operatorname{null} T=\{\mathbf{0}\}$ 可以推出 V 的线性无关性。为此,假设 $\operatorname{null} T=\{\mathbf{0}\}$,同时设 $\alpha_1,\cdots,\alpha_N$ 使得 $\sum_{n=1}^{N}a_nT\mathbf{e}_n=\mathbf{0}$。利用 T 的线性,可以得到 $T\left(\sum_{n=1}^{N}a_n\mathbf{e}_n\right)=\mathbf{0}$。由于 $\operatorname{null} T=\{\mathbf{0}\}$,这意味着

$\sum_{n=1}^{N} a_n \mathbf{e}_n = \mathbf{0}$，根据$\{\mathbf{e}_1, \cdots, \mathbf{e}_N\}$的线性无关性，可以推出 $\alpha_1 = \cdots = \alpha_N = 0$。这就证明了 V 是线性无关的。

下面我们检验 V 的线性无关性可以推出 null $T = \{\mathbf{0}\}$。为此，设 $\mathbf{x}$ 是$\mathbb{R}^N$ 中的向量，使得 $T\mathbf{x} = \mathbf{0}$。我们可以用一些合适的标量$\{\alpha_n\}$将 $\mathbf{x}$ 表示成 $\sum_{n=1}^{N} a_n \mathbf{e}_n$ 的形式。利用线性性质与 $T\mathbf{x} = \mathbf{0}$，可以得到 $\sum_{n=1}^{N} a_n T\mathbf{e}_n = \mathbf{0}$。根据 V 的线性无关性，这意味着从 $\mathbf{x} = \mathbf{0}$ 可以推出 $\alpha_n = 0$。因此 null $T = \{\mathbf{0}\}$ 成立。

由事实 2.1.8 可以得到，当且仅当 T 是一一映射时 null $T = \{\mathbf{0}\}$，所以我们现在可以阐述下面的等价性：

$$T \text{ 满射} \Longleftrightarrow V \text{ 线性无关} \Longleftrightarrow T \text{ 一一映射} \tag{2.13}$$

根据式(2.13)，如果 T 是一个双射函数，那么 T 是满射的，并且因此 V 是线性无关的。反过来，利用式(2.13)可知，如果 V 是线性无关的，那么 T 既是满射也是一一映射的函数，因此 T 是一个双射函数。

最后，V 的线性无关性与 V 构成$\mathbb{R}^N$ 的一组基底的等价性质，可立刻由基底的定义和定理 2.1.4 得到。 □

2.4.22 解答　关于(i)，设 $K<N$，同时设 $T:\mathbb{R}^K \to \mathbb{R}^N$ 是线性的。T 不可能是满射的，因为如果 T 是满射的，那么我们可以得到 $\operatorname{rng} T = \mathbb{R}^N$，在这种情况下，尽管仅有 $K<N$ 个元素，但事实 2.1.7 中的 $V = \{T\mathbf{e}_1, \cdots, T\mathbf{e}_K\}$ 的向量会张成$\mathbb{R}^N$。这是不可能的(为什么?)。

关于(ii)，设 $T:\mathbb{R}^K \to \mathbb{R}^N$ 是线性的，同时设 $K>N$。为了得到矛盾，另外假设 T 是一一映射的。设$\{a_k\}_{k=1}^{K}$使得 $\sum_{k=1}^{K} \alpha_k T\mathbf{e}_k = \mathbf{0}$。利用线性性质，$T\left(\sum_{k=1}^{K} \alpha_k \mathbf{e}_k\right) = \mathbf{0}$，而且因为 T 是一一映射且 $T\mathbf{0} = \mathbf{0}$，所以这反过来蕴含着 $\sum_{k=1}^{K} \alpha_k \mathbf{e}_k = \mathbf{0}$。由于典范基向量是线性无关的，因此必定有 $\alpha_1 = \cdots = \alpha_K = 0$。由此可得结论$\{T\mathbf{e}_1, \cdots, T\mathbf{e}_K\}$是线性无关的。因而，尽管 $N<K$，但$\mathbb{R}^N$ 含有 K 个线性无关的向量。根据定理 2.1.3，这是不可能的。 □

2.4.25 解答　设 $O = \{\mathbf{x}_1, \cdots, \mathbf{x}_K\} \subset \mathbb{R}^N$ 是一个不包含 $\mathbf{0}$ 的正交集合。设 $\alpha_1, \cdots, \alpha_K$ 使得 $\sum_{k=1}^{K} \alpha_k \mathbf{x}_k = \mathbf{0}$。我们认为，对任意 j，存在 $\alpha_j = 0$。为了证明这是对的，给定 j 且对 $\sum_{k=1}^{K} \alpha_k \mathbf{x}_k = \mathbf{0}$ 两侧取 $\mathbf{x}_j$ 内积，从而到得 $\alpha_j \|\mathbf{x}_j\|^2 = 0$。由于 $\mathbf{x}_j \neq 0$，所以得出结论 $\alpha_j = 0$。从而此题得证。 □

2.4.27 解答　设 $S \subset \mathbb{R}^N$。我们的目标是证明 $S \cap S^\perp = \{\mathbf{0}\}$。给定 $\mathbf{a} \in S \cap S^\perp$。由于 $\mathbf{a} \in S^\perp$，我们可知，对于任意 $\mathbf{s} \in S$，$\langle \mathbf{a}, \mathbf{s} \rangle = 0$。由于 $\mathbf{a} \in S$，我们特别有$\langle \mathbf{a}, \mathbf{a} \rangle = \|\mathbf{a}\|^2 = 0$。正如我们在事实 2.1.2 中所看到的，满足这样条件的向量仅有 $\mathbf{0}$。 □

2.4.29 解答　给定 $\alpha, \beta \in \mathbb{R}$ 且 $\mathbf{x}, \mathbf{y} \in \mathbb{R}^N$。我们想要证明

$$\mathbf{P}(\alpha\mathbf{x} + \beta\mathbf{y}) = \alpha\mathbf{P}\mathbf{x} + \beta\mathbf{P}\mathbf{y}$$

为了验证这个等式，我们需要证明等号右边部分是 $\alpha\mathbf{x}+\beta\mathbf{y}$ 在 S 中的正交投影。回顾定理 2.2.1，我们需要证明(i) $\alpha\mathbf{P}\mathbf{x}+\beta\mathbf{P}\mathbf{y} \in S$；(ii)对于任意 $\mathbf{z} \in S$，我们有

$$\langle \alpha\mathbf{x} + \beta\mathbf{y} - (\alpha\mathbf{P}\mathbf{x} + \beta\mathbf{P}\mathbf{y}), \mathbf{z} \rangle = 0$$

(i)是很容易证明的，因为根据定义可知，$\mathbf{P}\mathbf{x}$ 与 $\mathbf{P}\mathbf{y}$ 在 S 中，而且 S 是线性子空间。为了证明(ii)成立，注意

$$\langle \alpha\mathbf{x} + \beta\mathbf{y} - (\alpha\mathbf{P}\mathbf{x} + \beta\mathbf{P}\mathbf{y}), \mathbf{z} \rangle = \alpha\langle \mathbf{x} - \mathbf{P}\mathbf{x}, \mathbf{z} \rangle + \beta\langle \mathbf{y} - \mathbf{P}\mathbf{y}, \mathbf{z} \rangle$$

由定义可以,$\mathbf{x}$ 和 $\mathbf{y}$ 的投影与 S 正交,因此我们可以得到$\langle \mathbf{x}-\mathbf{Px},\mathbf{z}\rangle=\langle \mathbf{y}-\mathbf{Py},\mathbf{z}\rangle=0$。从而得到证明。

□

2.4.30 解答 设 $\mathbf{x}=(x_1,x_2,x_3)$是 S 中最接近 $\mathbf{y}$ 的点。注意 $\mathbf{e}_1\in S$ 且 $\mathbf{e}_2\in S$。利用正交投影定理,我们可以得到(i)$\mathbf{x}\in S$ 而且(ii)$\mathbf{y}-\mathbf{x}\perp S$。由(i)可得,$x_3=0$。由(ii)可得

$$\langle \mathbf{y}-\mathbf{x},\mathbf{e}_1\rangle=0 \text{ 且} \langle \mathbf{y}-\mathbf{x},\mathbf{e}_2\rangle=0$$

这些等式可以更简单地表示为 $1-x_1=0$ 与 $1-x_2=0$。从而得到 $\mathbf{x}=(1,1,0)$。 □

2.4.31 解答 如果 $S=\mathbb{R}^N$,那么 $\mathbf{P}$ 是恒等映射的(为什么?),而且是一一映射的。如果 $S\neq\mathbb{R}^N$,那么取任意 $\mathbf{x}\notin S$。由定义可知,$\mathbf{y}:=\mathbf{Px}$ 位于 S 中,因此 $\mathbf{y}$ 与 $\mathbf{x}$ 是不同的。但 $\mathbf{P}$ 将 S 的元素映射到它们本身,因此 $\mathbf{Py}=\mathbf{y}=\mathbf{Px}$。所以 $\mathbf{P}$ 不是一一映射的。 □

2.4.32 解答 从三角不等式可以得到

$$\|\mathbf{x}\|=\|\mathbf{x}-\mathbf{y}+\mathbf{y}\|\leqslant\|\mathbf{x}-\mathbf{y}\|+\|\mathbf{y}\|$$

由此可得 $\|\mathbf{x}\|-\|\mathbf{y}\|\leqslant\|\mathbf{x}-\mathbf{y}\|$。交换 $\mathbf{x}$ 与 $\mathbf{y}$ 的位置,根据相似的论证,可以得出 $\|\mathbf{y}\|-\|\mathbf{x}\|\leqslant\|\mathbf{x}-\mathbf{y}\|$。综合最后两个不等式,可以得出

$$-\|\mathbf{x}-\mathbf{y}\|\leqslant\|\mathbf{x}\|-\|\mathbf{y}\|\leqslant\|\mathbf{x}-\mathbf{y}\|$$

这与 $|\,\|\mathbf{x}\|-\|\mathbf{y}\|\,|\leqslant\|\mathbf{x}-\mathbf{y}\|$ 等价。 □

2.4.33 解答 如果 $\mathbf{Py}=\mathbf{0}$,那么 $\mathbf{y}=\mathbf{Py}+\mathbf{My}=\mathbf{My}$。因此 $\mathbf{M}$ 并没有使 $\mathbf{y}$ 移动。如果映射到一个子空间的正交投影不能使一个点移动,那是因为这个点已经在那个子空间中了(参看定理 2.2.2)。在这里,子空间是 $S^{\perp}$,从而我们得出结论 $\mathbf{y}\in S^{\perp}$。 □

2.4.34 解答 为了证明对于所有 k,有 $V_k=B_k$,给定 k,并且考虑 $V_k\subset B_k$。由定义可知,$\mathbf{v}_k=\mathbf{b}_k-\mathbf{P}_{k-1}\mathbf{b}_k$,并且右边的两项均位于 B_k。因此 $\mathbf{v}_k\in B_k$。由于当添加更多元素时,张成空间也会增大,由此可得,对于 $j\leqslant k$,$\mathbf{v}_j\in B_k$。换句话说,$\{\mathbf{v}_1,\cdots,\mathbf{v}_k\}\subset B_k$。由于 B_k 是线性子空间,从而得到 $V_k\subset B_k$。

利用归纳可以证明 $B_k\subset V_k$ 同样成立。很明显,当 $k=1$ 时,它成立。假设这对于 $k-1$ 仍成立。由 $\mathbf{v}_k$ 的定义可知,$\mathbf{b}_k=\mathbf{P}_{k-1}\mathbf{b}_k+\mathbf{v}_k$。右边的第一项位于 B_{k-1},借助于归纳假设,满足 $B_{k-1}\subset V_{k-1}\subset V_k$。右边的第二项是 $\mathbf{v}_k$,很明显位于 V_k。因此两个项都位于 V_k,进而 $\mathbf{b}_k\in V_k$。利用类似于上一段的推导,可以得到 $B_k\subset V_k$。 □

2.4.35 解答 为了证明 $\{\mathbf{v}_1,\cdots,\mathbf{v}_K\}$ 是一个正交集合,只要检验当 $j<k$ 时,$\mathbf{v}_k\perp\mathbf{v}_j$。为了得到这个结果,给定任意一对 $j<k$。通过构造,$\mathbf{v}_k\perp B_{k-1}^{\perp}$。但是,正如练习题 2.4.34 所证明的,$\mathbf{v}_j\in B_{k-1}$ 必定成立,从而证明了 $\mathbf{v}_k\perp\mathbf{v}_j$。 □

2.4.36 解答 由于$\{\mathbf{v}_1,\cdots,\mathbf{v}_k\}$是正交的,若每个元素的范数都为 1,则族$\{\mathbf{u}_1,\cdots,\mathbf{u}_k\}$是标准正交的。因为 $\mathbf{u}_k:=\mathbf{v}_k/\|\mathbf{v}_k\|$,所以通过构造可知这是正确的。唯一需要担心的是,对于某个 k,$\|\mathbf{v}_k\|=0$ 可能成立。但 $\mathbf{v}_k=\mathbf{0}$ 是不可能的,这是因为如果它成立,那么根据定理 2.2.2 的(vii),我们将得到 $\mathbf{b}_k\in B_{k-1}$,这与$\{\mathbf{b}_1,\cdots,\mathbf{b}_K\}$的线性无关性矛盾。

关于 $\text{span}\{\mathbf{u}_1,\cdots,\mathbf{u}_k\}=V_k$ 的证明,很容易直接给出,所以把它留给读者。 □

第 3 章　线性代数和矩阵

前一章的内容相对来说是比较抽象的,但是它可以促使我们更好地从线性代数的角度来研究统计学和计量经济学中所遇到的各种实际问题。本章研究线性代数中的许多核心问题,我们经常将它们与第 2 章中关于向量和线性映射的分析联系起来。

3.1　矩阵和线性方程

矩阵为我们组织数据和代数运算提供了非常方便的方法,我们首先从定义开始阐述。

3.1.1　基本定义

$N \times K$ 矩阵(matrix)是一个具有 N 行和 K 列的矩形实数组 $\mathbf{A}$,它按照下述方式写成:

$$\mathbf{A} = \begin{pmatrix} a_{11} & a_{12} & \cdots & a_{1K} \\ a_{21} & a_{22} & \cdots & a_{2K} \\ \vdots & \vdots & & \vdots \\ a_{N1} & a_{N2} & \cdots & a_{NK} \end{pmatrix}$$

符号 a_{nk} 表示第 n 行中第 k 列的元素。通常,这些元素表示线性方程组中的系数,例如

$$\begin{gathered} a_{11}x_1 + a_{12}x_2 + \cdots + a_{1K}x_K = b_1 \\ \vdots \\ a_{N1}x_1 + a_{N2}x_2 + \cdots + a_{NK}x_K = b_N \end{gathered} \tag{3.1}$$

很明显,如果 $N=1$ 或 $K=1$,就可以称 $\mathbf{A}$ 为向量。在前一种情况下,$\mathbf{A}$ 被称为行向量(row vector);而在后一种情况下,它被称为列向量(column vector)。为了方便起见,我们将使用符号 $\text{row}_n\mathbf{A}$ 表示 $\mathbf{A}$ 的第 n 行,用 $\text{col}_k\mathbf{A}$ 表示它的第 k 列。

我们可以把符号 $\mathbf{0}$ 和 $\mathbf{1}$ 从向量延伸拓展到矩阵,从这个意义上说,这些符号也将表示所有元素分别等于 0 和 1 的矩阵。矩阵的维度将被明确地指出或通过上下文较清晰地推断。

如果 $\mathbf{A}$ 是 $N \times K$ 矩阵而且 $N=K$,那么称 $\mathbf{A}$ 为方阵(square)。对于 $N \times N$ 矩阵 $\mathbf{A}$,当 $n=1,\cdots,N$ 时,其 N 个形式为 a_{nn} 的元素被称为主对角线元素(principal diagonal):

$$\begin{pmatrix} a_{11} & a_{12} & \cdots & a_{1N} \\ a_{21} & a_{22} & \cdots & a_{2N} \\ \vdots & \vdots & & \vdots \\ a_{N1} & a_{N2} & \cdots & a_{NN} \end{pmatrix}$$

如果 $N \times N$ 矩阵的主对角线元素都为 1、其余元素都为 0,那么这种独特的矩阵被称为单位矩阵(identity matrix),写成 $\mathbf{I}$。

$$\mathbf{I} := \begin{pmatrix} 1 & 0 & \cdots & 0 \\ 0 & 1 & \cdots & 0 \\ \vdots & \vdots & & \vdots \\ 0 & 0 & \cdots & 1 \end{pmatrix}$$

注意,$\mathrm{col}_n\, \mathbf{I} = \mathbf{e}_n$,在 $\mathbb{R}^N$ 中是第 n 个典范基向量。

正如向量一样,可以为矩阵定义一系列的代数运算。首先给出两种最基本的运算,也就是标量乘法与加法,这可以直接通过对向量情况进行推广来得到。对于 $\gamma \in \mathbb{R}$,我们设

$$\gamma \begin{pmatrix} a_{11} & a_{12} & \cdots & a_{1K} \\ a_{21} & a_{22} & \cdots & a_{2K} \\ \vdots & \vdots & & \vdots \\ a_{N1} & a_{N2} & \cdots & a_{NK} \end{pmatrix} := \begin{pmatrix} \gamma a_{11} & \gamma a_{12} & \cdots & \gamma a_{1K} \\ \gamma a_{21} & \gamma a_{22} & \cdots & \gamma a_{2K} \\ \vdots & \vdots & & \vdots \\ \gamma a_{N1} & \gamma a_{N2} & \cdots & \gamma a_{NK} \end{pmatrix}$$

以及

$$\begin{pmatrix} a_{11} & \cdots & a_{1K} \\ a_{21} & \cdots & a_{2K} \\ \vdots & & \vdots \\ a_{N1} & \cdots & a_{NK} \end{pmatrix} + \begin{pmatrix} b_{11} & \cdots & b_{1K} \\ b_{21} & \cdots & b_{2K} \\ \vdots & & \vdots \\ b_{N1} & \cdots & b_{NK} \end{pmatrix} := \begin{pmatrix} a_{11}+b_{11} & \cdots & a_{1K}+b_{1K} \\ a_{21}+b_{21} & \cdots & a_{2K}+b_{2K} \\ \vdots & & \vdots \\ a_{N1}+b_{N1} & \cdots & a_{NK}+b_{NK} \end{pmatrix}$$

加法仅对具有相同形状*的矩阵成立。

矩阵 $\mathbf{A}$ 与 $\mathbf{B}$ 的矩阵乘积(matrix product) $\mathbf{C}=\mathbf{AB}$,其中 $\mathbf{C}$ 的元素 c_{ij} 是通过取矩阵 $\mathbf{A}$ 的第 i 行与 $\mathbf{B}$ 的第 j 列的元素求内积得到的,也就是,

$$c_{ij} = \langle \mathrm{row}_i \mathbf{A}, \mathrm{col}_j \mathbf{B} \rangle = \sum_{k=1}^{K} a_{ik} b_{kj}$$

例如,当 $i=j=1$ 时

$$\begin{pmatrix} \boxed{a_{11} \quad \cdots \quad a_{1K}} \\ a_{21} \quad \cdots \quad a_{2K} \\ \vdots \qquad\quad \vdots \\ a_{N1} \quad \cdots \quad a_{NK} \end{pmatrix} \begin{pmatrix} b_{11} & \cdots & b_{1J} \\ b_{21} & \cdots & b_{2J} \\ \vdots & & \vdots \\ b_{K1} & \cdots & b_{KJ} \end{pmatrix} = \begin{pmatrix} \boxed{c_{11}} & \cdots & c_{1J} \\ c_{21} & \cdots & c_{2J} \\ \vdots & & \vdots \\ c_{N1} & \cdots & c_{NJ} \end{pmatrix}$$

因为内积仅对于长度相等的向量定义,所以需要 $\mathbf{A}$ 的行的长度等于 $\mathbf{B}$ 的列的长度,换句话说,如果 $\mathbf{A}$ 是 $N \times K$ 矩阵,而 $\mathbf{B}$ 是 $J \times M$ 矩阵,那么要求 $K=J$,矩阵乘积 $\mathbf{AB}$ 是 $N \times M$ 矩阵:

$$\mathbf{A} \text{ 是 } N \times K \text{ 矩阵而 } \mathbf{B} \text{ 是 } K \times M \text{ 矩阵} \Rightarrow \mathbf{AB} \text{ 是 } N \times M \text{ 矩阵}$$

矩阵乘法是不可交换的:因为 $\mathbf{AB}$ 与 $\mathbf{BA}$ 通常不是相同的矩阵。在大多数其他方面,矩阵计算方法就像普通乘法一样。

事实 3.1.1 对于一致的矩阵 $\mathbf{A}$,$\mathbf{B}$,$\mathbf{C}$ 与标量 α,我们有

(i) $\mathbf{A}(\mathbf{BC}) = (\mathbf{AB})\mathbf{C}$;

(ii) $\mathbf{A}(\mathbf{B}+\mathbf{C}) = \mathbf{AB}+\mathbf{AC}$;

(iii) $(\mathbf{A}+\mathbf{B})\mathbf{C} = \mathbf{AC}+\mathbf{BC}$;

---

* 即具有相同的行数和列数。——译者注

（iv）$\mathbf{A}\alpha\mathbf{B}=\alpha\mathbf{AB}$；

（v）$\mathbf{AI}=\mathbf{A}$ 且 $\mathbf{IA}=\mathbf{A}$，其中 $\mathbf{I}$ 表示单位矩阵。

在此处以及下文的阐述中，我们使用“一致的”(conformable)这个词是指矩阵的维数使得运算有意义。例如，如果两个矩阵的行数与列数相同，那么这两个矩阵就是一致的。

将方阵 $\mathbf{A}$ 的 k 次幂(power)定义为

$$\mathbf{A}^k := \underbrace{\mathbf{A}\cdots\mathbf{A}}_{k\text{项}}$$

如果 $\mathbf{B}$ 使得 $\mathbf{B}^2=\mathbf{A}$，那么 $\mathbf{B}$ 就被称为 $\mathbf{A}$ 的平方根(square root)，写成$\sqrt{\mathbf{A}}$。

在进一步讨论之前，我们先阐述矩阵乘法与向量的线性组合之间的基本联系，参看 2.1.2 节。给定 $N\times K$ 矩阵 $\mathbf{A}$ 与 $K\times 1$ 列向量 $\mathbf{x}$，乘积 $\mathbf{Ax}$ 是 $N\times 1$ 列向量，并形成 $\mathbf{A}$ 的列与标量 $x_1,\cdots,x_K$ 的线性组合。用符号表示为

$$\begin{aligned}\mathbf{Ax} &= \begin{pmatrix} a_{11} & a_{12} & \cdots & a_{1K} \\ a_{21} & a_{22} & \cdots & a_{2K} \\ \vdots & \vdots & & \vdots \\ a_{N1} & a_{N2} & \cdots & a_{NK} \end{pmatrix} \begin{pmatrix} x_1 \\ x_2 \\ \vdots \\ x_K \end{pmatrix} \\ &= x_1 \begin{pmatrix} a_{11} \\ a_{21} \\ \vdots \\ a_{N1} \end{pmatrix} + x_2 \begin{pmatrix} a_{12} \\ a_{22} \\ \vdots \\ a_{N2} \end{pmatrix} + \cdots + x_K \begin{pmatrix} a_{1K} \\ a_{2K} \\ \vdots \\ a_{NK} \end{pmatrix} \\ &= \sum_{k=1}^{K} x_k \operatorname{col}_k \mathbf{A}\end{aligned}$$

3.1.2 矩阵作为映射

考察矩阵的一种最有用的方法是，将矩阵看成将一个向量空间映射到另一个向量空间的映射。特别地，$N\times K$ 矩阵 $\mathbf{A}$ 被认为是将向量 $\mathbf{x}\in\mathbb{R}^K$ 映射到 $\mathbb{R}^N$ 中的新向量 $\mathbf{y}=\mathbf{Ax}$ 下。正如下面的定理所证明的，这些映射总是线性的。实际上，它们只能是线性的。换句话说，从 $\mathbb{R}^K$ 到 $\mathbb{R}^N$ 的一组线性函数的集合与 $N\times K$ 矩阵的集合是一一对应的。

定理 3.1.1　设 T 是一个从 $\mathbb{R}^K$ 到 $\mathbb{R}^N$ 的函数。下面两个陈述是等价的：

（i）T 是线性的；

（ii）存在 $N\times K$ 矩阵 $\mathbf{A}$，使得对于所有的 $\mathbf{x}\in\mathbb{R}^K$，$T\mathbf{x}=\mathbf{Ax}$。

证明：首先考察(i)⇒(ii)。设 $T:\mathbb{R}^K\to\mathbb{R}^N$ 是线性的。我们的目标是构建矩阵 $\mathbf{A}$，使得对于所有的 $\mathbf{x}\in\mathbb{R}^K$ 有 $T\mathbf{x}=\mathbf{Ax}$。和往常一样，设 $\mathbf{e}_k$ 是 $\mathbb{R}^K$ 中的第 k 个典范基向量。利用 $\operatorname{col}_k\mathbf{A}=T\mathbf{e}_k$ 定义 $N\times K$ 矩阵 $\mathbf{A}$。取任意 $x\in\mathbb{R}^K$。我们也可以写成 $\mathbf{x}=\sum_{k=1}^{K}x_k\mathbf{e}_k$，其中 x_k 表示 $\mathbf{x}$ 的第 k 个元素。运用线性性质，可以得出

$$T\mathbf{x}=\sum_{k=1}^{K}x_kT\mathbf{e}_k=\sum_{k=1}^{K}x_k\operatorname{col}_k\mathbf{A}$$

这正是 $\mathbf{Ax}$，在 3.1.1 节已经得到证明。

其次考察(ii)⇒(i)。取一个 $N\times K$ 矩阵 $\mathbf{A}$，考虑由 $T\mathbf{x}=\mathbf{Ax}$ 定义的函数 $T:\mathbb{R}^K\to\mathbb{R}^N$ 的作用。

取$\mathbb{R}^K$中的任意 $\mathbf{x},\mathbf{y}$ 与任意标量 α,β。由矩阵的代数运算法则(参看事实 3.1.1)可知

$$T(\alpha\mathbf{x}+\beta\mathbf{y}) := \mathbf{A}(\alpha\mathbf{x}+\beta\mathbf{y}) = \mathbf{A}\alpha\mathbf{x}+\mathbf{A}\beta\mathbf{y} = \alpha\mathbf{A}\mathbf{x}+\beta\mathbf{A}\mathbf{y} =: \alpha T\mathbf{x}+\beta T\mathbf{y}$$

因此 T 是线性的。 □

当我们考虑求解诸如 $\mathbf{Ax}=\mathbf{b}$ 的线性方程组时,首先需要关注的问题是其存在性。对于任意给定的 $\mathbf{b}$,我们能否找到一个满足这个方程的 $\mathbf{x}$? 经过一些思考你就会发现这个问题和下面这个问题是相同的:相应的线性映射 $T\mathbf{x}=\mathbf{Ax}$ 是满射函数吗? (参看 15.2 节的定义)等价地,rng$T$ 等于所有的$\mathbb{R}^N$吗?

T 的值域范围是所有形式为 $T\mathbf{x}=\mathbf{Ax}$ 的向量的集合,其中 $\mathbf{x}$ 在$\mathbb{R}^K$中变化。我们刚刚在 3.1.1 节中看到,对于任意的 $\mathbf{x}\in\mathbb{R}^K$,我们有 $\mathbf{x}=\sum_{k=1}^{K} x_k \mathrm{col}_k\mathbf{A}$,由此可见,rng$T$ 等于 $\mathbf{A}$ 的列空间(column space),后者定义为 $\mathbf{A}$ 的列的张成空间,并用下面的符号表示,即

$$\mathrm{colspace}\,\mathbf{A} := \mathrm{span}\{\mathrm{col}_1\mathbf{A},\cdots,\mathrm{col}_K\mathbf{A}\} \tag{3.2}$$

总结前面的讨论,可以得到

$$\mathrm{colspace}\,\mathbf{A} = \mathrm{rng}\,T = \{\mathbf{Ax}:\mathbf{x}\in\mathbb{R}^K\}$$

给定矩阵的列空间到底有多大呢? 为了回答这个问题,我们不得不说明“大”的含义是什么。在线性代数的知识背景下,子空间的大小通常是利用维数来测量的,colspace $\mathbf{A}$ 的维数被称为 $\mathbf{A}$ 的秩(rank)。也就是

$$\mathrm{rank}\mathbf{A} := \dim\,\mathrm{colspace}\mathbf{A}$$

如果 rank $\mathbf{A}$ 等于 K(列数),则称 $\mathbf{A}$ 是列满秩的(full column rank)。这里我们说“满秩”的原因是,由定义可知,colspace $\mathbf{A}$ 是 K 个向量所张成的空间。因此,根据定理 2.1.6 的(i),我们必须有 dim colspace$\mathbf{A}\leqslant K$。换句话说,$\mathbf{A}$ 的秩小于或等于 K。当达到最大值时,称 $\mathbf{A}$ 是列满秩的。

什么时候能达到这个最大值呢? 通过定理 2.1.6 的(ii)可知,当 $\mathbf{A}$ 的列是线性无关时,就达到最大值。下面我们将这当作一个事实。

事实 3.1.2 设 $\mathbf{A}$ 是 $N\times K$ 矩阵。下面三个陈述是等价的:

(i) $\mathbf{A}$ 是列满秩的;

(ii) $\mathbf{A}$ 的列是线性无关的;

(iii) $\mathbf{Ax}=\mathbf{0}\Rightarrow\mathbf{x}=\mathbf{0}$。

最后一个等价关系是由定理 2.1.1 得到的。

3.1.3 方阵与可逆性

或许线性代数中最常见的问题就是解线性方程组,其通用的表示形式是 $\mathbf{Ax}=\mathbf{b}$,其中 $\mathbf{x}$ 中包含未知数,而 $\mathbf{A}$ 与 $\mathbf{b}$ 是给定的。由于 $\mathbf{A}$ 的类型不同,存在各种各样的情况,现在我们考虑 $\mathbf{A}$ 是 $N\times N$ 矩阵的情况,需要找出 $\mathbf{A}$ 在什么条件下,对于任意一个 $\mathbf{b}\in\mathbb{R}^N$,都恰好有一个 $\mathbf{x}\in\mathbb{R}^N$,使得 $\mathbf{Ax}=\mathbf{b}$。

理解这个问题的最好方法如下。设 T 是线性映射 $T\mathbf{x}=\mathbf{Ax}$。我们在这里要问的问题是:什么时候有任意 $\mathbf{b}\in\mathbb{R}^N$ 在 T 下有且只有一个原像? 换句话说,T 什么时候是双射?

要回答这个问题,可参看第 2.1.7 节的讨论。我们在那里看到,线性双射被称为非奇异函数,同时讨论了这个性质的一些等价性。接下来的事实用矩阵语言重述了这些等价性。

事实 3.1.3 对于 $N\times N$ 矩阵 $\mathbf{A}$,下面几个陈述是等价的:

(i) **A** 的列是线性无关的；

(ii) **A** 的列构成$\mathbb{R}^N$ 的基底；

(iii) rank$\mathbf{A}=N$；

(iv) colspace$\mathbf{A}=\mathbb{R}^N$；

(v) $\mathbf{Ax}=\mathbf{Ay}\Rightarrow\mathbf{x}=\mathbf{y}$；

(vi) $\mathbf{Ax}=\mathbf{0}\Rightarrow\mathbf{x}=\mathbf{0}$；

(vii) 对于每个 $\mathbf{b}\in\mathbb{R}^N$，方程 $\mathbf{Ax}=\mathbf{b}$ 有一个解；

(viii) 对于每个 $\mathbf{b}\in\mathbb{R}^N$，方程 $\mathbf{Ax}=\mathbf{b}$ 有唯一的解。

这些结果都可以利用定理 2.1.7 并借助于检验 $T\mathbf{x}=\mathbf{Ax}$ 的相关含义而得到。例如，很容易看出，如果 $\mathbf{e}_n$ 是$\mathbb{R}^N$ 的第 n 个典范基向量，那么

$$T\mathbf{e}_n=\mathbf{Ae}_n=\mathrm{col}_n\mathbf{A}$$

因此定理 2.1.7 中$\{T\mathbf{e}_1,\cdots,T\mathbf{e}_N\}$的线性无关性条件可以转变成 **A** 列的线性无关性。

遵循常见的做法，如果事实 3.1.3 中的任何一个等价条件是正确的，那么我们不仅要称映射 T 是非奇异的，而且也要称矩阵 **A** 是非奇异的(nonsingular)。如果所有这些条件中有任何一个不成立，那么称 **A** 为奇异的(singular)。

任何双射都有逆函数(参看第 15.2 节)。事实上，任何非奇异的映射 T 都有非奇异的逆 T^{-1}(参看事实 2.1.9)。在当前设置背景下，T 是由矩阵 **A** 生成的，T^{-1}也与一个矩阵有联系，这个矩阵被称为 **A** 的逆矩阵(inverse)。下面的定理提供了细节：

定理 3.1.2　对于非奇异矩阵 **A**，下列两个陈述是正确的：

(i) 存在一个方阵 **B** 使得 $\mathbf{AB}=\mathbf{BA}=\mathbf{I}$，其中 **I** 表示单位矩阵。矩阵 **B** 被称为 **A** 的逆矩阵，并写成 $\mathbf{A}^{-1}$。

(ii) 对于每个 $\mathbf{b}\in\mathbb{R}^N$，$\mathbf{Ax}=\mathbf{b}$ 的唯一解由下式

$$\mathbf{x}=\mathbf{A}^{-1}\mathbf{b}\tag{3.3}$$

给出。

正是由于这个原因，非奇异矩阵也被称为可逆的(invertible)。关于这个定理的证明，留作练习题(练习题 3.5.5)完成。

例 3.1.1　考察 N 个商品的线性需求系统

$$q_n=\sum_{k=1}^{N}a_{nk}p_n+b_n,\quad n=1,\cdots,N$$

其中 q_n 与 p_n 分别表示第 n 种商品的数量和价格。我们想要计算需求的逆函数，其中价格是依据数量而变动的。为此，我们将此方程组写成矩阵形式 $\mathbf{q}=\mathbf{Ap}+\mathbf{b}$。如果 **A** 的列是线性无关的，那么我们可以对方程组进行变换：对于给定的 **q** 与 **b**，存在唯一的方程组解。那个解是由 $\mathbf{p}=\mathbf{A}^{-1}(\mathbf{q}-\mathbf{b})$ 给出的。

正如下面的事实所述，为了证明 **A** 是可逆的，同时 **B** 是 **A** 的逆矩阵，只需证明 **B** 在 $\mathbf{BA}=\mathbf{I}$ 的意义下是左可逆的(left inverse)，或者在 $\mathbf{AB}=\mathbf{I}$ 的意义下是右可逆的(right inverse)。3.1.4 节已经给出了证明。

事实 3.1.4　设 **A** 与 **B** 都是 $N\times N$ 方阵，如果 **B** 是 **A** 的左逆矩阵或右逆矩阵，则 **A** 是非奇异的，且 **B** 是它的逆矩阵。

下面的事实给出了关于逆矩阵的更多有用公式。

事实 3.1.5　如果 **A** 与 **B** 是非奇异的且 $\alpha\neq0$，则

(i) $(\mathbf{A}^{-1})^{-1}=\mathbf{A}$;

(ii) $(\alpha\mathbf{A})^{-1}=\alpha^{-1}\mathbf{A}^{-1}$;

(iii) $(\mathbf{AB})^{-1}=\mathbf{B}^{-1}\mathbf{A}^{-1}$。

关系$(\mathbf{AB})^{-1}=\mathbf{B}^{-1}\mathbf{A}^{-1}$正是关于双射为可逆的类似规则的一种特例(参看事实 15.2.1)。但是,你也可以通过证明 $\mathbf{B}^{-1}\mathbf{A}^{-1}$是 **AB** 的右逆(或左逆)矩阵来直接证明这个等式。

3.1.4 行列式

对于每个方阵 **A** 来说,我们可以得到唯一的数值 $\det\mathbf{A}$,称之为 **A** 的行列式。为了定义它,设 $S(N)$是从$\{1,\cdots,N\}$到它自身的所有双射的集合。对于 $\pi\in S(N)$,我们定义 π 的符号差(signature)是

$$\operatorname{sgn}(\pi):=\prod_{m<n}\frac{\pi(m)-\pi(n)}{m-n}$$

然后 $N\times N$ 矩阵 **A** 的行列式(determinant)是由下式

$$\det\mathbf{A}:=\sum_{\pi\in S(N)}\operatorname{sgn}(\pi)\prod_{n=1}^{N}\alpha_{\pi}(n)n$$

给出的。我们不去研究这个定义的细节。现在掌握下述事实就是足够的。

事实 3.1.6 如果 **I** 是 $N\times N$ 单位矩阵,且 **A** 与 **B** 都是 $N\times N$ 矩阵,$\alpha\in\mathbb{R}$,则

(i) $\det\mathbf{I}=1$;

(ii) 当且仅当 $\det\mathbf{A}\neq0$ 时 **A** 是非奇异的;

(iii) $\det(\mathbf{AB})=\det(\mathbf{A})\det(\mathbf{B})$;

(iv) $\det(\alpha\mathbf{A})=\alpha^{N}\det(\mathbf{A})$;

(v) $\det(\mathbf{A}^{-1})=(\det(\mathbf{A}))^{-1}$。

对于 2×2 的情况,可以证明行列式满足

$$\det\begin{pmatrix}a & b\\ c & d\end{pmatrix}=ad-bc \tag{3.4}$$

举一个这些结果如何运用的例子,我们回过来证明事实 3.1.4。给定方阵 **A**,同时假定在 $\mathbf{AB}=\mathbf{I}$ 的意义下存在一个右逆矩阵 **B**。这个等式意味着 **A** 和 **B** 都是非奇异的,这是因为对 $\mathbf{AB}=\mathbf{I}$ 等式两边应用 det,并且利用事实 3.1.6,可以得到 $\det(\mathbf{A})\det(\mathbf{B})=1$。由此可得 $\det\mathbf{A}$ 与 $\det\mathbf{B}$ 都是非零的。因此,这两个矩阵都是非奇异的。

为了证明 **B** 是 **A** 的逆矩阵,我们除了要验证 $\mathbf{AB}=\mathbf{I}$,还要验证 $\mathbf{BA}=\mathbf{I}$。为了从前者获得后者,用 **B** 左乘前者,得到 $\mathbf{BAB}=\mathbf{B}$,然后用 $\mathbf{B}^{-1}$右乘,则得到 $\mathbf{BA}=\mathbf{I}$。关于左逆矩阵的证明,可以类似地给出。

3.2 矩阵的性质

我们将研究某些特殊矩阵及其在线性代数中的作用。

3.2.1 对角矩阵和三角形矩阵

- 下三角形矩阵:如果方阵的主对角线元素以上的元素全为 0,则称为下三角形矩阵(lower

triangular);

- 上三角形矩阵:如果方阵的主对角线元素以下的元素全为 0,则称为上三角形矩阵(upper triangular);
- 三角形矩阵:如果方阵是上三角形矩阵或下三角形矩阵,则称为三角形矩阵(triangular)。

例如,如果我们定义

$$\mathbf{L} := \begin{pmatrix} 1 & 0 & 0 \\ 2 & 5 & 0 \\ 3 & 6 & 1 \end{pmatrix}, \quad \mathbf{U} := \begin{pmatrix} 1 & 2 & 3 \\ 0 & 5 & 6 \\ 0 & 0 & 1 \end{pmatrix}$$

那么 **L** 与 **U** 分别是下三角形矩阵与上三角形矩阵。三角形矩阵的巨大优势在于,相关的线性方程很容易用正向或反向替换来求解。例如,对于方程组,

$$\begin{pmatrix} 1 & 0 & 0 \\ 2 & 5 & 0 \\ 3 & 6 & 1 \end{pmatrix} \begin{pmatrix} x_1 \\ x_2 \\ x_3 \end{pmatrix} = \begin{pmatrix} x_1 \\ 2x_1 + 5x_2 \\ 3x_1 + 6x_2 + x_3 \end{pmatrix} = \begin{pmatrix} b_1 \\ b_2 \\ b_3 \end{pmatrix}$$

最上面的方程只涉及 x_1,因此我们可以直接求解它的值。然后将此值代入第二个等式中,可以解出 x_2,以此类推。

事实 3.2.1 如果 $\mathbf{A} = (a_{mn})$ 是三角形矩阵,则 $\det \mathbf{A} = \prod_{n=1}^{N} a_{nn}$。

当矩阵既是上三角形矩阵又是下三角形矩阵时,情况会更好。这样的矩阵被称为对角矩阵(diagonal),换句话说,方阵 **A** 除主对角线上的所有其他元素都是零。例如,单位矩阵就是对角矩阵。

下述符号通常用于定义对角矩阵:

$$\operatorname{diag}(d_1, \cdots, d_N) := \begin{pmatrix} d_1 & 0 & \cdots & 0 \\ 0 & d_2 & \cdots & 0 \\ \vdots & \vdots & & \vdots \\ 0 & 0 & \cdots & d_N \end{pmatrix}$$

使用对角矩阵来计算幂、根、逆矩阵以及乘积都是非常容易的。

事实 3.2.2 设 $\mathbf{C} = \operatorname{diag}(c_1, \cdots, c_N)$,$\mathbf{D} = \operatorname{diag}(d_1, \cdots, d_N)$。下面几个陈述是正确的:

(i) $\mathbf{C}+\mathbf{D} = \operatorname{diag}(c_1+d_1, \cdots, c_N+d_N)$;

(ii) $\mathbf{CD} = \operatorname{diag}(c_1 d_1, \cdots, c_N d_N)$;

(iii) 对于任意 $k \in \mathbb{N}$,$\mathbf{D}^k = \operatorname{diag}(d_i^k, \cdots, d_N^k)$;

(iv) 如果对于所有 n,$d_n \geqslant 0$,则 $\sqrt{\mathbf{D}}$ 存在且等于 $\operatorname{diag}(\sqrt{d_1}, \cdots, \sqrt{d_N})$;

(v) 如果对于所有 n,$d_n \neq 0$,则 **D** 是非奇异的且 $\mathbf{D}^{-1} = \operatorname{diag}(d_1^{-1}, \cdots, d_N^{-1})$。

人们可以直接验证(i)与(ii),其余结论都由(i)与(ii)得出。

3.2.2 迹、转置和对称矩阵

$N \times N$ 矩阵 **A** 的迹(trace)是指其主对角线元素之和:

$$\operatorname{trace} \mathbf{A} = \sum_{n=1}^{N} a_{nn}$$

事实 3.2.3 如果 **A** 与 **B** 都是 $N \times N$ 矩阵,α 与 β 是两个标量,则

$$\operatorname{trace}(\alpha \mathbf{A} + \beta \mathbf{B}) = \alpha \operatorname{trace}(\mathbf{A}) + \beta \operatorname{trace}(\mathbf{B})$$

而且,如果 $\mathbf{A}$ 是 $N\times M$ 矩阵,并且 $\mathbf{B}$ 是 $M\times N$ 矩阵,那么 $\text{trace}(\mathbf{AB})=\text{trace}(\mathbf{BA})$。

$N\times K$ 矩阵 $\mathbf{A}$ 的转置(transpose)是指 $K\times N$ 矩阵 $\mathbf{A}^{\mathrm{T}}$,使得 $\mathbf{A}^{\mathrm{T}}$ 中的行元素与 $\mathbf{A}$ 中的列元素相等,即 $\text{col}_n(\mathbf{A}^{\mathrm{T}})=\text{row}_n\,\mathbf{A}$。例如

$$\mathbf{A}:=\begin{pmatrix}10 & 40\\ 20 & 50\\ 30 & 60\end{pmatrix}\Rightarrow\mathbf{A}^{\mathrm{T}}=\begin{pmatrix}10 & 20 & 30\\ 40 & 50 & 60\end{pmatrix} \tag{3.5}$$

以及

$$\mathbf{B}:=\begin{pmatrix}1 & 3 & 5\\ 2 & 4 & 6\end{pmatrix}\Rightarrow\mathbf{B}^{\mathrm{T}}:=\begin{pmatrix}1 & 2\\ 3 & 4\\ 5 & 6\end{pmatrix}$$

如果方阵 $\mathbf{A}^{\mathrm{T}}=\mathbf{A}$,或者等价地,对于每个 n 与 k 都有 $a_{nk}=a_{kn}$,我们就称此方阵为对称矩阵(symmetric),注意 $\mathbf{A}^{\mathrm{T}}\mathbf{A}$ 与 $\mathbf{AA}^{\mathrm{T}}$ 总是定义良好的且对称的。

事实 3.2.4 对于一致的矩阵 $\mathbf{A}$ 与 $\mathbf{B}$,其转置矩阵满足:

(i) $(\mathbf{A}^{\mathrm{T}})^{\mathrm{T}}=\mathbf{A}$;

(ii) $(\mathbf{AB})^{\mathrm{T}}=\mathbf{B}^{\mathrm{T}}\mathbf{A}^{\mathrm{T}}$;

(iii) $(\mathbf{A}+\mathbf{B})^{\mathrm{T}}=\mathbf{A}^{\mathrm{T}}+\mathbf{B}^{\mathrm{T}}$;

(iv) 对于任意常值 c,$(c\mathbf{A})^{\mathrm{T}}=c\mathbf{A}^{\mathrm{T}}$。

事实 3.2.5 对于每个方阵 $\mathbf{A}$,我们有

(i) $\text{trace}(\mathbf{A})=\text{trace}(\mathbf{A}^{\mathrm{T}})$;

(ii) $\det(\mathbf{A}^{\mathrm{T}})=\det(\mathbf{A})$;

(iii) 如果 $\mathbf{A}$ 是非奇异的,那么 $\mathbf{A}^{\mathrm{T}}$ 也是非奇异的,其逆矩阵为 $(\mathbf{A}^{\mathrm{T}})^{-1}=(\mathbf{A}^{-1})^{\mathrm{T}}$。

注意,如果 $\mathbf{a}$ 与 $\mathbf{b}$ 都是 $N\times 1$ 向量,则矩阵积 $\mathbf{a}^{\mathrm{T}}\mathbf{b}=\mathbf{b}^{\mathrm{T}}\mathbf{a}$ 等于 $\sum_{n=1}^{N}a_nb_n$,这与向量 $\mathbf{a}$ 和 $\mathbf{b}$ 的内积 $\langle\mathbf{a},\mathbf{b}\rangle$ 是相同的。在下面的阐述中,我们经常使用列向量与矩阵乘积而不是向量内积。

3.2.3 特征值和特征向量

设 $\mathbf{A}$ 为 $N\times N$ 矩阵。如同 3.1.2 节一样,将 $\mathbf{A}$ 看成线性映射,所以 $\mathbf{Ax}$ 是 $\mathbf{x}$ 在 $\mathbf{A}$ 下的像。一般来说,$\mathbf{A}$ 会将 $\mathbf{x}$ 映射到一些任意的新位置,但有时仅仅将 $\mathbf{x}$ 按比例伸缩。也就是说,对于某个标量 λ,有

$$\mathbf{Ax}=\lambda\mathbf{x} \tag{3.6}$$

如果 $\mathbf{x}$ 与 λ 满足式(3.6)且 $\mathbf{x}$ 不为零,则 $\mathbf{x}$ 为 $\mathbf{A}$ 的特征向量(eigenvector),λ 为特征值(eigenvalue),$(\mathbf{x},\lambda)$ 为特征对(eigenpair)。

例 3.2.1 如果

$$\mathbf{A}:=\begin{pmatrix}1 & -1\\ 3 & 5\end{pmatrix},\quad \mathbf{x}:=\begin{pmatrix}1\\ -1\end{pmatrix},\quad \lambda:=2$$

那么 $(\mathbf{x},\lambda)$ 是 $\mathbf{A}$ 的特征对,这是因为 $\mathbf{x}$ 不等于 0,而且

$$\mathbf{Ax}=\begin{pmatrix}1 & -1\\ 3 & 5\end{pmatrix}\begin{pmatrix}1\\ -1\end{pmatrix}=\begin{pmatrix}2\\ -2\end{pmatrix}=2\begin{pmatrix}1\\ -1\end{pmatrix}\lambda\mathbf{x}$$

例 3.2.2 对于每一个非零的 $\mathbf{x}\in\mathbb{R}^N$,如果 $\mathbf{I}$ 是 $N\times N$ 阶单位矩阵,那么 $(\mathbf{x},1)$ 是单位矩阵的一

个特征对。

矩阵

$$\mathbf{R} := \begin{pmatrix} 0 & -1 \\ 1 & 0 \end{pmatrix}$$

可以将任意一点逆时针旋转 90 度,如图 3.1 所示。对于任意 $\lambda \in \mathbb{R}$ 与非零 $\mathbf{x} \in \mathbb{R}^2$ 而言,这个旋转导致式(3.6)中的按比例伸缩不再成立。但是,如果我们允许 λ 与 $\mathbf{x}$ 的元素出现复数,则式(3.6)可以成立。例如,直接计算就可以证实 $\lambda = i$ 与 $\mathbf{x} = (1, -i)^{\mathrm{T}}$ 是 $\mathbf{R}$ 的特征对。可以证明,复数的特征对是有用的。除非特别说明是在实数领域,这里的特征对可以取复数值。

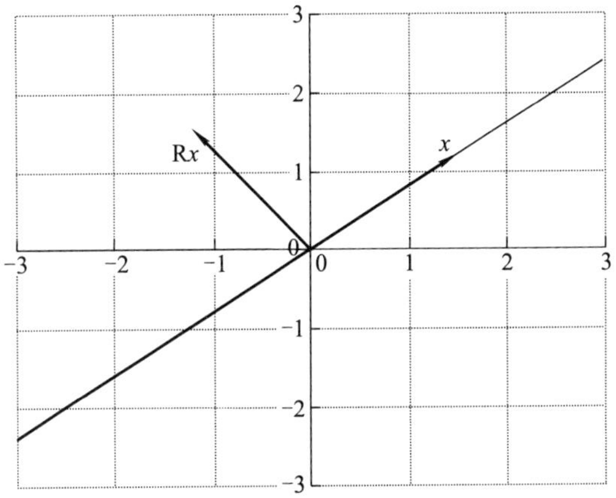

图 3.1　R 使点旋转 90 度

事实 3.2.6　给定 $N \times N$ 矩阵 $\mathbf{A}$,标量 λ 是 $\mathbf{A}$ 的特征值当且仅当

$$\det(\mathbf{A} - \lambda \mathbf{I}) = 0$$

其中 $\mathbf{I}$ 表示 $N \times N$ 单位矩阵。练习题 3.5.17 要求你验证这个重要结论。对于式(3.4)中的 2×2 矩阵,根据式(3.4)中 2×2 行列式的规则以及事实 3.2.6,经过适当的代数计算可以证明,该矩阵的特征值为一元二次方程的两个根

$$\lambda^2 - (a + d)\lambda + (ad - bc) = 0$$

更一般地,给定任意 $N \times N$ 阶矩阵 $\mathbf{A}$,通过代数的基本定理可以证明,存在复数 $\lambda_1, \cdots, \lambda_N$(不一定是不同的),使得

$$\det(\mathbf{A} - \lambda \mathbf{I}) = \prod_{n=1}^{N} (\lambda_n - \lambda) \tag{3.7}$$

很明显,每个 λ_n 都满足 $\det(\mathbf{A} - \lambda_n \mathbf{I}) = 0$ 的条件,因此是 $\mathbf{A}$ 的一个特征值。特别地,$\lambda_1, \cdots, \lambda_N$ 是 $\mathbf{A}$ 的特征值的集合,尽管这些数值不一定是不同的。

事实 3.2.7　设 $\mathbf{A}$ 是 $N \times N$ 矩阵,设 $\lambda_1, \cdots, \lambda_N$ 是式(3.7)中所定义的特征值,则下列陈述是正确的:

(i) $\det \mathbf{A} = \prod_{n=1}^{N} \lambda_n$;

(ii) $\operatorname{trace} \mathbf{A} = \sum_{n=1}^{N} \lambda_n$;

(iii) 如果 $\mathbf{A}$ 是对称的,则对于所有 n,$\lambda_n \in \mathbb{R}$;

(iv) 如果 $\mathbf{A}$ 是非奇异的,则 $\mathbf{A}^{-1}$ 的特征值是 $1/\lambda_1,\cdots,1/\lambda_N$;

(v) 如果 $\mathbf{A}$ 是三角形矩阵,则其特征值与主对角线上的元素是相同的。

由(iv)可以直接得到,$\mathbf{A}$ 是非奇异矩阵 $\Longleftrightarrow$ 所有的特征值都是非零的。

3.2.4　二次型

在统计学和计量经济学中,我们经常遇到二次表达式。一般来说,给定对称 $N\times N$ 矩阵 $\mathbf{A}$,与 $\mathbf{A}$ 有关的 $\mathbb{R}^N$ 上的二次函数(quadratic function)或二次型(quadratic form)是映射 Q,它由下式定义:

$$Q(\mathbf{x}) := \mathbf{x}^{\mathrm{T}}\mathbf{A}\mathbf{x} = \sum_{j=1}^{N}\sum_{i=1}^{N} a_{ij}x_i x_j$$

为了给出简单的说明,设 $N=2$,同时设 $\mathbf{A}$ 是单位矩阵 $\mathbf{I}$。在这种情况下,

$$Q(\mathbf{x}) = \|\mathbf{x}\|^2 = x_1^2 + x_2^2$$

函数的 3D 图形如图 3.2 所示。

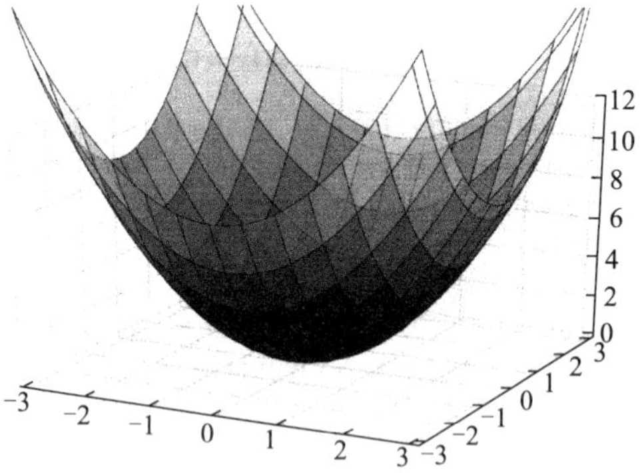

图 3.2　二次函数 $Q(\mathbf{x})=x_1^2+x_2^2$

可以注意到一件事:函数图形上的任意一点都大于零,或者 $Q(\mathbf{x})\geqslant 0$。事实上,我们知道 $\|\mathbf{x}\|^2$ 是非负的,而且只有在 $\mathbf{x}=\mathbf{0}$ 的点才为零。因此,只有在 $\mathbf{x}=\mathbf{0}$ 点,图形才触及零。还有许多其他形式的 $\mathbf{A}$ 都能产生具有这种性质的二次型。这样的 $\mathbf{A}$ 被称为正定矩阵。更一般地,一个 $N\times N$ 的对称矩阵 $\mathbf{A}$ 被称为

- 非负定矩阵(nonnegative definite):对于所有 $\mathbf{x}\in\mathbb{R}^N$,$\mathbf{x}^{\mathrm{T}}\mathbf{A}\mathbf{x}\geqslant 0$;
- 正定矩阵(positive definite):对于所有 $\mathbf{x}\in\mathbb{R}^N$ 且 $\mathbf{x}\neq\mathbf{0}$,$\mathbf{x}^{\mathrm{T}}\mathbf{A}\mathbf{x}>0$;
- 非正定矩阵(nonpositive definite):对于所有 $\mathbf{x}\in\mathbb{R}^N$,$\mathbf{x}^{\mathrm{T}}\mathbf{A}\mathbf{x}\leqslant 0$;
- 负定矩阵(negative definite):对于所有 $\mathbf{x}\in\mathbb{R}^N$ 且 $\mathbf{x}\neq\mathbf{0}$,$\mathbf{x}^{\mathrm{T}}\mathbf{A}\mathbf{x}<0$。

如果 $\mathbf{A}$ 不属于这些类别,则称 $\mathbf{A}$ 为不定矩阵(indefinite)。关于负定二次函数的图形,如图 3.3 所示。现在此函数的形状好像山的形状,而且 $\mathbf{0}$ 是图像中唯一的全局最大值。关于不定形式二次函数的图形,如图 3.4 所示。

当矩阵 $\mathbf{A}$ 为对角矩阵时,这是最容易检测确定性(definiteness)的情况,这是因为

$$\mathbf{A} = \mathrm{diag}(d_1,\cdots,d_N)\ \text{意味着}\ Q(\mathbf{x}) = d_1x_1^2 + \cdots + d_Nx_N^2$$

从等号右边的表达式可以看出,当仅且当所有对角线元素都为正的时,对角矩阵是正定的。类似的说法也适用于负定矩阵、非正定矩阵以及非负定矩阵。下面的事实概括了这个想法,并在 3.3.4 节得到证明。

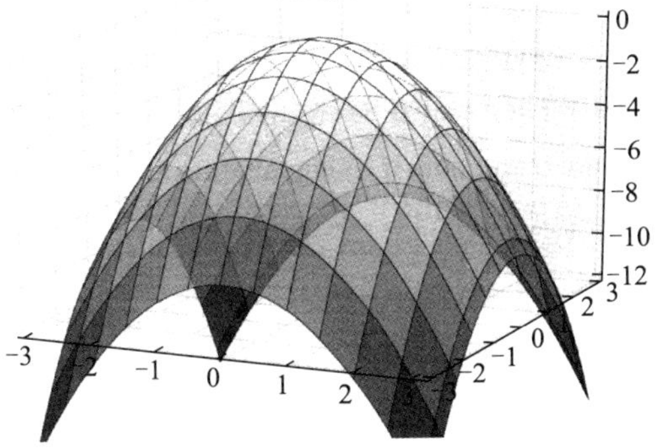

图 3.3　二次函数 $Q(\mathbf{x})=-x_1^2-x_2^2$

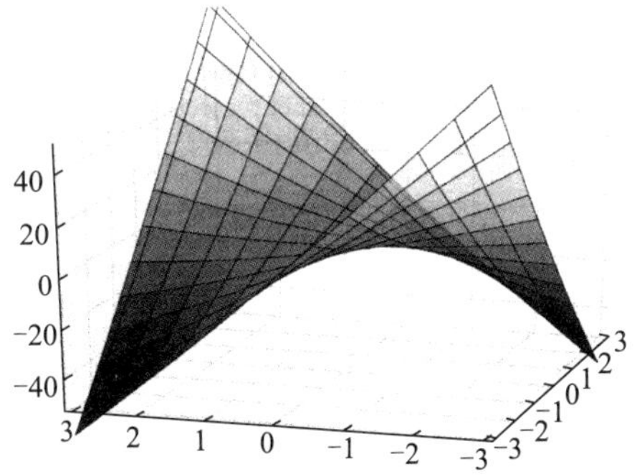

图 3.4　二次函数 $Q(\mathbf{x})=x_1^2/2+8x_1x_2+x_2^2/2$

事实 3.2.8　设 **A** 是任意对称矩阵，则 **A** 是

(i) 正定矩阵当且仅当其特征值都是正的；

(ii) 负定矩阵当且仅当其特征值都是负的。

而且对于非正定矩阵和非负定矩阵的情况，可以给出类似的事实。

事实 3.2.9　如果 **A** 是正定的，则 **A** 是非奇异的，且 $\det\mathbf{A}>0$。

最后，对于每一种确定性矩阵类型来说，这里都是必要条件(但不是充分的)。

事实 3.2.10　如果 **A** 是正定的，则主对角线上的每个元素 a_{nn} 都是正的，这种情况同样适用于非负定、非正定以及负定的情况。

3.3　投影和分解

本节汇总阐述了关于矩阵投影和分解的一些基本结果。投影内容采用了第 2.2 节中的抽象投影理论，并将其转化为更具体的矩阵语言。

3.3.1　投影矩阵

正如定理 2.2.2 所述，给定任意子空间 S，相应的投影 $\mathbf{P}=\mathrm{proj}S$ 是从 $\mathbb{R}^N$ 到 $\mathbb{R}^N$ 的线性映射。

依据定理 3.1.1,由此可得,存在 $N\times N$ 矩阵 $\hat{\mathbf{P}}$ 使得对于任意 $\mathbf{x}\in\mathbb{R}^N$ 都有 $\mathbf{Px}=\hat{\mathbf{P}}\mathbf{x}$。事实上,我们已经从符号 **P** 中预料到这一点,从现在起,**P** 也将代表相应的矩阵。但这个矩阵是什么样的?

定理 3.3.1 设 S 是 $\mathbb{R}^N$ 上的线性子空间。如果 $\mathbf{P}=\text{proj}S$,则

$$\mathbf{P}=\mathbf{B}(\mathbf{B}^{\mathrm{T}}\mathbf{B})^{-1}\mathbf{B}^{\mathrm{T}} \tag{3.8}$$

对于每个矩阵 **B**,使得 **B** 的列向量形成 S 的基底。

这个结果推广了例 2.2.6,它涉及投影到标准正交基的张成空间。式(3.8)更为复杂,但同时也适用于任何基,包括标准正交基和其他的。我们将在第 3.3.3 节中进一步探究两个结果之间的关系。关于定理 3.3.1 的证明,参看练习题 3.5.30 及其解答。

式(3.8)对 **P** 的构造隐含地假定 $\mathbf{B}^{\mathrm{T}}\mathbf{B}$ 是非奇异的。这是因为 **B** 为列满秩的(参看练习题 3.5.28)。和往常一样,我们令 $\mathbf{M}=\mathbf{I}-\mathbf{P}$ 表示残差投影。

例 3.3.1 回顾例 2.2.1,我们发现 $\mathbf{y}\in\mathbb{R}^N$ 到 $\text{span}\{\mathbf{1}\}$ 的投影是 $\bar{y}\mathbf{1}$。我们也可以从式(3.8)中获得这个结论。由于 **1** 是 $\text{span}\{\mathbf{1}\}$ 的基底,因此我们有

$$\mathbf{P}=\text{proj span}\{\mathbf{1}\}\Rightarrow\mathbf{P}=\mathbf{1}(\mathbf{1}^{\mathrm{T}}\mathbf{1})^{-1}\mathbf{1}^{\mathrm{T}}=\frac{1}{N}\mathbf{1}\mathbf{1}^{\mathrm{T}} \tag{3.9}$$

如所预期的那样,这使我们回顾起 $\mathbf{Py}=\bar{y}\mathbf{1}$。相应的残差投影是

$$\mathbf{M}_c=\mathbf{I}-\frac{1}{N}\mathbf{1}\mathbf{1}^{\mathrm{T}} \tag{3.10}$$

关于下标为 c 的原因已经在例 2.2.3 中给出了讨论。

事实 3.3.1 在定理 3.3.1 的设定中,我们有

(i) $\mathbf{MB}=\mathbf{0}$;

(ii) $\mathbf{PB}=\mathbf{B}$。

例如,很容易看出式(3.10)中的 $\mathbf{M}_c$ 将 **1** 映射为 **0**。关于事实 3.3.1 的证明,留作练习题 3.5.31 完成。

如果 $\mathbf{AA}=\mathbf{A}$,则方阵 A 被称为幂等的(idempotent)。

事实 3.3.2 **P** 与 **M** 都是对称矩阵和幂等矩阵。

通过计算可以直接检验 **P** 与 **M** 的幂等性。通过思考两次投影到子空间与投影一次相同的事实,可以获得更好的理解。在一次投影之后,向量已经在子空间当中。参看例 2.2.8。

事实 3.3.3 如果 **A** 是任意幂等矩阵,那么 $\text{rank}\mathbf{A}=\text{trace }\mathbf{A}$。

对于正交投影,我们可以得到更多结论。

事实 3.3.4 设 S 是 $\mathbb{R}^N$ 的线性子空间。如果 $\mathbf{P}=\text{proj}S$,**M** 是残差投影,则

(i) $\text{rank}\mathbf{P}=\text{trace}\mathbf{P}=\dim S$;

(ii) $\text{rank}\mathbf{M}=\text{trace}\mathbf{M}=N-\dim S$。

为了知道 $\text{rank}\mathbf{P}=\dim S$ 成立的原因,回顾线性映射的秩是其值域的维数。当 $\mathbf{P}=\text{proj}S$ 时,**P** 的值域恰好是 S。

为了证明 $\text{trace}\mathbf{P}=\dim S$ 也成立,我们可以求助于事实 3.3.3。还存在一个很好的直接证明的方法,参看练习题 3.5.27 及其解答。一旦我们知道 $\text{trace}\mathbf{P}=\dim S$,那么很明显 $\text{trace}\mathbf{M}=N-\dim S$,这是因为

$$\text{trace }\mathbf{M}=\text{trace}(\mathbf{I}-\mathbf{P})=\text{trace}\mathbf{I}-\text{trace }\mathbf{P}=N-\dim S$$

3.3.2 超定方程组

在前面第 3.1.3 节,我们已经研究了当 $\mathbf{A}$ 是方阵时,求解形如 $\mathbf{Ax}=\mathbf{b}$ 方程的方法。在统计学和计量经济学中,我们经常需要研究如下情况:$\mathbf{A}$ 是 $N\times K$ 矩阵,并且 $K\leqslant N$。当不等式严格成立时,此方程组被称为是超定的(overdetermined)。

考察这种背景设置下是否存在向量 $\mathbf{x}$ 满足 $\mathbf{Ax}=\mathbf{b}$ 的问题。直观地说,当方程等式的数量大于未知数的数量($N>K$)时,我们可能无法找到满足所有 N 个方程的 $\mathbf{x}$。存在几种等价的将这种直觉系统化描述出来的方法。对应于 $\mathbf{A}$ 的线性映射 $T:\mathbb{R}^K\to\mathbb{R}^N$ 满足 $T\mathbf{x}=\mathbf{Ax}$(参看第 3.1.2 节)。我们知道下列陈述是等价的:

(i) 存在 $\mathbf{x}\in\mathbb{R}^K$,满足 $\mathbf{Ax}=\mathbf{b}$;

(ii) $\mathbf{b}\in\operatorname{colspace}\mathbf{A}$;

(iii) $\mathbf{b}\in\operatorname{rng}T$。

我们从定理 2.1.8 可以知道,当 $K<N$ 时,函数 T 不是满射的,因此 $\mathbf{b}$ 有可能位于 T 的值域范围之外。

实际上,我们讨论的内容并不局限于此。当 $K<N$ 时,在某种意义上说,$\mathbf{b}\in\operatorname{colspace}\mathbf{A}$ 是十分罕见的。其原因在于,colspace$\mathbf{A}$ 的维数正好是 $\mathbf{A}$ 的秩,小于或等于 K(参看第 3.1.2 节),因此严格小于 N。在某种意义上,$\mathbb{R}^N$ 的 K 维子空间是可以忽略不计的,因此 $\mathbf{b}$ 恰好位于此子空间中的"机会"很小。①

因此,标准方法是承认精确解可能不存在,进而专注于寻找 $\mathbf{x}\in\mathbb{R}^K$,使得 $\mathbf{Ax}$ 尽可能地接近 $\mathbf{b}$。于是,根据欧基里德范数定义"接近"是很自然的,从而引出我们的最小化问题:

$$\min_{\mathbf{x}\in\mathbb{R}^K}\|\mathbf{b}-\mathbf{AX}\| \tag{3.11}$$

这被称为最小二乘法问题(least squares problem),因为求解式(3.11)与将 $\|\mathbf{b}-\mathbf{Ax}\|^2$ 针对 $\mathbf{x}$ 求最小化是一样的,并且由定义可知,平方范数就是平方之和。如前所述,假定 $\mathbf{A}$ 是 $N\times K$ 矩阵且 $K\leqslant N$,同时 $\mathbf{b}$ 是 $N\times 1$ 矩阵,我们可以使用正交投影定理求解式(3.11),具体过程如下。

定理 3.3.2　如果 $\mathbf{A}$ 是列满秩的矩阵,则式(3.11)有唯一的解

$$\hat{\mathbf{x}}:=(\mathbf{A}^{\mathrm{T}}\mathbf{A})^{-1}\mathbf{A}^{\mathrm{T}}\mathbf{b} \tag{3.12}$$

证明:设 $\mathbf{A}$ 与 $\mathbf{b}$ 满足定理中的条件。设 $\hat{\mathbf{x}}$ 如式(3.12)所示,并令 $S:=\operatorname{colspace}\mathbf{A}$。根据列满秩的假设,$\mathbf{A}$ 的列构成 S 的基底。因此,利用定理 3.3.1,$\mathbf{b}$ 在 S 上的正交投影是

$$\mathbf{Pb}:=\mathbf{A}(\mathbf{A}^{\mathrm{T}}\mathbf{A})^{-1}\mathbf{A}^{\mathrm{T}}\mathbf{b}=\mathbf{A}\hat{\mathbf{x}} \tag{3.13}$$

此外,就 S 中接近于 $\mathbf{b}$ 的点而言,由于正交投影定理给出的是唯一的最小化值,我们必须有

$$\|\mathbf{b}-\mathbf{A}\hat{\mathbf{x}}\|<\|\mathbf{b}-\mathbf{y}\|\quad\text{对于所有 }\mathbf{y}\in S,\mathbf{y}\neq\mathbf{A}\hat{\mathbf{x}} \tag{3.14}$$

选择任意 $\mathbf{x}\in\mathbb{R}^K$ 且使得 $\mathbf{x}\neq\hat{\mathbf{x}}$,根据 S 的定义,我们得到 $\mathbf{Ax}\in S$。另外,由于 $\mathbf{x}\neq\hat{\mathbf{x}}$,并且 $\mathbf{A}$ 为列满秩的矩阵,必定有 $\mathbf{Ax}\neq\mathbf{A}\hat{\mathbf{x}}$(练习题 3.5.4)。于是

$$\|\mathbf{b}-\mathbf{A}\hat{\mathbf{x}}\|<\|\mathbf{b}-\mathbf{Ax}\|\text{ 对于所有 }\mathbf{x}\in\mathbb{R}^K,\quad\mathbf{x}\neq\hat{\mathbf{x}}$$

换句话说,$\hat{\mathbf{x}}$ 是式(3.11)的唯一解。 □

---

① 正式地说,当 $K<N$ 时,在 $\mathbb{R}^N$ 中的 K 维子空间具有零测度。因此,就勒贝格测度而言,作为绝对连续的每个概率测度在这样的集合上都是零质量的。不太正式地说,考察 $N=3$ 和 $K=2$ 的情况。于是,colspace$\mathbf{A}$ 在 $\mathbb{R}^3$ 中至多形成二维平面。直观上,这个集合在 $\mathbb{R}^3$ 中没有体积,原因在于平面没有"厚度"。类似地,尽管我们可能将 $\mathbf{b}$ 可视化为 $\mathbb{R}^3$ 中的点,但它实际上是无限小的。因此,随机选择的 $\mathbf{b}$ 位于 colspace$\mathbf{A}$ 中的机会为零。

对于式(3.12)中关于 $\hat{\mathbf{x}}$ 的表达式,矩阵$(\mathbf{A}^{\mathrm{T}}\mathbf{A})^{-1}\mathbf{A}^{\mathrm{T}}$ 被称为 $\mathbf{A}$ 的伪逆(pseudoinverse)。如果 $K=N$,即如果 $\mathbf{A}$ 是方阵,那么在我们的满秩矩阵假设下,伪逆矩阵简化为 $\mathbf{A}^{-1}$,并且式(3.12)中最小二乘法求出的解 $\hat{\mathbf{x}}$ 可简化为式(3.3)给出的表达式。

如果我们放弃 $\mathbf{A}$ 的列是线性无关的假设,结果会怎样呢?集合 colspace$\mathbf{A}$ 仍然是一个线性子空间,正交投影定理仍然给出 colspace$\mathbf{A}$ 中最接近 $\mathbf{b}$ 的点 $\mathbf{Pb}$。由于 $\mathbf{Pb}\in$ colspace$\mathbf{A}$,依然存在一个向量 $\hat{\mathbf{x}}$ 使得 $\mathbf{Pb}=\mathbf{A}\hat{\mathbf{x}}$。问题是,现在存在无穷多的这种向量。关于这个证明,留作练习题 3.5.34 完成。

3.3.3 QR 分解

矩阵 $\mathbf{A}$ 的 QR 分解(QR decomposition)是指将其分解为 $\mathbf{QR}$ 形式的乘积,其中第一个矩阵有正交列,第二个矩阵是上三角形矩阵。这种因式分解有许多应用,包括最小二乘问题和特征值的计算。这种分解是以格拉姆-施密特正交化为基础。

定理 3.3.3 如果 $\mathbf{A}$ 是列满秩的 $N\times K$ 矩阵,则存在因式分解 $\mathbf{A}=\mathbf{QR}$,其中

(i) $\mathbf{R}$ 是 $K\times K$ 的上三角形矩阵且是非奇异的;

(ii) $\mathbf{Q}$ 是具有正交列的 $N\times K$ 矩阵。

证明:设 $\mathbf{A}$ 如前所述,令 $\mathbf{a}_K:=\mathrm{col}_K\mathbf{A}$。定理 2.2.3 给出了正交集$\{\mathbf{u}_1,\cdots,\mathbf{u}_K\}$,使得$\{\mathbf{u}_1,\cdots,\mathbf{u}_K\}$的张成空间等于$\{\mathbf{a}_1,\cdots,\mathbf{a}_K\}$的张成空间,其中 $k=1,\cdots,K$。特别地,$\mathbf{a}_k$ 位于$\{\mathbf{u}_1,\cdots,\mathbf{u}_K\}$的张成空间内,因此,利用事实 2.2.3,可以写成

$$\mathbf{a}_1=(\mathbf{a}_1^{\mathrm{T}}\mathbf{u}_1)\mathbf{u}_1$$

$$\mathbf{a}_2=(\mathbf{a}_2^{\mathrm{T}}\mathbf{u}_1)\mathbf{u}_1+(\mathbf{a}_2^{\mathrm{T}}\mathbf{u}_2)\mathbf{u}_2$$

$$\mathbf{a}_3=(\mathbf{a}_3^{\mathrm{T}}\mathbf{u}_1)\mathbf{u}_1+(\mathbf{a}_3^{\mathrm{T}}\mathbf{u}_2)\mathbf{u}_2+(\mathbf{a}_3^{\mathrm{T}}\mathbf{u}_3)\mathbf{u}_3$$

等等。采用 3×3 的形式来简化表达式,我们可以将这些方程水平叠加得到

$$\begin{pmatrix} | & | & | \\ \mathbf{a}_1 & \mathbf{a}_2 & \mathbf{a}_3 \\ | & | & | \end{pmatrix}=\begin{pmatrix} | & | & | \\ \mathbf{u}_1 & \mathbf{u}_2 & \mathbf{u}_3 \\ | & | & | \end{pmatrix}\begin{pmatrix} (\mathbf{a}_1^{\mathrm{T}}\mathbf{u}_1) & (\mathbf{a}_2^{\mathrm{T}}\mathbf{u}_1) & (\mathbf{a}_3^{\mathrm{T}}\mathbf{u}_1) \\ 0 & (\mathbf{a}_2^{\mathrm{T}}\mathbf{u}_2) & (\mathbf{a}_3^{\mathrm{T}}\mathbf{u}_2) \\ 0 & 0 & (\mathbf{a}_3^{\mathrm{T}}\mathbf{u}_3) \end{pmatrix}$$

或者 $\mathbf{A}=\mathbf{QR}$。这就是我们所说的 QR 分解。

它表明 $\mathbf{R}$ 是可逆的。因为行列式是这些元素的乘积(参看事实 3.2.7),由于每个 $\mathbf{a}_k^{\mathrm{T}}\mathbf{u}_k$ 都不为 0,因而是可逆的。假定是相反情况,对于某个 k 来说,$\mathbf{a}_k^{\mathrm{T}}\mathbf{u}_k=0$。那么,$\mathbf{a}_k$ 将落在$\{\mathbf{u}_1,\cdots,\mathbf{u}_{k-1}\}$的张成空间,由定义可知,这与$\{\mathbf{a}_1,\cdots,\mathbf{a}_{k-1}\}$的张成空间一样。这与矩阵 $\mathbf{A}$ 的列的线性无关性相矛盾。

□

给定矩阵分解 $\mathbf{A}=\mathbf{QR}$,由式(3.12)所定义的最小二乘解 $\hat{\mathbf{x}}$ 也可以写成 $\hat{\mathbf{x}}=\mathbf{R}^{-1}\mathbf{Q}^{\mathrm{T}}\mathbf{b}$(练习题 3.5.32)。用矩阵 $\mathbf{R}$ 左乘上述公式,可以将其转换为 $\mathbf{R}\hat{\mathbf{x}}=\mathbf{Q}^{\mathrm{T}}\mathbf{b}$,因为 $\mathbf{R}$ 是三角形矩阵,所以很容易求解(参看第 3.2.1 节)。

3.3.4 对角化和谱理论

动态系统及相关领域中的一个重要概念是拓扑共轭。如果 $f:A\to A$ 且 $g:B\to B$,那么每当存在连续的双射 $\tau:B\to A$,使得 $f=\tau\circ g\circ\tau^{-1}$ 时,就称 g 是到 f 的拓扑共轭(topologically conjugate)。其想法是,f 的作用可通过将一个点传输到 g 的域来复制,应用 g,然后传输回来。如果 g 相比 f 更为简

单,那么这样处理问题就会十分方便。

在线性映射条件下,也就是矩阵情况下,在双射也需要是线性的背景下研究共轭性是很自然的。在线性代数中,这被称为相似性(similarity)。特别地,如果存在可逆矩阵 $\mathbf{P}$ 使得 $\mathbf{A}=\mathbf{PBP}^{-1}$,则称方阵 $\mathbf{A}$ 与另一矩阵 $\mathbf{B}$ 是相似的(similar)。图 3.5 给出了当两个矩阵被认为是映射时,它们之间的共轭关系。

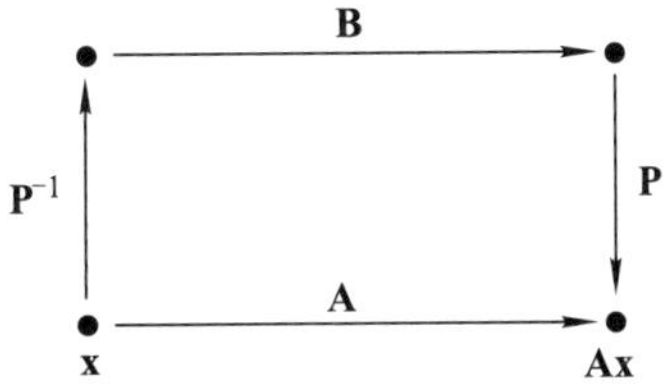

图 3.5　A 与 B 是相似的

下面的事实是一个有趣的练习。

事实 3.3.5　如果 $\mathbf{A}$ 与 $\mathbf{B}$ 是相似的,则对于任意的 $t\in\mathbb{N}$,$\mathbf{A}^t$ 与 $\mathbf{B}^t$ 是相似的。

如上所述,当 $\mathbf{B}$ 在某种程度上比 $\mathbf{A}$ 更简单时,或者更适合给定的运算时,$\mathbf{A}$ 与给定矩阵 $\mathbf{B}$ 的相似性是最有用的。我们使用的最简单的矩阵是对角矩阵,因此与对角矩阵相似是特别理想的情况。如果 $\mathbf{A}$ 与对角矩阵相似,那么 $\mathbf{A}$ 被称为可对角化的(diagonalizable)。

例 3.3.2　假定我们要为某个给定的 $t\in\mathbb{N}$ 计算 $\mathbf{A}^t$。如果对于某个 $\mathbf{\Lambda}=\mathrm{diag}(\lambda_1,\cdots,\lambda_n)$,有 $\mathbf{A}=\mathbf{P\Lambda P}^{-1}$,那么利用事实 3.3.5 和事实 3.2.2,可以得出 $\mathbf{A}^t=\mathbf{P}\ \mathrm{diag}(\lambda_1^t,\cdots,\lambda_N^t)\mathbf{P}^{-1}$。除了进行 $\mathbf{P}$ 的正逆映射,唯一需要做的就是取 $\mathbf{\Lambda}$ 的 t 次幂,也就是取 N 个标量的 t 次幂。

如果 $\mathbf{A}=\mathbf{P\Lambda P}^{-1}$,其中 $\mathbf{\Lambda}$ 为对角矩阵,那么由此可得 $\mathbf{\Lambda}$ 中的主对角线元素都是 $\mathbf{A}$ 的特征值,$\mathbf{P}$ 的列向量是 $\mathbf{A}$ 的特征向量。为了看清这一点,经过观察发现,$\mathbf{A}=\mathbf{P\Lambda P}^{-1}$ 意味着 $\mathbf{AP}=\mathbf{P\Lambda}$。令两边的第 n 列相等则可以得到 $\mathbf{Ap}_n=\lambda_n\mathbf{p}_n$,其中 $\mathbf{p}_n:=\mathrm{col}_n\mathbf{P}$。最后,$\mathbf{p}_n$ 不是零向量,否则 $\mathbf{P}$ 不会是可逆的。下面的事实概括了上述讨论。

事实 3.3.6　如果对于某个 $\mathbf{\Lambda}=\mathrm{diag}(\lambda_1,\cdots,\lambda_N)$,$\mathbf{A}=\mathbf{P\Lambda P}^{-1}$,则对于每一个 n,$(\mathrm{col}_n\mathbf{P},\lambda_n)$ 是 $\mathbf{A}$ 的特征对。

但是,$\mathbf{A}$ 什么时候可以对角化呢?为了使表达式 $\mathbf{A}=\mathbf{P\Lambda P}^{-1}$ 成立,唯一条件是 $\mathbf{P}$ 是可逆的。这解释了接下来的事实。

事实 3.3.7　$N\times N$ 矩阵 $\mathbf{A}$ 是可以对角化的,当且仅当它有 N 个线性无关的特征向量。①

如果 $\mathbf{A}$ 确实有 N 个线性无关的特征向量,那么这个矩阵进行对角化是可能的。但是,我们可以做得更好吗?矩阵 $\mathbf{\Lambda}$ 不能被真正的简化,但是在某些情况下,矩阵 $\mathbf{P}$ 是可以简化的。特别地,如果 $\mathbf{P}$ 具有标准正交列,即它的列形成标准正交集,因此是 $\mathbb{R}^N$ 的标准正交基,那么这种情况更容易计算。这类矩阵被称为正交矩阵(orthogonal matrics)。下面是这些矩阵的某些良好的性质。

事实 3.3.8　如果 $\mathbf{Q}$ 和 $\mathbf{P}$ 都是 $N\times N$ 正交矩阵,则

(i) $\mathbf{Q}^{\mathrm{T}}$ 是正交的,且 $\mathbf{Q}^{-1}=\mathbf{Q}^{\mathrm{T}}$;

(ii) $\mathbf{QP}$ 是正交的;

---

① 如果我们允许特征向量是复数,那么要求它们构成 $\mathbb{C}^N$(N 维复向量的集合)的基底。在这种情况下,几乎所有的矩阵都是可对角化的。

(iii) $\det\mathbf{Q}\in\{-1,1\}$。

第一个结果告诉我们,如果 $\mathbf{A}=\mathbf{Q\Lambda Q}^{-1}$ 且 $\mathbf{Q}$ 具有标准正交列,那么 $\mathbf{A}=\mathbf{Q\Lambda Q}^{\mathrm{T}}$。从这个表达式很容易看出,$\mathbf{A}$ 必须是对称的,因此如果我们希望对这个额外的标准正交性质进行对角化,那么我们就不应该考虑对称矩阵以外的其他矩阵。下面的基本定理告诉我们,如果 $\mathbf{A}$ 是对称的,那么这种形式的对角化是准确的。

定理 3.3.4　如果 $\mathbf{A}$ 是对称的,则 $\mathbf{A}$ 可以对角化为 $\mathbf{A}=\mathbf{Q\Lambda Q}^{\mathrm{T}}$,其中 $\mathbf{Q}$ 是正交矩阵,而 $\mathbf{\Lambda}$ 是由 $\mathbf{A}$ 的特征值形成的对角矩阵。

这是谱分解定理(spectral decomposition theorem)的一种形式。例如,参看 Jönich(1994)的第 10.3 节。$\mathbf{Q\Lambda Q}^{\mathrm{T}}$ 被称为 $\mathbf{A}$ 的对称特征值分解(symmetric eigenvalue decomposition)。不难看出,它对给定 $N\times 1$ 向量 $\mathbf{x}$ 的作用可写为

$$\mathbf{Ax}=\sum_{n=1}^{N}\lambda_n(\mathbf{u}_n^{\mathrm{T}}\mathbf{x})\mathbf{u}_n$$

其中 λ_n 表示 $\mathbf{A}$ 的第 n 个特征值,并且 $\mathbf{u}_n=\mathrm{col}_n\mathbf{Q}$。将其与 $\mathbf{x}=\sum_{n=1}^{N}(\mathbf{u}_n^{\mathrm{T}}\mathbf{x})\mathbf{u}_n$ 比较,该式利用事实 2.2.3 就能得证。

谱定理的一个很好的应用是事实 3.2.8 的证明,该事实认为当且仅当 $\mathbf{A}$ 的特征值都是正的时对称矩阵 $\mathbf{A}$ 是正定矩阵。练习题 3.5.23 及其解答将带你证明这个事实。

事实 3.3.9　如果 $\mathbf{A}$ 是非负定矩阵,那么 $\sqrt{\mathbf{A}}$ 存在且等于 $\mathbf{Q}\sqrt{\mathbf{\Lambda}}\mathbf{Q}^{\mathrm{T}}$,其中 $\sqrt{\mathbf{\Lambda}}$ 由 $\mathrm{diag}(\sqrt{\lambda_1},\cdots,\sqrt{\lambda_N})$ 给出。

这里 $\mathbf{Q\Lambda Q}^{\mathrm{T}}$ 是 $\mathbf{A}$ 的谱分解。为了检查 $\mathbf{Q}\sqrt{\mathbf{\Lambda}}\mathbf{Q}^{\mathrm{T}}$ 只是一个平方根,只需相乘而已。$\sqrt{\mathbf{\Lambda}}$ 存在是因为 $\mathbf{A}$ 是非负定矩阵,因此它的特征值是非负的(参看事实 3.2.8 和事实 3.2.2)。

将谱分解结果与第 3.3.3 节所讨论的 **QR** 分解的结果相结合,我们可以证明下述众所周知的事实:

事实 3.3.10　如果 $\mathbf{A}$ 是正定的,则存在非奇异的上三角形矩阵 $\mathbf{R}$,使得 $\mathbf{A}=\mathbf{R}^{\mathrm{T}}\mathbf{R}$。

这种分解被称为乔列斯基分解(Cholesky decomposition),证明过程如下:

$$\mathbf{A}=\mathbf{Q\Lambda Q}^{\mathrm{T}}=\mathbf{Q}\sqrt{\mathbf{\Lambda}}\sqrt{\mathbf{\Lambda}}\mathbf{Q}^{\mathrm{T}}=(\sqrt{\mathbf{\Lambda}}\mathbf{Q}^{\mathrm{T}})^{\mathrm{T}}\sqrt{\mathbf{\Lambda}}\mathbf{Q}^{\mathrm{T}}$$

将 **QR** 分解应用于 $\sqrt{\mathbf{\Lambda}}\mathbf{Q}^{\mathrm{T}}$,这允许我们写出 $\sqrt{\mathbf{\Lambda}}\mathbf{Q}^{\mathrm{T}}=\tilde{\mathbf{Q}}\mathbf{R}$,其中 $\mathbf{R}$ 是非奇异的上三角形矩阵,并且 $\tilde{\mathbf{Q}}$ 具有标准正交列。因为 $\tilde{\mathbf{Q}}$ 的列是标准正交的,

$$\mathbf{A}=(\tilde{\mathbf{Q}}\mathbf{R})^{\mathrm{T}}\tilde{\mathbf{Q}}\mathbf{R}=\mathbf{R}^{\mathrm{T}}\tilde{\mathbf{Q}}^{\mathrm{T}}\tilde{\mathbf{Q}}\mathbf{R}=\mathbf{R}^{\mathrm{T}}\mathbf{R}$$

我们的分解具有事实 3.3.10 所述的性质。

3.3.5　范数和连续性

给定 $\mathbb{R}^K$ 中的向量序列 $\{\mathbf{x}_n\}$ 和任意点 $\mathbf{x}\in\mathbb{R}^K$,如果对于任意 $\varepsilon>0$,存在一个 $N\in\mathbb{N}$,使得当 $n>N$ 时 $\|\mathbf{x}_n-\mathbf{x}\|<\varepsilon$,我们就称 $\{\mathbf{x}_n\}$ 收敛于(converge)$\mathbf{x}$,并写成 $\mathbf{x}_n\to\mathbf{x}$。也可以用另一种方式表述如下:在 $\mathbb{R}$ 中,当 $n\to\infty$,实数序列 $z_n:=\|\mathbf{x}_n-\mathbf{x}\|$ 收敛到零。

事实 3.3.11　下述结果成立:

(i) 如果 $\mathbf{x}_n\to\mathbf{x}$ 且 $\mathbf{y}_n\to\mathbf{y}$,则 $\mathbf{x}_n+\mathbf{y}_n\to\mathbf{x}+\mathbf{y}$;

(ii) 如果 $\mathbf{x}_n\to\mathbf{x}$ 且 $\alpha\in\mathbb{R}$,则 $\alpha\mathbf{x}_n\to\alpha\mathbf{x}$;

(iii) 对于所有 $\mathbf{a}\in\mathbb{R}^K$,当且仅当 $\mathbf{a}^{\mathrm{T}}\mathbf{x}_n\to\mathbf{a}^{\mathrm{T}}\mathbf{x}$ 时 $\mathbf{x}_n\to\mathbf{x}$。

在计量经济学领域,如果能将收敛的概念扩展到矩阵上,那么将是十分有益的。我们可以通过平行的方式来定义矩阵的范数,从而实现这种扩展。$N \times K$ 矩阵 $\mathbf{A}$ 的矩阵范数(matrix norm)被定义为

$$\|\mathbf{A}\| := \max\{\|\mathbf{Ax}\| : \mathbf{x} \in \mathbb{R}^K, \|\mathbf{x}\| = 1\} \tag{3.15}$$

在这个表达式中存在两种不同的范数:等号左边是矩阵范数,而等号右边是普通的向量范数。

对于给定的 $N \times K$ 矩阵序列 $\mathbf{A}_n$ 以及 $N \times K$ 矩阵 $\mathbf{A}$,我们称 $\mathbf{A}_n$ 收敛到 $\mathbf{A}$,如果矩阵范数的离差 $\|\mathbf{A}_n - \mathbf{A}\|$ 收敛到$\mathbb{R}$ 中的零。

尽管式(3.15)中的值通常不是特别容易求解,但该定义是完全标准的,而且人们可以证明矩阵范数的特性在许多方面与向量范数相似。例如:

事实 3.3.12 对于任意的一致矩阵 $\mathbf{A}$ 与 $\mathbf{B}$,矩阵范数满足

(i) $\|\mathbf{A}\| \geqslant 0$ 且 $\|\mathbf{A}\| = 0$ 当且仅当 $\mathbf{A}$ 的所有元素均为零;

(ii) 对于任意标量 α,有 $\|\alpha\mathbf{A}\| = |\alpha| \|\mathbf{A}\|$;

(iii) $\|\mathbf{A}+\mathbf{B}\| \leqslant \|\mathbf{A}\| + \|\mathbf{B}\|$;

(iv) $\|\mathbf{AB}\| \leqslant \|\mathbf{A}\| \|\mathbf{B}\|$。

将这些结果与事实 2.1.2 进行比较。

事实 3.3.13 对于包含元素 a_{jk} 的任意 $J \times K$ 矩阵 $\mathbf{A}$,我们有

$$\|\mathbf{A}\| \leqslant \sqrt{JK} \max_{jk} |a_{jk}|$$

这个边界运用起来非常方便。例如,它告诉我们,如果 $\mathbf{A}$ 的每个元素都接近零,则 $\|\mathbf{A}\|$ 也必须接近零。

3.3.5.1 *诺伊曼级数*

我们考察使用矩阵范数进行分析时的一个重要结果。从第 7 章开始,我们将研究动态系统,如 $\mathbf{x}_{t+1} = \mathbf{A}\mathbf{x}_t + \mathbf{b}$,其中 $\mathbf{x}_t$ 表示某些我们感兴趣的变量的值,$\mathbf{A}$ 与 $\mathbf{b}$ 形成 $\mathbf{x}_t$ 的运动规律中的参数。在这种设置下,我们可能会问,是否存在"平稳的"向量 $\mathbf{x} \in \mathbb{R}^N$,这里"平稳的"意味着 $\mathbf{x}_t = \mathbf{x}$ 可以推出 $\mathbf{x}_{t+1} = \mathbf{x}$。换句话说,我们寻找求解下列方程组的 $\mathbf{x} \in \mathbb{R}^N$:

$$\mathbf{x} = \mathbf{Ax} + \mathbf{b} \quad (\mathbf{A} \text{ 为 } N \times N, \mathbf{b} \text{ 为 } N \times 1) \tag{3.16}$$

通过观察标量方程 $x = ax + b$,我们可以获得某种洞察力。如果 $|a| < 1$,那么这个方程有唯一解

$$\bar{x} = \frac{b}{1-a} = b \sum_{k=0}^{\infty} a^k$$

第二个等式可以由几何级数的基本结果得到。

可以证明,如果我们将 $|a| < 1$ 的条件替换为基于矩阵范数的矩阵的类似结果,那么在$\mathbb{R}^N$ 中类似结果也是成立的。我们从诺伊曼级数引理(Neumann series lemma)开始,其内容如下:

定理 3.3.5 如果 $\mathbf{A}$ 是方阵,并且对于某些 $j \in \mathbb{N}$,$\|\mathbf{A}^j\| < 1$,则 $\mathbf{I} - \mathbf{A}$ 是可逆的,同时

$$(\mathbf{I} - \mathbf{A})^{-1} = \sum_{k=0}^{\infty} \mathbf{A}^i \tag{3.17}$$

这里 $\mathbf{I}$ 表示单位矩阵。式(3.17)中的相等关系意味着,当 $t \to \infty$ 时,矩阵之和 $\sum_{i=0}^{t} \mathbf{A}^i$ 收敛到矩阵范数的左边。这个矩阵和被称为与 $\mathbf{A}$ 关联的诺伊曼级数(Neumann series)。定理中的条件确保了它收敛。当条件成立时,式(3.16)具有唯一解

$$\bar{\mathbf{x}} = (\mathbf{I} - \mathbf{A})^{-1}\mathbf{b} = \sum_{i=0}^{\infty} \mathbf{A}^i \mathbf{b}$$

如何检验定理 3.3.5 中的条件呢？最常用的充分条件涉及 $\mathbf{A}$ 的谱半径(spectral radius)，其被定义为

$$\varrho(\mathbf{A}) := \max\{|\lambda| : \lambda \text{ 是 } \mathbf{A} \text{ 的特征值}\} \tag{3.18}$$

在这个定义中，$|\lambda|$ 是复数 λ 的模(modulus)。①

事实 3.3.14 对某个 $j \in \mathbb{N}$ 来说，如果 $\varrho(\mathbf{A}) < 1$，则 $\|\mathbf{A}^j\| < 1$。

为了理解为什么 $\varrho(\mathbf{A}) < 1$ 对诺伊曼级数引理的结果来说是充分的，可以从如下的角度考察定理 3.3.5：因为声称 $\sum_{i=0}^{\infty} \mathbf{A}^i$ 是 $\mathbf{I}-\mathbf{A}$ 的逆矩阵，所以对于充分大的 t，$\sum_{i=0}^{\infty} \mathbf{A}^i(\mathbf{I}-\mathbf{A})$ 应该趋近于 $\mathbf{I}$。等价地说，

$$\sum_{i=0}^{t} \mathbf{A}^i(\mathbf{I}-\mathbf{A}) = \sum_{i=0}^{t} \mathbf{A}^i - \sum_{i=0}^{t} \mathbf{A}^{i+1} = \mathbf{I} - \mathbf{A}^{t+1}$$

因此，为了得到这个结果，我们要求当 $t \to \infty$ 时，$\mathbf{A}^t \to \mathbf{0}$。$\mathbf{A}$ 可对角化的情况给出了最明确的洞察，因此我们假定如同第 3.3.4 节所述，$\mathbf{A} = \mathbf{P\Lambda P}^{-1}$，其中 $\mathbf{\Lambda}$ 是对角矩阵，包含 $\mathbf{A}$ 主对角线上的特征值 $\lambda_1, \cdots, \lambda_N$。正如事实 3.3.5 所讨论的，可以得出

$$\mathbf{A}^t = \mathbf{P}\begin{pmatrix} \lambda_1^t & 0 & \cdots & 0 \\ 0 & \lambda_2^t & \cdots & 0 \\ \vdots & \vdots & & \vdots \\ 0 & 0 & \cdots & \lambda_N^t \end{pmatrix}\mathbf{P}^{-1}$$

如果 $\varrho(\mathbf{A}) < 1$，则对于所有 n，$|\lambda_n| < 1$，从而当 $t \to \infty$ 时 $\lambda_n^t \to 0$。由此可得要求 $\mathbf{A}^t \to \mathbf{0}$。

3.4 进一步阅读

矩阵和线性代数领域优秀的教材包括 Janich(1994)和 Axler(2015)。

3.5 练习题

练习题 3.5.1 证明非奇异矩阵的逆总是非奇异的。

练习题 3.5.2 证明事实 3.2.9，即如果 $\mathbf{A}$ 是正定的，则 $\mathbf{A}$ 是非奇异的。如果可能，在不要求正定矩阵的特征值为正的条件下证明它。

练习题 3.5.3 证明事实 3.2.10。

练习题 3.5.4 设 $\mathbf{A}$ 是 $N \times K$ 满秩矩阵。证明 $\mathbf{x}, \mathbf{z} \in \mathbb{R}^K$ 且 $\mathbf{x} \neq \mathbf{z}$ 意味着 $\mathbf{Ax} \neq \mathbf{Az}$。

练习题 3.5.5 证明定理 3.1.2。在证明之前，可能需要回顾事实 2.1.9 以及定理 3.1.1。

练习题 3.5.6 设 $\mathbf{A}$ 是方阵。假定存在 $\mathbf{A}^{-1}$，证明 $(\mathbf{A}^{\mathrm{T}})^{-1} = (\mathbf{A}^{-1})^{\mathrm{T}}$。

练习题 3.5.7 证明如果 $\mathbf{e}_i$ 与 $\mathbf{e}_j$ 分别是 $\mathbb{R}^N$ 的第 i 个与第 j 个典范基向量，$\mathbf{A}$ 是 $N \times N$ 矩阵，则 $\mathbf{e}_i^{\mathrm{T}} \mathbf{A} \mathbf{e}_j = a_{ij}$，这里 a_{ij} 表示 $\mathbf{A}$ 的第 i 行、第 j 列元素。

---

① $a+ib \in \mathbb{C}$ 的模是 $(a^2+b^2)^{1/2}$。如果虚部是零，这就变成通常的绝对值概念。

练习题 3.5.8　假定 $\mathbf{A}$ 是 $N\times K$ 矩阵,方程 $\mathbf{Ax}=\mathbf{b}$ 有解,同时 $K>N$。证明同样的方程具有无穷多个解。①

练习题 3.5.9　设

$$\mathbf{A}:=\begin{pmatrix}1 & -1\\ -1 & 1\end{pmatrix},\quad \mathbf{B}:=\begin{pmatrix}1 & 2\\ 2 & 1\end{pmatrix}$$

证明:(i) $\mathbf{A}$ 是非负定的。

(ii) $\mathbf{B}$ 不是正定的。

练习题 3.5.10　设 $\mathbf{A}_1,\cdots,\mathbf{A}_J$ 是可逆矩阵。利用归纳法和事实 3.1.5,证明这些矩阵的乘积是可逆的,特别是

$$(\mathbf{A}_1\mathbf{A}_2\cdots\mathbf{A}_J)^{-1}=\mathbf{A}_j^{-1}\cdots\mathbf{A}_2^{-1}\mathbf{A}_1^{-1}$$

练习题 3.5.11　证明对于任意矩阵 $\mathbf{A}$,矩阵 $\mathbf{A}^{\mathrm{T}}\mathbf{A}$ 是明确定义的(即乘法是可行的),是方阵,并且是非负定的。

练习题 3.5.12　证明如果 $\mathbf{A}$ 与 $\mathbf{B}$ 是正定的而且 $\mathbf{A}+\mathbf{B}$ 是明确定义的,那么 $\mathbf{A}+\mathbf{B}$ 也是正定的。

练习题 3.5.13　设 $\mathbf{A}$ 是 $N\times K$ 矩阵。证明如果对于所有 $K\times 1$ 向量 $\mathbf{x}$,都有 $\mathbf{Ax}=\mathbf{0}$,则 $\mathbf{A}=\mathbf{0}$(即 $\mathbf{A}$ 的每个元素都是零)。证明作为推论的如下陈述:如果 $\mathbf{A}$ 与 $\mathbf{B}$ 是 $N\times K$ 矩阵,且对于所有 $K\times 1$ 向量 $\mathbf{x}$,都有 $\mathbf{Ax}=\mathbf{Bx}$,则 $\mathbf{A}=\mathbf{B}$。

练习题 3.5.14　设 $\mathbf{I}$ 是 $N\times N$ 单位矩阵。

(i) 解释 $\mathbf{I}$ 为什么是列满秩的;

(ii) 证明 $\mathbf{I}$ 的逆矩阵是它本身;

(iii) 令 $\mathbf{A}:=\alpha\mathbf{I}$。找出条件 α,使得 $\mathbf{A}$ 是正定的。

练习题 3.5.15　设 $\mathbf{X}:=\mathbf{I}-2\mathbf{uu}^{\mathrm{T}}$,其中 $\mathbf{u}$ 表示满足 $\|\mathbf{u}\|=1$ 的 $N\times 1$ 向量。证明 $\mathbf{X}$ 是对称的,并且 $\mathbf{XX}=\mathbf{I}$。

练习题 3.5.16　回顾第 3.3.4 节给出的矩阵相似的定义,假设 $\mathbf{A}$ 与 $\mathbf{B}$ 相似,那么将其写为 $\mathbf{A}\sim\mathbf{B}$。证明 $\sim$ 是 $N\times N$ 矩阵集上的等价关系(equivalence relation)。特别地,证明对于任意 $N\times N$ 矩阵 $\mathbf{A},\mathbf{B}$ 以及 $\mathbf{C}$,我们有(i) $\mathbf{A}\sim\mathbf{A}$;(ii) $\mathbf{A}\sim\mathbf{B}$ 意味着 $\mathbf{B}\sim\mathbf{A}$;(iii) $\mathbf{A}\sim\mathbf{B}$ 且 $\mathbf{B}\sim\mathbf{C}$ 意味着 $\mathbf{A}\sim\mathbf{C}$。

练习题 3.5.17　证明事实 3.2.6。

练习题 3.5.18　证明当且仅当 0 不是 $\mathbf{A}$ 的特征值时 $\mathbf{A}$ 是非奇异的。

练习题 3.5.19　证明唯一的非奇异幂等矩阵是单位矩阵。

练习题 3.5.20　设 $\mathbf{1}$ 是 $N\times 1$ 矩阵,并设 $\mathbf{P}:=\frac{1}{N}\mathbf{1}\mathbf{1}^{\mathrm{T}}$。证明 $\mathbf{P}$ 是幂等的。

练习题 3.5.21　证明对于一致并且可逆的矩阵 $\mathbf{A},\mathbf{U}$ 以及 $\mathbf{W}$,我们有

$$(\mathbf{A}+\mathbf{UW})^{-1}=\mathbf{A}^{-1}-\mathbf{A}^{-1}\mathbf{U}(\mathbf{I}+\mathbf{WA}^{-1}\mathbf{U})^{-1}\mathbf{WA}^{-1}$$

练习题 3.5.22　设 $\mathbf{Q}$ 是正交矩阵。证明 $\mathbf{Q}^{-1}=\mathbf{Q}^{\mathrm{T}}$ 且 $\det\mathbf{Q}\in\{-1,1\}$ 都成立。

练习题 3.5.23　使用定理 3.3.4 证明事实 3.2.8 的下述部分:对称矩阵 $\mathbf{A}$ 是正定的当且仅当它的特征值都是正的。

练习题 3.5.24　证明如果 $\mathbf{Q}$ 是 $N\times N$ 正交矩阵,那么 $\mathbf{Q}$ 是 $\mathbb{R}^N$ 上的等角矩阵(isometry)。也就是说,对于任意的 $\mathbf{x},\mathbf{y}\in\mathbb{R}^N$,我们有 $\|\mathbf{Qx}-\mathbf{Qy}\|=\|\mathbf{x}-\mathbf{y}\|$。

---

① 这就是所谓“欠定的”(underdetermined)情况,即方程数量少于未知数数量。直观地说,我们没有足够限制来唯一地确定未知数的值。

练习题 3.5.25 设 $\mathbf{P}$ 是对称的幂等方阵。设 $S := \text{colspace}\mathbf{P}$。证明 $\mathbf{P} = \text{proj}S$。

练习题 3.5.26 考察定理 3.3.2。如果 $N=K$,那么 $\hat{\mathbf{x}}$ 会简化到什么程度？为什么？

练习题 3.5.27 设 S 是 $\mathbb{R}^N$ 的线性子空间,并设 $\mathbf{P} = \text{proj}S$。在不利用事实 3.3.3 中的幂等性条件下,证明 $\text{trace}\mathbf{P} = \dim S$。

练习题 3.5.28 证明当 $N \times K$ 矩阵 $\mathbf{B}$ 是列满秩的矩阵时,矩阵 $\mathbf{B}^{\mathrm{T}}\mathbf{B}$ 是非奇异的。①

练习题 3.5.29 设 $\mathbf{A}$ 是 $N \times N$ 矩阵。

(i) 证明如果 $\mathbf{I}-\mathbf{A}$ 是幂等矩阵,则 $\mathbf{A}$ 是幂等的。

(ii) 证明如果 $\mathbf{A}$ 是对称且幂等的,则矩阵 $\mathbf{I}-2\mathbf{A}$ 是正交矩阵。

练习题 3.5.30 证明定理 3.3.1(当然这需要做一些代数运算)。

练习题 3.5.31 设 $\mathbf{P} = \mathbf{B}(\mathbf{B}^{\mathrm{T}}\mathbf{B})^{-1}\mathbf{B}^{\mathrm{T}}$,如同定理 3.3.1 一样,同时设 $\mathbf{M}$ 是残差投影。利用矩阵代数,证明 $\mathbf{MB} = \mathbf{0}$。

练习题 3.5.32 设 $\mathbf{A}$ 是 $N \times K$ 矩阵,而且其列向量为线性无关的,同时 $\mathbf{QR}$ 分解 $\mathbf{A} = \mathbf{QR}$(参看第 3.3.3 节)。对于固定的 $\mathbf{b} \in \mathbb{R}^N$,证明由式(3.12)所定义的 $\hat{\mathbf{x}}$ 可写成 $\hat{\mathbf{x}} = \mathbf{R}^{-1}\mathbf{Q}^{\mathrm{T}}\mathbf{b}$。

练习题 3.5.33 利用事实 2.1.2 并经由正交投影定理,证明柯西–施瓦茨不等式 $|\mathbf{x}^{\mathrm{T}}\mathbf{y}| \leqslant \|\mathbf{x}\|\|\mathbf{y}\|$。设 $\mathbf{y}$ 与 $\mathbf{x}$ 是 $\mathbb{R}^N$ 中的非零向量(因为如果其中一个为零,那么不等式是自然成立的),并设 $\text{span}\{\mathbf{x}\}$ 是所有形式如 $\alpha\mathbf{x}$ 的向量,其中 $\alpha \in \mathbb{R}$。

(i) 设 $\mathbf{P}$ 是 $\text{span}\{\mathbf{x}\}$ 上的正交投影,证明

$$\mathbf{P}\mathbf{y} = \frac{\mathbf{x}^{\mathrm{T}}\mathbf{y}}{\mathbf{x}^{\mathrm{T}}\mathbf{x}}\mathbf{x}$$

(ii) 利用这个表达式和正交投影的有关性质(参看定理 2.2.2),证明柯西–施瓦茨不等式。

练习题 3.5.34 证明定理 3.3.2 后面如果不符合列满秩情况则唯一性不成立的陈述。特别地,设 $\mathbf{A}$ 表示 $N \times K$ 且线性相关的列向量,并设 $\mathbf{Pb}$ 是 $\text{colspace}\mathbf{A}$ 中离 $\mathbf{b}$ 最近的点,证明存在无穷多个 $\mathbf{x} \in \mathbb{R}^K$,使 $\mathbf{Pb} = \mathbf{Ax}$。

练习题 3.5.35 设 $\mathbf{A}$ 是对称的幂等矩阵。证明 $\mathbf{A}$ 的每个特征值都是 0 或 1。

练习题 3.5.36 证明如果 $\mathbf{A}$ 是正定的,则存在对称矩阵 $\mathbf{C}$,使得 $\mathbf{CAC} = \mathbf{I}$。②

3.6 练习题解答节选

3.5.1 解答 设 $\mathbf{A}$ 是非奇异矩阵,因为 $\mathbf{A}$ 是非奇异的,所以 $\mathbf{A}$ 是可逆的,具有 $\mathbf{A}^{-1}$。根据逆矩阵的定义,有 $\mathbf{A}\mathbf{A}^{-1} = \mathbf{A}^{-1}\mathbf{A} = \mathbf{I}$,其中 $\mathbf{I}$ 表示单位矩阵。这直接告诉我们,$\mathbf{A}$ 是 $\mathbf{A}^{-1}$ 的逆矩阵。因此 $\mathbf{A}^{-1}$ 是可逆的,这等价于非奇异性。 □

3.5.2 解答 设 $\mathbf{A}$ 是正定的,并考察下列陈述:如果 $\mathbf{A}$ 是奇异矩阵,则存在非零的 $\mathbf{x}$,使得 $\mathbf{Ax} = \mathbf{0}$(参看事实 3.1.3),但是,这就得出对于非零 $\mathbf{x}$,$\mathbf{x}^{\mathrm{T}}\mathbf{Ax} = 0$。与前面的说法相矛盾。 □

3.5.3 解答 如果 $\mathbf{x} = \mathbf{e}_n$,则 $\mathbf{x}^{\mathrm{T}}\mathbf{Ax} = a_{nn}$。 □

3.5.4 解答 设 $\mathbf{A}$,$\mathbf{x}$ 以及 $\mathbf{z}$ 满足问题中的要求。假定是相反情况,即 $\mathbf{Ax} = \mathbf{Az}$。那么 $\mathbf{A}(\mathbf{x}-\mathbf{z}) = \mathbf{0}$,由事实 3.1.2 可知,$\mathbf{x}-\mathbf{z} = \mathbf{0}$ 或者 $\mathbf{x} = \mathbf{z}$。与假设矛盾。 □

---

① 提示:鉴于事实 3.2.9,只需证明 $\mathbf{B}^{\mathrm{T}}\mathbf{B}$ 是正定的。

② 提示:考察事实 3.3.9 及其后面的证明。

3.5.5 解答　设 $\mathbf{A}$ 是非奇异矩阵,设 T 是与 $\mathbf{A}$ 有关的线性映射,满足 $T\mathbf{x}=\mathbf{A}\mathbf{x}$。因为 $\mathbf{A}$ 是非奇异的,根据定义 T 也是非奇异的,因此根据事实 2.1.9 可知,T 也存在非奇异逆矩阵 T^{-1}。因为是非奇异的,所以 T^{-1} 必是线性的,因此,根据定理 3.1.1,存在一个矩阵 $\mathbf{B}$,使得对于所有 $\mathbf{x}$,$T^{-1}\mathbf{x}=\mathbf{B}\mathbf{x}$。由逆矩阵定义可知,我们有 $\mathbf{ABx}=T(T^{-1}(\mathbf{x}))=\mathbf{x}=\mathbf{Ix}$。由于这对于任何 $\mathbf{x}$ 都成立,所以我们有 $\mathbf{AB}=\mathbf{I}$(参见练习题 3.5.13)。利用类似的论证,可以证明 $\mathbf{BA}=\mathbf{I}$。

考察第二个陈述,因为 $\mathbf{AA}^{-1}\mathbf{b}=\mathbf{Ib}=\mathbf{b}$,所以 $\mathbf{A}^{-1}\mathbf{b}$ 是 $\mathbf{Ax}=\mathbf{b}$ 的解。唯一性来源于事实 3.1.3(特别地,矩阵 $\mathbf{A}$ 的非奇异性意味着映射 $\mathbf{x}\to\mathbf{Ax}$ 是一一映射)。 □

3.5.8 解答　由于 $\mathbf{A}$ 的列向量由 $\mathbb{R}^N$ 的 K 个向量组成,因此 $K>N$ 的事实意味着并不是 $\mathbf{A}$ 的所有列都是线性无关的(回顾定理 2.1.3)。由此可得,对于 $\mathbb{R}^K$ 中的某个非零 $\mathbf{z}$,$\mathbf{Az}=\mathbf{0}$,从而对于任意标量 λ,$\mathbf{A}\lambda\mathbf{z}=\mathbf{0}$。现在假定某个 $\mathbf{x}$ 是 $\mathbf{Ax}=\mathbf{b}$ 的解。那么,对于任意 $\lambda\in\mathbb{R}$,我们有 $\mathbf{Ax}+\mathbf{A}\lambda\mathbf{z}=\mathbf{A}(\mathbf{x}+\lambda\mathbf{z})=\mathbf{b}$。这证明了陈述。 □

3.5.14 解答　解答如下:(1) $\mathbf{I}$ 是满秩矩阵,因为它的列是典范基向量,是线性无关的。(2) 由定义可知,如果 $\mathbf{BA}=\mathbf{AB}=\mathbf{I}$,则 $\mathbf{B}$ 是 $\mathbf{A}$ 的逆。由此立刻可以证明 $\mathbf{I}$ 是它本身的逆矩阵。(3) 充分条件是 $\alpha>0$。如果这个条件成立,那么给定 $\mathbf{x}\neq\mathbf{0}$,我们有 $\mathbf{x}^{\mathrm{T}}\alpha\mathbf{Ix}=\alpha\|\mathbf{x}\|^2>0$。 □

3.5.15 解答　首先,$\mathbf{X}$ 是对称矩阵,因为

$$\mathbf{X}^{\mathrm{T}}=(\mathbf{I}-2\mathbf{uu}^{\mathrm{T}})^{\mathrm{T}}=\mathbf{I}-2(\mathbf{uu}^{\mathrm{T}})^{\mathrm{T}}=\mathbf{I}-2(\mathbf{u}^{\mathrm{T}})^{\mathrm{T}}\mathbf{u}^{\mathrm{T}}=\mathbf{I}-2\mathbf{uu}^{\mathrm{T}}=\mathbf{X}$$

其次,$\mathbf{XX}=\mathbf{I}$,因为

$$\begin{aligned}\mathbf{XX}&=(\mathbf{I}-2\mathbf{uu}^{\mathrm{T}})(\mathbf{I}^{\mathrm{T}}-2\mathbf{uu}^{\mathrm{T}})=\mathbf{II}-2\mathbf{I}2\mathbf{uu}^{\mathrm{T}}+(2\mathbf{uu}^{\mathrm{T}})(2\mathbf{uu}^{\mathrm{T}})\\&=\mathbf{I}-4\mathbf{uu}^{\mathrm{T}}+4\mathbf{uu}^{\mathrm{T}}\mathbf{uu}^{\mathrm{T}}=\mathbf{I}-4\mathbf{uu}^{\mathrm{T}}+4\mathbf{uu}^{\mathrm{T}}=\mathbf{I}\end{aligned}$$

倒数第二个等价关系是基于这样的假设:$\mathbf{u}^{\mathrm{T}}\mathbf{u}=\|\mathbf{u}\|^2=1$。 □

3.5.17 解答　设 $\mathbf{A}$ 是 $N\times N$ 矩阵,并设 $\mathbf{I}$ 是 $N\times N$ 单位矩阵。我们有

$$\begin{aligned}&\det(\mathbf{A}-\lambda\mathbf{I})=0\Leftrightarrow\mathbf{A}-\lambda\mathbf{I}\text{ 是奇异的}\\&\qquad\Leftrightarrow\text{存在 }\mathbf{x}\neq\mathbf{0}\text{,使得}(\mathbf{A}-\lambda\mathbf{I})\mathbf{x}=\mathbf{0}\Leftrightarrow\text{存在 }\mathbf{x}\neq\mathbf{0}\text{,使得 }\mathbf{Ax}=\lambda\mathbf{x}\end{aligned}$$

换句话说,λ 是 $\mathbf{A}$ 的特征值。 □

3.5.19 解答　假定 $\mathbf{A}$ 既是幂等的也是非奇异的。由幂等矩阵可知,我们有 $\mathbf{AA}=\mathbf{A}$。用 $\mathbf{A}^{-1}$ 左乘,得出 $\mathbf{A}=\mathbf{I}$。 □

3.5.21 解答　这个陈述是正确的,因为

$$\begin{aligned}&(\mathbf{A}+\mathbf{UW})[\mathbf{A}^{-1}-\mathbf{A}^{-1}\mathbf{U}(\mathbf{I}+\mathbf{WA}^{-1}\mathbf{U})^{-1}\mathbf{WA}^{-1}]\\&\quad=\mathbf{I}+\mathbf{UWA}^{-1}-(\mathbf{U}+\mathbf{UWA}^{-1}\mathbf{U})(\mathbf{I}+\mathbf{WA}^{-1}\mathbf{U})^{-1}\mathbf{WA}^{-1}\\&\quad=\mathbf{I}+\mathbf{UWA}^{-1}-\mathbf{U}(\mathbf{I}+\mathbf{WA}^{-1}\mathbf{U})(\mathbf{I}+\mathbf{WA}^{-1}\mathbf{U})^{-1}\mathbf{WA}^{-1}\\&\quad=\mathbf{I}+\mathbf{UWA}^{-1}-\mathbf{UWA}^{-1}=\mathbf{I}\end{aligned}$$

□

3.5.22 解答　设 $\mathbf{Q}$ 是列向量为 $\mathbf{u}_1,\cdots,\mathbf{u}_N$ 的正交矩阵。根据矩阵乘法的定义,$\mathbf{Q}^{\mathrm{T}}\mathbf{Q}$ 中的第 m 行、第 n 列元素是 $\mathbf{u}_m^{\mathrm{T}}\mathbf{u}_n$,如果 $m=n$,则等于 1;否则为零。因此 $\mathbf{Q}^{\mathrm{T}}\mathbf{Q}=\mathbf{I}$。根据事实 3.1.4 可知,$\mathbf{Q}^{\mathrm{T}}$ 是 $\mathbf{Q}$ 的逆矩阵。

为了证明 $\det\mathbf{Q}\in\{-1,1\}$,将事实 3.1.6 和事实 3.2.5 的结果应用于等式 $\mathbf{Q}^{\mathrm{T}}\mathbf{Q}=\mathbf{I}$,进而得到 $\det(\mathbf{Q})^2=1$。 □

3.5.23 解答　假定 $\mathbf{A}$ 是对称矩阵,其特征值为 $\lambda_1,\cdots,\lambda_N$。利用定理 3.3.4,我们可以将其分解为 $\mathbf{A}=\mathbf{Q}\boldsymbol{\Lambda}\mathbf{Q}^{\mathrm{T}}$,其中 $\boldsymbol{\Lambda}$ 是由特征值形成的对角矩阵,$\mathbf{Q}$ 是正交矩阵。对于给定的 $\mathbf{x}\in\mathbb{R}_N$,并设 $\mathbf{y}:=\mathbf{Q}^{\mathrm{T}}\mathbf{x}$,我们有

$$\mathbf{x}^{\mathrm{T}}\mathbf{A}\mathbf{x} = (\mathbf{Q}^{\mathrm{T}}\mathbf{x})^{\mathrm{T}}\boldsymbol{\Lambda}(\mathbf{Q}^{\mathrm{T}}\mathbf{x}) = \mathbf{y}^{\mathrm{T}}\boldsymbol{\Lambda}\mathbf{y} = \lambda_1 y_1^2 + \cdots + \lambda_N y_N^2 \tag{3.19}$$

假定所有特征值都是正的。取 $\mathbf{x}$ 为非零的,于是向量 $\mathbf{y}$ 必须是非零的(为什么?),并由式(3.19)可得 $\mathbf{x}^{\mathrm{T}}\mathbf{A}\mathbf{x}>0$。因此,$\mathbf{A}$ 是正定的。

相反,假定 $\mathbf{A}$ 是正定的。取 $n\leqslant N$,并设 $\mathbf{x}=\mathbf{Q}\mathbf{e}_n$。很明显,$\mathbf{x}$ 是非零的(为什么?)。因此 $\mathbf{x}^{\mathrm{T}}\mathbf{A}\mathbf{x}>0$。由于 $\mathbf{Q}^{\mathrm{T}}$ 是 $\mathbf{Q}$ 的逆矩阵,由此可得

$$\lambda_n = \mathbf{e}_n^{\mathrm{T}}\boldsymbol{\Lambda}\mathbf{e}_n = (\mathbf{Q}^{\mathrm{T}}\mathbf{x})^{\mathrm{T}}\boldsymbol{\Lambda}\mathbf{Q}^{\mathrm{T}}\mathbf{x} = \mathbf{x}^{\mathrm{T}}\mathbf{Q}\boldsymbol{\Lambda}\mathbf{Q}^{\mathrm{T}}\mathbf{x} = \mathbf{x}^{\mathrm{T}}\mathbf{A}\mathbf{x} > 0$$

由于 n 是任意的,故而所有特征值都是正的。 □

3.5.24 解答 取 $\mathbf{x},\mathbf{y}\in\mathbb{R}^N$,设 $\mathbf{z}:=\mathbf{x}-\mathbf{y}$,我们有

$$\|\mathbf{Q}\mathbf{x}-\mathbf{Q}\mathbf{y}\|^2 = \|\mathbf{Q}\mathbf{z}\|^2 = (\mathbf{Q}\mathbf{z})^{\mathrm{T}}\mathbf{Q}\mathbf{z} = \mathbf{z}^{\mathrm{T}}\mathbf{Q}^{\mathrm{T}}\mathbf{Q}\mathbf{z} = \mathbf{z}^{\mathrm{T}}\mathbf{z} = \|\mathbf{z}\|^2 = \|\mathbf{x}-\mathbf{y}\|^2$$ □

3.5.26 解答 如果 $N=K$,鉴于列满秩矩阵的假设与定理 3.1.2,那么矩阵 $\mathbf{A}$ 是非奇异的。利用事实 3.2.5,$\mathbf{A}^{\mathrm{T}}$ 同样是非正定的。应用乘法逆的一般规则(事实 3.1.5),可以得出

$$\hat{\mathbf{x}} = (\mathbf{A}^{\mathrm{T}}\mathbf{A})^{-1}\mathbf{A}^{\mathrm{T}}\mathbf{b} = \mathbf{A}^{-1}(\mathbf{A}^{\mathrm{T}})^{-1}\mathbf{A}^{\mathrm{T}}\mathbf{b} = \mathbf{A}^{-1}\mathbf{b}$$

当 $\mathbf{A}$ 是方阵且可逆时,这是方程组 $\mathbf{A}\mathbf{x}=\mathbf{b}$ 的解。 □

3.5.27 解答 设 S 与 $\mathbf{P}$ 如同题目所述的,并设 $K:=\dim S$。我们的目标是要证明 $\mathrm{trace}\mathbf{P}=K$。设矩阵 $\mathbf{B}$ 的列向量形成 S 的基底。由维度定义可知,$\mathbf{B}$ 有 K 列。应用式(3.8),我们有

$$\mathrm{trace}\mathbf{P} = \mathrm{trace}(\mathbf{B}(\mathbf{B}^{\mathrm{T}}\mathbf{B})^{-1}\mathbf{B}^{\mathrm{T}})$$

回顾事实 3.2.3,重新整理可以得到

$$\mathrm{trace}[\mathbf{B}(\mathbf{B}^{\mathrm{T}}\mathbf{B})^{-1}\mathbf{B}^{\mathrm{T}}] = \mathrm{trace}[(\mathbf{B}^{\mathrm{T}}\mathbf{B})^{-1}\mathbf{B}^{\mathrm{T}}\mathbf{B}] = \mathrm{trace}\mathbf{I}$$

其中 $\mathbf{I}$ 表示 $K\times K$ 单位矩阵。命题得证。 □

3.5.28 解答 设 $\mathbf{A}=\mathbf{B}^{\mathrm{T}}\mathbf{B}$。由此有充足的理由可以证明 $\mathbf{A}$ 是正定的,因为这意味着它的行列式严格大于零,同时任何具有非零行列式的矩阵都是非奇异的。为了证明 $\mathbf{A}$ 是正定的,取任意 $\mathbf{b}\neq\mathbf{0}$。我们必须证明 $\mathbf{b}^{\mathrm{T}}\mathbf{A}\mathbf{b}>0$。为了做到这一步,经过观察可以发现

$$\mathbf{b}^{\mathrm{T}}\mathbf{A}\mathbf{b} = \mathbf{b}^{\mathrm{T}}\mathbf{B}^{\mathrm{T}}\mathbf{B}\mathbf{b} = (\mathbf{B}\mathbf{b})^{\mathrm{T}}\mathbf{B}\mathbf{b} = \|\mathbf{B}\mathbf{b}\|^2$$

根据范数的性质,只有 $\mathbf{B}\mathbf{b}=\mathbf{0}$ 时,最后一项才是零。然而,这是不正确的,因为 $\mathbf{b}\neq\mathbf{0}$ 且 $\mathbf{B}$ 是列满秩的矩阵(参看定理 2.1.1)。 □

3.5.30 解答 设 S 与 $\mathbf{P}$ 如定理 3.3.1 所述的那样,并设矩阵 $\mathbf{B}$ 的列向量形成 S 的基底。给定 $\mathbf{y}\in\mathbb{R}^N$。要证明 $\hat{\mathbf{y}}:=\mathbf{B}(\mathbf{B}^{\mathrm{T}}\mathbf{B})^{-1}\mathbf{B}^{\mathrm{T}}\mathbf{y}$ 是 $\mathbf{y}$ 在 S 上的正交投影。为了验证这一点,需要证明

(i) $\hat{\mathbf{y}}\in S$;

(ii) $\mathbf{y}-\hat{\mathbf{y}}\perp S$。

(i) 是正确的,因为 $\hat{\mathbf{y}}$ 可以写成 $\hat{\mathbf{y}}=\mathbf{B}\mathbf{x}$,其中 $\mathbf{x}:=(\mathbf{B}^{\mathrm{T}}\mathbf{B})^{-1}\mathbf{B}^{\mathrm{T}}\mathbf{y}$,故向量 $\mathbf{B}\mathbf{x}$ 是 $\mathbf{B}$ 的列的线性组合。由于这些列形成 S 的基底,它们必须位于 S 中,因此 $\hat{\mathbf{y}}\in S$。

关于(ii),由 $\mathbf{B}$ 给出 S 的基底的假设可知,对于某个 $\mathbf{x}\in\mathbb{R}^K$,$S$ 中的所有点都可以表示成 $\mathbf{B}\mathbf{x}$ 的形式。因此(ii)可转变成如下形式

$$\mathbf{y}-\mathbf{B}(\mathbf{B}^{\mathrm{T}}\mathbf{B})^{-1}\mathbf{B}^{\mathrm{T}}\mathbf{y}\perp\mathbf{B}\mathbf{x},\quad \text{对于所有 } \mathbf{x}\in\mathbb{R}^K$$

这是正确的,因为如果 $\mathbf{x}\in\mathbb{R}^K$,那么

$$(\mathbf{B}\mathbf{x})^{\mathrm{T}}[\mathbf{y}-\mathbf{B}(\mathbf{B}^{\mathrm{T}}\mathbf{B})^{-1}\mathbf{B}^{\mathrm{T}}\mathbf{y}] = \mathbf{x}^{\mathrm{T}}[\mathbf{B}^{\mathrm{T}}\mathbf{y}-\mathbf{B}^{\mathrm{T}}\mathbf{B}(\mathbf{B}^{\mathrm{T}}\mathbf{B})^{-1}\mathbf{B}^{\mathrm{T}}\mathbf{y}] = \mathbf{x}^{\mathrm{T}}[\mathbf{B}^{\mathrm{T}}\mathbf{y}-\mathbf{B}^{\mathrm{T}}\mathbf{y}] = 0$$ □

3.5.31 解答 这个证明很简单。例如

$$\mathbf{M}\mathbf{B} = \mathbf{B}-\mathbf{B}(\mathbf{B}^{\mathrm{T}}\mathbf{B})^{-1}\mathbf{B}^{\mathrm{T}}\mathbf{B} = \mathbf{0}$$ □

3.5.32 解答 设 $\mathbf{A},\mathbf{Q},\mathbf{R}$ 以及 $\mathbf{b}\in\mathbb{R}^N$ 如同题目中的陈述一样。要证明由式(3.12)所定义的

$\hat{\mathbf{x}}$ 等于 $\tilde{\mathbf{x}}:=\mathbf{R}^{-1}\mathbf{Q}^{\mathrm{T}}\mathbf{b}$。为了证明这一点，考察 $\mathbf{A}$ 的列的线性无关性，只需证明 $\mathbf{A}\tilde{\mathbf{x}}=\mathbf{A}\hat{\mathbf{x}}$ 或

$$\mathbf{A}(\mathbf{A}^{\mathrm{T}}\mathbf{A})^{-1}\mathbf{A}^{\mathrm{T}}\mathbf{b}=\mathbf{Q}\mathbf{R}\mathbf{R}^{-1}\mathbf{Q}^{\mathrm{T}}\mathbf{b}$$

经过简化之后，我们发现只需证明 $\mathbf{A}(\mathbf{A}^{\mathrm{T}}\mathbf{A})^{-1}\mathbf{A}^{\mathrm{T}}=\mathbf{Q}\mathbf{Q}^{\mathrm{T}}$。由于 $\mathbf{A}$ 与 $\mathbf{Q}$ 具有相同的列空间，这可由定理 3.3.1 得到。 □

3.5.33 解答　关于(i)，练习题 3.5.33 所给出的 $\mathbf{Py}$ 表达式，也可以写成 $\mathbf{x}(\mathbf{x}^{\mathrm{T}}\mathbf{x})^{-1}\mathbf{x}^{\mathrm{T}}\mathbf{y}$。由于 $\mathbf{x}$ 是 $\mathrm{span}\{\mathbf{x}\}$ 的基底，所以这个表达式作为 $\mathrm{span}\{\mathbf{x}\}$ 上投影的有效性立刻由定理 3.3.1 可得。关于(ii)，回顾正交投影会使范数缩小，所以特别是 $\|\mathbf{Py}\|\leqslant\|\mathbf{y}\|$ 必须成立。利用我们从(i)中得到的 $\mathbf{Py}$ 的表达式，对其重新排列得到想要的边界 $|\mathbf{x}^{\mathrm{T}}\mathbf{y}|\leqslant\|\mathbf{x}\|\|\mathbf{y}\|$。 □

3.5.34 解答　由正交投影的定义可知，$\mathbf{Pb}\in\mathrm{colspace}\mathbf{A}$，同时存在一个向量 $\mathbf{x}$，使得 $\mathbf{Pb}=\mathbf{Ax}$。因为 $\mathbf{A}$ 具有线性相关的列，所以存在一个非零向量 $\mathbf{a}$ 使得 $\mathbf{Aa}=\mathbf{0}$。因此，对于所有 $\lambda\in\mathbb{R}$，有 $\mathbf{A}\lambda\mathbf{a}=0$。对于每一个这样的 λ，可以得到 $\mathbf{Pb}=\mathbf{Ax}=\mathbf{Ax}+\mathbf{A}\lambda\mathbf{a}=\mathbf{A}(\mathbf{x}+\lambda\mathbf{a})$。题目得证。 □

3.5.35 解答　借助于谱分解定理可以知道，$\mathbf{A}=\mathbf{Q}\mathbf{\Lambda}\mathbf{Q}^{\mathrm{T}}$，其中 $\mathbf{Q}$ 表示正交矩阵，而 $\mathbf{\Lambda}$ 表示由 $\mathbf{A}$ 的特征值组成的对角矩阵。由此可得 $\mathbf{A}^2=\mathbf{Q}\mathbf{\Lambda}^2\mathbf{Q}^{\mathrm{T}}$，而且因为 $\mathbf{A}$ 是幂等矩阵，所以 $\mathbf{Q}\mathbf{\Lambda}\mathbf{Q}^{\mathrm{T}}=\mathbf{Q}\mathbf{\Lambda}^2\mathbf{Q}^{\mathrm{T}}$。由此得到 $\mathbf{\Lambda}=\mathbf{\Lambda}^2$。对于对角矩阵来说，通过取对角线元素的幂可以得到幂，由此可得，对于任意特征值 λ_n，我们有 $\lambda_n=\lambda_n^2$。因此，得到 $\lambda_n\in\{0,1\}$。 □

第 4 章　概率论基础

概率论是统计学和计量经济学的理论基石之一。我们将从基本概念开始阐述,不过推进得会相对比较快。

4.1　概率模型

概率是一个技术性要求很高的领域,主要原因在于我们希望给各种事件分配概率。可能发生的事件的集合可以非常大,因而我们需要管理这种复杂性的方法。在本节及后续各节中,我们会回顾所涉及的基本机制以及为什么这个机制是必需的。与此同时,我们将跳过一些与计量经济理论关系不大的细节,这将不会影响理解。

在开始阐述之前,值得提及的概念是可数集与不可数集。本质上,非空集 S 称为可数的(countable),如果它是有限的或者可以表示为一个序列;而非空集 S 称为不可数的(uncountable),如果它是不可数的。在概率论中,这种区别非常重要。对有关内容的快速回顾,可以参看第15.3 节。

4.1.1　样本空间和事件

为了建立概率模型,我们从样本空间(sample space)的概念开始,这里我们认为,样本空间可以看成已知随机实验中所有可能结果的"列表"。一般来说,样本空间可以是任何非空集合,通常用 Ω 表示。Ω 的典型元素用 ω 表示。通常的想法是,不确定性的实现将导致对特定 $\omega \in \Omega$ 的选取。

例 4.1.1　在抛掷一次骰子的随机实验中,可能结果很自然地表示为 $\Omega := \{1, \cdots, 6\}$。

例 4.1.2　想象波顿 · 麦基尔(Burton Malkiel)* 提出的实验:被蒙住眼睛的猴子向半径为 1 的圆靶投飞镖。为了记录结果,运用普通的笛卡尔坐标并将原点放在板的中心。设 (h,v) 是分别由水平坐标和垂直坐标衡量的典型位置。因而,一个非常自然的样本空间是 $\Omega := \{(h,v) \in \mathbb{R}^2 : \|(h,v)\| \leqslant 1\}$。这个集合也被称为 $\mathbb{R}^2$ 上的单位圆盘(unit disk)。

例 4.1.3　考察我们抛掷两次骰子的实验。合适的样本空间是整数对 (i,j) 的集合,满足 $1 \leqslant i,j \leqslant 6$,第 1 个元素 i 表示第一次抛掷骰子的结果,第 2 个元素 j 表示第二次抛掷骰子的结果。因而,$\Omega := \{(i,j) : i,j \in \{1, \cdots, 6\}\} = \{1, \cdots, 6\} \times \{1, \cdots, 6\}$。

---

* 麦基尔曾出版过一本名为《漫步华尔街》(*A Random Walk Down Wallstreet*)的畅销书,在这本书中,他列举了大量的证据来证明股票价格波动是完全随机的,无法预测。——译者注

一旦拥有样本空间,我们就可以开始考察事件(event)。用概率论语言来说,事件只是空间 Ω 的真子集(下面将讨论一些注意事项)。当随机实验中所选取的个体 $\omega\in\Omega$ 碰巧位于 A 中时,事件 A 就会发生,如图 4.1 所示。

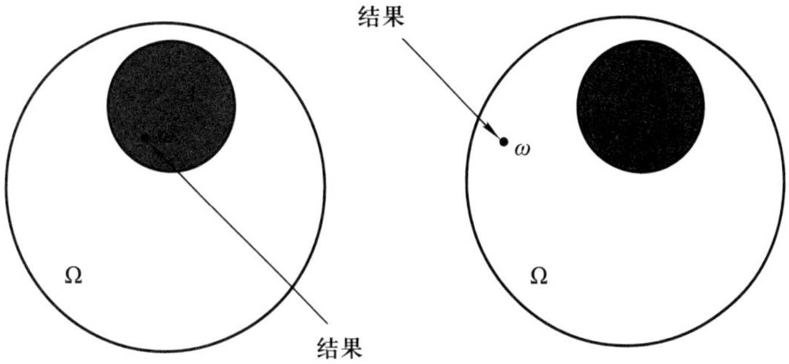

图 4.1　结果与事件

4.1.1.1　概率和事件

接下来我们需要做的是为结果分配概率。一种思想就是给位于 Ω 中的每一个 ω 分配一个合适的概率。然后,通过查看这些事件中包含的点所附带的概率就可以推导算出事件的概率。然而事实证明这并不是最佳方案,至少当我们考虑不可数 Ω 时就不是。相反,标准方法是直接将概率分配给 Ω 的子集。

为了说明第一种方案为什么有问题,我们考察例 4.1.2 中投掷飞镖的模型,其中 Ω 表示 $\mathbb{R}^2$ 单位圆盘。设想击中 Ω 中任何点的概率是“等可能性的”。我们通过假定飞镖击中位于飞镖圆靶某个区域 $A(A\subset\Omega)$ 的概率和区域 A 的面积成比例来建立模型。

现在,我们考察击中某个点 $\omega\in\Omega$ 的概率。从直观上看,这应该小于击中任何包含 ω 的区域 A 的概率。当我们将 A 取得足够小的时候,可以证明,对于任意给定的 $\epsilon>0$,击中 ω 的概率要小于 ϵ。这样就得出如下结论:击中某个点 ω 的概率是零。①

这个例子表明,在许多合理的模型中,分配给样本空间中各个点的概率必须是零。如果稍微思考一下这个问题,你就会同意,仅凭这些信息是无法建立有用的概率模型的。因此,我们必须把概率直接分配给事件本身。

4.1.1.2　选择事件集合

我们应该将概率分配给每一个可能发生的事件,也就是 Ω 的每一个可能子集吗？在上述讨论的投掷飞镖模型中,我们可以说击中区域 $A\subset\Omega$ 的概率等于 A 在 Ω 中的面积比例,用符号 π 表示,即

$$\mathbb{P}(A)=\frac{\lambda(A)}{\pi},\text{其中 }\lambda(A):=A\text{ 集合的面积}\tag{4.1}$$

这是显而易见的。例如,如果 $A=\Omega$,那么 $\mathbb{P}(A)=\pi/\pi=1$;如果 A 表示镖盘的上一半,那么 $\mathbb{P}(A)=0.5$,以此类推。

不幸的是,如果我们仔细思考这种方法,就会发现某些缺陷。“A 的面积”到底是什么意思呢?

① 如果对于 $\epsilon>0$,p 是满足 $p\geqslant 0$ 且 $p\leqslant\epsilon$ 的非负数,则 $p=0$ 必成立。

如果 A 是一个圆,那么它的面积是 π 乘以它的半径平方。如果 A 是长方形,那么面积是两个边的乘积。但是,对于 Ω 的更为一般的子集来说,面积是什么含义呢?

可以证明,利用前后一致的方法对 Ω 的所有子集分配面积是有问题的。原因在于,Ω 含有大量的子集,其中一些子集可能表现出很奇怪的现象。(如果你好奇,可以查看巴拿赫-塔斯基(Banach-Tarski)悖论,当我们尝试分配如面积或体积的概念于任意集合时可能出现的问题)我们可以想到各种奇怪事件,这些事件影响了构建合情合理的概率模型的能力。

鉴于这个原因,当 Ω 是不可数集的时候,我们通常拒绝取 Ω 的所有子集作为事件集。取而代之的是,取 Ω 的具有“良好特性的”子集的某个簇,用下面的 $\mathscr{F}$表示,并只对 $\mathscr{F}$的元素分配概率。

这里当然存在权衡取舍。如果我们将 $\mathscr{F}$限制成 Ω 子集的一小部分,那么分配概率就很容易,同时可以剔除奇怪的现象。但是,如果 $\mathscr{F}$过于小,那么有时候我们可能无法给我们感兴趣的事件分配概率,例如,在圆靶模型中,如果我们把 $\mathscr{F}$限制为矩形的集合,那么我们可以很容易测度面积,因此能够经由式(4.1)分配概率。但这排除了一些有趣的事件,例如击中飞镖圆靶的上半部分区域。

那么,我们如何保证 $\mathscr{F}$足够大呢?此处采用一种系统性方式来思考这个问题。假定 $A \in \mathscr{F}$,$\mathbb{P}(A)$是明确定义的且表示“事件 A 的概率”。现在,倘若我们可以给事件 A 分配概率,但如果不能给“不是 A”的事件分配概率,“不是 A”的事件对应于 A^c,那么这将是不幸的。所以,通常我们要求如果 $A \in \mathscr{F}$,则 $A^c \in \mathscr{F}$。如果这些内容都是成立的,我们可以说 $\mathscr{F}$“在补集运算条件下是封闭的”。

更进一步地,假定 A 与 B 两者均在集合 $\mathscr{F}$中,而且我们可以给这些事件分配概率。在此情况下,很自然要考虑 A 或 B 的事件的概率,也就是对应于 $A \cup B$ 的事件概率。因此,我们还要求如果 A 与 B 同时处于 $\mathscr{F}$中,那么 $A \cup B$ 也同样在 $\mathscr{F}$中。这时,我们称 $\mathscr{F}$“在并集运算条件下是封闭的”。实际上,考虑到技术原因,我们希望 $\mathscr{F}$在可数并集运算条件下是封闭的,这意味着如果 $A_1, A_2, \cdots$是 $\mathscr{F}$中的序列集,则它们的并集也同样在 $\mathscr{F}$中。

如果已知集合 Ω 的子集的 $\mathscr{F}$集合满足下面三个性质,则称 $\mathscr{F}$为 σ 代数(σ-algebra)。正式地讲,$\mathscr{F}$是 Ω 上的 σ 代数,如果

(i) $A \in \mathscr{F} \Rightarrow A^c \in \mathscr{F}$;

(ii) $A_1, A_2, \cdots \in \mathscr{F} \Rightarrow \cup_{n=1}^{\infty} A_n \in \mathscr{F}$;

(iii) $\Omega \in \mathscr{F}$。

注意,(i)与(iii)一起意味着$\varnothing \in \mathscr{F}$。在此背景下,空集$\varnothing$被称为不可能事件(impossible event)。与之相反,Ω 称为确定事件(certain event),因为它总是会发生(无论是哪一个结果 ω 被选择,依据定义 $\omega \in \Omega$ 是成立的)。

我们所选择的与给定 Ω 相匹配的 $\mathscr{F}$的 σ 代数,会依据问题的不同而不同。然而,你至少应该了解一个特定的 σ 代数,这就是与普通空间向量$\mathbb{R}^N$ 匹配的标准 σ 代数。这个 σ 代数称为博雷尔集(Borel sets)。

为了理解这个概念,我们考虑接下来的思路:$\mathscr{F}$作为 σ 代数的性质显示出,$\mathscr{F}$是一个相对富裕的类集。毕竟,我们可以不用离开集合 $\mathscr{F}$就取补集和并集(和交集——在练习题 4.4.1 中见到)。然而,存在 σ 代数的例子,例如 $\mathscr{F} := \{\varnothing, \Omega\}$,因此,如果我们想要确定一个大的且十分有用的事件类,一种最好的方法是假定 $\mathscr{F}$不仅是 σ 代数,而且 $\mathscr{F}$还包含一些我们希望赋予概率的基本集合,比如区间和矩形。

在这一点上,$\mathbb{R}^N$ 的博雷尔子集(Borel subsets)被定义为能包含$\mathbb{R}^N$ 中所有矩形的最小 σ 代数

(如果想要了解更多关于矩形的知识,参看第15.1节)。事实证明,这个定义是十分成功的。把注意力限制在博雷尔集上,就能够很好地排除巴纳赫-塔斯基悖论的奇怪特性,而且,我们在日常分析中需要处理的每个$\mathbb{R}^N$子集都是博雷尔集。这些$\mathbb{R}^N$子集包括平面、超平面、圆形、球体、多边形、有限集和序列点。接下来我们将使用$\mathscr{B}(\mathbb{R}^N)$表示$\mathbb{R}^N$的博雷尔集。

4.1.2 概率

现在我们取事件的一个σ代数作为已知的,然后考察如何将概率分配给$\mathscr{F}$中的元素。对于已知事件B,符号$\mathbb{P}(B)$将被解释成"事件B发生的概率"。人们考察$\mathbb{P}(B)$的方式应该是:

$\mathbb{P}(B)$表示当不确定性得以解决且某个$\omega \in \Omega$被"自然"选取时,陈述$\omega \in B$正确的概率。

为使我们的概率模型具有良好的特性,就需要对$\mathbb{P}$施加某些限制。例如,不能使得$\mathbb{P}(B)=-93$,这是因为负概率没有意义。在下面的定义中,我们将给出标准限制。

设Ω表示非空集合,$\mathscr{F}$是Ω的子集的σ代数。在$(\Omega,\mathscr{F})$上的$\mathbb{P}$概率(probability)是从$\mathscr{F}$映射到$[0,1]$的函数,满足:

(i) $\mathbb{P}(\Omega)=1$;

(ii) 对于任何不相交集合的序列$A_1,A_2,\cdots \in \mathscr{F}$,使得$\mathbb{P}(\cup_{n=1}^{\infty} A_n)=\sum_{n=1}^{\infty}\mathbb{P}(A_n)$。

在这种背景下,$\mathbb{P}$也被称为概率测度(probability measure)。合起来,三元组$(\Omega,\mathscr{F},\mathbb{P})$被称为概率空间(probability space)。

在上述定义中,(i)是十分明显的。我们要求$\mathbb{P}(\Omega)=1$,这是因为每一个ω都位于集合Ω里面。(ii)被称为可数可加性(countable additivity)。在陈述公理时,不相交是成对出现的:任何一对不同的A_i和A_j都没有共同点。通过将某些集合设置为空就可以证明,可数可加性意味着有限可加性,当A_i和A_j是不相交的时候,这需要下式成立,即

$$\mathbb{P}(A_1 \cup \cdots \cup A_k)=\mathbb{P}(A_1)+\cdots+\mathbb{P}(A_k) \tag{4.2}$$

对于概率模型来说,可加性的一般概念是一种自然而然的要求。它说的是,为了求出给定事件的概率,我们可以先确定该事件可能会发生的所有不同(回想一下"不相交")方式,然后将它们的概率相加。概率论专家将它提升到可数可加性,因为这有助于某些极限论证的顺利进行。

图4.2给出了可加性的解释。假定只有图中的N个点是可能发生的结果,每一个发生的概率都是$1/N$,因此一个事件发生的概率等于它所包含的点除以N。所以,$\mathbb{P}(A)=2/N$,$\mathbb{P}(B)=4/N$,$\mathbb{P}(C)=3/N$。另外,事件$A\cup B\cup C$有9个点,所以

$$\mathbb{P}(A \cup B \cup C)=\frac{9}{N}=\mathbb{P}(A)+\mathbb{P}(B)+\mathbb{P}(C)$$

注意,不相交对于可加性是十分重要的。如果集合不是不相交的,则会存在重复计算右边之和的风险,从而违反了等式关系。

例4.1.4 设$\Omega:=\{1,\cdots,6\}$表示骰子具有不同的六个面,就如同例4.1.1一样,由于Ω是有限的,所以可取$\mathscr{F}$是Ω的所有子集的集合。于是,通过

$$\mathbb{P}(A):=\frac{|A|}{6},\text{其中 } |A| :=\text{集合 } A \text{ 中元素的个数} \tag{4.3}$$

定义概率$\mathbb{P}:\mathscr{F}\to[0,1]$。例如,$\mathbb{P}\{2,4,6\}=3/6=1/2$。很容易看出,对于任意$A\in\mathscr{F}$,$0\leqslant\mathbb{P}(A)\leqslant 1$,同时$\mathbb{P}(\Omega)=1$。考虑可加性,假定$A$与$B$是$\{1,\cdots,6\}$中的两个不相交子集,因此$|A\cup B|=|A|+|B|$,这是因为借助于不相交,并集的元素个数就是$A$中的元素个数与$B$中的元素个数之

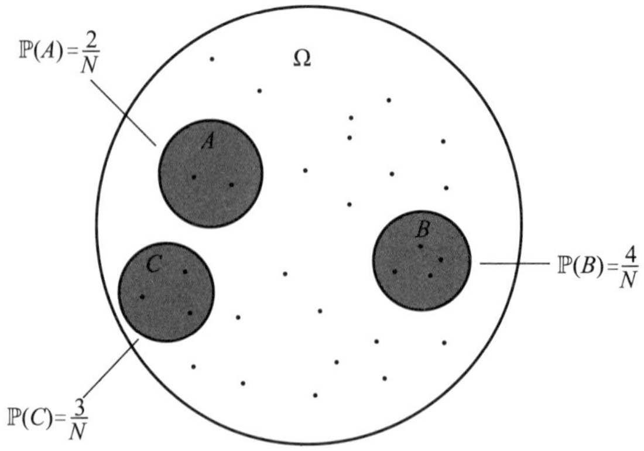

图 4.2　N 个点中的每一个都以 1/N 概率发生

和。所以

$$\mathbb{P}(A\cup B)=\frac{|A\cup B|}{6}=\frac{|A|+|B|}{6}=\frac{|A|}{6}+\frac{|B|}{6}=\mathbb{P}(A)+\mathbb{P}(B)$$

这就证明了集合对的可加性。利用类似推导可以证明,在使式(4.2)成立的意义上,可加性对于任何的有限集合都成立。在此种情况下,有限可加性相当于可数可加性,这是因为不同事件的总数是有限的。

例 4.1.5　延续例 4.1.4,如果我们掷骰子,得到结果为偶数的概率应该等于得到 2 的概率、4 的概率以及 6 的概率之和。这是由可加性决定的,具体而言有

$$\mathbb{P}\{2,4,6\}=\mathbb{P}[\{2\}\cup\{4\}\cup\{6\}]=\mathbb{P}\{2\}+\mathbb{P}\{4\}+\mathbb{P}\{6\}=1/2$$

例 4.1.6　想象抛一枚硬币 N 次,并记录每一次结果。这个实验的样本空间是

$$\Omega_0:=\{(b_1,\cdots,b_N):b_n\in\{\text{正面},\text{背面}\},\text{对于每一个 } n\}$$

设 0 表示背面,1 表示正面,这样做就得到了如下更实用的空间:

$$\Omega:=\{0,1\}^N:=\{(b_1,\cdots,b_N):b_n\in\{0,1\},\text{对于每一个 } n\}$$

因此 Ω 是长度为 N 的所有二值序列(binary sequence)的集合。由于 Ω 也是有限的,我们用 $\mathscr{F}$ 表示 Ω 的所有子集的集合。像概率一样,我们定义

$$\mathbb{P}(A):=2^{-N}|A|$$

其中 $|A|$ 再次表示 A 中不同元素的个数。这是一种均匀概率(uniform probability),即所有结果都是等可能性的。事实上,如果$(b_1,\cdots,b_n)$是任意抛硬币的完整序列,$A\in\mathscr{F}$是包含这种抽样的单点集,则$\mathbb{P}(A)=2^{-N}$。因此,所有这类序列在$\mathbb{P}$下具有相同的概率。

考虑到上一页的公理,不难验证,对于所有 $A\subset\Omega$ 有 $0\leqslant\mathbb{P}(A)\leqslant 1$,同时$\mathbb{P}(\Omega)=1$(注意,长度为 N 的不同二值序列的数量是 2^N)。而且,$\mathbb{P}$ 是具有可加性的。证明留作练习题 4.4.8 来完成。

例 4.1.7　再次考察来自例 4.1.2 中的圆靶模型,其中 Ω 表示$\mathbb{R}^2$ 上的单位圆盘。对于事件空间,Ω 的所有子集的集合是有问题的(参看 4.1.1 节),因此我们取 $\mathscr{F}$ 作为$\mathbb{R}^2$ 的博雷尔子集的集合(位于 Ω 中)。对于$\mathbb{P}$,我们遵循由式(4.1)给出的"均匀"概率分配。也就是,对于每一个 $B\in\mathscr{F}$,$\mathbb{P}(B)=\lambda(B)/\pi$。这个将面积分配给博雷尔集的函数 λ 是可数可加的,因为 $\lambda(\cup_n A_n)=\sum_{n=1}^{\infty}\lambda(A_n)$,只要这些集合是不相交的。由此可得,$\mathbb{P}$ 同样是可数可加的。很明显,$\mathbb{P}(\Omega)=1$。

例 4.1.7 中将博雷尔集映射到它们"面积"的函数 λ 正式地称为勒贝格测度(Lebesgue meas-

ure)。第15.3.1节将简要地介绍这个概念。

4.1.2.1　公理的含义

现在,我们回到一般情况下,其中$(\Omega,\mathscr{F},\mathbb{P})$表示任意的概率空间。根据之前的公理,我们可以推导出一些出人意料的性质。下面我们列出一些关键的性质。

事实 4.1.1　设$(\Omega,\mathscr{F},\mathbb{P})$表示概率空间,设$A,B\in\mathscr{F}$,如果$A\subset B$,则

(i) $\mathbb{P}(B\backslash A)=\mathbb{P}(B)-\mathbb{P}(A)$;

(ii) $\mathbb{P}(A)\leqslant\mathbb{P}(B)$;

(iii) $\mathbb{P}(A^C)=1-\mathbb{P}(A)$;

(iv) $\mathbb{P}(\varnothing)=0$。

(这里$A^C=\Omega\backslash A$。参看第15.1节关于集合理论运算的知识。)

为了证明事实4.1.1,注意当$A\subset B$时,可以得到结论$B=(B\backslash A)\cup A$,这是因为$B\backslash A$与A是不相交的,再利用$\mathbb{P}$的可加性,现在可以得出

$$\mathbb{P}(B)=\mathbb{P}(B\backslash A)+\mathbb{P}(A),\text{只要 } A\subset B$$

这个等式蕴含着事实4.1.1的(i)至(iv)。重新整理该式可以得出(i),而利用$\mathbb{P}$的非负性可以得到(ii)。特殊化处理$B=\Omega$,则可以得出(iii),而设$B=A$可以推导出(iv)。

性质$A\subset B\Rightarrow\mathbb{P}(A)\leqslant\mathbb{P}(B)$称为单调性(monotonicity),这个性质既是十分基本的,又是非常直观的:如果$A\subset B$,那么我们知道一旦A发生,则B发生,这是因为当ω位于A中时,它就位于B中。因此B的概率不会更小。概率方面的许多结果都验证了这个想法。

事实 4.1.2　如果A与B是任意事件(不一定是不相交的),则

$$\mathbb{P}(A\cup B)=\mathbb{P}(A)+\mathbb{P}(B)-\mathbb{P}(A\cap B)$$

关于这个等式的证明,留作练习题4.4.2完成。由事实4.1.2可得,对于任意$A,B\in\mathscr{F}$,我们可以得到$\mathbb{P}(A\cup B)\leqslant\mathbb{P}(A)+\mathbb{P}(B)$。这个不等式称为次可加性(subadditivity)。因而,关于任意事件对的概率是次加的,而关于不相交事件对的概率则是可加的。

4.1.2.2　相关性和独立性

如果A与B是事件,那么在已知B发生下A发生的条件概率(conditional probability)是:

$$\mathbb{P}(A\mid B):=\frac{\mathbb{P}(A\cap B)}{\mathbb{P}(B)}\tag{4.4}$$

它表示已知B发生的信息下A发生的概率。为使该定义有意义,我们要求$\mathbb{P}(B)>0$。如果$\mathbb{P}(A\cap B)=\mathbb{P}(A)\mathbb{P}(B)$,则称事件$A$与$B$是独立的。更一般地说,事件$A_1,\cdots,A_N\in\mathscr{F}$称为独立的(independent),如果

$$\mathbb{P}(\cap_{n=1}^{N}A_n):=\prod_{n=1}^{N}\mathbb{P}(A_n)\tag{4.5}$$

注意,如果A与B是独立的,那么已知B发生下A的条件概率就是A的概率。

例 4.1.8　回顾例4.1.3,在那里我们掷骰子两次,样本空间是$\Omega:=\{(i,j):i,j\in\{1,\cdots,6\}\}$。因为$\Omega$是有限的,所以再次设$\mathscr{F}$表示$\Omega$的所有子集的集合。至于概率,定义$\mathbb{P}(E)=|E|/36$。(在这里$E$的元素是事件对,所以$|E|$刻画了$E$中事件对的数目。)现在考察事件

$$A:=\{(i,j)\in\Omega:i\text{ 是偶数}\}\text{ 与 }B:=\{(i,j)\in\Omega:j\text{ 是偶数}\}$$

在这种情况下,我们得出

$$A\cap B=\{(i,j)\in\Omega:i\text{ 与 }j\text{ 是偶数}\}$$

事件A与B在$\mathbb{P}$下是独立的。为了证明这一点,回顾计数有序元组的基本原理:可能元组的总数

是每一个元素的可能数量的乘积。例如,不同元组

$$(i,j,k),\text{其中 } i \in I, j \in J \text{ 且 } k \in K$$

的数量是 $|I|\times|J|\times|K|$。因此,A 中元素的个数是 $3\times6=18$,B 中元素的个数是 $6\times3=18$,所以 $A\cap B$ 的元素个数是 $3\times3=9$。因此,

$$\mathbb{P}(A\cap B)=9/36=1/4=(18/36)\times(18/36)=\mathbb{P}(A)\mathbb{P}(B)$$

这就证明 A 与 B 是独立的。

为了证明接下来的结论,我们需要 Ω 的划分(partition)的概念,它的意思是指:可数事件集合 $\{B_m\}_{m\geqslant1}$具有各个不同事件对是不相交的且$\cup_{m\geqslant1}B_m=\Omega$ 的性质。

例 4.1.9 设 $\Omega=(0,\infty)$,同时 $B_m=(m-1,m]$,对于所有 $m\in\mathbb{N}$。事件$\{B_m\}_{m\geqslant1}$组成 Ω 的划分。

下面的事实被称为全概率定律(law of total probability)。

事实 4.1.3 设$\{B_m\}_{m\geqslant1}$表示 Ω 的划分,设 A 表示任意事件。如果对于所有 m,$\mathbb{P}(B_m)>0$,则

$$\mathbb{P}(A)=\sum_{m\geqslant1}\mathbb{P}(A\mid B_m)\cdot\mathbb{P}(B_m)$$

证明如下:由集合理论可知,$A\cap(\cup_m B_m)=\cup_m(A\cap B_m)$。由这个等式、划分的定义以及$\mathbb{P}$ 的可数可加性,我们得到

$$\mathbb{P}(A)=\mathbb{P}[A\cap(\cup_{m\geqslant1}B_m)]=\mathbb{P}[\cup_{m\geqslant1}(A\cap B_m)]=\sum_{m\geqslant1}\mathbb{P}(A\cap B_m)$$

应用式(4.4),就得到证明。

例 4.1.10 考察银行借贷给两种类型的客户,类型 A 与类型 B。银行无法观测到客户的具体类型。类型 A 客户的违约概率为 5%。类型 B 客户的违约概率为 10%。在潜在客户中,90%是类型 B,而 10%是类型 A。给定随机选择客户类型,我们想要代表银行计算与这种类型客户有关的违约概率。

为此,设 D 是客户违约的事件,设 A 表示客户是类型 A 的事件,设 B 表示客户是类型 B 的事件。由于客户必是这两种类型之一,根据全概率定律,可以得到

$$\mathbb{P}(D)=\mathbb{P}(D\mid A)\mathbb{P}(A)+\mathbb{P}(D\mid B)\mathbb{P}(B)$$

等号右边等于 $0.05\times0.1+0.1\times0.9=0.005+0.09=0.095$。

关于条件概率的另一个十分有用的结果是贝叶斯法则(Bayes' law),该法则指出,对于任何有正概率的事件 A 与 B,

$$\mathbb{P}(A\mid B)=\frac{\mathbb{P}(B\mid A)\mathbb{P}(A)}{\mathbb{P}(B)} \tag{4.6}$$

为了证明式(4.6),经过观察发现,从条件概率的定义来看

$$\mathbb{P}(A\mid B)=\frac{\mathbb{P}(A\cap B)}{\mathbb{P}(B)}\quad\text{与}\quad\mathbb{P}(B\mid A)=\frac{\mathbb{P}(A\cap B)}{\mathbb{P}(A)}$$

因此,$\mathbb{P}(A\cap B)=\mathbb{P}(A\mid B)\mathbb{P}(B)=\mathbb{P}(B\mid A)\mathbb{P}(A)$。重新整理排列,可以得到式(4.6)。

例 4.1.11 银行使用自动化系统来检测欺诈或非法交易。考察检测内容:每个交易有一个响应,响应或者为 P 或者为 N,其中 P 表示"正面"(交易标记为欺诈),而 N 表示"负面"(交易标记为正常)。设 F 表示欺诈,假定

- $\mathbb{P}(P\mid F)=0.99$(该检测能标记 99%的欺诈交易);
- $\mathbb{P}(P\mid F^C)=0.01$(出现错误标记"正面"的概率);
- $\mathbb{P}(F)=0.001$(欺诈率)。

我们想要知道当检测出现“正面”时发生欺诈的概率。为了解答这个问题，我们运用贝叶斯法则

$$\mathbb{P}(F \mid P)=\frac{\mathbb{P}(P \mid F)\,\mathbb{P}(F)}{\mathbb{P}(P)}$$

以及全概率定律 $P(P)=P(P \mid F)P(F)+P(P \mid F^C)P(F^C)$，从而得出

$$\mathbb{P}(F \mid P)=\frac{0.99\times 0.001}{0.99\times 0.001+0.01\times 0.999}=\frac{11}{122}\approx\frac{1}{11}$$

不到十分之一的正面检测标记确实是欺诈行为。

4.1.3　随机变量

在某些概率课程中，随机变量被定义为“随机变化的值”，或者类似的意思。这是相当无用的定义。关于随机变量的更好定义是，随机变量是从样本空间 Ω 到 $\mathbb{R}$ 的函数 x。考察它的方式如下：

(i) “自然”依据某个概率从 Ω 中挑出元素 ω，

(ii) 随机变量 x 将这个 ω 变成数值 $x(\omega)$。

因而，随机变量是将样本空间的结果（可以是任何类型的对象）变成数值结果的映射 x。这个定义之所以有价值，是因为数值结果很容易进行排序、加法、减法等运算。换句话说，随机变量能够以可接受的形式来“报告”实验的结果，以便于进一步深入分析。

例 4.1.12　考察抛硬币一直到出现正面的实验。设 0 表示背面，1 表示正面。作为样本空间，我们取无限的二值序列集合

$$\Omega:=\{(b_1,b_2,\cdots):b_n\in\{0,1\}\text{，对于每一个 } n\}$$

抛硬币一直到出现正面的次数的随机变量是

$$x(\omega)=x(b_1,b_2,\cdots):=\min\{n\in\mathbb{N}:b_n=1\}$$

倘若我们也想要知道正面是否发生在前 10 次抛硬币中。如果是这样的话，我们可以引入一个新的随机变量

$$y(\omega)=y(b_1,b_2,\cdots):=\min\Big(\sum_{n=1}^{10}b_n,1\Big) \tag{4.7}$$

当事件发生时，取为 1，否则取为 0。按照这个定义，x 与 y 是从 Ω 到 $\mathbb{R}$ 的函数。①

式(4.7)中的随机变量 y 是一个二值（或伯努利）随机变量的例子，这是一组取值 $\{0,1\}$ 的随机变量。存在一种通用方法，即利用指示函数（indicator functions），创建二值随机变量非常方便。如果 Q 是一个陈述，例如“在天王星上存在一种有三个头的猴子”，那么当陈述 Q 是真的时，则 $\mathbb{1}\{Q\}$ 被认为等于 1，而当陈述 Q 是假的时，$\mathbb{1}\{Q\}$ 取 0。另一种常用的变异符号是，对于任意 $A\in\mathscr{F}$，

$$\mathbb{1}_A(\omega):=\mathbb{1}\{\omega\in A\}:=\begin{cases}1, & \text{当 } \omega\in A\\ 0, & \text{其他}\end{cases}$$

所以根据定义，$\mathbb{1}_A$ 表示二值随机变量。事实上，通过令 $A:=\{\omega\in\Omega:x(\omega)=1\}$，可将任何二值随机变量 x 用 $\mathbb{1}_A$ 表示。

事实 4.1.4　如果 $A_1,\cdots,A_6$ 是 Ω 的子集，那么

---

① 这是真的吗？如果 $\omega=\omega_0$ 是一个只包含零的无限序列，那么 $\{n\in N:\ b_n=1\}=\varnothing$。在本例中，$x(\omega_0)$ 是什么呢？习惯上 $\min\varnothing=\infty$，这是有道理的，可是现在 x 能取值 ∞。然而，在大多数的应用中，此事件的概率为零。我们可以令 $x(\omega_0)=0$，这没有改变任何重要的东西。现在我们回到从 Ω 到 R 的良好定义的函数上。

(i) $\mathbb{1}_{\cap_{n=1}^{N}A_n} = \prod_{n=1}^{N} \mathbb{1}_{A_n}$;

(ii) $\mathbb{1}_{\cup_{n=1}^{N}A_n} = \sum_{n=1}^{N} \mathbb{1}_{A_n}$,当集合不相交时。

这里的等式意味着在任何 $\omega \in \Omega$ 处的计算。参看练习题 4.4.5。

4.1.3.1 符号惯例

给定随机变量 x,人们经常会看到这样的表述:

$$\{x \text{ 具有某个性质}\}$$

这是关于事件

$$\{\omega \in \Omega : x(\omega) \text{ 具有某个性质}\}$$

的缩写。

例 4.1.13 考察下面的陈述,对于任意随机变量 x,

$$\mathbb{P}\{x \leqslant a\} \leqslant \mathbb{P}\{x \leqslant b\}, \text{只要 } a \leqslant b \tag{4.8}$$

证明:选取任意 $a, b \in \mathbb{P}$,满足 $a \leqslant b$。记号 $\{x \leqslant a\}$ 是事件 $\{\omega \in \Omega : x(\omega) \leqslant a\}$ 的缩写。同样地,$\{x \leqslant b\}$ 是事件 $\{\omega \in \Omega : x(\omega) \leqslant b\}$ 的缩写。由于 $a \leqslant b$,可以得出

$$\{\omega \in \Omega : x(\omega) \leqslant a\} \subset \{\omega \in \Omega : x(\omega) \leqslant b\}$$

(对于任意 ω,给定 $x(\omega) \leqslant a$ 必定有 $x(\omega) \leqslant b$)。式(4.8)的结论是由$\mathbb{P}$ 的单调性质(事实 4.1.1)得到的。

例 4.1.14 回顾例 4.1.6,样本空间 $\Omega := \{0,1\}^N$,事件 $\mathscr{F} := \Omega$ 的所有子集,并且$\mathbb{P}(A) := 2^{-N}|A|$。考虑 Ω 中的随机变量 x,它表示任意给定序列的第一个元素,也就是 $x(\omega) = x(b_1, \cdots, b_N) = b_1$。$x = 1$ 的概率是 1/2,也就是

$$\mathbb{P}\{x = 1\} := \mathbb{P}\{\omega \in \Omega : x(\omega) = 1\} = \mathbb{P}\{(b_1, \cdots, b_N) \in \Omega : b_1 = 1\}$$

由于长度为 N 的二值序列 $b_1 = 1$ 的个数是 2^{N-1},我们可以得出 $P\{x = 1\} = 2^{-N}2^{N-1} = 1/2$。

人们应该知道的另一种符号惯例是,对于随机变量来说,等式、不等式以及代数算术应该被解释成为逐点的(pointwise)。例如,

- $x \leqslant y \Leftrightarrow x(\omega) \leqslant y(\omega)$,对于所有 $\omega \in \Omega$;
- $x = y \Leftrightarrow x(\omega) = y(\omega)$,对于所有 $\omega \in \Omega$;
- $z = \alpha x + \beta y \Leftrightarrow z(\omega) = ax(\omega) + \beta y(\omega)$,对于所有 $\omega \in \Omega$。

4.1.3.2 随机变量是可测函数

在建立随机变量时,我们省略了一个技术细节。这是因为我们不能总将事件的集合 $\mathscr{F}$ 取成 Ω 的所有子集(因为将概率分配给任意复杂的集合会产生问题,参看第 4.1.1 节的讨论)。

为了给出解释,设$(\Omega, \mathscr{F}, \mathbb{P})$表示任意概率空间,设 B 表示$\mathbb{R}$ 的任意子集,然后我们考察如何计算概率:

$$\mathbb{P}\{(x \in B)\} := \mathbb{P}\{\omega \in \Omega : x(\omega) \in B\}$$

这里 x 表示从 Ω 到$\mathbb{R}$ 的某个函数。现在经过观察发现,如果我们对 x 没有限制,那么可能会一团糟。原因在于实际上我们没有办法保证集合 $\{\omega \in \Omega : x(\omega) \in B\}$ 是 $\mathscr{F}$ 的元素。这是因为$\mathbb{P}$ 是仅在 $\mathscr{F}$ 上加以定义的(即对于真实发生的事件),所以有可能 $P\{x \in B\}$ 是未定义的。

为了防止这类特殊事件,不论对 x 还是对 B 都要加一些限制,为的是确保 $\{x \in B\} \in \mathscr{F}$。对于 B,我们自然限制为 $\mathscr{B}(\mathbb{R})$,即$\mathbb{R}$ 的博雷尔子集,因为我们知道,这些集合表现相对较好并且足以满足我们常见的目标(参看第 4.1.1 节)。对于 x,我们只是要求 $\{x \in B\} \in \mathscr{F}$,其中 B 是一个博雷

尔集。因而,我们的正式定义是,$(\Omega,\mathscr{F})$上的随机变量是函数 $x:\Omega\to\mathbb{R}$,满足

$$\{\omega \in \Omega : x(\omega) \in B\} \in \mathscr{F},\text{对于所有 } B \in \mathscr{B}(\mathbb{R}) \tag{4.9}$$

这些类型的函数有时也被称为$\mathscr{F}$可测函数。在其他书中,利用原像符号来表示式(4.9)。在原像符号中,$x^{-1}(B)$是所有的 $\omega\in\Omega$,使得 $x(\omega)\in B$。这只是式(4.9)的左边,因此可以将式(4.9)重写为

$$x^{-1}(B) \in \mathscr{F},\text{对于所有 } B \in \mathscr{B}(\mathbb{R})$$

因而,x 将博雷尔集"拉回"事件。

4.1.3.3 可测变换

到目前为止一切都很顺利。如果 x 是随机变量,那么对于每一个 $B\in\mathscr{B}(\mathbb{R})$,$\{x\in B\}$是明确定义的事件。但是,现在假设我们想要讨论 x 的某个变换。例如,我们可能会对 $y:=e^x$ 的性质感兴趣。y 也是随机变量吗? 也就是说,$\{y\in B\}$总是明确定义的事件吗?

倘若我们的变换满足被称为博雷尔可测性的正则条件,则这个问题的答案是肯定的。正式地讲,$f:\mathbb{R}\to\mathbb{R}$ 称为博雷尔可测的(Borel measurable),或者$\mathscr{B}$可测的($\mathscr{B}$-measurable),如果

$$f^{-1}(B) \in \mathscr{B}(\mathbb{R}),\text{对于所有 } B \in \mathscr{B}(\mathbb{R}) \tag{4.10}$$

因而,f 将博雷尔集"拉回"博雷尔集。尽管我们省略了细节,但这个$\mathscr{B}$可测函数类是非常巨大的(任何连续函数、递增函数,等等),而且我们下面研究的所有变换均是$\mathscr{B}$可测的。

那么,为什么 f 的$\mathscr{B}$可测性是保证 $y=f(x)$是随机变量的关键性质呢? 假定 f 是$\mathscr{B}$可测的,同时 x 是随机变量,我们可以声称,对于所有 $B\in\mathscr{B}(\mathbb{R})$,$\{y\in B\}\in\mathscr{F}$。这个等式成立是因为对于所有的 $B\in\mathscr{B}(\mathbb{R})$,

$$\{y \in B\} = \{f(x) \in B\} = \{x \in f^{-1}(B)\} \tag{4.11}$$

通过式(4.10)我们可以知道 $f^{-1}(B)$是博雷尔集。因为 x 是随机变量,由此可得$\{x\in f^{-1}(B)\}$是$\mathscr{F}$的元素。

4.1.4 期望

我们接下来的任务是定义随机变量的期望,并阐述它们的基本性质。初阶概率论课程是借助密度函数的加法或积分来定义期望的。将随机变量看作样本空间中函数的观点在这些定义中没有发挥任何作用。可是,当我们探索更复杂的论证时,特别是那些涉及大量随机变量的情况,我们就会需要更好的定义。本节将概述概率论和统计学中关于期望的现代研究。正如稍后我们所看到的,这一节的定义是对基本定义的推广。只要后者是明确定义的,这两个定义就会一致。

对于有限的随机变量(也就是有限范围的随机变量)来说,期望就是变量的所有可能值的总和,其权重由相应的概率给出。更为正式地讲,已知概率空间$(\Omega,\mathscr{F},\mathbb{P})$,而且随机变量 x 只取有限的不同值 $s_1,\cdots s_J$,x 的期望(expectation)被定义为

$$\mathbb{E}\,x = \sum_{j=1}^{J} s_j \mathbb{P}\{x = s_j\} \tag{4.12}$$

例 4.1.15 让我们将这个定义应用于最简单的情况,随机变量满足 $x(\omega)=\alpha$,对于所有 $\omega\in\Omega$,其中 α 表示某个常数标量值。在这种情况下,式(4.12)的总和仅有一项

$$\mathbb{E}\,x = \alpha\mathbb{P}\{x = \alpha\} = \alpha\mathbb{P}\{\omega \in \Omega : x(\omega) = \alpha\} = \alpha\mathbb{P}(\Omega) = \alpha$$

例 4.1.16 为计算二值随机变量 x 的期望值,我们应用式(4.12)可以得出

$$\mathbb{E}\,x = 1 \times \mathbb{P}\{x = 1\} + 0 \times \mathbb{P}\{x = 0\} = \mathbb{P}\{x = 1\} \tag{4.13}$$

例 4.1.17 回顾例 4.1.14 中掷 N 次硬币的模型。这个样本空间是 $\Omega:=\{0,1\}^N$，事件是 $\mathscr{F}:=\Omega$ 的所有子集，$\mathbb{P}(A):=2^{-N}|A|$，对于所有 $A\in\mathscr{F}$。设 $x(\omega)=x(b_1,\cdots,b_N)=\sum_{n=1}^{N}b_n$。这个值对应于观测到$(b_1,\cdots,b_N)$结果中出现“正面”的数目。我们以一种使所有抽样等可能的形式来分配概率$\mathbb{P}$。因此，好的猜想是掷硬币的一半数目将为正面或$\mathbb{E}x=N/2$。下面想要从式(4.12)获得该结果。

首先观察到$0\leqslant x\leqslant N$。另外，由$\mathbb{P}$的定义可知，对于任何 k，我们得到$\mathbb{P}\{x=k\}=2^{-N}|A_k|$其中

$$A_k:=\{x=k\}=\{(b_1,\cdots,b_N)\in\Omega:\sum_{n=1}^{N}b_n=k\}$$

这是从组合学(combinatorics)得到的标准结果$|A_k|=\binom{N}{k}$，其中右边被称为关于 N,k 的二项式系数(binomial coefficient)。对于所有 N，都满足$\sum_{k=0}^{N}k\binom{N}{k}=N2^{N-1}$恒等式。利用这个恒等式，并结合式(4.12)，可以得到 x 的期望是

$$\mathbb{E}x=\sum_{k=0}^{N}k2^{-N}|A_k|=2^{-N}\sum_{k=0}^{N}k\binom{N}{k}=\frac{N}{2}$$

4.1.4.1 任意随机变量的期望

式(4.12)给出的定义只适用于取值为有限范围的随机变量。我们仍然需要针对一般的 x 定义期望。这可以从有限情况通过自助法(bootstrapping)来得到。其具体程序的基础是利用有限随机变量来逼近任意随机变量。对于任意随机变量 x 来说，存在一种有限近似 x_n，这已由图 4.3 给出。如果允许 x_n 取越来越大的不同值，则该近似可以无限地不断改进。这个过程产生了收敛到 x 的有限随机变量序列 x_n(例如，参看 Cinlar(2011)的引理 2.16)。于是，x 的期望被定义为

$$\mathbb{E}x:=\lim_{n\to\infty}\mathbb{E}x_n \tag{4.14}$$

$\mathbb{E}x$ 值也被称为 x 对于$\mathbb{P}$的勒贝格积分(Lebesgue integral)，有时采用另一种符号表示$\mathbb{E}x=\int x(\omega)\mathbb{P}(\mathrm{d}\omega)$。

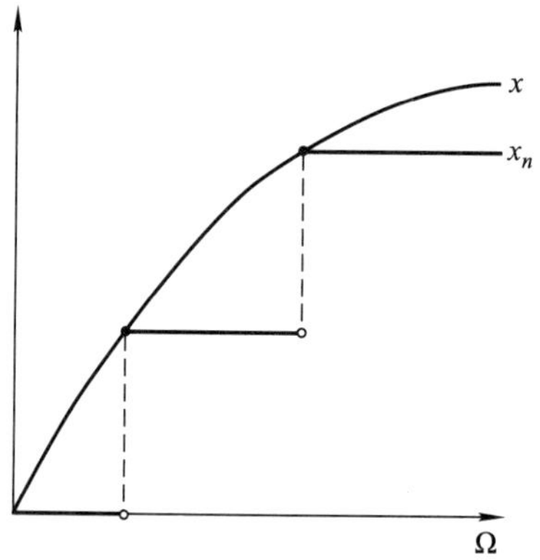

图 4.3 针对一般随机变量的有限近似

我们可以确保式(4.14)中的极限有意义吗？首先假定 x 是非负的(也就是 $x(\omega)\geqslant 0$，对于所

有 $\omega \in \Omega$)。能够证明,可以选取逼近 x 的序列$\{x_n\}$,以使$\mathbb{E}x_n$ 是单调递增的,因此是收敛的,同时极限值不依赖于特定的近似序列$\{x_n\}$。例如,参见 Dudley(2002)的命题 4.1.5。因此,$\mathbb{E}x$ 是被明确定义的,虽然我们不能排除发散的序列,使得$\mathbb{E}x=\infty$。

我们刚刚假定 x 是非负的。如果我们去掉这个假设,那么仍然可以借助于将 x 写成两个非负随机变量之差来利用类似方法加以研究。通常写成 $x=x^+-x^-$,其中 $x^+:=\max\{x,0\}$,而 $x^-:=-\min\{x,0\}$。x^+与 x^-都是非负的随机变量。期望可以被定义为

$$\mathbb{E}x:=\mathbb{E}x^+-\mathbb{E}x^- \tag{4.15}$$

式(4.15)有可能出现$\infty-\infty$ 的形式,这就不是明确定义的。因为这个原因,我们经常把研究限制在可积的随机变量,它们是使得$\mathbb{E}|x|<\infty$ 的所有随机变量 x。由于 $x^+\leqslant|x|$,$x^-\leqslant|x|$,这足以确保式(4.15)是明确定义的。

这一节所给出的$\mathbb{E}$ 的定义并没有告诉我们在特定情况下如何计算$\mathbb{E}x$,但我们将在第 4.2.5 节看到如何计算。

4.1.4.2 期望的性质

下面我们概述期望的主要结果,并列出这种运算的某些性质。

事实 4.1.5 已知概率空间$(\Omega,\mathscr{F},\mathbb{P})$,存在唯一定义的函数$\mathbb{E}$,它将$(\Omega,\mathscr{F},\mathbb{P})$上的可积随机变量映射到一个$\mathbb{R}$ 中的值

$$\mathbb{E}x=\int(x)\omega\mathbb{P}(\mathrm{d}\omega) \tag{4.16}$$

这被称为 x 在$\mathbb{P}$ 下的期望。这个函数具有下述性质:

(i) $\mathbb{E}\alpha=\alpha$,对于所有 $\alpha\in\mathbb{R}$;

(ii) $\mathbb{E}\mathbb{1}_A=\mathbb{P}(A)$,对于所有 $A\in\mathscr{F}$;

(iii) $x\leqslant y\Rightarrow\mathbb{E}x\leqslant\mathbb{E}y$;

(iv) $\mathbb{E}[\alpha x+\beta y]=\alpha\mathbb{E}x+\beta\mathbb{E}y$,对于所有可积的 x,y 且 α,β 为常数。

如果我们需要提醒自己是处于概率测度$\mathbb{P}$ 下考察问题,那么用$\mathbb{E}_{\mathbb{P}}x$ 取代$\mathbb{E}x$。

由于我们仅知道如何求随机变量的期望,(i)中的表达式$\mathbb{E}\alpha$ 应被理解为常数随机变量的期望始终都等于 α(我们可以将其更精确地写成 $\alpha\mathbb{1}_{\Omega}$)。期望等于 α 已经由例 4.1.15 建立起来。它还可以由(ii)与(iv)得到,只需取 $x=\mathbb{1}_{\Omega}$且 $\beta=0$。

(ii)可由例 4.1.16 得出。这里重申强调,在概率和期望之间存在着基本联系。(iii)被称为期望的单调性(monotonicity of expectations)。对于所有 $\omega\in\Omega$,$x\leqslant y$ 意味着 $x(\omega)\leqslant y(\omega)$。关于特殊情况下单调性的证明留作练习题 4.4.23 完成。对于一般情况的证明,参看 Dudley(2002)的引理 4.1.9。(iv)被称为期望的线性性质(linearity of expectations)。这里应该将 $\alpha x+\beta y$ 理解为随机变量$(\alpha x+\beta y)(\omega):=\alpha x(\omega)+\beta y(\omega)$。验证特殊情况下这个线性性质的任务留作练习题 4.4.13 和 4.4.14 完成。至于一般情况,参看 Dudley(2002)的定理 4.1.10。

作为练习,我们利用这些结果来证明,如果 x 是有限随机变量,其取值范围是$\{s_j\}_{j=1}^J$,同时 h 是任意 $\mathscr{B}$ 可测函数,则 $h(x)$的期望是

$$\mathbb{E}h(x)=\sum_{j=1}^J h(s_j)\mathbb{P}\{x=s_j\} \tag{4.17}$$

首先经过观察可以发现,$\sum_{j=1}^J\mathbb{1}\{x=s_j\}=1$,因此可以将 $h(x)$写为

$$h(x)=h(x)\sum_{j=1}^J\mathbb{1}\{x=s_j\}=\sum_{j=1}^J h(s_j)\mathbb{1}\{x=s_j\}$$

利用期望的线性性质得出$\mathbb{E}h(x)=\sum_{j=1}^{J}h(s_j)\mathbb{E}\mathbb{1}\{x=s_j\}$。再利用事实 4.1.5 中的(ii),可以得到式(4.17)。

接下来的结果是另一个十分有用的概率与期望之间的联系,通常称为切比雪夫不等式(Chebyshev's inequality)。

事实 4.1.6 对于任意非负随机变量 x 与任意 $\delta>0$,都有

$$\mathbb{P}\{x\geqslant\delta\}\leqslant\frac{\mathbb{E}x}{\delta} \tag{4.18}$$

切比雪夫不等式的常见变形是如下形式的界

$$\mathbb{P}\{|x|\geqslant\delta\}\leqslant\frac{\mathbb{E}x^2}{\delta^2} \tag{4.19}$$

验证式(4.18)和式(4.19)的任务留作练习题 4.4.29 完成。

4.1.5 矩与协矩

设 x 是随机变量,并且 $k\in\mathbb{N}$,如果 x^k 是可积的,那么

- $\mathbb{E}[x^k]$称为 x 的 k 阶矩(kth moment);
- $\mathbb{E}[(x-\mathbb{E}x)^k]$称为 x 的 k 阶中心矩(kth central moment)。

如果$\mathbb{E}[|x|^k]=\infty$,则称 k 阶矩不存在。对于某些随机变量来说,甚至不存在一阶矩。对于其他情况而言,所有阶矩都存在。

事实 4.1.7 如果 x 的 k 阶矩存在,则 j 阶矩也存在,对于所有 $j\leqslant k$。

练习题 4.4.24 要求你验证这一点。接下来的事实被称为随机变量的柯西-施瓦茨不等式。在我们研究正交投影(练习题 5.4.15)之后,将给出它的证明。

事实 4.1.8 如果 x 与 y 是具有有限二阶矩的随机变量,则

$$|\mathbb{E}[xy]|\leqslant\sqrt{\mathbb{E}[x^2]\mathbb{E}[y^2]} \tag{4.20}$$

x 的二阶中心矩被称为 x 的方差(variance)

$$\operatorname{var}x:=\mathbb{E}[(x-\mathbb{E}x)^2]$$

方差可以测度 x 的离差。x 的标准差(standard deviation)是

$$\sigma_x:=\sqrt{\operatorname{var}x}$$

随机变量 x 与 y 的协方差(covariance)被定义为

$$\operatorname{cov}[x,y]:=\mathbb{E}[(x-\mathbb{E}x)(y-\mathbb{E}y)]$$

事实 4.1.9 如果 x 与 y 具有有限二阶矩,那么

(i) $\operatorname{var}x$ 与 $\operatorname{cov}[x,y]$是有限的;

(ii) $\operatorname{var}x=\mathbb{E}[x^2]-[\mathbb{E}x]^2$;

(iii) $\operatorname{cov}[x,y]=\mathbb{E}[xy]-\mathbb{E}[x]\mathbb{E}[y]$。

(i)可利用(ii)、(iii)、柯西-施瓦茨不等式以及事实 4.1.7 得到。(ii)和(iii)可由$\mathbb{E}$ 的线性性质以及一些简单代数运算得到。

事实 4.1.10 如果 $x_1,\cdots,x_N$ 是随机变量,而 $\alpha_1,\cdots,\alpha_N$ 是常数标量,则

$$\operatorname{var}\left[\alpha_0+\sum_{n=1}^{N}\alpha_n x_n\right]=\sum_{n=1}^{N}\alpha_n^2\operatorname{var}[x_n]+2\sum_{n<m}\alpha_n\alpha_m\operatorname{cov}[x_n,x_m]$$

这个事实的一些简单推论包括：

(i) $\mathrm{var}[\alpha+\beta x]=\beta^2\mathrm{var}[x]$；

(ii) $\mathrm{var}[\alpha x+\beta y]=a^2\mathrm{var}[x]+\beta^2\mathrm{var}[y]+2\alpha\beta\mathrm{cov}[x,y]$。

x 与 y 的相关性(correlation)被定义为

$$\mathrm{corr}[x,y]:=\frac{\mathrm{cov}[x,y]}{\sigma_x\sigma_y}$$

如果 $\mathrm{corr}[x,y]=0$,我们称 x 与 y 是不相关的。正相关关意味着 $\mathrm{corr}[x,y]$ 是正的,而负相关意味着 $\mathrm{corr}[x,y]$ 是负的。下面事实的第一部分可以直接由事实 4.1.8 得出;第二部分则经过代数计算得到。

事实 4.1.11　给定两个随机变量 x,y 以及正的标量 α,β,则具有下述结论:

$$-1\leqslant \mathrm{corr}[x,y]\leqslant 1 \quad 和 \quad \mathrm{corr}[\alpha x,\beta y]=\mathrm{corr}[x,y]$$

4.1.5.1　最佳线性预测式

作为协方差的应用和我们将要讨论的预测的前奏,我们考察如下预测问题:预测随机变量 y 的值,给定第二个随机变量 x 的信息(以及相关概率分布的知识,使得这是一个概率意义上的问题,而不是统计意义上的问题)。因而我们要寻求函数 f,使得 $f(x)$ 在平均意义上接近 y。为了衡量后者,我们将使用均方误差(mean squared error),在此情况下是

$$\mathbb{E}[(y-f(x))^2]$$

如同我们将在第 5.2.5 节所看到的,对 x 的所有函数,其均方误差的最小值是通过选择 $f(x)=\mathbb{E}[y\mid x]$ 而得到的,其中右边是已知 x 时 y 的条件期望。这里我们考察在比较简单的“线性”函数

$$\mathscr{H}_\ell:=\{所有形式是\ \ell(x)=\alpha+\beta x\ 的函数\}$$

中寻找 y 的良好预测式(我们倾向于采用常用说法,在这里称这类函数为线性的,尽管在一般情况下,这类函数是仿射的;参看例 2.1.23)。因而,我们考察下面的问题

$$\min_{\ell\in\mathscr{H}_\ell}\mathbb{E}[(y-\ell(x))^2]=\min_{\alpha,\beta\in\mathbb{R}}\mathbb{E}[(y-\alpha-\beta x)^2] \tag{4.21}$$

如果 α 与 β 是式(4.21)的解,则函数

$$\ell^*(x):=\alpha^*+\beta^*x \tag{4.22}$$

被称为给定 x 时 y 的最佳线性预测式(best linear predictor)。

例 4.1.18　在金融学中,给定资产 R_a 的收益率与基于市场基准收益率 R_m 之间的关系被称为资产的贝塔(beta)系数。贝塔衡量的是系统性风险,而不是资产的特异性风险。当 x 是市场基准收益率并且 $y=R_a$ 时,R_a 的贝塔系数通常被定义为最佳线性预测式(4.22)中的 β^* 系数。

为了求解式(4.21),我们对右边的平方展开,然后利用$\mathbb{E}$ 的线性性质将目标函数写成

$$\psi(\alpha,\beta):=\mathbb{E}[y^2]-2\alpha\mathbb{E}[y]-2\beta\mathbb{E}[xy]+2\alpha\beta\mathbb{E}[x]+\alpha^2+\beta^2\mathbb{E}[x^2]$$

计算导数并求解一阶条件(练习题 4.4.27)得到最小值

$$\beta^*:=\frac{\mathrm{cov}[x,y]}{\mathrm{var}[x]} \quad 和 \quad \alpha^*:=\mathbb{E}[y]-\beta^*\mathbb{E}[x] \tag{4.23}$$

如果你已经学习了简单线性最小二乘法,那么你可能会意识到,α^* 与 β^* 系数是在实证背景下估计系数对应的“总体”。在例 4.1.18 中,这允许我们将系数 β^* 当成资产的贝塔的定义,独立于任何特定的数据集。然而,如果我们想要估算 β^*,由于相关概率以及期望运算式$\mathbb{E}$ 是不可观测的,我们就需要运用数据。正是在这个阶段,运用数据的简单线性最小二乘法替代了总体回归。下面将会更多地讨论这个内容。

4.2 分布

对于给定概率空间$(\Omega,\mathscr{F},\mathbb{P})$上的随机变量$x$,它都对每一个博雷尔集$B\subset\mathbb{R}$分配一个数$\mathbb{P}\{x\in B\}$,以此指示$x$位于$B$的概率。虽然这是非常重要的构造,但作为一种对$\mathbb{R}$中结果规定概率的工具,这样做有点间接。一旦建立统计模型,一种更方便的方法是直接将概率分配给$\mathbb{R}$的子集。这通常是借助于对$\mathbb{R}$规定分布来完成的。在这一节,我们将考察人们如何规定这样的分布。

4.2.1 定义$\mathbb{R}$上的分布

我们如何规定$\mathbb{R}$的子集的概率呢?在第4.1.1.2节至第4.1.2节中,我们已经学习了如何构建任意样本空间Ω上的事件集合$\mathscr{F}$,还有在$\mathscr{F}$上定义概率测度$\mathbb{P}$。如果我们想要描述$\mathbb{R}$上的概率,那么自然要做的事就是将Ω特定为$\mathbb{R}$来重述这个过程。对于$\mathbb{R}$上的事件集合,就如同第4.1.1.2节那样,我们取博雷尔集$\mathscr{B}(\mathbb{R})$。定义$\mathscr{B}(\mathbb{R})$上的概率测度为定律(law)或分布(distribution)。

分布将用诸如P与Q的符号来表示。参考定义,分布P是从$\mathscr{B}(\mathbb{R})$到$[0,1]$的映射,使得

(i) $P(\mathbb{R})=1$;

(ii) $P(\cup_{n=1}^{\infty}B_n)=\sum_{n=1}^{\infty}P(B_n)$,对于任何不相交集合的序列$\{B_n\}$。

作为概率测度,P满足事实4.1.1中的所有性质。如果存在满足$P(S)=1$的博雷尔集S,那么我们称P由S支撑(supported)。

概率测度既有一般性,也有综合性。每一个测度都为$\mathbb{R}$中的一个事件确定概率信息,这是我们在计量经济学或统计学中可能关心的。与此同时,这种一般性也可能受到阻碍。例如,给每个博雷尔集分配特定值$P(B)$并不是一项简单的任务。

幸运的是,我们可以更简单地刻画这些分布。首先,我们回顾累积分布函数(cumulative distributed function)的概念,或者写成CDF,也就是任何函数$F:\mathbb{R}\to[0,1]$满足:

(i) 单调性:$s\leqslant s'$蕴含着$F(s)\leqslant F(s')$;

(ii) 右连续性:$F(s_n)\downarrow F(s)$,只要$s_n\downarrow s$;

(iii) $\lim_{s\to-\infty}F(s)=0$,$\lim_{s\to\infty}F(s)=1$。

$\mathbb{R}$上的累积分布函数(CDF)与分布可以建立一一对应的关系:首先,由定义可知,对于所有$B\in\mathscr{B}(\mathbb{R})$,满足$Q(B)=P(B)$的两个分布$Q$与$P$是相同分布;此外,对于所有形式为$(-\infty,s]$的集合$B$,如果$Q(B)=P(B)$,那么$Q$与$P$也是相同分布。换句话说,分布$P$完全由下面的函数值来刻画:

$$F(s):=P((-\infty,s]),s\in\mathbb{R} \tag{4.24}$$

另外,可以证明这个函数具有上面(i)至(iii)性质。接下来的事实概括F与P之间的关系。

事实4.2.1 下面的两个陈述是正确的。

(i) 如果P是$\mathbb{R}$上的任何分布,则式(4.24)中的函数F是累积分布函数(CDF);

(ii) 给定$\mathbb{R}$上的任何累积分布函数(CDF),恰好存在一个满足式(4.24)的分布P。

对于完整的证明,可以参看Williams(1991)的引理1.6,或者Dudley(2002)的定理9.1.1。我

们这里主要证明式(4.24)中的函数 F 满足累积分布函数定义中的(i)。为了理解对于 F 来说,为什么(i)成立,经过观察可以发现,$s \leqslant s'$ 蕴含着 $(-\infty, s] \subset (-\infty, s']$。事实 4.4.1 的(ii)给出了 $P((-\infty, s]) \leqslant P((-\infty, s'])$。因此,$F(s) \leqslant F(s')$。

累积分布函数相对容易规定,而且也容易处理。下面给出一些例子。

例 4.2.1　一元正态分布或高斯分布是指通过如下累积分布函数形式来确定的分布类型:

$$F(S) = \frac{1}{\sqrt{2\pi}\sigma}\int_{-\infty}^{s} \exp\left\{-\frac{(t-\mu)^2}{2\sigma^2}\right\} \mathrm{d}t \quad (s \in \mathbb{R})$$

其中 $\mu \in \mathbb{R}$ 且 $\sigma>0$。我们用 $\mathrm{N}(\mu, \sigma^2)$ 表示具有 (μ, σ) 的分布。分布 $\mathrm{N}(0,1)$ 被称为标准正态分布,我们利用符号 Φ 表示这个分布的累积分布函数。正态分布累积分布函数的例子如图 4.4 所示。

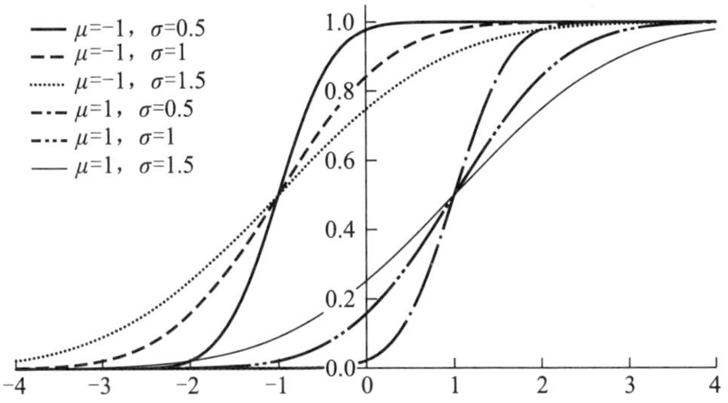

图 4.4　正态分布的 CDF

例 4.2.2　帕累托分布是指累积分布函数形式如下的单变量分布:

$$F(s) = \begin{cases} 0, & s < s_0 \\ 1 - \left(\dfrac{s_0}{s}\right)^{\alpha}, & s_0 \leqslant s \end{cases} \quad (s \in \mathbb{R}, s_0, \alpha > 0)$$

帕累托分布经常用于对具有右侧厚尾现象的分布进行建模,比如财富或者收入的分布。

例 4.2.3　贝塔类型的累积分布函数是由如下形式给出:

$$F(s) = \begin{cases} 0, & s \leqslant 0 \\ \dfrac{1}{B(\alpha,\beta)}\displaystyle\int_0^s u^{\alpha-1}(1-u)^{\beta-1}\mathrm{d}u, & 0 < s < 1 \\ 1, & 1 \leqslant s \end{cases}$$

其中 $\alpha, \beta>0$。如图 4.5 所示。在这个例子中,$B(\alpha,\beta)$ 是贝塔(beta)函数,也就是

$$B(\alpha,\beta) := \frac{\Gamma(\alpha)\Gamma(\beta)}{\Gamma(\alpha+\beta)}, \quad 其中 \quad \Gamma(\alpha) := \int_0^{\infty} u^{\alpha-1}e^{-u}\mathrm{d}u$$

函数 Γ 称为伽马(gamma)函数。

例 4.2.4　柯西类型的累积分布函数是由如下形式给出:

$$F(s) = \frac{1}{\pi}\arctan\left(\frac{s-\tau}{\gamma}\right) + \frac{1}{2} \quad (s \in \mathbb{R})$$

参数 $\tau \in \mathbb{R}$ 与 $\gamma>0$ 分别表示位置(location)与尺度(scale)参数。当 $\tau=0$ 且 $\gamma=1$ 时,则称 F 为标准柯西分布。如图 4.6 所示。

例 4.2.5 给定 $a<b$,$[a,b]$上均匀分布的累积分布函数表示为

$$F(s)=\begin{cases}0, & s\leqslant a\\ \dfrac{s-a}{b-a}, & a<s<b\\ 1, & b\leqslant s\end{cases}$$

我们用 $U[a,b]$ 表示这个分布。

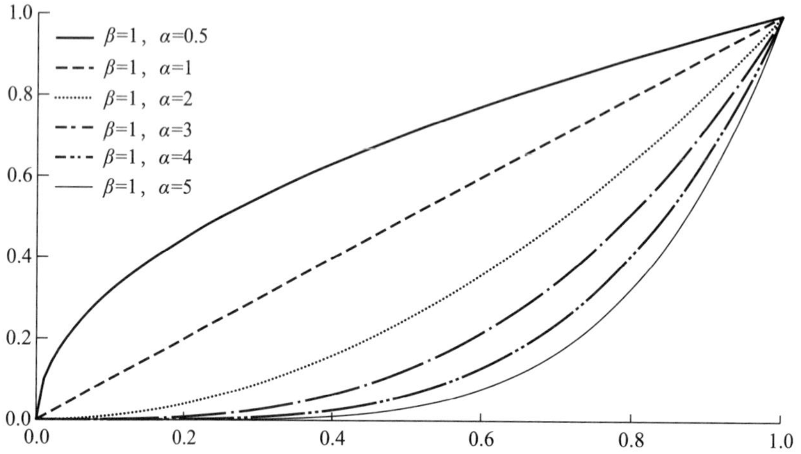

图 4.5 贝塔分布的 CDF

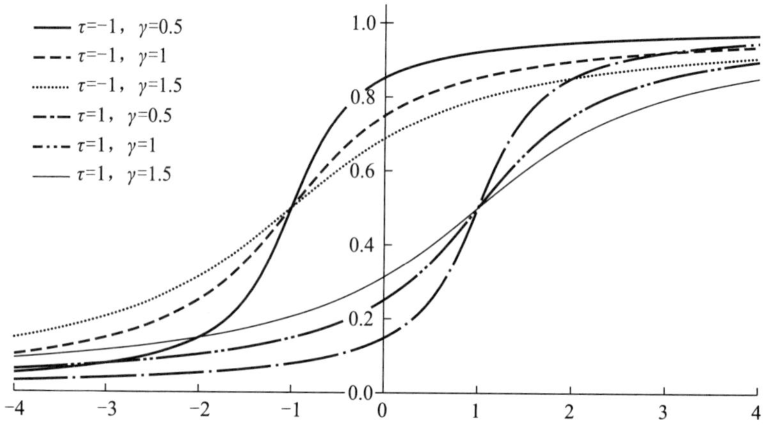

图 4.6 柯西分布的 CDF

4.2.2 密度以及概率质量函数

对于分布来说,存在两种重要的分类:离散情况和绝对连续情况。正如我们将要看到的,这两种分布都具有良好的可视化表示,而且期望非常容易计算。几乎所有"已命名"的分布均可归入

这两类之一。

4.2.2.1　离散情况

分布 P 称为离散的，如果它的支撑是可数集，也就是存在可数集 $\{s_j\}_{j\geqslant 1}$ 满足 $P(\{s_j\}_{j\geqslant 1})=1$。对于这样的 P，设

$$p_j := P\{s_j\} := P(\{s_j\}) = \text{单点 } s_j \text{ 上的概率质量}$$

利用 P 的性质(ii)与 $P(\{s_j\}_{j\geqslant 1})=1$ 一起得到 $\sum_{j\geqslant 1} p_j = 1$（练习题 4.4.15）。因此 $\{p_j\}_{j\geqslant 1}$ 是概率质量函数(probability mass function)的例子，或者记为 PMF，是任何加起来和为 1 的非负(有限或无限)序列。

$\{s_j\}_{j\geqslant 1}$ 和 $\{p_j\}_{j\geqslant 1}$ 一起刻画了分布的特征。例如，我们可以通过式(4.24)表示对应于 P 的累积分布函数

$$F(s) = \sum_{j\geqslant 1} \mathbb{1}\{s_j \leqslant s\} p_j \tag{4.25}$$

这是一种直观的认识：$F(s)$ 表示 P 下一个结果位于 $(-\infty, s]$ 的概率。由于 P 将其所有概率质量分配在 $\{s_j\}_{j\geqslant 1}$ 上，这应该等于命中 s_j 的概率之和，其中 $s_j \leqslant s$。

图 4.7 给出了当 $\{s_j\}_{j\geqslant 1} = \{s_1, s_2\}$ 时的可视化表示。F 是阶梯函数，在 s_j 处跳跃大小是 p_j。累积分布函数是右连续的，但不是连续的。

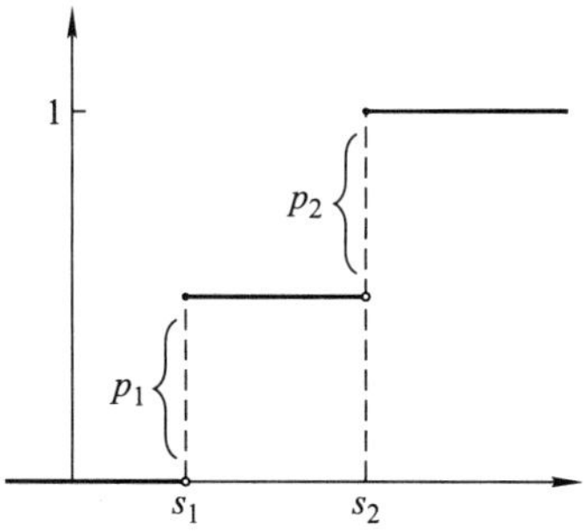

图 4.7　离散的 CDF

例 4.2.6　给定 $N\in\mathbb{N}$ 且 $\pi\in(0,1)$，定义如下的序列 $\{p_0,\cdots,p_N\}$

$$p_j = \binom{N}{j} \pi^j (1-\pi)^{N-j}$$

并将其称为二项式概率质量函数(binomial PMF)。见图 4.8。p_j 值表示在 N 次独立实验中成功 j 次的概率，每一次成功的概率是 π。

4.2.2.2　绝对连续情况

另一种有趣的情况是基础概率论教科书中称为"连续"的情况，其分布可用密度来描述。密度是 $\mathbb{R}$ 上的非负函数 p，此函数积分为 1。我们称分布 P 是由密度 p 刻画的(或具有密度 p)，如果 p 是密度，同时

$$P(B) = \int_B p(s)\,\mathrm{d}s,\ \text{对于所有 } B \in \mathscr{B}(\mathbb{R}) \tag{4.26}$$

这里 B 上的积分可以理解为

$$\int_B p(s)\,\mathrm{d}s := \int_{-\infty}^{\infty} \mathbb{1}_B(s) p(s)\,\mathrm{d}s$$

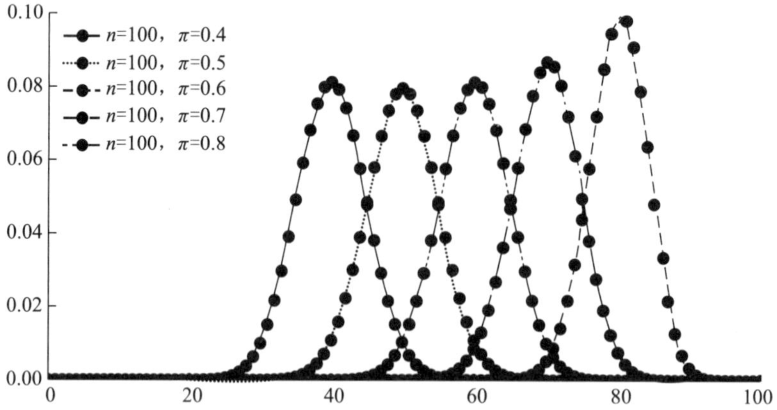

图 4.8　二项式 PMF

回顾第 4.2.1 节我们所讨论的，分布由它们样本集合上的值来刻画，如形式$(-\infty, s]$为半条直线。因而，如果 p 是密度，并且

$$P((-\infty, s]) = \int_{-\infty}^{s} p(t)\,\mathrm{d}t, \text{ 对于所有 } s \in \mathbb{R} \tag{4.27}$$

则式(4.26)也是成立的。

并不是每一个分布都具有密度表达式。存在密度表达式的准确的充要条件是绝对连续性。$\mathbb{R}$ 的博雷尔子集上的分布 P 被称为绝对连续(absolutely continuous)，如果 $P(B)=0$，只要 B 有勒贝格零测度。第 15.3.1 节给出了后者的定义，但对我们来说，知道$\mathbb{R}$ 的任何可数子集都具有勒贝格零测度就够了。这会导致下述的事实。

事实 4.2.2　如果 P 是绝对连续的，只要 C 是可数的，就存在 $P(C)=0$。

相比之下，离散分布将所有质量放在可数集上。事实 4.2.2 的一个重要含义是，在绝对连续性情况下，单个点没有概率质量，对应的累积分布函数不包含跳跃。事实上，当式(4.27)成立时，微积分基本定理告诉我们，$F(s)=P((-\infty, s])$在 p 的所有连续点上是可微的，特别是

$$F'(s) = p(s), \text{对于所有的 } s \in \mathbb{R}, \text{使得 } p \text{ 在 } s \text{ 是连续的}$$

例 4.2.7　例 4.2.1 中的正态累积分布函数对于所有的 μ 和 σ 来说都是可微的，其密度为

$$p(s) = F'(s) = \frac{1}{\sqrt{2\pi}\,\sigma}\exp\left\{-\frac{(s-\mu)^2}{2\sigma^2}\right\}$$

参看图 4.9。我们仍然用符号 ϕ 表示标准正态密度(standard normal density)。

例 4.2.8　例 4.2.4 中的柯西累积分布函数有如下密度

$$p(s) = \frac{1}{\pi\gamma}\left[1 + \left(\frac{s-\tau}{\gamma}\right)^2\right]^{-1} \quad (s \in \mathbb{R}, \gamma > 0, \tau \in \mathbb{R})$$

柯西密度在其众数附近达到更大的峰值，而且其尾部比正态密度有更大的质量。参看图 4.10。

例 4.2.9　例 4.2.3 中的贝塔累积分布函数具有如下密度

$$p(s) = \frac{s^{\alpha-1}(1-s)^{\beta-1}}{B(\alpha,\beta)} \quad (\alpha,\beta > 0)$$

其中 $0<s<1$，而其他情况则为 0。

例 4.2.10　$U[a,b]$分布可由如下密度表示

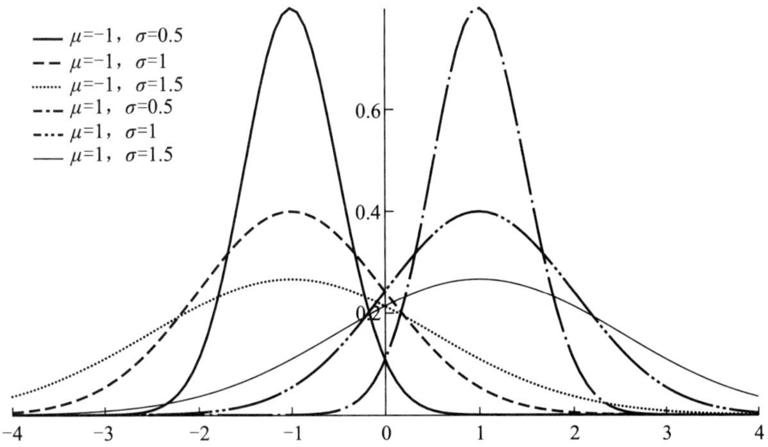

图 4.9　正态密度

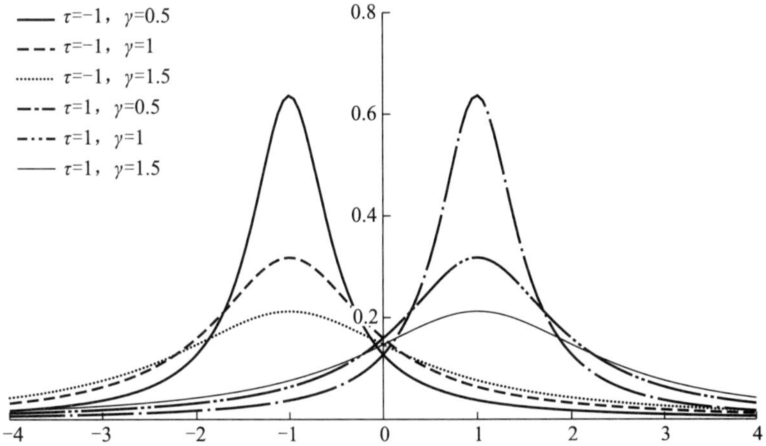

图 4.10　柯西密度

$$p(s)=\frac{1}{b-a}\mathbb{1}\{a\leqslant s\leqslant b\}\quad(s\in\mathbb{R},a,b\in\mathbb{R},a<b)$$

例 4.2.11　具有形状参数 α 与尺度参数 β 的伽马分布的密度如下

$$p(s)=\frac{s^{\alpha-1}e^{-s/\beta}}{\beta^{\alpha}\Gamma(\alpha)}\quad(\alpha,\beta>0)$$

其中 $0<s<1$，而其他情况则为 0。

例 4.2.12　具有自由度 k 的卡方分布的密度如下

$$p(s):=\frac{1}{2^{k/2}\Gamma(k/2)}s^{k/2-1}e^{-s/2}\quad(s>0,k\in\mathbb{N})$$

这个分布用符号 $\chi^2(k)$ 表示，如图 4.11 所示。

例 4.2.13　具有自由度 k 的学生 t 分布（Student’s t-distribution），或者更简单地说具有自由度 k 的 t 分布，是密度如下的 $\mathbb{R}$ 上的分布

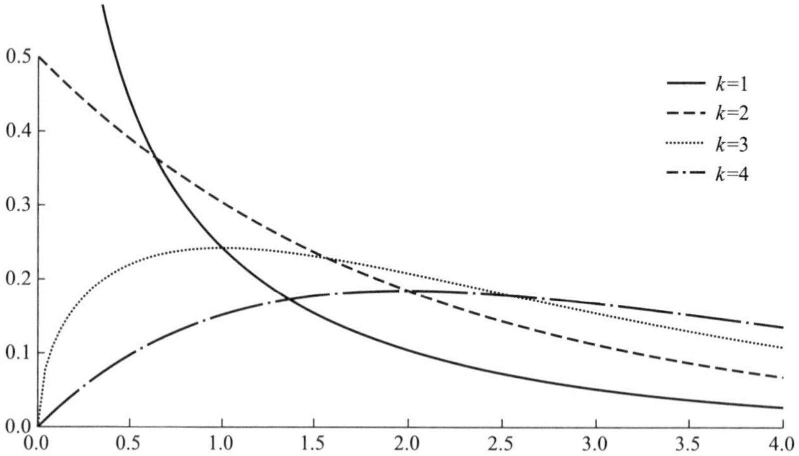

图 4.11　卡方密度

$$p(s) := \frac{\Gamma\left(\frac{k+1}{2}\right)}{(k\pi)^{1/2}\Gamma\left(\frac{k}{2}\right)}\left(1+\frac{s^2}{k}\right)^{-(k+1)/2} \quad (s \in \mathbb{R}, k > 0)$$

例 4.2.14　具有参数 k_1 与 k_2 的 F 分布是具有如下看起来不像密度的分布

$$p(s) := \frac{\sqrt{(k_1 s)^{k_1} k_2^{k_2} / [k_1 s + k_2]^{k_1 + k_2}}}{sB(k_1/2, k_2/2)} \quad (s \geqslant 0, k_1, k_2 > 0)$$

如下面所讨论的，F 分布出现在许多假设检验中。

4.2.3　分布的积分

我们都理解特性良好的函数 h 在某区间 $[a,b]$ 的普通积分 $\int_a^b h(s)\mathrm{d}s$ 是什么含义。有时候，我们想对这个积分施加权重，以便将更多质量分配给 $[a,b]$ 的不同区域。这就产生了诸如 $\int_a^b h(s)p(s)\mathrm{d}s$ 积分。例如，h 可能是福利函数，而 p 可能记录某种类型的行为人的密度。在概率背景下，p 可以是表示结果的概率，h 可以是支付函数，而 $\int_a^b h(s)p(s)\mathrm{d}s$ 将表示预期收益。

现在我们希望对表达式 $\int h(s)P(\mathrm{d}s)$ 赋予意义，它可以被视为对这些积分的推广。推广的本质是，概率 P 可能没有密度，然而我们却仍想要利用 P 计算加权积分。如同上面例子中的动机，$h(s)$ 表示来自结果 $s \in \mathbb{R}$ 的收益，而结果的可能性是由概率测度 P 确定的。为了得到某种规律性，我们假定 h 是 $\mathscr{B}$ 可测函数 $\mathbb{R}$ 。

实际上，考虑到前面已经给出的基础，我们的任务是明确的。具体来说，我们已经有了用于理解 $\int h(s)P(\mathrm{d}s)$ 表达式的积分的一般概念。在第 4.1.4 节，我们已经看到如何取任意概率空间 $(\Omega, \mathscr{F}, P)$，并构造期望算子 $\mathbb{E}$ 来给任何可积的随机变量分配一个期望的概念。期望可以被视为积分,因为可借助于符号 $\int x(w)\mathbb{P}(\mathrm{d}w)$ 来代替式(4.16)中的 $\mathbb{E}\,x$。

所以,现在我们取 $\mathbb{R}$ 上的分布 P,并将 $(\mathbb{R},\mathscr{B}(\mathbb{R}),P)$ 作为概率空间。这个新的概率空间具有自己的期望算子 $\mathbb{E}_p$(参看事实 4.1.5,如果你想重新唤起自己在这一点上的记忆)。此外,我们可以用它来取收益函数 h 的期望,因为 h 是 $\mathbb{R}$ 上的 $\mathscr{B}$ 可测函数,所以根据定义,其期望是 $(\mathbb{R},\mathscr{B}(\mathbb{R}),P)$ 上的随机变量。这样就提供了一个值 $\mathbb{E}_p h$,它正是积分

$$\mathbb{E}_p h := \int h(s)P(\mathrm{d}s) := h \text{ 在}\mathbb{P}\text{ 下的期望}$$

尽管前面的讨论给出了 $\int h(s)P(\mathrm{d}s)$ 的简洁的定义,但如果这个定义不能让我们回到熟悉的当 P 有密度时诸如 $\int h(s)p(s)\mathrm{d}s$ 的表达式,就会非常令人失望。幸运的是,它可以。

事实 4.2.3　设 $h:\mathbb{R}\to\mathbb{R}$ 是 $\mathscr{B}$ 可测函数,设 P 表示 $\mathbb{R}$ 上的分布。如果 P 是离散的,具有概率质量函数(PMF) $\{p_j\}_{j\geqslant 1}$ 以及支撑集 $\{s_j\}_{j\geqslant 1}$,则

$$\int h(s)P(\mathrm{d}s) = \sum_{j\geqslant 1} h(s_j)p_j \tag{4.28}$$

如果 P 是绝对连续的,而且密度是 p,则

$$\int h(s)P(\mathrm{d}s) = \int_{-\infty}^{\infty} h(s)p(s)\mathrm{d}s \tag{4.29}$$

关于事实 4.2.3 的证明,参看 Williams(1991)第 6.12 节的证明。

4.2.4　随机变量的分布

在第 4.1.3 节,我们已经定义了随机变量。我们在前面几节定义和讨论了 $\mathbb{R}$ 的博雷尔子集上的分布。接来下的工作是考虑如何将它们联系起来。我们将看到,这样的联系在两个方向进行:每一个随机变量定义了 $\mathbb{R}$ 上的一个分布;反过来,对于任何的已知分布,我们可以反向构建一个随机变量服从这样的分布。

首先,设 x 是概率空间 $(\Omega,\mathscr{F},\mathbb{P})$ 上的随机变量。通过构造,概率 $\mathbb{P}\{x\in B\}$ 对于所有 $B\in\mathscr{B}(\mathbb{R})$(参看式(4.9))是明确定义的。当 x 保持固定且 B 变化时,从这个表达式获得的值被称为 x 的分布。特别地,集函数 P 由下式所定义

$$P(B) = \mathbb{P}\{x\in B\} \quad (B\in\mathscr{B}(\mathbb{R})) \tag{4.30}$$

这既是 x 的分布,又是第 4.1.3 节意义下的分布(即博雷尔集上的概率测度)。它记录变量 x 的所有结果的概率,当 x 被视为单一实体时。①在下文中,我们将 x 的分布(或"规则")写成 $\mathcal{L}(x)$。式(4.30)中的关系可通过写成 $\mathcal{L}(x)=P$ 来加以概括。

通过式(4.24),对应于 x 的分布 P 的 CDF 满足

$$F(s) = \mathbb{P}\{x\leqslant s\} \quad (s\in\mathbb{R}) \tag{4.31}$$

有时候,F 被称为 x 的分布函数或简称为 x 的分布。由于 F 刻画了 P,我们也写成 $\mathcal{L}(x)=F$ 来揭示 F 代表了 x 的分布。

事实 4.2.4　如果 $\mathcal{L}(x)=F$,则对于任意的 $a\leqslant b$,$\mathbb{P}\{a<x\leqslant b\}=F(b)-F(a)$。

事实上,如果 $a\leqslant b$,那么 $\{a<x\leqslant b\}=\{x\leqslant b\}\setminus\{x\leqslant a\}$,而且 $\{x\leqslant a\}\subset\{x\leqslant b\}$。应用事实

---

① 当我们想要将其他随机变量与 x 相结合时,就会需要联合分布。参看第 5.1.3 节。

4.1.1,可以得出

$$\mathbb{P}\{a < x \leqslant b\} = \mathbb{P}\{x \leqslant b\} - \mathbb{P}\{x \leqslant a\} = F(b) - F(a)$$

由式(4.31)我们可以得到每个随机变量所唯一定义的 CDF。而且对于每个 F,存在概率空间 $(\Omega,\mathscr{F},\mathbb{P})$ 与随机变量 $x:\Omega\to\mathbb{R}$ 使得 $\mathcal{L}(x)=F$,第 7.4.1 节概述了这种构建。

在下文中,如果 $\mathcal{L}(x)=P$ 且 P 具有密度 p,我们将称 x 具有密度 p。如果 x 的分布是离散的,则称 x 是离散随机变量。在前面的例子中,当 x 的分布是绝对连续时,有限集上就没有放置概率质量,进而导致下面的事实。

事实 4.2.5 如果 x 有密度,则对于所有 $s\in\mathbb{R}$ 有 $\mathbb{P}\{x=s\}=0$,而且对于任意的 $a<b$,

$$\mathbb{P}\{a < x < b\} = \mathbb{P}\{a < x \leqslant b\} = \mathbb{P}\{a \leqslant x < b\} = \mathbb{P}\{a \leqslant x \leqslant b\}$$

4.2.4.1 变换的分布

人们经常需要获得随机变量的变换的分布。这在单调情况下很容易获得。

事实 4.2.6 如果 $\mathcal{L}(x)=F$,而且 $y:=\psi(x)$,其中 $\psi:\mathbb{R}\to\mathbb{R}$ 是严格递增的,则 $\mathcal{L}(y)=G$,其中 $G(s):=F(\psi^{-1}(s))$。

为了证明原因,经过观察发现,在这些假设下,φ^{-1} 存在且(弱)递增。因此

$$\mathbb{P}\{y \leqslant s\} = \mathbb{P}\{\psi(x) \leqslant s\} = \mathbb{P}\{x \leqslant \psi^{-1}(x)\} = F\{\psi^{-1}(s)\}$$

注意单调性是如何用于第二个等式的。(对于严格递减的情况,可以推导出相关的结果,其中只是不等号的方向相反而已。)

例 4.2.15 如果 $\mathcal{L}(x)=F$ 和 $y:=\exp(x)$,那么 y 的累积分布函数(CDF)是 $G(s):=F(\ln(s))$。

一个重要的相关问题是,确定什么时候 $y=\psi(x)$ 有密度,以及这个密度的形式是什么样的。

事实 4.2.7 如果 x 在 $\mathbb{R}$ 上具有密度 p,而且 $y:=\psi(x)$,其中 ψ 是 $\mathbb{R}$ 上的微分同胚映射,则 y 的分布是绝对连续的,具有密度

$$q(s) = p(\psi^{-1}(s))\left|\frac{\mathrm{d}\psi^{-1}(s)}{\mathrm{d}s}\right| \quad (s\in\mathbb{R}) \tag{4.32}$$

关于式(4.32)的证明,留作练习题 5.4.1 完成。微分同胚映射(diffeomorphism)是指 ψ 在 $\mathbb{R}$ 上是双射,同时 ψ 与它的逆都是可微的。

例 4.2.16 如果 x 在 $\mathbb{R}$ 上具有密度 p,同时 μ 与 σ 是常值,且 $\sigma>0$,则 $y:=\mu+\sigma x$ 的密度是

$$q(s) = p\left(\frac{s-\mu}{\sigma}\right)\frac{1}{\sigma} \quad (s\in\mathbb{R})$$

当 x 是标准正态分布时,这意味着 $y=\mu+\sigma x$ 服从 $\mathrm{N}(\mu,\sigma^2)$ 分布,就如同我们在例 4.2.7 所看到的,将 p 取为标准正态密度 ϕ,并和 $\mathrm{N}(\mu,\sigma^2)$ 密度的表示式进行比较。

可以对事实 4.2.7 加以推广。例如,参看 Schilling(2005)的定理 15.5。

4.2.5 分布的期望

设 x 是概率空间 $(\Omega,\mathscr{F},\mathbb{P})$ 上的随机变量。为了计算 x 或任何 $\mathscr{B}$ 可测变换 $h(x)$ 的期望,x 的分布已经编码了全部需要的信息。当 x 是有限的时候,这是非常明显的。例如,假设 $\mathcal{L}(x)=P$,$h:\mathbb{R}\to\mathbb{R}$ 是任何 $\mathscr{B}$ 可测函数,而且 P 把所有质量置于有限集 $\{s_j\}_{j=1}^J$。设 $\{p_j\}$ 是 P 的 PMF,因此 $p_j=P\{s_j\}$。应用期望的定义(特别是参看式(4.17))并且利用 $\mathbb{P}\{x=s_j\}=P\{s_j\}$ 得出

$$\mathbb{E}\,h(x) = \sum_{j=1}^J h(s_j)\,\mathbb{P}\{x=s_j\} = \sum_{j=1}^J h(s_j)P\{s_j\} = \sum_{j=1}^J h(s_j)p_j \tag{4.33}$$

和式(4.28)进行比较,我们可以写成$\mathbb{E}h(x)=\int h(s)P(\mathrm{d}s)$。换句话说,$h(x)$在$(\Omega,\mathscr{F},\mathbb{P})$上的期望等于 h 在$(\mathbb{R},\mathscr{B}(\mathbb{R}),P)$上的期望。在无限情况下,这也是正确的(例如,参见 Cinlar(2011)的定理 5.2),就像接下来的事实所表述的那样。

事实 4.2.8　设 x 是某个概率空间$(\Omega,\mathscr{F},\mathbb{P})$上的随机变量。设 $\mathcal{L}(x)=P$,并设 h 是 $\mathscr{B}$ 可测函数,使得 $h(x)$是可积的函数。期望$\mathbb{E}h(x)$完全是由 h 与 P 来确定的。特别是

$$\mathbb{E}\,h(x)=\int h(s)P(\mathrm{d}s)$$

其中$\int h(s)P(\mathrm{d}s)$表示 h 在$(\mathbb{R},\mathscr{B}(\mathbb{R}),P)$上的期望。

例 4.2.17　设 x 是随机变量,其分布 P 是$[a,b]$上的均匀分布。应用例 4.2.10 中均匀密度的定义,我们可以得到

$$\mathbb{E}\,x=\int sP(\mathrm{d}s)=\int sp(s)\mathrm{d}s=\int_{-\infty}^{\infty}\frac{s}{b-a}\mathbb{1}\{a\leqslant s\leqslant b\}\mathrm{d}s$$

求解积分可得$\mathbb{E}x=\mu:=(a+b)/2$,其方差为

$$\mathrm{var}[x]=\int(s-\mu)^2P(\mathrm{d}s)=\int_a^b\left(s-\frac{a+b}{2}\right)^2\frac{1}{b-a}\mathrm{d}s=\frac{1}{12}(b-a)^2$$

例 4.2.18　假设 $\mathcal{L}(x)=\mathrm{N}(\mu,\sigma)$,在此例子中 $\sigma>0$,于是可计算出均值是

$$\mathbb{E}\,x=\int_{-\infty}^{\infty}s\frac{1}{\sqrt{2\pi}\sigma}\exp\left\{-\frac{(s-\mu)^2}{2\sigma^2}\right\}\mathrm{d}s=\mu$$

方差是

$$\mathrm{var}[x]=\int_{-\infty}^{\infty}(s-\mu)^2\frac{1}{\sqrt{2\pi}\sigma}\exp\left\{-\frac{(s-\mu)^2}{2\sigma^2}\right\}\mathrm{d}s=\sigma^2$$

关于如何计算这些积分的讨论,参看 Dudley(2002)的第 9.4 节。

4.2.5.1　分布的矩

在第 4.15 节中,我们定义了随机变量的矩。例如,$\mathbb{E}x^k$ 表示 x 的 k 阶矩,如果它存在的话。很明显,由事实 4.2.8 可以清楚地知道,如果两个随机变量具有相同的分布,则它们有相同的矩。因此,矩最好被视为分布的性质,而不是随机变量的性质。因而,我们定义

- P 的均值为$\mu=\int sP(\mathrm{d}s)$;
- P 的 k 阶矩为$\int s^kP(\mathrm{d}s)$;
- P 的方差为$\int(s-\mu)^2P(\mathrm{d}s)$;

等等。

4.2.6　分位数函数

在本节中,利用累积分布函数讨论分布是十分简便的,因此设 F 表示$\mathbb{R}$上的累积分布函数(CDF),并假定它是严格递增的。已知 $\tau\in(0,1)$,F 的第 τ 分位数是 $\xi\in\mathbb{R}$,使得 $F(\xi)=\tau$。在我们关于 F 的假设下,这样的 ξ 存在且是唯一定义的。第 0.5 分位数被称为 F 的中位数(median),它提供了关于分布集中趋势的测量。

我们当然可以利用逆函数来表达 F 的第 τ 分位数：

$$F^{-1}(\tau) := \text{唯一的 } \xi \text{ 使得 } F(\xi)=\tau, \quad 0<\tau<1 \tag{4.34}$$

这并不令人感到惊奇，F 的逆也被称为分位数函数(quantile function)。

例 4.2.19 与标准柯西分布有关的分位数函数是 $F^{-1}(\tau)=\tan(\pi(\tau-1/2))$，如图 4.12 所示。水平轴是 $\tau\in(0,1)$。

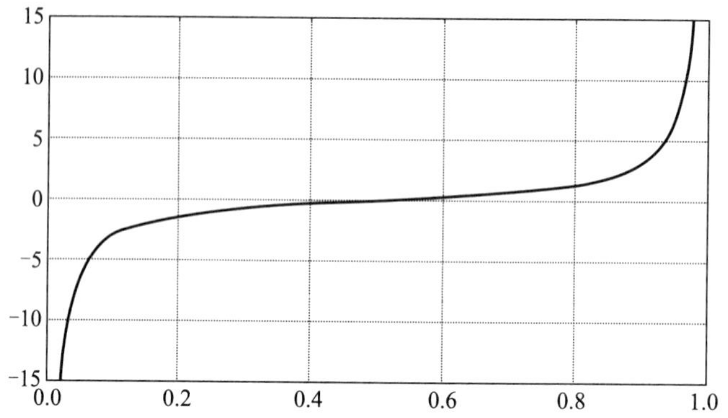

图 4.12 柯西分位数函数

如果 F 不是严格递增的，则至少存在两个不同的点 s 与 s'，使得 $F(s)=F(s')$，因此式(4.34)中的 F^{-1} 并不是良好定义的。这个问题可借助于下面的设置而被忽略

$$F^{-1}(\tau) := \inf\{s\in\mathbb{R} : F(s)\geqslant\tau\} \quad \{0<\tau<1\} \tag{4.35}$$

(参看第 15.4.1 节中关于 inf 的定义)。在 F 是严格递增的情况下，式(4.35)简化成式(4.34)。

分位数函数经常用于假设检验以确定临界值。下面我们简述一种常见的情况。

事实 4.2.9 假设 x 是具有密度 p 的随机变量，如果 p 是对称的，则 $y:=|x|$ 的累积分布函数 G 是：

$$G(s) := \mathbb{P}\{y\leqslant s\} = \begin{cases} 2F(s)-1, & s\geqslant 0 \\ 0, & \text{其他} \end{cases}$$

这里 p 的对称性(symmetry)意味着 $p(s)=p(-s)$，对于所有的 $s\in\mathbb{R}$。这等价于 $F(s)=1-F(-s)$，可以利用微分或积分得出。关于事实 4.2.9 的证明，留作练习题 4.4.18 完成。

现在取随机变量 x 有 $\mathcal{L}(x)=F$，同时已知常值 $\alpha\in(0,1)$，并考虑满足 $\mathbb{P}\{-c\leqslant x\leqslant c\}=1-\alpha$ 的解 c。

事实 4.2.10 如果 $\mathcal{L}(x)=F$，x 具有对称密度且 F 是严格递增的，则

$$c=F^{-1}\left(1-\frac{\alpha}{2}\right) \Rightarrow \mathbb{P}\{-c\leqslant x\leqslant c\}=1-\alpha \tag{4.36}$$

为了证明这一点，固定 $\alpha\in(0,1)$，并按式(4.36)那样设置 c。由事实 4.2.9，我们得出

$$\mathbb{P}\{|x|\leqslant c\} = 2F(c)-1 = 2F[F^{-1}(1-\alpha/2)]-1 = 1-\alpha$$

在 F 是标准正态累积分布函数 Φ 的情况中，c 的取值通常用 $z_{\alpha/2}$ 表示，我们采用同样的符号：

$$z_{\alpha/2} := \Phi^{-1}(1-\alpha/2) \tag{4.37}$$

参见图 4.13。

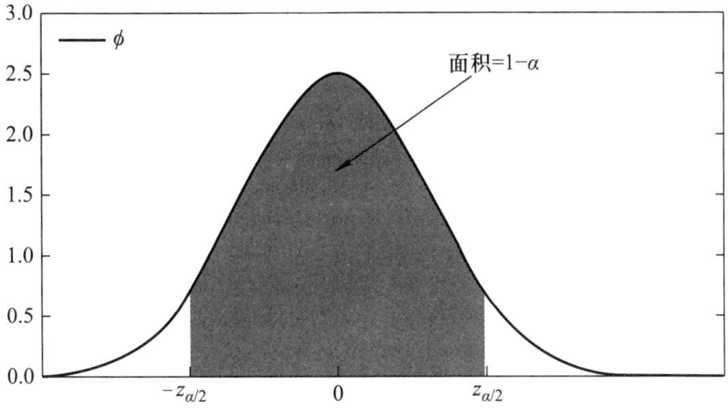

图 4.13　标准正态密度的临界值

4.3　进一步阅读

建立在测度论基础上的利用公理化形式来研究概率的现代方法是由安德烈・N. 柯尔莫哥洛夫(Andrei N. Kolmogorov)在 20 世纪 30 年代建立起来的。Kendall et al. (1990)介绍了他的人生事迹和研究成果。关于用测度理论研究概率的优秀教科书,包括 Williams(1991)和 Rosenthal(2006)。更高水平的优秀著作包括 Dudley(2002)、Cinlar(2011)以及 Polland(2002)。

4.4　练习题

练习题 4.4.1　证明如果 $\mathscr{F}$ 是 σ 代数,并且 $A,B\in\mathscr{F}$,那么 $A\cap B\in\mathscr{F}$ 也成立。①

练习题 4.4.2　证明事实 4.1.2:$\mathbb{P}(A\cup B)=\mathbb{P}(A)+\mathbb{P}(B)-\mathbb{P}(A\cap B)$,对于任意 A,B。②

练习题 4.4.3　给定样本空间 $\Omega:=\{1,2,3\}$,其中设 $A:=\{1\}$,$B:=\{2\}$,$C:=\{3\}$。设 $\mathbb{P}(A)=\mathbb{P}(B)=1/3$。计算 $\mathbb{P}(C)$、$\mathbb{P}(A\cup B)$、$\mathbb{P}(A\cap B)$、$\mathbb{P}(A^c)$、$\mathbb{P}(A^c\cup B^c)$ 以及 $\mathbb{P}(A\mid B)$。A 与 C 是相互独立的吗?

练习题 4.4.4　有一种骰子得到 m 面的概率是 qm,其中 $m\in\{1,\cdots,6\}$ 且 q 是常数,计算 q。

练习题 4.4.5　证明事实 4.1.4。

练习题 4.4.6　设 Ω 是非空的有限集,ω_0 是 Ω 的固定元素。对于每一个 $A\subset\Omega$,定义 $\mathbb{P}(A):=\mathbb{1}\{\omega_0\in A\}$。$\mathbb{P}$ 是 Ω 上的概率吗? 为什么?

练习题 4.4.7　设 Ω 是任意样本空间,并设 $\mathbb{P}$ 是子集 $\mathscr{F}$ 上的概率。令 $A\in\mathscr{F}$。证明如果 $\mathbb{P}(A)=0$ 或者 $\mathbb{P}(A)=1$,那么事件 A 相对于 $\mathscr{F}$ 中的任一其他事件来说是独立的。证明如果事件 A 本身是独立的,那么 $\mathbb{P}(A)=0$ 或者 $\mathbb{P}(A)=1$。证明如果事件 A 与事件 B 是相互独立的,那么事件 A 的补集 A^c 与事件 B 的补集 B^c 也是相互独立的。

---

①　提示:参看事实 15.1.1 中关于集合理论运算的内容。

②　提示:画出维恩图,证明 $A=[(A\cap B)\setminus B]\cup(A\cap B)$。利用概率的定义和事实 4.1.1 来完成证明。

练习题 4.4.8 设$\mathbb{P}$与Ω如同例 4.1.6 所定义的那样,证明在如下意义上$\mathbb{P}$是可加的:如果事件A与事件B是不相交事件,那么$\mathbb{P}(A\cup B)=\mathbb{P}(A)+\mathbb{P}(B)$。

练习题 4.4.9 设$\mathbb{P}$与Ω如同例 4.1.6 所定义的那样。设事件A表示抛硬币第一次正面朝上,事件B表示抛硬币第二次正面朝上。证明事件A与事件B在$\mathbb{P}$下是相互独立的。

练习题 4.4.10 证明当Ω是有限集时,Ω上的每个随机变量都是有限的。①

练习题 4.4.11 证明任何有限随机变量都可以表示成

$$x=\sum_{j=1}^{J}s_j\,\mathbb{1}A_j \tag{3.38}$$

其中标量$\{s_j\}$是各不相同的,集合$\{A_j\}$是划分Ω的事件。

练习题 4.4.12 对于练习题 4.4.11 所定义的一般有限随机变量x,证明$\mathbb{E}\,x:=\sum_{j=1}^{J}s_j\mathbb{P}(A_j)$。

练习题 4.4.13 事实 4.1.5 认为,如果x是随机变量,并且α是常数,那么$\mathbb{E}[\alpha x]=\alpha\mathbb{E}[x]$。利用定义(4.12),证明$x$是有限随机变量时该事实成立。

练习题 4.4.14 事实 4.1.5 认为,如果x与y是两个随机变量,则$\mathbb{E}[x+y]=\mathbb{E}[x]+\mathbb{E}[y]$。利用定义(4.12),证明对于如下二值随机变量该事实成立:

$$x(\omega)=\mathbb{1}_A(\omega)\quad 与\quad y(\omega)=\mathbb{1}_B(\omega) \tag{4.39}$$

练习题 4.4.15 设P是满足$P(\{s_j\}_{j\geq 1})=1$的离散型分布,并设$p_j:=P\{s_j\}$。证明$\sum_{j\geq 1}p_j=1$。

练习题 4.4.16 设P,s_j以及p_j如同练习题 4.4.15 中所表示的那样。证明如果F是P的累积分布函数,那么对于所有的$s\in\mathbb{R}$,有$F(s)=\sum_{j\geq 1}\mathbb{1}\{s_j\leq s\}p_j$。

练习题 4.4.17 设P,s_j以及p_j如同练习题 4.4.15 中所表示的那样。证明$\lim_{s\to\infty}F(s)=1$。

练习题 4.4.18 证明事实 4.2.9。

练习题 4.4.19 设x是取值$s_1,\cdots,s_J$的离散型随机变量,并设$p_j:=\mathbb{P}\{x=p_j\}$。证明对于每个j,都有$0\leq p_j\leq 1$与$\sum_{j=1}^{J}p_j=1$。

练习题 4.4.20 设$\mathcal{L}(x)=F$,其中F是区间$[0,1]$上的均匀累积分布函数。求随机变量$y=x^2$的累积分布函数G的表达式。

练习题 4.4.21 设F是$\mathbb{R}$上的累积分布函数,并由$F(s)=e^s/(1+e^s)$定义,其中$s\in\mathbb{R}$。

(i)求F对应的分位数函数;

(ii)设$\mathcal{L}(x)=F$,计算$\mathbb{P}\{0\leq x\leq \ln 2\}$。

练习题 4.4.22 设$\mathcal{L}(y)=F$,其中F是累积分布函数。证明对于任意s,有$F(s)=\mathbb{E}\mathbb{1}\{y\leq s\}$。

练习题 4.4.23 在式(4.39)中x与y都是随机变量的特殊情况下,证明期望的单调性(参看事实 4.1.5)。

练习题 4.4.24 证明事实 4.1.7(对于所有$j\leq k$,k阶矩存在意味着j阶矩存在)。

练习题 4.4.25 证明事实 4.1.10 中线性组合的方差的表达式。

练习题 4.4.26 设x与y是标量随机变量。参照事实 4.1.11,对于任意常数标量α与β,$\mathrm{corr}[\alpha x,\beta y]=\mathrm{corr}[x,y]$是否成立?为什么?

练习题 4.4.27 证明式(4.23)的解。

---

① 提示:参看第 15.2 节中对函数的定义。

练习题 4.4.28　考虑第 4.1.5 节的设置。设 α^*,β^* 以及 ℓ^* 与第 4.1.5 节的定义相同。设预测误差 u 被定义为 $u := y-\ell^*(x)$。证明

(i) $\mathbb{E}\ell^*(x)=\mathbb{E}y$;

(ii) $\mathrm{var}[\ell^*(x)]=\mathrm{corr}[x,y]^2\mathrm{var}[y]$;

(iii) $\mathrm{cov}[\ell^*(x),u]=0$;

(iv) $\mathrm{var}[u]=(1-\mathrm{corr}[x,y]^2)\mathrm{var}[y]$。

练习题 4.4.29　证明切比雪夫不等式(4.18)和(4.19)。

4.5　练习题解答节选

练习题 4.4.1 解答　设 $\mathscr{F}$ 是 σ 代数,并设 $A,B\in\mathscr{F}$,要证明 $A\cap B\in\mathscr{F}$。为了证明这一点,注意根据 σ 代数的定义,得出 $A^C\in\mathscr{F}$ 与 $B^C\in\mathscr{F}$。由于 $\mathscr{F}$ 在取并集的情况下是封闭的,这意味着 $A^C\cup B^C\in\mathscr{F}$。利用事实 15.1.1 可以得出 $(A\cap B)^C\in\mathscr{F}$。于是,$A\cap B\in\mathscr{F}$,这是所要证明的。□

练习题 4.4.2 解答　选择任意集合 $A,B\in\mathscr{F}$,为了证明

$$\mathbb{P}(A\cup B)=\mathbb{P}(A)+\mathbb{P}(B)-\mathbb{P}(A\cap B)$$

我们首先将集合 A 分为两个不相交集合,即 $A=[(A\cup B)\backslash B]\cup(A\cap B)$。利用 $\mathbb{P}$ 的可加性,可以得到

$$\mathbb{P}(A)=\mathbb{P}[(A\cup B)\backslash B]+\mathbb{P}(A\cap B)$$

由于 $B\subset(A\cup B)$,我们可以应用事实 4.1.1 的第 1 部分得到

$$\mathbb{P}(A)=\mathbb{P}(A\cup B)-\mathbb{P}(B)+\mathbb{P}(A\cap B)$$

重新整理此表达式可得证明。□

练习题 4.4.3 解答　首先 $\mathbb{P}(C)=1/3$,这是因为 $1=\mathbb{P}(\Omega)=\mathbb{P}(A\cup B\cup C)=\mathbb{P}(A)+\mathbb{P}(B)+\mathbb{P}(C)=1/3+1/3+\mathbb{P}(C)$,从而得到 $\mathbb{P}(C)=1/3$。另外,$\mathbb{P}(A\cup B)=2/3$,$\mathbb{P}(A\cap B)=0$,$\mathbb{P}(A^c)=2/3$,$\mathbb{P}(A^c\cup B^c)=\mathbb{P}((A\cap B)^c)=\mathbb{P}(\Omega)=1$。而且 $\mathbb{P}(A\cap C)=0\neq 1/9=\mathbb{P}(A)\mathbb{P}(C)$。所以,$A$ 与 C 不是相互独立的。□

练习题 4.4.4 解答　当抛一颗骰子时,必有一面向上,因此概率的总和是 1。更为正式地讲,设 $\Omega=\{1,\cdots,6\}$ 为样本空间,可以得到

$$\mathbb{P}\{1,\cdots,6\}=\mathbb{P}\cup_{m=1}^{6}\{m\}=\sum_{m=1}^{6}\mathbb{P}\{m\}=\sum_{m=1}^{6}qm=1$$

求解关于 q 的最后一个方程式,得出 $q=1/21$。□

练习题 4.4.5 解答　设 $A_1,\cdots,A_n$ 是 Ω 的子集,选择任意的 $\omega\in\Omega$。关于(i)部分,首先假设 $\mathbb{1}_{\cap_{n=1}^{N}A_n}(\omega)=1$。然后 $\omega\in\cap_{n=1}^{N}A_n$,因此对于所有的 n,有 $\omega\in A_n$。另一方面,有 $\prod_{n=1}^{N}\mathbb{1}_{A_n}(\omega)=1$。反之,如果 $\mathbb{1}_{\cap_{n=1}^{N}A_n}(\omega)=0$,那么至少有一个 ω 不属于 A_n,所以 $\prod_{n=1}^{N}\mathbb{1}_{A_n}(\omega)=0$。这就证明了事实 4.1.4 的(i)。关于(ii)的证明,可以类似给出。□

练习题 4.4.6 解答　为了证明 $\mathbb{P}$ 是 Ω 上的概率,我们需要验证下面三个条件:

(i) $\mathbb{1}\{\omega_0\in A\}\in[0,1]$,对于每一个 $A\subset\Omega$;

(ii) $\mathbb{1}\{\omega_0\in\Omega\}=1$;

(iii) 如果 $A\cap B=\varnothing$,那么 $\mathbb{1}\{\omega_0\in A\cup B\}=\mathbb{1}\{\omega_0\in A\}+\mathbb{1}\{\omega_0\in B\}$。
根据指示函数的定义可以立即推导出(i)。因为 $\omega_0\in\Omega$,所以(ii)成立。对于(iii),选择任意不相交的 A 与 B。如果 $\omega_0\in A$,那么 $\omega_0\notin B$,于是可以得到

$$\mathbb{1}\{\omega_0\in A\cup B\}=1=\mathbb{1}\{\omega_0\in A\}+\mathbb{1}\{\omega_0\in B\}$$

如果 $\omega_0\in B$,那么 $\omega_0\notin A$,我们再次可以得到

$$\mathbb{1}\{\omega_0\in A\cup B\}=1=\mathbb{1}\{\omega_0\in A\}+\mathbb{1}\{\omega_0\in B\}$$

最后,如果 ω_0 既不属于 A 也不属于 B,那么

$$\mathbb{1}\{\omega_0\in A\cup B\}=0=\mathbb{1}\{\omega_0\in A\}+\mathbb{1}\{\omega_0\in B\}$$

我们已经证明(i)、(ii)、(iii)成立,所以 $\mathbb{P}$ 是 Ω 上的概率。 □

练习题 4.4.7 解答 假设 $\mathbb{P}(A)=0$ 和 $B\in\mathscr{F}$。我们要证明 $\mathbb{P}(A\cap B)=\mathbb{P}(A)\mathbb{P}(B)$,或者在这种情况下 $\mathbb{P}(A\cap B)=0$。应用 $\mathbb{P}$ 的非负性和单调性(事实 4.1.1),我们得到

$$0\leqslant\mathbb{P}(A\cap B)\leqslant\mathbb{P}(A)=0$$

因此 $\mathbb{P}(A\cap B)=0$ 得证。

现在假设 $\mathbb{P}(A)=1$,要证明 $\mathbb{P}(A\cap B)=\mathbb{P}(A)\mathbb{P}(B)$ 或者在这种情况下 $\mathbb{P}(A\cap B)=\mathbb{P}(B)$。回顾事实 4.1.2,有 $\mathbb{P}(A\cap B)=\mathbb{P}(A)+\mathbb{P}(B)-\mathbb{P}(A\cup B)$。

因为 $\mathbb{P}(A)=1$,很容易证明 $\mathbb{P}(A\cup B)=1$。这个等式成立是因为 $\mathbb{P}$ 的单调性,因为

$$1=\mathbb{P}(A)\leqslant\mathbb{P}(A\cup B)\leqslant 1$$

接下来,假设事件 A 本身是独立的,有 $\mathbb{P}(A)=\mathbb{P}(A\cap A)=\mathbb{P}(A)\mathbb{P}(A)=\mathbb{P}(A)^2$。如果 $a=a^2$,那么 $a=0$ 或者 $a=1$。

最后,假设 A 和 B 是相互独立的,我们可以得出

$$\mathbb{P}(A^c\cap B^c)=\mathbb{P}((A\cup B)^c)=1-\mathbb{P}(A\cup B)$$

应用事实 4.1.2 和独立性,我们可以对等式右边进行变换,从而得到

$$\mathbb{P}(A^c\cup B^c)=(1-\mathbb{P}(A))(1-\mathbb{P}(B))=\mathbb{P}(A^c)\mathbb{P}(B^c)$$

换句话说,事件 A 的补集 A^c 和事件 B 的补集 B^c 是相互独立的。 □

练习题 4.4.8 解答 此证明与例 4.1.5 的可加性证明类似。 □

练习题 4.4.9 解答 此有关独立性的证明与例 4.1.8 中事件 A 和事件 B 的独立性证明类似。 □

练习题 4.4.11 解答 设 x 是有限值,其范围是 $\{s_1,\cdots,s_J\}$。令 $A_j:=\{x=s_j\}$。根据函数的定义(参见第 15.2 节),每一个 $\omega\in\Omega$ 都恰好存在一个 A_j。因此 $A_1,\cdots,A_J$ 是 Ω 的划分,并且 $x=\sum_{j=1}^{J}s_j\mathbb{1}_{A_j}$。 □

练习题 4.4.12 解答 很明显 x 具有有限值,因此根据式(4.12),期望 $\mathbb{E}x=\sum_{j=1}^{J}s_j\mathbb{P}(x=s_j)$。因此,为了证明 $\mathbb{E}x:=\sum_{j=1}^{J}s_j\mathbb{P}(A_j)$,我们仅仅需要证明 $\{x=s_j\}=A_j$。该陈述可以根据式(4.38)与 $A_1,\cdots,A_J$ 是 Ω 的划分得出。 □

练习题 4.4.13 解答 设 x 是有限值,其范围是 $\{s_1,\cdots,s_J\}$,并设 α 是任意常数。如果 $\alpha=0$,结果是显而易见的,因为等式两边都为零。如果 α 是不为零的常数,那么当且仅当 $x=s_j$ 时 $\alpha x=\alpha s_j$。因此,应用式(4.12),可以得出

$$\mathbb{E}[\alpha x]=\sum_{j=1}^{J}\alpha s_j\mathbb{P}\{x=s_j\}=\alpha\left[\sum_{j=1}^{J}s_j\mathbb{P}\{x=s_j\}\right]=\alpha\mathbb{E}[x]$$ □

练习题 4.4.14 解答　考察 $x+y$ 的和。我们是指随机变量 $(x+y)(\omega):=x(\omega)+y(\omega)$。我们想要证明 $\mathbb{E}[x+y]=\mathbb{E}[x]+\mathbb{E}[y]$。为了证明这一点，首先注意

$$(x+y)(\omega)=\mathbb{1}_{A\setminus B}(\omega)+\mathbb{1}_{B\setminus A}(\omega)+2\mathbb{1}_{A\cap B}(\omega)$$

(为了验证这个等试，只需检查关于 ω 的各种不同情况，然后证明这个等式的右边与 $x(\omega)+y(\omega)$ 一致。画一张维恩图是有帮助的。)因此，根据期望的定义，

$$\mathbb{E}[x+y]=\mathbb{P}(A\setminus B)+\mathbb{P}(B\setminus A)+2\mathbb{P}(A\cap B) \tag{4.40}$$

现在经过观察发现，$A=(A\setminus B)\cup(A\cap B)$，因此根据不相交可以得出

$$\mathbb{E}[x]:=\mathbb{P}(A)=\mathbb{P}(A\setminus B)+\mathbb{P}(A\cap B)$$

对 y 进行类似的计算可以得出

$$\mathbb{E}[y]:=\mathbb{P}(B)=\mathbb{P}(B\setminus A)+\mathbb{P}(A\cap B)$$

将以上两式相加可得式(4.40)的右边，所以证明了 $\mathbb{E}[x+y]=\mathbb{E}[x]+\mathbb{E}[y]$。 □

练习题 4.4.15 解答　设 $P(\{s_j\}_{j\geqslant 1})=1$ 与 $p_j:=P\{s_j\}$ 正如题目所设。集合 $\{s_j\}_{j\geqslant 1}$ 可以写成 $\cup_{j=1}^{\infty}\{s_j\}$。因为 P 是分布，具有有限可加性，所以得出

$$1=P(\cup_{i=1}^{\infty}\{s_j\})=\sum_{j=1}^{\infty}P(s_j)=\sum_{j=1}^{\infty}p_j$$

练习题 4.4.16 解答　利用可加性以及 $P\{s_j\}_{j\geqslant 1}=1$ 的事实，可以得出

$$F(s)=P(-\infty,s]=P(\bigcup_{j\text{ s.t. }s_j\leqslant s}\{s_j\})=\sum_{j\text{ s.t. }s_j\leqslant s}P\{s_j\}=\sum_{j=1}^{J}\mathbb{1}\{s_j\leqslant s\}p_j$$ □

练习题 4.4.17 解答　我们假设 x 具有有限区间，因此只能取有限个不同的值。设 m 是最大值。对于 m，我们可以得到

$$\lim_{s\to\infty}F_x(s)\geqslant F_x(m)=\mathbb{P}\{\omega\in\Omega:x(\omega)\leqslant m\}=\mathbb{P}(\Omega)=1$$

(这个不等式之所以成立是因为 F_x 是递增的事实。)另一方面，

$$\lim_{s\to\infty}F_x(s)=\lim_{s\to\infty}\mathbb{P}\{x\leqslant s\}\leqslant\lim_{s\to\infty}\mathbb{P}(\Omega)=1$$

由这两个不等式我们可以得到，$1\leqslant\lim_{s\to\infty}F_x(s)\leqslant 1$，这等价于 $\lim_{s\to\infty}F_x(s)=1$。 □

练习题 4.4.18 解答　固定 $s\geqslant 0$。利用不相交集合的可加性，可以得到

$$F_{|x|}(s):=\mathbb{P}\{|x|\leqslant s\}=\mathbb{P}\{-s\leqslant x\leqslant s\}=\mathbb{P}\{x=-s\}+\mathbb{P}\{-s<x\leqslant s\}$$

根据假设，$\mathbb{P}(x=-s)=0$。应用事实 4.2.4，可以得到

$$F_{|x|}(s)=\mathbb{P}\{-s<x\leqslant s\}=F(s)-F(-s)$$

正如在事实 4.2.9 之后所讨论的那样，对称性是指 $F(-s)=1-F(s)$。将这个式子代入前面表达式的右边，可以得到 $F_{|x|}(s)=2F(s)-1$。 □

练习题 4.4.19 解答　根据 $\mathbb{P}$ 的定义可以立即得出，对于所有的 j 均有 $0\leqslant p_j\leqslant 1$。另外，利用 $\mathbb{P}$ 的可加性，可以得出

$$\sum_{j=1}^{J}p_j=\sum_{j=1}^{J}\mathbb{P}\{x=s_j\}=\mathbb{P}\cup_{j=1}^{J}\{x=s_j\}=\mathbb{P}(\Omega)=1 \tag{4.41}$$

(我们利用了集合 $\{x=s_j\}$ 不相交的事实。为什么这总是成立的？考察由第 15.2 节给出的函数的定义。) □

练习题 4.4.20 解答　很明显，当 $s<0$ 时，$G(s)=0$。当 $s\geqslant 0$ 时，我们有

$$\mathbb{P}\{x^2\leqslant s\}=\mathbb{P}\{|x|\leqslant\sqrt{s}\}=\mathbb{P}\{x\leqslant\sqrt{s}\}=F(\sqrt{s})$$

因而，$G(s)=F(\sqrt{s})\mathbb{1}\{s\geqslant 0\}$。

练习题 4.4.23 解答 对于任意 $\omega\in\Omega$,如果 $x(\omega):=\mathbb{1}\{\omega\in A\}\leqslant\mathbb{1}\{\omega\in B\}:=y(\omega)$,那么 $A\subset B$。(如果 $\omega\in A$,那么 $x(\omega)=1$。因为 $x(\omega)\leqslant y(\omega)\leqslant 1$,所以可以得到 $y(\omega)=1$,因此 $\omega\in B$。)利用事实 4.1.5 与$\mathbb{P}$ 的单调性,可以得出

$$\mathbb{E}(x)=\mathbb{E}\,\mathbb{1}\{\omega\in A\}=\mathbb{P}(A)\leqslant\mathbb{P}(B)=\mathbb{E}\,\mathbb{1}\{\omega\in B\}=\mathbb{E}y \qquad \square$$

练习题 4.4.24 解答 设 a 是任意的非负数,并设 $j\leqslant k$。如果 $a\geqslant 1$,那么 $a^j\leqslant a^k$。如果 $a<1$,那么 $a^j\leqslant 1$。因而,对于所有 $a\geqslant 0$,我们得到 $a^j\leqslant a^k+1$,同时对于任意随机变量 x,可以得出 $|x|^j\leqslant|x|^k+1$。利用期望的线性性质和单调性,以及$\mathbb{E}\,1=1$,可以得到$\mathbb{E}\,|x|^j\leqslant\mathbb{E}\,|x|^k+1$。因此,只要 k 阶矩存在,就意味着 j 阶矩存在。 □

练习题 4.4.25 解答 我们可以得到

$$\begin{aligned}
\operatorname{var}\left[\sum_{n=1}^{N}\alpha_n x_n\right] &= \mathbb{E}\left[\left(\sum_{n=1}^{N}\alpha_n x_n-\mathbb{E}\left[\sum_{n=1}^{N}\alpha_n x_n\right]\right)^2\right]\\
&= \mathbb{E}\left[\left(\sum_{n=1}^{N}\alpha_n(x_n-\mathbb{E}[x_n])\right)^2\right]\\
&= \mathbb{E}\left[\sum_{n=1}^{N}\alpha_n^2(x_n-\mathbb{E}[x_n])^2+2\sum_{n<m}\alpha_n\alpha_m(x_n-\mathbb{E}[x_n])(x_m-\mathbb{E}[x_m])\right]\\
&= \sum_{n=1}^{N}\alpha_n^2\operatorname{var}[x_n]+\sum_{n<m}\alpha_n\alpha_m\operatorname{cov}[x_n,x_m] \qquad \square
\end{aligned}$$

练习题 4.4.29 解答 选择任意非负随机变量 x 与 $\delta>0$。通过考虑对于任意 $\omega\in\Omega$ 会发生什么情况,应该可以得出

$$x=\mathbb{1}\{x\geqslant\delta\}x+\mathbb{1}\{x<\delta\}x\geqslant\mathbb{1}\{x\geqslant\delta\}\delta$$

利用事实 4.1.5 的结论并重新整理可以得到式(4.18)。关于式(4.19),经过观察可以发现

$$x^2=\mathbb{1}\{|x|\geqslant\delta\}x^2+\mathbb{1}\{|x|<\delta\}x^2\geqslant\mathbb{1}\{|x|\geqslant\delta\}\delta^2$$

同理可得式(4.19)。 □

第 5 章　相依性建模

为了研究随机变量之间的关系，我们需要为工具箱引入更多的概念。在这一章，我们继续研究多变量分布(multivariate distributions)，并给出条件期望的严谨框架。

5.1　随机向量与矩阵

我们从关于随机向量与矩阵的内容开始讨论。

5.1.1　随机向量

在前面的第 4.1.3 节，我们已经定义随机变量是具有如下性质的函数 $x:\Omega \to \mathbb{R}$：对于任意博雷尔集 $B \in \mathscr{B}(\mathbb{R})$，$\{x \in B\}$ 是事件。随机向量(random vector)的定义也可以类似地给出。$\mathbb{R}^N$ 上的随机向量 $\mathbf{x}$ 是从 Ω 到 $\mathbb{R}^N$ 的具有如下性质的函数：

$$\{\omega \in \Omega : \mathbf{x}(\omega) \in B\} \in \mathscr{F}, \quad \text{对于所有的 } B \in \mathscr{B}(\mathbb{R}^N) \tag{5.1}$$

这里仅是将式(4.9)中的 $\mathscr{B}(\mathbb{R})$ 换成 $\mathscr{B}(\mathbb{R}^N)$。在统计应用中，我们几乎总能构造样本空间 Ω 以及 Ω 上的事件集 $\mathscr{F}$，使得所研究的随机向量都满足式(5.1)。①

还可以将 $\mathbb{R}^N$ 上的随机向量 $\mathbf{x}$ 定义为 N 个随机变量$(x_1,\cdots,x_N)$的元组，这两种定义是完全等价的。和普通向量一样，随机向量并没有固定形式，我们将根据便利性考虑把它们写成行或列的形式。然而，当涉及矩阵乘法时，随机向量被默认为是列向量，除非另作说明。

例 5.1.1　回顾例 4.1.2 中被蒙住眼睛的猴子，样本空间是单位圆盘 $\Omega := \{(h,v) \in \mathbb{R}^2 : \|(h,v)\| \leqslant 1\}$，而事件空间是 Ω 上的博雷尔集。如果 $\mathbf{x}$ 是 Ω 上的恒等映射，则直接报告结果(h,v)，故这是随机向量的例子。

例 5.1.2　考察随机样本收入 y_n，其中 $n=1,\cdots,N$ 是来自已知总体的个体，这个样本所报告的结果向量$(y_1,\cdots,y_N)$可以被视为 $\mathbb{R}^N$ 中的随机向量。

对于每个 $B \in \mathscr{B}(\mathbb{R}^N)$，随机向量的定义确保了$\{\mathbf{x} \in B\}$是明确定义的事件。如果我们希望保证某个变换 $\mathbf{y}=f(\mathbf{x})$ 仍然是随机向量，则需要对 f 施加限制条件，使得$\{\mathbf{y} \in B\}$也是明确定义的事件。一个合适的限制条件为 f 是 $\mathscr{B}$ 可测的，这类似于标量的情况，即对于所有的 $B \in \mathscr{B}(\mathbb{R}^M)$，$f:\mathbb{R}^N \to \mathbb{R}^M$ 满足 $f^{-1}(B) \in \mathscr{B}(\mathbb{R}^N)$。如同标量情况一样，我们在这里所用的每类变换都是 $\mathscr{B}$ 可测的，所以限制从不具有约束力。

---

① 对于这些构建的技术细节，可参看 Çinlar(2011)的第 4 章。

随机向量的期望是按照逐个元素来定义的。具体来说，如果 $\mathbf{x}=(x_1,\cdots,x_N)$ 是$\mathbb{R}^N$ 中的随机向量，则其期望$\mathbb{E}\mathbf{x}$ 被定义为期望的向量：

$$\mathbb{E}\,\mathbf{x}=\mathbb{E}\begin{pmatrix}x_1\\x_2\\\vdots\\x_N\end{pmatrix}:=\begin{pmatrix}\mathbb{E}\,x_1\\\mathbb{E}\,x_2\\\vdots\\\mathbb{E}\,x_N\end{pmatrix}$$

$M\times N$ 的随机矩阵(random matrix) $\mathbf{X}$ 就是 $M\times N$ 的随机变量的排列，其期望被定义为

$$\mathbb{E}\,\mathbf{X}:=\begin{pmatrix}\mathbb{E}\,x_{11}&\cdots&\mathbb{E}\,x_{1N}\\\vdots&&\vdots\\\mathbb{E}\,x_{M1}&\cdots&\mathbb{E}\,x_{MN}\end{pmatrix}$$

事实 5.1.1 如果 $\mathbf{X}$ 和 $\mathbf{Y}$ 是随机矩阵或随机向量，同时 $\mathbf{A}$ 与 $\mathbf{B}$ 是常值且一致的，则

$$\mathbb{E}[\mathbf{AX}+\mathbf{BY}]=\mathbf{A}\mathbb{E}[\mathbf{X}]+\mathbf{B}\mathbb{E}[\mathbf{Y}]$$

事实 5.1.1 可以通过重复利用事实 4.1.5 中所述的标量期望的线性性质来得到。

$\mathbb{R}^N$ 中满足$\boldsymbol{\mu}:=\mathbb{E}\mathbf{x}$ 的随机向量 $\mathbf{x}$ 的方差-协方差矩阵(variance-covariance matrix)是 $N\times N$ 矩阵

$$\operatorname{var}[\mathbf{x}]:=\mathbb{E}[(\mathbf{x}-\boldsymbol{\mu})(\mathbf{x}-\boldsymbol{\mu})^{\mathrm{T}}] \tag{5.2}$$

将其展开可以得到

$$\operatorname{var}[\mathbf{x}]=\begin{pmatrix}\mathbb{E}[(x_1-\mu_1)(x_1-\mu_1)]&\cdots&\mathbb{E}[(x_1-\mu_1)(x_N-\mu_N)]\\\vdots&&\vdots\\\mathbb{E}[(x_N-\mu_N)(x_1-\mu_1)]&\cdots&\mathbb{E}[(x_N-\mu_N)(x_N-\mu_N)]\end{pmatrix}$$

第 j,k 项是标量 x_j 与 x_k 的协方差，而主对角线包含每个 x_n 的方差。

事实 5.1.2 对于任意满足$\mathbb{E}[\mathbf{x}^{\mathrm{T}}\mathbf{x}]<\infty$ 的随机向量 $\mathbf{x}$，有

(i) $\operatorname{var}[\mathbf{x}]$存在且是非负定的；

(ii) $\operatorname{var}[\mathbf{x}]=\mathbb{E}[\mathbf{x}\mathbf{x}^{\mathrm{T}}]-\boldsymbol{\mu}\boldsymbol{\mu}^{\mathrm{T}}$；

(iii) $\operatorname{var}[\mathbf{Ax}+\mathbf{b}]=\mathbf{A}\operatorname{var}[\mathbf{x}]\mathbf{A}^{\mathrm{T}}$，$\mathbf{A}$，$\mathbf{b}$ 是常值且是一致的。

随机向量 $\mathbf{x}$ 与 $\mathbf{y}$ 之间的互协方差(cross-covariance)被定义为

$$\operatorname{cov}[\mathbf{x},\mathbf{y}]:=\mathbb{E}[(\mathbf{x}-\mathbb{E}[\mathbf{x}])(\mathbf{y}-\mathbb{E}[\mathbf{y}])^{\mathrm{T}}]$$

很明显，$\operatorname{var}[\mathbf{x}]=\operatorname{cov}[\mathbf{x},\mathbf{x}]$。

这是关于二次型期望的十分有用的事实。证明留作练习题完成(参看练习题 5.4.7)。

事实 5.1.3 如果 $\mathbf{z}$ 是$\mathbb{R}^N$ 上的随机向量，满足$\mathbb{E}[\mathbf{z}\mathbf{z}^{\mathrm{T}}]=\mathbf{I}$，$\mathbf{A}$ 是任意常值 $N\times N$ 矩阵，则

$$\mathbb{E}[\mathbf{z}^{\mathrm{T}}\mathbf{A}\mathbf{z}]=\operatorname{trace}\mathbf{A}$$

5.1.2 多变量分布

$\mathbb{R}^N$ 上的分布的定义是对第 4.2.1 节所给出的$\mathbb{R}$ 上的分布的定义的一种推广。具体来说，$\mathbb{R}^N$ 上的分布或定理 P 是针对博雷尔集 $\mathscr{B}(\mathbb{R}^N)$ 的概率测度。根据定义，它满足 $P(\mathbb{R}^N)=1$ 和 $P(\cup_{n=1}^{\infty}B_n)=\sum_{n=1}^{\infty}P(B_n)$，对于 $\mathscr{B}(\mathbb{R}^N)$上的任何不相交集合序列$\{B_n\}$。参看事实 4.1.1 所列的概率测度的性质。

图 5.1 给出了$\mathbb{R}^2$ 上的分布 P 的可视化图形，中心区域表示高概率(这是多变量高斯(multivariate Gaussian)分布的图形,下文将给出定义)。集合 A 与 B 是典型的博雷尔集。在此图中,B 与 A 具有同样大的区域,但 B 却被分配了更大的概率 P。根据可加性,我们知道 $P(A\cup B)=P(A)+P(B)$ 必然成立。

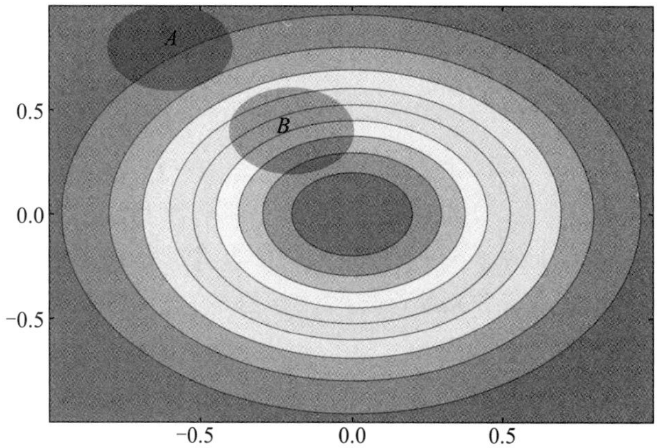

图 5.1　分布的例子与事件 A 及 B

如同$\mathbb{R}$ 的情况,$\mathbb{R}^N$ 上的分布是由$\mathbb{R}^N$ 的某类更基本子集族上的值所决定。例如,对于$\mathbb{R}^N$ 上的任意两个分布 Q 和 P

$$P(I)=Q(I),\text{对于所有 } I\in\mathscr{B} \quad\Rightarrow\quad P(B)=Q(B),\text{对于所有 } B\in\mathscr{B}(\mathbb{R}^N)$$

其中 $\mathscr{B}$ 表示所有柱集(cylinder sets)的族

$$C=B_1\times\cdots\times B_N,\quad B_n\in\mathscr{B}(\mathbb{R}),n=1,\cdots,N$$

或者,更具体一些,所有矩形的族①

$$I=(-\infty,s_1]\times\cdots\times(-\infty,s_N],\quad s_n\in\mathbb{R},n=1,\cdots,N$$

(参看 Cinlar(2011)的证明 3.7)。图 5.2 展示了$\mathbb{R}^2$ 上的集合的例子 $I=(-\infty,s_1]\times(-\infty,s_2]$。

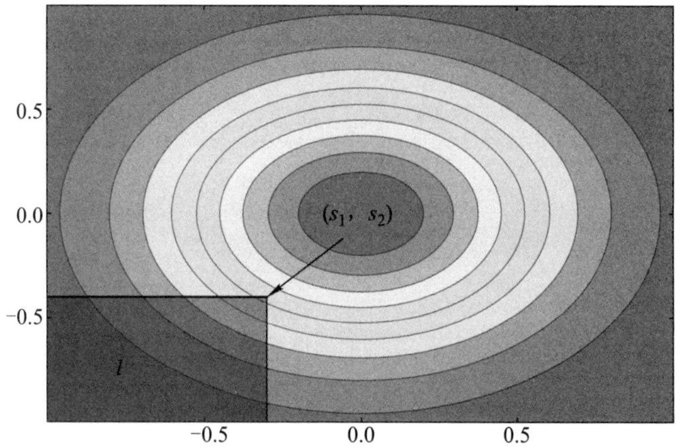

图 5.2　分布由 $\mathscr{B}$ 的元素上的值所刻画

① 参看第 15.1.1 节关于矩形的更多讨论。

因而,类似于式(4.24),$\mathbb{R}^N$ 上的分布 P 可由下面的函数来刻画

$$F(\mathbf{s}) := F(s_1,\cdots,s_N) := P(\times_{n=1}^{N}(-\infty,s_n]) \quad (\mathbf{s}\in\mathbb{R}^N) \tag{5.3}$$

这是多变量累积分布函数(multivariate cumulative distribution function)的例子,也就是函数 $F:\mathbb{R}^N\to[0,1]$,满足

(i) 函数的每一个自变量都是右连续的;

(ii) 函数的每一个自变量都是递增的;

(iii) 满足

$$\text{当 } \mathbf{s}_j\to\infty \text{ 时 } F(\mathbf{s}_j)\to 1,\text{并且} \quad \text{当 } s_{nj}\to-\infty \text{ 时 } F(s_1,\cdots,s_{nj},\cdots,s_N)\to 0$$

如同一维的情况,如果 P 由 $\mathbb{R}^N$ 上的可数子集支撑,我们称 P 是 $\mathbb{R}^N$ 上的离散分布,同时称 P 是 $\mathbb{R}^N$ 上绝对连续(absolutely continuous)的分布,如果每当 B 有零勒贝格测度时 $P(B)=0$。后者同样是密度表达式存在的必要条件和充分条件,这意味着 $\mathbb{R}^N$ 上存在密度 p,使得

$$P(B)=\int_B p(\mathbf{s})\,\mathrm{d}\mathbf{s},\text{对于所有 } B\in\mathscr{B}(\mathbb{R}^N) \tag{5.4}$$

式(5.4)的右边是多变量积分,于是我们可以更明确地将其写为

$$\int_{-\infty}^{\infty}\cdots\int_{-\infty}^{\infty}\mathbb{1}_B(s_1,\cdots,s_N)p(s_1,\cdots,s_N)\,\mathrm{d}s_1\cdots\mathrm{d}s_N \tag{5.5}$$

相反,如果 p 是 $\mathbb{R}^N$ 上的密度,那么式(5.4)就定义了分布。

例 5.1.3 $\mathbb{R}^N$ 上的多变量正态密度(multivariate normal density)或多变量高斯密度(multivariate Gaussian density)是如下形式的函数 p

$$p(\mathbf{s})=(2\pi)^{-N/2}\det(\boldsymbol{\Sigma})^{-1/2}\exp\left\{-\frac{1}{2}(\mathbf{s}-\boldsymbol{\mu})^{\mathrm{T}}\boldsymbol{\Sigma}^{-1}(\mathbf{s}-\boldsymbol{\mu})\right\} \tag{5.6}$$

其中 $\boldsymbol{\mu}$ 表示任意 $N\times1$ 向量,而 $\boldsymbol{\Sigma}$ 表示一个正定的有限 $N\times N$ 矩阵。如果用符号表示,那么我们用 $\mathrm{N}(\boldsymbol{\mu},\boldsymbol{\Sigma})$ 表示这个分布。$\mathrm{N}(\mathbf{0},\mathbf{I})$ 被称为多变量标准正态分布(multivariate standard normal distribution)。图 5.3 给出了 $N=2$ 时的标准正态密度。

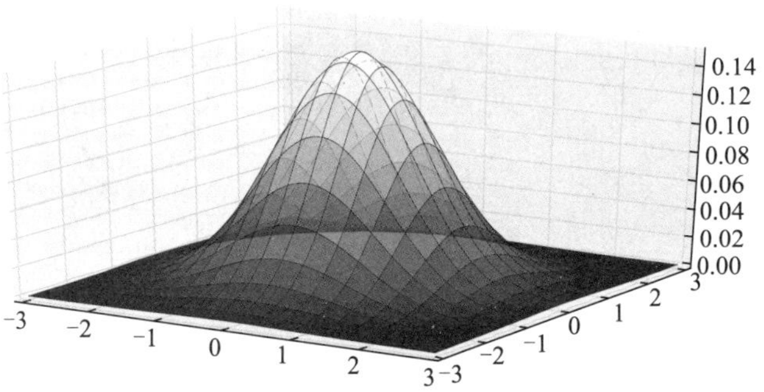

图 5.3 二维的标准正态密度

下面我们阐述建立多变量分布的一个重要方法。

事实 5.1.4 给定在 $\mathbb{R}$ 上的分布 $P_1,\cdots,P_N$,$\mathbb{R}^N$ 上存在唯一且明确定义的分布 $\mathring{P}$,使得

$$\mathring{P}(B_1\times\cdots\times B_N)=\prod_{n=1}^{N}P_n(B_n),\text{对于所有 } B_n\in\mathscr{B}(\mathbb{R}),n=1,\cdots,N$$

这个分布被称为 $P_1,\cdots,P_N$ 的乘积分布(product distribution)。如果对于所有 n,满足 $P_n=P$,我

们就将 $\mathring{P}$ 称为 P 的 N 阶乘积。事实 5.1.4 中的唯一性是来自下面的陈述：$\mathbb{R}^N$ 上的分布是由它们在 $\mathbb{R}^N$ 的柱集上的值所唯一确定的。如同我们将要看到的，乘积分布对应于独立随机变量的联合分布。

5.1.2.1　多变量分布的边缘分布

给定 $\mathbb{R}^N$ 上的任意分布 P，P 的第 n 个边缘分布(marginal distribution)是 $\mathbb{R}$ 上的分布并由

$$P_n(B) = P(\mathbb{R} \times \cdots \times \mathbb{R} \times B \times \mathbb{R} \cdots \times \mathbb{R})$$

定义。这里 B 表示笛卡尔积的第 n 个元素。我们也可以写成

$$P_n(B) = P\{\mathbf{s} \in \mathbb{R}^N : \mathbf{s}^{\mathrm{T}}\mathbf{e}_n \in B\}$$

当我们只关注第 n 个坐标的结果时，第 n 个边缘分布会告诉我们 P 的概率。我们也可以利用 P_n 经由式(4.24)提取边缘累积分布函数 F_n。

如果 P_n 是绝对连续的，则其有密度 p_n。当联合分布 P 具有密度 p 时，边缘分布 P_n 就有密度，而且 p_n 可从 p 直接借助于对其他变量进行积分而得到。例如，在二维情况下，

$$p_1(s_1) = \int_{-\infty}^{\infty} p(s_1, s_2)\,\mathrm{d}s_2$$

图 5.4 展示出二维密度是由等高线刻画的，还有通过对每一个轴进行投射获得的两个边缘。

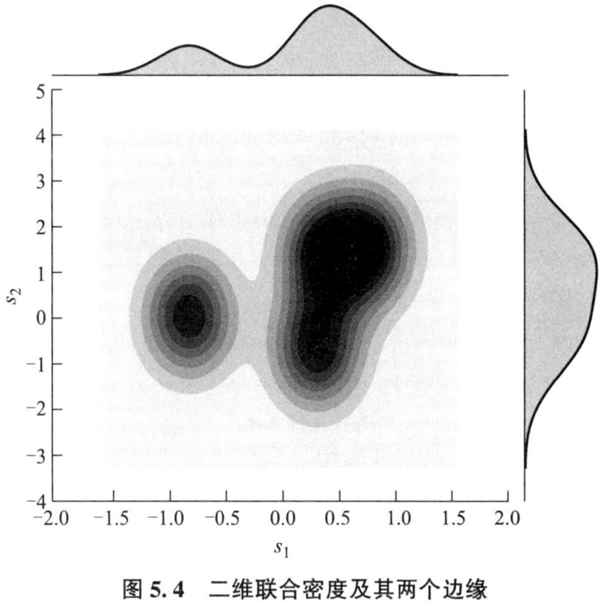

图 5.4　二维联合密度及其两个边缘

一般地说，联合分布不能仅由边缘分布来确定，这是因为边缘分布不能告诉我们不同坐标的相互作用。例外情况是当没有相互作用的时候。这正是事实 5.1.4 所描述的乘积分布的情况，至于更深入的讨论内容将由第 5.1.4 节给出。

5.1.3　随机向量的分布

设 $\mathbf{x}$ 表示 $\mathbb{R}^N$ 上的随机向量，$\mathbf{x}$ 的分布被定义为 $\mathscr{B}(\mathbb{R}^N)$ 上的概率测度 P

$$P(B) = \mathbb{P}\{\mathbf{x} \in B\} \quad (B \in \mathscr{B}(\mathbb{R}^N)) \tag{5.7}$$

在这种情况下，P 也被称为 $x_1, \cdots, x_N$ 的联合分布(joint distribution)，我们写成 $\mathcal{L}(\mathbf{x}) = P$。联合分

布也可以由式(5.3)所定义的多变量累积分布函数 $F:\mathbb{R}^N\to[0,1]$ 来表示,在这种情况下可以写成 $F(s_1,\cdots,s_N)=\mathbb{P}\{x_1\leqslant s_1,\cdots,x_N\leqslant s_N\}$,或者用向量形式表示如下:

$$F(\mathbf{s})=\mathbb{P}\{\mathbf{x}\leqslant\mathbf{s}\}\quad(\mathbf{s}\in\mathbb{R}^N)$$

由式(5.4)可得,当 $\mathbf{x}$ 的分布 P 是绝对连续的,则存在 $\mathbb{R}^N$ 上的非负函数 p 满足

$$\int_B p(\mathbf{s})\mathrm{d}\mathbf{s}=\mathbb{P}\{\mathbf{x}\in B\}\quad(B\in\mathscr{B}(\mathbb{R}^N))\tag{5.8}$$

这里 $\int_B$ 表示区域 B 上的多变量积分,函数 p 被称为 $\mathbf{x}$ 的密度或联合密度(joint density)。为了使式(5.8)成立,它需要满足

$$\int_{-\infty}^{s_N}\cdots\int_{-\infty}^{s_1}p(t_1,\cdots,t_N)\mathrm{d}t_1\cdots\mathrm{d}t_N=F(s_1,\cdots,s_N)\tag{5.9}$$

对于所有的 $s_n\in\mathbb{R}$,$n=1,\cdots,N$。

5.1.3.1 联合分布 v.s.边缘分布

如果 $\mathbf{x}=(x_1,\cdots,x_N)$ 是 $\mathbb{R}^N$ 上的随机向量,则每一个 x_n 是 $\mathbb{R}$ 上的随机变量。设 $P_n=\mathcal{L}(x_n)$,则有

$$P_n(B)=\mathbb{P}\{x_n\in B\}\quad(B\in\mathscr{B}(\mathbb{R}),n=1,\cdots,N)\tag{5.10}$$

这当然是相对于 $\mathbf{x}$ 的联合分布而言的边缘分布,如同第 5.1.2.1 节所介绍的。在这种情况下,它被称为 x_n 的边缘分布,以便于将它和 $\mathbf{x}$ 的(联合)分布区分开来。从数学角度来看,x_n 的边缘分布和 x_n 的分布是相同的。

如果 $P_1=P_2=\cdots=P_N$,我们称 $x_1,\cdots,x_N$ 是同分布的(identically distributed)。

5.1.3.2 高斯随机向量

设 z 是 $\mathbb{R}$ 上的标准正态分布。如果对于某个 $\sigma\geqslant0$ 有 $x=\mu+\sigma z$,则随机变量 x 被称为正态分布,我们写成 $\mathcal{L}(x)=\mathrm{N}(\mu,\sigma)$。这里我们明确允许 $\sigma=0$ 的可能性,在此情况下 $\mathrm{var}[x]=0$,$\mathbb{P}\{x=\mu\}=1$。

$\mathbb{R}^N$ 上的随机向量 $\mathbf{x}$ 被称为多变量正态或多变量高斯,如果存在 $K\times1$ 标准正态随机向量 $\mathbf{z}$,$N\times K$ 矩阵 $\mathbf{C}$ 以及 $N\times1$ 向量 $\boldsymbol{\mu}$,使得

$$\mathbf{x}=\boldsymbol{\mu}+\mathbf{C}\mathbf{z}\tag{5.11}$$

我们再次明确允许出现退化情况,因为统计学中经常发生这样的事情。如果 $\mathbf{x}$ 是多变量正态的,那么我们可以写成 $\mathcal{L}(\mathbf{x})=\mathrm{N}(\boldsymbol{\mu},\boldsymbol{\Sigma})$,其中

$$\boldsymbol{\mu}:=\mathbb{E}\mathbf{x},\quad \boldsymbol{\Sigma}:=\mathrm{var}\ \mathbf{x}$$

在式(5.11)的情况下,我们有 $\boldsymbol{\Sigma}=\mathbf{C}\mathbf{C}^{\mathrm{T}}$。可参看事实 5.1.2。

注意,$\mathcal{L}(\mathbf{x})=\mathrm{N}(\boldsymbol{\mu},\boldsymbol{\Sigma})$ 并不意味着 $\mathbf{x}$ 具有如式(5.6)所表示的多变量正态密度。原因在于 $\mathbf{x}$ 的分布可能不是绝对连续的。例如,如果式(5.11)中 $\mathbf{C}=\mathbf{0}$,那么 $\mathbf{x}$ 将所有质量放置在 $\mathbb{R}^N$ 的一个点上。没有绝对连续性,就不能存在密度表达式。

$\mathbf{x}$ 分布的绝对连续性与设 $\boldsymbol{\Sigma}:=\mathrm{var}\ \mathbf{x}$ 是非奇异的情况相吻合。(或许正因为这一点,随机向量具有密度的情景有时被计量经济学家称为"非奇异情况"(nonsingular case))。对于式(5.11)所定义的 $\mathbf{x}$,当且仅当 $\mathbf{C}^{\mathrm{T}}$ 是列满秩时,$\boldsymbol{\Sigma}$ 的非奇异性成立(参看练习题 3.5.28)。

事实 5.1.5 设 $\mathbf{x}$ 是 $\mathbb{R}^N$ 上的随机向量,下面两个陈述是正确的。

(i) 向量 $\mathbf{x}$ 是多变量正态分布,当且仅当 $\mathbb{R}$ 上的 $\mathbf{a}^{\mathrm{T}}\mathbf{x}$ 是正态分布的,对于每一个常值 $N\times1$ 向量 $\mathbf{a}$ 成立。

(ii) 如果 $\mathcal{L}(\mathbf{x})=\mathrm{N}(\boldsymbol{\mu},\boldsymbol{\Sigma})$，那么

$$\mathcal{L}(\mathbf{A}\mathbf{x}+\mathbf{b})=\mathrm{N}(\mathbf{A}\boldsymbol{\mu}+\mathbf{b},\mathbf{A}\boldsymbol{\Sigma}\mathbf{A}^{\mathrm{T}})$$

对于所有一致的常值 $\mathbf{A},\mathbf{b}$ 成立。

事实 5.1.5 的一个推论是，如果 $\mathbf{x}=(x_1,\cdots,x_N)$ 是多变量正态分布，则 x_n 的边缘分布是单变量正态的。这可以在(i)中取 $\mathbf{a}=\mathbf{e}_n$ 来得到。实际上，(ii)中的规则意味着

$$\mathcal{L}(x_n)=\mathcal{L}(\mathbf{e}_n^{\mathrm{T}}\mathbf{x})=\mathrm{N}(\mathbf{e}_n^{\mathrm{T}}\boldsymbol{\mu},\mathbf{e}_n^{\mathrm{T}}\boldsymbol{\Sigma}\mathbf{e}_n)=\mathrm{N}(\mu_n,\sigma_n^2) \tag{5.12}$$

这里 σ_n^2 表示 $\boldsymbol{\Sigma}$ 的第 n,n 个元素。

下面是一个常见的考试问题：N 个单变量正态随机变量的联合分布是否总是多变量正态分布呢？答案是否定的。第 5.1.5 节将给出一个反例。也可以参看下面的事实 5.1.14。

5.1.3.3　来自分布的期望

设 $h:\mathbb{R}^N\to\mathbb{R}$ 是任意 $\mathscr{B}$ 可测函数，并设 P 是 $\mathbb{R}^N$ 上的分布。在第 4.2.3 节我们已经看到，通过将 h 作为 $(\mathbb{R},\mathscr{B}(\mathbb{R}),P)$ 上的随机变量并对其取期望，可以给表达式 $\int h(s)P(\mathrm{d}s)$ 赋予某种含义。对于 $\mathbb{R}^N$ 的情况，我们同样可以照做，h 现在被看成 $(\mathbb{R}^N,\mathscr{B}(\mathbb{R}^N),P)$ 上的随机变量。其期望将写成

$$\mathbb{E}_P h:=\int h(\mathbf{s})P(\mathrm{d}\mathbf{s}) \tag{5.13}$$

这是事实 4.2.3 的多变量形式。

事实 5.1.6　设 $h:\mathbb{R}^N\to\mathbb{R}$ 是 $\mathscr{B}$ 可测函数，并设 P 是 $\mathbb{R}^N$ 上的分布。如果 P 是离散的，具有 PMF $\{p_j\}_{j\geqslant 1}$ 和支撑 $\{\mathbf{s}_j\}_{j\geqslant 1}$，则

$$\int h(\mathbf{s})P(\mathrm{d}\mathbf{s})=\sum_{j\geqslant 1}h(\mathbf{s}_j)p_j \tag{5.14}$$

如果 P 是绝对连续的且具有密度 p，则

$$\int h(\mathbf{s})P(\mathrm{d}\mathbf{s})=\int h(\mathbf{s})p(\mathbf{s})\,\mathrm{d}\mathbf{s} \tag{5.15}$$

式(5.15)的右边应该被理解成

$$\int_{-\infty}^{\infty}\cdots\int_{-\infty}^{\infty}h(s_1,\cdots,s_N)p(s_1,\cdots,s_N)\,\mathrm{d}s_1\cdots\mathrm{d}s_N$$

在第 4.2.5 节我们看到，随机变量的函数的期望可以利用它们的分布来计算。这同样适用于随机向量的函数。具体来说，假定我们想计算 $\mathbb{E}h(\mathbf{x})$，其中 $h:\mathbb{R}^N\to\mathbb{R}$ 是 $\mathscr{B}$ 可测函数。为了计算期望，我们要么通过在原始概率空间 $(\Omega,\mathscr{F},\mathbb{P})$ 计算 $h(\mathbf{x})$ 的期望来完成，要么考察 $\mathbf{x}$ 的分布 P，然后通过计算 $(\mathbb{R}^N,\mathscr{B}(\mathbb{R}^N),P)$ 上 h 的期望来完成。这可以借助于下述对事实 4.2.8 的扩展来表示。

事实 5.1.7　如果 $\mathcal{L}(\mathbf{x})=P$ 且 $h:\mathbb{R}^N\to\mathbb{R}$ 是 $\mathscr{B}$ 可测函数并使得 $h(\mathbf{x})$ 是可积分的，则

$$\mathbb{E}\,h(\mathbf{x})=\int h(\mathbf{s})P(\mathrm{d}\mathbf{s})$$

其中 $\int h(\mathbf{s})P(\mathrm{d}\mathbf{s})$ 表示 $(\mathbb{R}^N,\mathscr{B}(\mathbb{R}^N),P)$ 上 h 的期望。

如同单变量情况，这意味着像矩这样的对象是分布的性质。例如，假定 $\mathbf{x}$ 是 $\mathbb{R}^K$ 上的随机向量且 $\mathcal{L}(\mathbf{x})=P$。$\mathbf{x}$ 的方差-协方差矩阵 $\mathrm{var}[\mathbf{x}]$ 具有第 i,j 元素 $\mathbb{E}[x_ix_j]-\mathbb{E}[x_i]\mathbb{E}[x_j]$。我们可将此式用 P 写出来。特别是，如果

$$\boldsymbol{\Sigma}_P=(\sigma_{ij})\text{，其中 }\sigma_{ij}:=\int(s_is_j)P(\mathrm{d}\mathbf{s})-\int s_iP(\mathrm{d}\mathbf{s})\cdot\int s_jP(\mathrm{d}\mathbf{s}) \tag{5.16}$$

那么 $\boldsymbol{\Sigma}_P=\mathrm{var}[\mathbf{x}]$。

5.1.4 独立性质

N 个随机变量 $x_1,\cdots,x_N$ 被称为独立的(independent),如果

$$\mathbb{P}\bigcap_{n=1}^{N}\{x_n \in B_n\} = \prod_{n=1}^{N}\mathbb{P}\{x_n \in B_n\} \tag{5.17}$$

对于任意 $B_1,\cdots,B_N$,其中每一个 B_n 都表示$\mathbb{R}$ 的一个博雷尔子集。从对事件的独立性的定义来看,当形式为$\{x_1 \in B_1\},\cdots,\{x_N \in B_N\}$的集合是独立事件时,随机变量 $x_1,\cdots,x_N$ 才是独立的。

如果$\{x_n\}_{n=1}^{\infty}$的任何有限子集在前面定义下是独立的,则随机变量$\{x_n\}_{n=1}^{\infty}$的无限集合被称为独立的。我们用缩写 IID 表示随机变量集合既是独立的又是同分布的。如果我们说$\{x_n\}_{n=1}^{\infty}$是 x 的独立同分布(IID)抽样数据,我们的意思是指随机变量$\{x_n\}_{n=1}^{\infty}$是独立同分布的,并具有与 x 相同的分布。

我们可以用一些等价的方式来重新表述独立性的定义。由于$\cap_{n=1}^{N}\{x_n \in B_n\} = \{(x_1,\cdots,x_N) \in B_1\times\cdots\times B_N\}$,所以利用式(5.7)和式(5.10)可直接将式(5.17)转变成

$$P(B_1\times\cdots\times B_N) = \prod_{n=1}^{N}P_n(B_n) \tag{5.18}$$

这里 P 表示 $\mathbf{x}=(x_1,\cdots,x_N)$ 的联合分布,P_n 是它的第 n 个边缘分布。因而,随机向量的元素是独立的,当且仅当它们的联合分布等同于由它们的边缘分布所形成的乘积分布(参看事实 5.1.4)。

对于所有 $B_1,\cdots,B_N$,如果它们都属于某一集合族,像第 5.1.2 节所讨论的矩形,则式(5.18)的左边和右边将是一致的。正是因为这个原因,$x_1,\cdots,x_N$ 独立的充要条件是

$$F(s_1,\cdots,s_N) = \prod_{n=1}^{N}F_n(s_n) \tag{5.19}$$

对于所有$(s_1,\cdots,s_N) \in \mathbb{R}^N$,其中 F 表示 $\mathbf{x}$ 的 CDF,而 $F_1,\cdots,F_N$ 表示边缘 CDF。如果 $\mathbf{x}$ 的分布是绝对连续的,则我们也可以通过其密度来检验独立性。

事实 5.1.8 如果 $\mathbf{x}=(x_1,\cdots,x_N)$ 具有联合密度 p 和边缘密度 $p_1,\cdots,p_N$,那么 $x_1,\cdots,x_N$ 是独立的,当且仅当

$$p(s_1,\cdots s_N) = \prod_{n=1}^{N}p_n(s_n),\text{对于所有}(s_1,\cdots,s_N) \in \mathbb{R}^N$$

例 5.1.4 设 $\mathcal{L}(\mathbf{x})= \mathcal{L}(x_1,\cdots,x_N)= \mathrm{N}(\boldsymbol{\mu},\boldsymbol{\Sigma})$。此外假定 $\boldsymbol{\Sigma}$ 是对角的,且第 n 个对角元素 $\sigma_n > 0$。那么 $x_1,\cdots,x_N$ 是独立的。为了证明这一点,通过观察可以发现,对于任何$(s_1,\cdots,s_N) \in \mathbb{R}^N$,我们有

$$\begin{aligned} p(\mathbf{s}) &= (2\pi)^{-N/2}\det(\boldsymbol{\Sigma})^{-1/2}\exp\left\{-\frac{1}{2}(\mathbf{s}-\boldsymbol{\mu})^{\mathrm{T}}\boldsymbol{\Sigma}^{-1}(\mathbf{s}-\boldsymbol{\mu})\right\} \\ &= \frac{1}{(2\pi)^{N/2}\prod_{n=1}^{N}\sigma_n}\exp\left\{-\frac{1}{2}\sum_{n=1}^{N}(s_n-\mu_n)^2\sigma_n^{-2}\right\} \end{aligned}$$

其中行列式的计算与 $\boldsymbol{\Sigma}$ 的逆运用了事实 3.2.1 与事实 3.2.2。最后的表达式可以被进一步分解,于是得出

$$p(\mathbf{s}) = \prod_{n=1}^{N}\frac{1}{(2\pi)^{1/2}\sigma_n}\exp\left\{\frac{-(s_n-\mu_n)^2}{2\sigma_n^2}\right\} = \prod_{n=1}^{N}p_n(s_n)$$

其中 p_n 表示 $\mathrm{N}(\mu_n,\sigma_n^2)$ 的密度。于是,独立性可由事实 5.1.8 得到。

下面这个事实总体是正确的,但是在密度情况下最容易证明,这里可应用式(5.15)和事实 5.1.8。

事实 5.1.9　如果 $x_1,\cdots,x_N$ 是独立的，而且每一个 x_n 都是可积的，则

$$\mathbb{E}\left[\prod_{n=1}^{N} x_n\right] = \prod_{n=1}^{N} \mathbb{E}[x_n]$$

随机向量的独立性定义几乎和标量的情况一样。$\mathbb{R}^K$中的随机向量 $\mathbf{x}_1,\cdots,\mathbf{x}_N$ 被称为独立的，如果

$$\mathbb{P}\bigcap_{n=1}^{N}\{\mathbf{x}_n \in B_n\} = \prod_{n=1}^{N} \mathbb{P}\{\mathbf{x}_n \in B_n\} \tag{5.20}$$

对于任意 $B_1,\cdots,B_N$，其中 B_n 表示$\mathbb{R}^K$的博雷尔子集。

事实 5.1.10　如果 $\mathbf{x}_1,\cdots,\mathbf{x}_N$ 是$\mathbb{R}^K$上的独立随机向量，$f_1,\cdots,f_N$ 是任意 $\mathscr{B}$ 可测函数，则 $f_1(\mathbf{x}_1),\cdots,f_N(\mathbf{x}_N)$ 也是独立的。

为了证明这一点，通过观察可以发现，$f_n(\mathbf{x}_n)\in B_n$ 当且仅当 $\mathbf{x}_n\in f^{-1}(B_n)$，这可由集合的原象的定义得到（参看第 15.2 节）。这就可以得出

$$\bigcap_{n=1}^{N}\{f_n(\mathbf{x}_n) \in B_n\} = \bigcap_{n=1}^{N}\{\mathbf{x}_n \in f^{-1}(B_n)\}$$

现在应用 $x_1,\cdots,x_N$ 的独立性可以得到

$$\mathbb{P}\bigcap_{n=1}^{N}\{f_n(\mathbf{x}_n) \in B_n\} = \prod_{n=1}^{N}\mathbb{P}\{\mathbf{x}_n \in f^{-1}(B_n)\} = \prod_{n=1}^{N}\mathbb{P}\{f_n(\mathbf{x}_n) \in B_n\}$$

事实 5.1.10 完成证明。

事实 5.1.11　如果 $\mathbf{x}$ 与 $\mathbf{y}$ 是独立的，那么 $\mathrm{cov}(\mathbf{x},\mathbf{y})=0$。

注意，反过来是不正确的：人们可以构建具有协方差为零的相关随机变量的例子。然而，存在下面的事实。

事实 5.1.12　如果 $\mathbf{x}$ 是多变量高斯的，同时 $\mathbf{A}$ 和 $\mathbf{B}$ 是一致的常值矩阵，则 $\mathbf{Ax}$ 与 $\mathbf{Bx}$ 是独立的，当且仅当 $\mathrm{cov}(\mathbf{Ax},\mathbf{Bx})=\mathbf{0}$。

我们在例 5.1.4 中已经证明了这一事实的简单形式。完整证明要利用特征函数的理论来给出（例如，参看 Gut(2009) 的第 5 章）。下面是两个十分有用的相关结果。第一个结果是将正交投影和多变量高斯模型联系起来（证明留作练习题 5.4.11 完成）。

事实 5.1.13　设 S 是$\mathbb{R}^N$ 的任意线性子空间，设 $\mathbf{P}:=\mathrm{proj}S$ 并且 $\mathbf{M}$ 是残差投影。如果 $\mathbb{R}^N$ 中 $\mathcal{L}(\mathbf{z})=\mathrm{N}(\mathbf{0},\sigma^2\mathbf{I})$，对于某些 $\sigma^2>0$，则 $\mathbf{Pz}$ 与 $\mathbf{Mz}$ 是独立的。

事实 5.1.14　如果对于所有 n，$w_1,\cdots,w_N$ 是独立的，并满足 $\mathcal{L}(w_n)=\mathrm{N}(\mu_n,\sigma_n^2)$，则

$$\mathcal{L}\left[\alpha_0 + \sum_{n=1}^{N}\alpha_n w_n\right] = \mathrm{N}\left(\alpha_0 + \sum_{n=1}^{N}\alpha_n\mu_n, \sum_{n=1}^{N}\alpha_n^2\sigma_n^2\right)$$

最后这个事实是非常重要的，因为任意正态分布之和并不总是正态的。还需满足的要求是多变量正态分布。事实 5.1.14 之所以成立，是因为独立性使联合分布确定为多变量正态分布。具体来说，$\mathcal{L}(w_1,\cdots,w_N)=\mathrm{N}(\boldsymbol{\mu},\boldsymbol{\Sigma})$，其中 $\mathbf{e}_n^{\mathrm{T}}\boldsymbol{\mu}=\mu_n$，$\boldsymbol{\Sigma}=\mathrm{diag}(\sigma_1^2,\cdots,\sigma_N^2)$。事实 5.1.14 中的方差表达式，可由事实 4.1.10 得到。

5.1.5　连接函数

$\mathbb{R}^N$ 上的连接函数（copula）C 是由单位超立方体 $[0,1]^N$ 支撑的多变量累积分布函数（CDF），此单位超立方体 $[0,1]^N$ 具有下面的性质：其所有边缘分布都是 $[0,1]$ 上的均匀分布。换句话说，C 是具有如下形式的函数：

$$C(s_1,\cdots,s_N) = \mathbb{P}\{u_1 \leqslant s_1,\cdots,u_N \leqslant s_N\} \tag{5.21}$$

其中对于所有 n,满足 $0\leq s_n\leq 1$,而且 $\mathcal{L}(u_n)=U[0,1]$。存在许多可行的连接函数,这是因为虽然每个 u_n 都具有其确定的边缘分布,但是存在无限多种方法设定联合分布。

例 5.1.5 $[0,1]^2$ 上的函数 $C(s_1,s_2)=s_1 s_2$ 被称为独立连接函数(independence copula)。要求边缘分布 $C(s_1,1)=s_1$ 和 $C(1,s_2)=s_2$。(这些都是 $U[0,1]$分布的 CDF。)

例 5.1.6 Gumbel 连接函数(Gumbel copulas)是由下面的公式定义的$[0,1]^2$ 上的一类函数

$$C(s_1,s_2)=\exp\{-[(-\ln s_1)^\theta+(-\ln s_2)^\theta]^{1/\theta}\}\quad(\theta\geq 1)$$

Clayton 连接函数(Clayton copulas)是由

$$C(s_1,s_2)=\{\max[s_1^{-\theta}+s_2^{-\theta}-1,0]\}^{-1/\theta}\quad(\theta\geq -1,\theta\neq 0)$$

给出的。这两类都属于阿基米德连接函数(Archimedean copulas)的一般类型。

连接函数之所以有用是因为我们可以取单变量累积分布函数 $F_1,\cdots,F_N$ 以及连接函数 C,经由

$$F(s_1,\cdots,s_N)=C(F_1(s_1),\cdots,F_N(s_N))\quad(s_n\in\mathbb{R},n=1,\cdots,N)\tag{5.22}$$

来构建$\mathbb{R}^N$ 上的多变量累积分布函数。使用这两个步骤创建多变量累积分布函数的好处是,在设定多变量分布时,我们可以区分边缘分布(给出孤立坐标的概率)和联合分布(定义交互作用)。

例 5.1.7 Bonhomme and Robin(2009)利用连接函数,对来自法国劳动力调查的基于三年面板数据研究的收入动态的一个组成部分进行建模。横截面相对较大(约 30 000),允许通过正态分布的混合来为边缘分布灵活建模。然而,时间序列比较短,因而运用单一参数的连接函数族以一种简约的方式对跨时间的边缘分布加以结合。

我们通过式(5.22)能创建的多变量累积分布函数有多少呢?它是普遍的。这是归功于 Sklar(1959)的著名定理的一部分:

定理 5.1.1 如果 F 是$\mathbb{R}^N$ 上的任意累积分布函数,具有边缘分布 $F_1,\cdots,F_N$,那么存在一个连接函数 C 使得式(5.22)成立。如果每个 F_n 都是连续的,那么这个表示式是唯一的。

用连接函数可以澄清第 5.1.3.2 节所提出的观点:正态边缘分布并不是多变量正态性质的充分条件。如果 $F_1,\cdots,F_N$ 是单变量正态的,那么 $C(F_1(s_1),\cdots,F_N(s_N))$将等同于一种连接函数 C 选择下的多变量正态累积分布函数(CDF),此连接函数称为高斯连接函数。其他的选择则会导致各种不同的分布。图 5.5 提供了说明,其中上面的两个分布是多变量正态的,而下面的两个分布是通过为 Clayton 连接函数配对了单变量正态边缘分布创建的。这些分布被表示成为密度。

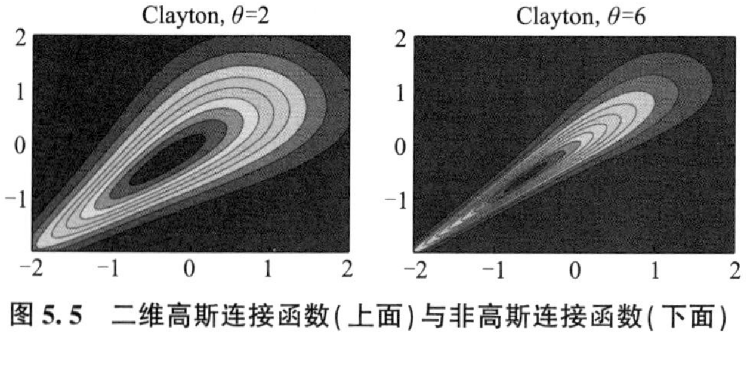

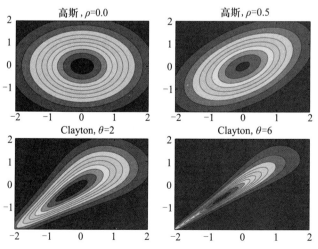

图 5.5 二维高斯连接函数(上面)与非高斯连接函数(下面)

一个相关的注意点是，虽然正态随机变量的线性组合通常被认为是正态的，但这并不正确，除非原来的随机变量是多变量正态的（参见事实 5.1.5）或独立的（这是多变量正态的特例）。举一个例子，图 5.6 展示了当 (x,y) 是根据图 5.5 右下角的密度分布时，$w=x-y$ 的抽样直方图。为了对比，有相同均值和标准差的正态密度也被画出来。

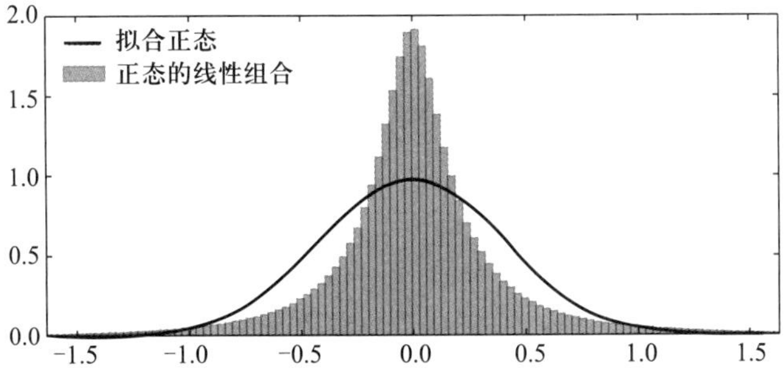

图 5.6 正态性在线性变换中并不一定保持不变

5.1.6 著名分布的性质

下面是几个与常用分布及独立性有关的事实。

事实 5.1.15 如果 $x_1,\cdots,x_N$ 是独立的，且满足 $\mathcal{L}(x_n)=\chi^2(k_n)$，则 $\mathcal{L}(\sum_n x_n)=\chi^2(\sum_n x_n)$。

事实 5.1.16 如果 z 和 x 是独立的，且满足 $\mathcal{L}(z)=\mathrm{N}(0,1)$ 和 $\mathcal{L}(x)=\chi^2(k_n)$，则

$$z\sqrt{\frac{k}{x}}\text{ 服从自由度为 } k \text{ 的 } t \text{ 分布}$$

事实 5.1.17 如果 x_1 和 x_2 是独立的，且对于 $i=1,2$ 满足 $\mathcal{L}(x_i)=\chi^2(k_i)$，则

$$\frac{x_1/k_1}{x_2/k_2}\text{ 服从系数为 } k_1,k_1 \text{ 的 } F \text{ 分布}$$

注意某些事实可以将卡方变量和正态随机变量联系起来。首先，如果 $\mathcal{L}(z)=\mathrm{N}(0,1)$，那么 $\mathcal{L}(x^2)=\chi^2(1)$。关于这一陈述的证明留作练习题 5.4.4 完成。其次，如果一组标准正态是独立的，那么它们的平方也是独立的（事实 5.1.10）。将这一结果与事实 5.1.15 结合可以得出下面的事实。

事实 5.1.18 如果 $\mathcal{L}(z_1,\cdots,z_n)=\mathrm{N}(\mathbf{0},\mathbf{I})$，则 $\mathcal{L}\left(\sum_{n=1}^{N} z_n^2\right)=\chi^2(N)$。

接下来的结果是对事实 5.1.18 的推广，而且经常出现在统计学中。

事实 5.1.19 如果 $\mathcal{L}(\mathbf{z})=\mathrm{N}(\mathbf{0},\mathbf{I})$，并且 $\mathbf{A}$ 是对称和幂等的，则

$$\mathcal{L}(\mathbf{z}^{\mathrm{T}}\mathbf{A}\mathbf{z})=\chi^2(K)\text{，其中 } K:=\operatorname{trace}\mathbf{A}$$

我们可由事实 5.1.18 得出事实 5.1.19，具体推导如下。因为 $\mathbf{A}$ 是对称的，所以运用谱分解定理可将它写成 $\mathbf{A}=\mathbf{Q}\mathbf{\Lambda}\mathbf{Q}^{\mathrm{T}}$，其中 $\mathbf{Q}$ 表示正交矩阵，而 $\mathbf{\Lambda}=\operatorname{diag}(\lambda_1,\cdots,\lambda_N)$，$\lambda_n:=\mathbf{A}$ 的第 n 个特征值。设 $\mathbf{y}:=\mathbf{Q}^{\mathrm{T}}\mathbf{z}$，于是得出

$$\mathbf{z}^{\mathrm{T}}\mathbf{A}\mathbf{z}=\mathbf{z}^{\mathrm{T}}\mathbf{Q}\mathbf{\Lambda}\mathbf{Q}^{\mathrm{T}}\mathbf{z}=\mathbf{y}^{\mathrm{T}}\mathbf{\Lambda}\mathbf{y}=\sum_{n=1}^{N}\lambda_n y_n^2$$

借助于练习题3.5.35,$\mathbf{A}$ 的幂等性意味着所有特征值都位于{0,1}。利用事实3.2.7,非零特征值的数量等于 trace$\mathbf{A}$。由此可得 $\mathbf{z}^{\mathrm{T}}\mathbf{A}\mathbf{z}$ 是 y^2 的总和,这里 $K := \mathrm{trace}\mathbf{A}$ 表示矩阵 A 的迹。利用事实5.1.18,具有这个性质的一个随机变量是 $\chi^2(K)$,每当 $\mathbf{y}$ 是标准正态的。结合 $\mathcal{L}(\mathbf{z})=\mathrm{N}(\mathbf{0},\mathbf{I})$ 和事实5.1.5,我们有 $\mathcal{L}(\mathbf{y})=\mathrm{N}(\mathbf{0},\mathbf{Q}^{\mathrm{T}}\mathbf{Q})$。然而 $\mathbf{Q}$ 是正交矩阵,所以 $\mathbf{Q}^{\mathrm{T}}\mathbf{Q}=\mathbf{I}$。

5.2 条件与期望

不论是在经济理论中,还是在计量经济学领域,条件期望都是最重要的概念之一。本节给出一种基于投影建立期望的方法,就我的看法而言,这样做比利用条件分布的初级处理和利用Radon-Nykodym 导数的高级处理都更直观、更有益。我们将首先给出信息和条件的正式概念。然后,我们根据第3.3节的正交投影知识构建条件期望的框架,将其作为已知有限信息下的最优预测。

5.2.1 条件分布

我们首先简略地讨论条件分布,并将重点放在密度情况。设 x_1 与 x_2 是随机变量。给定 $x_1=s_1$ 时 x_2 的条件密度(conditional density)被定义为

$$p(s_2 \mid s_1) := \frac{p(s_1,s_2)}{p(s_2)} \tag{5.23}$$

当分母非零时。这里 p 既可以代表联合密度、边缘密度,又可以代表条件密度,至于到底是哪一种形式,则要取决于具体情况。(例如,$p(s_i)$ 表示 x_i 在 s_i 处的边缘密度。)

全概率定律可以推广到密度情况上,具体内容如下:如果 (x_1,x_2) 是 $\mathbb{R}^2$ 上的随机向量,则有

$$p(s_2) = \int_{-\infty}^{\infty} p(s_2 \mid s_1)p(s_1)\,\mathrm{d}s_1 \quad (s_2 \in \mathbb{R}) \tag{5.24}$$

为了理解这一点,固定 $s_2 \in \mathbb{R}$,然后将联合密度积分以得到边缘密度:

$$p(s_2) = \int_{-\infty}^{\infty} p(s_1,s_2)\,\mathrm{d}s_1$$

将这一结果与 $p(s_2 \mid s_1)=p(s_1,s_2)/p(s_1)$ 相结合可以得到式(5.24)。也可以将贝叶斯法则推广到密度情况上,则有

$$p(s_2 \mid s_1) = \frac{p(s_1 \mid s_2)p(s_2)}{p(s_1)} \tag{5.25}$$

将同样的想法扩展到额外自变量上是自然而然的。例如,给定 $x_1=s_1,\cdots,x_k=s_k$ 时,条件密度 $x_{k+1},\cdots,x_N$ 被定义为

$$p(s_{k+1},\cdots,s_N \mid s_1,\cdots,s_k) = \frac{p(s_1,\cdots,s_N)}{p(s_1,\cdots,s_k)} \tag{5.26}$$

重新整理这个表达式,就得到联合密度的一种有用的分解:

$$p(s_1,\cdots,s_N) = p(s_{k+1},\cdots,s_N \mid s_1,\cdots,s_k)p(s_1,\cdots,s_k) \tag{5.27}$$

5.2.2 L_2 空间

设想我们希望利用另一个变量 x 预测随机变量 y,在这种情况下,我们应该选择 x,使得 x 与 y

在不确定性的大多数实现情况下被期望非常近。但是“期望非常近”是什么含义呢？

也许最常用的测量随机变量之间距离的方法是均方误差(mean squared error, MSE)，在此情况下被定义为$\mathbb{E}[(x-y)^2]$。我们以前在第 4.1.5 节的线性预测问题中遇到过这个概念。均方误差(MSE)的一种常见变形是均方根误差(root mean squared error)，顾名思义，是指

$$\|x-y\| := \sqrt{\mathbb{E}[(x-y)^2]} \tag{5.28}$$

式(5.28)的右边就是测量随机变量之间距离的方法，而左边所用的符号和我们利用欧几里得范数计算向量之间距离的符号相同。这既是深思熟虑的，也是惯例使然，因为在有欧几里得范数的普通向量空间与由式(5.28)所定义的“范数”结合起来的随机变量集合之间存在许多相似之处。现在我们来澄清和公式化这些想法。

我们为向量定义的第一个几何概念是内积。类似地，我们这里定义两个随机变量 x 和 y 之间的内积，写成

$$\langle x,y\rangle := \mathbb{E}[xy] \tag{5.29}$$

我们当然希望这个定义有意义，而且关于随机变量的柯西-施瓦茨不等式告诉我们，每当 x 与 y 都具有有限二阶矩时，$\mathbb{E}[xy]$将是有限的且明确定义的。因此，我们将注意力限制在这个集合上，通常用 L_2 表示。也就是，

$$L_2 := \{(\Omega,\mathscr{F},\mathbb{P})\text{ 上的所有随机变量 } x\text{，满足}\mathbb{E}[x^2] < \infty\}$$

下面列出 L_2 内积的一些性质，这类似于$\mathbb{R}^N$ 上的欧几里得内积的性质。

事实 5.2.1 对于任意 $\alpha,\beta\in\mathbb{R}$ 以及任意 $x,y,z\in L_2$，下面三个陈述是正确的。

(i) $\langle x,y\rangle = \langle y,x\rangle$；

(ii) $\langle \alpha x,\beta y\rangle = \alpha\beta\langle x,y\rangle$；

(iii) $\langle x,\alpha y+\beta z\rangle = \alpha\langle x,y\rangle+\beta\langle x,z\rangle$。

如果你将事实 5.2.1 和事实 2.1.1 进行比较，会发现基本上是一一对应的。事实 5.2.1 中的性质是由内积的定义和$\mathbb{E}$ 的线性性质(事实 4.1.5)得到的。

类似于欧几里得向量范数，我们将 L_2 范数定义如下：

$$\|x\| := \sqrt{\langle x,x\rangle} := \sqrt{\mathbb{E}[x^2]} \quad (x\in L_2) \tag{5.30}$$

由这个范数，我们得到了与式(5.28)中均方根误差一致的随机变量的距离定义$\|x-y\|$。如同内积一样，L_2 范数的性质和向量范数在很大程度上是一样的(将下面的事实与事实 2.1.2 比较)。

事实 5.2.2 对于任意 $\alpha\in\mathbb{R}$ 以及任意 $x,y\in L_2$，下面几个陈述是正确的。

(i) $\|x\|\geqslant 0$ 同时 $\|x\|=0$ 当且仅当 $x=0$；

(ii) $\|\alpha x\| = |\alpha|\,\|x\|$；

(iii) $\|x+y\| \leqslant \|x\|+\|y\|$；

(iv) $|\langle x,y\rangle| \leqslant \|x\|\,\|y\|$。

(i)需要说明，具体内容下面给出。性质(ii)可由式(5.30)和$\mathbb{E}$ 的线性性质直接得到。性质(iii)被称为三角不等式，如同向量情况一样。性质(iv)就是柯西-施瓦茨不等式，只是这里用新符号表述出来。就像向量情况一样，三角不等式可以利用柯西-施瓦茨不等式来证明。关于这个证明，参看练习题 5.4.15。

返回(i)，$\|x\|=0$ 意味着对于所有 $\omega\in\Omega$ 都有 $x(\omega)=0$ 并不正确。我们能说的是，如果$\|x\|=0$，那么$\mathbb{P}\{x=0\}=1$(比如参看 Williams(1991)的第 5.2 节)。如果我们不去区分那种只在零概率下有区别的随机变量，那么(i)是成立的。当研究 L_2 时，这是标准的惯例。

5.2.2.1 L_2 的线性子空间

从事实 5.2.2 的(ii)与(iii)我们可以看到,如果 $\alpha,\beta \in \mathbb{R}$ 同时 $x,y \in L_2$,那么 $\alpha x+\beta y$ 也具有有限范数,因此也在 L_2 中。更一般地讲,任何线性组合

$$\alpha_1 x_1 + \cdots \alpha_K x_K, \quad \alpha_k \in \mathbb{R}, x_k \in L_2$$

也都在 L_2 中。如同向量情况(参看第 2.1.2 节),当 X 是 L_2 的子集时,由 X 的元素形成的有限线性组合的集合被称为 X 的张成空间,用 span X 表示。

例 5.2.1 如果 $x \in L_2$,并且 $\mathbb{1} := \mathbb{1}_\Omega$ 是常值随机变量,总是等于 1,那么 $\text{span}\{\mathbb{1}, x\}$ 是如下随机变量的集合

$$\alpha + \beta x := \alpha \mathbb{1} + \beta x, \text{对于标量 } \alpha, \beta \tag{5.31}$$

这是当我们讨论最佳线性预测式时所阐述的集合 $\mathcal{L}$。

L_2 的子集 S 被称为 L_2 的线性子空间,如果它在加法与标量乘法下是封闭的。也就是说,对于每一个 $x,y \in S$ 同时 $\alpha,\beta \in \mathbb{R}$,我们有 $\alpha x+\beta y \in S$。

例 5.2.2 L_2 的元素的任意集合的张成空间都是 L_2 的线性子空间(比较例 2.1.9)。

例 5.2.3 集合 $Z := \{x \in L_2 : \mathbb{E}x = 0\}$ 是 L_2 的线性子空间,这是因为

$$x, y \in Z \text{ 且 } \alpha, \beta \in \mathbb{R} \Rightarrow \mathbb{E}[\alpha x + \beta y] = \alpha \mathbb{E}[x] + \mathbb{E}\beta[y] = 0$$

如同在$\mathbb{R}^N$ 中一样,L_2 的线性子空间 S 的一个标准正交基底是满足如下性质的集合$\{u_1, \cdots, u_K\} \subset S$:

$$\langle u_j, u_k \rangle = \mathbb{1}\{j = k\}, \quad \text{span}\{u_1, \cdots, u_K\} = S$$

例 5.2.4 设 $x \in L_2$,那么 $S := \text{span}\{\mathbb{1}, x\}$ 如同式(5.31)中一样,如果我们定义

$$u_1 := \mathbb{1}, \quad u_2 := \frac{x - \mu}{\sigma_x}$$

那么

$$\langle u_1, u_2 \rangle = \mathbb{E}[u_1 u_2] = \mathbb{E}\left[\frac{x - \mu}{\sigma_x}\right] = 0$$

很明显,$\|u_1\| = \|u_2\| = 1$,那么这一对是标准正交的。同样很明显得出 $\text{span}\{u_1, u_2\} = \text{span}\{\mathbb{1}, x\}$,因此对于 S 来说$\{u_1, u_2\}$是标准正交基底。

5.2.3 L_2 中的投影

鉴于 L_2 中的内积和范数与欧几里得空间的内容一起分享了许多性质,$\mathbb{R}^N$ 上的许多结果可以推广到 L_2 就并不令人意外。通常情况下,我们只需简单地改变符号就可以完成证明。我们已经对向量和欧几里得空间有了非常多的认识,因此这个过程可以产生许多关于随机变量的见解。下面我们在正交投影背景下来说明这一点。

就像在欧几里得空间的情况下,如果$\langle x, y \rangle = 0$,那么我们说 x 和 y 是正交的,并写成 $x \perp y$。在计量经济学中,这个术语运用广泛。它的重要性在一定程度上源于下面的事实,具体证明是一道简短的练习题。

事实 5.2.3 如果 $x, y \in L_2$ 并且$\mathbb{E}x = 0$ 或$\mathbb{E}y = 0$,则 $x \perp y \Leftrightarrow \text{cov}[x, y] = 0$。

现在考察如下问题。已知 $y \in L_2$,线性子空间 $S \subset L_2$,我们想要寻找 S 中最接近 y 的元素 $\hat{y}$。最接近的含义是依照 L_2 范数而定,因此对于所有 $z \in S$,$\hat{y}$ 使$\|y-z\|$最小,也就是说,要寻找

$$\hat{y} = \underset{z \in S}{\text{argmin}} \|y - z\| = \underset{z \in S}{\text{argmin}} \sqrt{\mathbb{E}[(y - z)^2]} \tag{5.32}$$

下一个定理模仿了定理 2. 2. 1。Cheney(2001)的第 2 章给出一个很好的证明,并涵盖了目前的设置。

定理 5. 2. 1 (正交投影定理 IV) 设 $y\in L_2$,并设 S 是 L_2 的任意非空的封闭线性子空间。下面两个陈述是正确的:

(i) 最优化问题式(5. 32)恰好有一个解;

(ii) $\hat{y}\in L_2$ 是式(5. 32)的唯一解①,当且仅当 $\hat{y}\in S$ 且 $y-\hat{y}\perp S$。

"S 是封闭的"意味着 $\{x_n\}\subset S$ 和 $x\in L_2$ 满足 $\|x_n-x\|\to 0$ 蕴含着 $x\in S$。这个条件适用于所有我们想要研究的线性子空间。

与$\mathbb{R}^N$的情况类似,定理 5. 2. 1 中的随机变量 $\hat{y}$ 被称为 y 在 S 上的正交投影,一旦固定 S,如同从 L_2 到 L_2 的函数,我们考察如下的运算:

$$y\to y\text{ 在 }S\text{ 上的正交投影}$$

这个函数用 $\mathbf{P}$ 表示,因此对于每一个 $y\in L_2$,符号 $\mathbf{P}y$ 表示 y 在 $\mathbf{P}$ 下的象,即正交投影 $\hat{y}$。如前所述,$\mathbf{P}$ 被称为在 S 上的正交投影,写成 $\mathbf{P}=\operatorname{proj}S$。由于 $\mathbf{P}y$ 是式(5. 32)的解,我们可以并且确实将 $\mathbf{P}y$ 解释为来自 S 的随机变量中 y 的最佳预测式。

事实 5. 2. 4 设 S 是 L_2 的任意线性子空间,并设 $\mathbf{P}=\operatorname{proj}S$,则下述几个陈述是正确的。

(i) $\mathbf{P}$ 是线性函数。

此外,对于任何 $y\in L_2$,我们有

(ii) $\mathbf{P}y\in S$;

(iii) $y-\mathbf{P}y\perp S$;

(iv) $\|y\|^2\leqslant\|\mathbf{P}y\|^2+\|y-\mathbf{P}y\|^2$;

(v) $\|\mathbf{P}y\|\leqslant\|y\|$;

(vi) $\mathbf{P}y=y$ 当且仅当 $y\in S$。

和定理 2. 2. 2 相比,在(i)的陈述中,$\mathbf{P}$ 是线性函数的含义是指 $\mathbf{P}(\alpha x+\beta y)=\alpha\mathbf{P}x+\beta\mathbf{P}y$,对于所有 $x,y\in L_2$ 以及 $\alpha,\beta\in\mathbb{R}$。

接下来的两个结论分别是事实 2. 2. 7 和事实 2. 2. 6 的 L_2 形式。本质上,这两个证明和前面是一样的。

事实 5. 2. 5 设 S_i 是 L_2 的线性子空间,$i=1,2$,并设 $\mathbf{P}_i=\operatorname{proj}S_i$。如果 $S_1\subset S_2$,则 $\mathbf{P}_1\mathbf{P}_2y=\mathbf{P}_1y$,对于所有 $y\in L_2$。

事实 5. 2. 6 如果$\{u_1,\cdots,u_K\}$是 S 的标准正交基底,则对于所有 $y\in L_2$,

$$\mathbf{P}y=\sum_{k=1}^{K}\langle y,u_k\rangle u_k \tag{5. 33}$$

例 5. 2. 5 随机变量 x 的均值可以被认为是"在常值集合内 x 的最佳预测式"。为了从新的视角理解这一点,设 $S:=\operatorname{span}\{\mathbb{1}\}$,其中$\mathbb{1}:=\mathbb{1}_\Omega$,并设 $\mathbf{P}:=\operatorname{proj}S$。对象 $\mathbf{P}x$ 正是常值随机变量集合内 x 的最佳预测式。不出意料的是,$\mathbf{P}x=\mu\mathbb{1}$,其中 $\mu:=\mathbb{E}x$。最容易的检查方法是,观察发现$\{\mathbb{1}\}$是张成 S 的标准正交集合,因此由式(5. 33),

$$\mathbf{P}x=\langle x,\mathbb{1}\rangle\mathbb{1}=\mathbb{E}[x\mathbb{1}]\mathbb{1}=\mathbb{E}[x]\mathbb{1}=\mu\mathbb{1}$$

你也可以检验下面的陈述:通过验证定理 5. 2. 1(ii)中的条件来证明 $\mu\mathbb{1}$ 是 x 在 S 上的投影。

---

① 唯一性是一种概率为 1 的表述方式:对于任意两个解 $\hat{y}_1$ 与 $\hat{y}_2$,满足$\mathbb{P}\{\hat{y}_1=\hat{y}_2\}=1$。我们已经同意不去区分这样的元素。参看事实 5. 2. 2 之后的讨论。

例 5.2.6 让我们重新审视来自第 4.1.5 节的最佳线性预测式问题,可以利用不同方式来得到同样的结果。固定 $x,y\in L_2$,考察 y 投射到 $S:=\text{span}\{\mathbb{1},x\}$。集合 S 由式(5.31)给出。将 y 投射到 S 的问题等价于式(4.21)中的最佳线性预测式问题。为了得到投影,回顾例 5.2.4:

$$u_1:=\mathbb{1},\quad u_2:=\frac{x-\mu}{\sigma_x}$$

形成 S 的标准正交基底。因此,设 $\mathbf{P}=\text{proj}S$,然后应用式(5.33)可得

$$\mathbf{P}y=\langle y,u_1\rangle u_1+\langle y,u_2\rangle u_2=\mathbb{E}[y]+\frac{\text{cov}[x,y]}{\text{var}[x]}(x-\mathbb{E}[x])$$

还可利用另一种形式,我们写成

$$\mathbf{P}y=\alpha^*+\beta^*x,\text{其中}\beta^*:=\frac{\text{cov}[x,y]}{\text{var}[x]},\alpha^*:=\mathbb{E}[y]-\beta^*\mathbb{E}[x]$$

利用第 4.1.5 节中的计算,我们就获得了同样的结论。

5.2.3.1 总体回归

我们考察将例 5.2.6 的最佳线性预测式的问题扩展到更一般的设置上,其中用于预测 y 的信息是在$\mathbb{R}^K$中的随机向量 $\mathbf{x}$。和前面一样,预测是线性的,目标是使平方误差最小化。因此,所寻求的对象是 $\mathbf{y}$ 在下面线性子空间的 L_2 正交投影

$$\text{span}\{\mathbf{x}\}:=\text{所有形式为 }\mathbf{x}^{\mathrm{T}}\mathbf{b}\text{ 的随机变量,对于某个 }\mathbf{b}\in\mathbb{R}^K$$

为了使得 $\text{span}\{\mathbf{x}\}\subset L_2$,我们将假定$\mathbb{E}[\mathbf{x}^{\mathrm{T}}\mathbf{x}]<\infty$。

事实 5.2.7 如果$\mathbb{E}[\mathbf{x}^{\mathrm{T}}\mathbf{x}]$是正定的,则任何 $y\in L_2$ 在 $\text{span}\{\mathbf{x}\}$ 上的投影 $\mathbf{P}y$ 都是由下式给出的,即

$$\hat{y}=\mathbf{x}^{\mathrm{T}}\mathbf{b}^*,\text{其中}\quad\mathbf{b}^*:=\mathbb{E}[\mathbf{x}\mathbf{x}^{\mathrm{T}}]^{-1}\mathbb{E}[\mathbf{x}y]\tag{5.34}$$

关于这一点的证明,留作练习题 5.4.16 完成。$\mathbb{E}[\mathbf{x}\mathbf{x}^{\mathrm{T}}]$的正定性确保了可逆性,如果没有该性质,向量 $\mathbf{b}^*$ 就不是唯一确定的(参看练习题 3.5.34)。注意,由正交投影的定义可知,$\mathbf{b}^*$ 一定满足

$$\mathbf{b}^*=\underset{\mathbf{a}\in\mathbb{R}^K}{\text{argmin}}\,\mathbb{E}[(y-\mathbf{x}^{\mathrm{T}}\mathbf{a})^2]$$

这里所考察的线性预测问题也被称为总体线性回归。之所以有"总体"的限定词,是因为当我们计算期望时使用了真实联合分布$(\mathbf{x},y)$。总体回归存在样本的对应形式,被称为多变量线性回归,它建立在观测值$(\mathbf{x},y)$基础上。我们将在第 11 章中加以讨论。

5.2.4 可测性

为了获得例 5.2.6 和事实 5.2.7 中的最佳线性预测式,运用投影是十分优雅且有用的,但我们并不总是想把自己约束在线性预测当中。为了去掉线性要求,我们将用于投影的线性子空间从 $\mathbf{x}$ 的线性函数集合改变到 $\mathbf{x}$ 的任意函数集合上。正如我们现在所要证明的,最佳预测式确实是关于 $\mathbf{x}$ 的条件期望。

这个过程的关键是定义投影到哪一个子空间上。如果用概率语言表述,那么 $\mathbf{x}$ 的任意实值函数的子空间就被称为 $\mathbf{x}$ 可测函数。下面我们逐步来运用这些想法,从信息集的可测性概念开始阐述。

设 $\mathcal{G}:=\{x_1,\cdots,x_D\}$ 是任意随机变量的集合,并设 z 是任意的其他随机变量。变量 z 被称为 $\mathcal{G}$ 可测的,如果存在 $\mathscr{B}$可测函数 $g:\mathbb{R}^D\to\mathbb{R}$ 使得

$$z = g(x_1, \cdots, x_D) \tag{5.35}$$

和前面一样，这种随机变量之间的相等应该被解释为逐点形式，因此一种更明确的形式是

$$z(\omega) = g(x_1(\omega), \cdots, x_D(\omega))，\text{对于所有 } \omega \in \Omega \tag{5.36}$$

在这种背景下，$\mathcal{G}$ 有时被称为信息集(information set)。为了方便起见，我们还会写成 $\mathbf{x} = (x_1, \cdots, x_D)$，并且说 z 是 $\mathbf{x}$ 可测的。类似的术语也可用于标量和矩阵。例如，如果 $\mathbf{X}$ 是随机矩阵，那么当 $\mathcal{G}$ 列出 $\mathbf{X}$ 的所有元素时，$\mathbf{X}$ 可测性意味着 $\mathcal{G}$ 可测性。

z 的 $\mathcal{G}$ 可测性的直观含义是，z 完全可以由 $\mathcal{G}$ 中的元素来确定。把它想象成这样：当不确定性得以实现时，则某个 ω 就从 Ω 中被选定。我们并不要求 ω 本身什么内容，而要观察式(5.36)右边的实现值 $x_1(\omega), \cdots, x_D(\omega)$。如果 z 是 $\mathcal{G}$ 可测的，我们现在就可计算 z 的实现值 $z(\omega)$，甚至在不知道 ω 的情况下。

例 5.2.7　设 x，y 以及 z 都是随机变量，并设 α 与 β 是标量。如果 $z = \alpha x + \beta y$，则 z 是 $\{x, y\}$ 可测的(取 $g(s,t) := \alpha s + \beta t$)。

例 5.2.8　如果 $x_1, \cdots, x_N$ 是随机变量，$\mathcal{G} := \{x_1, \cdots, x_N\}$，则样本平均值 $\bar{x}_N := \frac{1}{N}\sum_{n=1}^{N} x_n$ 是 $\mathcal{G}$ 可测的。

例 5.2.9　设 $\mathbf{x}$ 与 y 是独立且非退化的，则 y 不是 $\mathbf{x}$ 可测的，原因在于，如果它是，那么我们会有某个函数 g 使得 $y = g(\mathbf{x})$，这一点和 $\mathbf{x}$ 与 y 的独立性相矛盾。①

例 5.2.10　设 y 在下面的意义上是 x 的噪声信号，即 $y = x + u$，其中 x 与 u 是独立的，u 是非退化的，则 y 不是 x 可测的，从直觉上看，即使我们知道 x 的值，但直到知道扰动项 u 的值之后，才能计算 y 的实现值。更正式地说，如果 y 是 x 可测的，那么对于某个 g 来说 $y = g(x)$，在这种情况下 $u = g(x) - x$。于是 u 是 x 可测的，与独立性相矛盾。

例 5.2.11　设 $y = \alpha$，其中 α 表示常数。对于任意信息集 $\mathcal{G}$ 来说，这个退化随机变量是 $\mathcal{G}$ 可测的，这是因为 y 已经是确定的。例如，如果 $\mathcal{G} = \{x_1, \cdots, x_p\}$，则可以取 $y = g(x_1, \cdots, x_p) = \alpha + \sum_{i=1}^{p} 0 x_i$。

如果给定 $\mathcal{G}$ 中的信息时 x 与 y 是已知的，那么仅仅依赖于 x 与 y 的第三个随机变量在给定 $\mathcal{G}$ 时也是已知的。因此 $\mathcal{G}$ 可测性在加法、乘法等运算下是保持不变的。具体来说，存在下面的事实。

事实 5.2.8　设 α，β 是任意标量，并设 x 与 y 是随机变量。如果 x 与 y 都是 $\mathcal{G}$ 可测的，则 $u := xy$ 与 $v := \alpha x + \beta y$ 也是 $\mathcal{G}$ 可测的。

现在假定 $\mathcal{G} \subset L_2$，它意味着 $\mathcal{G}$ 中的所有随机变量都具有有限的二阶矩。考察下面的集合：

$$L_2(\mathcal{G}) := \{L_2 \text{ 中的所有 } \mathcal{G} \text{ 可测随机变量}\}$$

鉴于事实 5.2.8，我们得到以下结论。

事实 5.2.9　对于任意 $\mathcal{G} \subset L_2$，集合 $L_2(\mathcal{G})$ 是 L_2 的线性子空间。

这为我们提供了一个可以投射的子空间，并允许我们定义条件期望。但是，在这样做之前，我们首先研究一下通过集合蕴含(set inclusion)的概念来对信息集进行排序的问题。

事实 5.2.10　如果 $\mathcal{G} \subset \mathcal{H}$ 且 z 是 $\mathcal{G}$ 可测的，则 z 是 $\mathcal{H}$ 可测的。

这个看起来非常直观：如果知道 $\mathcal{G}$ 中的变量就可以知道 z，那么当 $\mathcal{H}$ 提供的额外信息可用时，它当然也是已知的。

① 更严谨的证明要利用 σ 代数，不过这样的表述不太直观。

例 5.2.12　设 x_1, x_2 以及 y 为随机变量,并设

$$\mathcal{G} := \{x_1\} \subset \{x_1, x_2\} =: \mathcal{H}$$

如果 y 是 $\mathcal{G}$ 可测的,那么对某个 $\mathscr{B}$ 可测的 g,存在 $y=g(x_1)$。但是,y 也将是 $\mathcal{H}$ 可测的。例如,我们可以写出 $y=h(x_1,x_2)$,其中 $h(x_1,x_2)=g(x_1)+0\ x_2$。

于是,可以立刻得出下面的事实。

事实 5.2.11　如果 $\mathcal{G} \subset \mathcal{H}$,则 $L_2(\mathcal{G}) \subset L_2(\mathcal{H})$ 。

顺便提一下,大多数的高阶概率论教材都利用 σ 代数形式给出 $\mathcal{G}$ 可测性的定义。如果你想要完成所有的相关证明,这是必要的。但这里所给出的定义是等价且直观的。如果你想了解更多的内容,参看 Çinlar(2011) 中的定理 4.4。

5.2.5　条件期望

现在可以给出条件期望的定义。设 $\mathcal{G} \subset L_2$ 并且 y 是 L_2 中的某个随机变量。给定 $\mathcal{G}$ 时 y 的条件期望(conditional expectation)被写成 $\mathbb{E}[y \mid \mathcal{G}]$ 或 $\mathbb{E}^{\mathcal{G}}[y]$,并被定义为最接近 y 的 $\mathcal{G}$ 可测随机变量。更正式地说,

$$\mathbb{E}[y \mid \mathcal{G}] := \underset{z \in L_2(\mathcal{G})}{\operatorname{argmin}} \|y - z\| \tag{5.37}$$

这个定义是有道理的。我们对条件期望 $\mathbb{E}[y \mid \mathcal{G}]$ 的理解是,给定 $\mathcal{G}$ 中所包含的信息,条件期望是 y 的最佳预测式。式(5.37)中的定义也表达出同样的含义。与此同时,它将 $\mathbb{E}[y \mid \mathcal{G}]$ 限制为 $\mathcal{G}$ 可测的,因此一旦 $\mathcal{G}$ 中的变量得以实现,实际上我们就可以计算它,并就均方根误差而言,选择 $\mathbb{E}[y \mid \mathcal{G}]$ 作为与 y 最接近的变量。

可是,这样的最小化式通常存在吗?而且,它是唯一的吗?这两个问题的答案都是肯定的。比较式(5.37)和式(5.32),我们可以发现

$$\mathbb{E}[y \mid \mathcal{G}] = \mathbf{P}y, \quad 当\ \mathbf{P} := \operatorname{proj} L_2(\mathcal{G})$$

根据定理 5.2.1,投影存在并且是唯一的。定理 5.2.1 也将 $\mathbb{E}[y \mid \mathcal{G}]$ 特征化为 L_2 中的唯一点 $\hat{y}$,使得

$$\hat{y} \in L_2(\mathcal{G}) \quad 且 \quad y - \hat{y} \perp z, \quad 对于所有\ z \in L_2(\mathcal{G})$$

用稍不同的方式重写这些条件,我们可以给出一个可替代的(且等价的)条件期望的定义:给定 $\mathcal{G}$,$\hat{y} \in L_2$ 是 y 的条件期望,如果:

(i) $\hat{y}$ 是 $\mathcal{G}$ 可测的;

(ii) 对于所有 $\mathcal{G}$ 可测量的 $z \in L_2$,$\mathbb{E}[\hat{y}z] = \mathbb{E}[yz]$。

为了方便起见,我们也会使用符号 $\mathbb{E}[y \mid x_1, \cdots, x_D]$ 或 $\mathbb{E}[y \mid \mathbf{x}]$。当 $\mathcal{G}$ 被定义为包含条件变量的信息集时,这些符号与 $\mathbb{E}[y \mid \mathcal{G}]$ 是一样的。

例 5.2.13　如果 x 与 u 是独立的,$\mathbb{E}u=0$ 且 $y=x+u$,则 $\mathbb{E}[y \mid x]=x$。为了证明这一点,我们需要证明 x 满足上面的(i)—(ii)。很明显,x 是 x 可测的。对于(ii),我们需要证明对于所有 x 可测的 z,$\mathbb{E}[xz]=\mathbb{E}[yz]$。这意味着对于任何 $\mathscr{B}$ 可测的 g,

$$\mathbb{E}[xg(x)] = \mathbb{E}[(x+u)g(x)]$$

这个等式成立可由独立性和 $\mathbb{E}u=0$ 得到。

事实 5.2.12　给定 $\mathbf{x} \in \mathbb{R}^D$ 且 y 在 L_2 中,存在 $\mathscr{B}$ 可测函数 $f^*: \mathbb{R}^D \to \mathbb{R}$,使得 $\mathbb{E}[y \mid \mathbf{x}] = f^*(\mathbf{x})$。

这很明显,原因在于根据定义,$\mathbb{E}[y \mid \mathbf{x}]$ 是 $\mathbf{x}$ 可测的。给定 $\mathbf{x}$,对 y 的预测必须是 $\mathbf{x}$ 的确定性

函数。满足 $f^*(\mathbf{x})=\mathbb{E}[y|\mathbf{x}]$ 的特定函数 f^* 被称为给定 $\mathbf{x}$ 时 y 的回归函数(regression function)。由构建方法可知,依据均方误差,它是给定 $\mathbf{x}$ 时对 y 的最佳预测式。

下一个例子表明,当 x 与 y 通过条件密度相联系时,我们对条件期望的定义就会简化成初等概率论教科书中所看到的情况。证明留作练习题 5.4.23 来完成。

例 5.2.14 如果 x 与 y 是随机变量,且 $p(y|x)$ 是给定 x 时 y 的条件密度,则有

$$\mathbb{E}[y|x] = \int tp(t|x)\,\mathrm{d}t$$

利用 $\mathbb{E}[\cdot|\mathcal{G}]=\operatorname{proj} L_2(\mathcal{G})$ 的事实可以得出某些有意义的结论。

事实 5.2.13 设 x 与 y 是 L_2 中的随机变量,设 α 与 β 是标量,并设 $\mathcal{G}$ 和 $\mathcal{H}$ 是 L_2 的子集。下述几个性质成立。

(i) 线性性质:$\mathbb{E}[\alpha x+\beta y|\mathcal{G}]=\alpha\mathbb{E}[x|\mathcal{G}]+\beta\mathbb{E}[y|\mathcal{G}]$。

(ii) 如果 $\mathcal{G}\subset\mathcal{H}$,那么 $\mathbb{E}[\mathbb{E}[y|\mathcal{H}]|\mathcal{G}]=\mathbb{E}[y|\mathcal{G}]$ 且 $\mathbb{E}[\mathbb{E}[y|\mathcal{G}]]=\mathbb{E}[y]$。

(iii) 如果 y 与 $\mathcal{G}$ 中的变量无关,则 $\mathbb{E}[y|\mathcal{G}]=\mathbb{E}[y]$。

(iv) 如果 y 是 $\mathcal{G}$ 可测的,那么 $\mathbb{E}[y|\mathcal{G}]=y$。

(v) 如果 x 是 $\mathcal{G}$ 可测的,那么 $\mathbb{E}[xy|\mathcal{G}]=x\mathbb{E}[y|\mathcal{G}]$。

这些陈述中的某些证明留作练习题完成,而另一些则直接由定义和投影的性质得出。例如,在(iv)中,我们说如果 $y\in L_2(\mathcal{G})$,则 y 就投影到它自身上。实际上,这直接来自事实 5.2.4 中的(vi)。

(ii)被称为期望迭代定律(the law of iterated expectations)。该定律来自事实 2.2.7 所给出的正交投影的性质:投影到较大的子空间 $L_2(\mathcal{H})$ 上然后再从那里投影到 $L_2(\mathcal{G})$ 上与直接投影到较小的子空间 $L_2(\mathcal{G})$ 上是一样的。

(v)被称为条件决定论(conditional determinism)。它的意思是,如果给定 $\mathcal{G}$ 时 x 是已知的,则我们可以把它当作条件期望中的常值。

5.2.5.1 条件期望与预测

回顾一下,给定 $y\in L_2$ 和 $\mathbb{R}^D$ 中的随机向量 $\mathbf{x}$,条件期望 $\mathbb{E}[y|\mathbf{x}]$ 是 $\mathbf{x}$ 的函数 f^*,这被称为给定 $\mathbf{x}$ 时 y 的回归函数,使得 $f^*(\mathbf{x})$ 是 y 的 MSE 意义上的最佳预测式。换句话说,

$$f^* = \operatorname*{argmin}_{g\in G}\mathbb{E}[(y-g(\mathbf{x}))^2] \tag{5.38}$$

其中 G 表示从 $\mathbb{R}^D$ 到 $\mathbb{R}$ 上的函数 $g(\mathbf{x})\in L_2$。事实上,可以得到一个更明确的结果:对于任意 $g\in G$,我们有

$$\mathbb{E}[(y-g(\mathbf{x}))^2]=\mathbb{E}[(y-f^*(\mathbf{x}))^2]+\mathbb{E}[(f^*(\mathbf{x})-g(\mathbf{x}))^2] \tag{5.39}$$

这蕴含着式(5.38),原因在于 $(f^*(\mathbf{x})-g(\mathbf{x}))^2\geqslant 0$。

为了证明式(5.39),设 f^* 是回归函数,取任意 $g\in G$,我们经过观察可以发现

$$\begin{aligned}(y-g(\mathbf{x}))^2 &= (y-f^*(\mathbf{x})+f^*(\mathbf{x})-g(\mathbf{x}))^2\\ &= (y-f^*(\mathbf{x}))^2+2(y-f^*(\mathbf{x}))(f^*(\mathbf{x})-g(\mathbf{x}))+(f^*(\mathbf{x})-g(\mathbf{x}))^2\end{aligned}$$

考察交叉项的期望。由期望迭代定律可得,

$$\mathbb{E}\{(y-f^*(\mathbf{x}))(f^*(\mathbf{x})-g(\mathbf{x}))\}=\mathbb{E}\{\mathbb{E}[(y-f^*(\mathbf{x}))(f^*(\mathbf{x})-g(\mathbf{x}))|\mathbf{x}]\} \tag{5.40}$$

利用条件决定论,我们可以将式(5.40)右边花括号内的项写成 $(f^*(\mathbf{x})-g(\mathbf{x}))\mathbb{E}[(y-f^*(\mathbf{x}))|\mathbf{x}]$。对于乘积中的第二项,可以得出

$$\mathbb{E}[y-f^*(\mathbf{x})|\mathbf{x}]=\mathbb{E}[y|\mathbf{x}]-\mathbb{E}[f^*(\mathbf{x})|\mathbf{x}]=\mathbb{E}[y|\mathbf{x}]-f^*(\mathbf{x})=0$$

因此式(5.40)中的期望是 0。由此得出式(5.39)。

5.2.6 向量情况

对于随机矩阵的条件期望,我们可以利用标量随机变量的条件期望的概念来加以定义。例如,给定随机矩阵 $\mathbf{X}$ 与 $\mathbf{Y}$,我们令

$$\mathbb{E}[\mathbf{Y} \mid \mathbf{X}] := \begin{pmatrix} \mathbb{E}[y_{11} \mid \mathbf{X}] & \cdots & \mathbb{E}[y_{1K} \mid \mathbf{X}] \\ \vdots & & \vdots \\ \mathbb{E}[y_{N1} \mid \mathbf{X}] & \cdots & \mathbb{E}[y_{NK} \mid \mathbf{X}] \end{pmatrix}$$

同时我们定义:

(i) $\text{cov}[\mathbf{x},\mathbf{y} \mid \mathbf{Z}] := \mathbb{E}[\mathbf{x}\mathbf{y}^{\mathrm{T}} \mid \mathbf{Z}] - \mathbb{E}[\mathbf{x} \mid \mathbf{Z}]\mathbb{E}[\mathbf{y} \mid \mathbf{Z}]^{\mathrm{T}}$;

(ii) $\text{var}[\mathbf{x} \mid \mathbf{Z}] := \mathbb{E}[\mathbf{x}\mathbf{x}^{\mathrm{T}} \mid \mathbf{Z}] - \mathbb{E}[\mathbf{x} \mid \mathbf{Z}]\mathbb{E}[\mathbf{x} \mid \mathbf{Z}]^{\mathrm{T}}$。

利用这些定义,可以证明事实 5.2.13 中的标量条件期望的性质能够推广到矩阵情景。下面给出部分性质列表。

事实 5.2.14 如果 $\mathbf{X}$,$\mathbf{Y}$ 与 $\mathbf{Z}$ 是随机矩阵,同时 $\mathbf{A}$ 和 $\mathbf{B}$ 是常值且一致的,则

(i) $\mathbb{E}[\mathbf{Y} \mid \mathbf{Z}]^{\mathrm{T}} = \mathbb{E}[\mathbf{Y}^{\mathrm{T}} \mid \mathbf{Z}]$。

(ii) $\mathbb{E}[\mathbf{AX}+\mathbf{BY} \mid \mathbf{Z}] = \mathbf{A}\mathbb{E}[\mathbf{X} \mid \mathbf{Z}] + \mathbf{B}\mathbb{E}[\mathbf{Y} \mid \mathbf{Z}]$。

(iii) $\mathbb{E}[\mathbb{E}[\mathbf{Y} \mid \mathbf{X}]] = \mathbb{E}[\mathbf{Y}]$,并且$\mathbb{E}[\mathbb{E}[\mathbf{Y} \mid \mathbf{X},\mathbf{Z}] \mid \mathbf{X}] = \mathbb{E}[\mathbf{Y} \mid \mathbf{X}]$。

(iv) 如果 $\mathbf{X}$ 与 $\mathbf{Y}$ 是独立的,则$\mathbb{E}[\mathbf{Y} \mid \mathbf{X}] = \mathbb{E}[\mathbf{Y}]$。

(v) 如果 $g(\mathbf{X})$ 是仅仅依赖于 $\mathbf{X}$ 的矩阵,则有

(a) $\mathbb{E}[g(\mathbf{X}) \mid \mathbf{X}] = g(\mathbf{X})$;

(b) $\mathbb{E}[g(\mathbf{X})\mathbf{Y} \mid \mathbf{X}] = g(\mathbf{X})\mathbb{E}[\mathbf{Y} \mid \mathbf{X}]$,并且$\mathbb{E}[\mathbf{Y}g(\mathbf{X}) \mid \mathbf{X}] = \mathbb{E}[\mathbf{Y} \mid \mathbf{X}]\, g(\mathbf{X})$。

(v) 给出了在矩阵情况下条件决定论的例子。

5.3 进一步阅读

关于多变量分布的全面综合研究,可以在许多专著中找到,比如 Izenman (2008) 和 Joe (1997)。Williams(1991)、Taylor (1997)、Schilling (2005) 和 Cinlar (2011) 提供了经由 L_2 中的正交投影来研究条件期望的情况。

5.4 练习题

练习题 5.4.1 在 ψ 严格单调增加的条件下,证明式(4.32)中 $y=\psi(x)$ 的概率密度 q 的表达式。①

练习题 5.4.2 随机变量 x_1 与 x_2 的联合概率密度为 p,边缘概率密度分别为 p_1 与 p_2。证明对

① 提示:利用事实 4.2.6。

于每一个$(s_1,s_2)\in\mathbb{R}^2$,当$p(s_1,s_2)=p_1(s_1)\ p_2(s_2)$时,在式(5.19)成立的意义下,$x_1$与$x_2$是相互独立的。①

练习题 5.4.3　设$p:\mathbb{R}^2\to\mathbb{R}$是由

$$p(s_1,s_2)=\begin{cases}\exp(s_1+s_2), & \text{当 } s_1\leqslant 0 \text{ 且 } s_2\leqslant 0\\ 0, & \text{其他情况}\end{cases}$$

定义的,设随机变量x_1与x_2的联合概率密度为p。证明x_1与x_2是相互独立的。

练习题 5.4.4　证明:如果$\mathcal{L}(x)=\mathrm{N}(0,1)$,那么$\mathcal{L}(x^2)=\chi^2(1)$。②

练习题 5.4.5　证明事实 5.1.11:如果$\mathbf{x}$与$\mathbf{y}$是独立的,那么$\mathrm{cov}[\mathbf{x},\mathbf{y}]=0$。

练习题 5.4.6　设随机变量x与y是独立的,并且它们在$[0,1]$上服从均匀分布。令$z:=\max\{x,y\}$。求z的累积分布函数、概率密度和均值。③ 另外,求$w:=\min\{x,y\}$的累积分布函数。

练习题 5.4.7　证明事实 5.1.3。

练习题 5.4.8　设$\mathbf{x}$是随机向量,证明事实 5.1.2 中的陈述即$\mathrm{var}[\mathbf{x}]$是非负定的。

练习题 5.4.9　设$\mathcal{L}(\mathbf{x})=\mathcal{L}(x_1,\cdots,x_N)=\mathrm{N}(\mathbf{0},\mathbf{I})$

(i) x_1^2/x_2^2的分布是怎样的?

(ii) $x_1[2/(x_2^2+x_3^2)]^{1/2}$的分布是怎样的?

(iii) $\|\mathbf{x}\|^2$的分布是怎样的?

(iv) 如果$\mathbf{a}$是$N\times1$常数向量,那么$\mathbf{a}^{\mathrm{T}}\mathbf{x}$的分布是怎样的?

练习题 5.4.10　设x与y是取值于$\{0\}\cup\mathbb{N}$的独立随机变量,并且分别具有质量函数(PMF)$p=\{p(j)\}$与$q=\{q(j)\}$。(我在这个练习题中利用函数形式而不是下标符号是因为这样会使自变量更容易处理。)p与q的卷积(convolution)被定义为 PMF $p*q$

$$(p*q)(j)=\sum_{k\geqslant0}p(j-k)q(k) \tag{5.41}$$

证明$p*q$是$z:=x+y$的质量函数,当x与y是相互独立的,且满足$\mathcal{L}(x)=p$, $\mathcal{L}(y)=q$。

练习题 5.4.11　证明事实 5.1.13。

练习题 5.4.12　固定$z\in L_2$和$\mathbb{E}z=0$,并设$S:=\{x\in L_2:\mathrm{cov}[x,z]=0\}$。证明$S$是$L_2$的线性子空间。

练习题 5.4.13　设$x\in L_2$,并且$\mathbb{E}x=\mu$, $\mathrm{var}[x]=\sigma^2$。设$S:=\mathrm{span}\{\mathbb{1}\}$,如同例题 5.2.5。设$\mathbf{P}:=\mathrm{proj}S$,$\mathbf{M}$是残差映射,即符合定义$\mathbf{M}x=x-\mathbf{P}x$。证明$\|\mathbf{M}x\|=\sigma$。

练习题 5.4.14　设$x,y\in L_2$,$S:=\mathrm{span}\{x\}$,$\mathbf{P}=\mathrm{proj}S$。证明

$$\mathbf{P}y=\mathbb{E}[x^2]^{-1}\mathbb{E}[xy]x \tag{5.42}$$

练习题 5.4.15　证明随机变量的柯西-施瓦茨不等式,本书首先将柯西-施瓦茨不等式陈述为事实 4.1.8,即$|\mathbb{E}[xy]|\leqslant(\mathbb{E}[x^2]\mathbb{E}[y^2])^{1/2}$,并在事实 5.2.2 中的(iv)加以重复。使用第 5.2.3 节建立的L_2的正交投影的结果来证明。④

练习题 5.4.16　在事实 5.2.7 的假设条件下,证明式(5.34)中的$\hat{y}$是y映射到$\mathrm{span}\{\mathbf{x}\}$的正

---

① 提示:应用式(5.9)。

② 提示:当$k=1$时,需要匹配例 4.2.12 中的密度。利用事实$\Gamma(1/2)=\sqrt{\pi}$。找出z^2的 CDF,并对它求导。在寻找 CDF 时,练习题 4.4.18 的解可能会有所帮助。

③ 提示:固定$s\in\mathbb{R}$,然后比较集合$\{z\leqslant s\}$与$\{x\leqslant s\}\cap\{y\leqslant s\}$。这两个集合之间的关系是什么?

④ 提示:运用式(5.42),并回顾练习题 3.5.33 的求解过程。

交投影。

练习题 5.4.17 设 $\mathbf{x}\in\mathbb{R}^K$是随机向量，$\|\cdot\|$是普通向量范数。证明如果$\|\mathbf{x}\|$在 L_2 中，那么只要 $\ell:\mathbb{R}^K\to\mathbb{R}$ 是线性的，随机变量 $z=\ell(\mathbf{x})$ 都处于 L_2 中。

练习题 5.4.18 考察第 5.2.3.1 节中所讨论的总体回归的设置。具体来说，设 y 是 L_2 的元素，$\mathbf{b}^*$ 是最佳线性预测式的系数，如同式(5.34)所定义的那样，设 $S=\text{span}\{\mathbf{x}\}$，$f^*(x)=\mathbb{E}[y\mid\mathbf{x}]$。证明 $l^*(\mathbf{x}):=\mathbf{x}^{\mathrm{T}}\mathbf{b}^*$ 是 $f^*(\mathbf{x})$ 到 S 的正交投影。

练习题 5.4.19 当 $\mathcal{G}=\{\mathbf{x}\}$ 时，证明事实 5.2.13 中的(iii)。

练习题 5.4.20 证明事实 5.2.13 中的(v)。

练习题 5.4.21 设 $\text{var}[y\mid x]:=\mathbb{E}[y^2\mid x]-(\mathbb{E}[y\mid x])^2$。证明 $\text{var}[y]=\mathbb{E}[\text{var}[y\mid x]]+\text{var}[\mathbb{E}[y\mid x]]$。

练习题 5.4.22 证明常数 α 的条件期望是 α。具体来说，适当应用事实 5.2.13 的结论，证明如果 α 是常数并且 $\mathcal{G}$ 是任意信息集，那么 $\mathbb{E}[\alpha\mid\mathcal{G}]=\alpha$。

练习题 5.4.23 证明例 5.2.14。

5.5 练习题解答节选

5.4.1 解答 设 x,p 以及 $y=\psi(x)$ 如事实 4.2.7 所述。另外假定 ψ 是严格递增的。设 F 是 x 的累积分布函数，G 是 y 的累积分布函数。根据事实 4.2.6，有 $G(s)=F(\psi^{-1}(s))$。经过微分可得

$$q(s)=G'(s)=p(\psi^{-1}(s))\frac{\mathrm{d}\psi^{-1}(s)}{\mathrm{d}s}$$

因为 ψ^{-1}是递增的，这与式(4.32)一致。 □

5.4.3 解答 设 p_1 是随机变量 x_1 的边缘密度，p_2 是随机变量 x_2 的边缘密度。这些条件足以证明

$$p(s_1,s_2)=p_1(s_1)p_2(s_2),\quad \text{对于所有}(s_1,s_2)\in\mathbb{R}^2 \tag{5.43}$$

为了证明这种情况，我们首先通过对其他变量进行积分得到边缘密度。首先，设 $s_1\leqslant 0$，经过观察发现

$$p_1(s_1)=\int_{-\infty}^{0}p(s_1,s_2)\,\mathrm{d}s_2=\int_{-\infty}^{0}\mathrm{e}^{s_1}\mathrm{e}^{s_2}\mathrm{d}s_2=\mathrm{e}^{s_1}\int_{-\infty}^{0}\mathrm{e}^{s_2}\mathrm{d}s_2=e^{s_1}$$

反之，如果 $s_1>0$，则对于任意的 s_2，$p(s_1,s_2)=0$，因此

$$p_1(s_1)=\int_{-\infty}^{0}p(s_1,s_2)\,\mathrm{d}s_2=0$$

根据前面的讨论与 p_2 的对称性可得

$$p_1(s_1)=\begin{cases}e^{s_1}, & s_1\leqslant 0\\ 0, & \text{其他情况}\end{cases}\quad \text{且}\quad p_2(s_2)=\begin{cases}e^{s_2}, & s_2\leqslant 0\\ 0, & \text{其他情况}\end{cases}$$

由此可得式(5.43)是成立的。 □

5.4.4 解答 设 $F(s)$ 是 x^2 的累积分布函数，f 是其密度。Φ 和 ϕ 分别是标准正态分布 N(0, 1)的累积分布函数和密度。沿着类似于练习题 4.4.18 的求解方法，可得

$$F(s)=\mathbb{P}\{x^2\leqslant s\}=\mathbb{P}\{-\sqrt{s}\leqslant x\leqslant\sqrt{s}\}=2\Phi(\sqrt{s})-1$$

对 s 进行微分得到 $f(s)=\phi(\sqrt{s})\ s^{-1/2}$。代入标准正态分布 $N(0,1)$ 密度的定义，并利用 $\Gamma(1/2)=$

$\sqrt{\pi}$,可以得到当$k=1$时例 4.2.12 的密度。 □

5.4.6 解答 正如练习题所述,随机变量 x 与 y 是独立的,并且它们在[0,1]上服从均匀分布,$z:=\max\{x,y\}$,$w:=\min\{x,y\}$。求解的第一步是,注意到如果 a,b,c 是三个数,那么

- $\max\{a,b\}\leqslant c$ 当且仅当 $a\leqslant c$ 且 $b\leqslant c$。
- $\min\{a,b\}\leqslant c$ 当且仅当 $a\leqslant c$ 或者 $b\leqslant c$。

根据以上事实,我们可以得到,对于任意 $s\in\mathbb{R}$

$$\{z\leqslant s\}=\{x\leqslant s\}\cap\{y\leqslant s\}\quad 且\quad \{w\leqslant s\}=\{x\leqslant s\}\cup\{y\leqslant s\}$$

现在,对于 $s\in[0,1]$ 我们有

$$\mathbb{P}\{z\leqslant s\}=\mathbb{P}[\{x\leqslant s\}\cap\{y\leqslant s\}]=\mathbb{P}\{x\leqslant s\}\mathbb{P}\{y\leqslant s\}=s^2$$

通过微分,可得密度函数 $p(s)=2s$,并且通过积分 $\int_0^1 sp(s)\,\mathrm{d}s$,我们得到$\mathbb{E}[z]=2/3$。最后,当 $s\in[0,1]$时,w 的累积分布函数有

$$\begin{aligned}\mathbb{P}\{w\leqslant s\}&=\mathbb{P}[\{x\leqslant s\}\cup\{y\leqslant s\}]\\&=\mathbb{P}\{x\leqslant s\}+\mathbb{P}\{y\leqslant s\}-\mathbb{P}[\{x\leqslant s\}\cap\{y\leqslant s\}]\end{aligned}$$

因此$\mathbb{P}\{w\leqslant s\}=2s-s^2$。 □

5.4.7 解答 在所述假设下,因为 $\mathbf{z}^{\mathrm{T}}\mathbf{A}\mathbf{z}$ 具有形式 $\sum_{i=1}^{N}\sum_{j=1}^{N}a_{ij}z_iz_j$,所以可以得出

$$\mathbb{E}[\mathbf{z}^{\mathrm{T}}\mathbf{A}\mathbf{z}]=\sum_{i=1}^{N}\sum_{j=1}^{N}a_{ij}\,\mathbb{E}[z_iz_j]=\operatorname{trace}\mathbf{A}$$ □

5.4.9 解答 具体解答如下。

(i) $\mathcal{L}(x_1^2/x_2^2)=F(1,1)$,根据事实 5.1.17。

(ii) $\mathcal{L}[x_1[2/(x_2^2+x_3^2)]^{1/2}]=t(2)$,根据事实 5.1.16。

(iii) $\mathcal{L}[\|\mathbf{x}\|^2]=\chi^2(N)$,根据事实 5.1.18。

(iv) $\mathcal{L}[\mathbf{a}^{\mathrm{T}}\mathbf{x}]=\mathrm{N}(0,\|\mathbf{a}\|^2)$,根据事实 5.1.15。 □

5.4.10 解答 设 $p*q$ 如同式(5.41)所定义的,设 $z:=x+y$,其中 x 与 y 是独立的,同时设 $\mathcal{L}(x)=p$, $\mathcal{L}(y)=q$。要证明对于任意 $j\geqslant 0$ 有$(p*q)(j)=\mathbb{P}\{z=j\}$。为了证明这一点,固定任意这样的 j,并应用全概率定律得到

$$\mathbb{P}\{z=j\}=\sum_{k\geqslant 0}\mathbb{P}\{z=j\mid y=k\}\mathbb{P}\{y=k\}=\sum_{k\geqslant 0}\mathbb{P}\{x+k=j\}q(k)$$

利用$\mathbb{P}\{x+y=j\}=\mathbb{P}\{x=j-k\}=p\{j-k\}$,就得到证明。 □

5.4.11 解答 设 S,$\mathbf{P}$,$\mathbf{M}$ 和 $\mathbf{z}$ 如同练习题所述。回顾事实 5.1.12,为了证明 $\mathbf{Pz}$ 与 $\mathbf{Mz}$ 是独立的,只需证明 $\operatorname{cov}[\mathbf{Pz},\mathbf{Mz}]=\mathbf{0}$。因为这些向量的均值为零,同时 $\mathbf{M}$ 是对称的,于是,协方差等于

$$\mathbb{E}[(\mathbf{Pz})(\mathbf{Mz})^{\mathrm{T}}]=\mathbb{E}[\mathbf{Pzz}^{\mathrm{T}}\mathbf{M}]=\mathbf{P}\mathbb{E}[\mathbf{zz}^{\mathrm{T}}]\mathbf{M}=\sigma^2\mathbf{PM}=\mathbf{0}$$

最后一个等式是由事实 2.2.8 得出的。 □

5.4.12 解答 设 z 和 S 如同练习题所述。S 是 L_2 的线性子空间,因为如果 $x,y\in S$,$\alpha,\beta\in\mathbb{R}$,那么

$$\operatorname{cov}[\alpha x+\beta y,z]=\alpha\mathbb{E}[xz]+\beta\mathbb{E}[yz]=\alpha\operatorname{cov}[x,z]+\beta\operatorname{cov}[y,z]=0$$ □

5.4.13 我们在例 5.2.5 中已经看到 $\mathbf{P}x=\mu\mathbb{1}$,因此 $\mathbf{M}x=x-\mu\mathbb{1}$,或者写得更方便些,$\mathbf{M}x=x-\mu$。$\mathbf{M}x$ 的范数是 $\|\mathbf{M}x\|=\sqrt{\mathbb{E}[(x-\mu)^2]}=\sigma$,得证。 □

5.4.14 解答 设 x,y,S 和 $\mathbf{P}$ 如同练习题所述,并设 $\mathbf{P}y$ 是式(5.42)所定义的那样。作为 x 的

标量倍数,很明显 $\mathbf{P}y\in S$,因此我们只需要证明 $y-\mathbf{P}y\perp x$,或者等价地$\mathbb{E}[xy-x\mathbf{P}y]=0$。代入关于 $\mathbf{P}y$ 的表达式(5.42)中,利用$\mathbb{E}$ 的线性性质就能证明此等式。 □

5.4.16 解答 假定满足事实 5.2.7 的条件,并采用那里所设置的符号。设 y 是 L_2 的任意元素。回顾定理 5.2.1,为了证明 $\hat{y}=\mathbf{P}y$,只需证明 $\hat{y}\in S:=\operatorname{span}\{x\}$ 且 $y-\hat{y}\perp S$。第一部分是显而易见的,因为 $\hat{y}=\mathbf{x}^{\mathrm{T}}\mathbf{b}^*$,其中 $\mathbf{b}^*$ 是向量$\mathbb{E}[\mathbf{x}\mathbf{x}^{\mathrm{T}}]^{-1}\mathbb{E}[\mathbf{x}y]$。为了证明第二部分,只要证明

$$\mathbb{E}[\mathbf{a}^{\mathrm{T}}\mathbf{x}y]=\mathbb{E}[\mathbf{a}^{\mathrm{T}}\mathbf{x}\mathbf{x}^{\mathrm{T}}\mathbf{b}^*]$$

代入 $\mathbf{b}^*$ 的定义,通过简单运算就可以证明等式成立。 □

5.4.17 解答 设 $z=\mathcal{L}(\mathbf{x})$,其中 $\mathcal{L}$ 表示线性函数。要证明 z 是平方可积的。根据定理 3.1.1,z 可以写成 $z=\mathbf{x}^{\mathrm{T}}\mathbf{a}$,对于某些 $\mathbf{a}\in\mathbb{R}$。应用向量的柯西–施瓦茨不等式有 $z^2\leqslant\|\mathbf{x}\|^2\|\mathbf{a}\|^2$。因为$\|\mathbf{x}\|$在 L_2 中,由此可得$\mathbb{E}[z^2]<\infty$。 □

5.4.18 解答 采用练习题 5.4.18 的设置和符号。设 $\mathcal{G}$ 是 L_2 上所有的 $\mathbf{x}$ 可测函数的集合。设 $S=\operatorname{span}\{\mathbf{x}\}=L_2$ 中的线性 $\mathbf{x}$ 可测函数。(如同第 5.2.3.1 节,我们假定$\|\mathbf{x}\|$在 L_2 中,这使我们确信 S 的元素都在 L_2 中。参看练习题 5.4.17。)很明显 $S\subset\mathcal{G}$。结论可由事实 5.2.5 得出。 □

5.4.19 解答 设 y 与 $\mathbf{x}$ 是独立的,根据条件期望的定义,为了证明$\mathbb{E}[y\mid\mathbf{x}]=\mathbb{E}[y]$,只需证明

(i) $\mathbb{E}[y]$ 是 $\mathcal{G}$ 可测的;

(ii) 对于任意 $\mathscr{B}$ 可测的 g,有$\mathbb{E}[\mathbb{E}[y]g(\mathbf{x})]=\mathbb{E}[y\,g(\mathbf{x})]$。

(i) 是显而易见的,这是因为$\mathbb{E}[y]$是常值(参看例 5.2.11)。至于(ii),如果 g 是这样的任意函数,那么根据事实 5.1.9 与 5.1.10,可以得到$\mathbb{E}[y\,g(\mathbf{x})]=\mathbb{E}[y]\mathbb{E}[g(\mathbf{x})]$。由此结论得证。 □

5.4.20 解答 我们需要证明的是,如果 x 是 $\mathcal{G}$ 可测的,那么$\mathbb{E}[xy\mid\mathcal{G}]=x\mathbb{E}[y\mid\mathcal{G}]$。为了证明此等式,我们必须证明:

(i) $x\mathbb{E}[y\mid\mathcal{G}]$ 是 $\mathcal{G}$ 可测的;

(ii) 对于任意 $z\in L_2(\mathcal{G})$,有$\mathbb{E}[x\mathbb{E}[y\mid\mathcal{G}]z]=\mathbb{E}[xyz]$。

对于(i),根据定义可知,$\mathbb{E}[y\mid\mathcal{G}]$ 是 $\mathcal{G}$ 可测的,并且根据假设可知,x 是 $\mathcal{G}$ 可测的,因此根据事实 5.2.8 可得,$x\mathbb{E}[y\mid\mathcal{G}]$是 $\mathcal{G}$ 可测的。对于(ii),固定 $z\in L_2(\mathcal{G})$,并且设 $u:=xz$。因为 $x\in L_2(\mathcal{G})$,所以可得 $u\in L_2(\mathcal{G})$。我们需要证明

$$\mathbb{E}[\mathbb{E}[y\mid\mathcal{G}]u]=\mathbb{E}[yu]$$

因为 $u\in L_2(\mathcal{G})$,所以根据$\mathbb{E}[y\mid\mathcal{G}]$ 的定义可以立即得出上式。 □

5.4.22 解答 根据事实 5.2.13,我们知道如果 α 是 $\mathcal{G}$ 可测的,那么$\mathbb{E}[\alpha\mid\mathcal{G}]=\alpha$。例 5.2.11 告诉我们,$\alpha$ 确实是 $\mathcal{G}$ 可测的。

5.4.23 解答 如同例 5.2.14 一样,设 x 与 y 是随机变量,其中 $p(y\mid x)$表示给定 x 时 y 的条件密度。设 $g(x):=\int tp(t\mid x)\,\mathrm{d}t$。要证明$\mathbb{E}[y\mid x]=g(x)$。为了证明这个等式,我们需要证明 $g(x)$ 是 x 可测的,并且

$$\mathbb{E}[g(x)\ h(x)]=\mathbb{E}[yh(x)],\text{对于任意 }\mathscr{B}\text{ 可测的 }h \tag{5.44}$$

第一个陈述是显而易见的。至于式(5.44),设 h 是任意的这样的函数。利用式(5.26)中的符号,我们可以写成

$$\begin{aligned}\mathbb{E}[g(x)h(x)]&=\mathbb{E}\left[\int tp(t\mid x)\,\mathrm{d}t\,h(x)\right]\\&=\iint tp(t\mid s)\,\mathrm{d}t\,h(s)p(s)\,\mathrm{d}s\end{aligned}$$

$$= \iint t \frac{p(s,t)}{p(s)} \mathrm{d}t \ h(s) p(s) \mathrm{d}s = \iint t \ h(s) p(s,t) \mathrm{d}t \mathrm{d}s$$

这等于式(5.44)的右边,于是得证。 □

第 6 章　渐近性

这一章，我们研究概率论中关于随机序列渐近性方面的一些基本结果。

6.1　大数定律与中心极限定理

大数定律与中心极限定理是计量经济学和统计学中两个十分重要的基石。下面我们以必需的依概率收敛和依分布收敛的概念开始阐述，然后回顾这两个定理。

6.1.1　随机向量的收敛

随机向量序列$\{\mathbf{x}_n\}$被称为依概率收敛(converge in probability)到随机向量$\mathbf{x}$，如果满足

$$\mathbb{P}\{\|\mathbf{x}_n - \mathbf{x}\| > \delta\} \to 0, \text{对于所有 } \delta > 0, \text{当 } n \to \infty \tag{6.1}$$

并用符号写成$\mathbf{x}_n \xrightarrow{p} \mathbf{x}$。在标量情况下，$\|\mathbf{x}_n - \mathbf{x}\|$简化成$|x_n - x|$。

例 6.1.1　如果$\mathcal{L}(\mathbf{x}_n) = \mathrm{N}(\mathbf{0}, \sigma_n \mathbf{I})$并且$\sigma_n \to 0$，那么当$n \to \infty$时，有$\mathbf{x}_n \xrightarrow{p} \mathbf{0}$。图 6.1 以可视化方式说明了标量的情况。其方差是$\sigma_n = 1/n$。对于固定的$\delta > 0$来说，不同的n值都有概率$\mathbb{P}\{|x_n| > \delta\}$。当$n \to \infty$时，该概率收敛于 0。如果我们现在将$\delta$固定在某个较小的正值，那么随

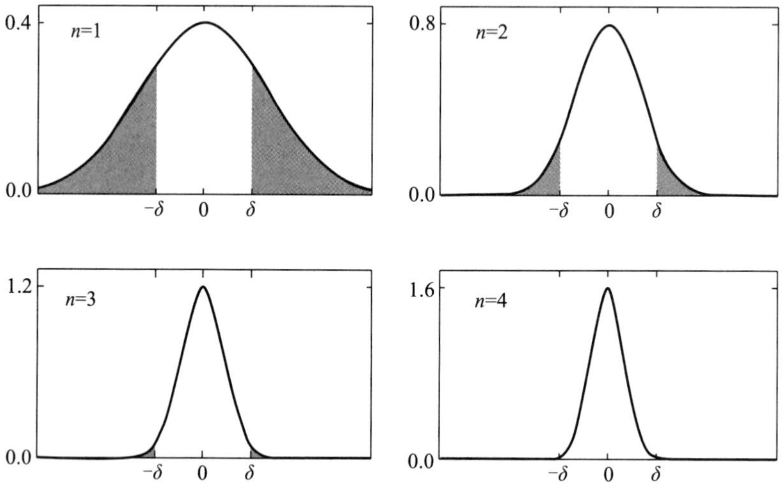

图 6.1　当 $\mathcal{L}(x_n) = \mathrm{N}(0, 1/n)$ 时，$\mathbb{P}\{|x_n| > \delta\} \to 0$

着 n 的不断增大,$\mathbb{P}\{|x_n|>\delta\}$ 可以再次变得任意小。换句话说,式(6.1)成立:

事实 6.1.1 下面五个陈述是正确的:

(i) $\mathbf{x}_n \xrightarrow{p} \mathbf{x} \Leftrightarrow \|\mathbf{x}_n - \mathbf{x}\| \xrightarrow{p} 0$。

(ii) $\mathbf{x}_n \xrightarrow{p} \mathbf{x} \Rightarrow g(\mathbf{x}_n) \xrightarrow{p} g(\mathbf{x})$,只要 g 在 $\mathbf{x}$ 处连续。

(iii) $\mathbf{x}_n \xrightarrow{p} \mathbf{x}$ 与 $\mathbf{y}_n \xrightarrow{p} \mathbf{y} \Rightarrow \mathbf{x}_n + \mathbf{y}_n \xrightarrow{p} \mathbf{x} + \mathbf{y}$ 与 $\mathbf{x}_n^{\mathrm{T}} \mathbf{y}_n \xrightarrow{p} \mathbf{x}^{\mathrm{T}} \mathbf{y}$。

(iv) $\mathbf{x}_n \xrightarrow{p} \mathbf{x}$ 与 $\mathbf{a}_n \to \mathbf{a} \Rightarrow \mathbf{x}_n + \mathbf{a}_n \xrightarrow{p} \mathbf{x} + \mathbf{a}$ 与 $\mathbf{x}_n^{\mathrm{T}} \mathbf{a}_n \xrightarrow{p} \mathbf{x}^{\mathrm{T}} \mathbf{a}$。

(v) $\mathbf{x}_n \xrightarrow{p} \mathbf{x} \Leftrightarrow \mathbf{a}^{\mathrm{T}} \mathbf{x}_n \xrightarrow{p} \mathbf{a}^{\mathrm{T}} \mathbf{x}$,对于任意 $\mathbf{a} \in \mathbb{R}^K$。

(i)可以直接由定义得出。其他证明则留作练习题来完成。对于更多的详细内容,可参看 Çinlar(2011)。

标量序列$\{x_n\}$被称为依均方收敛(converge in mean square)于 x,如果满足

$$\mathbb{E}(x_n - x)^2 \to 0, \text{当 } n \to \infty \tag{6.2}$$

并写成 $x_n \xrightarrow{ms} x$。与依概率收敛不一样,为了使得依均方收敛有意义,我们需要变量具有有限二阶矩。

事实 6.1.2 设$\{x_n\}$与 x 具有有限二阶矩,并设 α 是任意常值,则下面两个陈述是正确的:

(i) $x_n \xrightarrow{ms} x \Rightarrow x_n \xrightarrow{p} x$。

(ii) $x_n \xrightarrow{ms} \alpha \Leftrightarrow \mathbb{E}x_n \to \alpha$ 且 $\mathrm{var}[x_n] \to 0$。

(i)的证明可由切比雪夫不等式得出。具体来说,利用$\mathbb{P}$ 的单调性与式(4.19)我们得出

$$\mathbb{P}\{|x_n - x| > \delta\} \leqslant \mathbb{P}\{|x_n - x| \geqslant \delta\} \leqslant \frac{\mathbb{E}(x_n - x)^2}{\delta^2}$$

而(ii)可由下面的事实得到。

事实 6.1.3 对于任意 $x \in L_2$ 与任意常值 α,我们有

$$\mathbb{E}[(x - \alpha)^2] = \mathrm{var}[x] + (\mathbb{E}[x] - \alpha)^2 \tag{6.3}$$

正如我们稍后将看到的,式(6.3)在统计学中发挥着十分重要的作用。关于它的证明留作练习题完成(这个证明比较容易,如果你打算接受更多挑战,可以将其作为事实 5.2.4 中(iv)的结果来证明)。

例 6.1.2 我们在图 6.1 中展示了 $\mathcal{L}(x_n) = \mathrm{N}(0, 1/n)$ 是如何蕴含着 $x_n \xrightarrow{p} 0$ 的。这也可以由事实 6.1.2 的(i)—(ii)得到,因为$\mathbb{E}x_n = 0$ 且 $\mathrm{var}[x_n] = 1/n \to 0$。

6.1.2 大数定律

大数定律(the law of large numbers, LLN)既是概率论也是统计学中最重要的基本定律之一。作为阐述大数定律的前奏,我们考察独立随机数量的平均效应。这里我们采用投资者视角,也就是投资者经常要分散他们的投资组合以减少风险。为了系统表述这个思想,考虑下面的问题。

- x_n 表示持有 1 美元资产 n 的收益;
- 对于所有 n,$\mathbb{E}x_n = \mu$,并且 $\mathrm{var}[x_n] = \sigma^2$;
- 当 $j \neq k$,$\mathrm{cov}[x_j, x_k] = 0$。

如果我们仅仅持有资产 1,那么收益是 x_1,其期望收益是 μ,方差是 σ^2。当我们将 1 美元对 N 种这些资产平均地进行分散投资时,收益就是

$$\bar{x}_N := \frac{1}{N}\sum_{n=1}^{N} x_n$$

期望收益没有变动,也就是

$$\mathbb{E}\,\bar{x}_N = \mathbb{E}\left[\frac{1}{N}\sum_{n=1}^{N} x_n\right] = \frac{1}{N}\sum_{n=1}^{N} \mathbb{E}x_n = \mu \tag{6.4}$$

但是其方差以 $1/N$ 的比率下降,这是因为

$$\mathbb{E}[(\bar{x}_N - \mu)^2] = \mathbb{E}\left\{\left[\frac{1}{N}\sum_{i=1}^{N}(x_i - \mu)\right]^2\right\}$$
$$= \frac{1}{N^2}\sum_{i=1}^{N}\sum_{j=1}^{N}\mathbb{E}(x_i - \mu)(x_j - \mu) = \frac{1}{N^2}\sum_{i=1}^{N}\mathbb{E}(x_i - \mu)^2 = \frac{\sigma^2}{N}$$

这里重要的是第三个等式,因为资产之间协方差为零,故而等式成立。在这一步,N^2 项变成 N 项。于是,可概括如下:

$$\mathbb{E}\,\bar{x}_N = \mu \quad 且 \quad \mathrm{var}[\bar{x}_N] = \frac{\sigma^2}{N},对于所有 N \tag{6.5}$$

现在想象一下,有人好心地卖给我们无限数量的这类资产,这样就可以无限制地多样化投资。通过取 $N \to \infty$,并结合式(6.5)以及事实 6.1.2,可以得到大数定律的证明。

定理 6.1.1 设 $\{x_n\}$ 是 x 的独立同分布(IID)抽样序列,如果 x 是可积的,则

$$\frac{1}{N}\sum_{n=1}^{N} x_n \xrightarrow{p} \mathbb{E}x, \quad 当 N \to \infty \tag{6.6}$$

实际上,我们并没有完整地证明大数定律,原因在于我们上面假定二阶矩存在,而定理 6.1.1 仅假定存在一阶矩。可是,很明显,上述证明抓住了大数定律的精神(关于一般情况的证明,参看 Dudley(2002)的定理 8.3.5)。

乍一看,大数定律式(6.6)似乎只是关于样本均值的表述,但实际上它是自我完善的:我们可以从式(6.6)拓展到随机变量的任意函数,甚至是随机向量。特别地,如果 $\mathbf{x}$ 是任意随机向量,$\{\mathbf{x}_n\}$ 是独立同分布(IID)抽样,而且 $h: \mathbb{R}^N \to \mathbb{R}$ 是任意 $\mathscr{B}$ 可测函数并满足 $h(\mathbf{x})$ 是可积的,那么

$$\frac{1}{N}\sum_{n=1}^{N} h(\mathbf{x}_n) \xrightarrow{p} \mathbb{E}h(\mathbf{x}), \quad 当 N \to \infty \tag{6.7}$$

这可通过设 $y_n := h(\mathbf{x}_n)$ 然后应用定理 6.1.1 得到。事实 5.1.10 证实了 $\{y_n\}$ 的独立性。每个 y_n 的分布都与 $y := h(\mathbf{x})$ 的分布是相同的,这是由下式

$$\mathbb{P}\{y_n \in B\} = \mathbb{P}\{h(\mathbf{x}_n) \in B\} = \mathbb{P}\{\mathbf{x}_n \in h^{-1}(B)\} = \mathbb{P}\{\mathbf{x} \in h^{-1}(B)\}$$

得到的。

大数定律既适用于概率,也适用于期望。为了证明这一点,固定 $B \subset \mathscr{B}(\mathbb{R}^N)$,并考虑概率 $\mathbb{P}\{\mathbf{x} \in B\}$。令 h 是指标函数 $h(\mathbf{s}) = \mathbb{1}_B(\mathbf{s}) = \mathbb{1}\{\mathbf{s} \in B\}$,并利用指标期望等于事件概率的原则,我们有

$$\mathbb{E}\,h(\mathbf{x}) = \mathbb{E}\,\mathbb{1}\{\mathbf{x} \in B\} = \mathbb{P}\{\mathbf{x} \in B\}$$

将这个等式与式(6.7)相结合,我们可以看到,如果 $\{x_n\}$ 依分布 P 是独立同分布的,则

$$\frac{1}{N}\sum_{n=1}^{N} \mathbb{1}\{\mathbf{x}_n \in B\} \xrightarrow{p} P(B) \tag{6.8}$$

换句话说,样本落入在 B 中的比例收敛于分布分配给 B 的概率。

6.1.2.1　说明

为了说明大数定律，考虑抛硬币直到出现 10 次正面的情况。硬币并不是公平的：出现正面的概率是 0.4。设 x 是此过程中观察到背面的次数。已知该随机变量服从负二项分布(negative binomial distribution)，$\mathbb{E}x=15$。大数定律预测，如果我们模拟大量的 x 观测值，并取其平均值，那么将得到一个接近 15 的值。运行列表 1 中的 Julia 代码所得到的结果与此陈述是一致的。①

列表 1　给出大数定律的程序(Julia)

```
num_reps=10^6
outcomes=Array(Float64, num_reps)

for i in 1:num_reps
    num_tails=num_heads=0
    while num_heads < 10
        b = rand()
        num_heads = num_heads + (b<0.4)   # +1 with prob 0.4
        num_tails = num_tails + (b>= 0.4)   # +1 with prob 0.6
    end
    outcomes[i] =num_tails
end

println(mean(outcomes))
```

图 6.2 展示出大数定律中有限一阶矩条件不满足时可能发生的情况。抽样来自标准的柯西

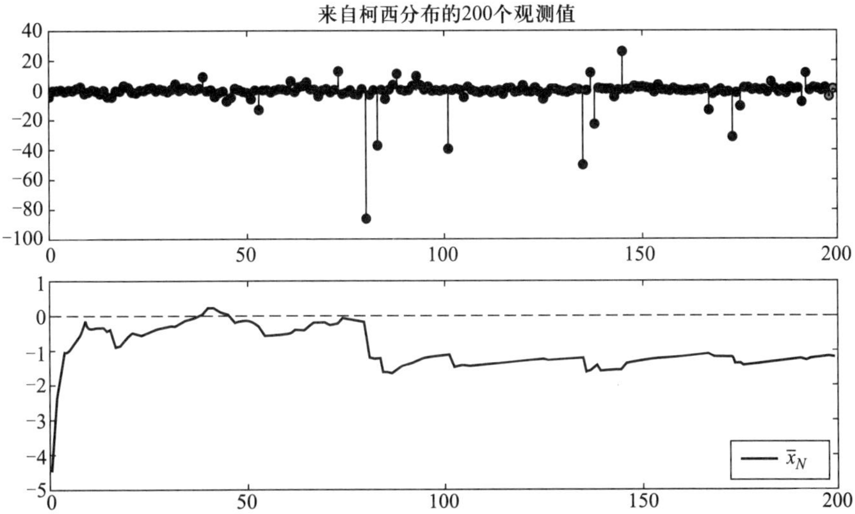

图 6.2　来自柯西分布的样本与样本均值

① 参看 johnstachurski.net/emet 上的代码。从负二项分布中抽样的常用方法可以从 Distributions 软件包中获得，但是我们采用自己的方法以获得额外的透明性。

分布，它没有有限一阶矩。图 6.2 上面的图显示了观测值，而下面的图显示了运行观测值的样本均值 $\bar{x}_N$，其中 N 位于水平轴上。少数极端观测值支配着平均值，而且样本均值并不收敛。①

6.1.3 依分布收敛

作为中心极限定理的前奏，我们需要回顾依分布收敛（convergence in distribution）的概念。从概念形式上看，这与随机变量的收敛截然不同，无论是依概率收敛还是依均方收敛。例如，尽管分布 N(0,1) 和 N(10^{-10},1) 非常接近，但从这两个分布中分别独立取的样本不一定接近。

设 $\{P_n\}$ 与 P 是在第 5.1.2 节意义下 $\mathbb{R}^K$ 上的分布。为了阐述 P_n 收敛于 P 的概念，我们需要对于所有 $B \in \mathscr{B}(\mathbb{R}^K)$ 有 $P_n(B) \to P(B)$。然而，事实证明这个条件是相当严格的，而且与在欧几里得范数意义下的封闭性是无差异的。例如，假定 P_n 是 $\mathbb{R}$ 上的分布并将所有质量都置于 $1/n$，而 P 把所有质量都放在 0 上。直觉告诉我们 $P_n \to P$，但如果我们取 $B = (0, \infty)$，那么对于所有 n 我们有 $P_n(B) = 1$，但 $P(B) = 0$。

因为这个缘故，依分布收敛的一般概念被称为弱收敛，它仅要求对于 $\mathbb{R}^K$ 中的所有"连续集合"有 $P_n(B) \to P(B)$。存在一种等价方式来描述它，这种方式更容易运用：我们说 $\{P_n\}$ 弱收敛（converges weakly）于 P，如果

$$\text{对于所有连续有界的 } h: \mathbb{R}^K \to \mathbb{R}\text{，有} \int h(\mathbf{s})\, P_n(\mathrm{d}\mathbf{s}) \to \int h(\mathbf{s})\, P(\mathrm{d}\mathbf{s})$$

并写为 $P_n \xrightarrow{w} P$。关于这些积分的定义，可参看第 5.1.3.3 节。h 的连续性遵循 $\mathbb{R}^K$ 上的拓扑，而有界性是为了保证积分是有限的。

事实 6.1.4 设 F_n 是 P_n 的 CDF，同时设 F 是 P 的 CDF。在单变量情况下（$K=1$）则有

$$P_n \xrightarrow{w} P \Leftrightarrow F_n(s) \to F(s)\text{，对于所有满足在 } s \text{ 处 } F \text{ 为连续的 } s$$

例 6.1.3 可以证明，当 $k \to \infty$ 时，含有 k 个自由度的 t 分布弱收敛到标准正态分布。如图 6.3 所示。

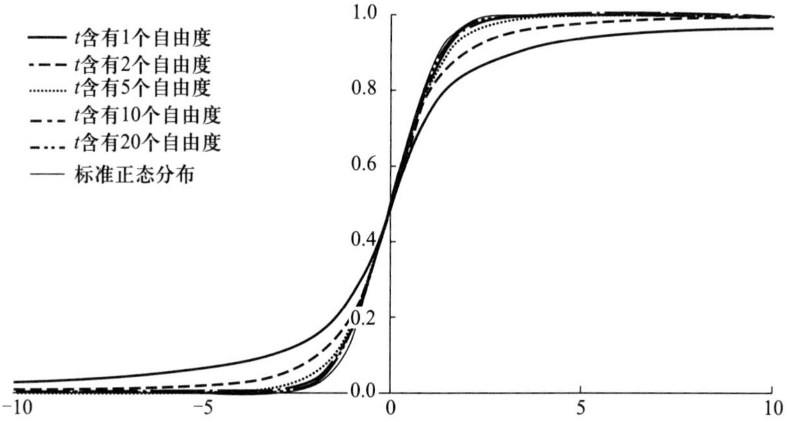

图 6.3 当 $k \to \infty$ 时，含有 k 个自由度的 t 分布收敛到 N(0,1)

① 事实上，可以证明样本均值是标准柯西值本身，对于所有 N。

与运用 CDF 的方法相比,有时运用密度的方法更容易处理。考虑到这样的联系,下面的充分条件是非常有用的。

事实 6.1.5　设$\{P_n\}$与 P 是$\mathbb{R}^K$上的绝对连续概率测度,具有密度 p_n 与 p。对于所有 $\mathbf{s}\in\mathbb{R}^K$,如果 $p_n(\mathbf{s})\to p(\mathbf{s})$,则 $P_n\xrightarrow{w}P$。

设$\{\mathbf{x}_n\}$与 $\mathbf{x}$ 是随机向量,如果它们的各自分布是弱收敛的,则我们说依分布(in distribution)$\mathbf{x}_n\to\mathbf{x}$。这样的收敛用符号 $\mathbf{x}_n\xrightarrow{d}\mathbf{x}$ 表示。因而

$$\mathbf{x}_n\xrightarrow{d}\mathbf{x}\Leftrightarrow\mathcal{L}(\mathbf{x}_n)\xrightarrow{w}\mathcal{L}(\mathbf{x})$$

依据事实 5.1.7,这等价于

$$\mathbb{E}[h(\mathbf{x}_n)]\to\mathbb{E}[h(\mathbf{x})],\text{对于所有连续有界的 } h:\mathbb{R}^K\to\mathbb{R}$$

事实 6.1.6　下面四个陈述是正确的:

(i) 如果 $g:\mathbb{R}^K\to\mathbb{R}^J$是连续的,且 $\mathbf{x}_n\xrightarrow{d}\mathbf{x}$,则 $g(\mathbf{x}_n)\xrightarrow{d}g(\mathbf{x})$。

(ii) 如果对于任意 $\mathbf{a}\in\mathbb{R}^K$存在 $\mathbf{a}^{\mathrm{T}}\mathbf{x}_n\xrightarrow{d}\mathbf{a}^{\mathrm{T}}\mathbf{x}$,则 $\mathbf{x}_n\xrightarrow{d}\mathbf{x}$。

(iii) $\mathbf{x}_n\xrightarrow{p}\mathbf{x}\Rightarrow\mathbf{x}_n\xrightarrow{d}\mathbf{x}$。

(iv) 如果 $\mathbf{a}$ 是常值向量,且 $\mathbf{x}_n\xrightarrow{d}\mathbf{a}$,则 $\mathbf{x}_n\xrightarrow{p}\mathbf{a}$。

事实 6.1.6 的(i)被称为连续映射定理(continuous mapping theorem)。(ii)被称为克拉默-沃尔德定理(Cramér-Wold theorm),或称克拉默-沃尔德方法(Cramér-Wold device)。接下来的结果有时被称为斯卢茨基定理(Slutsky's theorem)。

事实 6.1.7　如果 α 是常值,$x_n\xrightarrow{p}\alpha$ 且 $y_n\xrightarrow{d}y$,则 $x_n+y_n\xrightarrow{d}\alpha+y$ 且 $x_ny_n\xrightarrow{d}\alpha y$。

下面的事实可以直接得到,但却是十分有用的结果。

事实 6.1.8　$x_n\xrightarrow{p}0$ 且 $y_n\xrightarrow{d}y\Rightarrow x_ny_n\xrightarrow{p}0$。

6.1.4　中心极限定理

在所有数学知识中,中心极限定理(central limit theorem)是最引人注目和最重要的结果之一。相对于大数定律来说,它需要一个附加的二阶矩条件。在标量独立同分布情况下,这个定理表述如下。

定理 6.1.2　设 x 具有有限的二阶矩,同时设$\{x_n\}$是来自 x 的独立同分布抽样。如果 $\mu:=\mathbb{E}x$ 且 $\sigma^2:=\operatorname{var}x$,则

$$\sqrt{N}(\bar{x}_N-\mu)\xrightarrow{d}\mathrm{N}(0,\sigma^2),\quad\text{当 } N\to\infty\tag{6.9}$$

$\xrightarrow{d}$的含义是指左边的分布$\xrightarrow{w}\mathrm{N}(0,\sigma^2)$。我们可以将式(6.9)解释如下:一方面,由大数定律可知,$(\bar{x}_N-\mu)\xrightarrow{p}0$;另一方面,$\sqrt{N}\to\infty$。如果我们取乘积,那么这两个相互竞争的项正好平衡。值得注意的是,无论 x 的分布如何,当 $N\to\infty$ 时,乘积的分布都趋近于零均值的高斯分布。

我们将略过中心极限定理的证明(它提供很少的直觉),转而讨论对它的模拟。对于初学者来说,参看图 6.4,其中 $Q_N:=$式(6.9)的左侧的分布,$N=1,\cdots,5$。初始分布 $Q=Q_1$ 是多峰态的,并且由三个贝塔分布的凸组合构成。中心极限定理预测,$Q_N\xrightarrow{w}\mathrm{N}(0,\sigma^2)$,其中 $\sigma^2=\int s^2Q_1(\mathrm{d}s)$。注

意，尽管初始分布是不规则的，但会非常迅速地出现钟形。

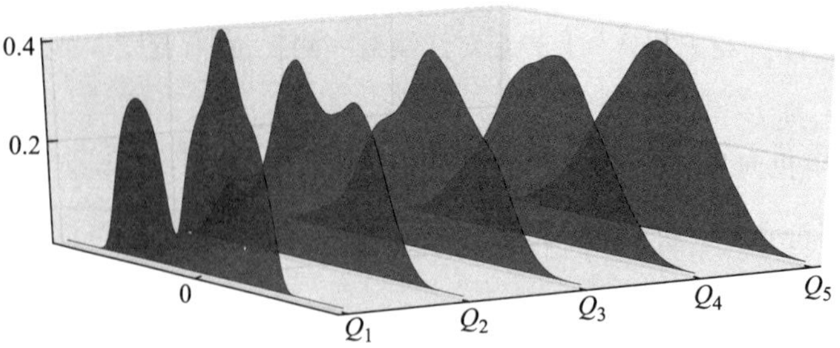

图 6.4　从贝塔混合开始的中心极限定理演变

中心极限定理的另一个常见表述如下：如果定理 6.1.2 的所有条件都得到满足，那么

$$z_N := \sqrt{N}\left\{\frac{\bar{x}_N - \mu}{\sigma}\right\} \xrightarrow{d} \mathrm{N}(0,1) \quad 当 N \to \infty \tag{6.10}$$

关于这一点的证明，留作练习题 6.4.6 完成。

列表 2 给出了式(6.10)中的收敛性，其输出结果如图 6.5 所示。此列表生成了由式(6.10)所定义随机变量 z_N 的 5000 个观测值，其中每一个 x_N 服从$\chi^2(5)$（这个分布的均值为 5，方差为$2\times5=10$）。z_N 的观测值存储在向量结果中。图 6.5 画出了这个向量的直方图，然后叠加 N(0,1) 分布的密度。

列表 2　给出中心极限定理的程序(Python)

```
import numpy as np
import scipy.stats as st

num_reps = 5000
outcomes = np.empty (num_reps)
N, k = 1000, 5    # k = degrees of freedom
chi = st.chi2(k)

for i in range (num_reps):
    xvec = chi.rvs(N)
    outcomes [i] = np.sqrt (N /(2 * k)) * (xvec.mean () - k)

# code to histogram outcomes and plot st.norm.pdf
# see johnstachurski.net /emet.html
```

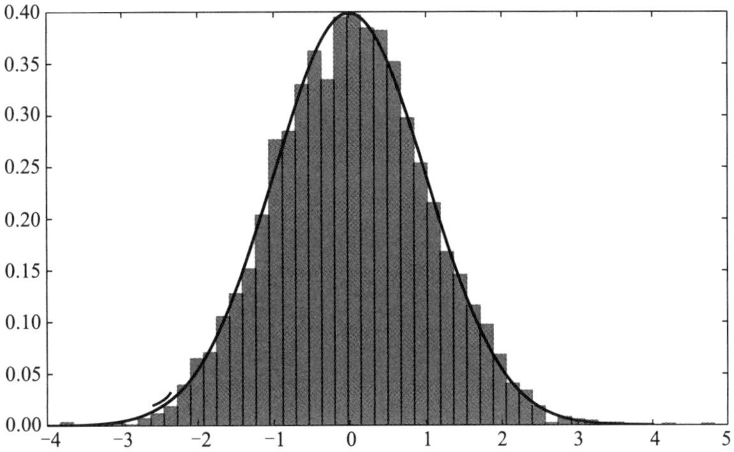

图 6.5 当基础分布服从 $\chi^2(5)$ 时,式(6.10)中 z_N 的观测值

6.2 扩展研究

在这一节中,我们将阐述对传统大数定律和中心极限定理的一些扩展。

6.2.1 随机矩阵的收敛

第 6.1.1 节所讨论的依概率收敛的概念可以很自然地推广到矩阵形式上。设$\{\mathbf{X}_n\}_{n=1}^{\infty}$是一个随机 $N\times K$ 矩阵序列。我们说 $\mathbf{X}_n$ 依概率(in probability)收敛到随机的 $N\times K$ 矩阵 $\mathbf{X}$,并写成 $\mathbf{X}_n \xrightarrow{p} \mathbf{X}$,如果

$$\|\mathbf{X}_n - \mathbf{X}\| \xrightarrow{p} 0, \text{当 } n \to \infty \text{ 时}$$

其中$\|\cdot\|$表示第 3.3.5 节所定义的矩阵范数。

事实 6.2.1 假定满足一致性,下列五个陈述是正确的:

(i) 如果 $\mathbf{X}_n \xrightarrow{p} \mathbf{X}$,同时 $\mathbf{X}_n$ 与 $\mathbf{X}$ 都是非奇异的,则 $\mathbf{X}_n^{-1} \xrightarrow{p} \mathbf{X}^{-1}$。

(ii) 如果 $\mathbf{X}_n \xrightarrow{p} \mathbf{X}$ 且 $\mathbf{Y}_n \xrightarrow{p} \mathbf{Y}$,则

$$\mathbf{X}_n + \mathbf{Y}_n \xrightarrow{p} \mathbf{X} + \mathbf{Y}, \quad \mathbf{X}_n\mathbf{Y}_n \xrightarrow{p} \mathbf{XY}, \quad \mathbf{Y}_n\mathbf{X}_n \xrightarrow{p} \mathbf{YX}$$

(iii) 如果 $\mathbf{X}_n \xrightarrow{p} \mathbf{X}$ 且 $\mathbf{A}_n \to \mathbf{A}$,则

$$\mathbf{X}_n + \mathbf{A}_n \xrightarrow{p} \mathbf{X} + \mathbf{A}, \quad \mathbf{X}_n\mathbf{A}_n \xrightarrow{p} \mathbf{XA}, \quad \mathbf{A}_n\mathbf{X}_n \xrightarrow{p} \mathbf{AX}$$

(iv) $\mathbf{X}_n \xrightarrow{p} \mathbf{X}$ 当且仅当 $\mathbf{X}_n\mathbf{a} \xrightarrow{p} \mathbf{Xa}$,对于任意一致的矩阵 $\mathbf{a}$。

(v) 只要 $\mathbf{a}$ 是一致常值向量,同时 $\mathbf{X}_n \xrightarrow{p} \mathbf{X}$,则 $\mathbf{a}^{\mathrm{T}}\mathbf{X}_n\mathbf{a} \xrightarrow{p} \mathbf{a}^{\mathrm{T}}\mathbf{Xa}$。

在事实 6.2.1 的(iii)中,矩阵 $\mathbf{A}_n$ 和 $\mathbf{A}$ 是非随机的且是依矩阵范数收敛的。注意,(v)可从

(iii)的两次应用获得。

在计量经济学中,我们经常使用下面的斯卢茨基定理的向量形式。

事实 6.2.2 设 $\mathbf{x}_n$ 与 $\mathbf{x}$ 是$\mathbb{R}^K$上的随机向量,设 $\mathbf{Y}_n$ 是随机矩阵,同时设 $\mathbf{C}$ 是常值矩阵。假定具有一致性,则有

$$\mathbf{Y}_n \xrightarrow{p} \mathbf{C} \text{ 且 } \mathbf{x}_n \xrightarrow{d} \mathbf{x} \Rightarrow \quad \mathbf{Y}_n\mathbf{x}_n \xrightarrow{d} \mathbf{C}\mathbf{x} \text{ 且 } \mathbf{Y}_n + \mathbf{x}_n \xrightarrow{d} \mathbf{C} + \mathbf{x}$$

6.2.2 向量值形式的大数定律和中心极限定理

我们上面所讨论的标量大数定律和中心极限定理,可以自然地推广到向量情况。例如,下面的定理给出了具体阐述。

定理 6.2.1 假定 $\mathbf{x}$ 是$\mathbb{R}^K$上的随机向量,设$\{\mathbf{x}_n\}$是来自 $\mathbf{x}$ 的独立同分布抽样。如果$\boldsymbol{\mu} := \mathbb{E}\mathbf{x}$是有限的,则

$$\bar{\mathbf{x}}_N := \frac{1}{N}\sum_{n=1}^{N} \mathbf{x}_n \xrightarrow{p} \boldsymbol{\mu}, \quad \text{当 } N \to \infty \tag{6.11}$$

此外,如果$\mathbb{E}\,\|\mathbf{x}\|^2 < \infty$,则

$$\sqrt{N}(\bar{\mathbf{x}}_N - \boldsymbol{\mu}) \xrightarrow{d} \mathrm{N}(\mathbf{0}, \Sigma), \quad \text{其中 } \Sigma := \operatorname{var} \mathbf{x} \tag{6.12}$$

这里 $\frac{1}{N}\sum_{n=1}^{N} \mathbf{x}_n$ 应该从向量加法与标量乘法的角度来理解。因而,$\bar{\mathbf{x}}_N$ 是$\mathbb{R}^K$中样本点的凸组合。图 6.6 在二维情况下给出了示例。浅灰点是$\boldsymbol{\mu}$。黑点是 $\mathbf{x}_1, \cdots, \mathbf{x}_N$ 的实现值。深灰点是样本均值 $\frac{1}{N}\sum_{n=1}^{N} \mathbf{x}_n$。依据式(6.11),深灰点收敛到浅灰点。

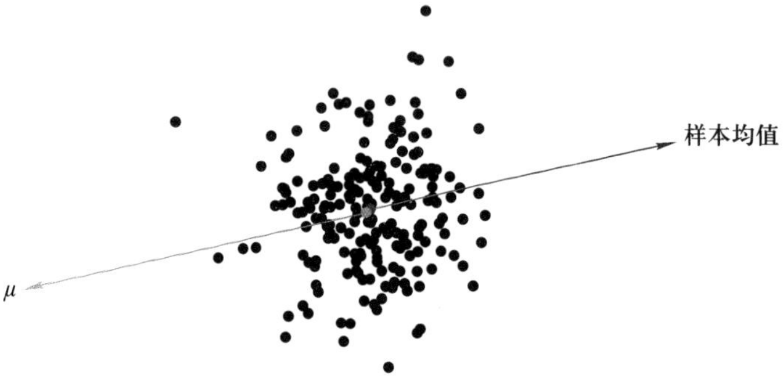

图 6.6 向量大数定律

定理 6.2.1 中的向量大数定律是由标量大数定律推导出的。为了证明这一点,设 $\mathbf{x}_n$ 如同定理 6.2.1 中的设置一样,设 $\mathbf{a}$ 是$\mathbb{R}^K$中的任意常数向量,设 $y_n := \mathbf{a}^{\mathrm{T}}\mathbf{x}_n$ 同时设 $y := \mathbf{a}^{\mathrm{T}}\mathbf{x}$。序列$\{y_n\}$是独立同分布的,并具有与 y 相同的分布(参看事实 5.1.10)。根据标量大数定律(定理 6.1.1),我们得到

$$\frac{1}{N}\sum_{n=1}^{N} y_n \xrightarrow{p} \mathbb{E}y = \mathbb{E}[\mathbf{a}^{\mathrm{T}}\mathbf{x}] = \mathbf{a}^{\mathrm{T}}\mathbb{E}[\mathbf{x}] = \mathbf{a}^{\mathrm{T}}\boldsymbol{\mu}$$

与此同时

$$\frac{1}{N}\sum_{n=1}^{N} y_n = \frac{1}{N}\sum_{n=1}^{N} \mathbf{a}^{\mathrm{T}}\mathbf{x}_n = \mathbf{a}^{\mathrm{T}}\left[\frac{1}{N}\sum_{n=1}^{N}\mathbf{x}_n\right] = \mathbf{a}^{\mathrm{T}}\bar{\mathbf{x}}_N$$

我们可以证明

$$\mathbf{a}^{\mathrm{T}}\bar{\mathbf{x}}_N \xrightarrow{p} \mathbf{a}^{\mathrm{T}}\boldsymbol{\mu}\text{，对于任意 } \mathbf{a} \in \mathbb{R}^K$$

现在由事实 6.1.1 可得陈述 $\bar{\mathbf{x}}_N \xrightarrow{p} \boldsymbol{\mu}$。

定理 6.2.1 中的向量形式中心极限定理也可从标量形式推导出，其证明十分相似。参看练习题 6.4.10。

这些结果可以进一步推广到随机矩阵。事实上，我们在研究线性回归时将需要矩阵形式的大数定律。下面给出一个合适的结论。

事实 6.2.3　设 $\mathbf{X}$ 是随机矩阵并设 $\{\mathbf{X}_n\}$ 是 $\mathbf{X}$ 的独立同分布随机抽样。如果 $\mathbb{E}\ \|\mathbf{X}\| < \infty$，则

$$\frac{1}{N}\sum_{n=1}^{N}\mathbf{X}_n \xrightarrow{p} \mathbb{E}[\mathbf{X}]\text{，当 } N \to \infty \tag{6.13}$$

这个证明很简单：由事实 6.2.1 可知，为了证明式(6.13)，只需证明对于任意一致向量 $\mathbf{a}$，$\frac{1}{N}\sum_{n=1}^{N}\mathbf{X}_n\mathbf{a} \xrightarrow{p} \mathbb{E}[\mathbf{X}]\mathbf{a}$。由于 $\mathbf{X}_n\mathbf{a}$ 是一个期望为 $\mathbb{E}[\mathbf{X}]\mathbf{a}$ 的向量，这可以直接从定理 6.2.1 中的向量大数定律得到。

6.2.3　德尔塔方法

在线性变换下，中心极限定理的渐近正态性保持不变，这一结论可由事实 6.2.2 得到。可以证明，同样的结论也适用于仅在局部近似线性的函数，也就是对于可微函数也是成立的。这极大地扩展了中心极限定理的能力和范围。

定理 6.2.2　设 $g:\mathbb{R}^K \to \mathbb{R}$，$\boldsymbol{\theta}$ 是 g 定义域中的一个点，同时设 $\{\mathbf{t}_n\}$ 是 $\mathbb{R}^K$ 中的随机向量序列。如果

(i) 对于某些正定的 $\boldsymbol{\Sigma}$，$\sqrt{n}(\mathbf{t}_n - \boldsymbol{\theta}) \xrightarrow{d} \mathrm{N}(0, \boldsymbol{\Sigma})$，并且

(ii) $\nabla g(\boldsymbol{\theta})$ 存在，并且是连续的，同时每一个元素都是非零的，则有

$$\sqrt{n}\{g(\mathbf{t}_n) - g(\boldsymbol{\theta})\} \xrightarrow{d} \mathrm{N}(0, \nabla g(\boldsymbol{\theta})^{\mathrm{T}}\boldsymbol{\Sigma}\nabla g(\boldsymbol{\theta}))\text{，当 } n \to \infty \tag{6.14}$$

这里的 $\nabla g(\boldsymbol{\theta})$ 表示 g 在 $\boldsymbol{\theta}$ 点的梯度向量(gradient vector)，它被定义为

$$\nabla g(\boldsymbol{\theta}) := \begin{pmatrix} g_1'(\boldsymbol{\theta}) \\ \vdots \\ g_K'(\boldsymbol{\theta}) \end{pmatrix}\text{，其中 } g_k'(\boldsymbol{\theta}) := \frac{\partial g(\boldsymbol{\theta})}{\partial \theta_k}$$

在标量情况下，式(6.14)转变为

$$\sqrt{n}\{g(t_n) - g(\theta)\} \xrightarrow{d} \mathrm{N}(0, g'(\theta)^2\sigma^2)\text{，当 } n \to \infty \tag{6.15}$$

在统计学背景下，通过定理 6.2.2 获得渐近分布的方法称为德尔塔方法(delta method)。稍后我们将看到它的重要性。定理 6.2.2 的证明是基于 g 在 $\boldsymbol{\theta}$ 点的泰勒展开。参看 Van der Vaart (2000)中的定理 3.1。练习题 6.4.9 给出了一些关键的想法。

6.3 进一步阅读

关于大数定律和中心极限定理的高质量研究，可以参看 Dudley(2002)、Taylor(1997)、Durrett(2010)、Pollard(2002)、DasGupta(2008)或者 Cinlar(2011)。关于高阶完整的德尔塔方法，可以在 Van der Vaart(2000)中找到。

6.4 练习题

练习题 6.4.1 设$\{x_n\}$是随机变量的序列，对于所有 n，满足 $x_n=y$，其中 y 是单个随机变量。证明：如果$\mathbb{P}\{y=-1\}=\mathbb{P}\{y=1\}=0.5$，则 $x_n\xrightarrow{p}0$ 不成立。证明：如果$\mathbb{P}\{y=0\}=1$，则 $x_n\xrightarrow{p}0$ 成立。

练习题 6.4.2 证明事实 6.1.1 的以下部分：$\mathbf{x}_n\xrightarrow{p}\mathbf{x}$ 且 $\mathbf{y}_n\xrightarrow{p}\mathbf{y}\Rightarrow\mathbf{x}_n+\mathbf{y}_n\xrightarrow{p}\mathbf{x}+\mathbf{y}$（如果你仍然对这类命题很熟悉，那么证明就不难）。

练习题 6.4.3 证明 $\mathbf{x}_n\xrightarrow{p}\mathbf{x}$ 蕴含着 $\mathbf{a}^{\mathrm{T}}x_n\xrightarrow{p}\mathbf{a}^{\mathrm{T}}\mathbf{x}$，对于每一个 $\mathbf{a}\in\mathbb{R}^K$。

练习题 6.4.4 我们在事实 6.1.6 中看到：如果 $x_n\xrightarrow{p}x$，则 $x_n\xrightarrow{d}x$。证明：相反的情况并不总是成立。

练习题 6.4.5 证明：当且仅当 $\mathbf{X}_n$ 的每一个元素都依概率收敛于 $\mathbf{X}$ 的对应元素时，有 $\mathbf{X}_n\xrightarrow{p}\mathbf{X}$。①

练习题 6.4.6 验证式(6.10)。②

练习题 6.4.7 设 $\mathcal{L}(u)=U[0,1]$并且 $x_n:=n\mathbb{1}\{0\leqslant u\leqslant 1/n\}$，对于 $n\in\mathbb{N}$。

(i) 计算 x_n^2 的期望。

(ii) 证明当 $n\to\infty$ 时，$x_n\xrightarrow{p}x$。

得出结论：$x_n\xrightarrow{p}x$ 并不蕴含着 $x_n\xrightarrow{ms}x$。

练习题 6.4.8 设 x 是任意随机变量，并满足$\mathbb{E}x=\mu$ 和 $\operatorname{var}x=\sigma^2<\infty$。证明当 $n\to\infty$ 时，$x_n:=x/n$ 依概率收敛到 0。

练习题 6.4.9 设$\{t_n\}$是随机变量序列，θ 是常值，同时

$$\sqrt{n}(t_n-\theta)\xrightarrow{d}\mathrm{N}(0,\sigma^2)\text{，当 } n\to\infty$$

设 $g:\mathbb{R}\to\mathbb{R}$ 在 θ 点处是可微的，且满足 $g'(\theta)\neq 0$。在 θ 点附近取 g 的一阶泰勒展开式，我们可以写成 $g(t_n)=g(\theta)+g'(\theta)(t_n-\theta)+R(t_n-\theta)$，其中 $R(t_n-\theta)$是余项。如同 Van der Vaart(2000)的定理 3.1 所证明的，在这些条件下，我们有$\sqrt{n}R(t_n-\theta)\xrightarrow{p}0$。利用这个事实，证明$\sqrt{n}\{g(t_n)-g(\theta)\}\xrightarrow{d}\mathrm{N}(0,g'(\theta)^2\sigma^2)$。

---

① 提示：为了证明“当”后面的部分，运用事实 3.3.13。

② 提示：将定理 6.1.2 和事实 6.1.6 结合起来。

练习题 6.4.10　验证定理 6.2.1 中的陈述$\sqrt{N}(\bar{\mathbf{x}}_N-\boldsymbol{\mu})\xrightarrow{d}\mathrm{N}(\mathbf{0},\Sigma)$。

练习题 6.4.11　设$\{\mathbf{x}_n\}$是$\mathbb{R}^K$中随机向量的独立同分布序列,并满足$\mathbb{E}\mathbf{x}_n=\mathbf{0}$且 $\operatorname{var}\mathbf{x}_n=\mathbf{I}$。设

$$\bar{\mathbf{x}}_N:=\frac{1}{N}\sum_{n=1}^{N}\mathbf{x}_n,\quad y_N:=N\cdot\|\bar{\mathbf{x}}_N\|^2$$

$\{y_N\}$的渐近分布是什么?

6.5　练习题解答节选

6.4.1 解答　由定义可知,$x_n\xrightarrow{p}0$ 意味着,已知任意 $\delta>0$,我们有$\mathbb{P}\{|x_n|>\delta\}\to 0$。如果对于所有 n,$x_n=y$,同时$\mathbb{P}\{y=-1\}=\mathbb{P}\{y=1\}=0.5$,则比如说对于 $\delta:=1/2$,这个并不成立,因为对于所有 n,$\mathbb{P}\{|x_n|>1/2\}=1$。

然而,如果$\mathbb{P}\{y=0\}=1$,则对于任意 $\delta>0$,我们有$\mathbb{P}\{|x_n|>\delta\}=\mathbb{P}\{|y|>\delta\}=0$。这个序列在 0 点是常值,因此 $x_n\xrightarrow{p}0$ 成立。　□

6.4.2 解答　设 $\mathbf{x}_n\xrightarrow{p}\mathbf{x}$ 且 $\mathbf{y}_n\xrightarrow{p}\mathbf{y}$。固定 $\delta>0$,利用三角不等式和基本推理,我们可以建立以下事件的顺序:

$$\begin{aligned}\{\|\mathbf{x}_n+\mathbf{y}_n-(\mathbf{x}+\mathbf{y})\|>\delta\}&\subset\{\|\mathbf{x}_n-\mathbf{x}\|+\|\mathbf{y}_n-\mathbf{y}\|>\delta\}\\&\subset\{\|\mathbf{x}_n-\mathbf{x}\|>\delta/2\}\cup\{\|\mathbf{y}_n-\mathbf{y}\|>\delta/2\}\end{aligned}$$

通过$\mathbb{P}$ 的单调性和次可加性,我们得到

$$\mathbb{P}\{\|\mathbf{x}_n+\mathbf{y}_n-(\mathbf{x}+\mathbf{y})\|>\delta\}\leqslant\mathbb{P}\{\|\mathbf{x}_n-\mathbf{x}\|>\delta/2\}+\mathbb{P}\{\|\mathbf{y}_n-\mathbf{y}\|>\delta/2\}$$

根据假设,右边的两项在 n 增大后收敛到 0,因此 $\mathbf{x}_n+\mathbf{y}_n\xrightarrow{p}\mathbf{x}+\mathbf{y}$ 成立。　□

6.4.3 解答　设$\mathbb{R}^K$ 中 $\mathbf{x}_n\xrightarrow{p}\mathbf{x}$,同时固定任意的 $\mathbf{a}\in\mathbb{R}^K$。如果 $\mathbf{a}=\mathbf{0}$,则证明该陈述并不难,因此相反假定 $\mathbf{a}$ 非零。设 $\delta>0$,由柯西-施瓦茨不等式得到

$$\{|\mathbf{a}^{\mathrm{T}}\mathbf{x}_n-\mathbf{a}^{\mathrm{T}}\mathbf{x}|>\delta\}\subset\{\|\mathbf{a}\|\|\mathbf{x}_n-\mathbf{x}\|>\delta\}$$

利用$\mathbb{P}$ 的单调性,现在可得

$$\mathbb{P}\{|\mathbf{a}^{\mathrm{T}}\mathbf{x}_n-\mathbf{a}^{\mathrm{T}}\mathbf{x}|>\delta\}\leqslant\mathbb{P}\{\|\mathbf{x}_n-\mathbf{x}\|>\delta/\|\mathbf{a}\|\}$$

由于 $\mathbf{x}_n\xrightarrow{p}\mathbf{x}$,所以右边收敛到 0。

6.4.4 解答　一方面,如果$\{x_n\}$与 x 是独立同分布的,并且服从 $\mathrm{N}(0,1)$,则有 $\mathcal{L}(x_n)=\mathcal{L}(x)$ 对于所有 n 成立,因此 $x_n\xrightarrow{d}x$。另一方面,$\mathcal{L}(x_n-x)=\mathrm{N}(0,2)$对于所有 n 成立。因此,对于任意 $\delta>0$,$\mathbb{P}\{|x_n-x|>\delta\}$是正的常值,而 $x_n\xrightarrow{p}x$ 不成立。　□

6.4.10 解答　定义

$$\mathbf{z}_N:=\sqrt{N}(\bar{\mathbf{x}}_N-\boldsymbol{\mu}),\quad\mathcal{L}(\mathbf{z})=\mathrm{N}(\mathbf{0},\Sigma)$$

我们需要证明 $\mathbf{z}_n\xrightarrow{d}\mathbf{z}$。为了做到这一点,我们应用克拉默-沃尔德方法(事实 6.1.6)和标量中心极限定理(定理 6.1.2)。首先,固定 $\mathbf{a}\in\mathbb{R}^K$。经过观察可以发现

$$\mathbf{a}^{\mathrm{T}}\mathbf{z}_n:=\sqrt{N}(\bar{y}_n-\mathbb{E}[y_n])$$

其中 $y_n := \mathbf{a}^{\mathrm{T}} \mathbf{x}_n$。由于 y_n 是独立同分布的,并且

$$\mathrm{var}[y_n] = \mathrm{var}[\mathbf{a}^{\mathrm{T}}\mathbf{x}_n] = \mathbf{a}^{\mathrm{T}}\mathrm{var}[\mathbf{x}_n]\mathbf{a} = \mathbf{a}^{\mathrm{T}}\Sigma\mathbf{a}$$

标量中心极限定理意味着

$$\mathbf{a}^{\mathrm{T}}\mathbf{z}_N \xrightarrow{d} \mathrm{N}(0, \mathbf{a}^{\mathrm{T}}\Sigma\mathbf{a})$$

由于 $\mathcal{L}(\mathbf{a}^{\mathrm{T}}\mathbf{z}) = \mathrm{N}(0, \mathbf{a}^{\mathrm{T}}\Sigma\mathbf{a})$,我们可以证明 $\mathbf{a}^{\mathrm{T}}\mathbf{z}_N \xrightarrow{d} \mathbf{a}^{\mathrm{T}}\mathbf{z}$。因为 $\mathbf{a}$ 是任意的,所以克拉默–沃尔德方法告诉我们 $\mathbf{z}_N$ 依分布收敛到 $\mathbf{z}$。 □

6.4.11 解答 由假设可知,$\{\mathbf{x}_n\}$ 是 $\mathbb{R}^K$ 中满足 $\mathbb{E}\mathbf{x}_n = \mathbf{0}$ 且 $\mathrm{var}[\mathbf{x}_n] = \mathbf{I}$ 的独立同分布序列。由向量中心极限定理可得

$$\sqrt{N}\bar{\mathbf{x}}_N \xrightarrow{d} \mathbf{z}, \quad \text{其中} \quad \mathcal{L}(\mathbf{z}) = \mathrm{N}(\mathbf{0}, \mathbf{I})$$

设 $g(\mathbf{s}) := \|\mathbf{s}\|^2$ 并且应用连续映射定理(事实 6.1.6),可以得到

$$y_N = \|\sqrt{N}\bar{\mathbf{x}}_N\|^2 \xrightarrow{d} \|\mathbf{z}\|^2 = \sum_{k=1}^{K} z_k^2$$

由事实 5.1.18,我们得到结论 $y_N \xrightarrow{d} \chi^2(K)$。 □

第7章　概率论深入专题

概率论中有两个非常重要的专题,一个是随机过程(stochastic process)理论,另一个是模拟理论,迄今为止我们还都没有涉及。现在我们逐一讨论这些重要内容的某些结果。

7.1　随机过程

$\mathbb{R}^K$上的随机过程是指在共同概率空间$(\Omega,\mathscr{F}_t,\mathbb{P})$上所定义的一系列随机向量$\{\mathbf{x}_t\}_{t\geqslant 0}$。尽管这个定义的内容简短,但所有这些随机向量都存在于相同的概率空间,这一事实不应该被忽略。这意味着,诸如$\mathbb{P}\{\mathbf{x}_t\geqslant 0$,对于所有$t\}$或者$\mathbb{P}\{\mathbf{x}_t\leqslant -10$,对于某个$t\}$这样的概率是良好定义的。当将此过程的元素放置在一个共同的概率空间上就确定了不同t的联合分布。

为了对随机过程做分析,我们需要在联合分布上设置某种结构,或者等价地在随机元素上设置某种结构。实际上,这几乎总是可以递归地完成。之后我们将给出几个例子。不过,我们现在考察抽象背景下的随机过程,然后给出某些定义。

随机过程中有一种类型是独立同分布(IID)序列。在统计学中,这种类型是十分理想的。例如,大数定律告诉我们,在独立同分布设置下,有限期望总是可以利用样本均值来逼近。如果我们想知道这个近似值有多精确,那么可以查看中心极限定理。

然而,一旦脱离独立同分布的设置背景,这些有用的性质就不再成立。如果对随机过程不做某些限制,那么我们几乎就不能做出什么估计。于是,我们的第一个任务就是描述某些性质,以使随机过程在某种程度上接近于独立同分布过程。

7.1.1　平稳性和遍历性

作为第一步,我们首先定义一种如下过程,它保留独立同分布性质的一部分(同分布部分)。随机过程$\{\mathbf{x}_t\}_{t\geqslant 0}$被称为是平稳的(stationary),如果对于任何$m\in\mathbb{N}$以及任何$t_1,\cdots,t_k$整数序列,这些随机向量的任何子集的分布都不受时间前移的影响,也就是

$$\mathcal{L}(\mathbf{x}_{t_1},\cdots,\mathbf{x}_{t_k})=\mathcal{L}(\mathbf{x}_{t_1+m},\cdots,\mathbf{x}_{t_k+m})\tag{7.1}$$

很明显,任何平稳序列都是同分布的。换句话说,对于任何平稳序列来说,边缘序列(the sequence of marginals)$\{\mathcal{L}(\mathbf{x}_t)\}$是一个稳定序列。

例 7.1.1　独立同分布过程$\{\mathbf{x}_t\}$是平稳的,这是因为独立性意味着式(7.1)的两边是边缘$\mathcal{L}(\mathbf{x}_1)$的$k$次积。

例 7.1.2　举一个简单的平稳过程例子。设x_1是从$\mathbb{R}$上按照某个任意规则P抽样得到的,同

时设对于所有 $t, x_{t+1}=x_t$。那么,对于任何整数集 $t_1,\cdots,t_k$ 以及任何博雷尔集 $B_1,\cdots,B_k$,我们有

$$\mathbb{P}\{x_{t_1}\in B_1,\cdots,x_{t_k}\in B_k\}=\mathbb{P}\{x_1\in\cap_{i=1}^k B_i\}=\mathcal{P}(\cap_{i=1}^k B_i)$$

如果我们用 x_{t_i+m} 替换 x_{t_i},则会获得同样的数据。因此 $\{x_t\}$ 是平稳的。

例 7.1.3　$\mathbb{R}$ 上的随机游走(random walk)是指随机过程 $\{x_t\}$,其中 $x_t=\sum_{j=1}^{t} w_j$,对于某个独立同分布零均值过程 $\{w_j\}$。设 $\sigma^2 := \text{var}\ w_t$。如果 $\sigma>0$,那么 $\{x_t\}$ 就不是平稳的,这是因为方差 $x_t = t\,\sigma^2$。特别是, $\mathcal{L}(x_t)$ 依赖于 t。

单独的平稳性还不足以使我们得出类似于大数定律和中心极限定律这样的性质。

例 7.1.4　对于例 7.1.2 中的 $\{x_t\}$ 过程,只要 P 是非退化的,大数定律就会失效。实际上,$\bar{x}_T := \frac{1}{T}\sum_{t=1}^{T} x_t = x_1$,因此对于所有 t, $\mathcal{L}(\bar{x}_T)=\mathcal{L}(x_1)=P$。特别是,$\bar{x}_T$ 不依概率收敛到任何常值。

就例 7.1.4 中的过程而言,其问题是存在过度相依性。新的实现值(realizations)所提供的新信息并不充分(实际上没有新的信息)。另外,如果相依性并不是太过度(例如,如果对于充分大的 k, x_t 与 x_{t+k} 是“几乎独立的”),那么相依过程就可以满足大数定律的某个形式。这就是所谓的遍历过程(ergodic process)。

在不同的文献中,遍历性的正式定义会有所不同。这里我们定义 $\mathbb{R}^K$ 上的平稳随机过程 $\{\mathbf{x}_t\}$ 是遍历的,如果大数定律成立,也就是如果

$$\frac{1}{T}\sum_{t=1}^{T} h(\mathbf{x}_t) \xrightarrow{p} u_h := \mathbb{E}h(\mathbf{x}_t),\quad 当 \quad T\to\infty \tag{7.2}$$

对于任意 $\mathscr{B}$ 可测 $h:\mathbb{R}^N\to\mathbb{R}$,使得 $\mathbb{E}\ |h(\mathbf{x}_t)|<\infty$。(因为 $\{\mathbf{x}_t\}$ 是平稳的,所以这个期望不依赖于 t)。本章的主要任务之一是推导出经济学家经常用到的某些过程具有遍历性的充分条件。

顺便说一句,人们经常听到遍历性的一种非正式定义:“横截面与时间序列的平均值恰好一致”。在当前的讨论背景下,这意味着什么呢?

为了回答这个问题,设想 $\mathbf{x}_t = x_t$ 是二值变量,如果给定个体目前被雇佣,那么 $x_1=1$,否则为零。在这种情况下,$\frac{1}{T}\sum_{t=1}^{T} x_t$ 是在 $1,\cdots,T$ 时期被雇佣时间的比例。对于 $h(x)=x$,式(7.2)的右边是 $\mathbb{E}x_t=\mathbb{P}\{x_t=1\}$,或者说就业的平稳概率。如果我们观察到个体 $1,\cdots,N$ 在时间 t 时的就业结果 $x_t^1,\cdots,x_t^N$,而且所有个体都遵循同样的模型并且是充分独立的,则横截面平均值 $\frac{1}{N}\sum_{n=1}^{N} x_t^n$ 也将接近于 $\mathbb{P}\{x_1=1\}$。因此,对于遍历性和大样本来说,横截面的平均值和时间序列的平均值(几乎)是一致的。

7.1.2　随机递归序列

在这一节,我们讨论关于随机过程的一种更具体的观点。然后,我们再回来考察诸如遍历性等问题。

图 7.1 展示出第二次世界大战后美国人均 GDP 的发展演变。上面的图形是人均 GDP,而下面的图形是以增长率形式画出的。对于这样的时间序列,我们如何以一种简洁的方式来建模呢?

没有一个模型是确定正确的,这是因为在 GDP 逐年变化的过程中,冲击起着重要作用,而独立同分布过程过于简单了。然而,我们可以通过一种最常见的非平凡随机过程来接近这两个时间

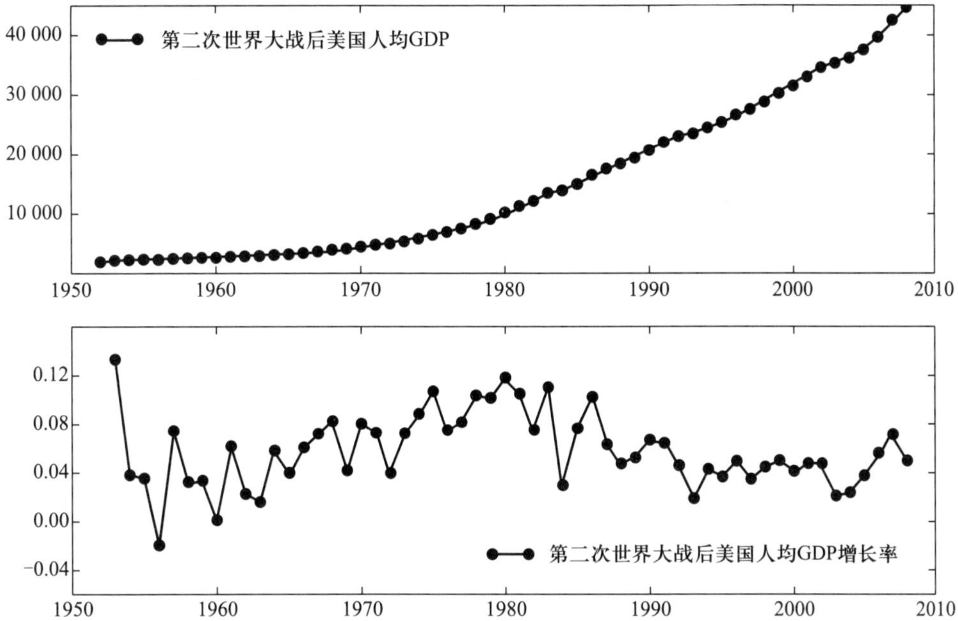

图 7.1 第二次世界大战后美国人均 GDP

资料来源:Penn World Tables。

序列,这个随机过程就是标量高斯 AR(1)模型

$$x_{t+1}=b+ax_t+cw_{t+1}, \text{其中}\{w_t\}\overset{\text{IID}}{\sim}N(0,1), \text{已知}\ x_0 \tag{7.3}$$

其中 a,b,c 表示参数,x_t 被称为状态变量(state variable)。式(7.3)是随机差分方程(stochastic difference equation)的例子。过程$\{x_t\}$定义了所谓的随机过程或随机递归序列(stochastic recursive sequence)。此过程的实现称为一个时间序列(time series)。

$\{x_t\}$的动态特性取决于参数。我们可以从模拟中得到一些有意义的启发。图 7.2 展示了 6 种不同的时间序列$\{x_t\}$的模拟情况,每一种情况所生成的序列都利用了不同的 a 值。b 与 c 的值都固定为 1,而 $x_0=0$。此图的 R 编码已由列表 3 给出。

列表 3 图 7.2 的代码(R)

```
# Generates an AR(1) time series starting from x = init
ar1ts <- function (init, n, b, a) {
    x <- numeric (n)
    x [1] <- init
    w <- rnorm(n-1)
    for (t in 1: (n-1)) {
        x[t+1] <- b + a * x[t] + w[t]
    }
    return (x)
}
```

```
avec <- c(0.1, -0.1, 0.9, -0.9, 1.1, -1.1)
N <- 200
par (mfrow=c(3,2)) # Arrangement of figures
for (a in avec) {
    plot (ar1ts) (0, N, 1, a), type="1", xlab=paste ("a=", a), ylab="")
}
```

观察图形可以发现,模拟的时间路径对 a 的值比较敏感。如果 a 的取值在区间$(-1,1)$之外,那么序列趋于发散。如果 $|a|<1$,则相反的情况成立。例如,如果查看图 7.2 中关于 $a=0.9$ 的时间序列,那么可以发现在初始阶段时间序列受到初始条件 x_0 的影响之后,这一过程稳定在某一带宽(在此情况下,大概是 5 与 15 之间)内随机运动。

如果式(7.3)中的标量高斯 AR(1)模型不能捕捉到我们想要建模的时间序列的重要方面,那么我们可以从几个不同方向将它一般化。例如,我们可以去掉冲击服从正态分布的假设,在这种情况下,它被简单地称为标量 AR(1)模型。如果状态过程具有厚尾性质,那么这个模型就是恰当的。

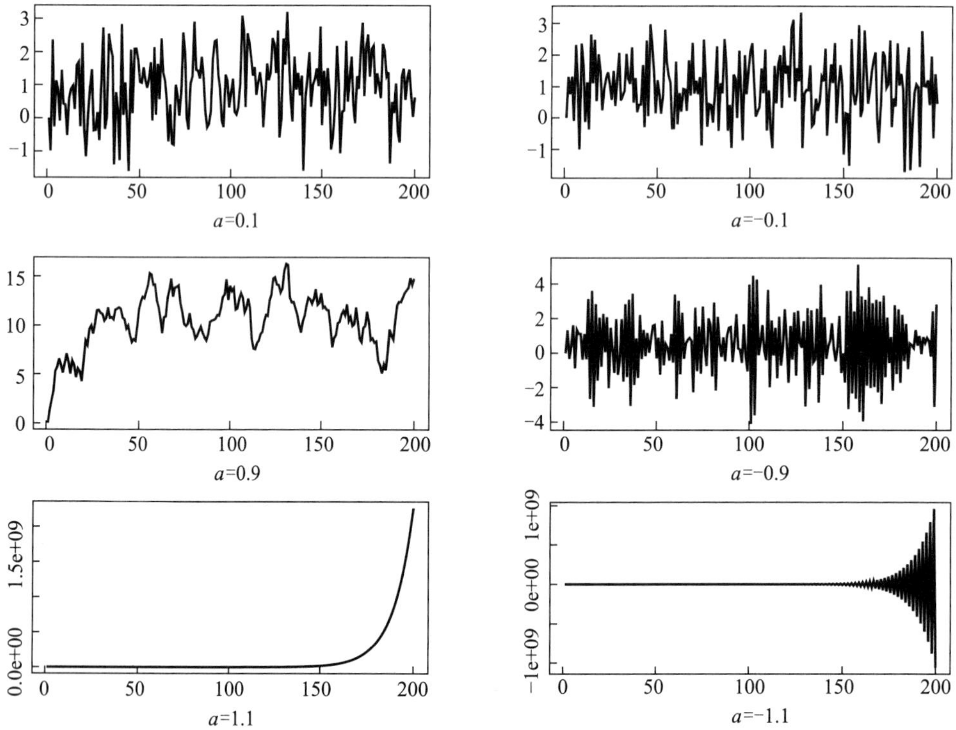

图 7.2　线性 AR(1)模型的动态特性

我们还可以将标量 AR(1)模型推广到$\mathbb{R}^K$,得到向量 AR(1)或 VAR(1)模型

$$\mathbf{x}_{t+1}=\mathbf{b}+\mathbf{A}\mathbf{x}_t+\mathbf{C}\mathbf{w}_{t+1} \tag{7.4}$$

其中假定$\{\mathbf{w}_t\}$是独立同分布的,且满足$\mathbb{E}\mathbf{w}_t=\mathbf{0}$与$\mathbb{E}[\mathbf{w}_t\mathbf{w}_t^{\mathrm{T}}]=\mathbf{I}$。如果 $\mathbf{w}_t$ 服从多元正态分布,则式

(7.4)称为高斯 VAR(1)模型。向量 $\mathbf{x}_t$ 被称为状态向量(state vector)。相当多的模型可以表示成 VAR(1)过程,或者包含 VAR 过程而将其作为子元素(例如,线性状态空间模型)。

另一种推广标量 AR(1)模型的方法就是标量 AR(p)模型,其中下一个状态 x_{t+1} 不仅是当前状态 x_t 的线性函数,而且是前面最邻近 p 个状态的函数。例如,AR(2)过程具有如下的动态特性:

$$x_{t+1} = b + ax_t + \gamma x_{t-1} + w_{t+1}$$

虽然 x_{t+1} 是 x_t 与 x_{t-1} 两个滞后状态的函数,但我们可将其重新表述为一阶模型。首先,我们通过 $y_t = x_{t-1}$ 来定义附加状态变量 y_t。于是,此动态过程可以表示成

$$x_{t+1} = b + ax_t + \gamma y_t + w_{t+1}$$

$$y_{t+1} = x_t$$

我们可以将其写成矩阵形式

$$\begin{pmatrix} x_{t+1} \\ y_{t+1} \end{pmatrix} = b\begin{pmatrix} 1 \\ 0 \end{pmatrix} + \begin{pmatrix} a & \gamma \\ 1 & 0 \end{pmatrix}\begin{pmatrix} x_t \\ y_t \end{pmatrix} + \begin{pmatrix} 1 \\ 0 \end{pmatrix} w_{t+1}$$

这是式(7.4)中 VAR(1)模型的一个特例。这个例子表明了如何通过增加状态变量的数量来将高阶过程简化为一阶过程。由于这个原因,下面的大部分理论讨论都是在一阶模型背景下进行的。

7.1.2.1　非线性模型

尽管线性模型非常简单,但这并不总是优点。有时候,线性模型无法捕获我们在数据中所观察到的各种动态特性。比如,对于 1990—2014 年恒生指数日收益率中的波动性,如图 7.3 所示,如果不引入非线性,就很难构建我们的模型。许多理论建模也都会产生非线性模型。

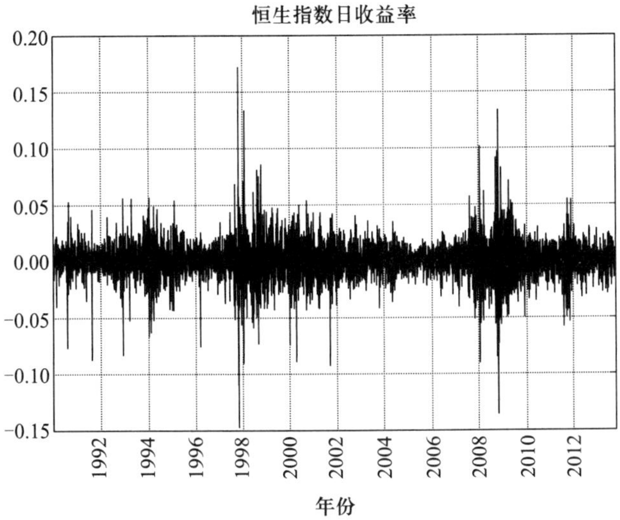

图 7.3　恒生指数的日收益率

资料来源:Yahoo! Finance。

一个著名的非线性模型是 p 阶自回归条件异方差模型(the pth order autoregressive conditional heteroskedasticity model,简写为 ARCH(p)模型)。这个模型是在资产收益率模型上附加了时变波动性成分 σ_t。例如,假设 $x_t = \sigma_t w_t$,其中 $\sigma_{t+1}^2 = a_0 + a_1 x_t^2$。将这些方程结合起来就可得到 ARCH(1)模型

$$x_{t+1} = (a_0 + a_1 x_k^2)^{1/2} w_{t+1}, \text{其中} \{w_t\} \overset{\text{IID}}{\sim} \mathrm{N}(0,1) \tag{7.5}$$

其中 $a_0>0, a_1 \geqslant 0$。可通过广义 ARCH 模型来更好地拟合资产收益率数据,这类模型当中最简单的模型是 GARCH(1,1)过程:

$$x_t = \sigma_t w_t$$

$$\sigma_{t+1}^2 = a_0 + a_1 x_t^2 + a_2 \sigma_t^2$$

接下来一个时期的波动性取决于它自己的滞后状态以及 x_t。

另一种十分受欢迎的非线性模型是平滑转移自回归(smooth transition autoregression, STAR)模型:

$$x_{t+1} = g(x_t) + w_{t+1} \tag{7.6}$$

其中 g 具有以下形式:

$$g(s) := (b_0 + a_0 s)(1 - \tau(s)) + (b_1 + a_1 s)\tau(s)$$

这里 $\tau: \mathbb{R} \to [0,1]$ 是递增的,且满足 $\lim_{s\to-\infty}\tau(s)=0$ 与 $\lim_{s\to\infty}\tau(s)=1$。当 s 接近于 $-\infty$ 时, $g(s)$ 接近于 $b_0 + a_0 s$。当 s 接近于 $+\infty$ 时, $g(s)$ 接近于 $b_1 + a_1 s$。因而,这两种不同的线性模型之间存在动态转移,其转移的平滑性取决于 τ 的形状。

7.2 马尔可夫过程

第 7.1.2 节中的所有例子都是所谓马尔可夫过程类型中的一种特殊情况。马尔可夫过程是一种非常值得研究的模型,因为其概念非常广泛,以至于包括大量不同种类的随机过程,同时具有足够好的结构来支持优雅和强有力的理论。这里我们阐述马尔可夫过程的基础知识,内容涉及定义、基本性质以及平稳性和渐近性。

7.2.1 马尔可夫假设

设 S 是 $\mathbb{R}^K$ 上的子集,并设 $\mathscr{B}(S)$ 是 S 的博雷尔子集。S 上的离散时间马尔可夫过程的最基本形式是随机核(stochastic kernel)或转移概率函数(transition probability function),这是一种如下函数 $Q: S \times \mathscr{B}(S) \to [0,1]$,使得

(i) 对于所有 $\mathbf{s} \in S$, $Q(\mathbf{s}, \cdot)$ 是 $\mathscr{B}(S)$ 的概率测度;

(ii) 对于每一个 $B \in \mathscr{B}(S)$, $g(\mathbf{s}) := Q(\mathbf{s}, B)$ 是 $\mathscr{B}$ 可测的。

S 被称为模型的状态空间(state space)。第(ii)部分是温和的正则性条件,这能确保某些积分是定义良好的。第(i)部分是主要的定义特征,对于 S 中的每一个点 $\mathbf{s}$,都有 S 上的分布支撑。我们将 Q 与某个初始分布 P_0 看作经由下面条件在 S 中取值而生成的一个相对应马尔可夫过程 $\{\mathbf{x}_t\}$ *:

1: draw $\mathbf{x}_0$ from P_0

2: **for** t in $0,1,2,\cdots$ **do**

3: draw $\mathbf{x}_{t+1}$ from the distribution $Q(\boldsymbol{x}_t, \cdot)$

4: **end for**

---

* 以下内容为程序,故保留英文。——译者注

于是，$Q(\mathbf{s},B)$是给定 $\mathbf{x}_t=\mathbf{s}$ 时 $\mathbf{x}_{t+1}$落在 B 中的概率。这样生成的序列$\{\mathbf{x}_t\}$也被称为 Q 的样本路径(sample path)。

还可以利用测度论方法更正式地构建过程$\{\mathbf{x}_t\}$，但这种构建通常是不必要的，因为大多数马尔可夫过程通过随机差分方程来引入，既规定了过程$\{\mathbf{x}_t\}$，又隐含指定了相关的随机核 Q。对于一阶马尔可夫过程来说，典型的随机差分方程采用如下形式：

$$\mathbf{x}_{t+1}=G(\mathbf{x}_t,\mathbf{w}_{t+1}) \quad \text{且} \quad \mathcal{L}(\mathbf{x}_0)=P_0 \tag{7.7}$$

其中$\{\mathbf{w}_t\}_{t\geqslant 1}$表示在$\mathbb{R}^M$中取值的具有共同分布 Ψ 的冲击的独立同分布序列，而 G 表示一个给定的 $\mathscr{B}$ 可测函数，其将当前状态 $\mathbf{x}_t\in S$ 与冲击 $\mathbf{w}_{t+1}\in\mathbb{R}^M$映射到新状态 $\mathbf{x}_{t+1}\in S$。假定初始条件 $\mathbf{x}_0$ 与冲击$\{\mathbf{w}_t\}_{t\geqslant 1}$是彼此独立的。那么，相对应的随机核就是

$$Q(\mathbf{s},B)=\mathbb{P}\{G(\mathbf{s},\mathbf{w}_{t+1})\in B\} \quad (\mathbf{s}\in S,B\in\mathscr{B}(S))$$

由于独立同分布假设，这里对日期 $t+1$ 的选择是不相关的，只是出于与式(7.7)一致而使用。Ψ 是 $\mathbf{w}_{t+1}$的分布，随机核也可以写成

$$Q(\mathbf{s},B)=\Psi\{\mathbf{w}\in\mathbb{R}^M:G(\mathbf{s},\mathbf{w})\in B\}$$

这个表达式表明，Q 是由两个初始值 G 与 Ψ 定义的。

例 7.2.1　对于式(7.5)的 ARCH(1)模型来说，随机核是

$$Q(s,B)=\mathbb{P}\{(a_0+a_1s^2)^{1/2}w_{t+1}\in B\}$$

此时 w_{t+1}服从标准正态分布。

回到一般过程式(7.7)，重复代入可以得出

$$\mathbf{x}_1=G(\mathbf{x}_0,\mathbf{w}_1)$$
$$\mathbf{x}_2=G(G(\mathbf{x}_0,\mathbf{w}_1),\mathbf{w}_2)$$
$$\mathbf{x}_3=G(G(G(\mathbf{x}_0,\mathbf{w}_1),\mathbf{w}_2),\mathbf{w}_3)$$

等等。一旦以这种方式不断地继续代入下去，我们发现，对于任何 t，可将状态向量 $\mathbf{x}_t$ 写成关于 $\mathbf{x}_0$ 与冲击 $\mathbf{w}_1,\cdots,\mathbf{w}_t$ 的函数。换句话说，对于每一个 t，存在函数 H_t，使得

$$\mathbf{x}_t=H_t(\mathbf{x}_0,\mathbf{w}_1,\mathbf{w}_2,\cdots,\mathbf{w}_t) \tag{7.8}$$

例 7.2.2　对于标量线性 AR(1)过程(7.3)来说，我们可以将式(7.8)的右边写成

$$x_t=b\sum_{k=0}^{t-1}a^k+\sum_{k=0}^{t-1}a^kcw_{t-k}+a^tx_0 \tag{7.9}$$

这个式子被称为 x_t 的移动平均表示(moving average representation)。其证明留作练习题来完成。

函数 H_t 通常没有简洁的表达式。尽管如此，式(7.8)澄清了如下事实，那就是式(7.7)将每一个 $\mathbf{x}_t$ 确定为定义良好的随机向量，其取决于初始条件与直到日期 t 的冲击。因为 $\mathbf{x}_t$ 是 $\mathbf{x}_0$，$\mathbf{w}_1,\cdots\mathbf{w}_t$ 的函数，同时根据独立同分布假设，这些随机向量都与 $\mathbf{w}_{t+k}$是独立的(对于任何 $k\geqslant 1$)，所以根据事实 5.1.10 可知，当前状态 $\mathbf{x}_t$ 与未来冲击是独立的。下面我们将此整理记录为一个事实。

事实 7.2.1　对于过程式(7.7)，每一对 $\mathbf{x}_t$ 与 $\mathbf{w}_{t+k}$都是独立的，对于所有 $k\geqslant 1$。

尽管并不明显，但所有随机向量$\{\mathbf{x}_t\}$都位于单一概率空间$(\Omega,\mathscr{F},\mathbb{P})$。其背后的思想是，$\Omega$ 中的元素 ω 在时间开始时是被“自然”选取的。这样就决定了初始条件 x_0 与冲击 $\mathbf{w}_t$ 成为

$$\mathbf{x}_0(\omega),\mathbf{w}_1(\omega),\mathbf{w}_2(\omega),\mathbf{w}_3(\omega),\cdots$$

由这些可知，每一个状态向量 $\mathbf{x}_t$ 是经由

$$\mathbf{x}_t(\omega)=H_t(\mathbf{x}_0(\omega),\mathbf{w}_1(\omega),\mathbf{w}_2(\omega),\cdots,\mathbf{w}_t(\omega))$$

而得以确定，其中 H_t 是式(7.8)中的函数。

7.2.1.1 密度情况

如果对于所有 $\mathbf{s}$, $Q(\mathbf{s},\cdot)$ 是绝对连续的，那么我们可以通过

$$q(\mathbf{s},\cdot) := Q(\mathbf{s},\cdot) \text{ 的密度，对于所有 } \mathbf{s} \in S \tag{7.10}$$

来定义相对应的随机密度核(stochastic density kernel)或转移密度(transition density)。换句话说，$q(\mathbf{s},\cdot)$ 是给定 $\mathbf{x}_t=\mathbf{s}$ 时 $\mathbf{x}_{t+1}$ 的条件密度。从启发性的观点看，$q(\mathbf{s},\mathbf{s}')\mathrm{d}\mathbf{s}'$ 表示从 $\mathbf{s}$ 一步转移到 $\mathbf{s}'$ 的概率。

例 7.2.3 回顾具有例 7.2.1 中给定的随机核 Q 的 ARCH(1)过程。当 $\mathcal{L}(w_{t+1})=\mathrm{N}(0,1)$ 时，转移密度 $q(s,\cdot)$ 是 $y=(a_0+a_1s^2)^{1/2}w_{t+1}$ 的密度。因此，

$$q(s,s') = \frac{1}{\sqrt{2\pi\sigma_s^2}}\exp\left\{-\frac{(s')^2}{2\sigma_s^2}\right\}, \quad \text{其中 } \sigma_s^2 := a_0 + a_1 s^2 \tag{7.11}$$

当 $a_0=0.5$ 且 $a_1=0.8$ 时，ARCH 核(7.11)的可视化图形由图 7.4 给出。对角线是 45 度直线。图形中的每一个垂直纤维都对应于一个密度 $s'\mapsto q(s,s')$。对于较大的 s(在水平轴右边)来说，相对应的密度将大部分质量放置于 45 度线的下面，表示减小趋势。反之，当 $-s$ 较大的时候，这个过程则趋于增大。

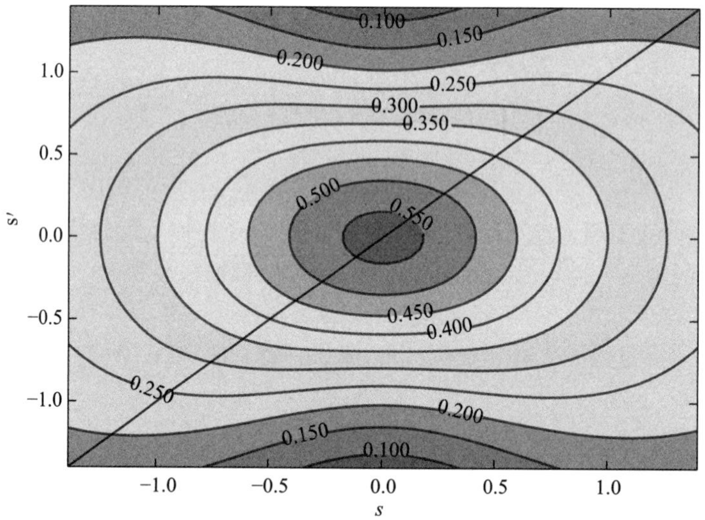

图 7.4 ARCH 核(7.11)的转移密度 $q(s,s')$

例 7.2.4 考察具有可加冲击的一般模型，于是对于某个函数 g 以及密度 ψ，有

$$\mathbf{x}_{t+1} = G(\mathbf{x}_t,\mathbf{w}_{t+1}) = g(\mathbf{x}_t) + \mathbf{w}_{t+1}, \quad \text{其中}\{\mathbf{w}_t\} \overset{\text{IID}}{\sim} \psi \tag{7.12}$$

在这种情况下，转移密度的形式是

$$q(\mathbf{s},\mathbf{s}') = \psi(\mathbf{s}' - g(\mathbf{s})) \tag{7.13}$$

在标量情况下，式(7.13)是由例 4.2.16 得到的，这是由于 $q(s,\cdot)$ 是满足 $\mathcal{L}(w_{t+1})=\psi$ 条件下 $y=g(s)+w_{t+1}$ 的密度。由此得到 $q(s,s')=\psi(s'-g(s))$。对于多变量情况的证明，可以类似地给出。

7.2.2 边缘分布和联合分布

接下来我们研究马尔可夫过程的边缘分布和联合分布的某些特征。考察来自式(7.7)的一般过程 $\mathbf{x}_{t+1}=G(\mathbf{x}_t,\mathbf{w}_{t+1})$,其中 $\mathcal{L}(\mathbf{x}_0)=P_0$ 和 $\{\mathbf{w}_t\}$ 是 $\mathbb{R}^M$ 上的独立同分布过程,并具有共同分布 $\boldsymbol{\Psi}$。状态向量的边缘分布(marginal distribution of the state vector)正是 $\mathcal{L}(\mathbf{x}_t)$。因为 $\mathbf{x}_t$ 是定义良好的随机向量(具体参看式(7.8)),所以 $\mathcal{L}(\mathbf{x}_t)$ 也是定义良好的,我们用 P_t 表示它。也就是

$$P_t(B)=\mathbb{P}\{\mathbf{x}_t\in B\}\quad(B\in\mathscr{B}(S))$$

例 7.2.5 考察式(7.3)中的高斯 AR(1)过程。假定 $\mathcal{L}(x_0)=\mathrm{N}(\mu_0,\sigma_0^2)$,其中 μ_0 与 σ_0 是已知常值,x_0 与冲击过程 $\{w_t\}$ 是独立的。将式(7.9)中 x_t 的移动平均表达式与事实 5.1.14 相结合,我们可以得出

$$P_t=\mathrm{N}(\mu_t,\sigma_t^2),\quad 其中\ \mu:=b\sum_{k=0}^{t-1}a^k+a^t\mu_0,\sigma_t^2:=\sum_{k=0}^{t-1}a^{2k}c^2+a^{2t}\sigma_0^2$$

图 7.5 将 $\mu_0=0,\sigma_0=b=c=1,a=0.8$ 时的这个序列进行了可视化。实际上,我们不需要每一步骤都重复计算 μ_t 和 σ_t^2 之和,原因在于这些序列是递归的,即

$$\mu_{t+1}=b+a\mu_t\quad 且\quad \sigma_{t+1}^2=a^2\sigma_t^2+c^2\tag{7.14}$$

人们可通过对式(7.3)两边取期望和方差来验证这一点。关于画出此图的代码,参看 johnstachurski.net/emet.html。

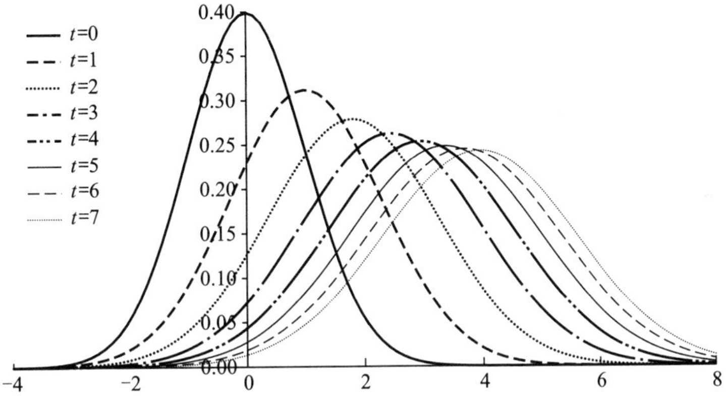

图 7.5 高斯 AR(1)过程的边缘密度序列

对于一般的马尔可夫过程,跟踪前两个矩的演化通常更复杂,而且即使这样也不能提供关于分布的全部信息。然而,我们确实可以得到下述的一般结果。

事实 7.2.2 具有随机核 Q 的马尔可夫过程的边缘分布服从下列递归式:

$$P_{t+1}(B)=\int Q(\mathbf{s},B)P_t(\mathrm{d}\mathbf{s})\quad(B\in\mathscr{B}(S),t\geqslant 0)\tag{7.15}$$

这里的证明留作练习题 7.6.4。事实 7.2.2 是全概率定理的一种形式。为了计算下一时期达到 B 的概率,我们对今天得到给定结果 $\mathbf{s}$ 的那些事件的概率求和,其权重是 $\mathbf{s}$ 今天发生的概率。对于密度情况来说,这是一个平行的结果。

事实 7.2.3 如果对于所有的 $\mathbf{s}\in S,Q(\mathbf{s},\cdot)$ 是绝对连续的,则对于所有 $t\geqslant 1,P_t$ 是绝对连续的。设 p_t 是相对应的密度,序列 $\{p_t\}$ 满足

$$p_{t+1}(\mathbf{s}') = \int q(\mathbf{s},\mathbf{s}')p_t(\mathbf{s})\,\mathrm{d}\mathbf{s} \quad (B \in \mathscr{B}(S), t \geq 1) \tag{7.16}$$

其中 q 表示对应于 Q 的转移密度。

现在我们研究联合分布。这里仅讨论密度情况,它是计量经济学中最重要的情况。

事实 7.2.4　设$\{\mathbf{x}_t\}$是具有转移密度 q 与初始密度 p_0 的马尔可夫过程。在事实 7.2.3 条件下,$\mathbf{x}_0,\cdots,\mathbf{x}_T$ 的联合密度 p_T 是

$$p_T(\mathbf{s}_0,\cdots,\mathbf{s}_T) = p_0(\mathbf{s}_0)\prod_{t=0}^{T-1} q(\mathbf{s}_t,\mathbf{s}_{t+1}) \tag{7.17}$$

这个结果可以运用几种不同的方法来得到。一种方法是重复利用式(5.27)对联合密度进行因式分解,得出

$$p_T(\mathbf{s}_0,\cdots,\mathbf{s}_T) = p_0(\mathbf{s}_0)\prod_{t=0}^{T-1} p(\mathbf{s}_{t+1} \mid \mathbf{s}_t,\cdots,\mathbf{s}_0)$$

这是一般随机过程的联合密度的表达式,其中当前状态依赖于所有阶的滞后状态。借助于一阶马尔可夫的性质,像 $p(\mathbf{s}_{t+1} \mid \mathbf{s}_t,\cdots,\mathbf{s}_0)$ 的表达式可以简化成 $p(\mathbf{s}_{t+1} \mid \mathbf{s}_t)$,这就是 $q(\mathbf{s}_t,\mathbf{s}_{t+1})$。

7.2.3　马尔可夫过程的平稳性

考察第 7.1.1 节所介绍的平稳性概念。并不是所有的马尔可夫过程都是平稳的。如上所述,一个必要条件是边缘密度是常值,在图 7.5 中,我们已经看到边缘密度$\{P_t\}$会随时间变化。图 7.6 展示出相同但时间更长的序列,参数是相同的。概率质量从左向右出现了移动。

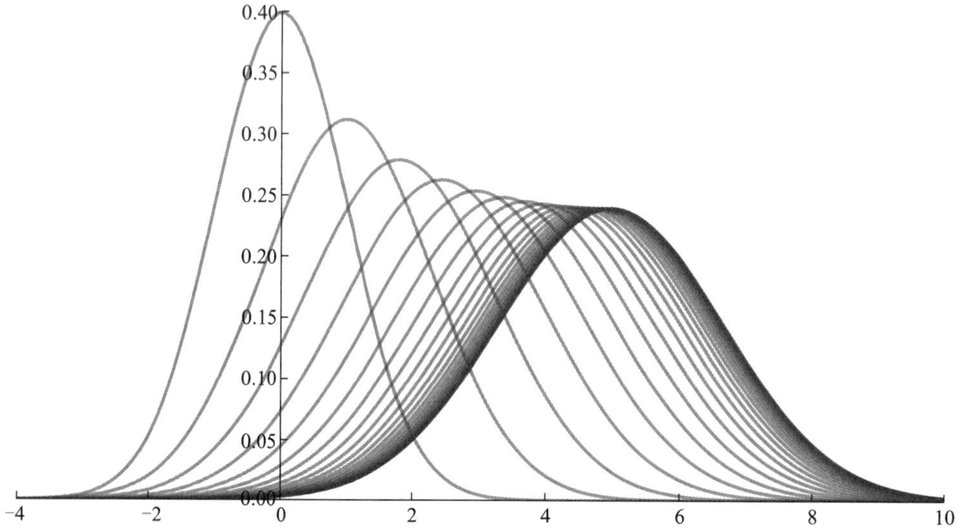

图 7.6　高斯 AR(1)的边缘密度收敛情况

尽管$\{P_t\}$不是典型常值,但对于图 7.6 所展示的特定序列来说,连续分布之差随时间而减小。我们可以通过回顾 $P_t = \mathrm{N}(\mu_t,\sigma_t^2)$ 来查看解析形式,其中 μ_t 与 σ_t^2 是由式(7.14)给出的。假设 $|a| < 1$,则这些序列是收敛的,也就是

$$\mu_t \to \mu_\infty := \frac{b}{1-a} \text{ 与 } \sigma_t^2 \to \sigma_\infty^2 := \frac{c^2}{1-a^2}$$

设 P_∞ 表示与这些极限有关的分布。也就是，

$$P_\infty = \mathrm{N}(\mu_\infty, \sigma_\infty^2) = \mathrm{N}\left[\frac{b}{1-a}, \frac{c^2}{1-a^2}\right] \tag{7.18}$$

如果我们得到这个极限分布，或者我们从这个分布取初始值 x_0，那么将会发生什么样的情况呢？就我们的直觉而言，看起来这个分布序列将是常值，随时间变化而保持在 P_∞。实际上的确如此，这个证明将留作练习题 7.6.1。

极限分布是所谓平稳分布（stationary distribution）的一个例子。更一般地，具有随机核 Q 的马尔可夫过程的平稳分布是 S 上满足

$$P_\infty(B) = \int Q(\mathbf{s}, B) P_\infty(\mathrm{d}\mathbf{s})，对于所有 B \in \mathscr{B}(S)$$

的任何 P_∞ 分布。如果与事实 7.2.2 中的递归式 $P_{t+1}(B) = \int Q(\mathbf{s}, B) P_t(\mathrm{d}\mathbf{s})$ 相比较，我们可以看到 P_∞ 的平稳性定义意味着

$$\mathcal{L}(\mathbf{x}_t) = P_\infty \Rightarrow \mathcal{L}(\mathbf{x}_{t+1}) = P_\infty$$

由此可以看出，任何在 P_∞ 开始的过程都是同分布的。实际上，在式（7.1）成立的意义上，它是平稳的。于是，我们可以整理如下的事实。

事实 7.2.5　设 $\{\mathbf{x}_t\}$ 是具有平稳分布 P_∞ 的马尔可夫过程。如果 $\mathcal{L}(\mathbf{x}_0) = P_\infty$，则 $\{\mathbf{x}_t\}$ 是平稳的随机过程，满足 $\mathcal{L}(\mathbf{x}_t) = P_\infty$，对于所有 t。

例 7.2.6　考察来自式（7.3）的标量高斯线性 AR（1）过程。如果 $|a|<1$，同时 $\mathcal{L}(\mathbf{x}_0) = P_\infty$，其中 P_∞ 如同式（7.18）所示，则 $\{x_t\}$ 是平稳的。

平稳分布的矩被称为马尔可夫过程的平稳矩（stationary moments）。平稳分布的其他名称包括"不变的"或"无条件的"分布，从而这样的矩被称为不变矩或无条件矩。

事实 7.2.6　如果对于所有 $\mathbf{s} \in S$，具有转移密度 $q(\mathbf{s}, \cdot)$ 的 $Q(\mathbf{s}, \cdot)$ 是绝对连续的，则每个平稳分布 P_∞ 都是绝对连续的，而且其密度 p_∞ 满足

$$p_\infty(\mathbf{s}') = \int q(\mathbf{s}, \mathbf{s}') p_\infty(\mathbf{s}) \mathrm{d}\mathbf{s}，对于所有 \mathbf{s}' \in S \tag{7.19}$$

这样的密度被称为平稳密度（stationary density）。

7.2.3.1　*存在性*

并不是每一个马尔可夫过程都具有平稳分布。例如，在标量线性 AR（1）模型 $x_{t+1} = b + ax_t + cw_{t+1}$ 中，我们知道，边缘分布的方差会依据 $\sigma_{t+1}^2 = a\sigma_t^2 + c^2$ 而演化。如果 $|a| \geqslant 1$，那么这个序列就会发散。这是因为方差不是常值，所以分布序列也不可能是常值。

下面我们阐述存在性的一个充分条件。我们给出的条件对非常著名的结果——Krylov-Bogolyubov 定理——进行了少量的特殊化处理。此定理运用强制函数（coercive function）的概念，它是状态空间 S 上的任意非负函数 V，使得

$$C_\gamma := \{\mathbf{s} \in S : V(\mathbf{s}) \leqslant \gamma\}$$

是 S 上的紧集，对于所有 $\gamma \in \mathbb{R}$。从直观形式上看，强制函数是当我们"从状态空间的中心移开"时，趋向于 $+\infty$ 的函数。

例 7.2.7　如果 $S = \mathbb{R}^K$ 且 $V(\mathbf{s}) = \|\mathbf{s}\|$，那么 V 是 S 上的强制函数。实际上，对于这个函数，每一个 C_γ 都是以原点为中心的封闭球体。$\mathbb{R}^K$ 的闭且有界子集是紧的。

例 7.2.8　如果 $S = \mathbb{R}$ 且 $V(s) = s^2$，那么 V 是 S 上的强制函数。为了理解这一点，请观察 $C_\gamma =$

$[-\sqrt{\gamma},\sqrt{\gamma}]$，这是 S 的闭且有界的子集。

现在我们可以阐述下面的定理。

定理 7.2.1 设 $\mathbf{x}_{t+1}=G(\mathbf{x}_t,\mathbf{w}_{t+1})$ 是式(7.7)所定义的 S 上的过程，如果

(i) $\mathbf{s}\longmapsto G(\mathbf{s},\mathbf{w})$ 对于每一个固定的 $\mathbf{w}\in\mathbb{R}^M$ 都是连续的；

(ii) 存在 S 上的强制函数 V，以及常值 λ 与 L，使得 $0\leqslant\lambda<1$，并且

$$\mathbb{E}\,V[G(\mathbf{s},\mathbf{w}_{t+1})]\leqslant\lambda V(\mathbf{s})+L\quad(\mathbf{s}\in S)\tag{7.20}$$

那么马尔可夫过程至少存在一个平稳分布。

参看 Stachurski(2009)中第 11.2 节的有关证明和参考文献。条件(7.20)是漂移条件(drift condition)的例子。一种理解它的方法是将它写成

$$\frac{\mathbb{E}\,V[G(\mathbf{s},\mathbf{w}_{t+1})]}{V(\mathbf{s})}\leqslant\lambda+\frac{L}{V(\mathbf{s})}$$

当我们“从状态空间的中心移开”时，$V(\mathbf{s})$ 会变大，而右边的项最终会小于 1。考察左边，它告诉我们由 V 可知，状态的值预计会减小，这反过来表明离开状态空间的“边缘”向中心移动。

例 7.2.9 再次考察式(7.5)中的 ARCH(1)过程 $x_{t+1}=(a_0+a_1x_t^2)^{1/2}w_{t+1}$，这里和以往一样，$a_0>0$，$a_1\geqslant 0$。设 $S=\mathbb{R}$。如果 $a_1<1$，那么这个过程具有 S 上的平稳分布。为了理解这一点，观察

$$G(s,w)=(a_0+a_1s^2)^{1/2}w\quad(s,w\in\mathbb{R})$$

对于每一个固定 w，在 s 上是连续的。此外，由例 7.2.8 以及

$$\mathbb{E}\,G(s,w_{t+1})^2=(a_0+a_1s^2)\,\mathbb{E}w_{t+1}^2=a_0+a_1s^2\tag{7.21}$$

可以知道，$V(s):=s^2$ 是 S 上的强制函数。因此，当 $V(s):=s^2$，$\lambda:=a_1$ 以及 $L:=a_0$ 时，式(7.20)成立。

7.2.4 马尔可夫过程的渐近性

马尔可夫过程何时会表现出诸如遍历性这样的良好性质呢？为了获得某种直观上的启发，我们首先考虑 $x_{t+1}=ax_t+w_{t+1}$，其中 $\{w_t\}$ 表示独立同分布的 $\mathrm{N}(0,1)$，并且 $|a|<1$。我们考察下面的平稳过程，每一个 x_t 都具有边缘密度

$$P_\infty:=\mathrm{N}(0,(1-a^2)^{-1})\tag{7.22}$$

这个过程的大数定律的形式取为

$$\bar{x}_T\xrightarrow{p}\int sP_\infty(\mathrm{d}s)=0,\quad 当\ T\to\infty\tag{7.23}$$

事实 6.1.2 告诉我们，为了使式(7.23)成立，只需证明

$$\mathbb{E}\,\bar{x}_T=0\quad 与\quad \mathrm{var}\bar{x}_T\to 0,\quad 当\ T\to\infty\tag{7.24}$$

第一部分是显而易见的，这是因为 $\mathbb{E}\bar{x}_T=\frac{1}{T}\sum_{t=1}^{T}\mathbb{E}x_t$ 而且$\mathbb{E}x_t=0$。对第二部分，因为$\mathbb{E}\bar{x}_T=0$，所以

$$\mathrm{var}\left[\frac{1}{T}\sum_{t=1}^{T}x_t\right]=\mathbb{E}\left[\frac{1}{T}\sum_{t=1}^{T}x_t\right]^2=\frac{1}{T^2}\sum_{n=1}^{T}\sum_{m=1}^{T}\mathbb{E}[x_nx_m]$$

利用$\mathbb{E}[x_nx_m]=\mathbb{E}[x_mx_n]$，我们可以得到下面的界

$$\mathrm{var}\bar{x}_T\leqslant\frac{2}{T^2}\sum_{1\leqslant n\leqslant m\leqslant T}\mathbb{E}[x_nx_m]=\frac{2}{T^2}\sum_{j=0}^{T-1}\sum_{t=1}^{T-j}\mathbb{E}[x_{t+j}x_t]\tag{7.25}$$

因而，为了获得当 $T\to\infty$ 时 $\mathrm{var}\,\bar{x}_T\to 0$，需要当 j 快速地变大时，协方差项$\mathbb{E}[x_{t+j}x_t]$收敛到 0。在这

种特殊情况下,它们确实成立,相关证明留作练习题7.6.3。

总而言之,如果相关性消失得足够快,那么我们就能重新获得大数定律。当二阶矩条件成立时,则中心极限定理也是成立的。我们现在对马尔可夫过程的样本路径阐述更一般的结果。尽管这里省略了对它的证明,但基本思想是一样的。

定理7.2.2　设$\{\mathbf{x}_t\}$是S上具有随机核Q的马尔可夫过程。假定$Q(\mathbf{s},\cdot)$对于所有$\mathbf{s}\in S$是绝对连续的,并设$q(\mathbf{s},\cdot)$是相对应的转移密度,如果

(a) q在$S\times S$上是严格为正且连续的;

(b) 存在S上的强制函数V以及常值λ与L,使得$0\leqslant\lambda<1$并且

$$\int V(\mathbf{s}')q(\mathbf{s},\mathbf{s}')\mathrm{d}\mathbf{s}' \leqslant \lambda V(\mathbf{s}) + L \quad (\mathbf{s}\in S)$$

则下面几个陈述是正确的:

(i) Q具有唯一平稳分布P_∞,其密度是p_∞。

(ii) 对于所有初始P_0,当$t\to\infty$时,$P_t\xrightarrow{w}P_\infty$。

(iii) 如果$h:S\to\mathbb{R}$是$\mathscr{B}$可测的,并且$\int|h(\mathbf{s})|p_\infty(\mathbf{s})\mathrm{d}\mathbf{s}<\infty$,那么

$$\frac{1}{T}\sum_{t=1}^{T}h(\mathbf{x}_t)\xrightarrow{p}\int h(\mathbf{s})p_\infty(\mathbf{s})\mathrm{d}\mathbf{s},\quad 当\ T\to\infty \tag{7.26}$$

(iv) 此外,如果$h^2\leqslant V$,那么存在$\sigma_h^2\geqslant 0$,使得

$$\sqrt{T}\left\{\frac{1}{T}\sum_{t=1}^{T}h(\mathbf{x}_t)-\int h(\mathbf{s})p_\infty(\mathbf{s})\mathrm{d}\mathbf{s}\right\}\xrightarrow{d}\mathrm{N}(0,\sigma_h^2)\quad 当\ T\to\infty \tag{7.27}$$

条件(a)和条件(b)与定理7.2.1成立的条件是类似的。条件(b)是式(7.20)中的漂移条件专门针对密度设置的情况。主要区别在于q必须是严格正的。这提供了足够的条件来生成唯一性和样本路径性质。定理7.2.2可以从Meyn and Tweedie(2009)的结果中得到证明。①

定理7.2.2只是关于马尔可夫过程的渐近性的众多结果之一。另一种情况的讨论将由第7.5节给出。实际上,这些条件是相当严格的,当然,若一定要削弱条件,则需要更复杂的定理表述。尽管如此,对于许多感兴趣的应用来说,这些条件已经足够了。

式(7.2.7)中的常值σ_h^2是由下面的表达式给出的:

$$\sigma_h^2 := \mathrm{var}[h(\mathbf{x}_0)] + 2\sum_{t=1}^{\infty}\mathrm{cov}[h(\mathbf{x}_0),h(\mathbf{x}_t)] \tag{7.28}$$

当认为$\{\mathbf{x}_t\}$是平稳过程时。如果$\sigma_h^2=0$,那么极限分布就成为退化的。

事实7.2.7　设$\mathbf{x}_{t+1}=g(\mathbf{x}_t)+\mathbf{w}_{t+1}$是来自式(7.12)中$\mathbb{R}^K$上的可加冲击过程。如果$\mathbb{E}\|\boldsymbol{w}_t\|$是有限的,$g$是连续的,$\boldsymbol{w}_t$的密度$\psi$在$\mathbb{R}^K$上是各处连续且正的,同时存在常值$\lambda$和$L$,使得$0\leqslant\lambda<1$,并且

$$\|g(\mathbf{s})\|\leqslant\lambda\|\mathbf{s}\|+L,\quad 对于所有\ \mathbf{s}\in\mathbb{R}^K \tag{7.29}$$

则定理7.2.2的条件得到满足。

为了理解其原因,回顾式(7.13)中的转移密度满足$q(\mathbf{s},\mathbf{s}')=\psi(\mathbf{s}'-g(\mathbf{s}))$。因为假定$\psi$在

① 上述结果是Meyn and Tweedie(2009)中定理17.0.1的后续结论,这反过来又要求过程是V一致遍历的。在我们的例子中,后者的性质是由非周期性和不可约性得出的,这是$S\times S$上的q严格为正的直接结果,并且来自漂移条件(b)。用Meyn and Tweedie(2009)的语言来讲,函数V是"无界的小集合"(unbounded off petite sets)。当q为正且连续的时候,这适用于任何强制函数V,因为紧集是小的。

$\mathbb{R}^K$上是连续且正的,所以转移密度在$\mathbb{R}^K \times \mathbb{R}^K$上具有这些性质。因此,定理 7.2.2 中的条件(a)是满足的。条件(b)也是满足的,这是因为如同式(7.29)那样取 λ 和 L,我们有

$$\int \| \mathbf{s}' \| q(\mathbf{s},\mathbf{s}')\mathrm{d}\mathbf{s}' = \mathbb{E} \| g(\mathbf{s}) + \mathbf{w}_{t+1} \| \leqslant \lambda \| \mathbf{s} \| + L + \int \| \mathbf{w} \| \psi(\mathbf{w})\mathrm{d}\mathbf{w}$$

例 7.2.10 设$\{x_t\}$是标量 AR(1)过程 $x_{t+1}=ax_t+b+cw_{t+1}$,其中$\{w_t\}$是独立同分布的并且服从标准正态分布。如果$|a|<1$ 且 $c>0$,那么事实 7.2.7 中的条件就会得到满足。cw_t 的密度服从 $\mathrm{N}(0,c^2)$,在$\mathbb{R}$上是连续的且严格为正。为了理解式(7.29)是成立的,将模型重新写成 $x_{t+1}=g(x_t)+cw_{t+1}$,其中 $g(s):=as+b$。根据三角不等式,得出$|g(s)|\leqslant\lambda|s|+L$,其中 $\lambda:=|a|$,并且 $L:=|b|$。

例 7.2.11 下面是标量“阈值自回归”模型的变形:

$$x_{t+1}=a|x_t|+(1-a^2)^{1/2}w_{t+1} \text{ 满足 } |a|<1,\{w_t\}\overset{\text{IID}}{\sim}\mathrm{N}(0,1)$$

满足了事实 7.2.7 的条件。为了理解这一点,我们可以将模型重写为

$$x_{t+1}=g(x_t)+v_{t+1},g(s)=a|s|,\text{并且}\{v_t\}\overset{\text{IID}}{\sim}\mathrm{N}(0,1-a^2)$$

很明显,式(7.29)满足 $\lambda=|a|$ 和 $L=0$。此外 $\mathcal{L}(v_t)=\mathrm{N}(0,1-a^2)$,它在$\mathbb{R}$上具有处处为正的有限均值和有界密度。

对于绝大多数的马尔可夫过程来说,平稳密度没有已知的闭形式。然而,就例 7.2.11 的情况而言,平稳密度函数具有形式 $p_\infty(s)=2\phi(s)\Phi(qs)$,其中 $q:=a(1-a^2)^{-1/2}$,ϕ 表示标准正态密度,Φ 表示标准正态分布的 CDF。

例 7.2.12 考察来自式(7.6)的平滑转移自回归(STAR)模型,其中函数 g 是 $g(s):=(b_0+a_0s)(1-\tau(s))+(b_1+a_1s)\tau(s)$,对于某个 $\tau:\mathbb{R}\to[0,1]$。应用三角不等式与 $0\leqslant\tau(s)\leqslant1$,我们可以得出

$$|g(s)|\leqslant|b_0|+|b_1|+\max\{|a_0|,|a_1|\}|s|$$

设 $L:=|b_0|+|b_1|$并且 $\lambda:=\max\{|a_0|,|a_1|\}$,然后我们可以得出$|g(s)|\leqslant\lambda|s|+L$。如果$|a_0|$与$|a_1|$都严格小于 1,则条件(7.29)得到满足。

例 7.2.13 回顾式(7.5)中的 ARCH 过程 $x_{t+1}=(a_0+a_1x_t^2)^{1/2}w_{t+1}$,其中$\{w_t\}$是独立同分布的,且服从标准正态分布。在例 7.2.9 中我们看到,只要 $a_0>0$ 且 $0\leqslant a_1<1$,这个模型在 $S=\mathbb{R}$ 上就具有稳定分布。特别是,由式(7.21)可知,它满足对于强制函数 $V(s)=s^2$ 的漂移。这就给出了定理 7.2.2 的条件(b)。条件(a)也是成立的,因为转移密度是连续的且处处为正。

7.2.5 线性情况

回顾式(7.4)中的 VAR 过程,再一次采用如下形式:

$$\mathbf{x}_{t+1}=\mathbf{b}+\mathbf{A}\mathbf{x}_t+\mathbf{C}\mathbf{w}_{t+1} \tag{7.30}$$

其中假定$\{\mathbf{w}_t\}$服从独立同分布,并且满足$\mathbb{E}\mathbf{w}_t=\mathbf{0}$与$\mathbb{E}[\mathbf{w}_t\mathbf{w}_t']=\mathbf{I}$。由于这个过程具有渐近性,如果冲击向量具有连续的正密度,那么我们可以应用事实 7.2.7,只要 $\mathbf{A}$ 的矩阵范数满足$\|\mathbf{A}\|<1$,就可以获得渐近稳定性以及大数定律和中心极限定理结果。为了理解这一点,设 $g(\mathbf{s})=\mathbf{b}+\mathbf{A}\mathbf{s}$,由范数三角不等式和矩阵范数的定义,我们可以得出

$$\|g(\mathbf{s})\|=\|\mathbf{b}+\mathbf{A}\mathbf{s}\|\leqslant\|\mathbf{b}\|+\|\mathbf{A}\mathbf{s}\|\leqslant\|\mathbf{b}\|+\|\mathbf{A}\|\|\mathbf{s}\|$$

因此式(7.29)成立。

如上所述,前面考察的稳定性和样本路径条件是相当严格的。在线性情况下,我们当然可以

做得更好。这里有一个这样的结果。

事实 7.2.8　对于式(7.30)中的 VAR 过程,就 $V=\|\cdot\|$ 而言,只要 $\varrho(\mathbf{A})<1$,定理 7.2.2 中的结论就成立。

这里 $\varrho(\mathbf{A})$ 表示 $\mathbf{A}$ 的半径,如同式(3.18)所定义的。在这种条件下,存在唯一的平稳分布。对式(7.30)的两边取期望,我们发现它的均值 $\boldsymbol{\mu}_\infty$ 必须满足 $\boldsymbol{\mu}_\infty=\mathbf{b}+\mathbf{A}\boldsymbol{\mu}_\infty$。应用诺伊曼级数引理(定理 3.3.5),这个方程存在唯一解

$$\boldsymbol{\mu}_\infty = (\mathbf{I}-\mathbf{A})^{-1}\mathbf{b} = \sum_{i=0}^{\infty} \mathbf{A}^i \mathbf{b}$$

设 $\boldsymbol{\Sigma}_\infty$ 是渐近方差(也就是稳定分布的方差-协方差矩阵)。根据式(7.30),它必须满足

$$\boldsymbol{\Sigma}_\infty = \mathbf{A}\boldsymbol{\Sigma}_\infty\mathbf{A}^{\mathrm{T}} + \mathbf{C}\mathbf{C}^{\mathrm{T}}$$

这是离散时间李雅普诺夫方程(discrete time Lyapunov equation)的例子。在 $\varrho(\mathbf{A})<1$ 的条件下,它可以通过迭代或利用现有的数值求解包来求解。下面是 Julia 中使用来自 QuantEcon 包的求解代码:

```
using QuantEcon

A=[0.8  -0.2;
  -0.1  0.7]
C=[0.5  0.4;
  0.4  0.6]

solve_discrete_lyapunov(A, C * C')
```

7.3　鞅

鞅(martingales)是对随机游走概念的推广,其中对当前状态的增量来自白噪声过程。自 20 世纪中期以来,鞅的概念一直处于概率论领域中许多研究进展的中心地位。计量经济学家非常喜欢鞅,原因在于鞅能够巧妙地捕捉"不可预测"的变化。

7.3.1　定义

为了定义鞅,我们需要关于滤过(filtration)的概念,它是信息集的递增序列。回顾第 5.2.4 节,信息集就是随机变量的集合。设 $\{\mathscr{F}_t\}$ 是一系列信息集,即 $\mathscr{F}_t$ 是每一个 t 的信息集。如果对于所有 t 都满足 $\mathscr{F}_t \subset \mathscr{F}_{t+1}$ 那么就将序列 $\{\mathscr{F}_t\}$ 称为滤过。直观来看,扩展信息集反映出随着时间的推移会显示出更多信息的思想。

例 7.3.1　设 $\{\mathbf{x}_t\}$ 是随机向量序列,并设

$$\mathscr{F}_0 := \varnothing \quad \text{且} \quad \mathscr{F}_t := \{\mathbf{x}_1, \cdots, \mathbf{x}_t\} \ \text{对于所有}\ t \geqslant 1 \tag{7.31}$$

那么序列 $\{\mathscr{F}_t\}$ 就是滤过。它被称为由 $\{\mathbf{x}_t\}$ 生成的滤过。

现在设 $\{m_t\}$ 是标量随机过程,设 $\{\mathscr{F}_t\}$ 是滤过。我们称 $\{m_t\}$ 是关于 $\{\mathscr{F}_t\}$ 适应的,如果 m_t 是 $\mathcal{F}_t$ 可测的,对于每个 t。(关于可测性的定义,参看第 5.2.4 节。)

从直观意义上可以这样理解：$\mathscr{F}_t$表示我们在时间 t 所知道的变量。如果$\{m_t\}$是关于$\mathscr{F}_t$适应的，那么也可以计算 t 时刻的 m_t。

例 7.3.2 设$\{x_t\}$是任意随机过程，并设$\{\mathscr{F}_t\}$是由$\{x_t\}$生成的滤过。设 $\bar{x}_t := \frac{1}{t}\sum_{j=1}^{t} x_j$ 是时间 t 之前的样本均值，则$\{\bar{x}_t\}$是关于$\{\mathscr{F}_t\}$适应的。

例 7.3.3 设$\{w_t\}$是满足独立同分布的标准正态分布，设$\{\mathscr{F}_t\}$是由$\{w_t\}$生成的滤过，并设 $x_t := \sup_{j\geq t} w_j$。这个过程关于$\{\mathscr{F}_t\}$就不是适应的，因为 x_t 的值不能由$\{w_t,\cdots,w_t\}$来决定。

事实 7.3.1 如果$\{m_t\}$适应于$\{\mathscr{F}_t\}$，那么对于任意 $j\geq 0$，有$\mathbb{E}[m_t \mid \mathscr{F}_{t+j}] = m_t$。

证明是这样的：借助于适应性，m_t 是$\mathscr{F}_t$可测的。由滤过的定义可知，我们有$\mathscr{F}_t \subset \mathscr{F}_{t+j}$，利用事实 5.2.10，可得 m_t 是$\mathscr{F}_{t+j}$可测的。现在，事实 7.3.1 可由事实 5.2.13 得出。

可积随机变量$\{m_t\}$序列关于滤过$\{\mathscr{F}_t\}$是适应的，我们将这样的序列称为关于$\{\mathscr{F}_t\}$的鞅，如果

$$\mathbb{E}[m_{t+1} \mid \mathscr{F}_t] = m_t,\text{对于所有 } t$$

当滤过是很容易理解的时候，表达式$\mathbb{E}[m_{t+1} \mid \mathscr{F}_t]$可以被简化成$\mathbb{E}_t[m_{t+1}]$。

例 7.3.4 （随机游走）设$\{\eta_t\}$是零均值随机变量中的独立同分布序列，并设 $m_t := \sum_{j=1}^{t} \eta_j$。例如，$\eta_t$ 可能是公平游戏中第 t 轮的支付，m_t 可能是参与游戏的人在第 t 轮后的财富。① 我们也可以通过 $m_{t+1} = m_t + \eta_{t+1}$ 和 $m_0 = 0$ 递归地表达$\{m_t\}$。过程$\{m_t\}$是由$\{\eta_t\}$生成的滤过$\{\mathscr{F}_t\}$的鞅。$\{m_t\}$适应于$\{\mathscr{F}_t\}$，这可由定义立刻得到。此外，

$$\mathbb{E}[m_{t+1} \mid \mathscr{F}_t] = \mathbb{E}[m_t + \eta_{t+1} \mid \mathscr{F}_t] = m_t + \mathbb{E}[\eta_{t+1} \mid \mathscr{F}_t]$$

其中最后一个等式是由线性性质和事实 7.3.1 得出。因为$\{\eta_t\}$是独立同分布的过程，我们知道 η_{t+1} 与$\mathscr{F}_t$中的变量是独立的，而且因此$\mathbb{E}[\eta_{t+1} \mid \mathscr{F}_t] = \mathbb{E}[\eta_{t+1}] = 0$。所以$\{m_t\}$是关于$\{\mathscr{F}_t\}$的鞅的陈述得到证明。

例 7.3.5 在经济理论中，一个著名的鞅的例子是由 Hall(1978)给出的消费过程。为了理解其中的思想，考察欧拉方程

$$u'(c_t) = \mathbb{E}_t\left[\frac{1+r_{t+1}}{1+\varrho}u'(c_{t+1})\right]$$

其中 u'表示效用函数 u 的导数，r_t 表示利率，ϱ 是折现因子，期望$\mathbb{E}_t[\cdot]$可以被看成$\mathbb{E}[\cdot \mid \mathscr{F}_t]$。$\mathscr{F}_t$包含了在 t 时刻的所有可观测变量。当 $r_{t+1} = \varrho$ 且 $u(c) = c - ac^2/2$ 时，欧拉方程简化为

$$c_t = \mathbb{E}_t[c_{t+1}] =: \mathbb{E}[c_{t+1} \mid \mathscr{F}_t]$$

因而，消费是关于$\{\mathscr{F}_t\}$的鞅。

7.3.1.1 鞅差分序列

随机过程$\{d_t\}$被称为是关于滤过$\{\mathscr{F}_t\}$的鞅差分序列(martingale difference sequence, MDS)，如果

$$\mathbb{E}[d_{t+1} \mid \mathscr{F}_t] = 0,\text{对于所有的 } t$$

之所以命名为鞅差分序列，是因为如果$\{m_t\}$是关于$\{\mathscr{F}_t\}$的鞅，那么 $d_t = m_t - m_{t-1}$ 是关于$\{\mathscr{F}_t\}$的鞅差分序列。参看练习题 7.6.7。

事实 7.3.2 如果$\{d_t\}$是鞅差分序列，则$\mathbb{E}d_t = 0$，对于所有 t。

实际上，根据期望迭代定律，$\mathbb{E}d_t = \mathbb{E}[\mathbb{E}[d_t \mid \mathscr{F}_{t-1}]] = \mathbb{E}\,0 = 0$。

---

① 我们假定财富从零开始，并且可以取任意大的负值而不会让参与游戏的人受到黑手党的迫害。

7.3.2　鞅差分大数定律和中心极限定理

接下来,我们考察鞅差分序列的渐近性。对于大数定律和中心极限定理来说,这样的序列是良好的选择。为了理解这一点,回顾可积独立同分布的序列总是满足大数定律。对于具有有限二阶矩的,它们也满足中心极限定理。现在假定 $\{m_t\}$ 对于某个滤过 $\{\mathscr{F}_t\}$ 是平稳的鞅差分序列(MDS)。在这种情况下,我们的序列没有独立性,但具有下述的结论。

事实 7.3.3　如果 $\{m_t\}$ 是鞅差分序列,则对于所有 $j\geqslant 1$ 都有 $\operatorname{cov}[m_{t+j}, m_t]=0$。

为了证明这一点,固定 $t\geqslant 0$ 并且 $j\geqslant 1$,我们可以得出

$$\operatorname{cov}[m_{t+j}, m_t] = \mathbb{E}[m_{t+j}m_t] = \mathbb{E}[\mathbb{E}[m_{t+j}m_t \mid \mathscr{F}_{t+j-1}]]$$

因为 $t+j-1\geqslant t$ 同时 $\{\mathscr{F}_t\}$ 是一个滤过,我们可以知道 m_t 是 $\mathscr{F}_{t+j-1}$ 可测的。因此

$$\mathbb{E}[\mathbb{E}[m_{t+j}m_t \mid \mathscr{F}_{t+j-1}]] = \mathbb{E}[m_t\mathbb{E}[m_{t+j} \mid \mathscr{F}_{t+j-1}]] = \mathbb{E}[m_t \cdot 0] = 0$$

实际上,事实 7.3.3 中相关性的缺失是下一个结果的关键部分。

定理 7.3.1　如果 $\{m_t\}$ 是关于某个滤过 $\{\mathscr{F}_t\}$ 的平稳的鞅差分序列,则

$$\frac{1}{T}\sum_{t=1}^{T} m_t \xrightarrow{p} 0, \quad 当\ T\to\infty \tag{7.32}$$

此外,如果 $\gamma^2 := \mathbb{E}[m_t^2]<\infty$,而且当 $T\to\infty$ 时,$\frac{1}{T}\sum_{t=1}^{T}\mathbb{E}[m_t^2 \mid \mathscr{F}_{t-1}]\xrightarrow{p}\gamma^2$,则

$$T^{-1/2}\sum_{t=1}^{T} m_t \xrightarrow{d} \mathrm{N}(0,\gamma^2), \quad 当\ T\to\infty \tag{7.33}$$

式(7.32)的证明与定理 6.1.1 中经典大数定律的证明是一样的。定理 7.3.1 的证明可以利用 Durrett(2010)所证明的鞅中心极限定理来建立。

7.4　模拟

模拟(simulation)是用于探索统计概念和解决实际问题的非常宝贵的工具。例如,当前计量经济学和机器学习中流行的贝叶斯方法在很大程度上就是由聪明的模拟算法驱动的,这些算法已经被证明能成功地解决很难的估计问题。

现代的科学编程环境已经有很好的流程来模拟来自各种分布的独立观测量。我们已经能在显式的计算机代码中看到这样的例子。但是,我们很容易遇到分布并不标准或者没有闭形式的解的情况。然后,我们需要运行自己的流程来生成随机变量。我们回顾两个最重要的算法。

7.4.1　逆变换

假设我们想要从 $\mathbb{R}$ 上具有累积分布函数 F 的分布中抽取样本值。假如我们可以生成均匀随机变量,那么就可以通过逆变换(inverse transform)方法来这样做:

1. 从[0,1]的均匀分布上提取 u;
2. 返回 $F^{-1}(u)$,其中 F^{-1} 表示 F 的分位数函数(参看式(4.35))。

我们希望证明这种方法是有效的,或者等价地说,证明

$$\mathcal{L}(u) = U[0,1] \Rightarrow \mathcal{L}[F^{-1}(u)] = F \tag{7.34}$$

在证明中,我们假定 F 是严格递增的。(确实没有必要这样做,但是一般情况的证明并不提供额外的直觉。)设 $\mathcal{L}(u)=U[0,1]$,且设 $z:=F^{-1}(u)$。为了证明 $\mathcal{L}(z)=F$,经过观察发现,根据严格的单调性,$F(a)\leqslant F(b)$ 当且仅当 $a\leqslant b$,因此,对于任意的 $s\in\mathbb{R}$

$$\mathbb{P}\{z\leqslant s\}=\mathbb{P}\{F^{-1}(u)\leqslant s\}=\mathbb{P}\{u\leqslant F(s)\}$$

$U[0,1]$ 中随机变量 u 的性质是,当 $0\leqslant t\leqslant 1$ 时,$\mathbb{P}\{u\leqslant t\}=t$。利用前面计算中的事实可得 $\mathbb{P}\{z\leqslant s\}=F(s)$,从而证明(7.34)。

下面是基本逆变换方法的一个扩展。假如我们想要模拟 $\mathbb{R}^N$ 上的联合分布,它是依据连接(copula)定义的(参看第 5.1.5 节)。特别是,假定 F_n 是 $\mathbb{R}$ 上的连续累积分布函数,其中 $n=1,\cdots,N$,而 C 是 $\mathbb{R}^N$ 上的连接,并且我们关注的联合分布是

$$F(s_1,\cdots,s_N)=C(F_1(s_1),\cdots,F_N(s_N))$$

(这正是式(5.22))。如果我们能进行来自 C 的模拟,那么就能进行来自 F 的模拟,其方法是

1. 从 C 中抽取 $u_1,\cdots,u_N$;
2. 返回 $(x_1,\cdots,x_N):=(F_1^{-1}(u_1),\cdots,F_N^{-1}(u_n))$。

关于证明 $(x_1,\cdots,x_N)$ 是抽取自 F 的样本值,留作练习题 7.6.13 来完成。

7.4.2 马尔可夫链蒙特卡洛

马尔可夫链蒙特卡洛(Markov chain Monte Carlo,MCMC)是一种利用 $S\subset\mathbb{R}^N$ 上的给定密度 π 的模拟方法。其思想是构造 S 上的随机核 P,使得

(i) π 是关于 P 的平稳分布;

(ii) P 是充分遍历的,它的样本路径平均值收敛到 π 下的期望。

关于(ii)的更清晰的陈述,参看式(7.26)。如果我们规定了指示函数,那么也可以在 π 下得到近似概率。

MCMC 算法主要有两种:梅特罗波利斯-黑斯廷斯算法(Metropolis-Hastings algorithm)和吉布斯采样器(Gibbs sampler)。这里我们将讨论前者。尽管在接下来的内容中省略了黑体字符,这些思想在任何维度都是有效的。在第 8.3.4 节贝叶斯估计那一节中,我们将解释为什么梅特罗波利斯-黑斯廷斯如此完美地符合贝叶斯更新这一概念。

梅特罗波利斯-黑斯廷斯算法以马尔可夫过程开始,这个过程的随机密度核是 $q=q(s,s')$,它被称为建议密度(proposal density)。来自建议密度的抽取称为建议(proposal)。每一次我们从建议密度中进行抽取时,我们或者接受它并转移到新的状态,或者拒绝它并保持不变。接受的概率是结构化的,由此链倾向于保持在 π 的概率最大的区域。因此,对于这个过程生成的序列 $\{x_t\}$,可以得到

$$B\text{ 上花费的时间的比例}=\frac{1}{T}\sum_{t=1}^{T}\mathbb{1}\{x_t\in B\}\approx\pi(B),\text{对于很大的 }T$$

这是当 $h=\mathbb{1}_B$ 时式(7.26)的另一种形式。

这些想法非常微妙,因此让我们一步一步来阐述。首先考虑上面所讨论的那种通用的接受-拒绝过程,接受概率是由当前状态 x_t 与建议 y 所形成的函数 $\alpha=\alpha(x_t,y)$ 来决定。该函数在 $[0,1]$ 上取值。在给定 α 和建议密度 q 时,由 x_t 生成 x_{t+1} 的算法由算法 1 给出。

在算法 1 中,与 $\{x_t\}$ 相关的随机核 P 具有如下形式:

$$P(s,B)=\int_B p(s,s')\mathrm{d}s'+(1-\lambda(s))\mathbb{1}\{s\in B\} \tag{7.35}$$

算法 1　马尔可夫过程(建议密度 q 和接受函数 α)

```
draw y from q(x_t, ·)
draw u independently from the uniform [0,1] distribution
if u ≤ a(x_t, y) then                    ▷ with probability a(x_t, y)
   set x_{t+1} = y
else                                     ▷ with probability 1-a(x_t, y)
   set x_{t+1} = x_t
end if
```

对于所有的 $s\in S$ 并且 $B\in\mathscr{B}(S)$，其中

$$p(s,s'):=q(s,s')\alpha(s,s') \quad 与 \quad \lambda(s):=\int p(s,s')\mathrm{d}s'$$

为了理解这一点，可将概率分解如下。固定任意博雷尔集 B，然后设 x_t 在 s 时是给定的。设 x_{t+1} 是 $x_t=s$ 时按算法 1 抽取得到的。由$\mathbb{P}$ 的可加性我们可将$\mathbb{P}\{x_{t+1}\in B\}$写成

$$\mathbb{P}\{x_{t+1}\in B\}\cap\{u\leqslant\alpha(s,y)\}+\mathbb{P}\{x_{t+1}\in B\}\cap\{u>\alpha(s,y)\} \tag{7.36}$$

我们的目标是证明式(7.36)中的两项与式(7.35)右边的两项相匹配。

当我们切换到指示函数时，利用交叉点变成乘积的事实(事实 4.1.4)，我们可以应用迭代期望定律获得

$$\begin{aligned}\mathbb{P}\{x_{t+1}\in B\}\cap\{u\leqslant\alpha(s,y)\}&=\mathbb{P}\{y\in B\}\cap\{u\leqslant\alpha(s,y)\}\\&=\mathbb{E}[\mathbb{1}\{y\in B\}\mathbb{1}\{u\leqslant\alpha(s,y)\}]\\&=\mathbb{E}\{\mathbb{E}[\mathbb{1}\{y\in B\}\mathbb{1}\{u\leqslant\alpha(s,y)\}\mid y]\}\\&=\mathbb{E}\{\mathbb{1}\{y\in B\}\mathbb{E}[\mathbb{1}\{u\leqslant\alpha(s,y)\}\mid y]\}\end{aligned}$$

$\mathbb{E}[\mathbb{1}\{u\leqslant\alpha(s,y)\}\mid y]$项仅仅是在给定 y 时的$\mathbb{P}\{u\leqslant\alpha(s,y)\}$，由于 u 服从均匀分布，计算结果 $\alpha(s,y)$。因此，最后表达式的最终计算结果为

$$\int\mathbb{1}\{s'\in B\}\alpha(s,s')q(s,s')\mathrm{d}s'=\int_B\alpha(s,s')q(s,s')\mathrm{d}s'$$

$$\therefore\quad \mathbb{P}\{x_{t+1}\in B\}\cap\{u\leqslant\alpha(s,y)\}=\int_B p(s,s')\mathrm{d}s' \tag{7.37}$$

式(7.37)表明，式(7.36)中的第一项等于式(7.35)右边的第一项。对于第二项，当 $u>\alpha(s,y)$ 时，注意到 $x_{t+1}=x_t=s$，所以得出

$$\begin{aligned}\mathbb{P}\{x_{t+1}\in B\}\cap\{u>\alpha(s,y)\}&=E[\mathbb{1}\{s\in B\}\mathbb{1}\{u>\alpha(s,y)\}]\\&=\mathbb{1}\{s\in B\}\mathbb{E}[\mathbb{1}\{u>\alpha(s,y)\}]\\&=\mathbb{1}\{s\in B\}[1-\mathbb{P}\{u\leqslant\alpha(s,y)\}]\end{aligned}$$

为了将这个表达式与式(7.35)中的第二项相匹配，我们只需要证明$\mathbb{P}\{u\leqslant\alpha(s,y)\}=\int p(s,s')\mathrm{d}s'$。但是，如果我们取 $B=S$，这可由式(7.37)直接得出。

到目前为止，我们已经证明式(7.35)中的核 P 是与算法 1 相关的随机核。现在我们回过头来设计一种选择函数 α，以使 P 的平稳分布是目标密度 π。在梅特罗波利斯-黑斯廷斯算法中，这是通过设置

$$\alpha(s,s'):=\min\left\{\frac{\pi(s')q(s',s)}{\pi(s)q(s,s')},1\right\} \tag{7.38}$$

来完成的。如果 $\pi(s)q(s,s')=0$，那么 $\alpha(s,s'):=1$。若求最小值(min)，则可将 $\alpha(s,s')$解释成概

率。我们不需要把它加到算法 1 当中,这是因为对于 $u \in [0,1]$,我们有 $u \leq \min\{\alpha, 1\}$ 当且仅当 $u \leq \alpha$。重要的元素是最小化式子中的比例,当新建议 s' 在 π 条件下的概率相对于当前位置 s 而言较高时,该比例值较大;当情况相反时,则比例值较小。这使得链保持在 π 具有较高质量的区域内,从而得出接下来的结果。

定理 7.4.1 设 P 是式(7.35)中的随机核。如果 α 是如同式(7.38)所定义的,则 π 是关于 P 的平稳分布。

证明:对于 α 的这种选择,可以证明有 $p(s,s')\pi(s) = p(s',s)\pi(s')$,对于所有 s 与 s'(参看练习题 7.6.14)。经过观察以及由 P 的定义可以获得

$$\begin{aligned}
\int P(s,B)\pi(s)\,ds &= \int\left\{\int_B p(s,s')\,ds'\right\}\pi(s)\,ds + \int(1-\lambda(s))\,\mathbb{1}\{s \in B\}\pi(s)\,ds \\
&= \int_B\left\{\int p(s,s')\pi(s)\,ds\right\}ds' + \int_B(1-\lambda(s))\pi(s)\,ds \\
&= \int_B\left\{\int p(s',s)\pi(s')\,ds\right\}ds' + \int_B(1-\lambda(s))\pi(s)\,ds \\
&= \int_B \lambda(s')\pi(s')\,ds' + \int_B(1-\lambda(s))\pi(s)\,ds \\
&= \int_B \pi(s)\,ds
\end{aligned}$$

因而,π 是关于 P 的平稳分布,于是得到证明。 □

仍然需要确定 P 具有定理 7.2.2 中所讨论的那种稳定性性质(特别是该定理在式(7.26)中的大数定律结果)。这并不是普遍正确的,并且至少需要关于初始值 q 与 π 的某些条件。Tierney(1994)的推论 3 中给出了一个有名的结果,q 与 π 在 S 上是连续且严格正的,同时 S 本身是紧的。从本质上讲,连续性和正性对应于定理 7.2.2 的条件(a),而 S 的紧性是同一定理的(b)中漂移条件的严格形式。① 关于进一步的结果和参考文献,可参看 Roberts and Rosenthal(2004)。

MCMC 方法存在一个缺点,即它们所生成的变量不是一般独立的。来自相依样本的观测值的均值通常比独立同分布样本的均值含有更少信息(极端情况参看例 7.1.4)。因此人们所希望的是,x_t 与 x_{t+k} 之间的相依性会随着 k 的增大而很快消失。它是否如此由 q 的选择来决定。对这些问题的广泛讨论,可以在 Brooks et al.(2011)中找到。

列表 4 给出运用 Julia 实现梅特罗波利斯–黑斯廷斯算法的函数的代码,该函数带有随机游走

列表 4 随机游走梅特罗波利斯–黑斯廷斯算法(Julia)

```
function rw_metropolis(pi_density, T, init=0, sigma=1)
    xvec = Array (Float64, T)
    xvec [1] = init
    for t in 1:(T - 1)
        x = xvec [t]
        y = x + sigma * randn()
        alpha = pi_density(x)>0? pi_density(y) /pi_density(x) :1
        xvec [t+1] = rand()<alpha ? y : x
    end
    return xvec
end
```

① 当 S 是紧的时候,S 上的非负常值函数都是强制的,而且如果 V 是常值,那么式(7.20)中的漂移条件就是平凡的。

建议密度。建议密度采用 $q(s,s')=\psi(s'-s)$ 的形式，其中 ψ 表示给定密度。这是将 g 设为单位元的方程组(7.12)至(7.13)。如果 ψ 是对称的，那么 $q(s,s')=q(s',s)$，而且如果 $\pi(s)>0$，那么 $\alpha(s,s')$ 可以简化成 $\min\{\pi(s')/\pi(s),1\}$，否则简化成 1。这种情况已经由列表 4 给出，其中 ψ 设置为 $N(0,\sigma^2)$ 分布。如果你觉得代码非常难以理解，那么考察 Julia 的三元算子。

图 7.7 显示了当 π 为具有参数(2,5)的 beta 分布时，来自此算法所生成的 10^6 抽样数据的直方图。黑线为目标密度。这只是一个说明性例子，因为从 beta 分布中进行常规抽样很容易。可以在 johnstachurski. net/emet. html 网站上试验这些代码。

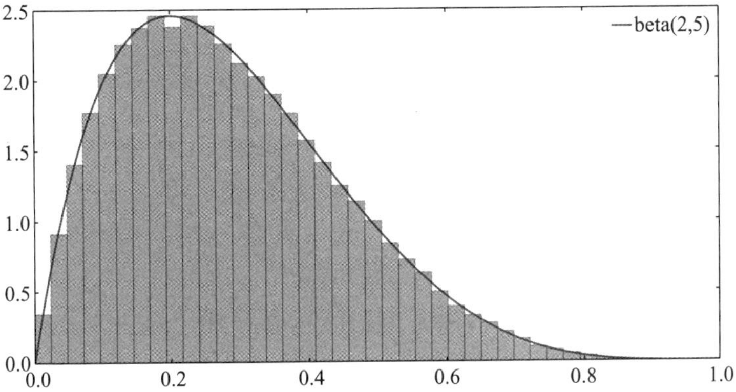

图 7.7　来自随机游走梅特罗波利斯–黑斯廷斯算法的观测值

7.5　进一步阅读

现代马尔可夫过程理论在很大程度上归功于一位杰出的数学家——沃尔夫冈·德布林(Wolfgang Doeblin)。关于他的短暂一生和对概率论的杰出贡献的介绍，已经由 Bru and Yor (2002)给出了评述。

关于马尔可夫过程及其稳定性的优秀综述，已由 Meyn and Tweedie(2009)给出。有关从密度视角研究马尔可夫过程的内容，可参看 Lasota and Mackey(1994)或者 Stachurski(2009)的第 8 章。对样本路径性质给出很好综述并聚焦中心极限定理方面的文献，可参看 Jones(2004)。

Diaconis(2009)提供了 MCMC 的很棒的总结及其在各个不同领域的影响。Richey(2010)给出了更一般的综述。关于理论方面的优秀参考书包括 Roberts and Rosenthal(2004)、Tierney(1994)和 Geweke(1996)。而应用方面的更实用的讨论可以参考 Kroese and Chan(2014)。

7.6　练习题

练习题 7.6.1　证明例 7.2.6 中的过程是独立同分布的。

练习题 7.6.2　设 $x_{t+1}=ax_t+w_{t+1}$，其中 $\{w_t\}$ 是独立同分布的标准正态分布，同时 $\mathcal{L}(x_0)=N(0,1/(1-a^2))$。证明 $\text{cov}[x_t,x_{t+j}]=a^j(1-a^2)^{-1}$，对于所有 $j\geq 0$。

练习题 7.6.3 证明式(7.25)的右边在 T 下收敛到 0。

练习题 7.6.4 证明事实 7.2.2。①

练习题 7.6.5 考察事实 7.2.7 中的可加冲击过程。假定此事实所述的条件成立，并设 $\mathbb{E}\|\mathbf{x}_0\|$ 是有限的。证明 $\mathbb{E}\|\mathbf{x}_t\|$ 在 t 的范围内是有界的。

练习题 7.6.6 再次考察标量马尔可夫序列 $x_{t+1}=ax_t+w_{t+1}$。假定 $\{w_t\}$ 是服从自由度为 2 的 t 分布的独立同分布过程，并且 $|a|<1$。证明事实 7.2.7 的条件都能得到满足。

练习题 7.6.7 设 $\{\mathscr{F}_t\}$ 是滤过。证明如果 $\{m_t\}$ 是关于 $\{\mathscr{F}_t\}$ 的鞅，则 $d_t=m_t-m_{t-1}$ 是关于 $\{\mathscr{F}_t\}$ 的鞅差分序列。

练习题 7.6.8 设 $\{\mathscr{F}_t\}$ 是滤过，并设 $\{m_t\}$ 是关于 $\{\mathscr{F}_t\}$ 的鞅。设 $a_t:=m_t+1, k_t:=2m_t, \gamma_t:=m_t^2$。问其中哪一个是关于 $\{\mathscr{F}_t\}$ 的鞅？

练习题 7.6.9 设 $\{\eta_t\}$ 是标量随机变量的独立同分布序列，$\mathbb{E}\eta_1=0, \operatorname{var}\eta_1=\sigma^2>0$。设 $\{\mathscr{F}_t\}$ 是由 $\mathscr{F}_t:=\{\eta_1,\cdots,\eta_t\}$ 定义的滤过，同时设 $Z_t:=t\cdot\eta_t$，对于每一个 t。

(i) $\{z_t\}$ 是独立同分布序列吗？为什么？

(ii) $\{z_t\}$ 是关于 $\{\mathscr{F}_t\}$ 的鞅差分序列吗？为什么？

练习题 7.6.10 设 $\{\eta_t\}$ 是标量随机变量的独立同分布序列，$\mathbb{P}\{\eta_1=1\}=\mathbb{P}\{\eta_1=-1\}=0.5$，并设 $\{\mathscr{F}_t\}$ 是由 $\mathscr{F}_t:=\{\eta_1,\cdots,\eta_t\}$ 定义的滤过。设

$$m_t:=\sum_{i=1}^{t}\eta_i \quad \text{且 } \kappa_t:=m_t^2-t$$

证明 $\{\kappa_t\}$ 是关于 $\{\mathscr{F}_t\}$ 的鞅。

练习题 7.6.11 考察标量序列 $x_{t+1}=ax_t+w_{t+1}$，其中 $\{w_t\}\overset{\text{IID}}{\sim}\mathrm{N}(0,1)$，并且 $x_0=0$。设 $\mathscr{F}_t:=\{w_1,\cdots,w_t\}$。给出 a 的条件，使得

(i) $\{x_t\}$ 是关于 $\{\mathscr{F}_t\}$ 的鞅。

(ii) $\{x_t\}$ 是关于 $\{\mathscr{F}_t\}$ 的鞅差分序列。

练习题 7.6.12 设 $\{\mathscr{F}_t\}$ 是滤过。如果对于每一个 t，随机变量 γ_t 是 $\mathscr{F}_{t-1}$ 可测的，则随机变量序列 $\{\gamma_t\}$ 被称为是关于 $\{\mathscr{F}_t\}$ 可预见的(previsible)。证明：如果 $\{x_t\}$ 是关于 $\{\mathscr{F}_t\}$ 的鞅，且 $\{\gamma_t\}$ 是关于 $\{\mathscr{F}_t\}$ 可预见的，那么由

$$y:=\sum_{i=1}^{t}\gamma_i(x_i-x_{i-1})$$

所定义的过程 $\{y_t\}$ 是关于 $\{\mathscr{F}_t\}$ 的鞅。

练习题 7.6.13 设 $F(s_1,\cdots,s_N)=C(F_1(s_1),\cdots,F_N(s_N))$，其中 C 是连接，且每个 F_n 是 $\mathbb{R}$ 上的连续累积分布函数。设 $\mathcal{L}(u_1,\cdots,u_N)=C$，并设

$$(x_1,\cdots,x_N):=(F_1^{-1}(u_1),\cdots,F_N^{-1}(u_N))$$

证明 $\mathcal{L}(x_1,\cdots,x_N)=F$。

练习题 7.6.14 证明：如果 $a\geqslant 0$，同时 b 和 c 是任意实数，那么 $a\min\{b,c\}=\min\{ab,ac\}$。然后，设 α 是如同式(7.38)所定义的，并设 $p(s,s'):=q(s,s')\alpha(s,s')$。证明：$\pi(s)p(s,s')=p(s',s)\pi(s')$，对于所有的 s,s'。

① 提示：尝试将概率变换成指数函数的期望，并利用迭代期望定律。

7.7 练习题解答节选

练习题 7.6.1 解答 这里只证明针对 $b=0,c=1$ 的情况。关于归纳的步骤,假定 $\mathcal{L}(x_t)=P_\infty$,其中 P_∞ 是如同式(7.18)所定义的。对于 $b=0,c=1$,这就变成 $P_\infty=\mathrm{N}(0,1/(1-a^2))$。由于 $x_{t+1}=ax_t+w_{t+1}$,并且独立正态变量的线性组合依然是正态的,由此可以知道 x_{t+1} 是正态的。因而只需证明 $\mathbb{E}x_{t+1}=0$ 和 $\mathrm{var}\ x_{t+1}=1/(1-a^2)$。第一个陈述是正确的,这是因为期望具有线性性质,$\mathbb{E}x_{t+1}=\mathbb{E}[ax_t+w_{t+1}]=a\mathbb{E}[x_t]+\mathbb{E}[w]=0$。第二个陈述同样成立,因为

$$\mathrm{var}\ x_{t+1}=\mathrm{var}[ax_t+w_{t+1}]=a^2\mathrm{var}[x_t]+\mathrm{var}[w_{t+1}]+2a\mathrm{cov}[x_t,w_{t+1}]$$

因为 x_t 和 w_{t+1} 是独立的,最后一项是0,可以得到

$$\mathrm{var}\ x_{t+1}=a^2\frac{1}{1-a^2}+1=\frac{1}{1-a^2}$$ □

练习题 7.6.2 解答 我们的目的是证明 $\mathrm{cov}[x_t,x_{t+j}]=a^j/(1-a^2)$。固定 $j\geqslant1$,并用 $x_{t+1}=ax_t+w_{t+1}$ 迭代,从而得到 $x_{t+j}=a^jx_t+\sum_{k=1}^{j}a^{j-k}w_{t+k}$。利用这个表达式与 x_t 和 w_{t+k} 的独立性,可以得到

$$\mathbb{E}[x_{t+j}x_t]=\mathbb{E}\left[a^jx_t^2+\sum_{k=1}^{j}a^{j-k}w_{t+k}x_t\right]=a^j\mathbb{E}[x_t^2]+\sum_{k=1}^{j}a^{j-k}\mathbb{E}[w_{t+k}]\mathbb{E}[x_t]$$

因为 $\mathbb{E}[w_{t+k}]=0$,得到 $\mathrm{cov}[x_{t+j},x_t]=\mathbb{E}[x_{t+j}x_t]=a^j\mathbb{E}[x_t^2]$。过程 $\{x_t\}$ 是独立同分布的(事实 7.2.5),并有同方差 $1/(1-a^2)$,于是得到所需的结果。 □

练习题 7.6.3 解答 如同练习题 7.6.2 所示,我们有 $\mathbb{E}[x_tx_{t+j}]=a^j/(1-a^2)$,因此

$$\frac{2}{T^2}\sum_{j=0}^{T-1}\sum_{t=1}^{T-j}\frac{a^j}{1-a^2}=\frac{2}{T^2}\sum_{j=0}^{T-1}(T-j)\frac{a^j}{1-a^2}\leqslant\frac{2}{T}\frac{1}{(1-\alpha)(1-a^2)}$$

当 $T\to\infty$ 时,右边的项收敛到0。 □

练习题 7.6.4 解答 设 $B\in\mathscr{B}(S)$,并设 P_t 是第 t 个边缘分布,根据迭代期望定律,我们得到

$$\mathbb{P}\{\mathbf{x}_{t+1}\in B\}=\mathbb{E}[\mathbb{1}\{\mathbf{x}_{t+1}\in B\}]=\mathbb{E}[\mathbb{E}[\mathbb{1}\{\mathbf{x}_{t+1}\in B\}\mid\mathbf{x}_t]]=\mathbb{E}[Q(\mathbf{x}_t,B)]$$

换句话说,$P_{t+1}(B)=\int Q(\mathbf{s},B)P_t(\mathrm{d}\mathbf{s})$,于是得到证明。 □

练习题 7.6.7 解答 为了证明 $\{d_t\}$ 适应于 $\{\mathscr{F}_t\}$,我们需要证明 d_t 是 $\mathscr{F}_t$ 中的变量的函数。为了证明这一点,经过观察可以发现,m_t 是 $\mathscr{F}_t$ 中的变量的函数,同时 m_{t-1} 是 $\mathscr{F}_{t-1}$ 中的变量的函数。由滤过的定义可以得到,每一个 $\mathscr{F}_{t-1}$ 中的变量也在 $\mathscr{F}_t$ 中。因此,m_{t-1} 也是 $\mathscr{F}_t$ 中的变量的函数。因为 m_t 和 m_{t-1} 都是 $\mathscr{F}_t$ 中的变量的函数,所以 $d_t=m_t-m_{t-1}$。

接下来证明 $\mathbb{E}[d_{t+1}\mid\mathscr{F}_t]=0$。因为 $\mathbb{E}[m_{t+1}\mid\mathscr{F}_t]=m_t$ 而且 $\mathbb{E}[m_t\mid\mathscr{F}_t]=m_t$(这里利用事实 7.3.1),所以可以得出

$$\mathbb{E}[d_{t+1}\mid\mathscr{F}_t]=\mathbb{E}[m_{t+1}\mid\mathscr{F}_t]-\mathbb{E}[m_t\mid\mathscr{F}_t]=m_t-m_t=0$$ □

练习题 7.6.8 解答 首先,$\{a_t\}$ 是关于 $\{\mathscr{F}_t\}$ 的鞅。为了证明 $\{a_t\}$ 适应于 $\{\mathscr{F}_t\}$,注意到由假设可知 $\{m_t\}$ 适应于 $\{\mathscr{F}_t\}$。因此 m_t 是 $\mathscr{F}_t$ 中的变量的函数,并且 $a_t=m_t+1$ 是 $\mathscr{F}_t$ 中的变量的函数。此外,利用 $\{m_t\}$ 是关于 $\{\mathscr{F}_t\}$ 的鞅的事实,我们可以得到

$$\mathbb{E}[a_{t+1}\mid\mathscr{F}_t]=\mathbb{E}[m_{t+1}+1\mid\mathscr{F}_t]=\mathbb{E}[m_{t+1}\mid\mathscr{F}_t]+1=m_t+1=a_t$$

其次,$\{k_t\}$ 是关于 $\{\mathscr{F}_t\}$ 的鞅,这个证明是类似的,故在此省略。

最后，通常$\{\gamma_t\}$不是关于$\{\mathscr{F}_t\}$的鞅。例如，设$\{m_t\}$是例 7.3.4 中随机游走的鞅。只要$\sigma^2 := \mathbb{E}[\eta_1^2]$是严格为正的，由$\gamma_t = m_t^2$给出的过程$\{\gamma_t\}$就不是鞅。为了证明这一点，经过观察发现

$$\gamma_{t+1} = m_{t+1}^2 = \left(\sum_{j=1}^{t} \eta_j + \eta_{t+1}\right)^2 = (m_t + \eta_{t+1})^2 = m_t^2 + 2m_t\eta_{t+1} + \eta_{t+1}^2$$

$$\therefore \quad \mathbb{E}[\gamma_{t+1} \mid \mathscr{F}_t] = \mathbb{E}[m_t^2 \mid \mathscr{F}_t] + 2\mathbb{E}[m_t\eta_{t+1} \mid \mathscr{F}_t] + \mathbb{E}[\eta_{t+1}^2 \mid \mathscr{F}_t]$$

因此，

$$\mathbb{E}[m_t\eta_{t+1} \mid \mathscr{F}_t] = m_t\mathbb{E}[\eta_{t+1} \mid \mathscr{F}_t] = m_t\mathbb{E}[\eta_{t+1}] = 0$$

同时$\mathbb{E}[\eta_{t+1}^2 \mid \mathscr{F}_t] = \mathbb{E}[\eta_{t+1}^2] = \sigma^2$，我们可以得出

$$\mathbb{E}[\gamma_{t+1} \mid \mathscr{F}_t] = \mathbb{E}[m_t^2 \mid \mathscr{F}_t] + \sigma^2 = m_t^2 + \sigma^2 = \gamma_t + \sigma^2 > \gamma_t$$

因此，$\{\gamma_t\}$不是关于$\{\mathscr{F}_t\}$的鞅。

练习题 7.6.11 解答 从式(7.8)可以清楚地看到，无论a取何值，$\{x_t\}$都适应于该滤过。考察(i)部分，如果$a=1$，那么$\{x_t\}$就是例 7.3.4 中的随机游走过程。因此$\{x_t\}$是关于$\{\mathscr{F}_t\}$的鞅。考察(ii)部分，如果$a=0$，那么$x_t=w_t$，并且

$$\mathbb{E}[x_{t+1} \mid \mathscr{F}_t] = \mathbb{E}[w_{t+1} \mid \mathscr{F}_t] = \mathbb{E}[w_{t+1}] = 0$$

因此$\{x_t\}$是关于$\{\mathscr{F}_t\}$的鞅差分序列。 □

练习题 7.6.13 解答 我们的目标是证明$\mathcal{L}(x_1, \cdots, x_N) = F$，我们有

$$\mathbb{P} \cap_n \{x_n \leqslant s_n\} = \mathbb{P} \cap_n \{F_n^{-1}(u_n) \leqslant s_n\} = \mathbb{P} \cap_n \{u_n \leqslant F_n(s_n)\}$$

这是因为C是$u_1, \cdots, u_N$的累积分布函数，右边等于$C(F_1(s_1), \cdots, F_N(s_N))$。由$F$的定义可以得到$F(s_1, \cdots, s_N)$。 □

练习题 7.6.14 解答 第一个陈述可立即得到，这是因为$a \geqslant 0$意味着$f(x) = ax$是保序变换。第二个陈述只是代数计算而已，至今你已经在本书中学到了很多知识，因此关于本题的证明，我想你就不需要我的帮助了。 □

第2篇

统计学基础

第 8 章　估计量

在概率论中,我们的目标是依据已知的概率分布来推断各种不同结果发生的可能性。统计学则是一个反问题:我们想要从所观测到的结果来推断未知的概率分布。在这一章中,我们开始探索这些想法。

8.1　估计问题

首先,我们想要澄清所研究问题的性质。

8.1.1　定义

从教学角度来看,研究统计学的最佳方式是从一系列既独立又是同分布的观测值开始。稍后,我们将扩展到相依数据(dependent data)上。在独立同分布设置下,计量经济学和统计学的基本问题可以描述如下。

问题 8.1.1　我们观察到来自共同且未知的分布 $P \in \mathscr{P}_n$ 中独立的 Z 值抽样结果 $\mathbf{z}_1, \cdots, \mathbf{z}_N$,其中 $\mathscr{P}$表示 Z 上的一类分布。我们希望从这个样本推断出 P 的一些特征。

集合 $\mathscr{P}$是我们希望考察的分布总体,它可以是任何分布,包括结果空间上的所有分布的集合。经济理论的主要任务之一是限制 $\mathscr{P}$,从而缩小我们必须搜索的分布集。

例 8.1.1　Benhabib et al.(2015)研究了具有特质资本收入风险的模型中的财富分布。该模型预测财富分布将具有帕累托右尾特性。从直观上看,这是因为资产的随机收益是倍增的,所以正面冲击是自我增强的,而一系列正面冲击可能导致相对于中位数来说非常高的财富。

下面我们列出一些符号的含义:

- Z 表示每个观测值 $\mathbf{z}_n$ 取值的结果空间(outcome space)。
- $\mathbf{z}_{\mathcal{D}}$表示样本(sample)或数据集(data set)$(\mathbf{z}_1, \cdots, \mathbf{z}_N)$ 。
- $Z_{\mathcal{D}} := \times_{n=1}^{N} Z$ 表示 $\mathbf{z}_{\mathcal{D}}$取值的样本空间(sample space)。
- $P_{\mathcal{D}} := \mathcal{L}(\mathbf{z}_{\mathcal{D}})$ 表示样本的联合分布(joint distribution of the sample)。

尽管将 $Z_{\mathcal{D}}$称为样本空间遵循了标准的命名法,但我们对这个在第 4 章中首次出现的术语还是过度使用了。(不幸的是,统计学家和概率论学者在术语上并不总是协调一致的。)

如上所述,$P = \mathcal{L}(\mathbf{z}_n)$ 是观测值的共同分布。只要我们继续研究独立同分布数据,联合分布 $P_{\mathcal{D}}$ 将是 P 的 N 个乘积,如同第 5 章所定义的。

例 8.1.2　设 $x_1, \cdots, x_N$ 表示从已知总体中得到的劳动力收入的观测值。我们将 $x_1, \cdots, x_N$ 建模成来自共同一元分布 P 的独立同分布抽样。在我们的术语中，x_n 是观测值，结果空间 Z 是 $\mathbb{R}$，样本空间 Z_D 是 $\mathbb{R}^N$，而样本 $\mathbf{z}_D$ 是向量 $(x_1,\cdots,x_N)$。我们可能希望认识 P 的一些特性，这包括：

- P 的均值和更高阶的矩；
- 分散度量，例如方差或尾部特性；
- 中位数和其他分位数；
- P 本身的特性或(如果存在) P 的密度。

在例 8.1.2 中，个体观测值是标量。在其他情况下，观测值是向量值。

例 8.1.3 假定我们想要认识一组公司的盈利能力与研发支出之间的关系。设 $\mathbf{z}_n=(x_n,y_n)$ 是第 n 个公司的这两个变量的观测值。我们将这些观测值看成各个不同公司的独立同分布数据，它们有共同边缘分布 $P=\mathcal{L}(\mathbf{z}_n)$。结果空间是 $Z=\mathbb{R}^2$，而样本空间是

$$Z_D := \mathbb{R}^2 \times \cdots \times \mathbb{R}^2 = \mathbb{R}^{2\times N}$$

由于观测值的边缘分布 P 现在是多变量分布，因此分布的新特征会发挥作用，比如：

- P 的坐标之间的相关性；
- 与 P 有关的方差-协方差矩阵；
- 参数控制着相依性，例如当 P 经由连接(copula)在特定边缘分布被建模的时候。

8.1.1.1 特征

上面提到了我们可能对估计 P 的“特征”感兴趣。下面我们将 P 的一个特征(feature)定义为如下形式的对象：

$$\gamma(P)\text{，对于某个 }\gamma:\mathscr{P}\to\mathcal{S} \tag{8.1}$$

集合 $\mathcal{S}$ 是任意的，为的是适应所有可能的特征。当 P 的含义易于被理解时，我们将 $\gamma(P)$ 写成 γ。这里给出一些计量经济学研究中常用的单变量 P 的估计例子：

- $\gamma(P)=\int s^k P(\mathrm{d}s)$，即 P 的第 k 阶矩。
- $\gamma(P)=\inf\{s\in\mathbb{R}:P(-\infty,s]\geqslant 1/2\}$，即 P 的中位数。
- $\gamma(P)=P$，当我们想要估计 P 本身。
- $\gamma(P)=P$ 的密度，当 P 是绝对连续的时候。

如果 P 在 $\mathbf{z}=(\mathbf{x},y)$ 上是多元的，那么我们感兴趣的一个特征是回归函数 $f^*(\mathbf{x}):=\mathbb{E}[y\mid\mathbf{x}]$。这个函数是由 P 唯一确定的(参看第 5.2.5 节)。

8.1.1.2 参数类型与非参数类型

在上面所列出的统计学问题中，假定未知分布属于某个类型 $\mathscr{P}$。如果 $\mathscr{P}$ 可以表示为

$$\mathscr{P}=\{P_{\boldsymbol{\theta}}\}_{\boldsymbol{\theta}\in\Theta}:=:\{P_{\boldsymbol{\theta}}:\boldsymbol{\theta}\in\Theta\}\text{，对于某个 }\Theta\subset\mathbb{R}^K$$

那么我们称 $\mathscr{P}$ 是参数类型(parametric class)。换句话说，如果一种分布类型可以通过有限参数来标记，那么称这样的分布类型为参数类型。如果分布类型不是参数的，则称其为非参数的(non-parametric)。

例 8.1.4 设 $\mathscr{P}$ 是具有正方差的所有单变量正态分布的集合。等价地说，

$$\mathscr{P}:=\left\{\text{所有 }p\text{，使得 }p(s)=\frac{1}{\sqrt{2\pi}\sigma}\exp\left\{-\frac{(s-\mu)^2}{2\sigma^2}\right\}\text{，对于某个 }\mu\in\mathbb{R},\sigma>0\right\}$$

集合 $\mathscr{P}$ 是参数类型的例子。参数是 $\boldsymbol{\theta}=(\mu,\sigma)$。对参数的一个特定选择就决定(参数化)了类型的一个元素。

例 8.1.5 如果结果空间 Z 是有限的并且包含 J 个元素，那么 Z 上的每个分布 P 就可以由 J-

1个参数表示(每个结果的概率 p_j,除了最后一个),因此 Z 上的任何分布族 $\mathscr{P}$ 必然是参数类型。

例 8.1.6 因为 $\mathbb{R}$ 上的所有分布的空间都是无限维的,所以 $\mathbb{R}$ 上的所有分布的集合不能用有限的参数向量来参数化。因此,$\mathscr{P}$:=$\mathbb{R}$ 上的所有分布都是非参数类型。

例 8.1.7 设 $\mathscr{P}$ 表示 $\mathbb{R}$ 上所有具有有限二阶矩且绝对连续分布的集合:

$$\mathscr{P} := \left\{ \text{所有 } p : \mathbb{R} \to \mathbb{R}\text{,使得 } p \geqslant 0, \int p(s)\,\mathrm{d}s = 1, \int s^2 p(s)\,\mathrm{d}s < \infty \right\}$$

这个集合就是非参数的。

许多传统的统计推断方法本质上都是参数的:假定数据是由参数类型 $\mathscr{P}$ 的未知元素 $P_{\boldsymbol{\theta}}$ 所生成的。目标是利用数据来估计 $\boldsymbol{\theta}$。一旦我们得到 $\boldsymbol{\theta}$ 的估计值 $\hat{\boldsymbol{\theta}}$,就可以将这个估计值插入参数类型中,从而获得 $P_{\boldsymbol{\theta}}$ 的估计 $P_{\hat{\boldsymbol{\theta}}}$。

式(8.1)所定义的特征概念是针对参数或参数向量概念的推广。在参数设置下,我们最感兴趣且想要估计的特征 γ 是参数向量 $\boldsymbol{\theta}$。如果我们得到 $\boldsymbol{\theta}$ 的良好估计值 $\hat{\boldsymbol{\theta}}$,那么就可以通过 $\hat{\gamma} = \gamma(P_{\hat{\boldsymbol{\theta}}})$ 来估计任何特征 $\gamma = \gamma(P_{\boldsymbol{\theta}})$。

若遵循常规的用法,有时我们将与 $P_{\boldsymbol{\theta}}$(这里 $P_{\boldsymbol{\theta}}$ 生成了数据)有关的 $\boldsymbol{\theta}$ 称为参数向量的真实值(true value)。然而,重要的是要记住,这是一个假设,而不是"真相"。我们假定数据是由一个参数类型的一些元素所生成的,而这个假设可能是完全错误的。

在我们最初界定估计问题时,我们考察对特征的估计,而不仅仅是对参数的估计,这是因为将自己局限于 $\mathscr{P}$ 上的参数假设始终是次优的。我们将在第14章中讨论参数估计和非参数估计的相对优点。

8.1.2 统计量和估计量

一个统计量(statistic)是数据的一个可观测函数。更准确地说,统计量是任何 $\mathscr{B}$ 可测函数

$$T : Z_{\mathcal{D}} \to \mathcal{S}$$

一旦观测到数据 $\mathbf{z}_{\mathcal{D}}$,就可以对其进行估计。如同式(8.1),集合 $\mathcal{S}$ 是任意的,以便于适应我们想要估计的所有可能特征。有时,我们把 T 写成 T_N 来强调对样本量的依赖。统计量是 $\mathscr{B}$ 可测的,这个假设只是基本的正则性条件。

估计量(estimator)是用于推断未知分布 P 的某个特征 $\gamma(P)$ 的统计量。因而,当统计量与分布的一个特征进行配对并且加以比较时才成为估计量。注意,在估计量的定义中,并没有任何内容意味着它将是目标特征的合情合理的估计量,更不用说是良好的估计量。

例 8.1.8 如果我们希望推断的特征 γ 是独立同分布数据 $x_1, \cdots, x_N$ 的边缘分布 P 的均值,那么最常用的估计量是样本均值(sample mean)

$$\bar{x}_N := \frac{1}{N} \sum_{n=1}^{N} x_n$$

从形式上看,$\bar{x}_N$ 是由

$$\mathbf{z}_{\mathcal{D}} = (x_1, \cdots, x_N) \longmapsto T(x_1, \cdots, x_N) = \frac{1}{N} \sum_{n=1}^{N} x_n \in \mathbb{R}$$

定义的从 $Z_{\mathcal{D}} = \mathbb{R}^N$ 到 $\mathcal{S} = \mathbb{R}$ 的映射。这个映射被看成是关于未知均值 $\gamma(P) = \int sP(\mathrm{d}s)$ 的估计量。

例 8.1.9 样本均值并不是估计均值的唯一方法。例如,我们也可使用所谓的中程数估计量(mid-range estimator)

$$m_N := \frac{\min_n x_n + \max_n x_n}{2}$$

另一种选择是截尾样本均值(truncated sample mean),其中满足 $|x_n| \geq r$ 的 x_N 是针对 r 的某个特定值截断。截尾样本均值经常用于估计厚尾分布中的位置参数。

例 8.1.10 给定样本 $x_1, \cdots, x_N$,设 y_n 是样本的第 n 个最大观测值。如果 N 是奇数 $2m+1$,则样本中位数定义为 y_{m+1}。如果 $N=2m$,则样本中位数为 $0.5(y_m+y_{m+1})$。例如,

```
julia> median([1, 3, 5])
3.0
julia>median([2,4,6,8])
5.0
```

例 8.1.11 延续例 8.1.8,P 的 k 阶矩 $\int s^k P(\mathrm{d}s)$ 的常用估计量是 k 阶样本矩(sample moment) $\frac{1}{N}\sum_{n=1}^{N} x_n^k$。

例 8.1.12 P 的方差的常用估计量是样本方差(sample variance)

$$s_N^2 := \frac{1}{N}\sum_{n=1}^{N}(x_n - \bar{x}_N)^2 \tag{8.2}$$

标准差通常利用样本标准差(sample standard deviation)来估计

$$s_N := \sqrt{s_N^2} = \left[\frac{1}{N}\sum_{n=1}^{N}(x_n - \bar{x}_N)^2\right]^{1/2} \tag{8.3}$$

在某些教科书中,样本方差被定义为$\frac{1}{N-1}\sum_{n=1}^{N}(x_n-\bar{x}_N)^2$ 而不是式(8.2),为的是获得无偏估计量。然而,式(8.2)更适合于本书的理论,并且也许是更为常用的定义。

例 8.1.13 给定二维数据 $\mathbf{z}_D=((x_1,y_1),\cdots,(x_N,y_N))$,样本协方差(sample covariance)是统计量

$$\frac{1}{N}\sum_{n=1}^{N}(x_n - \bar{x}_N)(y_n - \bar{y}_N) \tag{8.4}$$

样本相关系数(sample correlation)是样本协方差除以两个样本标准差的乘积。经过重新整理,这就变成

$$\frac{\sum_{n=1}^{N}(x_n - \bar{x}_N)(y_n - \bar{y}_N)}{\sqrt{\sum_{n=1}^{N}(x_n - \bar{x}_N)^2\sum_{n=1}^{N}(y_n - \bar{y}_N)^2}} \tag{8.5}$$

例 8.1.14 在我们的观测值是$\mathbb{R}^K$ 上的向量 $\mathbf{x}_1, \cdots, \mathbf{x}_N$ 的情况下,样本均值是由

$$\bar{\mathbf{x}}_N := \frac{1}{N}\sum_{n=1}^{N}\mathbf{x}_n$$

定义的随机向量。式(5.16)所定义的方差-协方差矩阵最常使用的估计量是样本方差-协方差矩阵(sample variance-covariance matrix)

$$\hat{\boldsymbol{\Sigma}}_N := \frac{1}{N}\sum_{n=1}^{N}[(\mathbf{x}_n - \bar{\mathbf{x}}_N)(\mathbf{x}_n - \bar{\mathbf{x}}_N)^{\mathrm{T}}] \tag{8.6}$$

8.1.3 经验分布

给定 Z 值样本 $\mathbf{z}_{\mathcal{D}}=(z_1,\cdots,z_N)$ 的经验分布(empirical distribution)是 Z 上的离散分布,它在每个样本点 $\mathbf{z}_n$ 上放置均等概率 $1/N$。另一种阐述这种情况的方式是,$\hat{P}_N$ 对每个博雷尔集合 $B\subset Z$ 指派一个数

$$\hat{P}_N(B)=\frac{1}{N}\sum_{n=1}^{N}\mathbb{1}\{\mathbf{z}_n\in B\} \tag{8.7}$$

这仅仅是落在 B 中样本的一小部分(如果希望考察可视化表示,参看图 4.2)。函数 h 关于 $\hat{P}_N$ 的期望是

$$\int h(\mathbf{s})\hat{P}_N(\mathrm{d}\mathbf{s})=\frac{1}{N}\sum_{n=1}^{N}h(\mathbf{z}_n) \tag{8.8}$$

这是由式(5.14)得到的。

例 8.1.15 设 $\mathbf{z}_n$ 是标量 x_n。样本均值可以依据经验分布表示为

$$\bar{x}_N=\frac{1}{N}\sum_{n=1}^{N}x_n=\int s\hat{P}_N(\mathrm{d}s) \tag{8.9}$$

换句话说,样本均值是经验分布的均值。

经验分布是一个统计量,它将观测值 $\mathbf{z}_1,\cdots,\mathbf{z}_N$ 映射到 $\hat{P}_N=\frac{1}{N}\sum_{n=1}^{N}\mathbb{1}\{\mathbf{z}_n\in\cdot\}$,$Z$ 上所有分布的集合中的一个随机元素。如果我们认为 $\mathbf{z}_1,\cdots,\mathbf{z}_N$ 是从共同且未知的分布 P 中独立抽取得到的,那么 $\hat{P}_N$ 就成为 P 的估计量。特别是,如果我们想要推断的 P 的特征就是 P 本身,那么最简单的非常自然的估计量就是经验分布。①

利用标量数据 $x_1,\cdots,x_N$,我们可以通过绘制其累积分布函数给出经验分布的可视化图形。$\hat{P}_N$ 的累积分布函数将由 $\hat{F}_N$ 表示。将式(8.7)中的 B 专门化为$(-\infty,s]$,我们可以得到

$$\hat{F}_N(s)=\frac{1}{N}\sum_{n=1}^{N}\mathbb{1}\{x_n\leqslant s\}\quad(s\in\mathbb{R})$$

累积分布函数 $\hat{F}_N$ 被称为经验累积分布函数(empirical cumulative distribution function,ECDF),它对应于样本。从图形上看,$\hat{F}_N$ 是阶梯函数,在每一个数据点上升 $1/N$。图 8.1 展示了由 Beta(5,5) 分布的累积分布函数 F 进行抽样的例子。每一幅图都展示出经验累积分布函数的一个观测值,而该经验累积分布函数由来自 F 的 $N=15$ 时的观测值所构成。

8.1.3.1 收敛

经验分布是 P 的渐近优良估计量。如果 $\mathbf{z}_1,\cdots,\mathbf{z}_N$ 是具有共同分布 P 的独立同分布数据,而 $\hat{P}_N$ 是经验分布,则由大数定律,对于任何博雷尔集合 B,

$$\hat{P}_N(B)=\frac{1}{N}\sum_{n=1}^{N}\mathbb{1}\{\mathbf{z}_n\in B\}\xrightarrow{p}\mathbb{P}\{\mathbf{z}_n\in B\}=P(B) \tag{8.10}$$

---

① 为什么不总是尝试推断 P 本身呢? 虽然当我们知道 P 时原则上就可以恢复任何特征 $\gamma(P)$,但是我们应该牢记如下利用有限信息进行推断的一般原则:在解决给定问题时,尽量首先避免将解决更普遍的问题作为中间步骤。分布是比实数更加复杂的对象,因此如果我们只关心分布的中位数,那么最好的方法是直接发现这样的单个值,而不是首先推断整个分布。

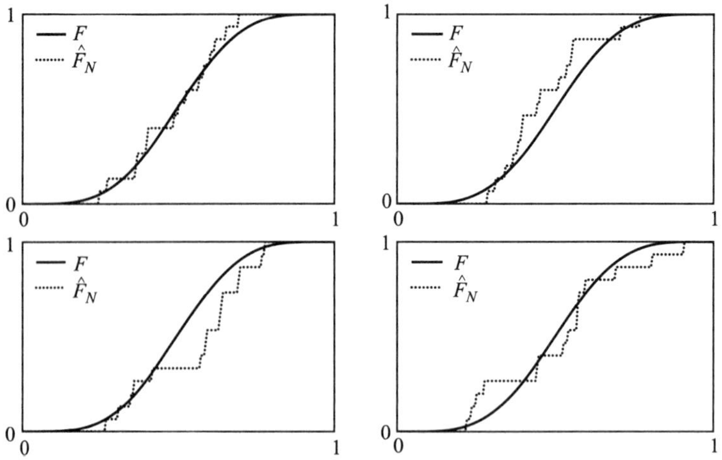

图 8.1 当 $N=15$ 时,F 与 $\hat{F}_N$ 的四个观测值

具体参看式(6.8)。

专门针对 $B:=(-\infty,s]$ 的标量情形,对于任何 $s\in\mathbb{R}$,我们有 $\hat{F}_N(s)\xrightarrow{p}F(s)$,其中 F 表示 P 的累积分布函数。事实上,一种更为加强的陈述也是正确的,它有时被称为统计学基本定理,或者 Glivenko-Cantelli 定理:

定理 8.1.1 设 $x_1,\cdots,x_N$ 是来自 F 的独立同分布的抽样值。如果 $\hat{F}_N$ 是相应的经验累积分布函数,则

$$\|F-\hat{F}_N\|_\infty\xrightarrow{p}0,\quad 当\ N\to\infty \tag{8.11}$$

这里的范数是上确界范数,意味着

$$\|F-\hat{F}_N\|_\infty:=\sup_{s\in\mathbb{R}}|\hat{F}_N(s)-F(s)|$$

大致地说,这是该域内的最大偏差(关于上确界定义,参看第 15.4.1 节)。事实上,这里的收敛"几乎必然"发生,这是比概率更强的概念。参看 Dudley(2002)的定理 11.4.2。

式(8.11)中的收敛如图 8.2 所示。每个经验累积分布函数 $\hat{F}_N$ 都是基于单个样本 $x_1,\cdots,x_N$ 从 F 中独立抽取的,其中 F 表示 Beta(5,5)。每一个子图展示出在不同 N 值处经验累积分布函数的 8 个实现值。对不同子图来说,样本量是从 10 增加到 500。

定理 8.1.1 告诉我们,至少在独立同分布设置下,如果我们具有无限多个数据,那么就极限形式而言,我们可以认识基本分布,而不必强加任何假设。此外,一旦我们知道分布 P,就知道任何特征 $\gamma=\gamma(P)$。

这是否为第 8.1 节开头的基本估计问题提供了解决方案?答案是否定的。在实际应用中,我们只有有限的数据。如同本书引论中所讨论的,推断就是推广。如果我们知道全部总体,就不需要推广了。

而且,当我们仍然仅有有限多个观测值时,经验分布就将所有质量都放置在这些点上。换句话说,它似乎将样本视为未知分布,而不承认我们拥有有限信息的事实。这可以被视为过度拟合的极端形式。在本书中,我们将在许多情况下讨论相关的想法。

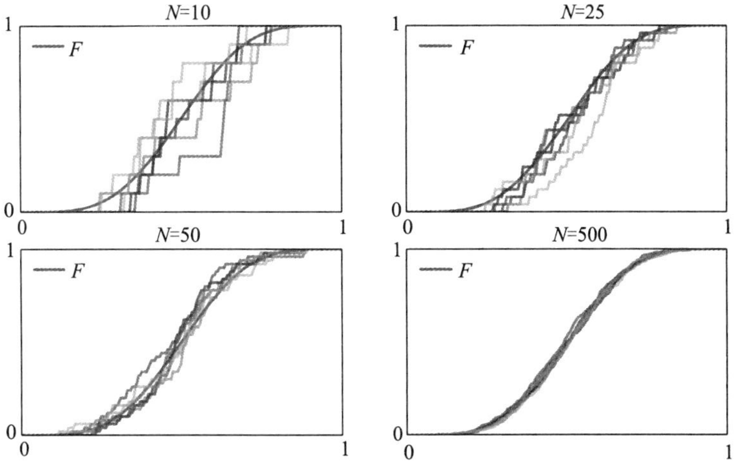

图 8.2 $\hat{F}_N$ 的实现值(四种不同样本量)

8.1.3.2 识别

如果映射 $\boldsymbol{\theta} \mapsto P_{\boldsymbol{\theta}}$ 在 Θ 上是一一对应的(参看第 15.2 节),我们就称用 $\boldsymbol{\theta} \in \Theta$ 标记的一类分布 $\mathscr{P} = \{P_{\boldsymbol{\theta}}\}$ 是可识别的(identifiable)。

例 8.1.16 例 8.1.4 中的正态密度类是可识别的。具体来说,可以证明,如果(μ_a, σ_a)与(μ_b, σ_b)是不同的向量,则分布 $\mathrm{N}(\mu_a, \sigma_a^2)$与 $\mathrm{N}(\mu_b, \sigma_b^2)$至少在一点上是不同的。

可识别性意味着,和未知分布有关的参数向量最终可以与数据区分开来。为了理解这一点,假定$\{P_{\boldsymbol{\theta}}\}$在 Θ 上可识别,并且自然从 $P = P_{\boldsymbol{\theta}}$ 生成了一个无限的观测值序列$\{\mathbf{z}_n\}$。设 $\boldsymbol{\theta}'$是 Θ 中的任一其他向量,并设 $P' = P_{\boldsymbol{\theta}'}$。由可识别性可知,存在至少一个博雷尔集 B,满足 $P(B) \neq P'(B)$。由于经验分布 $\hat{P}_N(B)$收敛到 $P(B)$,我们可以在极限形式下得出数据不是由 P'生成的结论。

8.2 估计原则

我们从利用样本来估计未知分布 P 的特征 $\gamma = \gamma(P)$的问题开始阐述。我们引入了一系列不同的旨在估计各种特征的统计量。这些估计量来自哪里呢?它们有什么共同之处吗?

8.2.1 样本类比原理

上面所定义的大多数估计量都可以从一个简单的原理推导出来。在现代统计学文献中,这通常被称为插入法(plug-in method)。在计量经济学中,它有许多名称,包括“类比估计”(参看 Manski(1986))。我们称之为样本类比原理(sample analogue principle)。该原理是:

$$\text{利用 } \gamma(\hat{P}_N) \text{ 估计 } \gamma(P)$$

这里 $\hat{P}_N$ 表示利用样本数据建立的经验分布。我们利用可观测分布 $\hat{P}_N$ 代替未知分布 P,然后考察$\gamma(\hat{P}_N)$。

例 8.2.1 设 $x_1, \cdots, x_N$ 是从未知分布 P 中抽取的数据。假定我们想要估计平均值 $\gamma(P) :=$

$\int sP(\mathrm{d}s)$。样本类比原理告诉我们利用 $\hat{P}_N$ 代替 P,这就得出

$$\gamma(\hat{P}_N) = \int s\hat{P}_N(\mathrm{d}s) = \bar{x}_N$$

(最后一个等式就是式(8.9))。因而,样本均值是借助于样本类比原理而产生的均值的估计量。

应用同样的原理,可以利用样本的 k 阶矩来估计总体的 k 阶矩。

例 8.2.2 当 P 的方差存在时,将它写成

$$\sigma^2 = \gamma(P) = \int \left[t - \int sP(\mathrm{d}s)\right]^2 P(\mathrm{d}t)$$

应用样本类比原理,得出下面的估计量:

$$\int \left[t - \int s\hat{P}_N(\mathrm{d}s)\right]^2 \hat{P}_N(\mathrm{d}t) = \frac{1}{N}\sum_{n=1}^{N}(x_n - \bar{x}_N)^2$$

这正是例 8.1.12 中的样本方差。

在这两个例子中,估计量相对简单,但样本类比原理的应用领域十分广泛。正如我们将在下面所看到的,一些估计方法都可以作为它的特殊情况,比如最小二乘法回归、最大似然法、矩方法,还有广义矩方法。

8.2.1.1 最佳线性预测

下面给出一个例子来解释样本类比原理的一般性。回顾第 4.1.5.1 节中的最佳线性预测问题,其中选择 α 与 β 以使$\mathbb{E}[(y-\alpha-\beta x)^2]$最小化。设 P 是(x,y)的分布,我们可以将问题写成

$$(\alpha^*, \beta^*) = \gamma(P) := \operatorname*{argmin}_{\alpha,\beta\in\mathbb{R}} \int [(t - \alpha - \beta s)^2] P(\mathrm{d}s, \mathrm{d}t) \tag{8.12}$$

当基础分布 P 未知时,存在相应的统计问题。我们要研究的问题是,仅仅基于来自 P 的观测值的样本 $\mathbf{z}_D = ((x_1, y_1), \cdots, (x_N, y_N))$来获得最佳线性预测式。我们按如下步骤进行:给定 $\mathbf{z}_D$,我们得出经验分布

$$\hat{P}_N(B) = \frac{1}{N}\sum_{n=1}^{N}\mathbb{1}\{(x_n, y_n) \in B\}$$

应用样本类比原理,将 $\hat{P}_N$ 插入式(8.12),从而得到估计量

$$(\hat{\alpha}_N, \hat{\beta}_N) = \gamma(\hat{P}_N) = \operatorname*{argmin}_{\alpha,\beta\in\mathbb{R}} \sum_{n=1}^{N}[(y_n - \alpha - \beta x_n)^2] \tag{8.13}$$

(从式(8.13)的右边删除$\frac{1}{N}$项,原因在于它不影响最小化值)。这是简单线性二维最小二乘问题。最小化值是

$$\hat{\beta}_N = \frac{\sum_{n=1}^{N}(x_n - \bar{x}_N)(y_n - \bar{y}_N)}{\sum_{n=1}^{N}(x_n - \bar{x}_N)^2}, \quad \hat{\alpha}_N = \bar{y}_N - \hat{\beta}_N\bar{x}_N \tag{8.14}$$

(参看练习题 8.5.2)。与式(4.23)相比,我们看到这些估计量本身就是基本特征 α^* 与 β^* 的样本类比形式。

8.2.1.2 局限性

尽管样本类比原理在许多情况下都会产生合理的估计量,但也存在一些完全失败的情况。我们来考察一个例子。

设$\mathscr{P}$是$\mathbb{R}$上绝对连续分布的集合,因此假定生成数据的分布P具有密度。将P的密度看成是其特征

$$\gamma(P)=\mathrm{D}P \tag{8.15}$$

这里$\mathrm{D}P:=P$的累积分布函数F的导数。

设$\hat{P}_N$是来自任何给定样本的经验分布。当我们将这个经验分布插入式(8.15)的右边时,会发生什么情况呢?换句话说,当我们对函数$\hat{F}_N$进行微分时,会得到什么样的信息?由于$\hat{F}_N$是阶梯函数,对它的导数在任何地方都是零(除了在有限多个跳跃点处无法定义导数)。因而,由样本类比原理所产生的密度估计是毫无用途的。即使N很大,这种陈述依然成立。

理解这个结果的一种方法是,当我们希望用有限样本来估计复杂对象时,我们需要将数据与某种正则化(regularization)相结合。粗略地说,这意味着我们在寻找求解方案时会惩罚(penalize)复杂性,或者施加某些"平滑"的先验信息。这种思想在数值方法领域有着悠久的历史,其中某些反问题(inverse problems)是不稳定的或者"不适定的",并且它们的求解方案需要正则化。

正则化同样是统计学的一个基本要素。它表示,我们不应该将经验分布与未知的真实分布置于同等地位。也就是,我们应该将经验分布仅仅视为部分信息,同时试图将它与某种形式的先验信息或外部理论结合起来。正则化是先验信息的一种应用:它运用了如下的思想——概率质量最有可能落入迄今所观测到的样本点以外的地方。我们将在第14章再次阐述正则化的专题。

8.2.2 经验风险最小化

现在我们考察另一种归纳原理,即将样本类比原理和附加结构相结合的原理。这个原理被称为经验风险最小化(empirical risk minimization, ERM)。其术语和主要概念来自机器学习文献。然而,计量经济学中的许多标准估计量是经验风险最小化的特例,包括最大似然法和最小二乘法。这里所讨论的想法有助于将这些工具作为更广泛方法的一部分。

考察如下的设置:我们观测到系统输入$\mathbf{x}\in\mathbb{R}^K$,随后系统有一个标量输出$y$。这两者都是随机变量,同时$\mathbf{z}:=(\mathbf{x},y)$的联合分布是$P$。我们的目标是根据观测到的输入值来预测新的输出值。我们将通过选择函数f,使$f(\mathbf{x})$是我们一旦观测到$\mathbf{x}$时y的预测。在机器学习文献中,f被称为预测规则(prediction rule)。在经济学中,f被称为策略函数(strategy function)或政策函数(policy function)。

不正确的预测会产生损失。这个损失的大小可以写成$L(y,f(\mathbf{x}))$。函数L被称为损失函数(loss function)。损失函数的常用选择包括

- 二次损失函数$L(y,f(\mathbf{x}))=(y-f(\mathbf{x}))^2$;
- 绝对偏差损失函数$L(y,f(\mathbf{x}))=|y-f(\mathbf{x})|$;
- 离散损失函数$L(y,f(\mathbf{x}))=\mathbb{1}\{y\neq f(\mathbf{x})\}$。

给定损失函数L,我们考虑选择f,以使预测风险(prediction risk)最小化,这被定义为预期损失

$$R(f):=\mathbb{E}L(y,f(\mathbf{x})) \tag{8.16}$$

有时$R(f)$也被称为期望预测误差(expected prediction error)。[①] 式(8.16)中的期望是利用$(\mathbf{x},y)$的联合分布P来计算的。有时,我们会写成$\mathbb{E}_P L(y,f(\mathbf{x}))$来强调这一点。

例 8.2.3 设L是二次损失函数。如同第5.2.5节所证明的,式(8.16)的最小化值是由$\mathbf{x}$处

① 例如,参看 Friedman et al.(2009)的第2.4节。

的$f^*(\mathbf{x})=\mathbb{E}[y|\mathbf{x}]$所定义的回归函数。具体来说,由式(5.39)可以知道,对于任何备选政策函数g,我们有

$$R(g)=R(f^*)+\mathbb{E}[(f^*(\mathbf{x})-g(\mathbf{x}))^2] \tag{8.17}$$

换句话说,在二次损失下,一个良好预测等于选择g,以便于接近回归函数,从而使式(8.17)右边的第二项最小化。鉴于式(8.17),$R(f^*)$这项代表预测风险的下限。

在统计学设置背景下,我们无法评估$\mathbb{E}_P$的事实束缚了我们最小化风险的能力,因为这需要知道联合分布P。然而,假如我们可以获得数据$\mathbf{z}_1,\cdots,\mathbf{z}_N$,其中每一个数对$\mathbf{z}_n=(\mathbf{x}_n,y_n)$都是从$P$中独立抽取的。为了利用样本,我们应用样本类比原理,用经验分布$\hat{P}_N$代替式(8.16)中的P。这产生了新的目标函数

$$R_{\text{emp}}(f):=\mathbb{E}_{\hat{P}_N}L(y,f(\mathbf{x}))=\frac{1}{N}\sum_{n=1}^{N}L(y_n,f(\mathbf{x}_n)) \tag{8.18}$$

这个函数被称为经验风险(empirical risk)。经验风险是在样本的经验分布下估计预测风险,而不是在真实分布P下估计预测风险。对经验风险进行最小化称为经验风险最小化。

还有一个步骤。当我们选择决策规则时,实际所求解的问题是

$$\hat{f}=\underset{f\in\mathcal{H}}{\operatorname{argmin}}\,R_{\text{emp}}(f) \tag{8.19}$$

我们已将区域限制为一类函数$\mathcal{H}$。这个函数集合被称为假设空间(hypothesis space)。$\mathcal{H}$的选择是我们对估计问题施加的结构。

第一遍看时我们似乎应该将$\mathcal{H}$设置为所有函数$f:\mathbb{R}^K\to\mathbb{R}$的集合。毕竟,如果风险最小化函数$f^*:=\operatorname{argmin}_f R(f)$不在$\mathcal{H}$中,如图8.3所示,则式(8.19)的解不等于$f^*$,并且我们就要做出次优的选择。

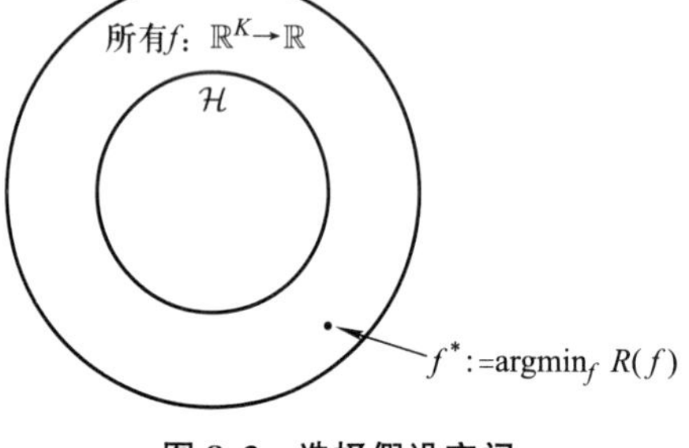

图8.3 选择假设空间

其实这个推理是错误的。事实上,我们通常希望在选择$\mathcal{H}$时有相当的限制性,这是因为最小化经验风险和最小化预测风险并不一样。奥卡姆剃刀(Occam's razor)在这里可以发挥作用:我们正在有限信息基础上解决一个复杂问题。如果我们就像拥有无限信息那样行事,这将是一个严重的错误。这些想法将在第8.2.3节进一步探讨。

例8.2.4 专门研究标量x与二次损失函数$L(y,f(x))=(y-f(x))^2$,经过观察可以发现,$\frac{1}{N}$这项对求解没有什么影响,于是经验风险最小化问题变成:

$$\min_{f\in\mathcal{H}}\sum_{n=1}^{N}(y_n-f(x_n))^2 \tag{8.20}$$

出于显而易见的原因,这个最优化问题被称为最小二乘法问题(least squares problem)。如果我们

将 $\mathcal{H}$ 专门化为仿射函数的集合

$$\mathcal{H}_{\ell} := \{\text{所有形式为 } \ell(x)=\alpha+\beta x \text{ 的函数}\} \tag{8.21}$$

那么问题就会简化为简单线性最小二乘法问题(simple linear least squares problem)

$$\min_{\ell \in \mathcal{H}_{\ell}} \sum_{n=1}^{N} (y_n - \ell(x_n))^2 = \min_{\alpha,\beta} \sum_{n=1}^{N} (y_n - \alpha - \beta x_n)^2 \tag{8.22}$$

这与我们在式(8.13)中所得到的最小化问题是完全一样的。解已由式(8.14)给出。

虽然我们以两种不同的方式得到了同样的最小化问题,但这里的推理更加自然。当我们在式(8.13)中首次提出这个问题时,是将样本类比原理应用于寻找最佳线性预测式的问题。在这里,我们试图直接寻找最佳预测式。与此同时,我们将自己限制于线性逼近,因为我们认识到自己的估计是基于有限信息来完成的。通过限制学习算法的复杂性,线性性质实现了奥卡姆剃刀原则。

8.2.2.1 分位数回归

当我们想要依据一组预测变量来估计给定分布的分位数时,就会运用分位数回归(quantile regression)。例如,分位数回归已经被用来估计 CEO 薪酬的分位数,作为他们公司市场价值的函数(Koenker and Hallock,2001)。在本节中,我们将阐述如何将分位数回归看成经验风险最小化的特例。

为了描述这个想法,设 F 是$\mathbb{R}$ 上严格递增的累积分布函数,同时设 $\tau \in (0,1)$。回顾第 4.2.6 节的内容可知,F 的第 τ 分位数是使得 $F(\xi)=\tau$ 的解 ξ。虽然可能并不显而易见,但第 τ 分位数也可以被定义为最优化问题

$$\min_{\xi \in \mathbb{R}} \mathbb{E} L_{\tau}(y,\xi) \tag{8.23}$$

的解,其中 y 表示服从分布 F 的随机变量,同时

$$L_{\tau}(y,\xi) := |(y-\xi)(\tau - \mathbb{1}\{y<\xi\})|$$

练习题 8.5.6 要求验证式(8.23)的解正是 $F(\xi)=\tau$ 的解 ξ。

假定我们现在想要利用某个输入变量 x 来估计 F 的第 τ 分位数(例如,CEO 薪酬的分位数是公司规模的函数)。考虑到式(8.23),我们可以将寻找合适的函数作为最小化预测风险的问题

$$R(f) := \mathbb{E} L_{\tau}(y, f(x)) \tag{8.24}$$

其中 L_{τ} 如上所定义。如果我们基于数据集 $(x_1,y_1),\cdots,(x_N,y_N)$ 应用经验风险最小化原则,那么就可以得到 $\min_{f\in \mathcal{H}} \sum_{n=1}^{N} L_{\tau}(y_n, f(x_n))$,其中 $\mathcal{H}$ 表示假设空间。当 $\mathcal{H}=\mathcal{H}_{\ell}$ 时,如同式(8.21)所定义的,则经验风险最小化问题就是

$$\min_{\alpha,\beta} \sum_{n=1}^{N} |(y_n - \alpha - \beta x_n)(\tau - \mathbb{1}\{y_n < \alpha + \beta x_n\})|$$

这是分位数回归问题的标准表达式。

如果 $\tau=0.5$,则目标函数与 $\sum_{n=1}^{N} |y_n - \alpha - \beta x_n|$ 成比例。这种情况被称为中位数回归(median regression)或最小绝对偏差回归(least absolute deviation regression)。

8.2.3 假设空间的选择

现在我们回到选择假设空间的讨论上。我们首先以下面的结论开始阐述。

事实 8.2.1 设 $\mathcal{H}_1$ 与 $\mathcal{H}_2$ 是两个假设空间,如果 $\hat{f}_i$ 是 $\mathcal{H}_i$ 上的经验风险最小化值,如同式(8.19)所定义的,则

$$\mathcal{H}_1 \subset \mathcal{H}_2 \Rightarrow R_{\text{emp}}(\hat{f}_1) \geqslant R_{\text{emp}}(\hat{f}_2)$$

换句话说，我们可以通过增加假设空间来减小经验风险。事实 8.2.1 之所以成立的原因是，我们是在较大的集合上求解最小化。

同时，我们的实际目标是对预测风险进行最小化。预测式 f 的预测风险测量了 f 的样本外拟合(out-of-sample fit)，这是当遇到新数据时 f 的预期性能。一种统计学方法就是利用给定数据集来产生预测风险较低的预测式 f(相对于基准 f^*，可参看式(8.17))，这意味着我们已经成功地实现本书开篇所设定的目标：运用数据进行推广。

当然，预测风险是不可观测的。有时，使用经验风险 $R_{\text{emp}}(f)$ 作为 $R(f)$ 的估计量是很有吸引力的。然而，经验风险——测度了 f 的样本内部拟合(in-sample fit)——是一种向下偏倚的风险估计量。特别是，当我们改变假设空间时，即使经验风险下降，预测风险也会上升。

我们通过一个例子来说明这一点，在这个例子中经验风险是在逐渐变大的假设空间上求解最小化。我们所研究的模型是通过

$$x \sim U[-1,1], y = \cos(\pi x) + u, \text{其中 } u \sim \mathrm{N}(0,1) \tag{8.25}$$

来生成输入-输出对的。这里 $U[-1,1]$ 表示区间 $[-1,1]$ 上的均匀分布。从 x 预测 y 的假设空间是多项式函数集合。为了固定符号，设 $\mathscr{P}_d$ 表示所有的 d 阶多项式的集合。也就是，

$$\mathscr{P}_d := \{\text{所有函数 } f_d(x) = c_0 x^0 + c_1 x^1 + \cdots + c_d x^d, \text{其中每一个 } c_i \in \mathbb{R}\}$$

在如下意义上，即

$$\mathscr{P}_1 \subset \mathscr{P}_2 \subset \mathscr{P}_3 \subset \cdots$$

这个假设空间序列是递增的。事实上，如果 f 是 d 阶多项式，那么只要将最后系数 c_{d+1} 设为零，就可以将 f 表示为 $d+1$ 阶多项式。由式(8.21)所定义的线性函数集合 $\mathcal{H}_\ell$ 等于 $\mathscr{P}_1$。

如果我们试图运用二次损失来从 x 预测 y，并且将集合 $\mathscr{P}_d$ 作为我们的备选函数，那么风险最小化问题就是

$$\min_{f \in \mathscr{P}_d} R(f), \text{其中 } R(f) = \mathbb{E}[(y - f(x))^2] \tag{8.26}$$

而经验风险最小化问题是

$$\min_{f \in \mathscr{P}_d} R_{\text{emp}}(f), \text{其中 } R_{\text{emp}}(f) = \frac{1}{N}\sum_{n=1}^{N}(y_n - f(x_n))^2 \tag{8.27}$$

为了说明风险和经验风险之间的差异，我们首先利用模型(8.25)生成 $N=25$ 个数据点。以此作为我们的数据集，然后重复求解式(8.27)，对于每个 d 分别取 $1,2,\cdots,20$ 中的值。第 d 个最小化问题的解用 $\hat{f}_d$ 表示，并且通过构造可以得到 d 阶多项式。最后，我们对风险 $R(\hat{f}_d)$ 和经验风险 $R_{\text{emp}}(\hat{f}_d)$ 进行比较。① 结果如图 8.4 所示。

正如所预期的，经验风险会随着 d 单调下降。但是风险则先略有下降，然后迅速上升。对于比较大的 d 而言，在比较大的预期损失意义上，经验风险的最小化值 $\hat{f}_d$ 是与非常高的风险有关联的。

我们可以通过绘制数据和函数的图形来认识发生了什么。在图 8.5 至图 8.8 中，N 个数据点与真实模型(8.25)中的函数 $y=\cos(\pi x)$ 一起绘制成实线，而拟合多项式 $\hat{f}_d$ 绘制成虚线。函数 $y=$

① 通过将 $\hat{f}_d$ 代入式(8.26)中关于 R 的表达式，就可以计算风险 $R(\hat{f}_d)$。你可以在网址 johnstachurski.net/emet.html 上找到代码。

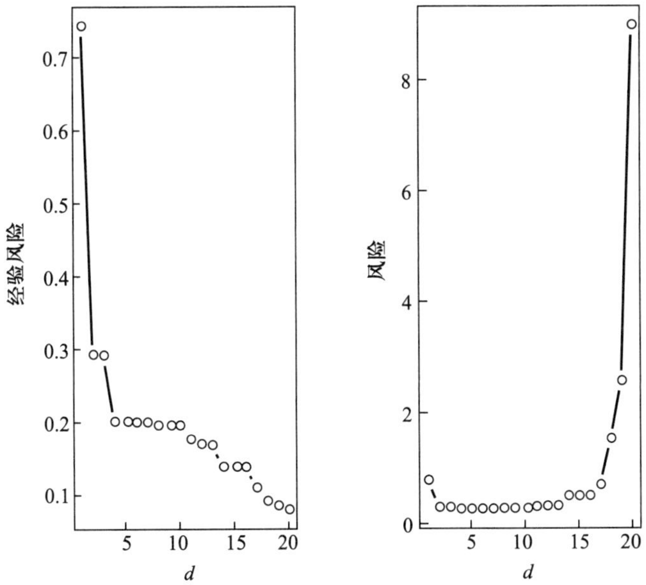

图 8.4　风险和经验风险作为 d 的函数

$\cos(\pi x)$是风险最小化值,代表理想的预测函数。在图 8.5 中,我们有 $d=1$,拟合多项式$\hat{f}_1$ 是线性回归线。在图 8.6、图 8.7 以及图 8.8 中,我们分别有 $d=3$、$d=11$ 和 $d=14$。拟合多项式是$\hat{f}_3$,$\hat{f}_{11}$和 $\hat{f}_{14}$。

一方面,当 $d=1$ 时,假设空间 $\mathscr{P}_d=\mathscr{P}_1$ 很小,并且这个类型中没有什么函数可以有效地拟合基本模型。这就是所谓的欠拟合(underfitting),这反映在图 8.5 中虚线对实线的拟合不足。

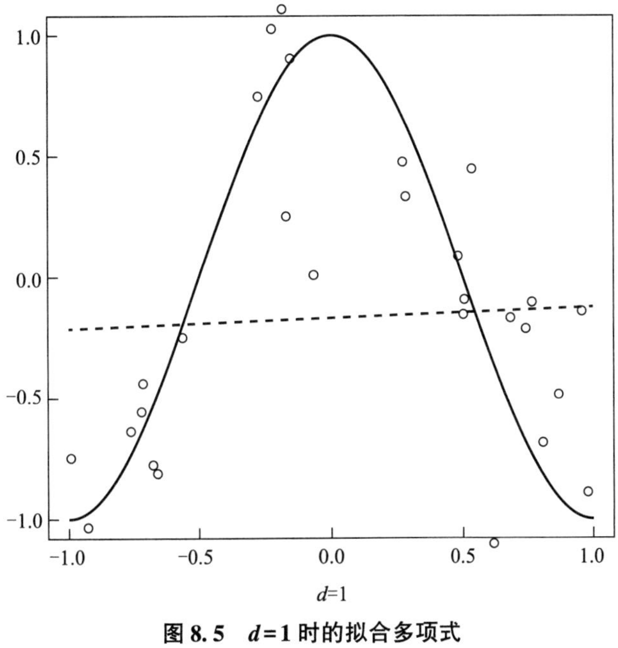

图 8.5　$d=1$ 时的拟合多项式

当 $d=3$ 时,函数 $\mathscr{P}_d=\mathscr{P}_3$ 的类型要大得多。鉴于数据相对嘈杂,而且我们只有 25 个观测值,函数的拟合效果非常好(图 8.6)。如果我们观察图 8.4 右边在 $d=3$ 时的风险,可以看到它比在 $d=1$ 时要小。

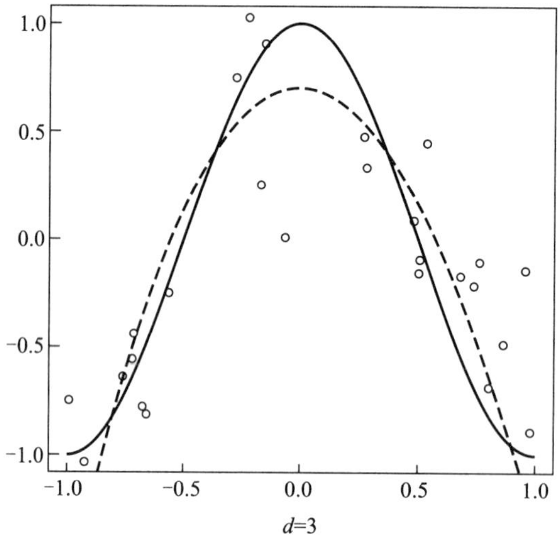

图 8.6 $d=3$ 时的拟合多项式

另一方面,如果我们取的 d 比较大,那么对基本模型的拟合就会变差一些,风险也会很高。检查对应于 $d=11$ 和 $d=14$ 的图 8.7 和图 8.8,我们可以发现,拟合多项式能紧密地拟合观测数据,在许多数据点的附近通过。这种情况下对数据的具体实现太过强调了。当绘制新的输入 x 时,预测 $\hat{f}_d(x)$ 很可能是 y 的一个比较差的预测式。这种情况被称为过度拟合(overfitting)。

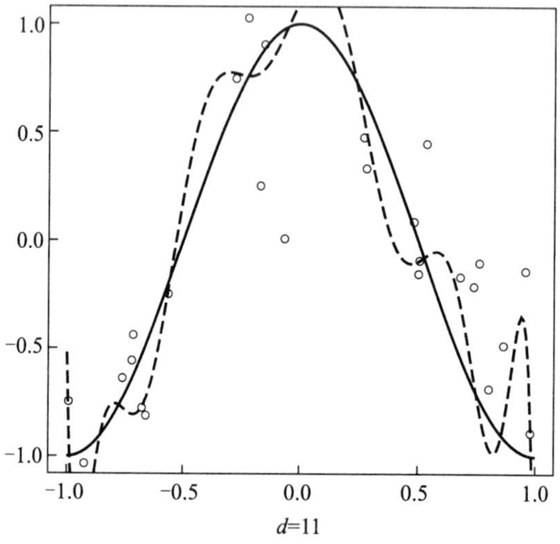

图 8.7 $d=11$ 时的拟合多项式

总而言之,$\mathcal{H}$ 的选择对我们利用数据进行推广的能力是至关重要的。当 $\mathcal{H}$ 太小时,$\mathcal{H}$ 中就没有函数能够对回归函数提供很好的拟合。如果是这样,那么无论数据如何,预测风险都不会变

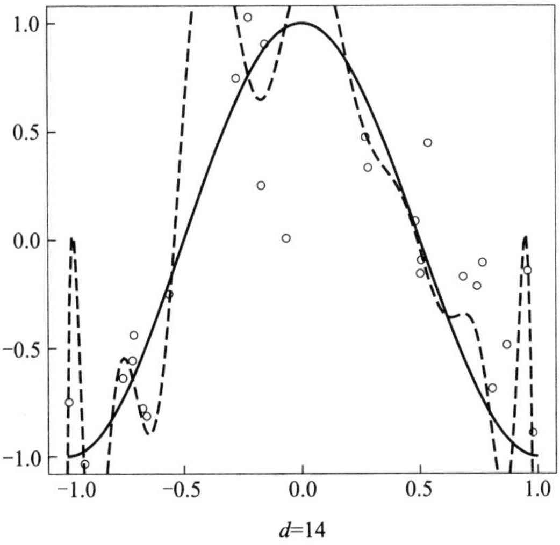

图 8.8 当 $d=14$ 时的拟合多项式

小。这可以直接从式(8.17)中看出。$\mathcal{H}$ 中的任何估计$\hat{f}$必须满足

$$R(\hat{f}) \geqslant R(f^*) + \min_{f \in \mathcal{H}} \mathbb{E}\left[(f^*(\mathbf{x}) - f(\mathbf{x}))^2\right]$$

反之,如果 $\mathcal{H}$ 太大,那么我们可以获得较低的经验风险,但预测风险本身就会大些。

当然,在统计学应用中,当我们选择 $\mathcal{H}$ 时,我们并不知道真正的数据生成过程。最好的情景是,我们具有坚实的理论指导,从而为寻找到合适的假设空间提供有益的帮助。最差的情景是,我们没有什么指导思想,而是盲目地选择。又一次地,核心思想是统计学学习等于先验知识加数据。

8.3 参数方法

在这一节中,我们将回顾一些标准的参数估计方法,包括最大似然法、贝叶斯估计和广义矩方法。

8.3.1 最大似然法

在参数设置下,推导估计量的一种标准方法是最大似然原理(principle of maximum likelihood)。我们从一个简单的例子开始,然后阐述更复杂的应用。

假定我们可以观测到来自分布 $N(\mu,1)$ 的单一抽样数据 x,其中 μ 是未知的,方差是已知的,并且为了简单起见,不妨设方差是 1。我们的任务是给定观测值 x 时推测 μ 的值是多少。μ 的推测值 $\hat{\mu}$ 也会服从分布 $N(\hat{\mu},1)$,因此等价地说,我们的工作是推测能生成 x 的分布。在推测这种分布时,如果我们将其集中在一个比 x 更大的 $\hat{\mu}$ 附近,那么观测到的数据点 x 对于这种分布来说或许是“不可能”的结果①。参看图 8.9。如果我们将密度集中在一个比 x 更小的点上,那么也可以应用同样的推理逻辑。

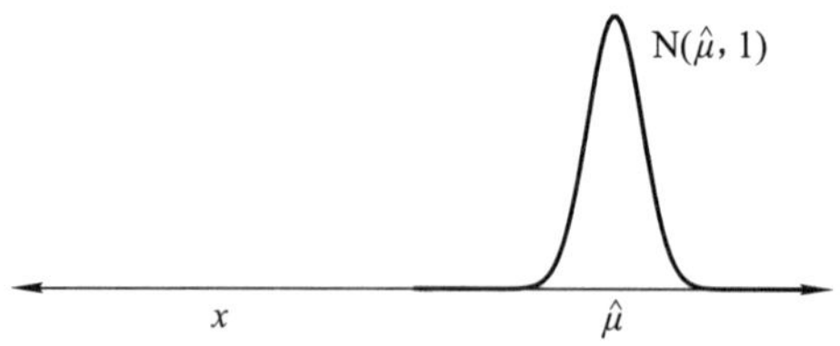

图 8.9 最大似然法

事实上,在缺乏任何附加信息的条件下,一种最明显的推测是以 x 为中心的正态密度。为了将密度集中在 x 上,我们只需设定 $\hat{\mu}=x$。

最大似然法可写成如下这些步骤:x 的密度是分布 $\mathrm{N}(\mu,1)$ 的密度 $p(s;\mu)$。将观测值 x 插入这个密度,可以得出

$$p(x;\mu) = (2\pi)^{-1/2}\exp\left\{-\frac{(x-\mu)^2}{2}\right\}$$

将 $p(x;\mu)$ 看成是实现我们样本点 x 的概率表示。最大似然原理表明,我们应该将 μ 的猜测值 $\hat{\mu}$ 取成使这个概率最大化的那个值。不难看出,$\hat{\mu}=x$ 是最大化值。这与我们源自图 8.9 的直觉相吻合。

当数据是从 $\mathrm{N}(\mu,1)$ 独立抽取的 $x_1,\cdots,x_N$ 时,可应用同样的原则,其中 μ 表示未知的。样本的联合密度是边缘分布的乘积。将样本数据插入联合密度,然后将联合密度对于 μ 求解最大化:

$$\hat{\mu} := \underset{\mu\in\mathbb{R}}{\operatorname{argmax}} \frac{1}{(2\pi)^{N/2}}\prod_{n=1}^{N}\exp\left\{-\frac{(x_n-\mu)^2}{2}\right\} \tag{8.28}$$

最大化值 $\hat{\mu}$ 恰好是 $x_1,\cdots,x_N$ 的样本均值(参看练习题 8.5.4)。

我们可以运用几种方式来推广这些想法。现在假定数据 $x_1,\cdots,x_N$ 在式(5.8)的意义上具有联合密度 p。我们将假定 $p=p(\cdot;\boldsymbol{\theta})$ 是参数类型 $\mathscr{P}$ 的一个元素,其中 $\mathscr{P}$ 用参数向量 $\boldsymbol{\theta}\in\Theta$ 来刻画。每个 $\boldsymbol{\theta}$ 的选择都确定一个特定密度 $p=p(\cdot;\boldsymbol{\theta})$,只是产生数据的 $\boldsymbol{\theta}$ 值却是未知的。

在这个设置下,似然函数(likelihood function)是 p 在样本 $x_1,\cdots,x_N$ 处所计算的值,并被看成是 $\boldsymbol{\theta}$ 的函数:

$$L(\boldsymbol{\theta}) := p(x_1,\cdots,x_N;\boldsymbol{\theta}) \quad (\boldsymbol{\theta}\in\Theta) \tag{8.29}$$

最大似然原理告诉我们,可以通过在 $\boldsymbol{\theta}\in\Theta$ 上对 $L(\boldsymbol{\theta})$ 进行最大化来估计 $\boldsymbol{\theta}$。那么,统计量 $\hat{\boldsymbol{\theta}}$ 被称为 $\boldsymbol{\theta}$ 的最大似然估计(maximum likelihood estimate, MLE),如果

$$\hat{\boldsymbol{\theta}} \in \underset{\boldsymbol{\theta}\in\Theta}{\operatorname{argmax}} L(\boldsymbol{\theta}) \tag{8.30}$$

这等价于最大化对数似然函数(log likelihood function)

$$\ell(\boldsymbol{\theta}) := \ln(L(\boldsymbol{\theta})) \quad (\boldsymbol{\theta}\in\Theta)$$

最大似然估计的集合通常既可以是单点集合,也可以包含多个元素或者是空的。

---

① “不可能”加引号只是提醒我们:分布是绝对连续的,因此所有单个结果 $s\in\mathbb{R}$ 具有 0 概率。当我们说结果 x 不可能时,意思是指在 x 附近的概率质量很小。

在前面的讨论中，p 是密度函数，但它也可以是概率质量函数。下面给出一个说明性例子。

为了实现最大似然估计，我们需要计算数据的联合分布。正如我们在式(8.28)中所看到的，当数据点是独立的时候，这一点容易做到，因为联合密度 p 是边缘密度的乘积。更一般地讲，如果每一个 x_n 都是从$\mathbb{R}$上固定的任意(边缘)密度 $p_n(\cdot;\boldsymbol{\theta})$ 独立抽取得到，则

$$L(\boldsymbol{\theta})=\prod_{n=1}^{N}p_n(x_n;\boldsymbol{\theta}),\ell(\boldsymbol{\theta})=\sum_{n=1}^{N}\ln p_n(x_n;\boldsymbol{\theta}) \tag{8.31}$$

如果每个数据点都是多维的，只需用 $\mathbf{x}_n$ 替换 x_n 即可。

例 8.3.1　假定 $x_1,\cdots,x_N$ 是从正态分布 $\mathrm{N}(\mu,v)$ 中抽样的独立同分布数据，$\boldsymbol{\theta}=(\mu,v)$ 是未知的。对数似然函数是

$$\ell(\mu,v)=-\frac{N}{2}\ln(2\pi v)-\frac{1}{2}\sum_{n=1}^{N}\frac{(x_n-\mu)^2}{v} \tag{8.32}$$

在(μ,v)上求解联合最大化，则得出最大似然估计量

$$\hat{\mu}=\frac{1}{N}\sum_{n=1}^{N}x_n,\quad \hat{v}=\frac{1}{N}\sum_{n=1}^{N}(x_n-\bar{x}_N)^2 \tag{8.33}$$

因此，μ 和 v 的最大似然估计分别是样本均值和样本方差。

最大似然估计是一个备受赞誉的估计理论。通常，最大似然估计量具有优良的渐近性质。但是，并不能确保具有优良的有限样本性质(更多关于这一点的内容很快会涉及)，而且有吸引力的渐近理论取决于对基本参数类型的正确设定。事实上，我们需要提供大量的知识才能构建估计量。(为了设定似然函数，我们必须设定样本的整个联合分布。)

例 8.3.2　设 $x_1,\cdots,x_N$ 是从$\mathbb{R}$上某个未知密度抽取的独立同分布观测值。如果备选分布的类型非常大，则最大似然估计将会失败。例如，下面的这个问题

$$\max_{p}\prod_{n=1}^{N}p(x_n)$$

就没有解，原因在于求解最大化是针对所有密度来考虑的。我们可以通过选择 p 将这个表达式的质量集中在每个样本点的小的邻域上，来使这个表达式取任意大的值。这个过程的极限不是密度。

8.3.1.1　条件最大似然法

如同第8.2.2节所述，假定我们观测到某个系统的输入 $\mathbf{x}_1,\cdots,\mathbf{x}_N$，还有相对应的输出 $y_1,\cdots,y_N$。假定数对$(\mathbf{x}_n,y_n)$是独立同分布的。我们的目标是估计 $p(y\mid\mathbf{x};\boldsymbol{\theta})$ 中的 $\boldsymbol{\theta}$，为的是确定给定 $\mathbf{x}$ 时 y 的条件密度。

最大似然原理告诉我们要最大化

$$\ell(\boldsymbol{\theta})=\sum_{n=1}^{N}\ln p(\mathbf{x}_n,y_n;\boldsymbol{\theta}),\text{其中 } p:=(\mathbf{x}_n,y_n)\text{ 的联合密度}$$

设 π 为 $\mathbf{x}$ 的边缘密度，我们运用分解公式(5.27)可以写出

$$p(\mathbf{x},y;\boldsymbol{\theta})=p(y\mid\mathbf{x};\boldsymbol{\theta})\pi(\mathbf{x})$$

密度 π 是未知的，但我们不会对它进行参数化，原因在于我们没有试图估计它。我们现在可以将对数似然重新写成

$$\ell(\boldsymbol{\theta})=\sum_{n=1}^{N}\ln p(y_n\mid\mathbf{x}_n;\boldsymbol{\theta})+\sum_{n=1}^{N}\ln\pi(\mathbf{x}_n)$$

右边的第二项与 $\boldsymbol{\theta}$ 无关，因此它不影响最大化值。所以，最大似然估计是

$$\underset{\boldsymbol{\theta}\in\Theta}{\operatorname{argmax}}\sum_{n=1}^{N}\ln p(y_n \mid \mathbf{x}_n;\boldsymbol{\theta})$$

这里的目标函数被称为条件对数似然(conditional log likelihood)。前面的推导告诉我们,当我们想要估计给定 $\mathbf{x}$ 时 y 的条件密度中的参数时,可以直接对条件对数似然求解最大化,这比对整个对数似然函数求解最大化更为简单和直接。

例 8.3.3 考察带有二值输出 y_n 的离散响应模型,其中 $y_n=1$ 表示女性样本中的第 n 个个体参与劳动力市场。这个决定会受到向量 $\mathbf{x}_n$ 影响,其中 $\mathbf{x}_n$ 测度了诸如来自家庭其他成员的收入等特征。设

$$q(\mathbf{s}):=\mathbb{P}\{y=1 \mid \mathbf{x}=\mathbf{s}\} \quad (\mathbf{s}\in\mathbb{R}^K)$$

一种建模方法是取 $q(\mathbf{s})=F(\boldsymbol{\beta}^{\mathrm{T}}\mathbf{s})$,其中 $\boldsymbol{\beta}$ 表示参数向量,F 表示特定累积分布函数。然后我们可以写出

$$\mathbb{P}\{y=i \mid \mathbf{x}=\mathbf{s}\}=F(\boldsymbol{\beta}^{\mathrm{T}}\mathbf{s})^{i}(1-F(\boldsymbol{\beta}^{\mathrm{T}}\mathbf{s}))^{1-i}, \text{对于 } \mathbf{s}\in\mathbb{R}^K \text{ 与 } i\in\{0,1\}$$

这是给定 $\mathbf{x}$ 时 y 的条件概率质量函数,因此样本的条件对数似然是

$$\begin{aligned}\ell(\boldsymbol{\beta}) &= \sum_{n=1}^{N}\ln[F(\boldsymbol{\beta}^{\mathrm{T}}\mathbf{x}_n)^{y_n}(1-F(\boldsymbol{\beta}^{\mathrm{T}}\mathbf{x}_n))^{1-y_n}] \\ &= \sum_{n=1}^{N} y_n\ln F(\boldsymbol{\beta}^{\mathrm{T}}\mathbf{x}_n)+\sum_{n=1}^{N}(1-y_n)\ln(1-F(\boldsymbol{\beta}^{\mathrm{T}}\mathbf{x}_n))\end{aligned}$$

如果 F 是标准正态累积分布函数 Φ,那么这个模型被称为 probit 模型。如果 F 是逻辑累积分布函数 $F(\mathbf{s})=1/(1+\mathrm{e}^{-s})$,那么它被称为 logit 模型。

在这个例子中,为了求出最大似然估计,我们可以对 ℓ 进行微分来获得一阶条件,但是通常这样做并不会得出解析解。相反,需要对似然函数进行数值最优化求解。关于数值最优化的讨论将在第 13.2.2 节中阐述。

8.3.2 通过经验风险最小化得出最大似然估计

最大似然是经验风险最小化的一个特例。为了理解这一点,假定我们想要依据源自 q 的观测值来了解未知密度 q。这时将我们的损失函数取为

$$L(p,x):=-\ln p(x)$$

其含义是这样的:如果我们对 q 的猜测是 p 同时 x 的值实现了,那么我们的损失是 $-\ln p(x)$。因此,当 p 将小概率放置于 x 实现的附近时,则会遭受很大的损失。相对应的风险函数是

$$R(p)=\mathbb{E}_q[L(p,x)]=-\int\ln[p(s)]q(s)\mathrm{d}s$$

现在假定我们观测到来自 q 的独立同分布抽样数据 $x_1,\cdots,x_N$。为了估计 q,经验风险最小化原理表明,我们应该求解

$$\hat{p}:=\underset{p\in\mathscr{P}}{\operatorname{argmin}}\left\{\frac{1}{N}\sum_{n=1}^{N}-\ln p(x_n)\right\}=\underset{p\in\mathscr{P}}{\operatorname{argmax}}\left\{\sum_{n=1}^{N}\ln p(x_n)\right\}$$

其中 $\mathscr{P}$ 表示密度的假设空间。为了阐明和最大似然的联系,取 $\mathscr{P}$ 是一个参数类型 $\{p(\cdot;\boldsymbol{\theta})\}_{\boldsymbol{\theta}\in\Theta}$。选择 q 的估计值 $\hat{p}$ 现在就简化成选择 $\boldsymbol{\theta}$ 的估计值 $\hat{\boldsymbol{\theta}}$。在这种情况下重写最优化问题得到

$$\hat{\boldsymbol{\theta}}=\underset{\boldsymbol{\theta}}{\operatorname{argmax}}\left\{\sum_{n=1}^{N}\ln p(x_n;\boldsymbol{\theta})\right\}=\underset{\boldsymbol{\theta}}{\operatorname{argmax}}\,\ell(\boldsymbol{\theta})$$

这里 ℓ 表示对数似然函数。由此表示式可得,经验风险最小化估计量恰好是最大似然估计量。

顺便提一下,真实风险 $R(p)$ 的最小化值是未知密度 q。为了理解这一点,我们首先将风险函数表达式转换为

$$R(p)=\int\ln\left[\frac{q(s)}{p(s)}\right]q(s)\,\mathrm{d}s-\int\ln[q(s)]q(s)\,\mathrm{d}s$$

最右边的项被称为 q 的熵(entropy),它不含 p。因此,这个风险的最小化归结为

$$D(q,p):=\int\ln\left[\frac{q(s)}{p(s)}\right]q(s)\,\mathrm{d}s \tag{8.34}$$

的最小化。这个数量被称为 q 与 p 之间的 Kullback-Leibler 散度(Kullback-Leibler deviation)。KL 散度可能是无限的,总是非负的,并且当且仅当 $p=q$ 时它为零。① 由此可得,风险的唯一最小化值就是真实密度 q。

8.3.3 矩方法和广义矩方法

假定我们想要估计向量 $\boldsymbol{\theta}$,它是如下形式的方程的解

$$g(\boldsymbol{\theta})=\mathbb{E}h(\mathbf{x}) \tag{8.35}$$

在这个表达式中,g 和 h 是可观测的向量值函数(例如在$\mathbb{R}^k$ 中取值)。我们不能求解表达式,因为 $\mathbf{x}$ 的分布 P 是未知的,因此期望也不能被估计出来。但是,如果我们有来自 P 的观测值 $\mathbf{x}_1,\cdots,\mathbf{x}_N$,那么我们可以应用样本类比原理,用经验分布下的期望代替总体的期望。这样就得到了矩方法估计量(method of moments estimator),即对于方程

$$g(\hat{\boldsymbol{\theta}})=\frac{1}{N}\sum_{n=1}^{N}h(\mathbf{x}_n) \tag{8.36}$$

来说,如果方程存在解,则是方程的解 $\hat{\boldsymbol{\theta}}$。

例 8.3.4 具有尺度参数 $s_0=1$ 和形状参数 α 的帕累托分布的均值是 $\alpha/(\alpha-1)$(均值存在的条件是 $\alpha>1$)。设 $g(\alpha):=\alpha/(\alpha-1)$,我们可以将这个陈述写成等价形式

$$g(\alpha)=\mathbb{E}x,\text{其中 }\mathcal{L}(x)=\text{帕累托}(\alpha,1)$$

第一个等式是式(8.35)的另一个版本。为了利用来自帕累托$(\alpha,1)$分布的观测值 $x_1,\cdots,x_N$ 估计 α,我们可以应用矩方法,于是我们为了得到 $\hat{\alpha}$ 而要求解 $g(\hat{\alpha})=\frac{1}{N}\sum_{n=1}^{N}x_n$。从而得到结果 $\hat{\alpha}:=\bar{x}_N/(\bar{x}_N-1)$。

广义矩方法(generalized method of moments,GMM)是从矩方法向前迈了一小步。如果我们将式(8.35)表示成为$\mathbb{E}[g(\boldsymbol{\theta})-h(\mathbf{x})]=\mathbf{0}$,那么考察更一般的表达式

$$\mathbb{E}\,G(\boldsymbol{\theta},\mathbf{x})=\mathbf{0} \tag{8.37}$$

就变得非常自然,这个表达式被称为正交性条件(orthogonality condition)。$\boldsymbol{\theta}$ 的广义矩估计量对应经验分布下的解 $\hat{\boldsymbol{\theta}}$,即

$$\frac{1}{N}\sum_{n=1}^{N}G(\hat{\boldsymbol{\theta}},\mathbf{x}_n)=\mathbf{0} \tag{8.38}$$

当然,这里并不保证此解存在,一部分原因在于函数 G 可能是非线性的,另一部分原因在于方程的个数可能大于未知数的个数。如果方程的个数相对较大,则称这样的估计问题是过度识别的

① 更准确地说,$D(q,p)=0$ 当且仅当 $p=q$ 时几乎处处成立。当密度不相等的点集的勒贝格测度为零时,几乎所有地方的密度都相等。

(overidentified)。

我们在第 3.3.2 节中对超定方程组的研究提出了一种研究过度识别情况的逻辑方法：对式(8.38)左边的范数求最小化。由此得出表达式

$$\hat{\boldsymbol{\theta}} = \underset{\boldsymbol{\theta} \in \Theta}{\operatorname{argmin}} \left\| \frac{1}{N} \sum_{n=1}^{N} G(\boldsymbol{\theta}, \mathbf{x}_n) \right\| \tag{8.39}$$

在实际应用中，我们通常对这个表达式做出两方面的调整。第一个调整是较小的：我们对平方范数进行最小化，而不是范数，最小化值保持不变。第二个调整是用加权范数 $\|\cdot\|_W$ 取代欧几里得范数 $\|\cdot\|$，这里加权范数是由 $\|\mathbf{x}\|_W^2 = \mathbf{x}^{\mathrm{T}}\mathbf{W}\mathbf{x}$ 定义的，其中 $\mathbf{W}$ 是正定加权矩阵(weighting matrix)。人们希望此处具有正定性，这是因为它与欧几里得范数共有的性质可以得出式(8.39)。也就是，$\|\mathbf{x}\|_W = 0$ 当且仅当 $\mathbf{x} = \mathbf{0}$。于是，估计问题就变成

$$\hat{\boldsymbol{\theta}} = \underset{\boldsymbol{\theta} \in \Theta}{\operatorname{argmin}} \left[\frac{1}{N} \sum_{n=1}^{N} G(\boldsymbol{\theta}, \mathbf{x}_n) \right]^{\mathrm{T}} \hat{\mathbf{W}} \left[\frac{1}{N} \sum_{n=1}^{N} G(\boldsymbol{\theta}, \mathbf{x}_n) \right] \tag{8.40}$$

将加权矩阵写成 $\hat{\mathbf{W}}$ 的原因在于允许它取决于样本。很明显，$\hat{\mathbf{W}}$ 的选择会影响到最小化值，选择这个矩阵的目的是得到一个具有很小渐近方差的估计量。

例 8.3.5 广义矩方法经常用于估计和检验资产定价模型。许多资产定价模型都得出具有下面形式的方程：

$$\mathbf{p}_t = \mathbb{E}[M_{t+1}\mathbf{x}_{t+1} \mid \mathcal{G}_t]$$

其中 $\mathbf{x}_{t+1}$ 表示在 $t+1$ 时 K 个资产的收益率向量，$\mathbf{p}_t$ 表示在时间 t 时相应的资产价格向量，M_{t+1} 表示随机折现因子，$\mathcal{G}_t$ 表示在时间 t 时的信息集合。例如，参看 Hansen(2014b)。如果 $\mathbf{Z}_t$ 是可观测变量的一致矩阵，其中可观测变量是关于滤过 $\mathcal{G}_t$ 的适应，那么我们可以用 $\mathbf{Z}_t$ 右乘，利用条件期望并重新排列可以得出

$$\mathbb{E}[M_{t+1}\mathbf{x}_{t+1}\mathbf{Z}_t - \mathbf{p}_t\mathbf{Z}_t \mid \mathcal{G}_t] = \mathbf{0}$$

取无条件期望，并运用迭代期望定律，就得到式(8.37)形式的表达式。在 Hansen and Singleton (1982)中，$\mathbf{Z}_t$ 中的变量包括资产收益率和总消费增长的滞后值。

8.3.4 贝叶斯估计

贝叶斯推断采用了与迄今为止所讨论的方法完全不同的策略。主要思想是将参数作为未知量来处理，但我们持有关于它们的值的主观信念。这些主观信念被称为先验知识(priors)。贝叶斯估计方法表明，在形成估计或预测时，我们既要考虑数据，还要考虑先验知识。

例 8.3.6 考虑“当你听到蹄声时，就会想到马，而不是斑马”这一陈述。在评估证据时，应该对先验知识给予某种权重。

为了估计的目的，先验知识可以被看成是 $\mathscr{P}$ 上的分布，即起作用的分布的集合。标准的贝叶斯方法是参数形式的，因此我们将进一步专注于参数空间上的密度。于是，我们分析中的原始数据包括：

- $\boldsymbol{\theta}$ 是在 $\Theta \subset \mathbb{R}^J$ 上取值的参数向量；
- 先验分布(prior distribution) π 是 Θ 上的密度；
- $\mathbf{x}$ 是数据；
- $p(\cdot \mid \boldsymbol{\theta})$ 是给定 $\boldsymbol{\theta}$ 时数据的联合密度。

注意 $L(\boldsymbol{\theta}) := p(\mathbf{x} \mid \boldsymbol{\theta})$ 是似然函数。

需要根据数据中的证据对先验知识进行重新评估。这被个过程导致了对参数空间上的密度进行更新,这被称为后验分布(posterior distribution),我们用 $\pi(\boldsymbol{\theta} \mid \mathbf{x})$ 表示。后验分布是通过应用贝叶斯法则获得的,于是得出

$$\pi(\boldsymbol{\theta} \mid \mathbf{x}) = \frac{p(\mathbf{x} \mid \boldsymbol{\theta})\pi(\boldsymbol{\theta})}{p(\mathbf{x})} = \frac{p(\mathbf{x} \mid \boldsymbol{\theta})\pi(\boldsymbol{\theta})}{\int p(\mathbf{x} \mid \boldsymbol{\theta}')\pi(\boldsymbol{\theta}')\,\mathrm{d}\boldsymbol{\theta}'} \tag{8.41}$$

这里 $p(\mathbf{x})$ 表示在结果处计算的 $\mathbf{x}$ 的无条件密度。最右边的项说明了为什么这个无条件密度没有被列为原始数据:利用全概率定律,我们可以从其他原始数据中找到它。

当密度被概率质量函数代替并且积分被求和代替时,可以应用同样的方法。下面给出一个标准例子,它将基于先验知识的密度与二项概率质量函数相结合以得到最大似然。

例 8.3.7 考察具有二值响应 v 的单臂强盗(老虎机),这里的二值表示固定支付($v=1$)或什么都没有($v=0$)。我们想知道 $v=1$ 的概率 θ。设 $z_1, \cdots, z_N$ 是一系列独立结果,并设 $x := \sum_{n=1}^{N} v_n$ 是总的支付数。回顾例 4.2.6,以 θ 为条件的 x 的概率是

$$p(x \mid \theta) = \binom{N}{x} \theta^x (1-\theta)^{N-x}$$

对于先验知识,我们取为 Beta(α,β) 分布,因此

$$\pi(\theta) = \frac{\theta^{\alpha-1}(1-\theta)^{\beta-1}}{B(\alpha,\beta)} \tag{8.42}$$

其中 $0<\theta<1$。诸如 α 和 β 这样用于定义先验密度的参数被称为超参数(hyperparameters)。应用式(8.41),可以得出

$$\pi(\theta \mid x) = \frac{\theta^{x+\alpha-1}(1-\theta)^{N-x+\beta-1}}{c(x)} \tag{8.43}$$

其中 $c(x) := p(x)B(\alpha,\beta) / \binom{N}{x}$。我们可以尝试直接计算 $c(x)$,但有一种更简单的方法。我们知道,式(8.43)是给定 x 时 θ 的密度。因此,$c(x)$ 必须在 x 处正归化为常数。而且,在比较式(8.42)和式(8.43)时,很明显 $\pi(\theta \mid x)$ 是 β 密度。这就使我们得出了后验的完整形式:

$$\pi(\theta \mid x) = \frac{\theta^{\alpha+x-1}(1-\theta)^{N-x+\beta-1}}{B(x+\alpha, N-x+\beta)} \tag{8.44}$$

图 8.10 显示了利用模拟来揭示的后验密度式(8.44)的演变情况。先验知识被设为 Beta(3,5)。

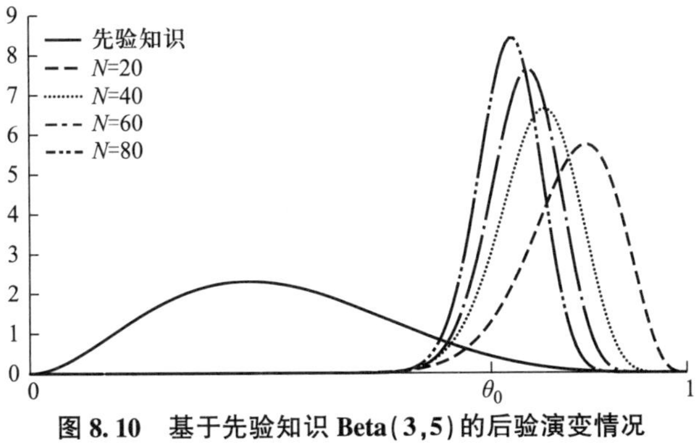

图 8.10 基于先验知识 Beta(3,5) 的后验演变情况

真实支付的概率是 $\theta_0=0.7$。尽管先验知识不佳,但数据将概率密度向 θ_0 移动。有关代码可以参看 johnstachurski. net/emet. html。

点估计是根据中心趋势的某些度量——例如均值、中位数或后验的众数(即单峰情况下的最大化值)——从后验分布中提取的。

例 8.3.8 式(8.44)中的后验均值得出如下的估计量

$$\hat{\theta}:=\frac{\alpha+x}{\alpha+\beta+N}$$

更多支付将我们的估计量向上移动。在极限情况下,$\hat{\theta}$ 接近$\frac{x}{N}$,是 θ 的最大似然估计。这说明了一个共同主题:最大似然估计和贝叶斯估计之间的差异通常涉及有限样本的性质。

我们在式(8.44)中提出的后验密度和之前的先验知识归属于相同的参数类型。对于特定似然函数来说,在贝叶斯更新下参数类型保持不变的先验知识被称为共轭(conjugate)。运用共轭能使贝叶斯法则的应用特别简单。

在实际应用中,后验存在闭形式解的情况是十分罕见的,而且式(8.41)中参数空间上的积分必须从数值上加以计算。标准方法是马尔可夫链蒙特卡洛。第 7.4.2 节给出了梅特罗波利斯-黑斯廷斯算法的说明。如果回到式(7.38),那么会发现该算法的实现只需要我们估计后验的比率,这意味着式(8.41)右边的积分项可以抵消。因为积分形式的维数可能非常高,所以这样做常常消除了大量的复杂性。

近年来,贝叶斯推断已经变得非常流行。第一个原因是,在高维方面,通过 MCMC 来研究后验,已经在实践中被证明比获得最大似然估计所需的数值优化更成功。第二个原因是,贝叶斯估计提供了一种正则化形式,这个形式稳定而且往往能够改进对复杂模型的估计。参看第 14.2.3 节。第三个原因是,贝叶斯估计拥有优雅的、统一的决策理论推断方法。对此,第 9.2.5 节会给出某种讨论。

8.4 进一步阅读

经验风险最小化原则是解决统计学问题和得到估计量的非常普遍的原则。对于这种一般性方法,很难给出一组强有力的结果来证明经验风险最小化会产生良好的估计量。事实上,如同第 8.2.3 节所述,经验风险最小化有可能得出较差的估计量。尽管如此,研究者已经获得了一些相当一致的结果。更多讨论可以在 Vapnik(2000)中找到。

文献中存在许多关于贝叶斯估计的优秀研究,包括 Geweke(2005)、Geweke et al. (2011)以及 Kroese and Chan(2014)。

Chernozhukov and Fernández-Val(2011)研究了在 τ 接近于 0 或 1 的情况下,第 τ 个分位数的分位数回归。

8.5 练习题

练习题 8.5.1 设 x 是随机变量,具有 $\mu := \mathbb{E}[x]$ 和有限二阶矩。考察由 $R(\theta) = \mathbb{E}[(\theta - x)^2]$ 给出的风险函数。证明 μ 是 $R(\theta)$ 的最小化值,对于所有 $\theta \in \mathbb{R}$ 。

练习题 8.5.2 通过对式(8.13)进行微分来验证式(8.14)的解。

练习题 8.5.3 证明例 8.3.4 中的矩方法估计量 $\hat{\alpha}$ 依概率收敛到 α,只要 $\alpha > 1$(后面我们将此称为一致性性质。)

练习题 8.5.4 验证式(8.28)的最大化值是 $x_1, \cdots, x_N$ 的样本均值。

练习题 8.5.5 通过对式(8.32)进行微分来验证式(8.33)中的结果。

练习题 8.5.6 设 F 是$\mathbb{R}$ 上的严格递增的累积分布函数,并设 $\tau \in (0,1)$ 已给定。设 y 是随机变量,满足 $\mathcal{L}(y) = F$。采用第 8.2.2.1 节中的符号,证明最优化问题 $\min_{\xi \in \mathbb{R}} \mathbb{E} L_\tau(y, \xi)$ 的解就是 $F(\xi) = \tau$ 中的 ξ。

练习题 8.5.7 考察例 8.3.7 中的单臂强盗问题。直接获得给定 $v_1, \cdots, v_n$ 时 θ 的对数似然函数。运用最大似然原理证明样本均值 $\bar{v}_N$ 是 θ 的最大似然估计。

练习题 8.5.8 设 f 与 g 是两个固定的密度,并设 $x_1, \cdots, x_N$ 是独立同分布的,考察似然比统计量(likelihood ratio statistic)

$$y_n := \prod_{i=1}^{n} \frac{g(x_i)}{f(x_i)}$$

证明:如果对于所有 n 满足 $\mathcal{L}(x_n) = f$,则 $\{y_n\}$ 是关于滤过 $\mathscr{F}_n$ 的鞅,其中 $\mathscr{F}_n$ 是由 $\mathscr{F}_n := \{x_1, \cdots, x_n\}$ 定义的。

练习题 8.5.9 假定 $D(p_1, p_2)$ 是正态密度 p_1 和 p_2 之间的 KL 散度,其中 $p_i = \mathrm{N}(\mu_i, \sigma_i^2)$,对于 $i = 1, 2$。证明

$$D(p_1, p_2) = \ln \frac{\sigma_2}{\sigma_1} + \frac{\sigma_1^2 + (\mu_1 - \mu_2)^2}{2\sigma_2^2} - \frac{1}{2}$$

8.6 练习题解答节选

练习题 8.5.1 解答 通过加上再减去同一个量 μ,我们可以将 $R(\theta)$ 表示成

$$R(\theta) = \mathbb{E}\{[(\theta - \mu) + (\mu - x)]^2\}$$

对其进行展开,并使用$\mathbb{E}[x] = \mu$,我们可以得到 $R(\theta) = (\theta - \mu)^2 + \mathrm{var}\, x$。很明显,当 $\theta = \mu$ 时,获得最小值。 □

练习题 8.5.6 解答 我们可以将最小化问题写成

$$\min_{\xi \in \mathbb{R}} \left\{ (\tau - 1) \int_{-\infty}^{\xi} (t - \xi) F(\mathrm{d}t) + \tau \int_{\xi}^{\infty} (t - \xi) F(\mathrm{d}t) \right\}$$

一阶条件是 $(1-\tau)F(\xi) + \tau(F(\xi) - 1) = 0$。进一步简化得出 $F(\xi) = \tau$,这正是所要证明的。 □

练习题 8.5.7 解答 每一个 v_n 都是二值的,概率质量函数由 $p(s;\theta) := \theta^s (1-\theta)^{1-s}$ 给出,对于 s

$\in \{0,1\}$。通过独立性可知,联合分布是边缘分布的乘积,因此对数似然函数是

$$\ell(\theta) = \sum_{n=1}^{N} \log p(v_n;\theta) = \sum_{n=1}^{N} [v_n \log\theta + (1 - v_n)\log(1 - \theta)]$$

对 θ 进行微分,并令结果等于零,从而得出 $\hat{\theta}=\bar{v}_N$,这正是所要证明的。 □

练习题 8.5.8 解答 很明显,y_n 是 $\mathscr{F}_N$ 可测的,因此 $\{y_n\}$ 是关于 $\mathscr{F}_n$ 的适应。另外,我们有

$$\mathbb{E}[y_{n+1} \mid \mathscr{F}_n] = \mathbb{E}\left[\prod_{i=1}^{n+1} \frac{g(x_i)}{f(x_i)} \mid \mathscr{F}_n\right] = \prod_{i=1}^{n} \frac{g(x_i)}{f(x_i)} \mathbb{E}\left[\frac{g(x_{n+1})}{f(x_{n+1})} \mid \mathscr{F}_n\right]$$

由于 $\{x_n\}$ 是独立同分布的, $\mathcal{L}(x_{n+1})=f$,并且 g 是密度,因此得出

$$\mathbb{E}\left[\frac{g(x_{n+1})}{f(x_{n+1})} \mid \mathscr{F}_n\right] = \mathbb{E}\left[\frac{g(x_{n+1})}{f(x_{n+1})}\right] = \int \frac{g(s)}{f(s)} f(s)\,\mathrm{d}s = \int g(s)\,\mathrm{d}s = 1$$

$$\therefore \quad \mathbb{E}[y_{n+1} \mid \mathscr{F}_n] = \prod_{i=1}^{n} \frac{g(x_i)}{f(x_i)} = y_n$$

□

第9章　估计量的性质

在前面第8.1.2节我们首次引入估计量概念时，曾经提及估计量的定义并不能保证（甚至不能暗示）估计量具有很好的性能。现在我们开始考察如何评价估计量的问题。

9.1　抽样分布

我们的第一步是将估计量看成依赖于数据的随机变量，然后研究它们在数据生成过程中不同设定条件下的分布情况。下面所用的符号遵照第8.1.1节中的规定。

9.1.1　估计量作为随机元素

根据定义，统计量 T 是将样本空间 $Z_{\mathcal{D}}$ 映射到某个特征空间 $\mathcal{S}$ 的 $\mathscr{B}$ 可测变换。因为它是样本 $\mathbf{z}_{\mathcal{D}}=(\mathbf{z}_1,\cdots,\mathbf{z}_N)$ 的函数，所以它被看成是将基本空间 Ω 经由

$$\omega \longmapsto T[\mathbf{z}_{\mathcal{D}}(\omega)] \in \mathcal{S}$$

映射到 S 得出的随机元素结果。

这里的“随机元素”可以代表随机向量（或标量），也可以代表其他更一般的，比如随机分布 $\hat{P}_N$ 或密度估计，它们是样本的随机函数。

例9.1.1　考察样本均值 $\bar{x}_N := \frac{1}{N}\sum_{n=1}^{N} x_n$，将观测值 $x_1,\cdots,x_N$ 理解为在某个概率空间$(\Omega,\mathscr{F},\mathbb{P})$上的随机变量。样本均值由此也具有此性质。从形式上看，它是随机变量

$$\bar{x}_N(\omega) := \frac{1}{N}\sum_{n=1}^{N} x_n(\omega),\omega \in \Omega \tag{9.1}$$

例9.1.2　直方图是未知分布 P 的密度的随机估计，它将样本实现值映射到结果空间上的阶梯函数。

估计量是随机变量的想法可能有悖于人们的直觉。在我们初学计量经济学时，我们倾向于将数据视为由先验的历史结果所确定的固定数字，而将统计量看成这些数字的确定性函数。因此，我们仅仅观测到任何特定统计量的一个值，比如一个样本均值、一个样本方差等。但是，如果我们想要建立估计量的理论，那么就需要在观测数据之前考虑估计量的性能。每个数据集都被看成是从某个未知分布中抽取的随机变量。我们需要在这种不确定条件下寻找表现好的估计量。

一旦我们认为估计量是随机变量，就知道它一定有相应的分布。这些分布决定了估计量估计预期特性的有效性。现在，我们就转向对这些分布的研究上。

9.1.2 抽样分布

假定 T 是将数据 $\mathbf{z}_{\mathcal{D}}$映射到$\mathcal{S}$的统计量。正如刚才所讨论的,$T(\mathbf{z}_{\mathcal{D}})$是在$\mathcal{S}$中取值的随机元素。$T$ 在$\mathcal{S}$上的分布 $\mathcal{L}(T)$可以表示成

$$\mathcal{L}(T)(B)=\mathbb{P}\{T(\mathbf{z}_{\mathcal{D}})\in B\} \tag{9.2}$$

$\mathcal{L}(T)$被称为 T 的抽样分布(sampling distribution)。这里继续用 $P_{\mathcal{D}}$来表示样本 $\mathbf{z}_{\mathcal{D}}$的联合分布,我们也可以将抽样分布定义为

$$\mathcal{L}(T)(B)=P_{\mathcal{D}}\{\mathbf{s}\in Z_{\mathcal{D}}:T(\mathbf{s})\in B\}$$

如果你喜欢下面这类符号,我们甚至可以写成 $P_{\mathcal{D}}\circ T^{-1}$。注意,$T$ 的抽样分布完全取决于:

(i) 将数据映射到特征空间的统计量 T;

(ii) 数据的联合分布 $P_{\mathcal{D}}$。

由于 $P_{\mathcal{D}}$是未知的,因此抽样分布同样是未知的。但是,它可以被估计出来,正如我们下面将看到的那样。

从数学形式上看,“T 的抽样分布”和“T 的分布”并没有什么差别。不过,术语都是通用标准的。

例 9.1.3 设 $x_1,\cdots,x_N$ 在$\mathbb{R}$ 上独立同分布,并且对于所有 n,$P=\mathcal{L}(x_n)=\mathrm{N}(\mu,\sigma^2)$。设 T 是样本均值 $\bar{x}_N$。根据独立性,$\mathbf{z}_{\mathcal{D}}=\mathbf{x}:=(x_1,\cdots,x_N)$的联合分布 $P_{\mathcal{D}}$是 $\mathrm{N}(\mu\mathbf{1},\sigma^2\mathbf{I})$。应用事实 5.1.5 得出

$$\mathcal{L}(\bar{x}_N)=\mathrm{N}\left(\mu,\frac{\sigma^2}{N}\right) \tag{9.3}$$

这是 $\bar{x}_N$ 的抽样分布。

通常,抽样分布是十分复杂的。有时我们能做的最好事情就是获得估计量的某种变换形式的抽样分布。

例 9.1.4 设 $\mathbf{x}:=(x_1,\cdots,x_N)$具有与例 9.1.3 相同的分布。设 s_N^2 是样本方差。如果 $\sigma>0$,则有

$$\mathcal{L}(q_N)=\chi^2(N-1),\text{其中 } q_N:=\frac{Ns_N^2}{\sigma^2} \tag{9.4}$$

为了理解式(9.4)为什么成立,回顾一下例 2.2.3:如果$\mathcal{S}:=\operatorname{span}\{\mathbf{1}\}$,而且 $\mathbf{P}=\operatorname{proj}\mathcal{S}$,那么残差投影就满足 $\mathbf{Mx}=\mathbf{x}-\bar{x}\mathbf{1}$。因此

$$Ns_N^2=\sum_{n=1}^{N}(x_n-\bar{x}_N)^2=\|\mathbf{Mx}\|^2$$

由于 $\mathbf{M1}=\mathbf{0}$(参看事实 2.2.8),并且 $\mathbf{M}$ 是幂等且对称的(事实 3.3.2),设 $\xi:=\sigma^{-1}(\mathbf{x}-\mu\mathbf{1})$,可以得出

$$q_N=\sigma^{-2}\|\mathbf{Mx}\|^2=\|\mathbf{M}\sigma^{-1}(\mathbf{x}-\mu\mathbf{1})\|^2=\|\mathbf{M}\boldsymbol{\xi}\|^2=\boldsymbol{\xi}^{\mathrm{T}}\mathbf{M}\boldsymbol{\xi} \tag{9.5}$$

为了理解等式右边服从分布$\chi^2(N-1)$,只需应用事实 3.3.4,从而获得迹 $\mathbf{M}=N-1$,这可由事实 5.1.19 得出。

事实 9.1.1 对于来自共同分布 $\mathrm{N}(\mu,\sigma^2)$的独立同分布样本 $x_1,\cdots,x_N$ 来说,样本均值和样本方差是相互独立的随机变量。

关于事实 9.1.1 有许多冗长而复杂的证明,都可以在文献中找到,但是我们从事实 5.1.13 中可以获得一个简单而又信息丰富的证明,参看练习题 9.4.2 及其解答。

在前面的例子中,我们能够从数据的基础分布中获得估计量(或估计量的简单变换)的抽样分布的解析表达式。实际上,这种情况是例外。

例 9.1.5　随机变量 x 被称为服从参数 μ 和 σ 的对数正态分布(lognormally distributed),如果 $\mathcal{L}(\ln x) = \mathrm{N}(\mu,\sigma^2)$ 成立。我们可以写成 $\mathcal{L}(x) = \mathrm{LN}(\mu,\sigma^2)$。当数据是来自独立同分布的对数正态分布时,$\mathcal{L}(\bar{x}_N)$ 并不存在简洁的表达式(neat expression)。

当不存在闭形式时,我们仍然能够以数据的联合分布设定为条件,利用模拟方法来近似抽样分布。例如,图 9.1 显示了当 $N=20$ 且 $x_1,\cdots,x_N$ 是从 $\mathrm{LN}(0,1)$ 中得到的独立同分布数据时,对 $\mathcal{L}(\bar{x}_N)$ 进行近似的直方图。直方图是通过生成 10 000 个样本均值 $\bar{x}_N$ 的观测值而产生的。生成观测值结果的循环命令代码由列表 5 给出。

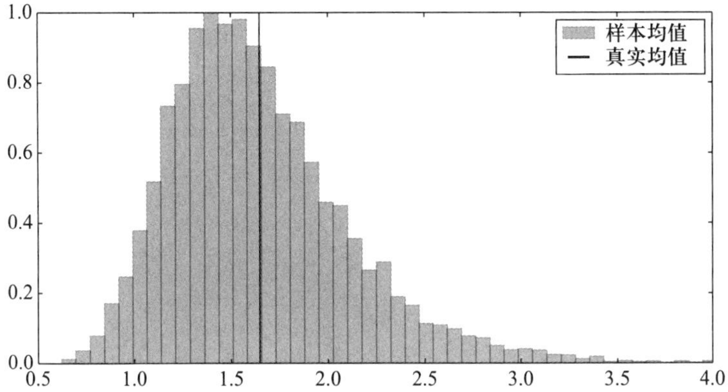

图 9.1　当 $N=20$ 且样本是服从 LN(0,1) 的独立同分布时,样本均值 $\bar{x}_N$ 的抽样分布

列表 5　生成样本均值的 10 000 个观测值(Python)

```
import numpy as np

N = 20
num_reps = 10000
xbar_outcomes = np.empty(num_reps)  # Allocate memory

for i in range(num_reps):
    x = np.exp(np.random.randn(N))  # Generate N iid lognormal RVs
    xbar_outcomes[i] = x.mean()
```

9.1.2.1　理想的性质

给定估计量的质量或性能是由它的抽样分布来刻画的。设 $\hat{\gamma}$ 是基于样本 $\mathbf{z}_D$ 所得到的某个特征 γ 的估计量。对于 $\hat{\gamma}$ 来说,理想的抽样分布是什么样的呢?答案是显而易见的:点的质量(point mass)以概率 1 位于单点 γ 上。

这种情况十分罕见,原因在于我们的样本是随机的。因而这里有一个更现实的目标:

理想的情况是,不管样本的联合分布 P_D 如何,γ 的估计量的抽样分布最好在 γ 附近很小邻域内具有其大部分的概率质量。

这个陈述仅仅考虑什么是理想的情况,并不考虑什么是可能出现的情况。例如,如果我们回顾图9.1,我们可以看到,样本均值 $\bar{x}_N$ 的抽样分布并没有紧紧围绕着均值。(我们所要估计的特征 γ 是 LN(0,1)分布的均值,这由垂直的黑线表示出来。)但是这并不意外,因为样本量仅有20个。我们根本没有足够的信息来精确地评估特征。

尽管如此,这些想法为我们提供了对来自给定数据的给定特征进行估计的不同估计量展开比较的方法。例如,假定我们想要用20个随机样本估计一个分布的均值。假定每个样本均来自LN(0,1)分布,它们的均值大约为1.65。在有关的联合分布下,均值的三个估计量的抽样分布已经通过模拟方法得到近似,并在图9.2中以箱形图表示。最上面的抽样分布是中程数估计量的分布,第二个是稍后将要讨论的最大似然估计量,第三个是样本均值。最后两个在1.65附近区域具有更多的概率质量。因此,在这种情况下,它们优于中程数估值量。

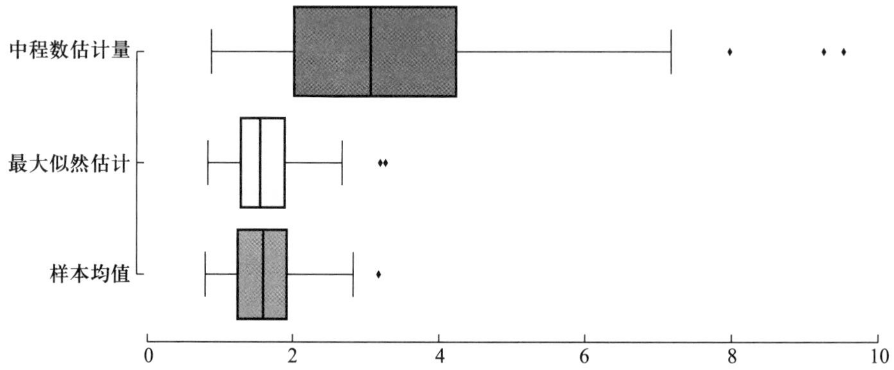

图9.2 对数正态均值的三个估计量的抽样分布

接下来我们将上面提出的想法系统化,包括有限样本和渐近理论。但是,我们首先讨论一下利用数据估计抽样分布的一般方法。

9.1.3 自助法

对于评价估计量的精确程度来说,虽然了解抽样分布至关重要,但因为抽样分布依赖于 $P_{\mathcal{D}}$,所以在某些情况下是无法观测到的。例如,假定 $x_1,\cdots,x_N$ 是独立同分布的 $\mathrm{N}(\mu,\sigma^2)$,其中 μ 与 σ 是未知的。由式(9.3)可知,样本均值 $\bar{x}_N$ 的分布服从 $\mathrm{N}(\mu,\sigma^2 N)$。尽管这提供了有价值的信息,但 μ 与 σ 是未知的,因此不能完全确定分布。

在例9.1.5中,对于独立同分布对数正态的样本均值来说,事情就会更加复杂。那里我们不能简单地将抽样分布写成参数的函数。如果我们不准备将抽样分布假定为参数形式,那么问题会变得十分复杂。

然而,存在一种非常通用的方法,允许我们对给定数据的抽样分布加以逼近。我们将讨论标量数据的情况,不过向量情况可以类似地给出。首先,设 T 是任意统计量,并考察其抽样分布

$$\mathcal{L}_P(T) := T(x_1,\cdots,x_N) \text{ 的分布,当 } x_1,\cdots,x_N \text{ 独立同分布于 } P$$

对我们来说,抽样分布是未知的,这是因为 P 是未知的。然而,假定我们能从 P 中抽取独立同

分布的样本 $x_1^0,\cdots,x_N^0$。然后，根据给定我们的样本，就有 P 的良好估计量：通过 $x_1^0,\cdots,x_N^0$ 来生成经验分布 $\hat{P}_N$。鉴于这个经验分布，T 的自助分布（bootstrap distribution）被定义为

$$\mathcal{L}_{\hat{P}_N}(T) := T(x_1,\cdots,x_N) \text{ 的分布，当 } x_1,\cdots,x_N \text{ 独立同分布于 } \hat{P}_N$$

因而，自助分布只是抽样分布的插入式估计量（plug-in estimator）。

$\mathcal{L}_{\hat{P}_N}(T)$ 是不是 $\mathcal{L}_{P_N}(T)$ 的良好近似估计呢？根据 Glivenko-Cantelli 定理，当 N 很大时，$\hat{P}_N$ 会接近于 P。如果 $Q \longmapsto \mathcal{L}_Q(T)$ 是适当连续的，那么 $\mathcal{L}_{\hat{P}_N}(T)$ 也会接近于 $\mathcal{L}_{P_N}(T)$。对于详细内容，参看 DasGupta（2008）的第 29.2 节。

9.1.3.1　模拟

$\mathcal{L}_{\hat{P}_N}(T)$ 还有一个问题是它并不特别易于处理。然而，我们可以利用电脑很容易地从这个分布来生成抽样数据。这里给出从 $\mathcal{L}_{\hat{P}_N}(T)$ 获得 M 个抽取数据的算法：

1: set $\hat{P}_N$ = the empirical distribution of observed data $x_1^0,\cdots,x_N^0$
2: **for** m in $1,\cdots,M$ **do**
3: 　draw $x_1^b,\cdots,x_N^b$ independently from $\hat{P}_N$
4: 　set $T_m^b = T(x_1^b,\cdots,x_n^b)$
5: **end for**
6: return the sample $T_1^b,\cdots,T_M^b$

利用经验分布的定义，从 $\hat{P}_N$ 中抽取样本是非常简单的：我们只需从集合 $x_1^0,\cdots,x_N^0$ 中重复抽取，在每个元素上具有相等的概率。列表 6 包含实现整个算法的 Julia 代码，其是得到 M 个自助样本的函数。对于该函数来说，其他参数是 xo、观测数据的数组，以及 stat（它是代表 T 的函数）。

列表 6　生成自助样本的函数（Julia）

```
function bootstrap(xo, stat, M)
    N = length(xo)
    T_b = Array(Float64, M)
    x_b = Array(Float64, M)
    for m in 1:M
        for i in 1:N
            x_b[i] = xo[rand(1:N)]
        end
        T_b[m]=stat(x_b)
    end
    return T_b
end
```

下面是函数调用的一个例子：

```
julia>bootstrap([1, 2, 3],mean, 3)
3-element Array{Float64,1}:
1.66667
1.0
```

```
1.66667
```

这里给出 Python 中的相同程序：

```
def bootstrap(xo, stat, M):
    N = len(xo)
    T_b = np.empty(M):
    for m in range(M)
        x_b = np.random.choice(xo, size=N)
        T_b[m] = stat(x_b)
    return T_b
```

图 9.3 显示了利用上面的 Julia 代码所生成的自助分布的观测值直方图。基础样本 $x_1^0, \cdots, x_N^0$ 是从 LN(0,1) 分布中独立同分布抽取 200 个样本而生成的。所用统计量是样本中位数。该图中显示的密度是来自 LN(0,1) 分布的 200 个独立同分布抽样数据的中位数的真实抽样分布的数值近似。LN(0,1) 分布的(总体)中位数是 1。关于具体的代码，参看网页 johnstachurski. net/emet. html。

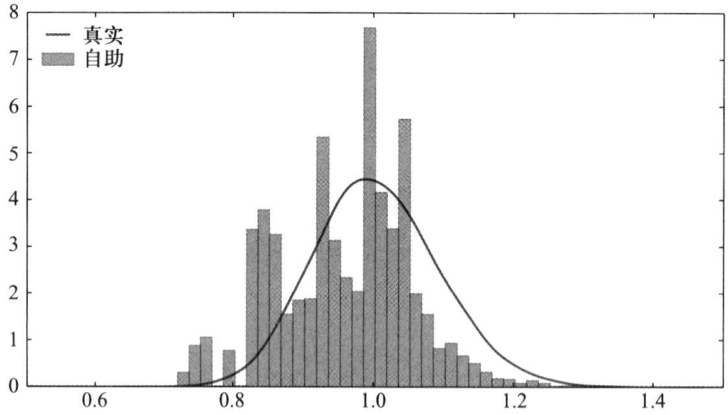

图 9.3　自助抽样和中位数的抽样分布

9.1.3.2　标准误差

如同在第 9.1.2.1 节所讨论的那样，一个良好的估计量是将其概率质量集中在目标特征附近的估计量。概率质量的集中程度通常用抽样分布的方差或标准差来衡量。因为标准差的结果更容易解释，所以标准差是更可取的。

因为抽样分布通常是未知的，所以其标准差也是未知的。因此，我们用估计值来代替真实的标准差。通常将抽样分布的标准差的估计称为标准误差(standard error)。更一般地说，

$$\text{se}(\hat{\gamma}) := \hat{\gamma} \text{ 的标准差的估计}$$

并不是一个合适的定义，因为我们没有规定所研究的标准误差的估计量到底是哪一个，不过这个术语是十分常见的。一种计算估计量的标准误差的方法是采取自助抽样的样本标准误差。

例 9.1.6　图 9.4 显示了抽样是来自美国按销售额计算的 2 118 家公司观测值的中位数的自助分布，这里采用 2013 年 Compustat 的数据，价值以百万美元计。样本本身的中位数是 269.9。这组特定的自助抽样数据的样本标准差是 25.4。有关的代码信息参看网页 johnstachurski. net/emet. html。

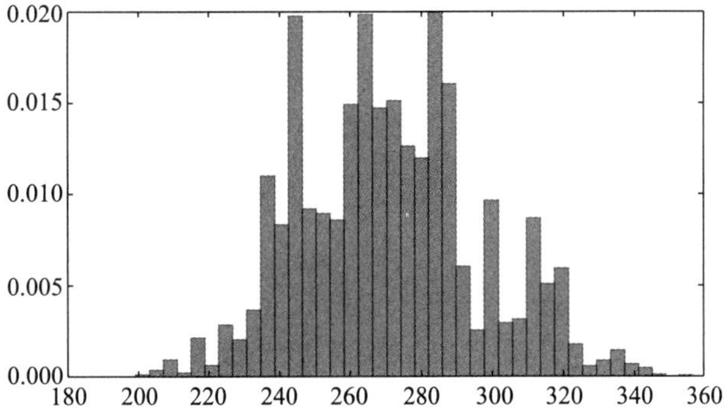

图 9.4 按销售额衡量企业规模的中位数的自助抽样数据分布

9.2 评价估计量

如上所述,估计量的标准定义不包括任何暗示合理行为的限制(比如说,与第 4.1.2 节中概率的定义相反)。沿着我们在第 9.1.2.1 节中非正式讨论的线索,我们再次讨论评价估计量的问题。我们将从有限样本的性质开始阐述。

9.2.1 偏倚

评价估计量的一种通用标准是查看它是不是有偏的。设 $\hat{\gamma}$ 是给定特征 $\gamma=\gamma(P)$ 的一个估计量。$\hat{\gamma}$ 的偏倚(bias)被定义为

$$\text{bias}_P(\hat{\gamma},\gamma)=\mathbb{E}_P\hat{\gamma}-\gamma(P) \tag{9.6}$$

估计量 $\hat{\gamma}$ 被称为分布类 $\mathscr{P}$ 上对于 γ 是无偏的(unbiased),如果

$$\text{bias}_P(\hat{\gamma},\gamma)=0,\text{对于所有 } P\in\mathscr{P}$$

当特征 γ 与估计量 $\hat{\gamma}$ 都取向量值时,对偏倚给出的定义是一样的。

符号 $\mathbb{E}_P\hat{\gamma}$ 表明,期望是在数据样本点为独立同分布并具有共同分布 P 的假设条件下计算得到的。通常,偏倚取决于 P。例如,在独立同分布的设置下,中程数估计量作为 $\mathbb{R}$ 上一个均匀分布(含有未知的端点)的均值的估计量是无偏的,但是对于许多其他分布来说,包括对数正态分布,则是有偏的。

图 9.2 已经表明了对数正态分布情况下的中程数估计量存在偏倚。这里给出 R 语言的一个模拟,它提供了进一步验证的信息。

```
> mr <- function (x) return ((min(x) + max(x)) /2)
> observations <- replicate (5000, mr(rlnorm(20)))
> mean(observations)   # Approximate sample mean of mid-range
[1] 3.800108
> exp(1/2)  # Mean of lognormal
[1] 1.648721
```

事实 9.2.1 设 P 是 $\mathbb{R}^K$ 上的分布,设 $\{\mathbf{x}_n\}$ 是样本,对于所有 n,满足 $\mathcal{L}(\mathbf{x}_n)=P$,再设 $\hat{P}_N$ 是经验分布。如果

(i) 对于一些可积函数 h,有 $\gamma(P)=\int h(\mathbf{s})P(\mathrm{d}\mathbf{s})$,

(ii) $\hat{\gamma}$ 是插入式估计量,$\hat{\gamma}=\int h(\mathbf{s})\hat{P}_N(\mathrm{d}\mathbf{s})=\frac{1}{N}\sum_{n=1}^{N}h(\mathbf{x}_n)$;

那么对于使得 $\int h(\mathbf{s})P(\mathrm{d}\mathbf{s})$ 存在的分布集来说,$\hat{\gamma}$ 是 γ 的无偏估计。

根据期望的线性性质,可以立即得出事实 9.2.1,这是因为

$$\mathbb{E}\,\hat{\gamma}=\mathbb{E}\left[\frac{1}{N}\sum_{n=1}^{N}h(\mathbf{x}_n)\right]=\frac{1}{N}\sum_{n=1}^{N}\mathbb{E}h(\mathbf{x}_n)=\int h(\mathbf{s})p(\mathrm{d}\mathbf{s})=\gamma(P)$$

注意,此处并没有利用独立性。事实 9.2.1 仅仅取决于共同边缘分布 P 的存在。

例 9.2.1 对于任何的同分布样本,k 阶样本矩是总体 k 阶矩的无偏估计量,只要后者存在。

例 9.2.2 设 $x_1,\cdots,x_N$ 是独立同分布的样本,具有有限方差 σ^2。通常,样本方差 s_N^2 是 σ^2 的有偏估计量,但并没有偏差很多。特别是,

$$\mathbb{E}\,s_N^2=\sigma^2\frac{N-1}{N} \tag{9.7}$$

为了得到这个表达式,我们可以将式(9.4)中 q_N 的定义和式(9.5)中的表达式相结合,从而得到

$$\mathbb{E}\,s_N^2=\frac{1}{N}\sigma^2\mathbb{E}\left[\boldsymbol{\xi}^{\mathrm{T}}\mathbf{M}\boldsymbol{\xi}\right]=\frac{1}{N}\sigma^2\mathrm{trace}\mathbf{M}$$

这里 $\mathbf{M}$ 表示子空间 span$\{\mathbf{1}\}$ 的残差投影,第二个等号成立是由于事实 5.1.3。然后应用事实 3.3.4 就可以得出证明结论。

9.2.2 方差

估计量的方差提供了测量其分散度的方法。合理的估计量几乎总是具有当 $N\to\infty$ 时方差变为零的性质。

例 9.2.3 如果 $x_1,\cdots,x_N$ 是不相关的并且具有共同有限方差 σ^2,那么

$$\mathrm{var}\bar{x}_N=\mathrm{var}\left[\frac{1}{N}\sum_{n=1}^{N}x_n\right]=\frac{\sigma^2}{N} \tag{9.8}$$

我们在第 6.1.2 节中已经看到了这一点。

例 9.2.4 假定例 9.1.4 具有独立同分布的高斯设置,其中可以证明样本方差满足 $\mathcal{L}(\sigma^{-2}Ns_N^2)=\chi^2(N-1)$。$\chi^2(k)$ 分布的方差是 $2k$。利用这个事实,并经过一些代数运算得出

$$\mathrm{var}\,s_N^2=\frac{2\sigma^4}{N^2}(N-1)$$

估计量具有小方差总是合意的吗?如果估计量是有偏的,那么也许不是,因为概率质量可能集中在错误的地方。但对于无偏估计量来说,方差小是好的。这意味着概率质量集中在我们希望估计的特征周围。

当然,方差小是相对的。例如,式(9.8)中的方差是大还是小呢?处理这类问题的一种方法是采用给定特征 γ 的无偏估计量,然后在这一类中找出具有最小方差的估计量。对于给定特征 γ 和

给定数据 $\mathbf{x}_1,\cdots,\mathbf{x}_N$ 来说,在无偏估计量集合

$$\mathcal{U}_\gamma := \{\text{所有满足}\mathbb{E}\hat{\gamma}=\gamma\text{ 的统计量 }\hat{\gamma}\}$$

中,具有最小方差的估计量被称为最小方差无偏估计量(minimum variance unbiased estimator)。

当然,不存在最小化值的可能性是非常大的。即使存在,在实践中也可能很难确定,或者需要对数据的未知分布做出强有力的假设。由于这些原因,通常关注比 $\mathcal{U}_\gamma$ 更小的类。例如,如果在线性无偏估计量集合

$$\mathcal{U}_\gamma^\ell := \{\text{所有满足}\mathbb{E}\hat{\gamma}=\gamma\text{ 的线性统计量 }\hat{\gamma}\}$$

中存在方差最小的估计量,那么就将其称为最佳线性无偏估计量(best linear unbiased estimator)。

例 9.2.5　设 $x_1,\cdots,x_N$ 是独立同分布的并且具有共同分布 P,其中 P 具有有限均值 $\mu\neq 0$ 以及方差 σ^2。μ 的线性估计量集合由下式给出

$$\{\text{具有 }\hat{\mu}=\sum_{n=1}^N a_n x_n\text{ 形式的所有估计量,其中 }a_n\in\mathbb{R}\text{ ,对于 }n=1,\cdots,N\}$$

因此,μ 的线性无偏估计量的集合是

$$\mathcal{U}_\mu^\ell := \{\text{所有 }\hat{\mu}=\sum_{n=1}^N a_n x_n\text{,满足 }a_n\in\mathbb{R}\text{ ,对于 }n=1,\cdots,N\text{,并且}\mathbb{E}\left[\sum_{n=1}^N a_n x_n\right]=\mu\}$$

利用期望的线性性质,这个集合可以写成

$$\mathcal{U}_\mu^\ell := \{\text{所有 }\hat{\mu}=\sum_{n=1}^N a_n x_n\text{,满足}\sum_{n=1}^N a_n=1\}$$

根据独立性以及关于和的方差的规则,这类元素的方差由下式给出:

$$\operatorname{var}\left[\sum_{n=1}^N \alpha_n x_n\right]=\sum_{n=1}^N \alpha_n^2 \operatorname{var} x_n=\sigma^2\sum_{n=1}^N \alpha_n^2$$

为了找到最佳线性无偏估计量,我们需要求解

$$\min \sigma^2\sum_{n=1}^N a_n^2,\quad \text{所有 }a_1,\cdots,a_N\text{,满足}\sum_{n=1}^N a_n=1$$

为了解决这个约束优化的问题,我们可以使用拉格朗日乘数法,设

$$L(\alpha_1,\cdots,\alpha_N;\lambda):=\sigma^2\sum_{n=1}^N \alpha_n^2-\lambda\left[\sum_{n=1}^N \alpha_n-1\right]$$

其中 λ 表示拉格朗日乘数。对 a_n 进行微分,并令其结果为 0,对于每一个 n,最小化值 a_n^* 满足 $a_n^*=\lambda(2\sigma^2)^{-1}$。特别地,每个 a_n^* 取值相同,因此,根据约束条件 $\sum_{n=1}^N a_n^*=1$,我们有 $a_n^*=1/N$。利用这些值,我们的估计量变成

$$\sum_{n=1}^N a_n^* x_n=\bar{x}_N$$

因而,对于具有有限方差的独立同分布数据来说,样本均值是 μ 的最佳线性无偏估计量。

在传统上,最小方差无偏估计量和最佳线性无偏估计量理论被认为是非常重要的。但是,并不存在令人信服的理由让我们限制在无偏估计量上。事实上,正如我们将会看到的,有很好的理由不去这么做。

9.2.3　方差与偏倚

某个特征 $\gamma\in\mathbb{R}^K$的给定估计量 $\hat{\gamma}$ 的均方误差是

$$\mathrm{mse}(\hat{\gamma},\gamma) := \mathbb{E}\{\|\hat{\gamma}-\gamma\|^2\} \tag{9.9}$$

相对于偏倚，$\mathrm{mse}(\hat{\gamma},\gamma)$取决于数据的联合分布以及对 $\hat{\gamma}$ 的设定，尽管我们并没有在符号中明确表示这种相依关系。

均方误差是一种既考虑偏倚又考虑方差的估计量性能的综合度量。事实上，在标量情况下，我们可以整齐地将均方误差分解为方差与偏倚平方之和：

$$\mathrm{mse}(\hat{\gamma},\gamma) = \mathrm{var}\,\hat{\gamma} + \mathrm{bias}(\hat{\gamma},\gamma)^2 \tag{9.10}$$

这是将式(6.3)用于当前设置背景下而得到的。

例 9.2.6　再次考察例 9.2.4 中的独立同分布高斯假设下的样本方差 s_N^2。在那里我们可以看到 $\mathrm{var}\,s_N^2 = 2\sigma^4 N^{-2}(N-1)$。将这个结果和式(9.10)以及式(9.7)结合起来，可以得出

$$\mathrm{mse}(s_N^2,\sigma^2) = \frac{2\sigma^4}{N^2}(N-1) + \left[\sigma^2\frac{N-1}{N} - \sigma^2\right]^2 = \frac{\sigma^4}{N^2}(2N-1)$$

从式(9.9)和式(9.10)可以看出，对于给定的估计量 $\hat{\gamma}$ 来说，当 $\mathrm{mse}(\hat{\gamma},\gamma)$很小时，该估计量将其概率质量集中于目标特征 γ 的附近。因此，最小化均方误差是一个自然而合理的标准。当这样做时，我们使我们的主观损失函数形式明确化，同时选择一个简单且非常容易处理的损失函数。

当最小化均方误差时，我们通常在偏倚和方差之间寻找一种权衡：降低方差会增加偏倚，反之亦然。此外，其解通常是内部的。特别是，我们通常借助于接受少量偏倚来显著地减小方差。

例 9.2.7　设 $\hat{\gamma}$ 是特征 $\gamma \in \mathbb{R}$ 的任意无偏估计量。设 $v := \mathrm{var}\,\hat{\gamma}$。考察这样一类估计量$\{\lambda\hat{\gamma} : \gamma \in \mathbb{R}\}$。正如练习题 9.4.3 要求证明的，使 $\mathrm{mse}(\lambda\hat{\gamma},\gamma)$最小化的 λ 值是

$$\lambda^* := \frac{\gamma^2}{\gamma^2+v} \tag{9.11}$$

换句话说，除非 $v=0$，否则无偏估计量不会使均方误差最小化。

对于大多数合理的估计量来说，当样本量 $N\to\infty$ 时，v 收敛到零。这个信息表明，只有当数据量很大时，无偏估计量才会达到最优。这里的“大”应该被理解为是与模型复杂性有关的。对于更加复杂的模型而言，常常需要更多的数据来有效地估计。

9.2.3.1　斯坦因的例子

在统计学理论中存在一个著名的例子，这归功于斯坦因(Stein, 1956)，它与所谓的容许估计量(admissible estimators)有关。在这里，我们将借用斯坦因的问题，提出求解方案来说明几个想法，包括偏倚和均方误差之间的关系。

为了使事情具体化，考察下面的应用问题：在公共财政领域，一个受关注的专题是基于能力的税收，就某类模型中的福利而言，它具有最优性质。能力是无法观测到的。具体来说，假定我们的总体包含 K 个个体，其中第 k 个个体的特质能力 $\mu_k \in [0,1]$。对于每一个代理人来说，我们可以观测能力的 N 个噪声信号，其具有形式 $x_{kn} = \mu_k + \epsilon_{kn}$，$n=1,\cdots,N$。噪声项 ϵ_{kn} 全部是独立的，服从 $\mathrm{N}(\mu,\sigma^2)$。给定来自观测值 x_{kn} 的数据，我们的任务是估计参数向量 $\boldsymbol{\mu} = (\mu_1,\cdots,\mu_K)$。为了简单起见，我们假定只有 $\boldsymbol{\mu}$ 是未知的。

$\boldsymbol{\mu}$ 的一个自然估计量就是向量样本均值

$$\bar{\mathbf{x}}_N = \begin{pmatrix} \dfrac{1}{N}\sum_{n=1}^{N} x_{1n} \\ \vdots \\ \dfrac{1}{N}\sum_{n=1}^{N} x_{Kn} \end{pmatrix}$$

这是借助于将样本类比原理应用于我们的问题而得出的估计量。这个估计量也是最大似然估计量，并且是最佳线性无偏估计量。

正如斯坦因所证明的，只要 $K>2$，就存在另一个备选的估计量 $\hat{\boldsymbol{\mu}}_N$，使得

$$\mathbb{E}\{\|\hat{\boldsymbol{\mu}}_N-\boldsymbol{\mu}\|^2\} < \mathbb{E}\{\|\bar{\mathbf{x}}_N-\mu\|^2\}, \text{对于所有 } \boldsymbol{\mu}\in\mathbb{R}^K \tag{9.12}$$

换句话说，就均方误差而言，对于所有可能的 $\boldsymbol{\mu}$ 值，$\hat{\mu}_N$ 一致地优于 $\bar{x}_N$！此问题的估计量现在被称为詹姆斯-斯坦因估计量(James-Stein estimator)。它被定义为

$$\hat{\boldsymbol{\mu}}_N=\kappa\bar{\mathbf{x}}_N,\quad \text{其中 } \kappa:=1-\frac{K-2}{N}-\frac{\sigma^2}{\|\bar{\mathbf{x}}_N\|^2}$$

这个估计量是有偏的。它是以很小的偏倚为代价来降低方差从而实现比较小的均方误差。Young and Smith(2005)中的式(9.12)给出了一个相对简单的证明。

我们可以通过模拟获得某种直觉。在我们的模拟中，设 $K=200$，$N=5$ 以及 $\sigma=1$。因而，对于这 200 名代理人各自的能力来说，我们有 5 个噪声的观测值。对于每个代理人，我们从区间[0,1]上的均匀分布中独立选择他们的能力 μ_k，然后生成干扰项 $\boldsymbol{\epsilon}_{kn}$ 作为独立的标准正态。然后我们就计算估计量 $\bar{\mathbf{x}}_N$ 与 $\hat{\boldsymbol{\mu}}_N$ 以及相应的误差向量。

图 9.5 显示了一个典型的实现情况。上面一幅条形图中是向量 $\bar{\mathbf{x}}_N-\boldsymbol{\mu}$ 的元素，它记录样本均值估计量 $\bar{\mathbf{x}}_N$ 的误差。而下面一幅条形图对应于詹姆斯-斯坦因估计量的误差。斯坦因估计量明显是向下偏倚的，也明显地小于样本均值估计量的误差。这反映在每一幅图左上角的 SSE 数值中，它们给出了误差平方和。样本均值估计量的误差平方和几乎是斯坦因估计量的误差平方的两倍。①

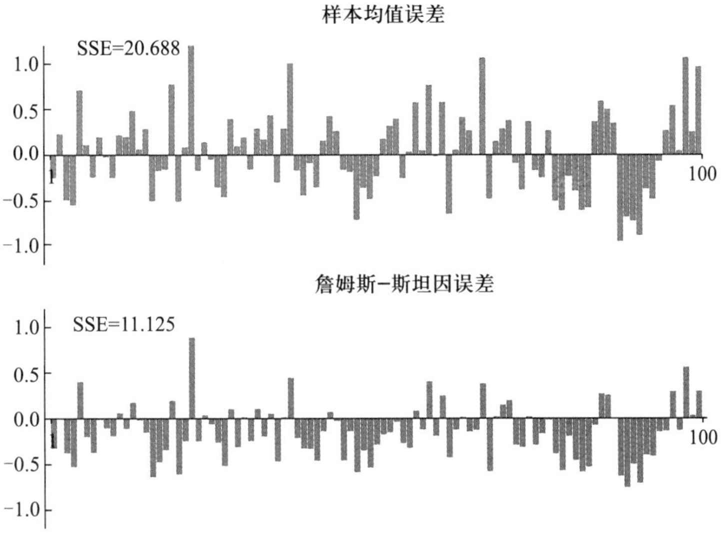

图 9.5　两个估计量的误差向量

① 可以参看网页 johnstachurski.net/emet.html 上生成这些结果的代码。

9.2.4 渐近性质

现在我们考察估计量的渐近性质。渐近理论涉及给定估计量的抽样分布是否越来越集中于我们希望估计的特征、这种情况发生的速率以及大样本中抽样分布的形状。

渐近统计量中的基本概念是一致性。设$\{\hat{\gamma}_N\}$是针对给定特征γ的基于样本量N的估计量的序列。我们称$\hat{\gamma}_N$是γ的一致(consistent)估计量,如果

$$\hat{\gamma}_N \xrightarrow{p} \gamma, \text{当 } N \to \infty \text{ 时} \tag{9.13}$$

无论估计量是向量值还是标量值,其定义都是一样的。称$\hat{\gamma}_N$是一致的说法,相比于称序列$\{\hat{\gamma}_N\}$是一致的说法更加准确。

至于偏倚,一致性是否成立不仅取决于$\hat{\gamma}_N$,而且取决于数据的联合分布。如果我们说$\hat{\gamma}_N$在$\mathscr{P}$的一类分布上是一致的,其含义是指式(9.13)对在$\mathscr{P}$中的任何分布都是成立的。

例 9.2.8 对于$\mathbb{R}$上具有有限一阶矩的分布类的均值来说,任何独立同分布样本的样本均值$\bar{x}_N$都是一致的。事实上,如果P是这样的分布,而且$x_1,\cdots,x_N$是来自P的独立同分布抽样,那么由大数定律可得

$$\frac{1}{N}\sum_{n=1}^{N} x_n \xrightarrow{p} \int sP(\mathrm{d}s), \text{当 } N \to \infty \text{ 时}$$

更一般地,对于$\gamma = \int h(\mathbf{s})P(\mathrm{d}\mathbf{s})$,只要

(i) $\mathbf{x}_1,\cdots,\mathbf{x}_N$是独立同分布的样本数据,对于所有$n$满足$\mathcal{L}(\mathbf{x}_n) = P$,

(ii) $\int h(\mathbf{s})P(\mathrm{d}\mathbf{s})$存在;

就有$\hat{\gamma}_N = \frac{1}{N}\sum_{n=1}^{N} h(\mathbf{x}_n)$是一致的。(参看式(6.7)。)例如,对于具有有限k阶矩的分布类来说,k阶样本矩是一致的。

这里给出一个一致性的例子,不过还需要多做一点工作。

例 9.2.9 对于任何具有有限方差的独立同分布样本$x_1,\cdots,x_N$,样本方差s_N^2对于方差来说是一致的。这可以从下面的表达式得出:

$$s_N^2 = \frac{1}{N}\sum_{n=1}^{N}(x_n - \mu)^2 - (\bar{x}_N - \mu)^2 \tag{9.14}$$

其中μ表示共同均值(参看练习题 9.4.1 及其解答)。对式(9.14)应用大数定律,当$(\bar{x}_N - \mu) \xrightarrow{p} 0$时,第一项收敛到$\sigma^2$,因此根据事实 6.1.1,进一步得出$(\bar{x}_N - \mu)^2 \xrightarrow{p} 0$。由此得出$s_N^2$的一致性。

事实 9.2.2 如果$\hat{\gamma}_N$对于γ来说是一致的,同时g是任意连续函数,则$g(\hat{\gamma}_N)$对于$g(\gamma)$是一致的。

事实 9.2.2 可以从事实 6.1.1 立即得到。

例 9.2.10 只要样本方差s_N^2对于方差是一致的,那么样本标准差$s_N = \sqrt{s_N^2}$对于标准差来说就是一致的。

合理的估计量应该是一致的,至少对于独立同分布数据是这样的。事实上,正像我们在定理 8.1.1 中所看到的,整个未知分布可以通过重复独立抽样渐近地恢复。

9.2.4.1　渐近分布

在例9.1.3的独立同分布高斯设置下，样本均值的分布是$\mathrm{N}(\mu,\sigma^2/N)$。除了均值和方差中所包含的信息，抽样分布服从正态这一事实为我们提供了重要的额外信息。由此我们知道了分布是对称的，它具有细长的尾部，并且它将大约95%的质量放置在均值的两个标准差之内。我们可以确定区间的概率，或者$\bar{x}_N$的任何函数的期望值。

唯一值得我们留心的假设是，观测值是服从高斯分布的。经济学理论几乎没有为这个假设提供任何有说服力的依据。幸运的是，我们可以回溯中心极限定理并加以利用，它明确地告诉我们，样本均值总是服从渐近高斯分布的，只要基本观测值具有有限二阶矩。更好的是，对于样本均值以外的许多其他估计量来说，相同的近似仍然是有效的。

为了证明这一点，设$\{\hat{\gamma}_N\}$是某个特征γ的一个估计量序列。我们称$\hat{\gamma}_N$为渐近正态（asymptotically normal），如果存在一个正定矩阵Σ使得

$$\sqrt{N}(\hat{\gamma}_N-\gamma)\xrightarrow{d}\mathrm{N}(\mathbf{0},\boldsymbol{\Sigma})，当 N\to\infty 时 \tag{9.15}$$

并且将Σ称为$\hat{\gamma}_N$的渐近方差-协方差矩阵（asymptotic variance-covariance matrix）。

例9.2.11　设$x_1,\cdots,x_N$是具有共同均值μ和方差σ^2的独立同分布数据。如果$\mathbb{E}[x_n^4]<\infty$，那么样本方差s_N^2是渐近正态的，并且

$$\sqrt{N}(s_N^2-\sigma^2)\xrightarrow{d}\mathrm{N}(0,m_4-\sigma^4)，其中 m_4:=\mathbb{E}[(x_n-\mu)^4] \tag{9.16}$$

为了完成证明，我们修改式(9.14)得到

$$\sqrt{N}(s_N^2-\sigma^2)=\sqrt{N}\left[\frac{1}{N}\sum_{n=1}^{N}(x_n-\mu)^2-\sigma^2\right]-\sqrt{N}(\bar{x}_N-\mu)^2 \tag{9.17}$$

式(9.17)右边的最后一项依概率收敛到0，这是因为

$$\sqrt{N}(\bar{x}_N-\mu)^2=a_Nb_N，其中 a_N:=\sqrt{N}(\bar{x}_N-\mu)，b_N:=\bar{x}_N-\mu$$

根据中心极限定理、大数定律和事实6.1.8，得到$a_Nb_N\xrightarrow{p}0$。

为了完成证明，设$\mathcal{Y}_n:=(x_n-\mu)^2$。于是式(9.17)的第一项可以写成$\sqrt{N}(\mathcal{Y}_N-\mathbb{E}[\mathcal{Y}_n])$。应用中心极限定理，这个表达式收敛到均值为0的正态形式，其方差为

$$\operatorname{var}\mathcal{Y}_n=\mathbb{E}[(\mathcal{Y}_n-\sigma^2)^2]=\mathbb{E}[(x_n-\mu)^4-2(x_n-\mu)^2\sigma^2+\sigma^4]$$

命题得证。

例9.2.12　在与例9.2.11相同的假设下，样本标准差也是渐近正态的，满足

$$\sqrt{N}(s_N-\sigma)\xrightarrow{d}\mathrm{N}\left(0,\frac{m_4-\sigma^4}{4\sigma^2}\right) \tag{9.18}$$

此证明留作练习题9.4.10。

事实9.2.3　渐近正态性意味着一致性。具体来说，如果$\{\hat{\gamma}_N\}$满足式(9.15)，则当$N\to\infty$时，$\hat{\boldsymbol{\gamma}}\xrightarrow{p}\gamma$（参看练习题9.4.12）。

渐近正态性也蕴含着$\hat{\gamma}_N$收敛到γ的速率。事实上，如果$\hat{\gamma}_N$是渐近正态的，那么$\sqrt{N}(\hat{\gamma}_N-\gamma)$就不发散。这意味着，$\hat{\gamma}_N-\gamma$趋近于0的速率快到足以抵消发散项$\sqrt{N}$。为了强调这一点，我们说渐近正态估计量$\hat{\gamma}_N$对于$\gamma$来说是$\sqrt{N}$一致的（$\sqrt{N}$-consistent）。

更重要的是，渐近正态性为我们提供了整个抽样分布的近似。这为我们进行统计推断提供了

途径。第 10 章将给出更多细节。

9.2.5 决策理论

现在我们已经回顾了评价估计量的一些最常用的方法。接下来我们会更深入地研究在不确定性条件下的估计和决策理论。我们的重点将放在有限样本的性质上。这是一种最有趣的情况，因为它捕捉到了我们根据有限信息进行推广的需要。

尽管许多优秀的统计学家和计量经济学家做出了不懈的努力，但我们仍然缺乏一个令人信服的基于纯粹客观标准的估计量最优性一般理论。例如，虽然最小方差无偏估计量的理论最初看起来非常有吸引力，因为它产生的估计量有可能无须统计学家做出任何主观判断，但有一些简单的假设是最小方差无偏估计量不容许的（imadmissible），这意味着它们不符合对于合理估计量的最低要求（参看下文）。

如果没有关于"好的"估计量的完全客观的理论，那么就会存在关于什么是好的方法的相互竞争的观点，我们必须在各种不同的情况下，对我们评价估计量的标准表明立场。这意味着，在明确地说明我们的偏好之前，估计问题就没有被完全界定。

对于经济学家来说，从效用或者损失角度来考察说明偏好是非常自然的。为了适应现代统计学术语，我们将考虑损失函数。因而，对估计问题的完整描述应该包括当估计量表现不佳时对所发生损失的规定。

下面，我们按照 Wald（1939）的开创性研究和关于决策理论的后续研究线索来阐述这些想法。一般的决策问题是由下面的要素所组成：

（i）样本空间$\mathcal{X}$；

（ii）行动空间 $\mathscr{A}$；

（iii）决策规则集合 $\mathscr{D}$，它是映射 $d:\mathcal{X}\to\mathscr{A}$；

（iv）世界可能状态的全域 Θ，具有典型元素 θ；

（v）样本空间$\mathcal{X}$上的概率分布$\{P_\theta\}$的集合；

（vi）损失函数 $L:\mathscr{A}\times\Theta\to\mathbb{R}$，具有如下的解释：

$$L(a,\theta)=\text{当世界的状态是}\ \theta\ \text{时，通过选择行动}\ a\ \text{而产生的损失}$$

世界的状态被看成是未知的。问题是选择一个决策规则 $d\in\mathscr{D}$，使得在某种精确的意义上产生低的损失。这个讨论的核心就是风险（risk）的概念，风险被定义为

$$\mathcal{R}(d,\theta):=\int L[d(x),\theta]P_\theta(\mathrm{d}x) \tag{9.19}$$

积分是对所有 $x\in\mathcal{X}$ 进行的。$\mathscr{R}$ 的定义被用来区分来自 $\mathscr{R}(f)$ 的风险的决策理论概念与式（8.16）所定义的政策 f 的预测风险。

例 9.2.13 设 π 是通货膨胀率，x 是企业所接收到的通货膨胀的噪声信号。每一个企业都通过为它们的产品选定一个价格 $p=p(x)$ 来做出响应。当通货膨胀率是 π 时，设 $\Pi(p,\pi)$ 代表选定价格 p 时所产生的利润，并设负利润表示损失（参看 Drenik and Perez（2015）以了解详情和动机）。于是，风险是

$$\mathcal{R}(p,\theta)=-\int\prod(p(x),\pi)P_\theta(\mathrm{d}x,\mathrm{d}\pi)$$

如果对于企业来说，它们知道分布 P_θ（将$\{P_\theta\}$看成单点），那么我们存在一个选择价格的标准问题，那就是在已知结果概率的情况下来使预期利润最大化。但是，如果 P_θ 是未知的，那么就有

奈特不确定性(Knightian uncertainty)问题。由于我们对概率的不确定性,风险也是未知的。

选择估计量的问题是上面所述决策理论的特例。假定我们观测的数据 $\mathbf{z}_D$ 在 Z_D 中取值,Z_D 具有由 $\theta\in\Theta$ 标示的联合分布 P_θ(集合 Θ 可以是无限维的空间,而 θ 仅是一个指标。)我们希望利用这个数据来估计某个 S-值特征 $\gamma_\theta=\gamma(P_\theta)$。在这种情况下,估计量是一个决策规则 $\hat{\gamma}$,它将 Z_D 映射到行动空间 $\mathscr{A}=S$。当世界的状态是 θ 时,如果我们通过选择 $\hat{\gamma}$ 设定损失函数 $L(\hat{\gamma},\theta)$,那么我们的风险就变成

$$\mathcal{R}(\hat{\gamma},\theta)=\int_{Z_D}L(\hat{\gamma}(\mathbf{z}),\gamma_\theta)P_\theta(\mathrm{d}\mathbf{z}) \tag{9.20}$$

例 9.2.14　假定我们想要根据来自 P_θ 的独立同分布观测值 $x_1,\cdots,x_N$ 来估计持有资产的预期收益率 $\mu_\theta:=\int sP_\theta(\mathrm{d}s)$。假设预测误差的损失为二次形式,同时样本均值为我们的估计量,则风险是

$$\mathcal{R}(\bar{x}_N,\theta)=\mathbb{E}_\theta[(\bar{x}_N-\mu_\theta)^2] \tag{9.21}$$

由于 $\bar{x}_N$ 是 μ_θ 的无偏估计量,这是在 P_θ 下对 $\bar{x}_N$ 的方差的估计。根据式(9.8),这等于 $\sigma_\theta^2/N=\int(s-\mu_\theta)^2P_\theta(\mathrm{d}s)/N$。

在前面的例子中,估计量的风险是它的均方误差(MSE)。更一般地,如果式(9.20)中的 $\hat{\gamma}$ 与 γ 是向量,L 测度向量偏差平方,那么 $\mathscr{R}(\hat{\gamma},\theta)=\mathrm{mse}(\hat{\gamma},\gamma)$。因而,风险为我们推广了基于均方误差来评价估计量的想法,正如第9.2.3节所述的那样。因为损失是主观的,所以我们没有理由局限于二次损失。

例 9.2.15　考察对给定地区的住房价格的中心趋势进行估计的问题,通常的做法是利用样本中位数而不是样本均值。这是因为较大的右尾扭曲了“典型买家”所面对的价格。在给定价格数据来估计价格的情况下,和选择均值相比,选择中位数的优势可以理解为使不同损失函数的最小化。参看例9.2.18。

9.2.5.1　选择决策规则

在当前的设置背景下,做出最优决策——特别是选择最优估计量——的一种自然而然的想法是选择那种具有低风险的决策规则。这种方法的问题是,风险通常取决于未知的世界状态 θ,因此风险最小化决策规则也取决于未知的 θ 值。换句话说,我们面临着奈特不确定性。我们不能评估风险,因为我们并不知道概率。

例 9.2.16　现在我们转向例9.2.14的设置。对于每一个 θ 值来说,样本均值的风险等于 σ_θ^2/N。现在考察新的估计量 $\hat{\gamma}$,其恒等于1。换句话说,我们预计我们的投资将获得100%的收益率。当实际的平均收益率为1时,这是一个很好的估计量,因为

$$\mu_\theta=1\Rightarrow\mathscr{R}(\hat{\gamma},\theta)=\mathbb{E}[(1-\mu_\theta)^2]=(1-1)^2=0$$

和式(9.21)相比,只要 $\sigma_\theta>0$,我们就有 $\mathscr{R}(\hat{\gamma},\theta)<R(\bar{x}_N,\theta)$。但是,如果 μ_θ 从1充分地发散,那么

$$\mathscr{R}(\hat{\gamma},\theta)=(1-\mu_\theta)^2>\frac{\sigma_\theta^2}{N}=\mathscr{R}(\bar{x}_N,\theta)$$

这个例子说明了下面的事实:一般情况下,我们不能在经典设置下基于最低风险来选择估计量。然而,我们可以做的一件有用的事情是,排除那些依据风险来看总是占优的估计量。这就是所谓的不容许估计量(inadmissible estimators)。特别地,就一般决策问题而言,决策规则 d 被称为

不容许(inadmissible)的,如果存在另一规则 e,使得

(i) $\mathscr{R}(e,\theta) \leqslant \mathscr{R}(d,\theta)$,对于所有 $\theta \in \Theta$;

(ii) $\mathscr{R}(e,\theta) < \mathscr{R}(d,\theta)$,对于至少一个 $\theta \in \Theta$。

非不容许的决策规则被称为容许的(admissible)。

例 9.2.17 式(9.12)告诉我们,当 L 是二次的,而且分布的全域是多元高斯分布时,向量样本均值作为均值的估计量是不容许的。

从对风险最小化的愿望引出的另一个想法是最小化最大。决策规则 d_m 被称为最小化最大规则(minimax),如果

$$r(d_m) \leqslant r(d), \quad 对所有的 d \in \mathscr{D}, 其中 r(d) := \sup_{\theta \in \Theta} \mathcal{R}(d,\theta)$$

最小化最大规则是在世界最糟糕的状态下性能良好的规则。最小化最大决策规则已经成为稳健控制和在不确定性下研究政策的重要组成部分。例如,参看 Hansen and Sargent(2008)。另外,最小化最大决策规则可能是不容许的(例如,参看 Young and Smith(2005)的第 9 页)。

9.2.5.2 贝叶斯规则和贝叶斯风险

贝叶斯统计方法自然而然地产生了一致而有吸引力的决策理论。但是,赛马并不是完全公平的游戏,原因在于我们得到了先验的额外信息。我们回顾一下主要想法。

再次考察上面所讨论的一般决策问题,但是现在关于世界的状态具有先验分布 $\pi = \pi(\theta)$。另外,现在将每一个 p_θ 限制为一个密度函数 $p(x \mid \theta)$。如同第 8.3.4 节那样,我们从先验给定数据 x,经由贝叶斯法则:

$$\pi(\theta \mid x) = \frac{p(x \mid \theta)\pi(\theta)}{p(x)} \quad (x \in \mathcal{X}, \theta \in \Theta)$$

而获得 θ 的后验信息。对于给定具有风险函数 $\mathscr{R}(d,\theta)$ 的决策规则 d,d 的后验风险(posterior risk)或贝叶斯风险(Bayes risk)是

$$r_\pi(d) := \int \mathscr{R}(d,\theta)\pi(\theta)\,\mathrm{d}\theta$$

使贝叶斯风险最小化的决策规则 d 被称为贝叶斯规则(Bayes rule)。如果 d 是估计量,那么贝叶斯规则被称为贝叶斯估计量(Bayes estimator)。并不能确保这种规则的存在,但在许多实际应用中,它们都很好定义且有唯一性。下面我们给出一些简单的例子。

贝叶斯规则存在两个特别引人瞩目的特征,贝叶斯估计量尤其明显。第一个特征是,在宽松的正则性条件下,贝叶斯规则总是容许的。例如,参看 Casella and Berger(2002)的定理 10.4.2。第二个特征是,贝叶斯规则可以作为观测数据的函数来计算,这意味着,我们不必担心在永远不会发生的情况下应该如何采取行动。

为了理解第二点,注意我们可以将 (x,θ) 的联合密度写成 $p(x \mid \theta)\pi(\theta)$ 或 $\pi(\theta \mid x)p(x)$。改变此恒等式的积分次序,贝叶斯风险可以表示为

$$\begin{aligned} r_\pi(d) &= \int_\Theta \left\{ \int_\mathcal{X} L(d(x),\theta) p(x \mid \theta)\,\mathrm{d}x \right\} \pi(\theta)\,\mathrm{d}\theta \\ &= \int_\mathcal{X} \left\{ \int_\Theta L(d(x),\theta) p(x \mid \theta)\pi(\theta)\,\mathrm{d}\theta \right\} \mathrm{d}x \\ &= \int_x \left\{ \int_\Theta L(d(x),\theta) \pi(\theta \mid \mathcal{X})\,\mathrm{d}\theta \right\} p(x)\,\mathrm{d}x \end{aligned}$$

由最后一个表达式可以得出，d 将是贝叶斯规则，只要下式

$$d(x) \in \underset{a \in \mathscr{A}}{\operatorname{argmin}} \int_{\Theta} L(a,\theta)\pi(\theta \mid x)\mathrm{d}\theta, \text{ 对于所有 } x \in \mathcal{X} \tag{9.22}$$

成立。这与在动态规划中运用贝尔曼(Bellman)最优化原则之后所遇到的情况类似：一旦我们知道了价值函数，就可以凭借对任一观测状态的响应来选择最优行动。

例 9.2.18 设 θ 是一个标量，设 $L(a,\theta)=(a-\theta)^2$，令 $\pi(\theta \mid x)$ 是给定数据 x 时 θ 的后验分布。根据式(9.22)，θ 的贝叶斯估计量是下面式子的解：

$$\min_{a \in \mathbb{R}} \int (a-\theta)^2 \pi(\theta \mid x)\mathrm{d}\theta$$

正如练习题 8.5.1 在不同背景下所证明的，最小化值是 $\pi(\theta \mid x)$ 的均值。换句话说，对于二次损失来说，贝叶斯估计量是后验分布的均值。

例 9.2.19 如果我们重复例 9.2.18 的假设，但采用绝对损失函数 $L(a,\theta)=|a-\theta|$，而不是二次损失函数，那么 θ 的贝叶斯估计量是

$$\underset{a \in \mathbb{R}}{\operatorname{argmin}} \int |a-\theta| \pi(\theta \mid x)\mathrm{d}\theta$$

正如练习题 9.4.14 所要证明的，其解是 $\pi(\theta \mid x)$ 的中值。

9.3　进一步阅读

关于统计推断方面的教科书，有许多优秀的概括性书籍，包括 Casella and Berger(2002)、Wasserman(2013) 以及 Young and Smith(2005)。关于从机器学习的角度来讨论估计理论，参看 Friedman(2009) 或者 Abu-Mostafa et al.(2012)。

9.4　练习题

练习题 9.4.1 证明例 9.2.9 中的式(9.14)。①

练习题 9.4.2 验证事实 9.1.1。②

练习题 9.4.3 验证例 9.2.7 中式(9.11)的表述。

练习题 9.4.4 设 $x_1,\cdots,x_N$ 是独立同分布的随机变量，服从区间 $[0,\theta]$ 上的均匀分布。考察由式

$$\hat{\theta}_N := \frac{2}{N}\sum_{n=1}^{N} x_n$$

定义的 θ 的估计量。

(i) 计算 $\hat{\theta}_N$ 的偏倚。

(ii) 计算 $\hat{\theta}_N$ 的均方误差。

---

① 提示：回顾例 2.2.3。

② 提示：查看事实 5.1.13 以及例 9.1.4 之后的证明。

(iii) $\hat{\theta}_N$ 是否具有一致性？为什么？

练习题 9.4.5 如同练习题9.4.4,设 $x_1,\cdots,x_N$ 是来自 $U[0,\theta]$ 的独立同分布随机抽样,其中 θ 是未知的正值参数。设 $\mu:=\mathbb{E}[x_n]$。证明估计量

$$\hat{\mu}:=\frac{N+1}{2N}\cdot\max\{x_1,\cdots,x_N\}$$

是 μ 的无偏估计量。①

练习题 9.4.6 设 $x_1,\cdots,x_N$ 是独立同分布的,并且服从标准正态分布。$\bar{x}$ 是样本均值。证明 $\bar{x}$ 和 $x_i-\bar{x}$ 是相互独立的,对于 $i=1,\cdots,N$。

练习题 9.4.7 延续练习题9.4.6,设 $x_1,\cdots,x_N$ 是独立同分布的,并且服从标准正态分布,$\bar{x}$ 是样本均值,s^2 为样本方差。证明 $\bar{x}$ 和 s^2 是相互独立的。

练习题 9.4.8 验证式(9.10):对于 γ 的任意估计量 $\hat{\gamma}$,我们有 $\mathrm{mse}(\hat{\gamma},\gamma)=\mathrm{var}\,\hat{\gamma}+\mathrm{bias}(\hat{\gamma},\gamma)^2$。

练习题 9.4.9 设 $\hat{\gamma}_N$ 是 $\gamma\in\mathbb{R}$ 的估计量,其中样本量是 N。

(i) 如果当 $N\to\infty$ 时,$\mathrm{mse}(\hat{\gamma}_N,\gamma)\to 0$,那么 $\hat{\gamma}_N$ 是 γ 的一致估计量吗？为什么？

(ii) 如果 $\hat{\gamma}_N$ 是渐近无偏的,并且 $\mathrm{var}\,\hat{\gamma}_N\to 0$,那么 $\hat{\gamma}_N$ 是 γ 的一致估计量吗？为什么？

练习题 9.4.10 假定例9.2.11和例9.2.12中的条件成立,证明式(9.18)是成立的。

练习题 9.4.11 设 $x_1,\cdots,x_N$ 是独立同分布的,有均值 μ 和方差 σ^2。设 $\bar{x}_N$ 是样本均值,并设 σ_N 是 σ 的一致估计量。

$$y_N:=\left(\frac{\bar{x}_N-\mu}{\sigma_N}\right)^2$$

的极限分布是什么？

练习题 9.4.12 设 $\hat{\theta}_N$ 是 θ 的估计量。证明如果 $\hat{\theta}_N$ 是渐近正态的,那么 $\hat{\theta}_N$ 是 θ 的一致估计量。(你可以将证明限制在标量情况。)

练习题 9.4.13 考察下述的估计问题。设 $\{p_\theta\}_{\theta\in\Theta}$ 是密度的参数类型。现在设特定参数 $\boldsymbol{\theta}_0\in\Theta$ 是固定的,并假定其估计量 $\{\hat{\boldsymbol{\theta}}_N\}$ 的渐近正态序列在如下意义上存在,即对于某个正定 Σ

$$\sqrt{N}(\hat{\boldsymbol{\theta}}_N-\boldsymbol{\theta}_0)\xrightarrow{d}\mathrm{N}(\mathbf{0},\Sigma)$$

固定点 y,同时考虑 $p(y,\hat{\boldsymbol{\theta}}_N)$ 作为 $p(y,\boldsymbol{\theta}_0)$ 的估计量。阐述在什么样的条件下,这个估计量是一致且渐近正态的。在这些条件下,推导渐近分布。

练习题 9.4.14 证明例9.2.19中的陈述:最小化值是 $\pi(\theta\mid x)$ 的中位数。换句话说,它是满足

$$\int_{-\infty}^{a}\pi(\theta\mid x)=\int_{a}^{\infty}\pi(\theta\mid x)=\frac{1}{2}\tag{9.23}$$

的值 $a\in\mathbb{R}$。

9.5 练习题解答节选

练习题 9.4.1 解答 设 s_N^2,$\mathbf{x}$ 以及 μ 如本题所述。有一种方法可以证明式(9.14)。设 $S=\mathrm{span}$

---

① 提示:如果你暂时卡住,那么就复习练习题5.4.6及其解答。

$\{\mathbf{1}\}$，同时设 $\mathbf{P}=\operatorname{proj}S$，设 $\mathbf{M}$ 是残差投影。回顾例 2.2.3，当 $\mathbf{y}:=\mathbf{x}-\mu\mathbf{1}$ 时，我们有 $\mathbf{Py}=\bar{y}\mathbf{1}$，$\mathbf{My}=\mathbf{y}-\bar{y}\mathbf{1}$。应用 $\|\mathbf{y}\|^2=\|\mathbf{Py}\|^2+\|\mathbf{My}\|^2$，可以得到

$$\sum_{n=1}^{N}(x_n-\mu)^2=N(\bar{x}_N-\mu)^2+\sum_{n=1}^{N}(x_n-\bar{x}_N)^2$$

对上式稍微进行整理，即可得出式(9.14)。 □

练习题 9.4.2 解答 设 $\mathcal{L}(\mathbf{x})=\mathrm{N}(\mu\mathbf{1},\sigma^2\mathbf{I})$，同时设 $\boldsymbol{\xi}:=\sigma^{-1}(\mathbf{x}-\mu\mathbf{1})$。由于标准正态随机向量在投影下的图像及其残差是相互独立的(事实 5.1.13)，同时任意确定性函数下保持独立性(事实 5.1.10)，这些足以找到函数 f_1 与 f_2 以及子空间 S 和其相应的投影 $\mathbf{P}$ 与残差 $\mathbf{M}$，使得

$$\bar{x}_N=f_1(\mathbf{P}\boldsymbol{\xi}),\ s_N^2=f_2(\mathbf{M}\boldsymbol{\xi}) \tag{9.24}$$

为了这个目的，回顾例 2.2.3，如果 $S:=\operatorname{span}\{\mathbf{1}\}$，$\mathbf{P}=\operatorname{proj}S$，那么 $\mathbf{Px}=\bar{x}_N\mathbf{1}$。此外，$\mathbf{P1}=\mathbf{1}$。据此，可以证明 $\bar{x}_N=\sigma\mathbf{e}_1^{\mathrm{T}}\mathbf{P}\boldsymbol{\xi}+\mu$，其中 $\mathbf{e}_1$ 表示第一个典范基向量。这就证明了式(9.24)的第一部分。对于第二部分，可应用式(9.5)得到

$$s_N^2=\frac{\sigma^2\boldsymbol{\xi}^{\mathrm{T}}\mathbf{M}\boldsymbol{\xi}}{N}$$

□

练习题 9.4.5 解答 设 $z:=\max\{x_1,\cdots,x_N\}$。根据最大值的定义，我们得到

$$z\leqslant s\quad 当且仅当\quad x_1\leqslant s,x_2\leqslant s,\cdots,x_N\leqslant s$$

$$\therefore\quad\{z\leqslant s\}=\cap_{n=1}^{N}\{x_n\leqslant s\}$$

$$\therefore\quad\mathbb{P}\{z\leqslant s\}=\mathbb{P}\cap_{n=1}^{N}\{x_n\leqslant s\}=\prod_{n=1}^{N}\mathbb{P}\{x_n\leqslant s\}$$

对于 $s\in[0,\theta]$，x_n 的累积分布函数是 $F(s)=s/\theta$，我们得到

$$\mathbb{P}\{z\leqslant s\}=\left(\frac{s}{\theta}\right)^N$$

微分可得 z 在区间 $[0,\theta]$ 的概率密度是 $p(s)=N\dfrac{s^{N-1}}{\theta^N}$。因此，$z$ 的期望是 $\int_0^\theta sp(s)\,\mathrm{d}s=\dfrac{N}{N+1}\theta$。我们通过总结得到

$$\mathbb{E}[\hat{\mu}]=\frac{N+1}{2N}\mathbb{E}[z]=\frac{N+1}{2N}\frac{N}{N+1}\theta=\frac{\theta}{2}=\mu$$

换句话说，此估计量是无偏的。 □

练习题 9.4.8 解答 加上并减去 $\mathbb{E}[\hat{\gamma}]$，我们得到

$$\operatorname{mse}(\hat{\gamma},\gamma):=\mathbb{E}[(\hat{\gamma}-\gamma)^2]=\mathbb{E}[(\hat{\gamma}-\mathbb{E}[\hat{\gamma}]+\mathbb{E}[\hat{\gamma}]-\gamma)^2]$$

对平方项展开，并进行某些整理，即可得到想要的结果。 □

练习题 9.4.10 解答 我们的目的是要在例 9.2.12 的条件下证明

$$\sqrt{N}(s_{\mathrm{N}}-\sigma)\xrightarrow{d}\mathrm{N}\left(0,\frac{m_4-\sigma^2}{4\sigma^2}\right)$$

设 $g(x)=\sqrt{x}$，应用定理 6.2.2 和式(9.16)，我们得到

$$\sqrt{N}(s_N-\sigma)=\sqrt{N}(g(s_N^2)-g(\sigma^2))\xrightarrow{d}\mathrm{N}(0,g'(\sigma^2)^2(m_4-\sigma^4))$$

从而得证。 □

练习题 9.4.11 解答 设

$$w_N := \sqrt{N}\,\frac{\bar{x}_N - \mu}{\sigma_N} = \frac{\sigma}{\sigma_N}\sqrt{N}\,\frac{\bar{x}_N - \mu}{\sigma}$$

由假设可知，$\sigma_N \xrightarrow{p} \sigma$，依据事实 6.1.1 得出 $\sigma/\sigma_N \xrightarrow{p} \sigma/\sigma = 1$。应用中心极限定理和斯卢茨基定理（事实 6.1.7），然后可以得出 $w_N \xrightarrow{d} z \sim \mathrm{N}(0,1)$。根据连续映射定理（事实 6.1.6），$y_N = w_N^2$ 依分布收敛到 z^2。如同第 5.1.6 节所述，z^2 的分布是 $\chi^2(1)$。 □

练习题 9.4.12 解答 固定 $\delta>0$。只要证明对于任意的 $\varepsilon>0$，我们有

$$\min_{N\to\infty} \mathbb{P}\{|\hat{\theta}_N - \theta| > \delta\} \leqslant \epsilon \tag{9.25}$$

（注意：如果 a 是任意非负实数，并且对于任意 $\varepsilon>0$ 有 $a\leqslant\varepsilon$，那么 $a=0$。）为了证明式（9.25），固定 $\epsilon>0$，设 z 是零均值、方差等于 $\hat{\theta}_N$ 的渐近方差的高斯分布函数。选择 M，使得$\mathbb{P}\{|z| \geqslant M\} \leqslant \varepsilon$。对于 N，使得$\sqrt{z}\delta \geqslant M$，我们得出

$$\mathbb{P}\{|\hat{\theta}_N - \theta| > \delta\} = \mathbb{P}\{\sqrt{N}|\hat{\theta}_N - \theta| > \sqrt{N}\delta\} \leqslant \mathbb{P}\{\sqrt{N}|\hat{\theta}_N - \theta| > M\}$$

当 $N\to\infty$ 时，应用渐近正态性、连续映射定理（事实 6.1.6）以及 M 的定义，得出式（9.25）。 □

练习题 9.4.13 解答 首先可以观察到，在本题的条件下，只要 $\boldsymbol{\theta} \longmapsto p(y,\boldsymbol{\theta})$ 在 $\boldsymbol{\theta}_0$ 是连续的，$p(y,\hat{\boldsymbol{\theta}}_N)$ 就是关于 $p(y,\boldsymbol{\theta}_0)$ 一致的。实际上，由于 $\hat{\theta}_N$ 是渐近正态的，它也是一致的。在此连续性假设下，$p(y,\hat{\boldsymbol{\theta}}_N)$ 依概率收敛到 $p(y,\boldsymbol{\theta}_0)$，这可由事实 6.1.1 得到。

关于渐近正态性，假设 $\boldsymbol{\theta} \longmapsto p(y,\boldsymbol{\theta})$ 在 θ_0 是可微的，梯度 $\nabla_{\theta} p(y,\boldsymbol{\theta}_0)$ 的向量不是零向量。应用式（6.14），我们可以得出

$$\sqrt{n}\{p(y,\hat{\boldsymbol{\theta}}_N) - p(y,\boldsymbol{\theta}_0)\} \xrightarrow{d} \mathrm{N}(0, \nabla_{\boldsymbol{\theta}} p(y,\boldsymbol{\theta}_0)^{\mathrm{T}} \Sigma \nabla_{\boldsymbol{\theta}} p(y,\boldsymbol{\theta}_0))$$ □

练习题 9.4.14 解答 例 9.2.19 中的最小化问题可以写成另一种形式

$$\operatorname*{argmin}_{a\in\mathbb{R}}\left\{\int_{-\infty}^{a}(a-\theta)\pi(\theta\mid x)\mathrm{d}\theta + \int_{a}^{\infty}(\theta-\alpha)\pi(\theta\mid x)\mathrm{d}\theta\right\}$$

对 a 进行微分，并令结果等于零，然后利用后验是密度这一事实，得到式（9.23）。 □

第 10 章　置信区间和检验

迄今为止,我们主要研究了点估计的内容。因为数据并不是无限多的,所以点估计包含了不确定性。我们不应该过于自信地声称已经知道了数据的生成过程。相反,我们应该确信只是知道数据所能给予我们的信息。

在前面考察抽样分布时,我们已经讨论过不确定性。在本章中,我们利用置信集的语言来进一步对估计不确定性进行数量化分析。我们还将研究假设检验,这是经典统计学中第二个重要的推断方法。

为了和标准表述相一致,我们将转换到参数化语言的描述上。除了下面几点,符号与第 8.1.1 节中的定义完全相同。

(i) 每个观测值 $\mathbf{z}_n$ 的边缘分布 P 写成 P_θ;

(ii) 可能分布的全域 $\mathscr{P}$ 表示为 $\{P_\theta:\theta\in\Theta\}$;

(iii) 数据 $\mathbf{z}_{\mathcal{D}}=(\mathbf{z}_1,\cdots,\mathbf{z}_N)$ 的联合分布写成 $P_\theta^{\mathcal{D}}$。

但是,实际上我们不会局限于有限多个参数的情况。相反,θ 可以更一般地被看成是分布集合上的指标。

10.1　置信集

置信集是模型空间的随机子集,此模型空间以很高的概率包括了真实的数据生成过程。下面我们从重要的定义开始阐述,然后介绍更多的例子。

10.1.1　有限样本置信集

固定 $\alpha\in(0,1)$。随机集合 $C(\mathbf{z}_{\mathcal{D}})\subset\Theta$ 被称为 θ 的置信水平为 $1-\alpha$ 的置信集(1-α confidence set),如果在给定数据的情况下,$C(\mathbf{z}_{\mathcal{D}})$ 是可观测的,并且对于任意 $\theta\in\Theta$,

$$\mathbb{P}\{\theta\in C(\mathbf{z}_{\mathcal{D}})\}\geqslant 1-\alpha,\text{只要 }\mathcal{L}(\mathbf{z}_{\mathcal{D}})=P_\theta^{\mathcal{D}} \tag{10.1}$$

注意,这里的集合是随机的,而并非 θ 是随机的。

当置信集是区间时,通常被称为置信区间(confidence intervals)。

例如,假定我们想要根据一组观测值 $z_{\mathcal{D}}$ 来估计未知分布的均值。如果我们在式(10.1)意义上得到 95%的置信集合 $C(\mathbf{z}_{\mathcal{D}})$,那么不论基本分布是怎样的,我们知道此集合将包含我们实验的大约 95%的均值。

这个句子中的“不论基本分布是怎样的”是必不可少的;我们不知道 θ 是多少,因此这个集合必须被设计成包含θ的概率大于$1-\alpha$,而不论是哪一种θ生成数据。难点在于需要实际构建一个具有这种性质的置信集合以适用于合理大范围的一类分布。存在一种传统方法,那就是使用强的参数假设。

例 10.1.1 设$\mathbf{z}_D=\mathbf{x}=(x_1,\cdots,x_N)$,其中每一个$x_n$是从$\mathrm{N}(\mu,\sigma^2)$独立抽取的样本数据。现在假定只有$\mu\in\mathbb{R}$是未知的。我们希望构建$\mu$的置信区间。根据式(9.3),我们有

$$\mathcal{L}\left[\sqrt{N}\,\frac{(\bar{x}_N-\mu)}{\sigma}\right]=\mathrm{N}(0,1) \tag{10.2}$$

注意无论μ与σ的值是多少,该式都是正确的。现在应用式(4.36),可以得出

$$\mathbb{P}\left\{\frac{\sqrt{N}}{\sigma}\mid\bar{x}_N-\mu\mid\leqslant z_{\alpha/2}\right\}=1-\alpha,\text{当 }z_{\alpha/2}:=\Phi^{-1}\left(1-\frac{\alpha}{2}\right)$$

这里Φ表示标准正态累积分布函数。经过重新整理,可以得到

$$\mathbb{P}\left\{\bar{x}_N-\frac{\sigma}{\sqrt{N}}z_{\alpha/2}\leqslant\mu\leqslant\bar{x}_N+\frac{\sigma}{\sqrt{N}}z_{\alpha/2}\right\}=1-\alpha$$

因为该式无论μ值为多少都是正确的,所以我们得出如下结论,区间

$$C(\mathbf{x}):=(\bar{x}_N-e_n,\bar{x}_N+e_n),\text{其中 }e_n:=\frac{\sigma}{\sqrt{N}}z_{\alpha/2}$$

是μ的$1-\alpha$置信区间(注意,在我们假定σ已知的情况下,$C(\mathbf{x})$实际上是可观测的)。

在例 10.1.1 中,σ是已知的假设很明显是不现实的。如果σ是未知的,一种非常自然的方法是利用样本标准差s_N代替这一项。如果这样做,我们将使用下述事实,具体推导则留作练习题 10.4.1 来证明。

事实 10.1.1 如果$x_1,\cdots,x_N$是从$\mathrm{N}(\mu,\sigma^2)$抽取的独立同分布数据,则

$$\sqrt{N-1}\,\frac{(\bar{x}_N-\mu)}{s_N} \tag{10.3}$$

服从$N-1$自由度的学生t分布。

随机变量式(10.3)被称为主元(pivot)的,这意味着它的分布不取决于未知的参数。

例 10.1.2 当σ未知时,考察例 10.1.1 的设置。设F_{N-1}是自由度为$N-1$的t分布的累积分布函数。利用和例 10.1.1 相同的推理,并用$t_{\alpha/2}:=F_{N-1}^{-1}(1-\alpha/2)$代替$z_{\alpha/2}$,可以得到

$$\mathbb{P}\left\{\bar{x}_N-\frac{s_N}{\sqrt{N-1}}t_{\alpha/2}\leqslant\mu\leqslant\bar{x}_N+\frac{s_N}{\sqrt{N-1}}t_{\alpha/2}\right\}=1-\alpha$$

回顾一下,$\bar{x}_N$的标准差是$\sigma/\sqrt{N}$。$s_N/\sqrt{N-1}$项是$\sigma/\sqrt{N}$的样本估计。沿着第 9.1.3.2 节中的讨论,我们称$s_N/\sqrt{N-1}$是$\bar{x}_N$的标准误差,并将它写成$\mathrm{se}(\bar{x}_N)$。于是,我们将例 10.1.2 中的置信区间写成

$$C(\mathbf{x}):=(\bar{x}_N-\mathrm{se}(\bar{x}_N)t_{\alpha/2},\bar{x}_N+\mathrm{se}(\bar{x}_N)t_{\alpha/2}) \tag{10.4}$$

10.1.2 渐近方法

尽管例 10.1.1 和例 10.1.2 中所使用的强参数假设形式在大多数计量经济学情景中很难证明是合理的,但如果样本容量相对较大,则还有另一种创建置信区间的方法,并且该方法对基础分布的结构所施加的要求更少。我们从如下定义开始:给定$\alpha\in(0,1)$,集合$C_N(\mathbf{z}_D)\subset\Theta$被称为$\theta$的渐近$1-\alpha$置信集(asymptotic $1-\alpha$ confidence set),如果给定数据时$C_N(\mathbf{z}_D)$是可观测的,并且

$$\lim_{N\to\infty}\mathbb{P}\{\theta\in C_N(\mathbf{z}_D)\}\geqslant 1-\alpha \tag{10.5}$$

对于所有 $\theta\in\Theta$ 均成立。注意，$C_N(\mathbf{z}_D)$实际上是一系列集合，定义涉及这系列集合。

那么，我们如何创建渐近置信集？首先，考察 θ 是标量的情况。假定对于所有 $\theta\in\Theta$，我们有 θ 的估计量 $\hat{\theta}_N$，此估计量是服从渐近正态的。将第 9.2.4.1 节的结果特定化为这里的标量情况，这意味着，对于所有 $\theta\in\Theta$，存在一个正的常数 $v(\theta)$，使得

$$\text{当 } N\to\infty \text{ 时}, \sqrt{N}(\hat{\theta}_N-\theta)\xrightarrow{d}\mathrm{N}(0,v(\theta)) \tag{10.6}$$

常数 $v(\theta)$被称为 $\hat{\theta}_N$ 的渐近方差。假定统计量 $\mathrm{se}(\hat{\theta}_N)$存在一个序列使得

$$\text{当 } N\to\infty \text{ 时}, \sqrt{N}\,\mathrm{se}(\hat{\theta}_N)\xrightarrow{p}\sqrt{v(\theta)} \tag{10.7}$$

正如练习题 10.4.2 所要求证明的，式(10.6)与式(10.7)意味着

$$\text{当 } N\to\infty \text{ 时}, \frac{\hat{\theta}_N-\theta}{\mathrm{se}(\hat{\theta}_N)}\xrightarrow{d}\mathrm{N}(0,1) \tag{10.8}$$

我们现在可以创建如下的渐近置信区间

$$C_N:=(\hat{\theta}_N-\mathrm{se}(\hat{\theta}_N)z_{\alpha/2},\hat{\theta}_N+\mathrm{se}(\hat{\theta}_N)z_{\alpha/2}) \tag{10.9}$$

为了证明这一点，取极限，然后应用式(10.8)可以得到

$$\begin{aligned}\lim_{N\to\infty}\mathbb{P}\{\theta\in C_N(\mathbf{z}_D)\}&=\lim_{N\to\infty}\mathbb{P}\{\hat{\theta}_N-\mathrm{se}(\hat{\theta}_N)z_{\alpha/2}\leqslant\theta\leqslant\hat{\theta}_N+\mathrm{se}(\hat{\theta}_N)z_{\alpha/2}\}\\&=\lim_{N\to\infty}\mathbb{P}\left\{-z_{\alpha/2}\leqslant\frac{\hat{\theta}_N-\theta}{\mathrm{se}(\hat{\theta}_N)}\leqslant z_{\alpha/2}\right\}\\&=1-\alpha\end{aligned}$$

例 10.1.3 设 $\bar{x}_N$ 是独立同分布数据$\{x_N\}$的样本均值。假定这些数据来自某个存在有限二阶矩的分布。设 μ 表示共同均值，σ^2 表示方差，s_N 表示样本标准差。结合中心极限定理与 s_N 相对 σ 的一致性(参看第 9.2.4 节)，可以得出

$$\sqrt{N}(\bar{x}_N-\mu)\xrightarrow{d}\mathrm{N}(0,\sigma^2)\text{ 且}\sqrt{N}\,\mathrm{se}(\bar{x}_N)\xrightarrow{p}\sigma,\text{对于 }\mathrm{se}(\bar{x}_N):=\frac{s_N}{\sqrt{N}} \tag{10.10}$$

利用 $\mathrm{se}(\bar{x}_N)$的这个定义，由此可得如下集合

$$(\bar{x}_N-\mathrm{se}(\bar{x}_N)z_{\alpha/2},\bar{x}_N+\mathrm{se}(\bar{x}_N)z_{\alpha/2})$$

是 $\bar{x}_N$ 的 $1-\alpha$ 的渐近置信区间。

10.1.3 非参数的例子

这一节给出一个非参数置信集的例子。在第 8.1.3 节中，我们已经知道，如果 $\mathbf{x}=(x_1,\cdots,x_N)$ 是从某个累积分布函数 F 中得到的独立同分布向量，而 $\hat{F}_N$ 是对应的经验累积分布函数，那么 $\|F-\hat{F}_N\|_\infty$ 以概率收敛到 0。在 1933 年，A. N. 柯尔莫哥洛夫(A. N. Kolmogorov)利用中心极限定理的扩展形式来获得该项的渐近分布。他特别指出，当 F 是连续的时候，

$$\sqrt{N}\sup_{s\in\mathbb{R}}|\hat{F}_N(s)-F(s)|\xrightarrow{d}K \tag{10.11}$$

其中 K 表示柯尔莫哥洛夫累积分布函数

$$K(s):=\frac{\sqrt{2\pi}}{s}\sum_{i=1}^{\infty}\exp\left[-\frac{(2i-1)^2\pi^2}{8s^2}\right]\quad(s\geqslant 0) \tag{10.12}$$

如同中心极限定理，极限分布 K 独立于生成数据的累积分布函数 F。

我们可以利用式(10.11)为 F 创建一个 $1-\alpha$ 渐近置信集。为此，设 $\mathfrak{F}$ 是 $\mathbb{R}$ 上所有累积分布函数的集合，设 $x_1,\cdots,x_N$ 是取自 $F\in\mathfrak{F}$ 的独立同分布抽样，设 $k_{1-\alpha}:=K^{-1}(1-\alpha)$，同时设

$$C_N(\mathbf{x}):=\left\{G\in\mathfrak{F}:\hat{F}_N(s)-\frac{k_{1-\alpha}}{\sqrt{N}}\leqslant G(s)\leqslant\hat{F}_N(s)+\frac{k_{1-\alpha}}{\sqrt{N}},\quad \text{对于所有 } s\in\mathbb{R}\right\}$$

集合 $C_N(\mathbf{x})\subset\mathfrak{F}$ 是 F 的 $1-\alpha$ 渐近置信集。重新整理表达式后，可以得到

$$\begin{aligned}F\in C_N(\mathbf{x}) &\Leftrightarrow -k_{1-\alpha}\leqslant\sqrt{N}(\hat{F}_N(s)-F(s))\leqslant k_{1-\alpha},\text{对于所有 } s\\ &\Leftrightarrow\sqrt{N}\,|\hat{F}_N(s)-F(s)|\leqslant k_{1-\alpha},\text{对于所有 } s\\ &\Leftrightarrow\sup_s\sqrt{N}\,|\hat{F}_N(s)-F(s)|\leqslant k_{1-\alpha}\end{aligned}$$

应用式(10.11)可以证明我们的陈述：

$$\lim_{N\to\infty}\mathbb{P}\{F\in C_N(\mathbf{x})\}=\lim_{N\to\infty}\mathbb{P}\{\sup_s\sqrt{N}\,|\hat{F}_N(s)-F(s)|\leqslant k_{1-\alpha}\}=1-\alpha$$

给定数据 $x_1,\cdots,x_N$ 与对应的经验累积分布函数 $\hat{F}_N$，我们可以通过强调 s 的下界 $\hat{F}_N(s)-k_{1-\alpha}/\sqrt{N}$ 和上界 $\hat{F}_N(s)+k_{1-\alpha}/\sqrt{N}$ 之间的区域来表示置信集 $C_N(\mathbf{x})$，如图 10.1 和图 10.2 所示。数据来源于自由度为 10 的 t 分布的 F，同时将 α 取为 0.05。图 10.1 中的 N 值是 250，图 10.2 中的 N 值为 1 000。

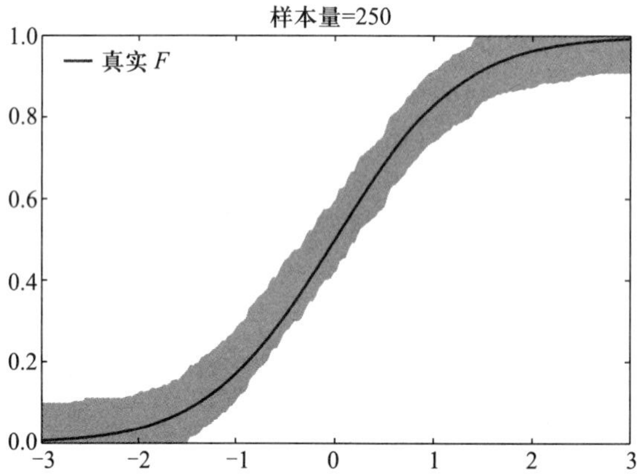

图 10.1　250 个观测值的经验累积分布函数置信集

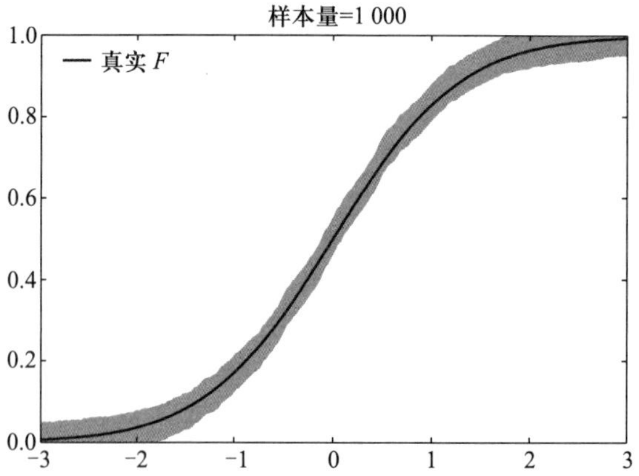

图 10.2　1 000 个观测值的经验累积分布函数置信集

10.2 假设检验

这一节考察推断问题,为此我们需要:

(i) 持有一种关于生成数据的概率方面的看法或理论;

(ii) 考虑数据是否提供了支持理论或者反对理论的证据。

例 10.2.1 尽管资产价格收益率的数据往往比正态分布具有更厚的尾部,但对于某些资产而言,正态分布可能仍是合理且方便的近似。下面我们查看在日经 225 的日收益率情况下正态分布是否合理。图 10.3 给出了标准正态分布的累积分布函数与从 2014 年 1 月至 2015 年 7 月标准化收益率的经验分布的比较。① 虽然数据的 ECDF 与 CDF 不相同,但即使正态假设完全正确,我们也不会期望这一点。毕竟,我们只是在观察一个样本,并且样本是随机的。所以问题就变成了,样本"不可能"给出正态假设吗?

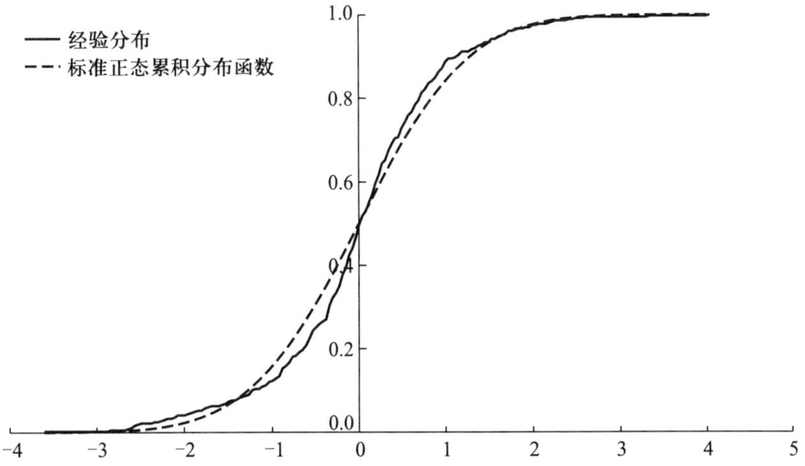

图 10.3 标准化收益率的 ECDF 对比标准正态 CDF

为了进行下一步,我们必须正式地确定建立假设的过程,并将数据在这个方向或其他方向上的指向程度数量化。

假设检验从设定原假设(null hypothesis)开始,而原假设是一个如下的陈述:观察到的数据是由某个模型或某类模型中的一个所生成的。人们可能会认为统计学中的标准程序是要证明原假设的有效性,但事实并非如此。相反,假设检验是试图拒绝原假设。

为了理解为什么,我们回顾一下卡尔·波普尔(Karl Popper,1902—1994)的著名例子。考察下面的陈述:所有的天鹅都是白色的。想要证明该假设的正确性是徒劳的,因为不管人们看到多少只白天鹅,都无法证实地球上所有的天鹅都是白色的。然而,只要有一只黑天鹅就可以证明这个陈述是错误的。从这个意义上说,以观察为基础来尝试证伪理论相比于尝试证实它更有建设性。

① 收益率是通过减去样本均值并除以样本标准差来加以标准化的。数据来自圣路易斯联邦储备银行 FRED 数据中心。

尽管我们试图拒绝原假设,但是我们只有在观察到有力的证据时才能这样做。其理由如下:假定我们有关于经济如何运作的一系列理论。接下来的程序就是逐步验证这些理论,在每一个阶段都将理论正确作为原假设并试图拒绝它。如果理论被拒绝,那么我们就可以摒弃它。这是一个有效的排除过程。然而,我们不想错误地摒弃一个好的理论。因此,只有当具有很强的证据反对原假设时,我们才会拒绝原假设。

10.2.1 构建检验

我们采用第 10.1.1 节中的设置和符号。原假设是模型的一种设定,我们认为数据生成过程属于这组模型。这相当于设定 Θ 的子集 Θ_0。原假设通常写成

$$H_0:\theta \in \Theta_0$$

Θ_0 如果是一个单元集,那么这个原假设就被称为简单假设(simple hypothesis);如果不是,原假设就被称为复合假设(composite hypothesis)。对原假设的检验是检验对于 $\theta \in \Theta_0$,观察值是否由 P_θ 生成。

例 10.2.2 购买力平价的假设是通过考察如下模型来检验的:

$$p = \alpha + \beta ep^* + \sigma u \qquad (10.13)$$

其中 p 表示国内价格或价格指数,e 表示汇率,p^* 表示对应的国外价格,u 表示干扰项,α,β,σ 表示参数。绝对购买力平价的原假设是式(10.13)成立,而且 $\alpha=0,\beta=1$。因为 σ 没有被原假设所固定,所以这是一个复合原假设。

从形式上看,H_0 的检验是将观测值 $\mathbf{z}_\mathcal{D}$映射到$\{0,1\}$的二值函数 ϕ。检验规则是

$$\text{如果 } \phi(\mathbf{z}_\mathcal{D}) = 1, \text{则拒绝 } H_0$$

$$\text{如果 } \phi(\mathbf{z}_\mathcal{D}) = 0, \text{则不拒绝 } H_0$$

(不应该将不拒绝 H_0 与接受 H_0 相混淆,下面将更详细讨论这一点。)我们的目标是设计 ϕ,使得当数据显示强有力的证据反对 H_0 时,ϕ 的取值就为 1。

例 10.2.3 设 $\mathbf{z}_\mathcal{D}$是取自某个未知二元分布 P_θ 的一组数对 $\mathbf{z}_n=(x_n,y_n)$的集合。如果 H_0 假设 x 与 y 的相关性为负,那么正相关性的大样本将构成反对 H_0 的证据。因此,我们的检验可以采用 $\phi(\mathbf{z}_\mathcal{D})=\mathbb{1}\{\hat{\varrho}>c\}$ 的形式,其中$\hat{\varrho}$表示样本相关性。c 的合适值仍待定。

我们的检验结果取决于随机样本 $\mathbf{z}_\mathcal{D}$,因为是随机的,故其实现值可能会误导我们。实现值误导我们的方式存在两种不同形式。第一,当它事实上为真的时候,我们可能会错误地拒绝原假设,这被称为第一类错误(type I error)。第二,当它事实上为假的时候,我们没有拒绝原假设,这被称为第二类错误(type II error)。

与检验 ϕ 相关的功效函数(power function)是

$$\beta(\theta) := \mathbb{P}_\theta\{\phi(\mathbf{z}_\mathcal{D}) = 1\} \quad (\theta \in \Theta)$$

在这里和下文中,符号$\mathbb{P}_\theta$表示我们在假设 $\mathcal{L}(\mathbf{z}_\mathcal{D})=P_\theta^D$ 时计算概率。因而,$\beta(\theta)$是检验被拒绝的概率,此时数据是由 θ 确定的概率模型生成的。

在理想情况下,我们希望当 $\theta \in \Theta_0$ 时 $\beta(\theta)=0$;当 $\theta \notin \Theta_0$ 时 $\beta(\theta)=1$。在实践中,这很难实现。

如上文所说,因为我们不想抛弃好的理论,所以我们倾向于在拒绝原假设上持保守态度。因此,传统上第一类错误的概率很小。于是,假如我们的检验告诉我们拒绝原假设,那么原假设不可能为真。正因如此,标准的方法是选择一个较小的数 α,比如 0.05 或 0.01,然后调整检验使得

$$\text{对所有的 } \theta \in \Theta_0, \beta(\theta) \leqslant \alpha \qquad (10.14)$$

如果式(10.14)成立,则称检验的水平为 α(size α)。类似地,任何有功效函数 β 的检验的水平都是

$$\alpha := \sup_{\theta \in \Theta_0} \beta(\theta) \tag{10.15}$$

这是原假设为真时的最大拒绝概率。

在构建检验时,一种常见(但不通用)的设置是定义一个实值检验统计量(test statistic)T 与一个临界值(critical value)c,然后设

$$\phi(\mathbf{z}_{\mathcal{D}}) := \mathbb{1}\{T(\mathbf{z}_{\mathcal{D}}) > c\} \tag{10.16}$$

那么,用数值对(T,c)就可以定义检验,规则是:

$$\text{当且仅当 } T(\mathbf{z}_{\mathcal{D}}) > c \text{ 时,拒绝 } H_0$$

例 10.2.4　假设 $x_1,\cdots,x_N$ 是从 $\mathrm{N}(\mu,1)$ 中独立抽取的,其中 μ 值未知。原假设是 $\mu \leqslant 0$ 或者 $\Theta_0 = (-\infty, 0]$。因为我们想要推断均值,所以一种自然而然的检验统计量是样本均值。因而

$$T(\mathbf{z}_{\mathcal{D}}) =: T(x_1,\cdots,x_N) := \bar{x}_N$$

对于每个 $c \in \mathbb{R}$,都经由(10.16)给出一个检验,其功效函数是 $\beta(\mu) := \mathbb{P}_\mu\{\bar{x}_N > c\}$。为了求 β,回顾 $\mathcal{L}(\bar{x}_N) = \mathrm{N}(\mu, 1/N)$。因此,如果 Φ 是标准正态分布的累积分布函数并且 $\mathcal{L}(z) = \Phi$,那么

$$\mathbb{P}_\mu\{\bar{x}_N \leqslant c\} = \mathbb{P}\{\mu + N^{-1/2} z \leqslant c\} = \mathbb{P}\{z \leqslant N^{1/2}(c-\mu)\} = \Phi[N^{1/2}(c-\mu)]$$

$$\therefore \quad \beta(\mu) = 1 - \Phi[N^{1/2}(c-\mu)] \tag{10.17}$$

给定 c,功效函数随 μ 而递增,因为 μ 越大,$\bar{x}_N$ 的均值越大,使得事件$\{\bar{x}_N > c\}$越有可能发生。给定 μ,功效函数随 c 而递减,因为 c 越大,事件$\{\bar{x}_N > c\}$发生的可能性越低。

图 10.4 给出了对于两个不同 c 值时,式(10.17)中功效函数 β 的示意图。这里 N 固定为 10。因为 $\Theta_0 = (-\infty, 0]$,所以在每种情况下检验水平均为$\sup_{\mu \leqslant 0} \beta(\mu)$。由于功效曲线是递增的,因而这只是$\beta(0)$。

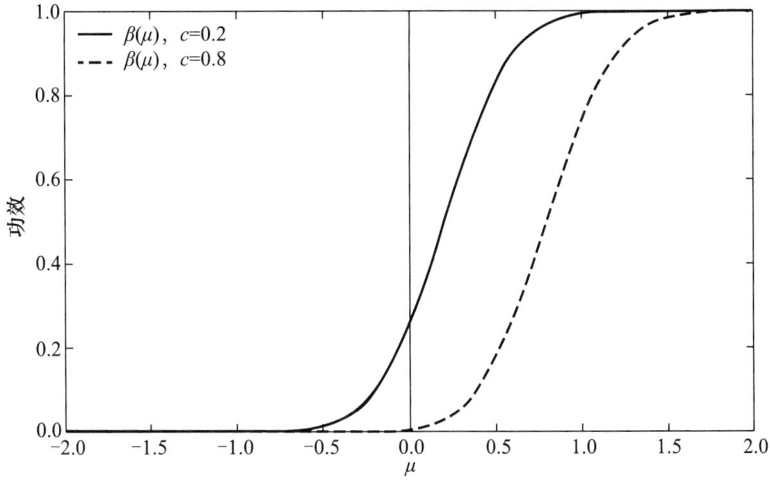

图 10.4　不同 c 值的功效函数 β

图 10.4 展示了第一类错误和第二类错误之间的权衡。如果 c 增大,那么对于所有的 μ 值,拒绝原假设的可能性降低。这会降低发生第一类错误的概率,但同时也会增加我们没有拒绝错误的原假设的概率。

10.2.2 选择临界值

下面我们更深入地考察式(10.16)中的检验。通常,T 的选择是由问题决定的。例如,如果我们的假设是关于随机变量二阶矩的陈述,那么我们可以将 T 取为样本的二阶矩。一旦 T 被固定,我们需要调整 c 使得(T,c)达到适当的检验水平。因而,一个标准程序是:

(i) 根据我们对第一类错误的容忍度来选择希望的检验水平 α;

(ii) 确定合适的检验统计量 T;

(iii) 选择临界值 c,使得(T,c)的检验水平为 α。

执行最后一步时,我们需要在以下两方面取得平衡:一方面是最小化第二类错误;另一方面是通过选择 c 来保持检验水平是 α 从而使得式(10.14)成立。在这种情况下,问题是借助于选择 c 求解

$$\alpha = \sup_{\theta\in\Theta_0} \mathbb{P}_\theta\{T(\mathbf{z}_D) > c\} \tag{10.18}$$

如图 10.5 所示。在图 10.5 中,我们取 Θ_0 作为两个元素的集合$\{\theta_a,\theta_b\}$。当 $\mathbf{z}_D$ 由 θ_a 生成时,实线显示了 $T(\mathbf{z}_D)$的虚数分布,表示为密度。虚线是针对 θ_b 给出的同样情况。假设规定了 α 的值,我们的下一步就是确定使式(10.18)成立的 c。我们选择 c,使得两个阴影区域中面积最大的区域等于 α。

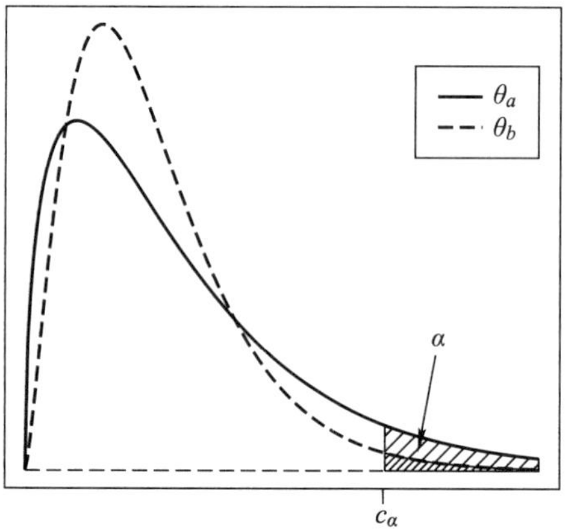

图 10.5 确定临界值

例 10.2.5 我们再次考察例 10.2.4,其中 $x_1,\cdots,x_N \overset{\text{IID}}{\sim} \mathrm{N}(\mu,1)$,但 μ 值是未知的,我们的原假设是 $\mu\leqslant 0$。给定 α,我们的任务是找到合适的临界值 c,使得(T,c)的检验水平为 α。为了在给定 α 时求出 c,我们使用式(10.18)。应用式(10.17)中功效函数的表达式,这变成

$$\alpha = \sup_{\mu\leqslant 0}\{1 - \Phi[N^{1/2}(c-\mu)]\}$$

因为右边随 μ 而增大,所以通过令 $\mu=0$ 来获得上确界。设 $\mu=0$ 并求解 c,可以得到

$$c(\alpha) := N^{-1/2}\Phi^{-1}(1-\alpha)$$

其中 Φ^{-1}表示标准正态分布的分位数函数。在 R 语言中,可以利用 qnorm 来求此函数。例如,

```
> alpha = 0.05
> qnorm (1-alpha)
[1] 1.644854
```

由于 Φ^{-1}是递增的,我们可以发现,α 越小则 $c(\alpha)$越大——我们通过提高均值 $\bar{x}_N$ 必须达到以拒绝原假设的临界值来降低第一类错误的概率。另外,较大的 N 也会降低 $c(\alpha)$:更多的数据使我

们能够在不增加拒绝正确的原假设的概率的情况下来降低临界值。

10.2.3 渐近检验

一般来说,构建一个给定检验水平的检验需要一些关于原假设下检验统计量分布的知识。然而,在许多情况下,我们对检验统计量的分布知之甚少。幸运的是,我们仍有其他的选择。一种方法是自助法。另一种方法则是试着确定检验统计量的渐近分布。正如我们从中心极限定理所知道的,渐近性支持了如下可能性:在没有实际假定参数先验结构的条件下确定分布。

为了这样做,我们需要转到渐近检验水平的概念上,而不是有限样本量上。用 β_N 而不是 β 来强调功效函数一般取决于样本量,一个检验被称为渐近检验水平为 α(asymptotically of size α),如果

$$\text{对于所有的 } \theta \in \Theta_0, \lim_{N\to\infty}\beta_N(\theta) \leqslant \alpha \tag{10.19}$$

例 10.2.6 设 $x_1, \cdots, x_N$ 是取自均值为 θ、方差为 σ^2 的独立同分布样本。假定 θ 与 σ 都是未知的。我们希望检验假设 $H_0: \theta=\theta_0$。考察统计量

$$t_N := \sqrt{N}\left\{\frac{\bar{x}_N - \theta_0}{s_N}\right\} = \frac{\bar{x}_N - \theta_0}{\mathrm{se}(\bar{x}_N)} \tag{10.20}$$

其中 $\mathrm{se}(\bar{x}_N) := \dfrac{s_N}{\sqrt{N}}$,如同式(10.10)所示。正如例 10.1.3 所讨论的,这个表达式收敛于标准正态分布。因此

$$\phi_N(\mathbf{x}) := \mathbb{1}\{|t_N| > z_{\alpha/2}\} \tag{10.21}$$

是渐近检验水平为 α 的(参见练习题 10.4.3)。

10.2.3.1 经验分布的检验

现在给出如何构建渐近检验水平为 α 的检验的另一个例子,我们回到图 10.3 所示的标准化日收益率数据。设 Φ 就像之前一样表示标准正态累积分布函数,并设 H_0 为标准化收益率是取自 Φ 的独立同分布抽样数据。给定 α,令 $k_{1-\alpha}=K^{-1}(1-\alpha)$ 是柯尔莫哥洛夫分布 K 的 $1-\alpha$ 分位数,与式(10.12)中的定义一样。最后,设 $\hat{F}_N$ 是数据的经验累积分布函数。如果原假设为真,那么根据式(10.11),可以得到

$$\sqrt{N}\sup_{s\in\mathbb{R}}|\hat{F}_N(s) - \Phi(s)| \xrightarrow{d} K \tag{10.22}$$

对于检验

$$\phi_N(\mathbf{x}) := \mathbb{1}\left\{\sqrt{N}\sup_{s\in\mathbb{R}}|\hat{F}_N(s) - \Phi(s)| > k_{1-\alpha}\right\}$$

当原假设为真时,设 $\beta_N(\Phi)$ 为功效函数的值。由式(10.22),我们得到

$$\lim_{N\to\infty}\beta_N(\Phi) = \lim_{N\to\infty}\mathbb{P}\left\{\sqrt{N}\sup_{s\in\mathbb{R}}|\hat{F}_N(s) - \Phi(s)| > k_{1-\alpha}\right\} = \alpha$$

因此式(10.19)得到验证,同时此检验是渐近检验水平为 α 的。注意检验的构造是如何逆转第 10.1.3 节中的置信集的。

这里使用的日经数据集有 364 个观测值。检验统计量 $\sqrt{N}\sup_{s\in\mathbb{R}}|\hat{F}_N(s)-\Phi(s)|$ 的值是 1.548。当 $\alpha=0.05$ 时,正如第 10.1.3 节所示,临界值 $k_{1-\alpha}$ 为 1.36。因此,检验统计量大于临界值,从而拒绝原假设。有关代码可参看网页 johnstachurski.net/emet.html。

虽然在图 10.3 中不容易看到偏离正态,但在直方图和密度的比较中可以清楚地看到,如图

10.6 所示。数据明显表现为更高峰度,并有证据显示厚尾。

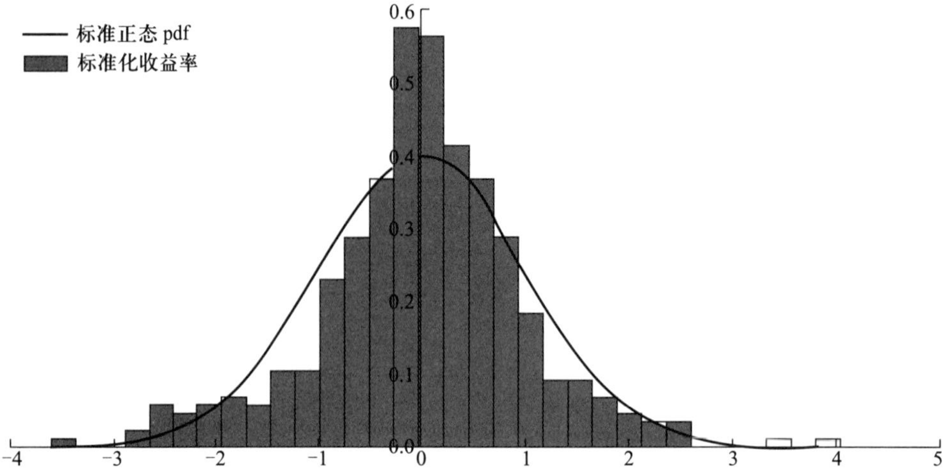

图 10.6 日经 225 的标准化日收益率

这个应用还说明了检验取决于一系列假设而非一个特定假设。例如,这里对 H_0 的完整描述为标准化收益率是取自标准正态密度的独立同分布抽样数据。而拒绝则表明,这个原假设是错误的,但可能是由于独立同分布假设而不是正态假设使得我们的原假设与数据不太吻合。①

10.2.3.2 p 值

通常情况下,拒绝检验水平为 0.05 的检验也会拒绝检验水平为 0.1 的检验,但可能不会拒绝检验水平为 0.01。较小的 α 意味着对第一类错误的容忍度下降,并迫使临界值变得较大。因此,对于检验统计量的某个固定值来说,检验的结果可以从拒绝转为不拒绝。那么问题就出现了:我们可以拒绝给定检验统计量的 α 的最小值是多少?这个值被称为 p 值。

为了更准确地说明这一点,再次考察第 10.2 节的设定背景。原假设是 $H_0:\theta\in\Theta_0$,对于每个 $\alpha\in(0,1)$,$(T,c(\alpha))$ 的检验水平为 α。我们假定 $c(\alpha)$ 是根据(10.18)中的关系确定的。在这种设置条件下,检验的 p 值被定义为

$$p(\mathbf{z}_D):=\inf\{\alpha\in(0,1):c(\alpha)<T(\mathbf{z}_D)\}$$

简单地说,这是检验从拒绝转到不拒绝的 α。通常,$\alpha\mapsto c(\alpha)$ 是连续的,而且在此情况下,$p(\mathbf{z}_D)$ 的表达式缩减为

$$p(\mathbf{z}_D):=\text{使得 } c(\alpha)=T(\mathbf{z}_D) \text{ 的 } \alpha \tag{10.23}$$

例 10.2.7 回顾检验(10.21)。$c(\alpha):=\Phi^{-1}(1-\alpha/2)$,并且 $c(\alpha)$ 在 α 上连续,所以我们可以应用式(10.23)中 $p(\mathbf{z}_D)$ 的定义。为了求解 $p(\mathbf{z}_D)$,我们需要求出 $\Phi^{-1}(1-\alpha/2)=|t_N(\mathbf{z}_D)|$ 中的 α。经过重新整理同时利用对称性,可以得到

$$p(\mathbf{z}_D)=2\Phi(-|t_N(\mathbf{z}_D)|) \tag{10.24}$$

10.2.4 接受原假设?

有时,不能拒绝原假设被认为给支持原假设提供了证据。这是一个滑坡谬误(slippery slope)。

① 我们已执行的检验可以被修改为能处理非独立数据的情况。参看 Negri and Nishiyama(2010),其提供了这类检验和更多的参考文献。

这里给出一个例子。

在 20 世纪 80 年代，计量经济学家建立了一套称为单位根检验（unit root test）的新工具。首先，人们发现，由 Dickey and Fuller（1979）提出的新检验在用于各种经济时间序列问题时，没有拒绝单位根的原假设（Nelson and Plosser，1982）。有人认为这个研究发现在以下两方面引发了一些问题：一是假定趋势平稳的一系列早期时间序列方法；二是假定围绕趋势的新信息（innovations）平稳的各种商业周期研究。于是，出现许多新的单位根检验。针对主要经济时间序列的新息包含永久成分的想法变成了一种程式化的事实。

我们仔细想一想。为了阐述方便，假定我们正在考察失业率数据，其中单位根假设与迟滞现象（hysteresis）的概念相关，比如参看 Mitchell（1993）。在此设置背景中，单位根原假设可以简单地表示成 AR(1) 过程中 $a=1$

$$u_{t+1} = au_t + b + \epsilon_{t+1} \tag{10.25}$$

这里 $\{u_t\}$ 表示失业率，a 与 b 表示参数，$\{\epsilon_t\}$ 表示零均值新息，参看 Mitchell（1993）的式（5）。设 T 是样本的长度，单位根原假设的标准单侧迪基-福勒检验（Dickey-Fuller test）是

（i）通过最小二乘法（参看第 8.2.1.1 节）估计参数 $\hat{a}$ 和 $\hat{b}$；

（ii）如果 $T(\hat{a}-1)<c$，则拒绝原假设，其中 c 表示临界值。

从直观上看，当 $a<1$ 时，检验统计量在大样本条件下被计算为负数。尽管我们这里省略了推导，但 Dickey and Fuller（1979）已经证明检验统计量在原假设下依分布收敛，同时给出了不同检验水平下的临界值表。

许多研究都不能拒绝失业率数据的单位根原假设，参看 Mitchell（1993）的早期研究，或 Cheng et al.（2012）利用一套较新检验的研究。我们应该如何解释无法在这种设置下拒绝原假设呢？一种可能性是，对于满足 $a=1$ 的数据来说，式（10.25）是很好的模型。然而，这并不是唯一的可能性。还有另一种可能性是，数据由其他过程生成，这种检验几乎没有什么作用。

第二种可能性似乎比第一种可能性更为合理。事实上，如果式（10.25）中 $a=1$，那么对于每个有界的 $\mathscr{B}$ 可测的 $B\subset\mathbb{R}$，当 $t\to\infty$ 时，则 $\mathbb{P}\{u_t\in B\}\to 0$。可是，就业率并不发散。更为可能的一种情况是，尽管失业率一直保持在某些值的区间内，但在这个区间之外，均衡力量会变得越来越强大。例如，失业率越低，劳动力市场就会越吃紧，这就会推高工资水平，鼓励雇主用其他生产要素来替代劳动力，从而使失业率产生上行压力。

通过采用非线性模型，我们可以很容易地将这些均衡力量与失业率一直保持在常见观测值的观点结合起来。例如，考察下述随机游走的简单变形：

$$u_{t+1} = h(u_t) + \epsilon_{t+1} \tag{10.26}$$

其中 h 表示图 10.7 中所描述的广义 logistic 函数，该图中还有 45°线。当失业率介于 5 至 15 区域时，该函数的斜率接近 1，并且该过程很持久，就像随机游走一样。当失业率高于和低于这个数值时，h 的形状会回到这个范围。

列表 7 给出了利用这个模型生成数据时的模拟代码。冲击 $\{\epsilon_t\}$ 服从独立的高斯分布。在每个循环绘制长度为 100 的时间序列，并计算迪基-福勒检验统计量。检验水平设置为 0.05，在这种情况下，检验的临界值是 −13.7（例如，参看 Hayashi（2000），第 576 页）。如果人们运行此代码就会发现，这个随机种子重复超过 5 000 次后的拒绝频率大约为 0.05。这与原假设为真时的拒绝频率相同。对于这个数据量，绝大多数检验都无法拒绝单位根模型假设，即使数据生成过程是式（10.26）。

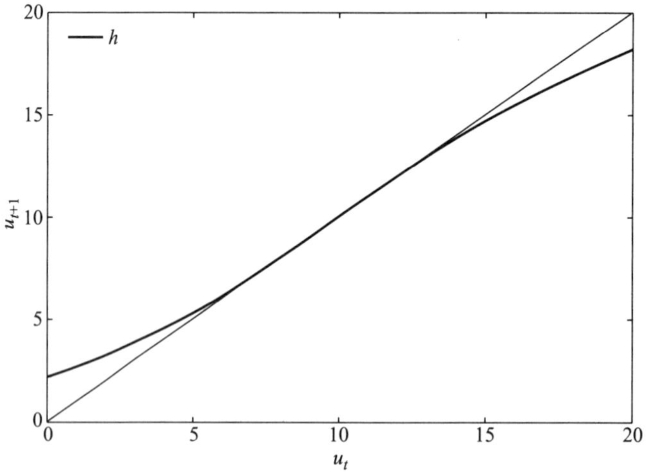

图 10.7　失业率动态的非线性过程

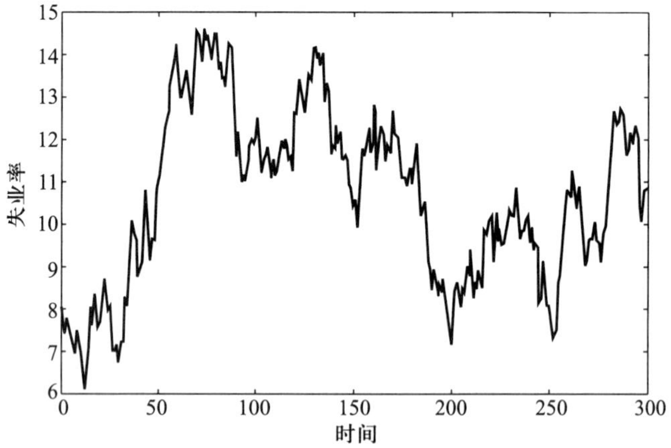

图 10.8　失业率动态变化的模拟

列表 7　用于非线性时间序列的 Dickey-Fuller 检验程序（Julia）

```
N = 100                    # Length of time series
alpha = 0.05               # Size of test
critical = -13.7           # Critical value for DF test of size 0.05
srand (123)                # Set random seed

function h(x, a=0.0, k=22, b=.16, q=0.6, m=10)
    return a + (k - a) /((1 + q * exp(-b * (x - m)))^(1/q))
end

function dickey_fuller_stat(y)
    y1 = y[1:end-1]
```

```
y2 = y[2:end]
z2 = y2 - mean(y2)
z1 = y1 - mean(y1)
rho = dot (z1, z2) /dot(z1, z1)
return length(y1) * (rho - 1)
end

function sim_dgp(N)
    y = Array (Float64, N)
    y[1] = 8 # Initial value of unemployment rate
    for i in 1:N-1
        y[i+1] = h(y[i]) + 0.5 * randn()
    end
    return y
end

M = 5000
rejections = 0
for m in 1:M
    y=sim_dgp(N)
    rejections += (dickey_fuller_stat(y) < critical)
end
println("Fraction under critical value: ", rejections /M)
```

这个实验有趣的地方在于,非线性数据生成过程与原假设具有截然不同的性质。通过参考 Meynand and Tweedie(2009)中定理 16. 0. 2 的条件,非线性数据生成过程不仅是平稳的,而且是一致遍历的。这是独立同分布性质之后最可能的平稳形式。这意味着初始条件的影响在状态空间上是以几何速率消失的,并不存在“永久的成分”。

10. 2. 5　经济学中的统计检验

尽管假设检验的机制相对简单,但以假设检验为基础的科学范式却是人们不断争论的话题。宏观经济学就是一个有趣的例子。在 20 世纪 70 年代,理性预期革命开创了一类新的宏观经济模型。理性预期的支持者首先做的事情之一就是运用数据检验这些模型。托马斯 · 萨金特的描述如下(Evans and Honkapohja,2005):

我记得卢卡斯(Bob Lucas)和普雷斯科特(Ed Prescott)最初对理性预期计量经济学非常狂热。毕竟,它只是迫使我们达到凯恩斯主义者被要求的同样高的标准,而我们曾批判凯恩斯主义者未达到该标准。但是,在针对理性预期模型进行似然比检验大约 5 年后,我记得卢卡斯和普雷斯科特告诉我,那些检验拒绝了太多好模型。

在接下来的几年里，许多宏观经济学家都放弃了正式的假设检验。对经典检验的标准回应是："我已经知道我的模型是错误的。利用标准的推断拒绝我的模型并不新鲜。"例如，基德兰德和普雷斯科特（Kydland and Prescott,1991）将计量经济学定义为一个不包含检验的过程：

计量经济分析的主要步骤如下：定义问题、建立模型、校准模型、报告研究结果。

如何将这个观点与标准统计范式相比呢？标准范式肯定会将所有模型都认定为错误的。所有合理的模型在某些方面都是错误的，这是因为根据定义，它们是现实的简化表述。拒绝模型是为了留下最合适的模型：那些能有效解释观测到的现象并且最难以拒绝的模型将会留下来。①

同时，人们对于一些经济学家对经典假设检验的失望感到同情是合理的。虽然水温在 100 摄氏度沸腾的假设永远不会被拒绝（至少在海平面高度），但在经济学中，即使是最好的模型也只能捕获一些让人感兴趣的现象，当从其他方面来看时，它们必然和现实不相符。当拥有足够多的数据之后，几乎所有合理的经济模型都会被拒绝。但是，我们应该放弃它们吗？或许这些模型中的一些对于引导我们的思考仍然是十分有用的。

例 10.2.8 卢卡斯（Lucas,1978）的基于消费的资产定价模型未能很好地拟合大多数资产类型的收益率。但是，其关键的定价方程仍然提供了重要的基准，同时也是计量经济学家以数量化方式思考资产定价的方法。

如何解释这些不同的观点呢？有些研究人员认为，利用矩进行校准和匹配足以作为验证其模型的工具。但是这种验证形式对模型建立者几乎没有限制。聪明的经济学家可以找到多种方法来复制数据中观测到的最有趣的现象，每一种方法都有其独特的政策含义。更为重要的是，矩匹配的目标主要是样本内标准。这种方法的危险已经由图 8.4 所说明。

第一种妥协方法是检验部分设定模型，其中检验只涉及理论所蕴含的特定限制。第二种方法是更强调经济研究中的样本外表现，这为正确理解提供了更严格的检验。第三种方法是贝叶斯方法提供的模型选择，重点在于比较和改进模型而不是拒绝模型。第四种方法是改进经济理论，以使模型与数据能更好匹配。

10.3 进一步阅读

关于式（10.12）中的柯尔莫哥洛夫分布收敛结果的技术讨论，参看 Van der Vaart（2000）的第 19.4 节。

关于计量经济学中统计检验的讨论，可以参看 McCloskey and Ziliak（1996）以及 Freedman（2009）。对于估计和假设检验的校准的讨论，可以在 Kydland and Prescott（1991）、Kim and Pagan（1999）以及许多其他地方找到。Hansen（2014b）提出了支持部分指定模型限制检验的主要论据。Silver（2012）趣味十足地解读了有关预测应用的估计和不确定性。Hayashi（2000）非常好地总结

① 顺便说一下，考虑到这种模型选择，可能会有一种简单的方法来产生一种在当前可接受的理论下都成立的模型，而不会因拒绝被剔除：只需确保模型没有可检验的含义。但是，此策略实际行不通，因为没有可检验含义的模型不能被看成任何事物的理论。正如卡尔·波普尔所提出的，科学理论的定义是该理论具有一个或多个可检验的含义。换句话说，这个理论是可以被证伪的。

了单位根检验。关于单位根检验的批判性讨论,参看 Cochrane(1991)。

10.4　练习题

练习题 10.4.1　证明事实 10.1.1。

练习题 10.4.2　证明当式(10.6)和式(10.7)成立时,式(10.8)是有效的。

练习题 10.4.3　设 $\alpha \in (0,1)$,并设 $z_{\alpha/2} := \Phi^{-1}(1-\alpha/2)$。证明如果 $t_N(\mathbf{x}) \xrightarrow{d} \mathrm{N}(0,1)$,当 H_0 为真并且 $T_N(\mathbf{x}) = |t_N(\mathbf{x})|$ 时,那么检验 $\phi_N(\mathbf{x}) := \mathbb{1}\{T_N(\mathbf{x}) > z_{\alpha/2}\}$ 的序列就是渐近检验水平为 α 的。

练习题 10.4.4　如果一个检验设计得很好,那么只要 H_0 为假时,当 $N \to \infty$,拒绝概率就将收敛到 1:

$$\text{当 } N \to \infty, \beta_N(\theta) \to 1, \text{只要 } \theta \notin \Theta_0 \text{ 时},$$

这样的检验被称为是一致的(consistent)。证明当 $\alpha \in (0,1)$ 时,例 10.2.6 中的检验是一致的。①

练习题 10.4.5　(计算)拟合优度卡方检验用于检验给定数据集是否由特定离散分布所生成,这个分布是由取值在 $1,\cdots,J$ 的 PMF $p_1,\cdots,p_J$ 表示。更准确地说,设 $x_1,\cdots,x_N$ 是 N 个随机变量,每一个 x_N 取 1 到 J 之间的整数值。检验的原假设为,对于 $n \in \{1,\cdots,N\}$, $j \in \{1,\cdots,J\}$,样本是独立同分布的,满足 $\mathbb{P}\{x_n = j\} = p_j$。检验统计量是

$$X := N \sum_{j=1}^{J} \frac{(q_j - p_j)^2}{p_j} \tag{10.27}$$

其中 q_j 表示取值为 j 时样本 $x_1,\cdots,x_N$ 的分数。写出一个被称为 `chsqts` 的函数,它包含参数 observations 与 p,其中 observations 表示存储样本 $x_1,\cdots,x_N$ 的向量,p 表示存储值 $p_1,\cdots,p_J$ 的向量。函数 `chsqts`(observations,p)应返回式(10.27)中的值 X。②

练习题 10.4.6　(计算)本题是练习题 10.4.5 的继续。在原假设下,式(10.27)中的 X 是自由度为 $J-1$ 的渐近卡方。设 $J=3, p_1=0.2, p_2=0.2, p_3=0.6, N=20$。通过反复模拟取自 PMF 的 20 个独立同分布观测值 $x_1,\cdots,x_{20}$,③从而生成统计量 X 的 5 000 个独立观测值,并将它们存储在名为 obsX 的向量中。绘制 obsX 的经验累积分布函数。在同一幅图中,绘制自由度为 2 的卡方累积分布函数。这些函数应该很接近(人们可以通过增大 N 来进一步提高拟合度)。

10.5　练习题解答节选

练习题 10.4.1 解答　假定事实 10.1.1 中的条件成立。设 s_N^2 为样本方差。结合事实 5.1.16、例 9.1.4、事实 9.1.1 以及式(10.2),分布

$$\sqrt{N}\,\frac{(\bar{x}_N - \mu)}{\sigma}\sqrt{\frac{N-1}{N s_N^2/\sigma^2}}$$

---

① 提示:实际上,需要证明当 $\theta \neq \theta_0$ 时,公式(10.20)中的检验统计量的绝对值 $|t_N|$ 会发散到无穷大。尝试加上减去的策略,用 $(\bar{x}_N - \theta) + (\theta - \theta_0)$ 替代式(10.20)中的 $\bar{x}_N - \theta_0$。

② R 语言中有一个内置的称为 `chisq.test` 的函数,可以用来检验这个结果。

③ 特别要绘制出每个 x_n,使得 $\mathbb{P}\{x_n = j\} = p_j$,对于 $j = 1,2,3$。

是自由度为 $N-1$ 的 t 分布。经过一些代数运算,得出式(10.3)。 □

练习题 10.4.2 解答 我们的目标是证明,当 $\sqrt{N}(\hat{\theta}_N-\theta)\xrightarrow{d}\mathrm{N}(0,v(\theta))$,$\sqrt{N}\,\mathrm{se}(\hat{\theta}_N)\xrightarrow{p}\sqrt{v(\theta)}$ 时,$(\hat{\theta}_N-\theta)/\mathrm{se}(\hat{\theta}_N)$ 依分布收敛到标准正态分布。为了证明这一点,经过观察发现

$$\frac{\hat{\theta}_N-\theta}{\mathrm{se}(\hat{\theta}_N)}=\zeta_N\eta_N,\quad \text{其中 } \zeta_N:=\frac{\sqrt{N}(\hat{\theta}_N-\theta)}{\sqrt{v(\theta)}},\eta_N:=\frac{\sqrt{v(\theta)}}{\sqrt{N}\,\mathrm{se}(\hat{\theta}_N)}$$

使用依概率收敛与依分布收敛的各种规则(参看事实 6.1.1 和事实 6.1.6,并仔细研究),我们得到,$\zeta_N\xrightarrow{d}Z\sim\mathrm{N}(0,1)$,$\eta_N\xrightarrow{p}1$。应用斯卢茨基定理,从而得出 $\zeta_N\eta_N\xrightarrow{d}Z$。 □

练习题 10.4.3 解答 给定 $\alpha\in(0,1)$,并设 $z\sim\mathrm{N}(0,1)$。利用式(4.36),我们得到 $\mathbb{P}\{|z|>z_{\alpha/2}\}=a$。如果 H_0 为真,那么由假设可知,$t_N(\mathbf{x})\xrightarrow{d}z$。因为 $g(s):=|s|$ 是连续的,事实 6.1.6 意味着 $|t_N(\mathbf{x})|\xrightarrow{d}|z|$,从而得到

$$\lim_{N\to\infty}\beta_N(\theta)=\lim_{N\to\infty}\mathbb{P}_\theta\{|t_N(\mathbf{x})|>z_{\alpha/2}\}=\mathbb{P}\{|z|>z_{\alpha/2}\}=\alpha$$

这就证明了式(10.2),完成练习题的证明。 □

第3篇

计量模型

第 11 章 回归

11.1 线性回归

线性回归是统计学的核心主题之一。对于计量经济学来说,这个专题更为重要,因为受控实验的缺乏经常使得计量经济学家试图在事后分析异质性。我们从基于最少假设的线性回归的非传统观点开始阐述。

11.1.1 模型设置

我们从第 8.2.2 节所讨论的那类预测问题开始。我们研究如下输入向量是 $\mathbf{x}_n \in \mathbb{R}^K$ 而输出标量是 y_n 的系统。例如,

- $\mathbf{x}_n$ 是受控实验中对抽彩的一种描述(比如概率、可能结果等),y_n 是为了参与抽彩而进行支付的意愿(例如,参看 Peysakhovich and Naecker,2015);
- $\mathbf{x}_n$ 是一组家庭特征(种族、年龄、地点等),而 y_n 是家庭日后的财富(例如,参看 McKernan et al.,2004);
- $\mathbf{x}_n$ 是电价、其他替代品的价格、温度、家庭收入和区域收入分布的测量值,而 y_n 是区域电力消费(例如,参看 Auffhammer and Wolfram,2014)。

尽管我们不排除 y 是分类(即离散)变量的可能性,但我们的损失函数将倾向于回归(其中 y 在 $\mathbb{R}$ 中取值)。

假如我们有 N 个观测值 $\mathbf{z}_n := (\mathbf{x}_n, y_n)$,所有这些观测值都是从某个固定的联合分布 P 中抽取的。由于 P 是固定的,我们假定系统对于抽样值集合而言是平稳的。我们的目标是根据这些数据,利用输入值来预测新的输出值。具体来说,我们的问题是

$$\text{选择函数 } f: \mathbb{R}^k \to \mathbb{R} \text{ 使得函数 } f(\mathbf{x}) \text{ 是 } y \text{ 的好的预测式} \tag{11.1}$$

为了从数学形式上定义"好的预测式",我们需要一个损失函数。在本章中我们将使用二次损失。因此,如用第 8.2.2 节中的语言来阐述,我们的目标是最小化预测风险

$$R(f) := \mathbb{E}p(y - f(\mathbf{x}))^2 \tag{11.2}$$

正如我们在第 5.2.5 节中所看到的,在所有 $\mathscr{B}$ 可测函数集合中,式(11.2)的最小化值是回归函数 $f^*(\mathbf{x}) := \mathbb{E}_P[y \mid \mathbf{x}]$。如果我们能计算出这个值,那么所有问题都能得到解决。但是我们无法计算它,原因在于 P 是未知的。相反,我们可以应用经验风险最小化原则(参看第 8.2.2 节),这导致下面的问题:

$$\min_{f\in\mathcal{H}} R_{\text{emp}}(f), \text{其中 } R_{\text{emp}}(f) := \frac{1}{N}\sum_{n=1}^{N}(y_n - f(\mathbf{x}_n))^2 \tag{11.3}$$

这里 $\mathcal{H}$ 表示假设空间,是一组将$\mathbb{R}^K$映射到$\mathbb{R}$的候选函数的集合。很明显,问题(11.3)被称为最小二乘(least squares)问题。

如果我们将 $\mathcal{H}$ 取为从$\mathbb{R}^K$映射到$\mathbb{R}$的所有函数的集合,那么若输入向量都是不同的,我们就可通过选择任何满足 $y_n = f(\mathbf{x}_n)$ 的函数 f 来设经验风险 $R_{\text{emp}}(f)$ 为零,对于所有的 n 成立。然而,正如第 8.2.3 节所详细讨论的那样,经验风险最小化不同于预测风险 $R(f)$ 最小化。后者是我们真正想要最小化的,因此 $\mathcal{H}$ 必须是受到约束的。

在本章中,我们考察 $\mathcal{H} = \mathcal{H}_\ell$ 的情况,其中 $\mathcal{H}_\ell$ 表示从$\mathbb{R}^K$映射到$\mathbb{R}$的所有线性函数。回顾定理 3.1.1,我们可以写成

$$\mathcal{H}_\ell = \{\text{所有 } f:\mathbb{R}^K \to \mathbb{R}, \text{使得 } f(\mathbf{x}) = \mathbf{x}^{\mathrm{T}}\mathbf{b}, \text{对于某个 } \mathbf{b} \in \mathbb{R}^K\} \tag{11.4}$$

于是,问题(11.3)简化成

$$\min_{\mathbf{b}\in\mathbb{R}^K}\sum_{n=1}^{N}(y_n - \mathbf{x}_n^{\mathrm{T}}\mathbf{b})^2 \tag{11.5}$$

其中 $1/N$ 这项已被删去,因为它不影响最小化值。这是式(8.22)的多元变量版本。

选择 $\mathbf{b}$ 来使式(11.5)最小化的想法是非常直观的:我们选择"最佳拟合的直线"来使样本内的预测误差最小化。这个最优化问题具有悠久的传统。它至少可以追溯到卡尔·高斯(Carl Gauss)在 1801 年发表的关于谷神星(Ceres)轨道位置的测算研究工作。

你可能想知道选择 $\mathcal{H} = \mathcal{H}_\ell$ 是否合适。这是一个很好的问题。它可能并不是合适的。然而,即使在没有施加线性假设的情况下,从 $\mathcal{H}_\ell$ 开始也有很好的理由。首先,当寻找一类简单、特性良好的函数时,$\mathcal{H}_\ell$ 是自然而然的起点。其次,如同我们将要看到的,设定 $\mathcal{H} = \mathcal{H}_\ell$ 使我们能够获得最小化值的解析表达式,从而既简化分析又便于计算。最后,利用这种方法可以从 $\mathcal{H}_\ell$ 推广到更广泛的函数类型,如同第 11.2.1 节所述。

11.1.2 最小二乘估计量

现在我们来求解式(11.5)。根据我们对超定方程组的认识(参看第 3.3.2 节),我们已经拥有所有必需的工具。将这个问题转换成矩阵符号之后,就变得更加明显。为此,设

$$\mathbf{y} := \begin{pmatrix} y_1 \\ y_2 \\ \vdots \\ y_N \end{pmatrix}, \mathbf{x}_n := \begin{pmatrix} x_{n1} \\ x_{n2} \\ \vdots \\ x_{nK} \end{pmatrix} = \text{所有回归元的第 } n \text{ 个观测值} \tag{11.6}$$

以及

$$\mathbf{X} := \begin{pmatrix} \mathbf{x}_1^{\mathrm{T}} \\ \mathbf{x}_2^{\mathrm{T}} \\ \vdots \\ \mathbf{x}_N^{\mathrm{T}} \end{pmatrix} =: \begin{pmatrix} x_{11} & x_{12} & \cdots & x_{1K} \\ x_{21} & x_{22} & \cdots & x_{2K} \\ \vdots & \vdots & & \vdots \\ x_{N1} & x_{N2} & \cdots & x_{NK} \end{pmatrix} \tag{11.7}$$

有时 $\mathbf{X}$ 被称为设计矩阵(design matrix)。由构建方法可知,$\text{col}_k\mathbf{X}$ = 第 k 个回归元的所有观测值。另外,对任何 $\mathbf{b} \in \mathbb{R}^K$,我们都有

$$\mathbf{Xb} = \begin{pmatrix} \mathbf{x}_1^{\mathrm{T}}\mathbf{b} \\ \mathbf{x}_2^{\mathrm{T}}\mathbf{b} \\ \vdots \\ \mathbf{x}_N^{\mathrm{T}}\mathbf{b} \end{pmatrix}$$

由此式(11.5)中的目标函数可以写成

$$\sum_{n=1}^{N}(y_n - \mathbf{x}_n^{\mathrm{T}}\mathbf{b})^2 = \|\mathbf{y} - \mathbf{Xb}\|^2$$

严格递增变换保留了最小化值集合(参看第 15.4 节),

$$\underset{\mathbf{b}\in\mathbb{R}^K}{\operatorname{argmin}}\|\mathbf{y} - \mathbf{Xb}\|^2 = \underset{\mathbf{b}\in\mathbb{R}^K}{\operatorname{argmin}}\|\mathbf{y} - \mathbf{Xb}\| \tag{11.8}$$

我们已经知道如何解式(11.8)右边的最小化值。根据定理 3.3.2,这个解是

$$\hat{\boldsymbol{\beta}} := (\mathbf{X}^{\mathrm{T}}\mathbf{X})^{-1}\mathbf{X}^{\mathrm{T}}\mathbf{y} \tag{11.9}$$

传统上,这个随机向量 $\hat{\boldsymbol{\beta}}$ 被称为最小二乘估计量(least squares estimator)。一旦我们运用更加经典的假设,它将成为一个特定参数向量的估计量。在这个阶段,它只是定义了我们对式(11.1)所提出问题的解答。也就是,

$$\text{已知 } \mathbf{x} \in \mathbb{R}^K\text{,我们对 } y \text{ 的预测值是 } f(\mathbf{x}) = \mathbf{x}^{\mathrm{T}}\hat{\boldsymbol{\beta}}$$

就几何解释而言,因为 $\mathbf{X}\hat{\boldsymbol{\beta}}$ 是式(11.8)的解,所以它是 colspace $\mathbf{X}$ 中相距 $\mathbf{y}$ 最近的点。具体来说,

$$\mathbf{Py} = \mathbf{X}\hat{\boldsymbol{\beta}}\text{,当 } \mathbf{P} := \operatorname{proj}(\operatorname{colspace}\mathbf{X})$$

(参看式(3.13)。)在下文中,$\mathbf{M}$ 是残差投影,由式(2.11)所定义。

11.1.2.1　假设

定理 3.3.2 和式(11.9)对 $\hat{\boldsymbol{\beta}}$ 的定义要求 $\mathbf{X}$ 是列满秩的(或等价地说,$\mathbf{X}$ 的列是线性无关的)。

假设 11.1.1　$\mathbf{X}$ 以概率 1 具有列满秩。

根据定理 2.1.3,$N \geqslant K$ 是假设 11.1.1 成立的必要条件。(如果 $N<K$,那么这时由 N 个向量所张成的$\mathbb{R}^N$ 不能包含 K 个线性无关的向量。)

如果假设 11.1.1 不成立,则式(11.8)的最小化值仍然存在,但不再是唯一的(参看练习题 3.5.34)。尽管我们可以处理这种情况,但它很少出现在设计良好的回归问题中。

我们还对每一个数据点 $\mathbf{z}_n := (\mathbf{x}_n, y_n)$ 的一般联合分布 P 施加了某些温和的正则性条件。

假设 11.1.2　P 使得$\mathbb{E}_P[\mathbf{z}_n\mathbf{z}_n^{\mathrm{T}}]$的所有元素都是有限的。此外

$$\boldsymbol{\Sigma}_{\mathbf{x}} := \mathbb{E}_P[\mathbf{x}_n\mathbf{x}_n^{\mathrm{T}}] \text{ 是有限且正定的} \tag{11.10}$$

之所以施加有限二阶矩条件,原因在于我们想要估计期望误差的平方(expected squared errors)。除非我们愿意使用不同的损失函数,否则这个假设就不能被削弱。$\boldsymbol{\Sigma}_{\mathbf{x}}$ 的正定性能确保我们估计量的渐近极限是良好定义的。①

11.1.2.2　符号

存在一系列和线性最小二乘估计相关的标准符号。我们将它们整理在一个地方。首先,投影

$$\hat{\mathbf{y}} := \mathbf{X}\hat{\boldsymbol{\beta}} = \mathbf{Py}$$

被称为拟合值向量(vector of fitted values)。第 n 个拟合值 $\hat{y}_n$ 是与最小二乘估计、输入向量的第 n

---

① 从本质上讲,$\boldsymbol{\Sigma}_{\mathbf{x}}$ 的正定性要求 $\mathbf{x}$ 中没有随机变量可写成 $\mathbf{x}$ 中其他变量的线性组合。参看练习题 11.4.1。

个观察值 $\mathbf{x}_n$ 有关的预测值 $\mathbf{x}_n^{\mathrm{T}}\hat{\boldsymbol{\beta}}$。向量 $\mathbf{My}$ 通常用 $\hat{\mathbf{u}}$ 表示,被称为残差向量(vector of residuals):

$$\hat{\mathbf{u}} := \mathbf{My} = \mathbf{y} - \hat{\mathbf{y}}$$

残差向量对应于当 $\mathbf{y}$ 被 $\mathbf{Py}$ 近似时所产生的误差。由事实 2.2.8 我们可以得到

$$\mathbf{My} \perp \mathbf{Py}, \quad \mathbf{y} = \mathbf{Py} + \mathbf{My} \tag{11.11}$$

换句话说,$\mathbf{y}$ 可以被分解为两个正交向量 $\mathbf{Py}$ 和 $\mathbf{My}$,其中第一个表示 colspace $\mathbf{X}$ 中对 $\mathbf{y}$ 的最佳近似值,第二个则表示残差。

对于与拟合值和残差有关的几个量,我们给出如下的标准定义:

- 总平方和(total sum of squares) := TSS := $\|\mathbf{y}\|^2$。
- 残差平方和(residual sum of squares) := RSS := $\|\mathbf{My}\|^2$。
- 解释平方和(explained sum of squares) := ESS := $\|\mathbf{Py}\|^2$。

根据式(11.11)和毕达哥拉斯定理,

$$\mathrm{TSS} = \mathrm{ESS} + \mathrm{RSS} \tag{11.12}$$

在运行回归时,通常报告判定系数(coefficient of determination)或 R^2。R^2 的普通定义是

$$R^2 := \frac{\mathrm{ESS}}{\mathrm{TSS}} \tag{11.13}$$

许多回归软件包报告 R^2 的其他定义。参看下面的第 11.2.3 节。

11.1.3 样本外拟合

我们已经强调多次,向数据(统计数据)学习意味着从当前观测值推广到新的观测值。因此,对于统计方法来说,最重要的衡量成功的标准是样本外拟合。那么,线性最小二乘法如何进行样本外推断呢?我们从线性预测式的一般观测值开始阐述。

定理 11.1.1 如果 ℓ 是线性函数 $\ell(\mathbf{x}) = \mathbf{x}^{\mathrm{T}}\mathbf{b}$,则

$$R(\ell) = \mathbb{E}(y - f^*(\mathbf{x}))^2 + \mathbb{E}(f^*(\mathbf{x}) - \mathbf{x}^{\mathrm{T}}\mathbf{b}^*)^2 + (\mathbf{b}^* - \mathbf{b})^{\mathrm{T}}\boldsymbol{\Sigma}_{\mathbf{x}}(\mathbf{b}^* - \mathbf{b})$$

这里 f^* 表示回归函数,$\mathbf{b}^* = \boldsymbol{\Sigma}_{\mathbf{x}}^{-1}\mathbb{E}[\mathbf{x}y]$ 是最佳线性预测式中的系数向量(参见事实 5.2.7)。$R(f)$ 是 f 的预测风险,并且在数对 $(\mathbf{x}, y)$ 的未知联合分布 P 下取得期望值。

对于定理 11.1.1 的证明将在第 11.1.3.1 节中给出。现在我们看一下它的解释。总的问题是我们用线性函数来推广有多好(即能降低多少预测风险)。定理 11.1.1 将任意线性预测式 $\ell(\mathbf{x}) = \mathbf{x}^{\mathrm{T}}\mathbf{b}$ 的预测风险分解为三项:

(i) 内在风险 $\mathbb{E}(y-f^*(\mathbf{x}))^2$。

(ii) 近似误差 $\mathbb{E}(f^*(\mathbf{x})-\mathbf{x}^{\mathrm{T}}\mathbf{b}^*)^2$。

(iii) 估计误差 $(\mathbf{b}^*-\mathbf{b})^{\mathrm{T}}\boldsymbol{\Sigma}_{\mathbf{x}}(\mathbf{b}^*-\mathbf{b})$。

内在风险(intrinsic risk)也被称为贝叶斯风险(参看例 8.2.3)。它是 y 由最佳预测式(即回归函数)近似后的残差误差。它很大,以至于利用 $\mathbf{x}$ 很难预测 y。

近似误差(approximation error)或偏差是最佳预测式与最佳线性预测式之间的偏差。它反映了我们决定利用线性架构来近似回归函数的成本。如果这个架构保持不变,则近似误差也是固定的,在估计过程中不能减小。

估计误差(estimation error)是我们的估计量偏离最佳线性预测式 $\mathbf{b}^*$ 所引起的偏差。出现这种偏差是因为我们利用有限样本信息基于 $(\mathbf{x}, y)$ 的联合分布进行预测。

定理 11.1.1 告诉我们,一旦 $\mathcal{H}$ 被设为一类线性函数的集合,我们能做的最好的事就是找到

一种估计方法(学习算法),使得当样本量足够大时,估计方法所得到的估计值平均接近 $\mathbf{b}^*$。下一个结果表明,最小二乘估计量 $\hat{\boldsymbol{\beta}}$ 具有这种性质。

定理 11.1.2　设假设 11.1.2 和假设 11.1.1 成立,设 $\hat{\boldsymbol{\beta}}_N$ 是给定样本量 N 的最小二乘估计量。如果观测值 $\{\mathbf{z}_n\}$ 是独立的,则

$$\text{当 } N \to \infty \text{ 时}, \hat{\boldsymbol{\beta}}_N \xrightarrow{p} \mathbf{b}^* \tag{11.14}$$

证明如下。只有在 LLN 发挥作用时才需要具有独立性。我们可以将它弱化为遍历性(参看第 7.1.1 节),并得出相同的结论。①

一方面,定理 11.1.1 和定理 11.1.2 是可靠的。它们告诉我们,如果基础过程是相对线性的,那么我们将渐近地得到较小的风险。另一方面,Glivenko-Cantelli 定理告诉我们,我们可以在极限形式下知道基础分布的所有内容。这里只要近似误差为正,就不具有这种一致性。

正如我们将在第 14 章所讨论的那样,归纳的一般原则是,应该在有限样本中为避免过度拟合而引入偏差,同时随着经验分布收敛于真实分布而渐近地减小偏差。相比之下,在标准线性回归中,偏差由于线性假设而保持固定。

11.1.3.1　证明

定理 11.1.1 的证明。固定 $\mathbf{b} \in \mathbb{R}^K$,并设 $\ell(\mathbf{x}) = \mathbf{x}^{\mathrm{T}}\mathbf{b}$。根据式(8.17),我们得到预测风险

$$R(\ell) = \mathbb{E}[(y - f^*(\mathbf{x}))^2] + \mathbb{E}[(f^*(\mathbf{x}) - \mathbf{x}^{\mathrm{T}}\mathbf{b})^2]$$

因此,如果我们能够证明以下等式,结果就会成立

$$\mathbb{E}[(f^*(\mathbf{x}) - \mathbf{x}^{\mathrm{T}}\mathbf{b})^2] = \mathbb{E}[(f^*(\mathbf{x}) - \mathbf{x}^{\mathrm{T}}\mathbf{b}^*)^2] + \mathbb{E}[(\mathbf{b}^* - \mathbf{b})^{\mathrm{T}}\mathbf{x}\mathbf{x}^{\mathrm{T}}(\mathbf{b}^* - \mathbf{b})] \tag{11.15}$$

为了证明式(11.15)成立,经过观察可以发现

$$f^*(\mathbf{x}) - \mathbf{x}^{\mathrm{T}}\mathbf{b} = f^*(\mathbf{x}) - \mathbf{x}^{\mathrm{T}}\mathbf{b}^* + \mathbf{x}^{\mathrm{T}}(\mathbf{b}^* - \mathbf{b}) \tag{11.16}$$

$f^*(\mathbf{x}) - \mathbf{x}^{\mathrm{T}}\mathbf{b}^*$ 与 $\mathbf{x}^{\mathrm{T}}(\mathbf{b}^* - \mathbf{b})$ 这两项是正交的。其原因在于:$\mathbf{x}^{\mathrm{T}}\mathbf{b}^*$ 是 $f^*(\mathbf{x})$ 在 $S = \operatorname{span}\{\mathbf{x}\}$ 上的正交投影,L_2 的线性子空间是由形式为 $\mathbf{a}^{\mathrm{T}}\mathbf{x}$ 的所有线性组合所张成的。(参见练习题 5.4.18。)因此,$f^*(\mathbf{x}) - \mathbf{x}^{\mathrm{T}}\mathbf{b}^*$ 与目标子空间 $\operatorname{span}\{\mathbf{x}\}$ 的每个元素都是正交的。这包括 $\mathbf{x}^{\mathrm{T}}(\mathbf{b}^* - \mathbf{b})$。

对于 L_2 的任何正交元素 u 与 v,我们有 $\mathbb{E}[(u+v)^2] = \mathbb{E}[u^2] + \mathbb{E}[v^2]$(这是 L_2 中的毕达哥拉斯定理)。对式(11.16)两边进行平方,然后取期望并应用这个定理,就得到式(11.15)。定理 11.1.1 的证明完成。□

定理 11.1.2 的证明。如果我们用稍微不同的方式表示 $\hat{\boldsymbol{\beta}}_N$,定理 11.1.2 的证明并不难。在 $\hat{\boldsymbol{\beta}}_N$ 的定义中,同时乘以 N 并除以 N,然后得到扩展的矩阵乘积(参看练习题 11.4.9)

$$\hat{\boldsymbol{\beta}}_N = \left[\frac{1}{N}\mathbf{X}^{\mathrm{T}}\mathbf{X}\right]^{-1} \cdot \frac{1}{N}\mathbf{X}^{\mathrm{T}}\mathbf{y} = \left[\frac{1}{N}\sum_{n=1}^{N}\mathbf{x}_n\mathbf{x}_n^{\mathrm{T}}\right]^{-1} \cdot \frac{1}{N}\sum_{n=1}^{N}\mathbf{x}_n y_n \tag{11.17}$$

由矩阵形式的 LLN 事实 6.2.3,我们得出

$$\frac{1}{N}\sum_{n=1}^{N}\mathbf{x}_n\mathbf{x}_n^{\mathrm{T}} \xrightarrow{p} \boldsymbol{\Sigma}_{\mathbf{x}} \quad \text{且} \quad \frac{1}{N}\sum_{n=1}^{N}\mathbf{x}_n y_n \xrightarrow{p} \mathbb{E}[\mathbf{x}y], \text{当 } N \to \infty$$

由事实 6.2.1 可知,依概率收敛对于取倒数和取乘积都保持不变。因此 $\hat{\boldsymbol{\beta}}_N \xrightarrow{p} \boldsymbol{\Sigma}_{\mathbf{x}}^{-1}\mathbb{E}[\mathbf{x}y] = \mathbf{b}^*$,从而得证。□

① 稍后,我们将在第 13.1 节在增加某种结构的设置中做一些类似的推导(也就是将独立性弱化为遍历性)。

11.1.4 样本内拟合

样本内拟合测量了给定模型与它所估计的数据集在多大程度上吻合。第 8.2.3 节讨论了样本内拟合(经验风险)和样本外拟合(风险)之间的差异。回归的样本内拟合经常用 R^2 测量(参看式(11.13))。让我们对 R^2 做出进一步的评论,然后讨论 R^2 如何与样本内拟合有关。

事实 11.1.1 $0 \leqslant R^2 \leqslant 1$,$R^2=1$ 当且仅当 $\mathbf{y} \in \text{colspace}\ \mathbf{X}$。

对于 $R^2 \leqslant 1$,可由 $\|\mathbf{Py}\| \leqslant \|\mathbf{y}\|$ 立刻得出(参见定理 2.2.2)。练习题 11.4.17 要求你证明第二个陈述。更一般地说,数值比较高的 R^2 表示 $\mathbf{y}$ 相对更加接近于 colspace $\mathbf{X}$。这一事实表明,我们至少可以通过增加回归元来微弱地增大 R^2。当我们这样做时,$\mathbf{X}$ 的列空间扩大,更加接近于 $\mathbf{y}$。下面是正式陈述:

事实 11.1.2 设 $\mathbf{X}_a$ 与 $\mathbf{X}_b$ 是两个设计矩阵。如果 R_a^2 与 R_b^2 是相应的判定系数,则

$$\text{colspace}\ \mathbf{X}_a \subset \text{colspace}\ \mathbf{X}_b \Rightarrow R_a^2 \leqslant R_b^2$$

具体证明参看练习题 11.4.8 及其解答。

有时,比较高的 R^2 值被认为是成功的回归。这是对统计学目标的误解。统计学研究的正确定义是利用现有数据来实现有效的推广。在当前情况下,这意味着由回归所产生的线性预测式有很低的风险。

那么,R^2 如何与风险联系起来呢? R^2 实际测量的是经验风险最小化的程度。为了看到这点,注意

$$R^2 = 1 - \frac{\text{RSS}}{\text{TSS}} = 1 - N\frac{R_{\text{emp}}(\hat{f})}{\text{TSS}}$$

其中 R_{emp} 如同式(11.3)所定义的,$\hat{f}$ 表示我们的线性预测式 $\hat{f}(\mathbf{x}) = \mathbf{x}^{\mathrm{T}}\hat{\boldsymbol{\beta}}$。因而,比较高的 R^2 值意味着经验风险很低且样本内拟合良好。但是,如同我们在第 8.2.3 节所强调的那样,比较低的经验风险不能保证预测风险也比较低。

这里给出一个模拟例子,证明如何在没有任何估计意义的情况下生成高的 R^2 值。我们从均匀分布[0,1]中独立地抽取样本 x_n 与 y_n。通过构建过程可知,这两个变量之间没有关系。我们取一些幂 $1, x, x^2, \cdots, x^K$ 作为回归元,其中 K 表示正整数。下面的 R 代码根据不同的 K 值运行这些回归。当 $K=25$ 时,R^2 的值大约为 0.95,尽管 x 与 y 之间不存在任何关系。

```
set.seed(1234)
N <- 25
y <- runif(N)
x <- runif(N)
X <- rep(1,N)

Kmax <- 25
for (K in 1:Kmax) {
    X <- cbind(X, x^K)
    results <- lm (y ~ 0 + X)
    Py2 <- sum (results $fitted.values^2)
```

```
    y2 <- sum(y^2)
    cat("K =", K, "R^2 = ", Py2 /y2, "\n")
}
```

(可从网页 johnstachurski. net/emet. html 获取所有代码。)

为了完成本节的阐述,我们在事实 11. 1. 2——R^2 的值至少可以通过增加回归元来微弱地增大——与事实 8. 2. 1 之间建立联系。假定 $\mathbf{x}$ 列出了大量的可能回归元。设假设空间是

$$\mathcal{H}_j := \{所有 f: \mathbb{R}^j \to \mathbb{R} \ \text{ s.t. } f(\mathbf{x}) = \mathbf{x}^{\mathrm{T}}\mathbf{b}, 对于某个 \mathbf{b} \in \mathbb{R}^j\} \tag{11.18}$$

其中 $1 \leqslant j \leqslant K$。$\mathcal{H}_j$ 上的经验风险最小化等价于前 j 个回归元的线性回归。由事实 8. 2. 1 可知,经验风险会随着 j 的增大而减小,因此 R^2 增大。这与事实 11. 1. 2 的结论相同。

11. 2　最小二乘法的几何意义

在本节中,我们阐述数据的变换以及最小二乘估计量方面的一个重要定理。

11. 2. 1　变换和基函数

在讨论设定 $\mathcal{H} = \mathcal{H}_\ell$ 的决定时,我们曾在第 11. 1. 1 节中提到,当将 $\mathcal{H}$ 扩展到更广泛的函数类型时,可以使用相同的想法。这个想法是,首先使用某个任意函数 $\boldsymbol{\phi}: \mathbb{R}^K \to \mathbb{R}^J$ 来对数据进行变换。$\boldsymbol{\phi}$ 对 $\mathbf{x} \in \mathbb{R}^K$ 的作用是

$$\mathbf{x} \longmapsto \boldsymbol{\phi}(\mathbf{x}) = \begin{pmatrix} \phi_1(\mathbf{x}) \\ \phi_2(\mathbf{x}) \\ \vdots \\ \phi_J(\mathbf{x}) \end{pmatrix} \in \mathbb{R}^J$$

将$\mathbb{R}^K$ 映射到$\mathbb{R}$ 的各个函数 $\phi_1, \cdots, \phi_J$ 有时被称为基函数(basis functions)。在机器学习领域,$\boldsymbol{\phi}$ 的值域被称为特征空间(feature space)。现在应用线性最小二乘法于特征空间。也就是,我们求解当假设空间是

$$\mathcal{H}_\phi := \{所有函数 \ell \circ \boldsymbol{\phi}, 其中 \ell 表示从\mathbb{R}^J 到\mathbb{R} 的线性函数\}$$

时的经验风险最小化问题。于是,经验风险最小化问题就是

$$\min_{\ell} \sum_{n=1}^{N} \{y_n - \ell(\boldsymbol{\phi}(\mathbf{x}_n))\}^2 = \min_{\gamma \in \mathbb{R}^J} \sum_{n=1}^{N} (y_n - \boldsymbol{\gamma}^{\mathrm{T}}\boldsymbol{\phi}(\mathbf{x}_n))^2 \tag{11.19}$$

切换到矩阵符号,如果

$$\boldsymbol{\Phi} := \begin{pmatrix} \phi_1(\mathbf{x}_1) & \cdots & \phi_J(\mathbf{x}_1) \\ \phi_1(\mathbf{x}_2) & \cdots & \phi_J(\mathbf{x}_2) \\ \vdots & \cdots & \vdots \\ \phi_1(\mathbf{x}_N) & \cdots & \phi_J(\mathbf{x}_N) \end{pmatrix} \in \mathbb{R}^{N \times J} \tag{11.20}$$

那么式(11. 19)中的目标可以表示为 $\|\mathbf{y} - \boldsymbol{\Phi}_\gamma\|^2$。由于递增函数并不影响最小化值,问题就变成

$$\underset{\gamma \in \mathbb{R}^J}{\operatorname{argmin}} \|\mathbf{y} - \boldsymbol{\Phi}\boldsymbol{\gamma}\| \tag{11.21}$$

假设 $\boldsymbol{\Phi}$ 是列满秩的,则解是

$$\hat{\gamma} := (\boldsymbol{\Phi}^{\mathrm{T}}\boldsymbol{\Phi})^{-1}\boldsymbol{\Phi}^{\mathrm{T}}\mathbf{y}$$

例 11.2.1 对回归增加截距可以被看成是数据的变换。实际上,增加截距等价于应用变换

$$\boldsymbol{\phi}(\mathbf{x}) = \begin{pmatrix} 1 \\ \mathbf{x} \end{pmatrix} = \begin{pmatrix} 1 \\ x_1 \\ \vdots \\ x_K \end{pmatrix}$$

在实际应用中,增加截距意味着拟合一个额外的参数,而这个额外的自由度允许我们在回归中更灵活地进行拟合。

例 11.2.2 设 $K=1$,使得 $x_n \in \mathbb{R}$。考察单项式基函数 $\phi_j(x) := x^{j-1}$,于是

$$\gamma^{\mathrm{T}}\boldsymbol{\phi}(x_n) = \gamma^{\mathrm{T}}\begin{pmatrix} x_n^0 \\ x_n^1 \\ \vdots \\ x_n^{J-1} \end{pmatrix} = \sum_{j=1}^{J} \gamma_j x_n^{j-1} \tag{11.22}$$

应用于标量 x 的单项式基变换对应于单变量多项式回归,如同第 8.2.3 节所述。在这种变换下,(11.20)中的矩阵 $\boldsymbol{\Phi}$ 被称为范德蒙矩阵(Vandermonde matrix)。利用维尔斯特拉斯逼近定理(Weierstrass approximation theorem),足够高阶的多项式可以有效逼近任意一维连续非线性关系。

例 11.2.3 例 11.2.2 使用单项式作为基函数。另一种常见的备选方法是使用正交多项式,比如 Chebychev 多项式或 Hermite 多项式。其他的备择方法包括小波(wavelets)和样条(splines)。在计量经济学中,这种方法通常被称为非参数序列回归。一个重要的研究专题是基函数的最佳数量。①

图 11.1 和图 11.2 帮助说明了变换如何减小了近似误差。在图 11.1 中,很明显不存在能产生很小近似误差的将 x 映射到 y 的线性函数。图 11.2 展示了应用变换 $\mathbb{R} \ni x \mapsto \boldsymbol{\phi}(x) := (x, x^3)^{\mathrm{T}} \in \mathbb{R}^2$ 后的数据。图 11.2 中绘制的平面表示线性函数 $\ell : \mathbb{R}^2 \mapsto \mathbb{R}$。组合 $\ell \circ \boldsymbol{\phi}$ 具有较低的近似误差。这两幅图说明了当投影到更高维度时,非线性数据是如何变为线性的。

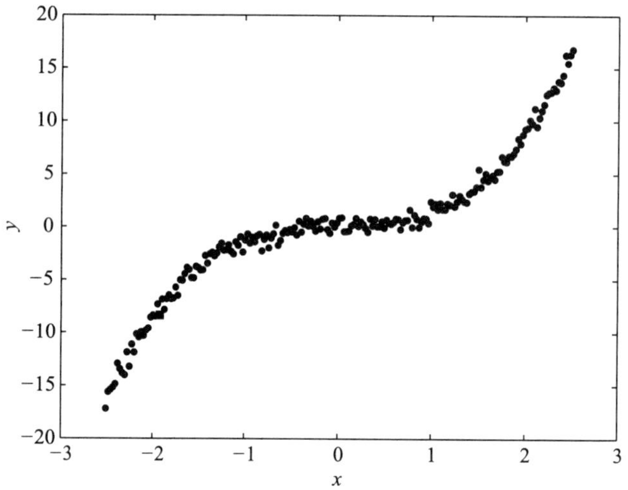

图 11.1 x 与 y 之间的非线性关系

---

① 例如,参看 Hong and White(1995)、Sun(2011)或者 Chen and Christensen(2015)。

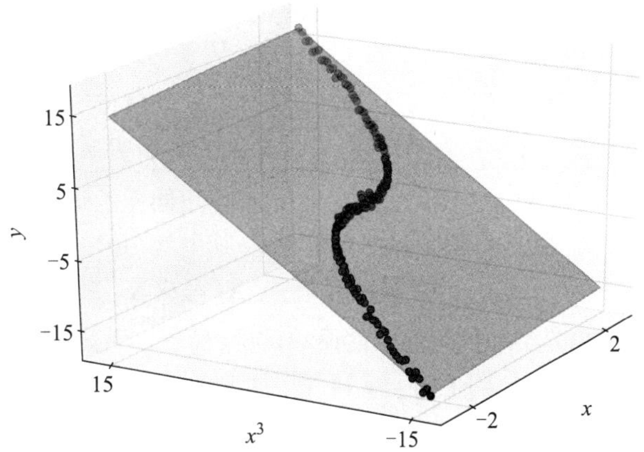

图 11.2　将数据投影到 $\mathbb{R}^2$ 后的近似线性

下面，当我们将 y 对 $\mathbf{x}$ 进行回归时，可以想象数据已经被变换了，而且 $\mathbf{x}$ 是结果。因此，为了不失一般性，我们用 $\mathbf{X}$ 表示设计矩阵，而不用 Φ。

11.2.2　Frisch-Waugh-Lovell 定理

Frisch-Waugh-Lovell（FWL）定理给出了通过 $\mathbf{X}$ 对 $\mathbf{y}$ 进行回归所得到的最小二乘估计量 $\hat{\boldsymbol{\beta}}$ 的任意子向量的表达式。在阐述定理时，我们继续从第 11.1 节的假设开始。设 $\mathbf{y}$ 与 $\mathbf{X}$ 是已知的，并设 $\hat{\boldsymbol{\beta}}$ 如式（11.9）所示。另外，设 K_1 是满足 $1 \leqslant K_1 < K$ 的整数，同时令

- $\mathbf{X}_1$ 是由 $\mathbf{X}$ 的前 K_1 列组成的矩阵；
- $\mathbf{X}_2$ 是由剩余的 $K_2 := K - K_1$ 列组成的矩阵；
- $\hat{\boldsymbol{\beta}}_1$ 是由 $\hat{\boldsymbol{\beta}}$ 的前 K_1 个元素组成的 $K_1 \times 1$ 向量；
- $\hat{\boldsymbol{\beta}}_2$ 是由 $\hat{\boldsymbol{\beta}}$ 的剩余 K_2 个元素组成的 $K_2 \times 1$ 向量；
- $\mathbf{P}_1 := \mathrm{proj}(\mathrm{colspace}\ \mathbf{X}_1)$；
- $\mathbf{M}_1 := \mathbf{I} - \mathbf{P}_1 =$ 相应的残差投影（参看第 2.2.4 节）。

定理 11.2.1　（FWL 定理）向量 $\hat{\boldsymbol{\beta}}_2$ 满足

$$\hat{\boldsymbol{\beta}}_2 = (\mathbf{X}_2^{\mathrm{T}} \mathbf{M}_1 \mathbf{X}_2)^{-1} \mathbf{X}_2^{\mathrm{T}} \mathbf{M}_1 \mathbf{y} \tag{11.23}$$

证明：由式（11.11）和上面的定义可得

$$\mathbf{y} = \mathbf{X}\hat{\boldsymbol{\beta}} + \mathbf{M}\mathbf{y} = \mathbf{X}_1 \hat{\boldsymbol{\beta}}_1 + \mathbf{X}_2 \hat{\boldsymbol{\beta}}_2 + \mathbf{M}\mathbf{y}$$

用 $\mathbf{X}_2^{\mathrm{T}} \mathbf{M}_1$ 左乘此表达式的两边，可以得到

$$\mathbf{X}_2^{\mathrm{T}} \mathbf{M}_1 \mathbf{y} = \mathbf{X}_2^{\mathrm{T}} \mathbf{M}_1 \mathbf{X}_1 \hat{\boldsymbol{\beta}}_1 + \mathbf{X}_2^{\mathrm{T}} \mathbf{M}_1 \mathbf{X}_2 \hat{\boldsymbol{\beta}}_2 + \mathbf{X}_2^{\mathrm{T}} \mathbf{M}_1 \mathbf{M}\mathbf{y} \tag{11.24}$$

根据事实 3.3.1 可知，右边第一项是零，最后一项也是零，这是因为

$$(\mathbf{X}_2^{\mathrm{T}} \mathbf{M}_1 \mathbf{M}\mathbf{y})^{\mathrm{T}} = \mathbf{y}^{\mathrm{T}} \mathbf{M}^{\mathrm{T}} \mathbf{M}_1^{\mathrm{T}} \mathbf{X}_2 = \mathbf{y}^{\mathrm{T}} \mathbf{M} \mathbf{M}_1 \mathbf{X}_2 = \mathbf{y}^{\mathrm{T}} \mathbf{M} \mathbf{X}_2 = \mathbf{0}$$

在第一个等式中，我们使用了转置的一般性质（事实 3.2.4）；在第二个等式中，使用了 $\mathbf{M}$ 和 $\mathbf{M}_1$ 的对称性（参看第 3.3.1 节）；在第三个等式中，使用了事实 2.2.9；在第四个等式中，再次使用了事实 3.3.1（它告诉我们，$\mathbf{M}$ 将 $\mathbf{X}$ 的所有列，因此也就是 $\mathbf{X}_2$ 的所有列，映射到零向量）。

根据以上所述，式（11.24）变为 $\mathbf{X}_2^{\mathrm{T}} \mathbf{M}_1 \mathbf{y} = \mathbf{X}_2^{\mathrm{T}} \mathbf{M}_1 \mathbf{X}_2 \hat{\boldsymbol{\beta}}_2$。为了由这个等式得出式（11.23），我们只

需要核实矩阵左乘 $\hat{\boldsymbol{\beta}}_2$ 是非奇异的。证明留作练习题(练习题 11.4.23)。 □

如同练习题 11.4.22 所要证明的,定理 11.2.1 中 $\hat{\boldsymbol{\beta}}_2$ 的表达式可以改写成

$$\hat{\boldsymbol{\beta}}_2 = [(\mathbf{M}_1\mathbf{X}_2)^{\mathrm{T}}\mathbf{M}_1\mathbf{X}_2]^{-1}(\mathbf{M}_1\mathbf{X}_2)^{\mathrm{T}}\mathbf{M}_1\mathbf{y} \tag{11.25}$$

对此表达式仔细检查可以证实以下陈述:除了将 $\mathbf{y}$ 对 $\mathbf{X}$ 回归然后提取最后 K_2 个元素,还有另一种获得 $\hat{\boldsymbol{\beta}}_2$ 的方法:我们也可以将 $\mathbf{M}_1\mathbf{y}$ 对 $\mathbf{M}_1\mathbf{X}_2$ 进行回归来得出同样的结果。

为了认识这是什么含义,我们来考察一种特殊情况,其中 $\mathbf{X}_2$ 是单个 $\mathrm{col}_K\,\mathbf{X}$ 列,它包含第 K 个回归元上的观测值。将这个和我们的符号联系起来,把 $\mathbf{X}_1$ 写成 $\mathbf{X}_{-K}$来提醒我们它代表 $\mathbf{X}$ 的除第 K 列之外的所有列,对于 $\mathbf{M}_1$ 也是类似的。鉴于前面的讨论,最小二乘估计 $\hat{\beta}_K$ 可通过将

$$\tilde{\mathbf{y}} := \mathbf{M}_{-K}\mathbf{y} = \mathbf{y}\text{ 对 }\mathbf{X}_{-K}\text{ 回归的残差} \tag{11.26}$$

对

$$\tilde{\mathbf{x}}_K := \mathbf{M}_{-K}\mathrm{col}_K\,\mathbf{X} = \mathrm{col}_K\,\mathbf{X}\text{ 对 }\mathbf{X}_{-K}\text{ 回归的残差} \tag{11.27}$$

回归得到。不严格地说,这两个剩余项 $\tilde{\mathbf{y}}$ 和 $\tilde{\mathbf{x}}_K$ 可以被看成是“不能被 $\mathbf{X}_{-K}$解释”的 $\mathbf{y}$ 与 $\mathrm{col}_K\,\mathbf{X}$ 的部分。因而,从直观层面上看,得到最小二乘估计量 $\hat{\beta}_K$ 的过程可描述如下:

(i) 剔除来自 $\mathbf{y}$ 与 $\mathrm{col}_K\,\mathbf{X}$ 的所有其他回归元的影响,得到 $\tilde{\mathbf{y}}$ 与 $\tilde{\mathbf{x}}_K$。

(ii) 将 $\tilde{\mathbf{y}}$ 对 $\tilde{\mathbf{x}}_K$ 回归。

很明显,这不同于在简单的一元回归中得到向量 $\mathrm{col}_K\,\mathbf{X}$ 的系数的过程,后者仅仅是

(i) 将 $\mathbf{y}$ 对 $\mathrm{col}_K\,\mathbf{X}$ 回归。

换言之,第 K 个回归元的一元最小二乘估计系数与多元回归最小二乘系数之间的差异在于,多元回归系数 $\hat{\beta}_K$ 测量了 x_K 和 y 之间的孤立关系(isolated relationship),而没有考虑涉及其他变量的间接渠道。

我们可以进一步利用一个小的模拟来说明这个想法。假定

$$y = x_1 + x_2 + u, \quad \text{其中 } u \overset{\text{IID}}{\sim} \mathrm{N}(0,1)$$

如果我们从这个模型中生成 N 个独立的观测值,并且将 y 对(x_1, x_2)的观测值进行回归,那么若 N 足够大,则 x_1 和 x_2 的系数都将接近于单位 1(参看定理 11.1.2)。然而,如果我们将 y 对 x_1 单独回归,那么 x_1 的系数将取决于 x_1 和 x_2 之间的关系。例如:

```
> N <- 1000
> x1 <- runif(N)
> x2 = 10 * exp(x1) + rnorm(N)
> y <- x1 + x2 + rnorm(N)
> results <- lm(y ~ 0 + x1)
> results $ coefficients
      x1
      30.83076
```

这里 x_1 的系数比单位 1 要大得多,因为 x_1 的增大对 x_2 有很大的正影响,进而导致 y 增大。单变量回归中的系数反映了这种总效应。

11.2.2.1　应用:简单回归

下面给出 FWL 定理的一个简单应用:从多元表达式可以推导出简单线性回归中斜率系数的表达式(参看第 8.2.1.1 节)。当 $\mathbf{1}$ 是 $\mathbf{X}$ 的第一列且 $K=2$ 时,简单线性回归是多元回归的特例。

在本节中,$\mathbf{X}$ 的第二列将用 $\mathbf{x}$ 表示。正如我们在式(8.14)中看到的那样,最小二乘估计量是

$$\hat{\beta}_2 = \frac{\sum_{n=1}^{N}(x_n - \bar{x})(y_n - \bar{y})}{\sum_{n=1}^{N}(x_n - \bar{x})^2}, \quad \hat{\beta}_1 = \bar{y} - \hat{\beta}_2 \bar{x}$$

其中 $\bar{x}$ 表示 $\mathbf{x}$ 的样本均值,$\bar{y}$ 表示 $\mathbf{y}$ 的样本均值。我们可以更简洁地重新写出斜率系数 $\hat{\beta}_2$

$$\hat{\beta}_2 = [(\mathbf{x} - \bar{x}\mathbf{1})^{\mathrm{T}}(\mathbf{x} - \bar{x}\mathbf{1})]^{-1}(\mathbf{x} - \bar{x}\mathbf{1})^{\mathrm{T}}(\mathbf{y} - \bar{y}\mathbf{1}) \tag{11.28}$$

根据 FWL 定理(式(11.25)),也可以得到

$$\hat{\beta}_2 = [(\mathbf{M}_c\mathbf{x})^{\mathrm{T}}\mathbf{M}_c\mathbf{x}]^{-1}(\mathbf{M}_c\mathbf{x})^{\mathrm{T}}\mathbf{M}_c\mathbf{y} \tag{11.29}$$

其中 $\mathbf{M}_c$ 表示与线性子空间 $S = \mathrm{span}\{\mathbf{1}\}$ 相关的残差投影,如同式(3.10)所定义的。对于这个残差投影 $\mathbf{M}_c$ 和任何 $\mathbf{z}$,我们有 $\mathbf{M}_c\mathbf{z} = \mathbf{z} - \bar{z}\mathbf{1}$。因此式(11.28)和式(11.29)的右边是相重合的。

11.2.3 中心化观测值

我们将前面的讨论推广到存在多个非常值回归元的情况。其唯一区别是,我们有一个矩阵 $\mathbf{X}_2$,它包含多个列,每一个列都是一个非常值回归元上的观测向量,而不是单个非常值回归元 x 上的一列观测值。如果将最小二乘估计量 $\hat{\boldsymbol{\beta}}$ 分成$(\hat{\beta}_1, \hat{\boldsymbol{\beta}}_2)$,则我们可以写出

$$\mathbf{X}\hat{\boldsymbol{\beta}} = \mathbf{1}\beta_1 + \mathbf{X}_2\hat{\boldsymbol{\beta}}_2$$

再次应用 FWL 定理(式(11.25)),可以将 $\hat{\boldsymbol{\beta}}_2$ 写成

$$\hat{\boldsymbol{\beta}}_2 = [(\mathbf{M}_c\mathbf{X}_2)^{\mathrm{T}}\mathbf{M}_c\mathbf{X}_2]^{-1}(\mathbf{M}_c\mathbf{X}_2)^{\mathrm{T}}\mathbf{M}_c\mathbf{y}$$

其中 $\mathbf{M}_c$ 是式(3.10)中的残差投影。正如我们在上一节所看到的,$\mathbf{M}_c\mathbf{y}$ 是 $\mathbf{y}$ 的中心化。类似地,$\mathbf{M}_c\mathbf{X}_2$ 是一个由 $\mathbf{X}_2$ 的每一列中心化而形成的矩阵。由此可得,在含有截距的最小二乘回归中,非常值回归元的估计系数等于在所有变量都中心化处理后执行的零截距回归的估计系数。

让我们运用有关想法来讨论式(11.13)所引入的判定系数的另一种替代方案。常用回归软件包会报告多个版本的 R^2。其中之一就是所谓的中心化 R^2(centered R^2)。为了清楚起见,式(11.13)中的版本将被称为非中心化 R^2。

引入非中心化 R^2 的替代方案的动机是,它不能对某些单位的变化保持不变。虽然它对于包含回归子(regressand)$\mathbf{y}$ 的单位变化保持不变(参看练习题 11.4.2),但涉及加法或减法的单位变化并不是保持不变的(实际通货膨胀与超过一定水平的通货膨胀、收入与超过一定阈值的收入等),只要 $\mathbf{X}$ 包含截距。练习题 11.4.3 要求你证明这一点。

这是许多计量经济学家使用中心化 R^2 而不是 R^2 的原因之一,至少当回归包含截距时。为了本节的目的,让我们假定情况是这样(或者更一般地说,$\mathbf{1} \in \mathrm{colspace}\ \mathbf{X}$)。中心化 R^2 被定义为

$$R_c^2 := \frac{\|\mathbf{P}\mathbf{M}_c\mathbf{y}\|^2}{\|\mathbf{M}_c\mathbf{y}\|^2} = \frac{\|\mathbf{M}_c\mathbf{P}\mathbf{y}\|^2}{\|\mathbf{M}_c\mathbf{y}\|^2} \tag{11.30}$$

$\mathbf{M}_c$ 与式(3.10)所定义的相同。R_c^2 的两个表达式相等的性质留作练习题(练习题 11.4.6)。由于 $\mathbf{M}_c$ 将常值向量映射到 $\mathbf{0}$(参看例 3.3.1),所以给 $\mathbf{y}$ 的每个元素添加一个常数对 R_c^2 没有影响。

中心化 R^2 可以被重写为(练习题 11.4.7)

$$R_c^2 = \frac{\sum_{n=1}^{N}(\hat{y}_n - \bar{y})^2}{\sum_{n=1}^{N}(y_n - \bar{y})^2} \tag{11.31}$$

练习题 11.4.5 要求证明,在简单回归情况下,R_c^2 等于回归元与回归因子之间的样本相关系数的平方,如同式(8.5)所定义的。因而 R_c^2 是相关性的度量。

11.3 进一步阅读

有关本章所涵盖内容的其他参考文献,可以参看 Friedman et al.(2009)、Ruud(2000)、Cameron and Trivedi(2005)或者 Davidson and MacKinnon(2004)。

11.4 练习题

练习题 11.4.1 设 $\mathbf{x}:=(z,az)^{\mathrm{T}}$,其中 $a\in\mathbb{R}$ 且 z 是任意标量随机变量。证明$\mathbb{E}\mathbf{x}\mathbf{x}^{\mathrm{T}}$ 是非负定的,但不是正定的。

练习题 11.4.2 证明非中心化 R^2 对于回归因子 $\mathbf{y}$ 的重新标度是不变的(例如美元对美分、公里对英里等)。

练习题 11.4.3 固定 $\mathbf{X}$ 和 $\mathbf{y}$ 并考察 $\mathbf{y}$ 对 $\mathbf{X}$ 回归。假定在 $\mathbf{1}\in \text{colspace } \mathbf{X}$ 意义上,$\mathbf{X}$ 包含截距。设 R^2 表示非中心化的判定系数,设 R_α^2 表示当 $\mathbf{y}$ 被 $\mathbf{y}+\alpha\mathbf{1}$ 取代时的判定系数。证明当 $\alpha\to\infty$ 时,$R_\alpha^2\to 1$。

练习题 11.4.4 证明 R^2 对回归元的重新标度是不变的。

练习题 11.4.5 证明在第 11.2.2.1 节中简单回归模型的情况下,R_c^2 等于 $\mathbf{x}$ 与 $\mathbf{y}$ 之间的样本相关系数的平方。

练习题 11.4.6 证明式(11.30)中 R_c^2 的两个可用表达式是相等的。

练习题 11.4.7 验证式(11.31)中 R_c^2 的表达式。

练习题 11.4.8 证明事实 11.1.2。

练习题 11.4.9 验证式(11.17)的表达式。

练习题 11.4.10 我们能够以稍微不同的方式证明 $\hat{\boldsymbol{\beta}}$ 是最小二乘问题的解:设 $\mathbf{b}$ 表示任意 $K\times 1$ 向量,并设 $\hat{\boldsymbol{\beta}}:=(\mathbf{X}^{\mathrm{T}}\mathbf{X})^{-1}\mathbf{X}^{\mathrm{T}}\mathbf{y}$。

(i) 证明 $\|\mathbf{y}-\mathbf{X}\mathbf{b}\|^2=\|\mathbf{y}-\mathbf{X}\hat{\boldsymbol{\beta}}\|^2+\|\mathbf{X}(\hat{\boldsymbol{\beta}}-\mathbf{b})\|^2$。

(ii) 使用(i),证明 $\hat{\boldsymbol{\beta}}$ 是 $\|\mathbf{y}-\mathbf{X}\mathbf{b}\|^2$ 的最小化值,对于所有 $K\times 1$ 向量 $\mathbf{b}$。

练习题 11.4.11 验证 $\sum_{n=1}^{N}(y_n-\mathbf{b}^{\mathrm{T}}\mathbf{x}_n)^2=\|\mathbf{y}-\mathbf{X}\mathbf{b}\|^2$。

练习题 11.4.12 证明 $\min_{\mathbf{b}\in\mathbb{R}^K}\|\mathbf{y}-\mathbf{X}\mathbf{b}\|^2$ 的任何解也是 $\min_{\mathbf{b}\in\mathbb{R}^K}\|\mathbf{y}-\mathbf{X}\mathbf{b}\|$ 的解,反之亦然。

练习题 11.4.13 证明只要 $\mathbf{1}\in \text{colspace } \mathbf{X}$,$\mathbf{P1}=\mathbf{1}$ 就成立。

练习题 11.4.14 证明对于任何包含截距的回归,残差的向量之和一定为零。

练习题 11.4.15 证明对于任何包含截距的回归,拟合值 $\hat{\mathbf{y}}=\mathbf{P}\mathbf{y}$ 的均值等于 $\mathbf{y}$ 的均值。

练习题 11.4.16 证明 $\mathbf{PM}=\mathbf{MP}=\mathbf{0}$。利用这个事实(而不是正交投影定理),证明拟合值向量与残差向量正交。

练习题 11.4.17 证明如果 $R^2=1$,则残差的向量等于零,$\mathbf{P}\mathbf{y}=\mathbf{y}$,并且 $\mathbf{y}\in \text{colspace } \mathbf{X}$。

练习题 11.4.18 假定回归包含截距,设 $\bar{y}$ 表示 $\mathbf{y}$ 的样本均值,设 $\bar{\mathbf{x}}$ 表示 $1\times K$ 行向量并且使得 $\bar{\mathbf{x}}$ 的第 k 个元素是 $\mathbf{X}$ 的第 k 列的样本均值。证明 $\bar{y}=\bar{\mathbf{x}}\hat{\boldsymbol{\beta}}$。

练习题 11.4.19 假定回归包含截距。设 $\mathbf{M}_c$ 如同式(3.10)所定义的。证明下面的等式总是成立:

$$\|\mathbf{My}\|^2=\|\mathbf{M}_c\mathbf{y}\|^2-\|\mathbf{PM}_c\mathbf{y}\|^2 \tag{11.32}$$

练习题 11.4.20 设 $\mathbf{X}_a$ 与 $\mathbf{X}_b$ 分别是 $N\times K_a$ 与 $N\times K_b$。假定 $\mathbf{X}_a$ 的每一列也是 $\mathbf{X}_b$ 的一列。证明 colspace $\mathbf{X}_a\subset$ colspace $\mathbf{X}_b$。

练习题 11.4.21 设 $\mathbf{x}:=(x_1,\cdots,x_N)$ 以及 $\mathbf{y}:=(y_1,\cdots,y_N)$ 都是标量随机变量的序列。证明 $\mathbf{x}$ 与 $\mathbf{y}$ 之间的样本相关系数(如式(8.5)定义)可以写成

$$\hat{\varrho}=\frac{(\mathbf{M}_c\mathbf{x})^{\mathrm{T}}(\mathbf{M}_c\mathbf{y})}{\|\mathbf{M}_c\mathbf{x}\|\,\|\mathbf{M}_c\mathbf{y}\|}$$

练习题 11.4.22 证明式(11.23)和式(11.25)中 $\hat{\boldsymbol{\beta}}_2$ 的两个表达式是相等的。[1]

练习题 11.4.23 在证明定理 11.2.1 时,矩阵 $\mathbf{X}_2^{\mathrm{T}}\mathbf{M}_1\mathbf{X}_2$ 被认为是非奇异的。验证这个观点。

练习题 11.4.24 (计算)通过模拟构建任意数据集 $\mathbf{X}$ 和 $\mathbf{y}$,建立一个含有截距的回归,然后记录非常值(即 $k\geqslant 2$)回归元的估计系数值。证明这些值与所有变量围绕在各自均值附近后的无截距回归的估计系数相等。

11.5 练习题解答节选

练习题 11.4.1 解答 对于任何 $\mathbf{x}$,表达式 $\mathbb{E}\mathbf{x}\mathbf{x}^{\mathrm{T}}$ 都是非负定的,因为对于给定的 $\mathbf{c}\in\mathbb{R}^K$,我们有

$$\mathbf{c}^{\mathrm{T}}\mathbb{E}\mathbf{x}\mathbf{x}^{\mathrm{T}}\mathbf{c}=\mathbb{E}\,(\mathbf{c}^{\mathrm{T}}\mathbf{x})(\mathbf{x}^{\mathrm{T}}\mathbf{c})=\mathbb{E}\,(\mathbf{x}^{\mathrm{T}}\mathbf{c})^2\geqslant 0$$

这里我们使用了标量的转置等于这个标量的事实。但是,如果 $\mathbf{x}:=(z,az)^{\mathrm{T}}$,那么

$$\mathbb{E}\,\mathbf{x}\mathbf{x}^{\mathrm{T}}=\mathbb{E}z^2\begin{pmatrix}1 & a\\ a & a^2\end{pmatrix}$$

第二列是第一列的倍数,所以矩阵是奇异的,行列式为零。因此它不能是正定的(参看事实 3.2.9)。

□

练习题 11.4.2 解答 如果 $\mathbf{y}$ 是由 $\alpha\in\mathbb{R}$ 来标度的,那么

$$\frac{\|\mathbf{P}\alpha\mathbf{y}\|^2}{\|\alpha\mathbf{y}\|^2}=\frac{\|\alpha\mathbf{Py}\|^2}{\|\alpha\mathbf{y}\|^2}=\frac{\alpha^2\|\mathbf{Py}\|^2}{\alpha^2\|\mathbf{y}\|^2}=\frac{\|\mathbf{Py}\|^2}{\|\mathbf{y}\|^2}$$

因此非中心化 R^2 不变。 □

练习题 11.4.3 解答 固定 $\alpha\in\mathbb{R}$。根据定义,R_α^2 是

$$\frac{\|\mathbf{P}(\mathbf{y}+\alpha\mathbf{1})\|^2}{\|\mathbf{y}+\alpha\mathbf{1}\|^2}=\frac{\|\mathbf{Py}+\alpha\mathbf{P1}\|^2}{\|\mathbf{y}+\alpha\mathbf{1}\|^2}=\frac{\|\mathbf{Py}+\alpha\mathbf{1}\|^2}{\|\mathbf{y}+\alpha\mathbf{1}\|^2}=\frac{\alpha^2\|\mathbf{Py}/\alpha+\mathbf{1}\|^2}{\alpha^2\|\mathbf{y}/\alpha+\mathbf{1}\|^2}=\frac{\|\mathbf{Py}/\alpha+\mathbf{1}\|^2}{\|\mathbf{y}/\alpha+\mathbf{1}\|^2}$$

其中第二个等式是由事实 $\mathbf{1}\in$ colspace $\mathbf{X}$ 得到的。取极限 $\alpha\to\infty$,我们可以发现当 $\alpha\to\infty$ 时,$R_\alpha^2\to 1$。

□

① 提示:利用矩阵 $\mathbf{M}_1$ 的对称性和幂等性。

练习题 11.4.4 解答 这直接由 R^2 的定义和以下事实得出,对于任何 $\alpha\neq 0$,

$$\mathbf{P}=\mathbf{X}(\mathbf{X}^{\mathrm{T}}\mathbf{X})^{-1}\mathbf{X}^{\mathrm{T}}=\frac{\alpha^2}{\alpha^2}\mathbf{X}(\mathbf{X}^{\mathrm{T}}\mathbf{X})^{-1}\mathbf{X}^{\mathrm{T}}=(\alpha\mathbf{X})((\alpha\mathbf{X})^{\mathrm{T}}(\alpha\mathbf{X}))^{-1}(\alpha\mathbf{X}^{\mathrm{T}})\qquad\square$$

练习题 11.4.5 解答 由练习题 11.4.21 可知,**x** 和 **y** 之间的样本相关系数的平方可以写成

$$\hat{\varrho}^2=\frac{[(\mathbf{M}_c\mathbf{X})^{\mathrm{T}}(\mathbf{M}_c\mathbf{y})]^2}{\|\mathbf{M}_c\mathbf{x}\|^2\|\mathbf{M}_c\mathbf{y}\|^2}$$

此外,$R_c^2=\|\mathbf{M}_c\mathbf{P}\mathbf{y}\|^2/\|\mathbf{M}_c\mathbf{y}\|^2$。因此,只需证明对于第 11.2.2.1 节中的简单线性回归模型,我们有

$$\|\mathbf{M}_c\mathbf{P}\mathbf{y}\|=\frac{|(\mathbf{M}_c\mathbf{x})^{\mathrm{T}}(\mathbf{M}_c\mathbf{y})|}{\|\mathbf{M}_c\mathbf{x}\|}\tag{11.33}$$

设 $\mathbf{X}=(\mathbf{1},\mathbf{x})$ 为设计矩阵,其中第一列为 **1**,第二列为 **x**。设

$$\hat{\beta}_1:=\bar{y}-\hat{\beta}_2\bar{x}\text{ 和 }\hat{\beta}_2:=\frac{(\mathbf{M}_c\mathbf{x})^{\mathrm{T}}(\mathbf{M}_c\mathbf{y})}{\|\mathbf{M}_c\mathbf{x}\|^2}$$

分别是 β_1 和 β_2 的最小二乘估计量(参看第 11.2.2.1 节)。于是,我们可以得到

$$\mathbf{P}\mathbf{y}=\mathbf{X}\hat{\beta}=\mathbf{1}\hat{\beta}_1+\mathbf{x}\hat{\beta}_2$$

$$\therefore\quad \mathbf{M}_c\mathbf{P}\mathbf{y}=\mathbf{M}_c\mathbf{X}\hat{\beta}=\mathbf{M}_c\mathbf{x}\hat{\beta}_2$$

$$\therefore\quad \|\mathbf{M}_c\mathbf{P}\mathbf{y}\|=\|\mathbf{M}_c\mathbf{x}\hat{\beta}_2\|=|\hat{\beta}_2|\,\|\mathbf{M}_c\mathbf{x}\|=\frac{|(\mathbf{M}_c\mathbf{x})^{\mathrm{T}}(\mathbf{M}_c\mathbf{y})|}{\|\mathbf{M}_c\mathbf{x}\|^2}\|\mathbf{M}_c\mathbf{x}\|$$

消去 $\|\mathbf{M}_c\mathbf{x}\|$ 我们就得出式(11.33),从而得到证明。 $\square$

练习题 11.4.6 解答 只需证明 $\mathbf{P}\mathbf{M}_c=\mathbf{M}_c\mathbf{P}$。由于假设 $\mathbf{1}\in$ colspace $\mathbf{X}$,我们有 $\mathbf{P}\mathbf{1}=\mathbf{1}$,并且 $\mathbf{1}^{\mathrm{T}}\mathbf{P}=(\mathbf{P}^{\mathrm{T}}\mathbf{1})^{\mathrm{T}}=(\mathbf{P}\mathbf{1})^{\mathrm{T}}=\mathbf{1}^{\mathrm{T}}$。因此 $\mathbf{P}\mathbf{1}\mathbf{1}^{\mathrm{T}}=\mathbf{1}\mathbf{1}^{\mathrm{T}}\mathbf{P}$,同时

$$\mathbf{P}\mathbf{M}_c=\mathbf{P}-\frac{1}{N}\mathbf{P}\mathbf{1}\mathbf{1}^{\mathrm{T}}=\mathbf{P}-\frac{1}{N}\mathbf{1}\mathbf{1}^{\mathrm{T}}\mathbf{P}=\mathbf{M}_c\mathbf{P}\qquad\square$$

练习题 11.4.7 解答 只需证明 $\|\mathbf{P}\mathbf{M}_c\mathbf{y}\|^2=\sum_{n=1}^{N}(\hat{y}_n-\bar{y})^2$。该式成立是因为

$$\sum_{n=1}^{N}(\hat{y}_n-\bar{y})^2=\|\mathbf{P}\mathbf{y}-\mathbf{1}\bar{y}\|^2=\|\mathbf{P}\mathbf{y}-\mathbf{P}\mathbf{1}\bar{y}\|^2=\|\mathbf{P}(\mathbf{y}-\mathbf{1}\bar{y})\|^2=\|\mathbf{P}\mathbf{M}_c\mathbf{y}\|^2\qquad\square$$

练习题 11.4.8 解答 采用事实 11.1.2 的符号和假设。设 **y** 是已知的,设 $\mathbf{P}_a$ 和 $\mathbf{P}_b$ 分别是对 $\mathbf{X}_a$ 和 $\mathbf{X}_b$ 的列空间的投影,因此对于 $i\in\{a,b\}$,$R_i^2=\|\mathbf{P}_i\mathbf{y}\|^2/\|\mathbf{y}\|^2$。从事实 2.2.7 我们有 $\mathbf{P}_a\mathbf{P}_b\mathbf{y}=\mathbf{P}_a\mathbf{y}$。利用这个事实,并设 $\mathbf{y}_b:=\mathbf{P}_b\mathbf{y}$,得出

$$\frac{R_a^2}{R_b^2}=\left(\frac{\|\mathbf{P}_a\mathbf{y}\|}{\|\mathbf{P}_b\mathbf{y}\|}\right)^2=\left(\frac{\|\mathbf{P}_a\mathbf{P}_b\mathbf{y}\|}{\|\mathbf{P}_b\mathbf{y}\|}\right)^2=\left(\frac{\|\mathbf{P}_a\mathbf{y}_b\|}{\|\mathbf{y}_b\|}\right)^2\leqslant 1$$

最后的不等式是由定理 2.2.2 得到的。因此 $R_b^2\geqslant R_a^2$,并且用 $\mathbf{X}_b$ 回归得到(弱)较大的 R^2。 $\square$

练习题 11.4.10 解答 第(ii)部分可以立刻由第(i)部分得出。关于第(i)部分,经过观察可以发现

$$\|\mathbf{y}-\mathbf{X}\mathbf{b}\|^2=\|\mathbf{y}-\mathbf{X}\hat{\boldsymbol{\beta}}+\mathbf{X}(\hat{\boldsymbol{\beta}}-\mathbf{b})\|^2$$

根据毕达哥拉斯定理,如果 $\mathbf{y}-\mathbf{X}\hat{\boldsymbol{\beta}}\perp\mathbf{X}(\hat{\boldsymbol{\beta}}-\mathbf{b})$,就可以 r 得出

$$\|\mathbf{y}-\mathbf{X}\mathbf{b}\|^2=\|\mathbf{y}-\mathbf{X}\hat{\boldsymbol{\beta}}\|^2+\|\mathbf{X}(\hat{\boldsymbol{\beta}}-\mathbf{b})\|^2$$

这可由 $\hat{\boldsymbol{\beta}}$ 的定义得出,因为对任意的 $\mathbf{a}\in\mathbb{R}^K$,我们有

$$(\mathbf{X}\mathbf{a})^{\mathrm{T}}(\mathbf{y}-\mathbf{X}\hat{\boldsymbol{\beta}})=\mathbf{a}^{\mathrm{T}}(\mathbf{X}^{\mathrm{T}}\mathbf{y}-\mathbf{X}^{\mathrm{T}}\mathbf{X}(\mathbf{X}^{\mathrm{T}}\mathbf{X})^{-1}\mathbf{X}^{\mathrm{T}}\mathbf{y})=\mathbf{a}^{\mathrm{T}}(\mathbf{X}^{\mathrm{T}}\mathbf{y}-\mathbf{X}^{\mathrm{T}}\mathbf{y})=0$$ □

练习题 11.4.12 解答 设 $\hat{\boldsymbol{\beta}}$ 是 $\min_{\mathbf{b}\in\mathbb{R}^K}\|\mathbf{y}-\mathbf{X}\mathbf{b}\|^2$ 的解,这表明

$$\|\mathbf{y}-\mathbf{X}\hat{\boldsymbol{\beta}}\|^2\leqslant\|\mathbf{y}-\mathbf{X}\mathbf{b}\|^2,\text{对于任意的 }\mathbf{b}\in\mathbb{R}^K$$

如果 a 与 b 是非负的常值并且满足 $a\leqslant b$,那么$\sqrt{a}\leqslant\sqrt{b}$,从而

$$\|\mathbf{y}-\mathbf{X}\hat{\boldsymbol{\beta}}\|\leqslant\|\mathbf{y}-\mathbf{X}\mathbf{b}\|,\text{对于任意的 }\mathbf{b}\in\mathbb{R}^K$$

换句话说,$\hat{\boldsymbol{\beta}}$ 是 $\min_{\mathbf{b}\in\mathbb{R}^K}\|\mathbf{y}-\mathbf{X}\mathbf{b}\|$ 的解。“反之亦然”的论证可以遵循类似的思路。 □

练习题 11.4.14 解答 为了理解为什么残差的向量之和为零,经过观察可以发现

$$\mathbf{1}^{\mathrm{T}}\mathbf{M}\mathbf{y}=\mathbf{1}^{\mathrm{T}}\mathbf{y}-\mathbf{1}^{\mathrm{T}}\mathbf{P}\mathbf{y}=\mathbf{1}^{\mathrm{T}}\mathbf{y}-(\mathbf{P}^{\mathrm{T}}\mathbf{1})^{\mathrm{T}}\mathbf{y}=\mathbf{1}^{\mathrm{T}}\mathbf{y}-(\mathbf{P}\mathbf{1})^{\mathrm{T}}\mathbf{y}$$

最后一个等式使用了 $\mathbf{P}$ 是对称的事实。此外,根据练习题 11.4.13,当 $\mathbf{1}$ 是 $\mathbf{X}$ 的列时,我们有 $\mathbf{P}\mathbf{1}=\mathbf{1}$,因此

$$\mathbf{1}^{\mathrm{T}}\mathbf{M}\mathbf{y}=\mathbf{1}^{\mathrm{T}}\mathbf{y}-(\mathbf{P}\mathbf{1})^{\mathrm{T}}\mathbf{y}=\mathbf{1}^{\mathrm{T}}\mathbf{y}-\mathbf{1}^{\mathrm{T}}\mathbf{y}=0$$ □

练习题 11.4.15 解答 由于 $\mathbf{1}\in\operatorname{colspace}\mathbf{X}$,我们可以得到 $\mathbf{P}\mathbf{1}=\mathbf{1}$。由此可得

$$\frac{1}{N}\sum_{n=1}^{N}\hat{y}_n=\frac{1}{N}\mathbf{1}^{\mathrm{T}}\hat{\mathbf{y}}=\frac{1}{N}\mathbf{1}^{\mathrm{T}}\mathbf{P}\mathbf{y}=\frac{1}{N}\mathbf{1}^{\mathrm{T}}\mathbf{y}=\frac{1}{N}\sum_{n=1}^{N}y_n$$

练习题 11.4.17 解答 如果 $R^2=1$,则根据式(11.12),我们可以得到 $\|\mathbf{M}\mathbf{y}\|^2=0$,因此得到 $\hat{\mathbf{u}}=\mathbf{M}\mathbf{y}=\mathbf{0}$。由于 $\mathbf{M}\mathbf{y}+\mathbf{P}\mathbf{y}=\mathbf{y}$,这蕴含着 $\mathbf{P}\mathbf{y}=\mathbf{y}$。但是,由定理 2.2.2 的(vi)得到 $\mathbf{y}\in\operatorname{colspace}\mathbf{X}$。 □

练习题 11.4.19 解答 事实 2.2.8 告诉我们,对于任何一致向量 $\mathbf{z}$,可以得出 $\mathbf{z}=\mathbf{P}\mathbf{z}+\mathbf{M}\mathbf{z}$,其中右边的两个向量是正交的。设 $\mathbf{z}=\mathbf{M}_c\mathbf{y}$,我们得到

$$\mathbf{M}_c\mathbf{y}=\mathbf{P}\mathbf{M}_c\mathbf{y}+\mathbf{M}\mathbf{M}_c\mathbf{y}$$

由事实 2.2.9 可得 $\mathbf{M}\mathbf{M}_c\mathbf{y}=\mathbf{M}\mathbf{y}$。利用这个结果、正交性以及毕达哥拉斯定理,可以得出

$$\|\mathbf{M}_c\mathbf{y}\|^2=\|\mathbf{P}\mathbf{M}_c\mathbf{y}\|^2+\|\mathbf{M}\mathbf{y}\|^2$$

重新整理得出式(11.32)。 □

练习题 11.4.20 解答 这只需利用事实 2.1.3 就能得到。 □

练习题 11.4.23 解答 由事实 3.2.9 可知,为了证明 $\mathbf{X}_2^{\mathrm{T}}\mathbf{M}_1\mathbf{X}_2$ 是非奇异的,只需证明此矩阵是正定的。由 $\mathbf{M}_1$ 的幂等性和对称性可得,

$$\mathbf{X}_2^{\mathrm{T}}\mathbf{M}_1\mathbf{X}_2=\mathbf{X}_2^{\mathrm{T}}\mathbf{M}_1\mathbf{M}_1\mathbf{X}_2=\mathbf{X}_2^{\mathrm{T}}\mathbf{M}_1^{\mathrm{T}}\mathbf{M}_1\mathbf{X}_2=(\mathbf{M}_1\mathbf{X}_2)^{\mathrm{T}}\mathbf{M}_1\mathbf{X}_2$$

取任意 $\mathbf{a}\neq\mathbf{0}$。我们需要证明

$$\mathbf{a}^{\mathrm{T}}(\mathbf{M}_1\mathbf{X}_2)^{\mathrm{T}}\mathbf{M}_1\mathbf{X}_2\mathbf{a}=(\mathbf{M}_1\mathbf{X}_2\mathbf{a})^{\mathrm{T}}\mathbf{M}_1\mathbf{X}_2\mathbf{a}=\|\mathbf{M}_1\mathbf{X}_2\mathbf{a}\|^2>0$$

由于模为 0 的向量只有零向量,所以现在可以证明 $\mathbf{M}_1\mathbf{X}_2\mathbf{a}$ 是非零的。由事实 2.2.8 可知,只有当 $\mathbf{X}_2\mathbf{a}$ 位于 $\mathbf{X}_1$ 的列张成空间中,才有 $\mathbf{M}_1\mathbf{X}_2\mathbf{a}=\mathbf{0}$。因而,如果我们能证明 $\mathbf{X}_2\mathbf{a}$ 不在 $\mathbf{X}_1$ 的列张成空间中,证明就完成了。

实际上,$\mathbf{X}_2\mathbf{a}$ 不在 $\mathbf{X}_1$ 的列张成空间中。如果是,那么对于某个 $\mathbf{b}\in\mathbb{R}^{K_1}$,我们可以写出 $\mathbf{X}_1\mathbf{b}=\mathbf{X}_2\mathbf{a}$。一旦重新整理,对于某个非零的 $\mathbf{c}$(回忆一下 $\mathbf{a}\neq\mathbf{0}$),我们可以得到 $\mathbf{X}\mathbf{c}=\mathbf{0}$,这与 $\mathbf{X}$ 的列的线性无关相矛盾。 □

第 12 章　普通最小二乘法

在第 11 章中,我们只是对数据施加了轻微的正则性条件。为了深入研究线性最小二乘估计,同时提供关于估计系数的额外解释,我们就需要做出更多的假设。本章的目的是描述经典普通最小二乘(ordinary least squares,OLS)假设下线性最小二乘估计的性质。

12.1　普通最小二乘估计

在这一节,我们介绍普通最小二乘假设,然后在这些假设下研究普通最小二乘估计的有限样本性质。

12.1.1　假设

设 $\mathbf{X}$ 与 $\mathbf{y}$ 如同第 11.1 节的定义。普通最小二乘法的假设如下:

假设 12.1.1　(满秩)$\mathbf{X}$ 以概率 1 具有列满秩。

假设 12.1.2　(线性性质)观测值满足 $\mathbf{y}=\mathbf{X}\boldsymbol{\beta}+\mathbf{u}$,对于某个未知 K 维向量参数 $\boldsymbol{\beta}$ 与不可观测的冲击向量 $\mathbf{u}$。

假设 12.1.3　(正交回归元)$\mathbb{E}[\mathbf{u}\mid\mathbf{X}]=\mathbf{0}$。

假设 12.1.4　(球面误差)$\mathbb{E}[\mathbf{u}\mathbf{u}^{\mathrm{T}}\mid\mathbf{X}]=\sigma^2\mathbf{I}$,对于某个未知 $\sigma>0$。

下面我们分别分析这些假设。

假设 12.1.1 仅仅是对第 11 章中假设 11.1.1 的重复。假设 12.1.2 可以分解为一些独立的等式:

$$y_n=\mathbf{x}_n^{\mathrm{T}}\boldsymbol{\beta}+u_n,\quad n=1,\cdots,N \tag{12.1}$$

这里给出一些模型的例子,它们都可以产生(12.1)形式的关系式。

例 12.1.1　柯布-道格拉斯生产函数是可以将资本和劳动投入要素经由 $y=Ak^{\alpha}l^{\delta}$ 得到输出的模型,其中 A 表示随机的特定企业的生产率项,而 a 与 δ 表示参数。对该式的两边取对数,得到如下的线性回归模型:

$$\ln y=\gamma+a\ln k+\delta\ln l+u$$

其中随机项 $\ln A$ 是由 $\gamma+u$ 表示的。

例 12.1.2　引力模型涉及国家 l 与国家 n 之间的国际贸易往来,由方程 $T_{ln}=\lambda\zeta_{ln}G_l^{\alpha}G_n^{\beta}/D_{ln}^{\gamma}$ 来刻画。这里 T_{ln} 表示从国家 l 出口到国家 n,λ 表示常数项,ζ_{ln} 表示冲击,G_l 与 G_n 分别表示国家 l 与国家 n 的 GDP,而 D_{ln} 表示它们之间的距离。取对数得到

$$\ln T_{ln} = \ln\lambda + \alpha\ln G_l + \beta\ln G_n - \gamma\ln D_{ln} + \ln\zeta_{ln} \tag{12.2}$$

有关研究的动机和讨论,参看 Bergeijk and Brakman(2010)。

事实 12.1.1 如果线性假设 12.1.2 成立,则

(i) $\mathbf{My}=\mathbf{Mu}$。

(ii) $\mathbf{Py}=\mathbf{X}\boldsymbol{\beta}+\mathbf{Pu}$。

(iii) $\text{RSS}=\mathbf{u}^{\mathrm{T}}\mathbf{Mu}$。

事实 12.1.1 中的符号遵循第 11.1.2.2 节的做法。有关证明留作练习题 12.4.2 来完成。

事实 12.1.2 如果假设 12.1.3 成立,则

(i) $\mathbb{E}[\mathbf{u}]=\mathbf{0}$。

(ii) $\mathbb{E}[u_m \mid x_{nk}]=0$,对于任何 m,n,k。

(iii) $\mathbb{E}[u_m x_{nk}]=0$,对于任何 m,n,k(正交性)。

(iv) $\text{cov}[u_m, x_{nk}]=0$,对于任何 m,n,k。

这些证明留作练习题 12.4.3 来完成。

事实 12.1.3 如果假设 12.1.4 成立,则

(i) $\text{var}[\mathbf{u}]=\mathbb{E}[\mathbf{uu}^{\mathrm{T}}]=\sigma^2\mathbf{I}$。

(ii) $\mathbb{E}[u_i^2 \mid \mathbf{X}]=\mathbb{E}[u_j^2 \mid \mathbf{X}]=\sigma^2$,对于 $1,\cdots,N$ 中的任何 i 和 j。

(iii) $\mathbb{E}[u_i u_j \mid \mathbf{X}]=0$,只要 $i\neq j$。

其中(ii)与(iii)分别被称为同方差性(homoskedasticity)与零相关。

将假设 12.1.3 和 12.1.4 组合起来则可得出

$$\text{var}[\mathbf{u} \mid \mathbf{X}] := \mathbb{E}[\mathbf{uu}^{\mathrm{T}} \mid \mathbf{X}] - \mathbb{E}[\mathbf{u} \mid \mathbf{X}]\,\mathbb{E}[\mathbf{u}^{\mathrm{T}} \mid \mathbf{X}] = \mathbb{E}[\mathbf{uu}^{\mathrm{T}} \mid \mathbf{X}]$$

因此,条件方差-协方差矩阵是对角矩阵 $\sigma^2\mathbf{I}$。

12.1.2 普通最小二乘估计量

式(12.1)中 $\boldsymbol{\beta}$ 的标准估计量是式(11.9)所定义的最小二乘估计量 $\hat{\boldsymbol{\beta}}$。也就是,

$$\hat{\boldsymbol{\beta}} := (\mathbf{X}^{\mathrm{T}}\mathbf{X})^{-1}\mathbf{X}^{\mathrm{T}}\mathbf{y} \tag{12.3}$$

和第 11 章不一样,它现在被理解为未知参数向量 $\boldsymbol{\beta}$ 的估计量。在这种情况下,$\hat{\boldsymbol{\beta}}$ 也被称为 $\boldsymbol{\beta}$ 的普通最小二乘估计量(OLS estimator)。将 $\mathbf{y}=\mathbf{X}\boldsymbol{\beta}+\mathbf{u}$ 代入式(12.3),同时消掉某些项,就得出十分有用的比较:

$$\hat{\boldsymbol{\beta}} = \boldsymbol{\beta} + (\mathbf{X}^{\mathrm{T}}\mathbf{X})^{-1}\mathbf{X}^{\mathrm{T}}\mathbf{u} \tag{12.4}$$

在假设 12.1.4 中所引入的参数 σ^2 的 OLS 估计量通常是

$$\hat{\sigma}^2 := \frac{\text{RSS}}{N-K} \tag{12.5}$$

尽管我们可以利用式(12.3)和式(12.5)来直接计算 $\hat{\boldsymbol{\beta}}$ 与 $\hat{\sigma}^2$,但实际应用中,更为常见的做法是运用回归包中的程序。这里给出利用 Python 对世界贸易数据的引力回归模型(12.2)进行计算的例子。和本书其他研究的例子一样,可以在网页 johnstachurski.net/emet.html 上找到用于复制这些结果的完整代码和数据,还有参考资料、数据源和变量定义的详细信息。

首先我们导入一些常用于统计学的 Python 库:

```
import pandas as pd
```

```
import statsmodels.formula.api as smf
```

然后我们从本地 CSV 文件中读取数据到 pandas DataFrame 中：

```
data = pd.read_csv("./data/gravity_dataset_2013.csv")
```

接下来，我们利用公式建立模型，该公式表示我们想要象征性运行的回归（这一点类似于 R 语言）。

```
formula = "log(value) ~ log(egdp) + log(igdp) + log(dist)"
model = smf.ols(formula, data)
```

上面所用的公式类似于式(12.2)。我们省略了冲击项（式(12.2)中的最后项），这是因为它不是数据集的一部分，同时也省略了自动包含的常数项。名称 egdp 和 igdp 分别代表出口国和进口国的国内生产总值(GDP)。

现在我们可以运行估计，并打印一个汇总结果的表格：

```
result = model.fit(cov_type='HC1')
print(result.summary())
```

输出如下：

```
                         OLS Regression Results
==============================================================================
Dep.Varable:                log(value)   R-squared:                     0.652
Model:                             OLS   Adj.R-squared:                 0.652
Method:                  Least Squares   F-statistic:               1.203e+04
Date:                 Wed, 04 Nov 2015   Prob (F-statistic):             0.00
Time:                         16:02:42   Log Likelihood:              -47185.
No. Observations:                19655   AIC:                       9.438e+04
Df Residuals:                    19651   BIC:                       9.441e+04
Df Model:                            3
Covariance Type:                   HC1
==============================================================================
                 coef    std err          z      P>|z|    [95.0% Conf.Int.]
------------------------------------------------------------------------------
Intercept    -30.2350      0.394    -76.773      0.000     -31.007    -29.463
log(egdp)      1.2783      0.008    153.772      0.000       1.262      1.295
log(igdp)      1.0287      0.009    118.885      0.000       1.012      1.046
log(dist)     -1.3483      0.023    -58.113      0.000      -1.394     -1.303
==============================================================================
Omnibus:                      1819.031   Durbin-Watson:                 1.798
Prob(Omnibus):                   0.000   Jarque-Bera (JB):           3361.159
Skew:                           -0.639   Prob(JB)                        0.00
Kurtosis:                        4.571   Cond.No                         708.
==============================================================================
```

普通最小二乘估计量 $\hat{\boldsymbol{\beta}}$ 的值被列在 coef 那一列。诸如标准误差之类的对象，将在下面继续讨论。产生该表格的 `model.fit` 的参数 `cov_type='HC1'`要求一致异方差或“稳健”的标准误差，这将在第 12.2.1 节中加以讨论。

我们检查一下在 coef 那一列所报告的 $\hat{\boldsymbol{\beta}}$ 的值和式(12.3)所给出的 $\hat{\boldsymbol{\beta}}$ 的表达式是否一致。首先，我们构建设计矩阵 **X**(参看上面的网址给出的详细信息)，然后计算如下：

```
betahat = inv(X.T @ X) @ X.T @ y
```

当我们打印输出结果时，其与表格中的输出一致

```
[-30.23498073  1.27825004  1.02865139  -1.34830012]
```

上述表格中 R^2 的表达式是 R_C^2，和式(11.31)所给出的一样。可利用网页 johnstachurski.net/emet.html 上所提供的代码加以验证。

图 12.1 展示出刚才所述的线性模型的部分回归图(partial regression plot)。它是经由下面的命令来生成的结果对象：

```
import matplotlib.pyplot as plt
import statsmodels.api as sm
fig = plt.figure()
fig = sm.graphics.plot_partregress_grid(result, fig=fig)
```

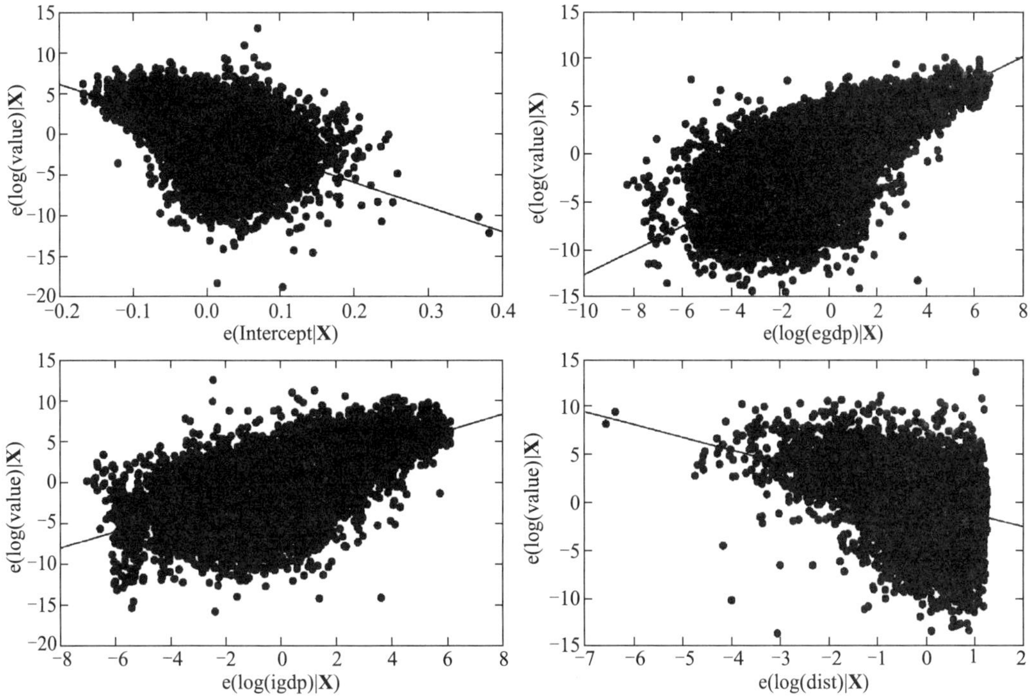

图 12.1 引力模型的部分回归图

为了理解该图，考察左下方的子图，它展示出 log(igdp)与因变量之间的关系。图中的数据点对应于式(11.26)和式(11.27)中的残差。具体来说，横轴上的值来自将 log(igdp)对 **X** 中所有其他列进行回归的残差，而纵轴上的值来自将因变量 log(value)对 **X** 中所有其他列进行回归的残差。

这些残差之间的关系衡量了当保持所有其他变量不变时,log(igdp)变动时所导致的有关log(value)的变动。穿过图形的回归直线的斜率正好是log(igdp)的系数估计值。更多说明参看关于式(11.26)和式(11.27)的讨论。

部分回归图对于解释和诊断都是十分有用的。不过现在我们来考察关于普通最小二乘估计量性质的一般理论。

12.1.3 有限样本性质

首先,我们考察在普通最小二乘假设下有限样本性质的经典结果。这些结果是十分优雅的,但是如果想以恰当的视角评论它们,还是应该阅读第14.2节。我们的第一个结果表明,在普通最小二乘假设下,普通最小二乘估计量是无偏的。

定理 12.1.1 如果假设12.1.1至12.1.3成立,则

$$\mathbb{E}\hat{\boldsymbol{\beta}} = \mathbb{E}[\hat{\boldsymbol{\beta}} \mid \mathbf{X}] = \boldsymbol{\beta} \tag{12.6}$$

如果假设12.1.4也成立,则

$$\mathbb{E}\hat{\sigma}^2 = \mathbb{E}[\hat{\sigma}^2 \mid \mathbf{X}] = \sigma^2 \tag{12.7}$$

证明 由式(12.4)和假设12.1.3,可以得出$\mathbb{E}[\hat{\boldsymbol{\beta}} \mid \mathbf{X}] = \boldsymbol{\beta} + (\mathbf{X}^{\mathrm{T}}\mathbf{X})^{-1}\mathbf{X}^{\mathrm{T}}\mathbb{E}[\mathbf{u} \mid \mathbf{X}] = \boldsymbol{\beta}$。取无条件期望就可得到式(12.6)。

对于式(12.7),如果我们使用事实12.1.1中的RSS表达式,可以得到

$$\mathbb{E}[\mathrm{RSS} \mid \mathbf{X}] = \mathbb{E}[\mathbf{u}^{\mathrm{T}}\mathbf{M}\mathbf{u} \mid \mathbf{X}] = \sigma^2\mathbb{E}[\boldsymbol{\xi}^{\mathrm{T}}\mathbf{M}\boldsymbol{\xi} \mid \mathbf{X}],\text{其中 } \boldsymbol{\xi} := \sigma^{-1}\mathbf{u}$$

现在由事实5.1.3可得,$\mathbb{E}[\mathrm{RSS} \mid \mathbf{X}] = \sigma^2 \mathrm{trace}\mathbf{M}$。因此

$$\mathbb{E}[\hat{\sigma}^2 \mid \mathbf{X}] = \frac{\sigma^2 \mathrm{trace}(\mathbf{M})}{N-K}$$

由事实3.3.4,我们有$\mathrm{trace}\mathbf{M} = N-K$。将它代入前面的等式中,并取无条件期望,可以得出式(12.7)。

□

现在知道$\hat{\boldsymbol{\beta}}$是无偏的,下面我们考察方差。

定理 12.1.2 如果假设12.1.1至12.1.4成立,则

$$\mathrm{var}[\hat{\boldsymbol{\beta}} \mid \mathbf{X}] = \sigma^2(\mathbf{X}^{\mathrm{T}}\mathbf{X})^{-1} \tag{12.8}$$

有关证明参看练习题12.4.5及其解答。

式(12.8)右边的值是小还是大呢?普通最小二乘理论中的著名结果是,在所述条件下,普通最小二乘估计量$\hat{\boldsymbol{\beta}}$是最佳线性无偏的。也就是说,在$\boldsymbol{\beta}$的线性无偏估计量类别中,普通最小二乘估计量具有最小方差。

定理 12.1.3 (高斯-马尔可夫)设假设12.1.1至12.1.4成立,并设$\mathbf{b}$是$\boldsymbol{\beta}$的估计值。如果$\mathbf{b}$是线性且无偏的,则

$$\mathrm{var}[\hat{\boldsymbol{\beta}} \mid \mathbf{X}] \leqslant \mathrm{var}[\mathbf{b} \mid \mathbf{X}]$$

这里$\mathrm{var}[\hat{\boldsymbol{\beta}} \mid \mathbf{X}] \leqslant \mathrm{var}[\mathbf{b} \mid \mathbf{X}]$意味着$\mathrm{var}[\mathbf{b} \mid \mathbf{X}] - \mathrm{var}[\hat{\boldsymbol{\beta}} \mid \mathbf{X}]$是非负定的。因为矩阵没有标准的排序,所以这是一种断言$\mathrm{var}[\mathbf{b} \mid \mathbf{X}]$"更大"的方式。这里蕴含的一个含义是$\mathrm{var}[b_k \mid \mathbf{X}] \geqslant \mathrm{var}[\hat{\beta}_k \mid \mathbf{X}]$,对于所有$k$。(为什么?)

另外,取$\mathbf{X}$为固定值,$\mathbf{b}$的线性性质意味着$\mathbf{b}$是$\mathbf{y}$的线性函数。由定理3.1.1可以看出,这等价于对某个矩阵$\mathbf{C}$要求$\mathbf{b} = \mathbf{C}\mathbf{y}$。矩阵$\mathbf{C}$可以依赖于$\mathbf{X}$而不依赖于$\mathbf{y}$。

$\mathbf{b}$是无偏的陈述意味着$\mathbb{E}[\mathbf{b} \mid \mathbf{X}] = \mathbb{E}[\mathbf{C}\mathbf{y} \mid \mathbf{X}] = \boldsymbol{\beta}$,对于所有的$\boldsymbol{\beta} \in \mathbb{R}^K$。

定理 12.1.3 的证明　如上所述,设 $\mathbf{b}=\mathbf{C}\mathbf{y}$,并设 $\mathbf{D}:=\mathbf{C}-\mathbf{A}$,其中 $\mathbf{A}:=(\mathbf{X}^{\mathrm{T}}\mathbf{X})^{-1}\mathbf{X}^{\mathrm{T}}$,那么

$$\mathbf{b}=\mathbf{C}\mathbf{y}=\mathbf{D}\mathbf{y}+\mathbf{A}\mathbf{y}=\mathbf{D}(\mathbf{X}\boldsymbol{\beta}+\mathbf{u})+\hat{\boldsymbol{\beta}}=\mathbf{D}\mathbf{X}\boldsymbol{\beta}+\mathbf{D}\mathbf{u}+\hat{\boldsymbol{\beta}} \tag{12.9}$$

取条件期望,并利用 $\mathbf{D}$ 是 $\mathbf{X}$ 的函数这一事实,我们可以得到

$$\begin{aligned}\mathbb{E}[\mathbf{b}\mid\mathbf{X}]&=\mathbb{E}[\mathbf{D}\mathbf{X}\boldsymbol{\beta}\mid\mathbf{X}]+\mathbb{E}[\mathbf{D}\mathbf{u}\mid\mathbf{X}]+\mathbb{E}[\hat{\boldsymbol{\beta}}\mid\mathbf{X}]\\&=\mathbf{D}\mathbf{X}\mathbb{E}[\boldsymbol{\beta}\mid\mathbf{X}]+\mathbf{D}\mathbb{E}[\mathbf{u}\mid\mathbf{X}]+\mathbb{E}[\hat{\boldsymbol{\beta}}\mid\mathbf{X}]\\&=\mathbf{D}\mathbf{X}\boldsymbol{\beta}+\mathbf{0}+\boldsymbol{\beta}\end{aligned}$$

因为 $\mathbf{b}$ 是无偏的,并且特别是对于任意给定的 $\boldsymbol{\beta}$ 有 $\mathbb{E}[\mathbf{b}\mid\mathbf{X}]=\boldsymbol{\beta}$,我们可以得到

$$\boldsymbol{\beta}=\mathbf{D}\mathbf{X}\boldsymbol{\beta}+\boldsymbol{\beta},\ \text{对于所有}\ \boldsymbol{\beta}\in\mathbb{R}^K$$

$$\therefore\quad \mathbf{0}=\mathbf{D}\mathbf{X}\boldsymbol{\beta},\ \text{对于所有}\ \boldsymbol{\beta}\in\mathbb{R}^K$$

根据练习题 3.5.13,我们得出结论:$\mathbf{D}\mathbf{X}=\mathbf{0}$。再将这个结果与式(12.9)结合就可以得到 $\mathbf{b}=\mathbf{D}\mathbf{u}+\hat{\boldsymbol{\beta}}$。因此 $\mathbf{b}$ 等于普通最小二乘估计量加上零均值噪声。

为了完成证明,经过观察可以发现

$$\operatorname{var}[\mathbf{b}\mid\mathbf{X}]=\operatorname{var}[\mathbf{D}\mathbf{u}+\hat{\boldsymbol{\beta}}\mid\mathbf{X}]=\operatorname{var}[(\mathbf{D}+\mathbf{A})\mathbf{u}\mid\mathbf{X}]=(\mathbf{D}+\mathbf{A})\operatorname{var}[\mathbf{u}\mid\mathbf{X}](\mathbf{D}+\mathbf{A})^{\mathrm{T}}$$

利用假设 12.1.4 和事实 3.2.4,这个表达式的右边变为

$$\sigma^2(\mathbf{D}+\mathbf{A})(\mathbf{D}^{\mathrm{T}}+\mathbf{A}^{\mathrm{T}})=\sigma^2(\mathbf{D}\mathbf{D}^{\mathrm{T}}+\mathbf{D}\mathbf{A}^{\mathrm{T}}+\mathbf{A}\mathbf{D}^{\mathrm{T}}+\mathbf{A}\mathbf{A}^{\mathrm{T}})$$

由于

$$\mathbf{D}\mathbf{A}^{\mathrm{T}}=\mathbf{D}\mathbf{X}(\mathbf{X}^{\mathrm{T}}\mathbf{X})^{-1}=\mathbf{0}(\mathbf{X}^{\mathrm{T}}\mathbf{X})^{-1}=\mathbf{0}$$

以及

$$\mathbf{A}\mathbf{A}^{\mathrm{T}}=(\mathbf{X}^{\mathrm{T}}\mathbf{X})^{-1}\mathbf{X}^{\mathrm{T}}\mathbf{X}(\mathbf{X}^{\mathrm{T}}\mathbf{X})^{-1}=(\mathbf{X}^{\mathrm{T}}\mathbf{X})^{-1}$$

我们得出如下结论

$$\operatorname{var}[\mathbf{b}\mid\mathbf{X}]=\sigma^2[\mathbf{D}\mathbf{D}^{\mathrm{T}}+(\mathbf{X}^{\mathrm{T}}\mathbf{X})^{-1}]=\sigma^2\mathbf{D}\mathbf{D}^{\mathrm{T}}+\operatorname{var}[\hat{\boldsymbol{\beta}}\mid\mathbf{X}]$$

矩阵 $\sigma^2\mathbf{D}\mathbf{D}^{\mathrm{T}}$ 是非负定的,因此完成证明。 □

12.1.3.1　估计量的精确度

定理 12.1.2 表明,给定 $\mathbf{X}$ 时 $\hat{\boldsymbol{\beta}}$ 的方差-协方差矩阵为 $\sigma^2(\mathbf{X}^{\mathrm{T}}\mathbf{X})^{-1}$。单个普通最小二乘系数的估计量 $\hat{\beta}_1,\cdots,\hat{\beta}_K$ 的标量方差由该矩阵的主对角线给出。由于每个 $\hat{\beta}_K$ 都是无偏的(定理 12.1.1),小的方差意味着概率质量集中在真实参数 β_k 附近。在这种情况下,我们称估计量具有很高的精确度(precision)。

高斯-马尔可夫定理指出,就无偏线性估计量而言,普通最小二乘估计具有最高的精确度。但是,如果我们运用固定的估计技术及样本量,但改变应用又会怎样呢?哪些问题具有较高的精确估计量?哪些问题具有较低的精确估计量呢?

为了回答这个问题,我们关注固定系数 β_k 的方差。我们可以将 $\mathbf{y}=\mathbf{X}\boldsymbol{\beta}+\mathbf{u}$ 写成

$$\mathbf{y}=\mathbf{X}_1\boldsymbol{\beta}_1+\operatorname{col}_k(\mathbf{X})\beta_k+\mathbf{u} \tag{12.10}$$

其中 $\operatorname{col}_k(\mathbf{X})$ 表示第 k 个回归元的观测值向量,$\mathbf{X}_1$ 包含其他回归元的观测值结果作为其列,并且 $\hat{\boldsymbol{\beta}}_1$ 表示相应系数的普通最小二乘估计。根据 FWL 定理,

$$\hat{\beta}_k=(\operatorname{col}_k(\mathbf{X})^{\mathrm{T}}\mathbf{M}_1\operatorname{col}_k(\mathbf{X}))^{-1}\operatorname{col}_k(\mathbf{X})^{\mathrm{T}}\mathbf{M}_1\mathbf{y} \tag{12.11}$$

其中 $\mathbf{M}_1$ 表示残差投影 $\mathbf{M}_1:=\mathbf{I}-\mathbf{P}_1$,同时 $\mathbf{P}_1:=\mathbf{X}_1(\mathbf{X}_1^{\mathrm{T}}\mathbf{X}_1)^{-1}\mathbf{X}_1^{\mathrm{T}}$ 投影到 colspace $\mathbf{X}_1$ 上。将 $\mathbf{M}_1$ 应用于式(12.10)的两边,可以得出

$$\mathbf{M}_1\mathbf{y}=\mathbf{M}_1\operatorname{col}_k(\mathbf{X})\beta_k+\mathbf{M}_1\mathbf{u}$$

代入式(12.11)则得到

$$\hat{\beta}_k = \beta_k + (\operatorname{col}_k(\mathbf{X})^{\mathrm{T}}\mathbf{M}_1\operatorname{col}_k(\mathbf{X}))^{-1}\operatorname{col}_k(\mathbf{X})^{\mathrm{T}}\mathbf{M}_1\mathbf{u} \tag{12.12}$$

经过某些运算可以证明(练习题12.4.11)

$$\operatorname{var}[\hat{\beta}_k \mid \mathbf{X}] = \sigma^2(\operatorname{col}_k(\mathbf{X})^{\mathrm{T}}\mathbf{M}_1\operatorname{col}_k(\mathbf{X}))^{-1} = \sigma^2 \| \mathbf{M}_1\operatorname{col}_k(\mathbf{X}) \|^{-2} \tag{12.13}$$

因此,$\hat{\beta}_k$ 的方差取决于两个分量,一个是冲击项 u 的方差 σ^2,另一个是向量 $\mathbf{M}_1\operatorname{col}_k \mathbf{X}$ 的范数。

σ^2 的方差是不可避免的:某些数据比其他数据具有更大的噪声。不可观测冲击项的方差越大,估计量 β_k 具有高精确度的难度就会越大。

另一项则更有意思。$\mathbf{M}_1\operatorname{col}_k \mathbf{X}$ 是将 $\operatorname{col}_k \mathbf{X}$ 对 $\mathbf{X}_1$ 回归的残差,$\| \mathbf{M}_1\operatorname{col}_k \mathbf{X} \|$ 是这个向量的范数。如果这个范数很小,则 $\hat{\beta}_k$ 的方差就会很大。

那么,这个范数什么时候会变小呢?当 $\operatorname{col}_k \mathbf{X}$“几乎”是其他回归元的线性组合时,并因此接近于 colspace $\mathbf{X}_1$ 时,情况就会如此。于是

$$\| \mathbf{M}_1\operatorname{col}_k \mathbf{X} \| = \| \operatorname{col}_k \mathbf{X} - \mathbf{P}_1\operatorname{col}_k\mathbf{X} \| \approx 0$$

这种情况有时被称为多重共线性(multicollinearity)。

图12.2展示了多重共线性对普通最小二乘估计量 $\hat{\beta}_2$ 的方差的影响。在这个例子中,$\mathbf{X}$ 有两列。它们通过 $\operatorname{col}_2 \mathbf{X}=\delta \operatorname{col}_1 \mathbf{X}+(1-\delta)\mathbf{z}$ 相关,其中 $\mathbf{z}$ 表示从标准正态分布中独立抽取的 N 维向量。δ 越大意味着 $\operatorname{col}_1\mathbf{X}$ 和 $\operatorname{col}_2\mathbf{X}$ 之间的相关性越大。真实参数为 $\beta_2=1$。该图表明了不同 δ 值下的 $\hat{\beta}_2$ 分布。估计量 $\hat{\beta}_2$ 是无偏的,但其方差随 δ 增大而增大。关于模拟的更多详细内容,可以在网页 johnstachurski.net/emet.html 上找到。(分布的正态形状将在下一节加以解释。)

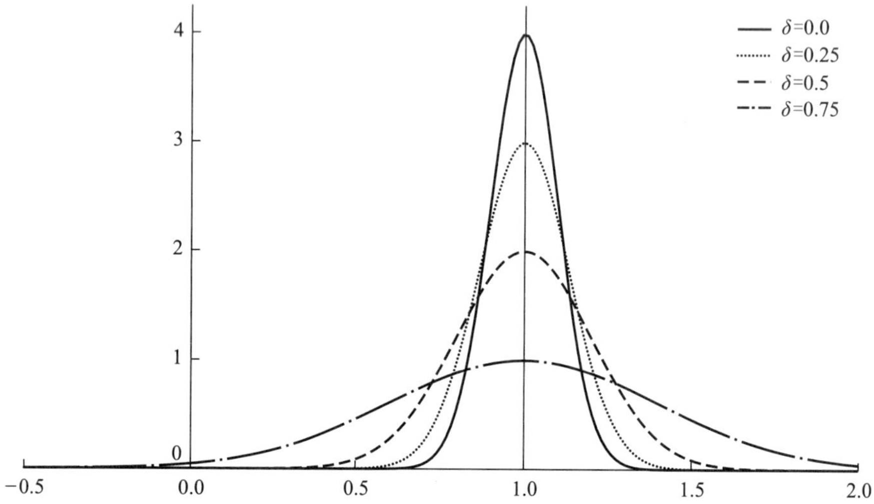

图12.2　当 $\operatorname{col}_2 \mathbf{X}=\delta \operatorname{col}_1 \mathbf{X}+(1-\delta)\mathbf{z}$ 时 $\hat{\beta}_2$ 的分布

12.1.4　误差服从正态分布的推断

如果我们想要计算置信区间或对有限样本中的系数进行假设检验(即不需要渐近特性),就需要通过指定误差向量 $\mathbf{u}$ 的参数类型来进一步加强我们的普通最小二乘假设。因为正态分布具有很多吸引人的特性,所以它往往是默认分布。

假设 12.1.5　$\mathbf{X}$ 与 $\mathbf{u}$ 是独立的，$\mathcal{L}(\mathbf{u}) = \mathrm{N}(\mathbf{0}, \sigma^2\mathbf{I})$。

假设 12.1.5 蕴含着假设 12.1.3 和假设 12.1.4。它也表明，给定 $\mathbf{X}$ 时 $\hat{\boldsymbol{\beta}}$ 的条件分布服从正态分布，这一点可从式(12.4)和事实 5.1.5 看出。下面的定理总结记录了这个结果。

定理 12.1.4　如果假设 12.1.1 至 12.1.2 以及 12.1.5 成立，则

$$\mathcal{L}[\hat{\boldsymbol{\beta}} \mid \mathbf{X}] = \mathrm{N}(\boldsymbol{\beta}, \sigma^2(\mathbf{X}^{\mathrm{T}}\mathbf{X})^{-1})$$

由定理 12.1.4 和式(5.12)得出，给定 $\mathbf{X}$ 时各个系数 $\hat{\beta}_k$ 的分布也服从正态分布，也就是

$$\mathcal{L}[\hat{\beta}_k \mid \mathbf{X}] = \mathcal{L}[\mathbf{e}_k^{\mathrm{T}}\hat{\boldsymbol{\beta}} \mid \mathbf{X}] = \mathrm{N}(\beta_k, \sigma^2 v_k(\mathbf{X})) \tag{12.14}$$

其中 $v_k(\mathbf{X}) := (\mathbf{X}^{\mathrm{T}}\mathbf{X})^{-1}$ 的第(k,k)元素。

定理 12.1.4 以及各个系数的边缘分布的正态性如图 12.3 所示。中心图形显示了密度估计的轮廓，它可以被理解为基于 $\hat{\boldsymbol{\beta}}$ 的模拟观测值而画出的平滑直方图（关于这些密度估计的详细内容，参看第 14.1 节）。每个观测值 $\hat{\beta} = (\hat{\beta}_1, \hat{\beta}_2)$ 都是通过拟合回归模型 $y_n = \beta_1 + \beta_2 x_n + u_n$ 得到的，其中 $\beta_1 = 0.5, \beta_2 = 1$，并且 u_n 服从标准正态分布。每个拟合值的样本量为 $N = 250$。上面和右侧的一维分布分别是基于 $\hat{\beta}_1$ 和 $\hat{\beta}_2$ 的观测值的一维密度估计。①

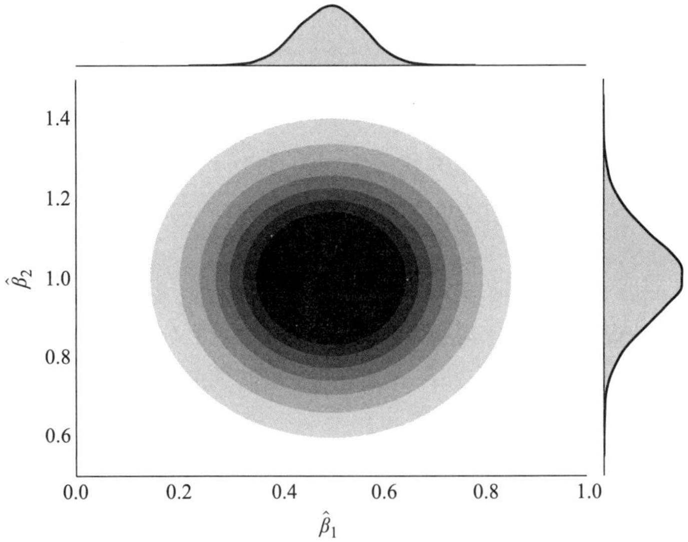

图 12.3　$\hat{\boldsymbol{\beta}}$ 的模拟观测值及其边缘分布

我们还想知道式(12.5)所定义的 $\hat{\sigma}^2$ 的分布。可以证明，运用由下式所定义的 $\hat{\sigma}^2$ 的变换更加方便

$$Q := \frac{\mathrm{RSS}}{\sigma^2} = (N - K)\frac{\hat{\sigma}^2}{\sigma^2} \tag{12.15}$$

定理 12.1.5　如果假设 12.1.1 至 12.1.2 以及 12.1.5 成立，则

$$\mathcal{L}[Q \mid \mathbf{X}] = \chi^2(N - K)$$

证明　回顾事实 12.1.1，则得到

① 这个模拟的代码可在网页 johnstachurski.net/emet.html 上找到。

$$Q=\frac{\mathbf{u}^{\mathrm{T}}\mathbf{M}\mathbf{u}}{\sigma^2}=(\sigma^{-1}\mathbf{u})^{\mathrm{T}}\mathbf{M}(\sigma^{-1}\mathbf{u})$$

现在可由事实 5.1.19 以及 $\mathrm{trace}\mathbf{M}=N-K$ 这一事实得出这个陈述(最后一个等式已经在证明定理 12.1.1 时讨论过)。 □

事实 12.1.4 如果假设 12.1.1 至 12.1.2 以及 12.1.5 成立,则给定 $\mathbf{X}$ 时随机元素 $\hat{\sigma}^2$ 与 $\hat{\boldsymbol{\beta}}$ 是独立的(参看练习题 12.4.6)。

12.1.4.1 t 检验

我们考察单个系数 β_k 的假设检验问题。具体地说,我们考察原假设

$$H_0:\beta_k=\beta_k^0$$

其中 β_k^0 表示任意的数。如果我们知道 σ^2,就可以基于以下观测值构建 H_0 的检验:

$$z_k:=\frac{\hat{\beta}_k-\beta_k}{\sigma\sqrt{v_k(\mathbf{X})}}\Longrightarrow\mathcal{L}[z_k\mid\mathbf{X}]=\mathrm{N}(0,1)\tag{12.16}$$

(其含义可由式(12.14)得出。)由于我们不知道 σ^2,所以标准方法是用它的估计量 $\hat{\sigma}^2$ 代替 σ^2,进而确定所得到检验统计量的分布。我们的下一个结果就运用了这个想法。为了这样做,我们将使用下面的符号:

$$\mathrm{se}(\hat{\beta}_k):=\sqrt{\hat{\sigma}^2v_k(\mathbf{X})}$$

$\mathrm{se}(\hat{\beta}_k)$ 这一项被称为 $\hat{\beta}_k$ 的标准误差。它可以被看成是 $\hat{\beta}_k$ 的标准差的样本估计。在式(12.16)中,用样本估计 $\mathrm{se}(\hat{\beta}_k)$ 代替标准差,同时用 β_k^0 代替 β_k,我们得到 t 统计量(t-statistic)

$$t_k:=\frac{\hat{\beta}_k-\beta_k^0}{\mathrm{se}(\hat{\beta}_k)}\tag{12.17}$$

这与假设 H_0 是有关的。下一个定理描述了这个统计量在原假设下的分布。

定理 12.1.6 令假设 12.1.1 至 12.1.2 以及 12.1.5 成立。如果 H_0 为真,则

$$\mathcal{L}[t_k\mid\mathbf{X}]=\text{自由度为 }N-K\text{ 的学生分布 }t$$

证明 取 $\mathbf{X}$ 为固定的,我们需要证明 t_k 可以写成

$$t_k=z_k\sqrt{\frac{N-K}{Q}}\tag{12.18}$$

其中 z_k 表示标准正态分布,Q 服从$\chi^2(N-K)$,z_k 与 Q 是独立的。于是,所希望的结果就可以由事实 5.1.16 得到。

为了建立这些性质,经过观察发现,在 H_0 下,

$$t_k=\frac{\hat{\beta}_k-\beta_k^0}{\sqrt{\hat{\sigma}^2v_k(\mathbf{X})}}=\frac{\hat{\beta}_k-\beta_k}{\sqrt{\sigma^2v_k(\mathbf{X})}}\sqrt{\frac{\sigma^2}{\hat{\sigma}^2}}$$

根据式(12.16)中 z_k 的定义、式(12.15)中 Q 的定义以及定理 12.1.5,在给定 $\mathbf{X}$ 时 z_k 与 Q 是独立的。由于我们可以将 z_k 写成 $\hat{\beta}$ 的函数,而 Q 写成 $\hat{\sigma}^2$ 的函数,这可由事实 12.1.4 得出。

设 $T:=|t_k|$,并设对检验 H_0 所需大小的 α 是给定的。鉴于式(10.18),为了生成一个大小为 α 的检验,我们选择 $c=c_\alpha$ 是 $\alpha=\mathbb{P}_\theta\{T>c\}$ 的解或者

$$1-\alpha=\mathbb{P}_\theta\{|t_k|\leqslant c\}$$

由式(4.36)可知,解是 $c_\alpha=F^{-1}(1-\alpha/2)$,其中 F 表示具有 $N-K$ 个自由度的学生 t 分布的累积分布

函数。根据例 10.2.7,相应的 p 值是 $2F(-|t_k|)$。

例 12.1.3 t 检验的常用情形是有一个给定系数等于零的检验。对于第 k 个系数 β_k,这导致统计量

$$t_k := \frac{\hat{\beta}_k}{\mathrm{se}(\hat{\beta}_k)}$$

这个统计量有时被称为 Z 分数(Z-score)。带有模拟数据的一个应用在列表 8 中给出。运行代码显示,由 zscore 函数计算的 Z 分数与由 R 的 summary 函数所产生的汇总表的"t 值"列是一致的(列表 8 的最后一行,输出没有显示)。练习题要求验证此表格中的 p 值与上面给出的公式 $2F(-|t_k|)$ 相一致。

列表 8 计算 Z 分数(R)

```
set.seed(1234)
N <- 50; K <- 3
beta <- rep (1, K)
X <- cbind(runif(N), runif(N), runif(N))
u <- rnorm(N)
y <- X %*% beta + u

betahat <- solve (t(X) %*% X)%*% t(X) %*% y
residuals <- y - X %*% betahat
sigmahat <- sqrt(sum(residuals^2) /(N-K))

# Compute t-stat (Z-score) for k-th regressor
zscore <- function (k) {
    se <- sigmahat * sqrt(solve (t(X) %*% X)[k, k])
    return(betahat[k]/se)
}
# Print t-stats
for (k in 1:3){
  cat(" t-stat, k=", k, ":", zscore(k), "\n")
}
# For comparison:
print(summary(lm(y ~ X -1)))
```

12.1.4.2 *F* 检验

t 检验用于检验关于单个回归元的假设。对于涉及多重回归元的假设,一种最常见的检验是 F 检验。F 检验可以检验相当一般的假设。为了简单起见,我们将集中研究将系数限制为零的原假设。

设 $\mathbf{X}_1,\mathbf{X}_2,\hat{\boldsymbol{\beta}}_1,\hat{\boldsymbol{\beta}}_2,\mathbf{P}_1$ 和 $\mathbf{M}_1$ 如同第 11.2.2 节所定义的。我们取原假设

$$H_0:\boldsymbol{\beta}_2 = \mathbf{0}$$

由于

$$\mathbf{y} = \mathbf{X}\boldsymbol{\beta} + \mathbf{u} = \mathbf{X}_1\boldsymbol{\beta}_1 + \mathbf{X}_2\boldsymbol{\beta}_2 + \mathbf{u} \tag{12.19}$$

由原假设条件，我们可以得到

$$\mathbf{y} = \mathbf{X}_1\boldsymbol{\beta}_1 + \mathbf{u} \tag{12.20}$$

设

$$\text{USSR} := \|\mathbf{My}\|^2 \quad 与 \quad \text{RSSR} := \|\mathbf{M}_1\mathbf{y}\|^2$$

分别表示无约束回归(12.19)与约束回归(12.20)的残差平方和，原假设的标准检验统计量是

$$F := \frac{(\text{RSSR} - \text{USSR})/K_2}{\text{USSR}/(N-K)} \tag{12.21}$$

相对于式(12.19)中的残差而言，约束回归式(12.20)中的残差是更大的，进而导致 F 的值更大，这转化为反对原假设的证据。

定理 12.1.7　令假设 12.1.1 至 12.1.2 以及 12.1.5 成立。如果 H_0 为真，则给定 $\mathbf{X}$ 时，式(12.21)所定义的统计量 F 服从参数为$(K_2, N-K)$的 F 分布。

证明　设 $Q_1 := (\text{RSSR}-\text{USSR})/\sigma^2$，并设 $Q_2 := \text{USSR}/\sigma^2$，从而

$$F = \frac{Q_1/K_2}{Q_2/(N-K)}$$

由于事实 5.1.17，现在只需证明，在原假设下：

(a) Q_1 是自由度为 K_2 的卡方；

(b) Q_2 是自由度为 $N-K$ 的卡方；

(c) Q_1 与 Q_2 是独立的。

对于(b)部分，可以由定理 12.1.5 建立。关于(a)部分，经过观察可以发现，在原假设下，

- $\text{USSR} = \|\mathbf{My}\|^2 = \|\mathbf{M}(\mathbf{X}_1\boldsymbol{\beta}_1+\mathbf{u})\|^2 = \|\mathbf{Mu}\|^2 = \mathbf{u}^{\mathrm{T}}\mathbf{Mu}$
- $\text{RSSR} = \|\mathbf{M}_1\mathbf{y}\|^2 = \|\mathbf{M}_1(\mathbf{X}_1\boldsymbol{\beta}_1+\mathbf{u})\|^2 = \|\mathbf{M}_1\mathbf{u}\|^2 = \mathbf{u}^{\mathrm{T}}\mathbf{M}_1\mathbf{u}$

由此可得

$$\text{RSSR} - \text{USSR} = \mathbf{u}^{\mathrm{T}}\mathbf{M}_1\mathbf{u} - \mathbf{u}^{\mathrm{T}}\mathbf{Mu} = \mathbf{u}^{\mathrm{T}}(\mathbf{M}_1 - \mathbf{M})\mathbf{u}$$

利用 $\mathbf{M}$ 和 $\mathbf{M}_1$ 的定义，我们得到

$$Q_1 = \frac{\text{RSSR} - \text{USSR}}{\sigma^2} = \frac{\mathbf{u}^{\mathrm{T}}(\mathbf{I} - \mathbf{P}_1 - \mathbf{I} + \mathbf{P})\mathbf{u}}{\sigma^2} = (\sigma^{-1}\mathbf{u})^{\mathrm{T}}(\mathbf{P} - \mathbf{P}_1)(\sigma^{-1}\mathbf{u})$$

练习题将要求证明$(\mathbf{P}-\mathbf{P}_1)$是对称且幂等的。①因此

$$\operatorname{rank}(\mathbf{P} - \mathbf{P}_1) = \operatorname{trace}(\mathbf{P} - \mathbf{P}_1) = \operatorname{trace}\mathbf{P} - \operatorname{trace}\mathbf{P}_1 = K - K_1 = K_2$$

通过事实 5.1.19，我们可以得出结论 $\mathcal{L}(Q_1) = \chi^2(K_2)$，这正是所要证明的。

为了完成此证明，只需要证明，在原假设和 $\mathbf{X}$ 为给定的条件下，Q_1 与 Q_2 是独立的。为了理解这一点，经过观察发现，Q_1 是$(\mathbf{P}-\mathbf{P}_1)\mathbf{u}$ 的函数，而 Q_2 是 $\mathbf{Mu}$ 的函数。因此，只需证明给定 $\mathbf{X}$ 时，$(\mathbf{P}-\mathbf{P}_1)\mathbf{u}$ 与 $\mathbf{Mu}$ 是独立的。根据事实 5.1.12，只需证明它们的协方差是零。为了验证这一点，经过观察发现

$$\operatorname{cov}[(\mathbf{P} - \mathbf{P}_1)\mathbf{u}, \mathbf{Mu} \mid \mathbf{X}] = \mathbb{E}[(\mathbf{P} - \mathbf{P}_1)\mathbf{u}(\mathbf{Mu})^{\mathrm{T}} \mid \mathbf{X}] = \mathbb{E}[(\mathbf{P} - \mathbf{P}_1)\mathbf{u}\mathbf{u}^{\mathrm{T}}\mathbf{M} \mid \mathbf{X}]$$

由于 $\mathbf{P}, \mathbf{P}_1$ 以及 $\mathbf{M}$ 都是 $\mathbf{X}$ 的函数，所以变成

① 提示：参看事实 2.2.7。

$$(\mathbf{P}-\mathbf{P}_1)\,\mathbb{E}[\mathbf{u}\mathbf{u}^{\mathrm{T}}\mid\mathbf{X}]\mathbf{M}=\sigma^2(\mathbf{P}-\mathbf{P}_1)\mathbf{M}=\sigma^2(\mathbf{P}-\mathbf{P}_1)(\mathbf{I}-\mathbf{P})$$

利用幂等性和事实 2.2.7,右边的矩阵乘积是

$$(\mathbf{P}-\mathbf{P}_1)(\mathbf{I}-\mathbf{P})=\mathbf{P}-\mathbf{P}^2-\mathbf{P}_1+\mathbf{P}_1\mathbf{P}=\mathbf{P}-\mathbf{P}-\mathbf{P}_1+\mathbf{P}_1=\mathbf{0}$$

这完成了独立性的证明,从而证明定理 12.1.7。 □

F 检验最常用的情形是所有非常值回归元的系数都为零的检验。在这种情况下,式(12.19)变成

$$\mathbf{y}=\mathbf{1}\beta_1+\mathbf{X}_2\boldsymbol{\beta}_2+\mathbf{u} \tag{12.22}$$

其中 $\boldsymbol{\beta}_2$ 是对应于非常值回归元的系数向量。由于 $\mathbf{X}_1=\mathbf{1}$,我们得到 $\mathbf{M}_1=\mathbf{M}_c$,其中后者是由式(3.10)所定义,因此 RSSR 是 $\mathbf{y}-\bar{y}\mathbf{1}$ 的平方范数。利用模拟数据的应用程序由列表 9 给出。如果运行该程序,将会发现由理论公式计算出的 F 统计量与由 R 的 `summary` 函数所产生的 F 统计量一致。

在式(12.22)的情况下,式(12.21)中的 F 统计量可以重新写成

$$F=\frac{R_c^2}{1-R_c^2}\,\frac{N-K}{K_2} \tag{12.23}$$

其中 R_c^2 表示第 11.2.3 节所定义的中心化 R^2。该证明留作练习题完成。你能否提供某种直觉来解释为什么大的 F 是反对原假设的证据呢?

12.2 问题和扩展

标准的普通最小二乘假设是十分严格的,如果这些假设不成立,我们上面所讨论的结果也可能不成立。下面我们来讨论普通最小二乘假设不成立的几种情况,并研究所引发的影响。

12.2.1 非球面误差

当误差项的方差在全部观测值中并不是常值时,就产生了异方差性(heteroskedasticity),这和假设 12.1.4 相矛盾。具体来说,当$\mathbb{E}[\mathbf{u}\mathbf{u}^{\mathrm{T}}\mid\mathbf{X}]$的对角线各项不是常值时,称这样的误差是异方差的(heteroskedastic)。如果非对角线各项是非零的,那么称这些误差具有序列相关性(serial correlation)。

仅仅是假设 12.1.4 不成立并不会导致普通最小二乘估计量 $\hat{\boldsymbol{\beta}}$ 的偏倚。这一点很容易通过查看定理 12.1.1 证明的第一部分来验证。事实上,证明 $\hat{\boldsymbol{\beta}}$ 是 $\boldsymbol{\beta}$ 的无偏估计量并不需要假设 12.1.4。同时,定理 12.1.1 中第二部分的陈述 $\hat{\sigma}^2$ 是 σ 的无偏估计量,在没有假设 12.1.4 的条件下就没有意义,并且来自式(12.8)的表达式 $\mathrm{var}[\hat{\boldsymbol{\beta}}\mid\mathbf{X}]=\sigma^2(\mathbf{X}^{\mathrm{T}}\mathbf{X})^{-1}$不再有效。高斯-马尔可夫定理也就不成立了。最重要的实际后果是,第 12.1.4 节所得出的推断结果不再有效,它取决于上面所给出方差的表达式。

列表 9 计算 F 统计量(R)

```
set.seed(1234)
N <- 50; K <- 3
beta <- rep(1, K)
x2 <- runif(N); x3 <- runif(N)
X <- cbind(rep(1, N), x2, x3)
u <- rnorm(N)
y <- X %*% beta +u

betahat <- solve(t(X)) %*% X) %*% t(X) %*% y
residuals <- y - X %*% betahat
ussr <- sum(residuals ^2)
rssr <- sum((y - mean(y))^2)

Fa <- (rssr - ussr) /2
Fb <- ussr /(N - K)

cat("F = ", Fa /Fb, "\n")  # Print result
print(summary(lm(y ~ x2 + x3)))  # For comparison
```

如果我们用更一般的假设

$$\mathbb{E}[\mathbf{u}\mathbf{u}^{\mathrm{T}} \mid \mathbf{X}] = \boldsymbol{\Omega} \tag{12.24}$$

来替换假设$\mathbb{E}[\mathbf{u}\mathbf{u}^{\mathrm{T}} \mid \mathbf{X}]=\sigma^2\mathbf{I}$,其中 $\boldsymbol{\Omega}$ 是某个正定矩阵(假设 12.1.1 至 12.1.3 保持成立),那么将会发生什么情况呢?利用式(12.4),我们在这些条件下可将普通最小二乘估计量 $\hat{\boldsymbol{\beta}}$ 的方差写成

$$\operatorname{var}[\hat{\boldsymbol{\beta}} \mid \mathbf{X}] = \mathbb{E}[(\hat{\boldsymbol{\beta}}-\boldsymbol{\beta})(\hat{\boldsymbol{\beta}}-\boldsymbol{\beta})^{\mathrm{T}} \mid \mathbf{X}] = (\mathbf{X}^{\mathrm{T}}\mathbf{X})^{-1}\mathbf{X}^{\mathrm{T}}\boldsymbol{\Omega}\mathbf{X}(\mathbf{X}^{\mathrm{T}}\mathbf{X})^{-1} \tag{12.25}$$

如果 $\boldsymbol{\Omega}$ 是已知的,那么我们可以在假设 12.1.1 至 12.1.3 以及式(12.24)下利用广义最小二乘法(generalized least squares)进行估计。这个想法如下:鉴于事实 3.3.10,存在非奇异矩阵 $\mathbf{C}$,使得 $\mathbf{C}^{\mathrm{T}}\mathbf{C}=\boldsymbol{\Omega}^{-1}$。利用 $\mathbf{C}$,通过将 $\mathbf{y}=\mathbf{X}\boldsymbol{\beta}+\mathbf{u}$ 的两边乘以 $\mathbf{C}$,可以将回归模型变换成

$$\mathbf{y}_c = \mathbf{X}_c\boldsymbol{\beta} + \mathbf{u}_c,\text{其中 } \mathbf{y}_c := \mathbf{C}\mathbf{y}, \mathbf{X}_c := \mathbf{C}\mathbf{X}, \mathbf{u}_c := \mathbf{C}\mathbf{u}$$

练习题 12.4.17 要求你证明

$$\mathbb{E}[\mathbf{u}_c \mid \mathbf{X}_c] = \mathbf{0} \quad \text{且} \quad \mathbb{E}[\mathbf{u}_c\mathbf{u}_c^{\mathrm{T}} \mid \mathbf{X}_c] = \mathbf{I} \tag{12.26}$$

因此,对于变换数据来说,普通最小二乘假设 12.1.1 至假设 12.1.4 全部满足。如果我们运用变换数据通过$(\mathbf{X}_c^{\mathrm{T}}\mathbf{X}_c)^{-1}\mathbf{X}_c^{\mathrm{T}}\mathbf{y}_c$ 来估计 $\boldsymbol{\beta}$,那么我们就恢复了最佳线性无偏特性。扩展 $\mathbf{X}_c$ 与 $\mathbf{y}_c$ 的定义,并使用 $\mathbf{C}^{\mathrm{T}}\mathbf{C}=\boldsymbol{\Omega}^{-1}$,我们可以证明新的估计量是

$$\hat{\boldsymbol{\beta}}_{\mathrm{GLS}} :=(\mathbf{X}^{\mathrm{T}}\boldsymbol{\Omega}^{-1}\mathbf{X})^{-1}\mathbf{X}^{\mathrm{T}}\boldsymbol{\Omega}^{-1}\mathbf{y} \tag{12.27}$$

这个估计量被称为 $\boldsymbol{\beta}$ 的广义最小二乘估计量(generalized least squares(GLS) estimator)。

在实际应用中,很少知道 $\boldsymbol{\Omega}$。虽然我们可以估计它,但估计非常困难,除非施加额外的结构。原因在于 $\boldsymbol{\Omega}$ 是 $N\times N$ 的,这意味着,如果没有进一步的约束,$\boldsymbol{\Omega}$ 所包含的参数数量会比样本增长得更快。我们拥有的数据越多,估计问题就越难。

添加结构的一种常见方法是假定 $\boldsymbol{\Omega}$ 是对角矩阵。也就是,$\boldsymbol{\Omega}=\operatorname{diag}(\sigma_1^2,\cdots,\sigma_N^2)$,其中每个 σ_n

都严格为正且未知。尽管对角假设排除了相关性,但仍保留着出现异方差性的可能。$\mathbf{\Omega}$ 的一个估计量是

$$\hat{\mathbf{\Omega}} := \mathrm{diag}(\hat{u}_1^2, \cdots, \hat{u}_N^2),\text{其中 } \hat{\mathbf{u}} := \mathbf{My}$$

用 $\hat{\mathbf{\Omega}}$ 替换式(12.25)中的 $\mathbf{\Omega}$ 可以得到 $\mathrm{var}[\hat{\boldsymbol{\beta}} \mid \mathbf{X}]$ 的估计值

$$\hat{\mathbf{V}} := (\mathbf{X}^{\mathrm{T}}\mathbf{X})^{-1}\mathbf{X}^{\mathrm{T}}\hat{\mathbf{\Omega}}\mathbf{X}(\mathbf{X}^{\mathrm{T}}\mathbf{X})^{-1} \tag{12.28}$$

如果我们用这个表达式代替当我们形成标准误差时通常用的方差估计 $\hat{\sigma}^2(\mathbf{X}^{\mathrm{T}}\mathbf{X})^{-1}$,那么就会得到 White(1980)提出的异方差一致标准误差(heteroskedasticity-consistent standard errors)。

12.2.2 偏倚

在第12.2.1节,我们已经考察了当假设12.1.4(球面误差)不满足时会发生什么情况。当其他普通最小二乘假设不成立时,又会发生什么情况呢?假设12.1.1(满秩)是温和的。假设12.1.2和假设12.1.3(线性性质和外生性)问题可能多一些。下面我们考察这些假设不成立的情况以及由此所引发的后果。

线性假设 $y_n = \mathbf{x}_n^{\mathrm{T}}\boldsymbol{\beta} + u_n$ 是最基本的。如果我们用更一般的假设来代替它,比如 $y_n = f(\mathbf{x}_n) + u_n$,其中 f 为任意函数,那么普通最小二乘理论就会崩溃。例如,我们甚至不能问普通最小二乘估计量是不是无偏的,因为 $\boldsymbol{\beta}$ 已经消失。不存在 $\hat{\boldsymbol{\beta}}$ 的参数向量估计。①

我们需要考察的剩余假设是外生回归元。如果所有其他普通最小二乘假设都成立,但假设12.1.3失败,会发生什么?

经过观察发现,根据式(12.4)

$$\mathbb{E}[\hat{\boldsymbol{\beta}} \mid \mathbf{X}] - \boldsymbol{\beta} = (\mathbf{X}^{\mathrm{T}}\mathbf{X})^{-1}\mathbf{X}^{\mathrm{T}}\mathbb{E}[\mathbf{u} \mid \mathbf{X}] \tag{12.29}$$

如果没有$\mathbb{E}[\mathbf{u} \mid \mathbf{X}] = \mathbf{0}$,那么我们不能断言右边是零。因此 $\hat{\beta}$ 是有偏的。因为假设12.1.3失败而产生的偏倚被称为内生性偏倚(endogeneity bias)。

正如本书中多个地方所讨论的,为无偏性而努力在某种程度上有些误导。更好的估计量通常可以通过承认某种程度的偏倚来惩罚复杂性(从而承认经验分布不是真实分布)。然而,式(12.29)中的偏倚非常不同。好的估计量会随着样本量的增大而减小偏倚,这样就可以渐近地接近它们所要计算的对象。当外生性失败时,对于普通最小二乘估计量来说,这就不再成立。

为了理解这一点,回想定理11.1.2,当 $N \to \infty$ 时,$\hat{\boldsymbol{\beta}} \xrightarrow{p} \mathbb{E}[\mathbf{x}\mathbf{x}^{\mathrm{T}}]^{-1}\mathbb{E}[\mathbf{x}y]$。右边是最佳线性预测式中的系数向量。如果 $y = \mathbf{x}^{\mathrm{T}}\boldsymbol{\beta} + u$,那么这就变成

$$\hat{\beta} \xrightarrow{p} \mathbb{E}[\mathbf{x}\mathbf{x}^{\mathrm{T}}]^{-1}\mathbb{E}[\mathbf{x}(\mathbf{x}^{\mathrm{T}}\boldsymbol{\beta} + u)] = \boldsymbol{\beta} + \mathbb{E}[\mathbf{x}\mathbf{x}^{\mathrm{T}}]^{-1}\mathbb{E}[\mathbf{x}u]$$

如果有外生性,我们可以得到$\mathbb{E}[\mathbf{x}u] = \mathbb{E}[\mathbf{x}\mathbb{E}[u \mid \mathbf{x}]] = 0$ 且普通最小二乘估计量是一致的。如果没有外生性,我们就不能得到相同的结论。

12.2.2.1 内生性偏倚的例子

我们考察假设12.1.3失效的一些应用。首先,再次考察例12.1.1中的柯布-道格拉斯生产函数,可以得到回归模型

---

① 经济学家有一个有趣的习惯,那就是不停地挑剔某人的估计值是否有偏倚,即使他们的模型在特定函数形式方面具有很强的投机性(例如,我们真的相信人均GDP的对数是衡量制度质量的各种指标和一个非洲虚拟变量的线性函数吗?或者甚至认为这是对现实的一种近似描述吗?如果不是,那么 $\hat{\boldsymbol{\beta}}$ 有偏究竟意味着什么?)。

$$\ln y_n = \gamma + a\ln k_n + \delta\ln\ell_n + u_n$$

其中,y 表示产出,k 表示资本,ℓ 表示劳动力,下标 n 表示对第 n 个企业的观测值,u_n 表示企业的特定生产率冲击。这里可能存在的问题是,当企业预期当期高生产率时,企业会选择更高水平的资本和劳动力。这将导致内生性偏倚。

为了说明起见,假定 $u_{n,-1}$ 是企业 n 在上一个时期收到的生产率冲击,这个值对企业来说是可观测的。进一步假定生产率服从随机游走,其中 $u_n = u_{n,-1}+\eta_n$,η_n 表示零均值白噪声。因此,该企业预测 n 时期的生产率为 $\mathbb{E}[u_n \mid u_{n,-1}] = u_{n,-1}$。最后,假定当预期生产率高时,企业就会增加劳动投入,具体关系为 $\ell_n = a+b\mathbb{E}[u_n \mid u_{n,-1}]$,对于 $b>0$。当所有冲击是零均值时,我们就有

$$\mathbb{E}[\ell_n u_n] = \mathbb{E}[(a + bu_{n,-1})(u_{n,-1} + \eta_n)] = \mathbb{E}[bu_{n,-1}^2]$$

只要 $u_{n,-1}$ 具有正的方差,这一项就将严格为正。因此,事实 12.1.2 的条件失败,并且因此假设 12.1.3 不成立(因为假设 12.1.3 蕴含着事实 12.1.2)。

文献中已经多次讨论了估计生产函数时这种内生性偏倚的来源。最好的解决方法是更好的建模。对于如何准确地建模,参看 Olley and Pakes(1996)。

下面举第二个关于内生性偏倚的例子,接下来假定我们手里有依据简单 AR(1) 模型所生成的数据。

$$x_0 = 0 \quad 且 \quad x_n = \beta x_{n-1} + u_n,对于\ n = 1,\cdots,N \tag{12.30}$$

设 $\{u_n\}_{n=1}^N$ 是取自分布 $\mathrm{N}(0,\sigma^2)$ 的独立同分布数据。未知参数是 β 与 σ^2。设 $\mathbf{y} := (x_1,\cdots,x_N)$,$\mathbf{x} := (x_0,\cdots,x_{N-1})$,并且 $\mathbf{u} := (u_1,\cdots,u_N)$,我们可以将式(12.30)中的 N 个方程写成 $\mathbf{y} = \beta\mathbf{x}+\mathbf{u}$。$\beta$ 的普通最小二乘估计是 $\hat{\beta} := (\mathbf{x}^{\mathrm{T}}\mathbf{x})^{-1}\mathbf{x}^{\mathrm{T}}\mathbf{y}$。

根据事实 12.1.2,如果假设 12.1.3 成立,则对于任何 m 与 n,$\mathbb{E}[u_m x_{n+1}] = 0$。在当前设置中,这一等式不成立。例如,如果 $n \geq m$,那么我们可以(练习题 12.4.15)将 x_n 写成

$$x_n = \sum_{j=0}^{n-1} \beta^j u_{n-j} \tag{12.31}$$

因此 $\mathbb{E}[x_n u_m] = \sum_{j=0}^{n-1} \beta^j \mathbb{E}[u_{n-j}u_m] = \beta^{n-m}\sigma^2$。特别是,只要 $\beta \neq 0$,假设 12.1.3 就不成立。

为了说明 $\hat{\beta}$ 中的偏倚,列表 10 生成 10 000 次数据,每种情况都计算 $\hat{\beta}$,并用直方图表示结果。参数是 $N=25$ 且 $\beta=0.9$。输出结果如图 12.4 所示。如果修改代码来打印样本均值,则它会给出

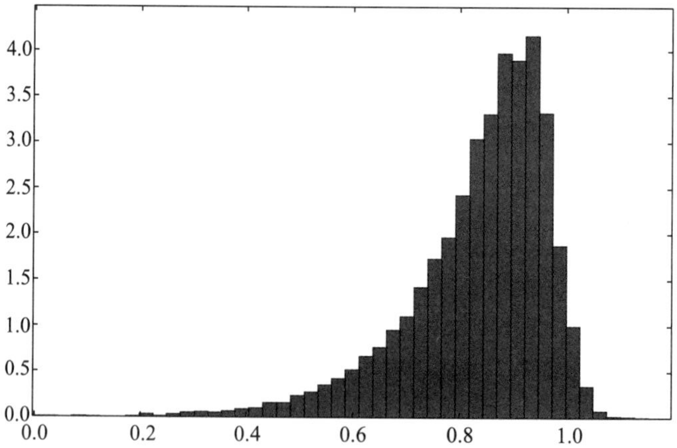

图 12.4 当 $\beta=0.9$ 时 $\hat{\beta}$ 的观测值

0.82 附近的值。由于重复次数很大,这接近于$\mathbb{E}[\hat{\beta}]$。我们估计的渐近95%置信区间为(0.818, 0.824)。

列表 10 $\hat{\beta}$ 观测值的生成与直方图(Python)

```
import numpy as np
import matplotlib.pyplot as plt

N = 25
x = np.zeros(N)
beta = 0.9
num_reps = 10000
betahat_obs = np.empty(num_reps)

for j in range(num_reps):
    u = np.random.randn(N)
    for t in range(N-1):
        x[t+1] = beta * x[t] + u[t+1]
    y = x[1:]     # x_1,…,x_N
    x _vec=x[:-1]     # x_0,…,x_{N-1}
    betahat_obs[j] = np.sum(x_vec * y) /np.sum(x_vec ** 2)

plt.hist(betahat_obs, bins=50, alpha=0.6, normed=True)
plt.show()
```

12.2.3 工具变量

第12.2.2节讨论的内容已经证明,当回归元是内生的时候,普通最小二乘估计量是有偏的且不一致。这一节里我们将证明,当有额外的以"外生"变量形式表示的信息可以利用时,就能建立β的一致估计量,这样的变量被称为工具变量(instruments variables)。这些工具将被收集到$N\times J$的矩阵$\mathbf{Z}$当中,其中每一列都是一个外生变量的可观测值。我们将$\mathbf{Z}$与其他变量经由以下假设而联系起来:

(i) $\mathbf{y}=\mathbf{X}\boldsymbol{\beta}+\mathbf{u}$。

(ii) $\mathbb{E}[\mathbf{u}\mid\mathbf{Z}]=\mathbf{0}$。

(iii) $\mathbb{E}[\mathbf{u}\mathbf{u}^{\mathrm{T}}\mid\mathbf{Z}]=\sigma^2\mathbf{I}$,对于某个正的常值$\sigma$。

(iv) $\mathbf{Z}^{\mathrm{T}}\mathbf{X}$是列满秩的。

如同练习题12.4.18要求你证明的那样,假设(iv)意味着$J\geqslant K$,也就是说我们至少有和回归元一样多的工具变量。当$J>K$时,称模型是过度识别的(overidentified)。当$J=K$时,则称模型是恰好识别的(exactly identified)。当$J<K$时,则称模型是欠识别的(underidentified)。

工具变量最小二乘法的思想是对$\mathbf{y}=\mathbf{X}\boldsymbol{\beta}+\mathbf{u}$两边都乘以$\mathbf{Z}^{\mathrm{T}}$得到

$$\mathbf{Z}^{\mathrm{T}}\mathbf{y}=\mathbf{Z}^{\mathrm{T}}\mathbf{X}\boldsymbol{\beta}+\mathbf{w},\text{其中 }\mathbf{w}:=\mathbf{Z}^{\mathrm{T}}\mathbf{u} \tag{12.32}$$

应用来自工具变量假设中的(ii)和(iii)得出$\mathbb{E}[\mathbf{w} \mid \mathbf{Z}]=\mathbf{0}$和$\mathbf{E}[\mathbf{w}\mathbf{w}^{\mathrm{T}} \mid \mathbf{Z}]=\sigma^2\mathbf{Z}^{\mathrm{T}}\mathbf{Z}$。这表明,我们可以将广义最小二乘估计法用于式(12.32)中的线性方程。用$\mathbf{Z}^{\mathrm{T}}\mathbf{X}$代替$\mathbf{X}$、$\mathbf{Z}^{\mathrm{T}}\mathbf{y}$代替$\mathbf{y}$,并用$\sigma^2\mathbf{Z}^{\mathrm{T}}\mathbf{Z}$代替$\mathbf{\Omega}$后,我们可以运用源自式(12.27)的广义最小二乘估计量表达式。这就得到了工具变量最小二乘估计量(instrumental variable least squares (IVLS) estimator)。

$$\hat{\boldsymbol{\beta}}_{\mathrm{IVLS}} := (\mathbf{X}^{\mathrm{T}}\mathbf{Z}(\mathbf{Z}^{\mathrm{T}}\mathbf{Z})^{-1}\mathbf{Z}^{\mathrm{T}}\mathbf{X})^{-1}\mathbf{X}^{\mathrm{T}}\mathbf{Z}(\mathbf{Z}^{\mathrm{T}}\mathbf{Z})^{-1}\mathbf{Z}^{\mathrm{T}}\mathbf{y} \tag{12.33}$$

在$J=K$情况下,这可简化为更简单的表达式

$$\hat{\boldsymbol{\beta}}_{\mathrm{IVLS}} := (\mathbf{Z}^{\mathrm{T}}\mathbf{X})^{-1}\mathbf{Z}^{\mathrm{T}}\mathbf{y} \tag{12.34}$$

在前面的讨论中,与广义最小二乘的类比并不准确。(直接将广义最小二乘应用于式(12.32)会要求$\mathbb{E}[\mathbf{w} \mid \mathbf{Z}^{\mathrm{T}}\mathbf{X}]=\mathbf{0}$而不是$\mathbb{E}[\mathbf{w} \mid \mathbf{Z}]=\mathbf{0}$。)因此,我们不能通过引用广义最小二乘理论来声明无偏性和其他性质。事实上,$\hat{\boldsymbol{\beta}}_{\mathrm{IVLS}}$通常是有偏的(参看练习题12.4.20)。

不过,这里的偏倚通常小于普通最小二乘的偏倚,并且会渐近地消失(例如,参看 Davidson and MacKinnon(2004)中的第8.3节)。图12.5给出了说明性例子。该图对应于当$\beta=10$时,$y=x\beta+u$中β的普通最小二乘估计和工具变量最小二乘估计,z以独立于u的方式抽取,并且x被设为等于$\alpha z+(1-\alpha)u$。因而,z是外生的,而x是z和u的混合。α值是常数。在模拟过程中,设α为0.8,因此z是一个相对较强的工具变量。直方图是两个估计量都超过25 000次重复抽样的结果,每一个估计量的样本容量都为250。在这种情况下,工具变量提供了一个更好的β估计量。①

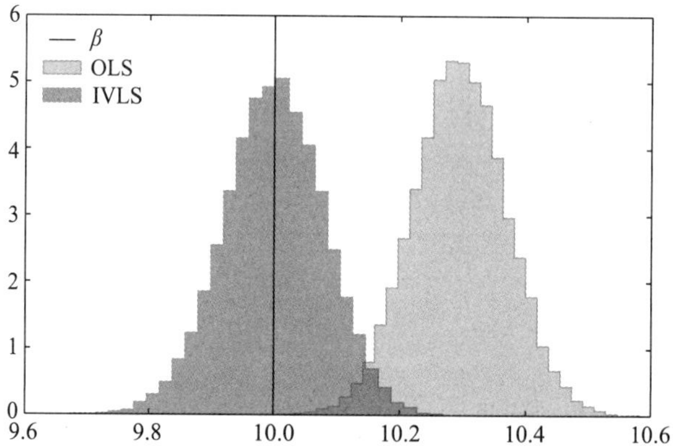

图12.5　β估计量的OLS与IVLS模拟抽样

还存在另一种方法可以推导式(12.33)右边给出的$\hat{\boldsymbol{\beta}}_{\mathrm{IVLS}}$的表达式。它涉及一种被称为两阶段最小二乘法(two-stage least squares)的方法。关键想法是在进行回归之前将内生回归元投影到外生工具的列空间上。练习题12.4.21给出了更多的细节。

12.2.4　因果关系

因果关系(causality)是一个棘手的概念。我们只介绍一些基本要点,特别是关于因果关系和回归之间的联系(有关更详细的处理,参看第12.3节)。

你可能已经听到过以下的说法,即认为R^2可以衡量特定计量经济问题中回归元的"解释能

① 模拟的代码和详细内容,参看网页 johnstachurski.net/emet.html。

力”。这背后的想法是,回归将 **y** 分解成两个正交部分:拟合值 **Py** 和残差 **My**。同如式(11.12)中的那样,平方范数 $\|\mathbf{y}\|^2=:$TSS 可以被分解为 $\|\mathbf{Py}\|^2=:$ESS 加上 $\|\mathbf{My}\|^2=:$RSS。有时,这被解释为“**y** 的总变化是可解释的变化和无法解释的变化之和”。据此,R^2 的值是由回归元所“解释”的 y 的变化的一部分。

这个术语是有问题的,原因在于回归元“解释”**y** 的变化这个概念暗示了因果关系,而 R^2 并没有提到因果关系本身。相反,R^2 最好被认为是相关性的度量(参看第 11.2.3 节)。正如在许多场合所观察到的,相关性和因果关系并不是一回事。下面是两个非正式的例子。

- 我们经常看到车祸和救护车在一起(相关性)。这并不意味着救护车会导致车祸。
- 假如我们观察到,睡觉时穿着鞋子的人经常醒来时会头痛。一种可能的解释是,穿上鞋子睡觉会导致头痛。另一个原因是,这两种现象都是由于前一天晚上在酒吧喝了太多酒造成的。

识别观测数据中的因果关系可能是非常具有挑战性的。这里举另外一个例子,尽管它属于交通安全领域,但仍然令人感兴趣,因为它涉及选择与人类行为:已经观察到,配备 ABS 制动器的摩托车比没有防抱死刹车的摩托车的碰撞率要低得多(参见例如,Teoh(2011))。这是否意味着将 ABS 安装到给定的摩托车上会使该车卷入事故的概率降低同样的数量呢?如果是的话,交通当局是否应该强制使用 ABS 制动器?

跳到这个结论存在明显的问题:样本中存在选择偏差。谨慎的摩托车手更有可能选择具有 ABS 等安全功能的摩托车。因此,ABS 摩托车较低的碰撞率可能主要是由骑行更加谨慎所造成的。

我们可以通过将两种类型的摩托车随机分配给一大群车手来消除选择偏差,并观察结果。人们可能会期望这种随机化会降低观察到的效果,尽管也许不会完全消除。事实上,这种研究已经针对乘用车展开。在慕尼黑,大型出租车队中有一半装配了防抱死刹车装置,另一半装有传统刹车装置(Aschenbrenner and Biehl,1994)。这项研究历时三年,司机被随机分配到不同的车辆。共观察到 747 起事故。作者发现,安装 ABS 的出租车的事故发生率略高。

作者的结论是,虽然防抱死刹车确实提高了刹车性能,但司机通过更快的行驶速度、更急的转弯、更差的车道变换等进行了补偿。(这种行为的改变被称为“风险补偿”。)净效应大致为零:强制使用 ABS 刹车不会导致事故率下降。

一般地说,理解因果关系要么需要好的实验,要么需要好的理论。如果没有好的模型,那么就没有神奇的计量经济学方法使得可以从观测数据中以可靠的方式提取因果关系。

12.3 进一步阅读

研究普通最小二乘法(OLS)及其扩展的一般计量经济学教材包括 Hayashi(2000)、Kennedy(2008)、Greene(2011)、Davidson and MacKinnon(2004)、Wooldridge(2010)以及 Cameron and Trivedi(2005)。Ruud(2000)则提供了普通最小二乘理论的综合研究。

关于式(12.28)中估计量的稳健标准误差、渐近性是由 White(1980)给出的。与之密切相关的是协方差矩阵估计量,由 Newey and West(1987)给出。参看 Hayashi(2000)、Hansen(2015)以及 Cameron and Trivedi(2005)等教材中的介绍。

测量误差是普通最小二乘估计量中偏差的另一个来源。对于基于工具变量的所谓变量误差模型(errors-in-variables model)有一种标准方法。例如,参看 Davidson and MacKinnon(2004)的第 8

章。为了研究非线性的变量误差,参看 Chen et al.(2011)。

关于因果关系的更多讨论,参看 Freedman(2009)、Angrist and Pischke(2009)、Pearl(2009)或者 Imbens and Rubin(2015)。时间序列模型中一个重要的因果关系概念是利用一个时间序列预测另一个时间序列的能力。开创性的贡献是 Granger(1969)。这方面的最新讨论,参看 Dufour and Taamouti(2010)。Chernozhukov et al.(2013)考察了如何对反事实分布进行推断。Belloni et al.(2014)讨论了高维设置下的处理效果。

12.4 练习题

练习题 12.4.1 证明来自给定分布 F 的随机抽样的样本均值 $y_1,\cdots,y_N$ 可以被看成是 F 的均值的最小二乘估计量。

练习题 12.4.2 证明事实 12.1.1。

练习题 12.4.3 证明事实 12.1.2。

练习题 12.4.4 证明事实 12.1.3 中的(i)。

练习题 12.4.5 证明定理 12.1.2。

练习题 12.4.6 证明事实 12.1.4。①

练习题 12.4.7 通过直接计算来证明$[\mathbf{Py},\mathbf{My}\mid\mathbf{X}]=\mathbf{0}$。

练习题 12.4.8 证明在假设 12.1.1 至 12.1.4 的条件下,我们有 $\mathrm{cov}\,[\hat{\boldsymbol{\beta}},\mathbf{Mu}\mid\mathbf{X}]=\mathbf{0}$。

练习题 12.4.9 证明$\mathbb{E}\,[\mathbf{Py}\mid\mathbf{X}]=\mathbf{X}\boldsymbol{\beta}$, $\mathrm{var}[\mathbf{Py}\mid\mathbf{X}]=\sigma^2\mathbf{P}$。

练习题 12.4.10 证明$\mathbb{E}\,[\mathbf{My}\mid\mathbf{X}]=\mathbf{0}$, $\mathrm{var}[\mathbf{My}\mid\mathbf{X}]=\sigma^2\mathbf{M}$。

练习题 12.4.11 证明式(12.13)。

练习题 12.4.12 利用式(12.13),证明对于简单的普通最小二乘模型 $\mathbf{y}=\beta_1\mathbf{1}+\beta_2\mathbf{x}+\mathbf{u}$,给定 $\mathbf{x}$ 时 $\hat{\beta}_2$ 的方差是 $\sigma^2/\sum_{n=1}^{N}(x_n-\bar{x})^2$。

练习题 12.4.13 证明在式(12.22)的情况下,式(12.21)中的 F 统计量可以被重新写成式(12.23)。

练习题 12.4.14 假如假设 12.1.5 成立,则 $\mathbf{X}$ 与 $\mathbf{u}$ 是独立的且 $\mathcal{L}(\mathbf{u})=\mathrm{N}(\mathbf{0},\sigma^2\mathbf{I})$。证明以 $\mathbf{X}$ 为条件,

(i) $\mathbf{Py}$ 与 $\mathbf{My}$ 服从正态分布。

(ii) $\mathbf{Py}$ 与 $\mathbf{My}$ 是独立的。

练习题 12.4.15 验证式(12.31)中 x_n 的表达式。

练习题 12.4.16 证明事实 10.1.1 是定理 12.1.6 的一种特殊情况。②

练习题 12.4.17 证明来自式(12.26)的$\mathbb{E}\,[\mathbf{u}_c\mid\mathbf{X}_c]=\mathbf{0}$ 与$\mathbb{E}\,[\mathbf{u}_c\mathbf{u}_c^{\mathrm{T}}\mid\mathbf{X}_c]=\mathbf{I}$。

练习题 12.4.18 与第 12.2.3 节的工具变量理论有关,证明如果 $\mathbf{Z}$ 是 $N\times J$, $\mathbf{X}$ 是 $N\times K$ 并且 $\mathbf{Z}^{\mathrm{T}}\mathbf{X}$ 是列满秩的,则 $J\geqslant K$。

练习题 12.4.19 设除假设 12.1.2 之外,其他所有普通最小二乘假设都成立。假如数据生成

---

① 提示:利用事实 5.1.13。

② 提示:考察回归模型 $\mathbf{y}=\mathbf{1}\beta+\mathbf{u}$。

过程是

$$\mathbf{y} = \mathbf{X}\boldsymbol{\beta} + \mathbf{Z}\boldsymbol{\theta} + \mathbf{u} \tag{12.35}$$

满足 $\theta \neq \mathbf{0}$，同时 $\mathbb{E}[\mathbf{u} \mid \mathbf{X}, \mathbf{Z}] = \mathbf{0}$。进一步假定我们错误地忽略了 $\mathbf{Z}$，并直接将 $\mathbf{y}$ 对 $\mathbf{X}$ 进行回归。证明只要 $\mathbf{X}^{\mathrm{T}}\mathbf{Z} = \mathbf{0}$，这样的普通最小二乘估计量就是有偏的。

练习题 12.4.20　证明第 12.2.3 节的假设不是使 $\boldsymbol{\beta}$ 的工具变量最小二乘估计量成为无偏的充分条件。

练习题 12.4.21　本练习题要求你采用另一种被称为两阶段最小二乘法的方法构建式 (12.23) 中的 $\hat{\boldsymbol{\beta}}_{\mathrm{IVLS}}$。证明任务是：由下面两步所产生的估计量等价于式 (12.23) 右边所给出的表达式。

(i) 借助于将 $\mathbf{X}$ 的每一列投影到 colspace $\mathbf{Z}$ 来构建 $\hat{\mathbf{X}}$。

(ii) 利用普通最小二乘法将 $\mathbf{y}$ 对 $\hat{\mathbf{X}}$ 进行回归。

12.5　练习题解答节选

练习题 12.4.1 解答　设 $\mu := \mathbb{E}[y_n]$，当 $u_n := y_n - \mu$ 时，我们可以写出 $y_n = \mu + u_n$。换句话说，$\mathbf{y} = \mathbf{1}\mu + \mathbf{u}$。$\mu$ 的普通最小二乘估计量是

$$\hat{\mu} := (\mathbf{1}^{\mathrm{T}}\mathbf{1})^{-1}\mathbf{1}^{\mathrm{T}}\mathbf{y} = \frac{1}{N}\mathbf{1}^{\mathrm{T}}\mathbf{y}\,\frac{1}{N} = \sum_{n=1}^{N} y_n = \bar{y}_N$$

从右向左看，$\mathbf{y}$ 的样本均值是均值的普通最小二乘估计。□

练习题 12.4.2 解答　由事实 3.3.1 我们可以得出 $\mathbf{MX} = \mathbf{0}$ 和 $\mathbf{PX} = \mathbf{X}$，从此很容易得出 (i) 与 (ii)。例如，

$$\mathbf{My} = \mathbf{M}(\mathbf{X}\boldsymbol{\beta} + \mathbf{u}) = \mathbf{Mu}$$

关于 (iii)，由于 $\mathbf{M}$ 是对称和幂等的，我们得出

$$\mathrm{RSS} := \|\mathbf{My}\|^2 = \|\mathbf{Mu}\|^2 = (\mathbf{Mu})^{\mathrm{T}}(\mathbf{Mu}) = \mathbf{u}^{\mathrm{T}}\mathbf{M}^{\mathrm{T}}\mathbf{Mu} = \mathbf{u}^{\mathrm{T}}\mathbf{Mu}$$ □

练习题 12.4.3 解答　陈述 (i) 至 (iv) 的证明分别如下：

(i) $\mathbb{E}[\mathbf{u}] = \mathbb{E}[\mathbb{E}[\mathbf{u} \mid \mathbf{X}]] = \mathbb{E}[\mathbf{0}] = \mathbf{0}$

(ii) $\mathbb{E}[u_m \mid x_{nk}] = \mathbb{E}[\mathbb{E}[u_m \mid \mathbf{X}] \mid x_{nk}] = \mathbb{E}[0 \mid x_{nk}] = 0$

(iii) $\mathbb{E}[u_m x_{nk}] = \mathbb{E}[\mathbb{E}[u_n x_{nk} \mid x_{nk}]] = \mathbb{E}[x_{nk}\mathbb{E}[u_n \mid x_{nk}]] = 0$

(iv) $\mathrm{cov}[u_n, x_{nk}] = \mathbb{E}[u_m x_{nk}] - \mathbb{E}[u_m]\mathbb{E}[x_{nk}] = 0$ □

练习题 12.4.4 解答　由定义可得，$\mathrm{var}\,\mathbf{u} = \mathbb{E}[\mathbf{u}\mathbf{u}^{\mathrm{T}}] - \mathbb{E}[\mathbf{u}]\mathbb{E}[\mathbf{u}^{\mathrm{T}}]$。由于 $\mathbb{E}[\mathbf{u}] = \mathbb{E}[\mathbb{E}[\mathbf{u} \mid \mathbf{X}]] = \mathbf{0}$，这就简化成 $\mathrm{var}\,\mathbf{u} = \mathbb{E}[\mathbf{u}\mathbf{u}^{\mathrm{T}}]$。此外，

$$\mathbb{E}[\mathbf{u}\mathbf{u}^{\mathrm{T}}] = \mathbb{E}[\mathbb{E}[\mathbf{u}\mathbf{u}^{\mathrm{T}} \mid \mathbf{X}]] = \mathbb{E}[\sigma^2\mathbf{I}] = \sigma^2\mathbf{I}$$ □

练习题 12.4.5 解答　如果 $\mathbf{A} := (\mathbf{X}^{\mathrm{T}}\mathbf{X})^{-1}\mathbf{X}^{\mathrm{T}}$，那么由式 (12.4) 我们可以得出 $\hat{\boldsymbol{\beta}} = \boldsymbol{\beta} + \mathbf{Au}$，而且

$$\mathrm{var}[\hat{\boldsymbol{\beta}} \mid \mathbf{X}] = \mathrm{var}[\boldsymbol{\beta} + \mathbf{Au} \mid \mathbf{X}] = \mathrm{var}[\mathbf{Au} \mid \mathbf{X}]$$

给定 $\mathbf{X}$ 时将 $\mathbf{A}$ 取为非随机的，同时应用事实 5.1.2，我们可以得出

$$\mathrm{var}[\mathbf{Au} \mid \mathbf{X}] = \mathbf{A}\mathrm{var}[\mathbf{u} \mid \mathbf{X}]\mathbf{A}^{\mathrm{T}} = \mathbf{A}(\sigma^2\mathbf{I})\mathbf{A}^{\mathrm{T}}$$

此外，$\mathbf{A}(\sigma^2\mathbf{I})\mathbf{A}^{\mathrm{T}} = \sigma^2\mathbf{A}\mathbf{A}^{\mathrm{T}} = \sigma^2(\mathbf{X}^{\mathrm{T}}\mathbf{X})^{-1}\mathbf{X}^{\mathrm{T}}\mathbf{X}(\mathbf{X}^{\mathrm{T}}\mathbf{X})^{-1} = \sigma^2(\mathbf{X}^{\mathrm{T}}\mathbf{X})^{-1}$。因此

$$\mathrm{var}[\hat{\boldsymbol{\beta}} \mid \mathbf{X}] = \mathrm{var}[\mathbf{Au} \mid \mathbf{X}] = \sigma^2(\mathbf{X}^{\mathrm{T}}\mathbf{X})^{-1}$$ □

练习题 12.4.6 解答 首先注意,由事实 5.1.13 可知,**Pu** 与 **Mu** 是独立的。由事实 5.1.10 可知,独立随机向量的函数同样是独立的。因此只需证明 $\hat{\boldsymbol{\beta}}$ 与 $\hat{\sigma}^2$ 分别是 **Pu** 与 **Mu** 的函数。对于 $\hat{\sigma}^2$,可以直接得到此结论。对于 $\hat{\boldsymbol{\beta}}$,我们有

$$\hat{\boldsymbol{\beta}} = \boldsymbol{\beta} + (\mathbf{X}^{\mathrm{T}}\mathbf{X})^{-1}\mathbf{X}^{\mathrm{T}}\mathbf{P}\mathbf{u}$$

可以借助于用 **X** 写出 **P** 进而消去 **P** 得到式(12.4)。 □

练习题 12.4.7 解答 注意

$$\mathbb{E}[\mathbf{M}\mathbf{y} \mid \mathbf{X}] = \mathbb{E}[\mathbf{M}\mathbf{u} \mid \mathbf{X}] = \mathbf{M}\mathbb{E}[\mathbf{u} \mid \mathbf{X}] = \mathbf{0}$$

利用这些事实,我们可以得出

$$\operatorname{cov}[\mathbf{P}\mathbf{y}, \mathbf{M}\mathbf{y} \mid \mathbf{X}] = \operatorname{cov}[\mathbf{X}\boldsymbol{\beta} + \mathbf{P}\mathbf{u}, \mathbf{M}\mathbf{u} \mid \mathbf{X}] = \mathbb{E}[(\mathbf{X}\boldsymbol{\beta} + \mathbf{P}\mathbf{u})(\mathbf{M}\mathbf{u})^{\mathrm{T}} \mid \mathbf{X}]$$

根据期望的线性性质和 **M** 的对称性,这就变成

$$\operatorname{cov}[\mathbf{P}\mathbf{y}, \mathbf{M}\mathbf{y} \mid \mathbf{X}] = \mathbb{E}[\mathbf{X}\boldsymbol{\beta}\mathbf{u}^{\mathrm{T}}\mathbf{M} \mid \mathbf{X}] + \mathbb{E}[\mathbf{P}\mathbf{u}\mathbf{u}^{\mathrm{T}}\mathbf{M} \mid \mathbf{X}]$$

对于右边的第一项,我们可以得出

$$\mathbb{E}[\mathbf{X}\boldsymbol{\beta}\mathbf{u}^{\mathrm{T}}\mathbf{M} \mid \mathbf{X}] = \mathbf{X}\boldsymbol{\beta}\mathbb{E}[\mathbf{u}^{\mathrm{T}} \mid \mathbf{X}]\mathbf{M} = \mathbf{0}$$

对于右边的第二项,我们可以得出

$$\mathbb{E}[\mathbf{P}\mathbf{u}\mathbf{u}^{\mathrm{T}}\mathbf{M} \mid \mathbf{X}] = \mathbf{P}\mathbb{E}[\mathbf{u}\mathbf{u}^{\mathrm{T}} \mid \mathbf{X}]\mathbf{M} = \mathbf{P}\sigma^2\mathbf{I}\mathbf{M} = \sigma^2\mathbf{P}\mathbf{M} = \mathbf{0}$$

$$\therefore \quad \operatorname{cov}[\mathbf{P}\mathbf{y}, \mathbf{M}\mathbf{y} \mid \mathbf{X}] = \mathbf{0}$$ □

练习题 12.4.8 解答 由于 **M** 是 **X** 的函数,我们可以得出$\mathbb{E}[\mathbf{M}\mathbf{u} \mid \mathbf{X}] = \mathbf{M}\mathbb{E}[\mathbf{u} \mid \mathbf{X}] = \mathbf{0}$。因此

$$\begin{aligned}
\operatorname{cov}[\hat{\boldsymbol{\beta}}, \mathbf{M}\mathbf{u} \mid \mathbf{X}] &= \mathbb{E}[\hat{\boldsymbol{\beta}}(\mathbf{M}\mathbf{u})^{\mathrm{T}} \mid \mathbf{X}] \\
&= \mathbb{E}[\boldsymbol{\beta}(\mathbf{M}\mathbf{u})^{\mathrm{T}} + (\mathbf{X}^{\mathrm{T}}\mathbf{X})^{-1}\mathbf{X}^{\mathrm{T}}\mathbf{u}(\mathbf{M}\mathbf{u})^{\mathrm{T}} \mid \mathbf{X}] \\
&= \mathbb{E}[(\mathbf{X}^{\mathrm{T}}\mathbf{X})^{-1}\mathbf{X}^{\mathrm{T}}\mathbf{u}(\mathbf{M}\mathbf{u})^{\mathrm{T}} \mid \mathbf{X}] \\
&= \mathbb{E}[(\mathbf{X}^{\mathrm{T}}\mathbf{X})^{-1}\mathbf{X}^{\mathrm{T}}\mathbf{u}\mathbf{u}^{\mathrm{T}}\mathbf{M} \mid \mathbf{X}] = \sigma^2(\mathbf{X}^{\mathrm{T}}\mathbf{X})^{-1}\mathbf{X}^{\mathrm{T}}\mathbf{M}
\end{aligned}$$

现在由 $\mathbf{X}^{\mathrm{T}}\mathbf{M} = [\mathbf{M}\mathbf{X}]^{\mathrm{T}} = \mathbf{0}$ 可得此陈述。 □

练习题 12.4.9 解答 对于$\mathbb{E}[\mathbf{P}\mathbf{y} \mid \mathbf{X}] = \mathbf{X}\boldsymbol{\beta}$ 的陈述,由我们前面的结论和期望的线性性质得出

$$\mathbb{E}[\mathbf{P}\mathbf{y} \mid \mathbf{X}] = \mathbb{E}[\mathbf{X}\boldsymbol{\beta} + \mathbf{P}\mathbf{u} \mid \mathbf{X}] = \mathbf{X}\boldsymbol{\beta} + \mathbf{P}\mathbb{E}[\mathbf{u} \mid \mathbf{X}] = \mathbf{X}\boldsymbol{\beta}$$

对于 $\operatorname{var}[\mathbf{P}\mathbf{y} \mid \mathbf{X}] = \sigma^2\mathbf{P}$ 的陈述,由我们前面关于方差的运算性质得出

$$\operatorname{var}[\mathbf{P}\mathbf{y} \mid \mathbf{X}] = \operatorname{var}[\mathbf{X}\boldsymbol{\beta} + \mathbf{P}\mathbf{u} \mid \mathbf{X}] = \operatorname{var}[\mathbf{P}\mathbf{u} \mid \mathbf{X}] = \mathbf{P}\operatorname{var}[\mathbf{u} \mid \mathbf{X}]\mathbf{P}^{\mathrm{T}} = \mathbf{P}\sigma^2\mathbf{I}\mathbf{P}^{\mathrm{T}}$$

利用 **P** 的对称性和幂等性,我们可以得出 $\operatorname{var}[\mathbf{P}\mathbf{y} \mid \mathbf{X}] = \sigma^2\mathbf{P}$ □

练习题 12.4.10 解答 与练习题 12.4.9 的解答类似。

练习题 12.4.11 解答 重复式(12.12),我们可以得出

$$\hat{\beta}_k = \beta_k + (\operatorname{col}_k(\mathbf{X})^{\mathrm{T}}\mathbf{M}_1\operatorname{col}_k(\mathbf{X}))^{-1}\operatorname{col}_k(\mathbf{X})^{\mathrm{T}}\mathbf{M}_1\mathbf{u} \tag{12.36}$$

由于 β_k 是常值,对式(12.36)取以 **X** 为条件的方差,我们得出

$$\operatorname{var}[\hat{\beta}_k \mid \mathbf{X}] = \operatorname{var}[\mathbf{A}\mathbf{u} \mid \mathbf{X}],\text{其中 } \mathbf{A} := (\operatorname{col}_k(\mathbf{X})^{\mathrm{T}}\mathbf{M}_1\operatorname{col}_k(\mathbf{X}))^{-1}\operatorname{col}_k(\mathbf{X})^{\mathrm{T}}\mathbf{M}_1$$

由于 **A** 是 **X** 的函数,我们可以将它处理成给定 **X** 时的常值,我们得出

$$\operatorname{var}[\hat{\beta}_k \mid \mathbf{X}] = \mathbf{A}\operatorname{var}[\mathbf{u} \mid \mathbf{X}]\mathbf{A}^{\mathrm{T}} = \mathbf{A}\sigma^2\mathbf{I}\mathbf{A}^{\mathrm{T}} = \sigma^2\mathbf{A}\mathbf{A}^{\mathrm{T}}$$

为了完成证明,我们经过观察发现

$$\begin{aligned}
\mathbf{A}\mathbf{A}^{\mathrm{T}} &= (\operatorname{col}_k(\mathbf{X})^{\mathrm{T}}\mathbf{M}_1\operatorname{col}_k(\mathbf{X}))^{-1}\operatorname{col}_k(\mathbf{X})^{\mathrm{T}}\mathbf{M}_1\mathbf{M}_1^{\mathrm{T}}\operatorname{col}_k(\mathbf{X})(\operatorname{col}_k(\mathbf{X})^{\mathrm{T}}\mathbf{M}_1\operatorname{col}_k(\mathbf{X}))^{-1} \\
&= (\operatorname{col}(\mathbf{X})^{\mathrm{T}}\mathbf{M}_1\operatorname{col}_k(\mathbf{X}))^{-1}
\end{aligned}$$

其中最后一个等式成立是由于 $\mathbf{M}_1$ 的对称性和幂等性，于是得出结论式(12.13)成立。 □

练习题 12.4.12 解答　我们将应用式(12.13)。对于模型 $\mathbf{y}=\beta_1\mathbf{1}+\beta_2\mathbf{x}+\mathbf{u}$，矩阵 $\mathbf{M}_1$ 是与 $\mathbf{1}$ 有关的残差投影 $\mathbf{M}_C$，而 $\text{col}_k\mathbf{X}$ 正是 $\mathbf{x}$。因此，由式(12.13)我们可以得出

$$\text{var}[\hat{\beta}_2 \mid \mathbf{X}] = \sigma^2(\mathbf{x}^{\mathrm{T}}\mathbf{M}_c\mathbf{x})^{-1}$$

利用 $\mathbf{M}_c$ 的对称性和幂等性，这就变成

$$\text{var}[\hat{\beta}_2 \mid \mathbf{X}] = \sigma^2[(\mathbf{M}_c\mathbf{x})^{\mathrm{T}}\mathbf{M}_c\mathbf{x}]^{-1} = \sigma^2/\sum_{n=1}^{N}(x_n - \bar{x})^2$$

最后，由于 $\mathbf{X}$ 中仅有的随机变量是 $\mathbf{x}$ 中的随机变量，我们得出解

$$\text{var}[\hat{\beta}_2 \mid \mathbf{x}] = \sigma^2/\sum_{n=1}^{N}(x_n - \bar{x})^2$$

练习题 12.4.13 解答　我们需要证明在特殊情况式(12.22)中，我们有

$$\frac{(\text{RSSR} - \text{USSR})/K_2}{\text{USSR}/(N-K)} = \frac{R_c^2}{1-R_c^2}\frac{N-K}{K_2}$$

或者等价地

$$\frac{\text{RSSR} - \text{USSR}}{\text{USSR}} = \frac{R_c^2}{1-R_C^2} \tag{12.37}$$

首先考察式(12.37)的左边。对于式(12.22)中的情况来说，这个等式变成

$$\frac{\text{RSSR} - \text{USSR}}{\text{USSR}} = \frac{\|\mathbf{M}_c\mathbf{y}\|^2 - \|\mathbf{M}\mathbf{y}\|^2}{\|\mathbf{M}\mathbf{y}\|^2}$$

另一方面，对于式(12.37)的右边，利用 R_c^2 的定义并经过某些运算，可以得出

$$\frac{R_c^2}{1-R_c^2} = \frac{\|\mathbf{P}\mathbf{M}_c\mathbf{y}\|^2}{\|\mathbf{M}_c\mathbf{y}\|^2 - \|\mathbf{P}\mathbf{M}_c\mathbf{y}\|^2}$$

因此，为了建立式(12.37)，我们只需证明

$$\frac{\|\mathbf{M}_c\mathbf{y}\|^2 - \|\mathbf{M}\mathbf{y}\|^2}{\|\mathbf{M}\mathbf{y}\|^2} = \frac{\|\mathbf{P}\mathbf{M}_c\mathbf{y}\|^2}{\|\mathbf{M}_c\mathbf{y}\|^2 - \|\mathbf{P}\mathbf{M}_c\mathbf{y}\|^2}$$

利用式(11.32)就可以建立这个等式。 □

练习题 12.4.14 解答　我们前面已经证明 $\mathbf{My}=\mathbf{Mu}$ 以及 $\mathbf{Py}=\mathbf{X}\boldsymbol{\beta}+\mathbf{Pu}$。因为我们以 $\mathbf{X}$ 为条件，所以可将它看成常值。当 $\mathbf{X}$ 是常值时，$\mathbf{P}$，$\mathbf{M}$ 以及 $\mathbf{X}\boldsymbol{\beta}$ 都是常值。因为正态随机向量的线性(或仿射)变换依然是正态的，所以 $\mathbf{Mu}$ 与 $\mathbf{X}\boldsymbol{\beta}+\mathbf{Pu}$ 都是正态分布。

还需证明 $\mathbf{Py}$ 和 $\mathbf{My}$ 在给定 $\mathbf{X}$ 时是独立的，因为它们在给定 $\mathbf{X}$ 时是正态分布，所以我们只需要证明它们在给定 $\mathbf{X}$ 时是不相关的，这在练习题 12.4.7 中已经证明了。 □

练习题 12.4.17 解答　$\mathbb{E}[\mathbf{u}_c \mid \mathbf{X}_c]=\mathbf{0}$ 的证明是非常容易的。对于第二个陈述，回顾 $\mathbf{C}$ 是非奇异的矩阵，对它的选取要满足 $\mathbf{C}^{\mathrm{T}}\mathbf{C}=\boldsymbol{\Omega}^{-1}$(存在性可由乔列斯基分解得到，参看事实 3.3.10)。由 $\mathbf{u}_c=\mathbf{CU}$，我们得出

$$\mathbb{E}[\mathbf{u}_c\mathbf{u}_c^{\mathrm{T}} \mid \mathbf{X}_c] = \mathbf{C}\mathbb{E}[\mathbf{u}\mathbf{u}^{\mathrm{T}} \mid \mathbf{X}_c]\mathbf{C}^{\mathrm{T}} = \mathbf{C}\boldsymbol{\Omega}\mathbf{C}^{\mathrm{T}}$$

由于 $\mathbf{C}$ 是非奇异的，我们得出

$$\mathbf{C}\boldsymbol{\Omega}\mathbf{C}^{\mathrm{T}} = \mathbf{C}(\mathbf{C}^{\mathrm{T}}\mathbf{C})^{-1}\mathbf{C}^{\mathrm{T}} = \mathbf{C}\mathbf{C}^{-1}(\mathbf{C}^{\mathrm{T}})^{-1}\mathbf{C}^{\mathrm{T}} = \mathbf{I}$$ □

练习题 12.4.18 解答　如果不成立，那么 $\mathbf{Z}^{\mathrm{T}}\mathbf{X}$ 的行数就会比列数少，因此它的各列不能是线性无关的。参看定理 2.1.3。 □

练习题 12.4.19 解答 普通最小二乘估计量是 $\hat{\boldsymbol{\beta}}=(\mathbf{X}^{\mathrm{T}}\mathbf{X})^{-1}\mathbf{X}^{\mathrm{T}}\mathbf{y}$。将它代入式(12.35)可以得出

$$\hat{\boldsymbol{\beta}}=(\mathbf{X}^{\mathrm{T}}\mathbf{X})^{-1}\mathbf{X}^{\mathrm{T}}(\mathbf{X}\boldsymbol{\beta}+\mathbf{Z}\boldsymbol{\theta}+\mathbf{u})=\boldsymbol{\beta}+(\mathbf{X}^{\mathrm{T}}\mathbf{X})^{-1}\mathbf{X}^{\mathrm{T}}\mathbf{Z}\boldsymbol{\theta}+(\mathbf{X}^{\mathrm{T}}\mathbf{X})^{-1}\mathbf{X}^{\mathrm{T}}\mathbf{u}$$

因此,

$$\mathbb{E}[\hat{\boldsymbol{\beta}}]=\mathbb{E}[\mathbb{E}[\hat{\boldsymbol{\beta}}\mid\mathbf{X},\mathbf{Z}]]=\boldsymbol{\beta}+\mathbb{E}[(\mathbf{X}^{\mathrm{T}}\mathbf{X})^{-1}\mathbf{X}^{\mathrm{T}}\mathbf{Z}]\boldsymbol{\theta}$$

如果 $\mathbf{X}^{\mathrm{T}}\mathbf{Z}=\mathbf{0}$,那么右边的最后一项将被消去,同时 $\hat{\boldsymbol{\beta}}$ 是无偏的。否则,$\hat{\boldsymbol{\beta}}$ 是有偏的。 □

练习题 12.4.20 解答 为了证明这个练习题,只需给出满足第 12.2.3 节假设的模型的例子,不过这个模型产生了有偏的工具变量估计量。为此,假设我们只有一个观测值,并设所有变量都是标量。设 z 与 u 是独立随机变量,满足 $\mathcal{L}(u)=\mathrm{N}(0,\sigma^2)$,同时设 $x=u$。令 $y=x\beta+u$。当第 12.2.3 节的工具变量假设得到满足时,工具变量最小二乘估计量是有偏的。事实上,将表达式(12.34)与 $y=x\beta+u$ 结合起来可以得出

$$\hat{\beta}_{\mathrm{IVLS}}=(zx)^{-1}zy=\beta+(zx)^{-1}zu=\beta+\frac{u}{x}$$

利用 $x=u$ 可以得到 $\mathbb{E}[\hat{\beta}_{\mathrm{IVLS}}]=\hat{\beta}_{\mathrm{IVLS}}=\beta+1$。 □

练习题 12.4.21 解答 根据定理 3.3.1,在 colspace $\mathbf{Z}$ 上实现正交投影的矩阵是 $\mathbf{P}_Z:=\mathbf{Z}(\mathbf{Z}^{\mathrm{T}}\mathbf{Z})^{-1}\mathbf{Z}^{\mathrm{T}}$。将这个运算应用到 $\mathbf{X}$ 的每一列等价于用 $\mathbf{P}_Z$ 左乘 $\mathbf{X}$。将 $\mathbf{y}$ 对 $\mathbf{P}_Z\mathbf{X}$ 回归,并应用普通最小二乘方法,则得到估计量

$$\hat{\boldsymbol{\beta}}_{\mathrm{2SLS}}=[(\mathbf{P}_Z\mathbf{X})^{\mathrm{T}}(\mathbf{P}_Z\mathbf{X})]^{-1}(\mathbf{P}_Z\mathbf{X})^{\mathrm{T}}\mathbf{y}=[\mathbf{X}^{\mathrm{T}}\mathbf{P}_Z\mathbf{X}]^{-1}\mathbf{X}^{\mathrm{T}}\mathbf{P}_Z\mathbf{y}$$

(第二个等式利用了 $\mathbf{P}_Z$ 的对称性和幂等性。参看事实 3.3.2)。利用 $\mathbf{P}_Z$ 的定义就得到式(12.33)。

□

第 13 章　大样本与相依性

对于独立同分布数据来说,样本的联合分布可以通过观测值的共同边缘分布来确定。统计学习问题已经成为认识边缘分布的问题。对于相依数据来说,样本的联合分布更加复杂。因此,第 8 章提出的基本统计问题必须扩展如下:

问题 13.0.1　我们观测到来自某个联合分布 P_D 的抽样值 $\mathbf{z}_D$,假定 P_D 属于一类给定的分布 $\mathscr{P}$,但在其他方面却是未知的。我们希望利用观测值 $\mathbf{z}_D$ 推断 P_D 的一些特征。

我们现在来研究如何解决这个问题,下面从最小二乘法开始阐述。

13.1　大样本最小二乘法

在这一章,我们对最小二乘法的研究允许存在相依数据但同时要求较大的样本量。在考察有限样本推论时,大样本允许我们去掉对误差项所做的某些严格的参数假设(例如,参看假设 12.1.5)。从这个意义上说,下面扩展的理论对于横截面观测值之间没有相关性的情况也是适用的。

13.1.1　设置和假设

回顾第 12 章的线性模型假设。也就是,我们假定数据 $(y_1, \mathbf{x}_1), \cdots, (y_T, \mathbf{x}_T)$ 是由线性模型

$$y_t = \mathbf{x}_t^{\mathrm{T}} \boldsymbol{\beta} + u_t, \quad t = 1, \cdots, T, \tag{13.1}$$

所生成的,其中 $\boldsymbol{\beta}$ 表示 K 维的未知系数向量,而 u_t 表示不可观测的冲击。观测值是用 t 而不是 n 标示,以便提醒我们观测值是相依的。样本量用 T 表示。

我们设 $\mathbf{y}$ 表示观测到的 $T\times 1$ 输出向量,因此 y_t 是 $\mathbf{y}$ 的第 t 个元素,而 $\mathbf{u}$ 表示冲击向量,因此 u_t 是 $\mathbf{u}$ 的第 t 个元素。我们设 $\mathbf{X}$ 表示 $T\times K$ 的矩阵 $\mathbf{X} := (x_{tk})$,其中 $1 \leqslant t \leqslant T, 1 \leqslant k \leqslant K$。

我们将通过最小二乘法来估计参数向量 $\boldsymbol{\beta}$。因此,普通最小二乘估计量保持不变:

$$\hat{\boldsymbol{\beta}}_T = \left[\frac{1}{T}\sum_{t=1}^{T} \mathbf{x}_t \mathbf{x}_t^{\mathrm{T}}\right]^{-1} \cdot \frac{1}{T}\sum_{t=1}^{T} \mathbf{x}_t y_t$$

(回顾式(11.17)。)式(12.4)中抽样误差的表达式可以扩展为求和,得出下式

$$\hat{\boldsymbol{\beta}}_T - \boldsymbol{\beta} = \left[\frac{1}{T}\sum_{t=1}^{T} \mathbf{x}_t \mathbf{x}_t^{\mathrm{T}}\right]^{-1} \cdot \frac{1}{T}\sum_{t=1}^{T} \mathbf{x}_t u_t \tag{13.2}$$

在这一节中,我们放弃外生性假设 $\mathbb{E}[\mathbf{u} \mid \mathbf{X}] = \mathbf{0}$(假设 12.1.3),这是因为它排除了太多的动态模型。例如,我们由第 12.2.2 节可知,当尝试通过设置 $x_t = y_{t-1}$ 来估计简单 AR(1) 模型 $y_{t+1} = \beta y_t + u_{t+1}$ 时,外生性就会失效,从而产生回归模型

$$y_t = \beta x_t + u_t, \quad t = 1, \cdots, T \tag{13.3}$$

对于式(13.1)的设定,回归元与冲击的滞后值是相关的。

假设 13.1.1 矩阵 $\mathbf{X}$ 以概率 1 是列满秩的,序列$\{\mathbf{x}_t\}$是平稳的。此外

(i) $\boldsymbol{\Sigma}_{\mathbf{x}} := \mathbb{E}[\mathbf{x}_t\mathbf{x}_t^{\mathrm{T}}]$存在且是正定的;

(ii) 序列$\{\mathbf{x}_t\}$满足当 $T\to\infty$ 时,$\frac{1}{T}\sum_{t=1}^{T}\mathbf{x}_t\mathbf{x}_t^{\mathrm{T}} \xrightarrow{p} \boldsymbol{\Sigma}_{\mathbf{x}}$。

列满秩的条件和假设 11.1.1 是一样的,同时确保式(13.2)中矩阵逆的表达式有意义。条件(i)是借用式(11.10)所给出的同样条件,同时确保式(13.2)中的极限存在。条件(ii)则给出了收敛性。

例 13.1.1 设$\{x_t\}$是例 7.2.11 中的马尔可夫过程。重复计算

$$x_{t+1} = a\,|x_t| + (1-a^2)^{1/2}w_{t+1}, \text{其中} -1 < a < 1, \{w_t\} \overset{\text{IID}}{\sim} \mathrm{N}(0,1)$$

如同例 7.2.11 中所讨论的,模型具有唯一的全局稳定的平稳分布 π_∞。如果 $\mathcal{L}(x_0) = \pi_\infty$,那么过程$\{x_t\}$是平稳的(参看事实 7.2.5),并且满足假设 13.1.1 中的所有条件(参看练习题 13.4.3)。

假设 13.1.2 (弱外生性)冲击$\{u_t\}$是独立同分布的。此外

(i) 对于所有 t,$\mathbb{E}[u_t] = 0$ 和$\mathbb{E}[u_t^2] = \sigma^2$;

(ii) 对于所有 t,u_t 独立于 $\mathbf{x}_1, \mathbf{x}_2, \cdots, \mathbf{x}_t$。

假设 13.1.2 允许当前冲击与未来回归元之间存在相依关系。这在时间序列设置中是可取的,因为当前的冲击通常会反馈到未来的状态变量中。

例 13.1.2 在 AR(1)回归式(13.3)中,只要冲击过程$\{u_t\}$是独立同分布的,假设 13.1.2 就成立,这是因为同期和滞后回归元 $x_1, x_2, \cdots, x_t$ 等于滞后状态变量 $y_0, \cdots, y_{t-1}$,它们是 y_0 和 $u_1, \cdots, u_{t-1}$的函数,因此独立于 u_t。

假设 13.1.2 的结果之一是

$$\mathbb{E}[u_s u_t \mid \mathbf{x}_1, \cdots, \mathbf{x}_t] = \begin{cases} \sigma^2, & \text{当 } s = t \\ 0, & \text{当 } s < t \end{cases} \tag{13.4}$$

上述证明留作练习题 13.4.4 来完成。

假设 13.1.1 和假设 13.1.2 的一个有用的含义是,$\{\mathbf{x}_t u_t\}$的线性函数形成了鞅差分序列(MDS)。这将使我们能应用定理 7.3.1 中的样本路径结果。

引理 13.1.1 如果假设 13.1.1 和假设 13.1.2 都成立,则对于任何常值向量 $\mathbf{a} \in \mathbb{R}^K$,由 $m_t = \mathbf{a}^{\mathrm{T}}\mathbf{x}_t u_t$ 所定义的序列$\{m_t\}$是

(i) 平稳的,对于所有 t,满足$\mathbb{E}[m_t^2] = \sigma^2\mathbf{a}^{\mathrm{T}}\boldsymbol{\Sigma}_{\mathbf{x}}\mathbf{a}$;

(ii) 鞅差分序列,对于由

$$\mathscr{F}_t := \{\mathbf{x}_1, \cdots, \mathbf{x}_t, \mathbf{x}_{t+1}, u_1, \cdots, u_t\} \tag{13.5}$$

所定义的滤过。

证明 首先我们证明(i)部分。由$\{u_t\}$与$\{\mathbf{x}_t\}$是平稳的假设可以得出$\{m_t\}$是平稳的。关于二阶矩$\mathbb{E}[m_1^2]$,我们可以得出

$$\mathbb{E}[m_1^2] = \mathbb{E}[\mathbb{E}[u_1^2(\mathbf{a}^{\mathrm{T}}\mathbf{x}_1)^2 \mid \mathbf{x}_1]] = \mathbb{E}[(\mathbf{a}^{\mathrm{T}}\mathbf{x}_1)^2\mathbb{E}[u_1^2 \mid \mathbf{x}_1]]$$

由 u_1 与 $\mathbf{x}_1$ 的独立性得出,内部的期望值是 σ^2。此外

$$(\mathbf{a}^{\mathrm{T}}\mathbf{x}_1)^2 = \mathbf{a}^{\mathrm{T}}\mathbf{x}_1\mathbf{a}^{\mathrm{T}}\mathbf{x}_1 = \mathbf{a}^{\mathrm{T}}\mathbf{x}_1\mathbf{x}_1^{\mathrm{T}}\mathbf{a}$$

$$\therefore \quad \mathbb{E}[m_1^2] = \mathbb{E}[\mathbf{a}^{\mathrm{T}}\mathbf{x}_1\mathbf{x}_1^{\mathrm{T}}\mathbf{a}\sigma^2] = \sigma^2\mathbf{a}^{\mathrm{T}}\mathbb{E}[\mathbf{x}_1\mathbf{x}_1^{\mathrm{T}}]\mathbf{a} = \sigma^2\mathbf{a}^{\mathrm{T}}\boldsymbol{\Sigma}_{\mathbf{x}}\mathbf{a}$$

为了证明(ii)部分，注意$\{m_t\}$对于$\{\mathscr{F}_t\}$来说是适应的，这是因为$m_t := u_t\mathbf{a}^{\mathrm{T}}\mathbf{x}_t$是$\mathscr{F}_t$中变量的函数。另外，我们有

$$\mathbb{E}[m_{t+1} \mid \mathscr{F}_t] = \mathbb{E}[u_{t+1}\mathbf{a}^{\mathrm{T}}\mathbf{x}_{t+1} \mid \mathscr{F}_t] = \mathbf{a}^{\mathrm{T}}\mathbf{x}_{t+1}\mathbb{E}[u_{t+1} \mid \mathscr{F}_t] = \mathbf{a}^{\mathrm{T}}\mathbf{x}_t\mathbb{E}[u_{t+1}] = 0$$

(这里第二个等式是由事实$\mathbf{x}_{t+1} \in \mathscr{F}_t$得到的，而第三个等式则是由假设 13.1.2 中的独立性得到的。)这证明了$\{m_t\}$是关于$\{\mathscr{F}_t\}$的鞅差分序列。 □

13.1.2　一致性

在第 13.1.1 节的条件下，普通最小二乘估计量$\hat{\boldsymbol{\beta}}_T$是$\boldsymbol{\beta}$的一致估计量。

定理 13.1.1　如果假设 13.1.1 和假设 13.1.2 成立，则

$$\hat{\boldsymbol{\beta}}_{\mathrm{T}} \xrightarrow{p} \boldsymbol{\beta}, \quad 当 T \to \infty$$

证明　只需证明式(13.2)右边的表达式依概率收敛到$\mathbf{0}$。首先，让我们证明$\frac{1}{T}\sum_{t=1}^{T}\mathbf{x}_t u_t \xrightarrow{p} \mathbf{0}$。鉴于事实 6.1.1，只需证明对于任何$\mathbf{a} \in \mathbb{R}^k$，我们可以得到

$$\mathbf{a}^{\mathrm{T}}\left[\frac{1}{T}\sum_{t=1}^{T}\mathbf{x}_t u_t\right] \xrightarrow{p} \mathbf{a}^{\mathrm{T}}\mathbf{0} = 0 \tag{13.6}$$

如果我们定义$m_t := \mathbf{a}^{\mathrm{T}}\mathbf{x}_t u_t$，则式(13.6)的左边可以写成$T^{-1}\sum_{t=1}^{T} m_t$。因为$\{m_t\}$是平稳的鞅差分序列(引理 13.1.1)，所以收敛性$T^{-1}\sum_{t=1}^{T} m_t \xrightarrow{p} 0$可由定理 7.3.1 得出。

现在我们回到式(13.2)右边的表达式。由假设 13.1.1 和事实 6.2.1，我们经过观察可以发现

$$\left[\frac{1}{T}\sum_{t=1}^{T}\mathbf{x}_t\mathbf{x}_t^{\mathrm{T}}\right]^{-1} \xrightarrow{p} \boldsymbol{\Sigma}_{\mathbf{x}}^{-1}, \quad 当 T \to \infty \tag{13.7}$$

再次应用事实 6.2.1，我们得到

$$\hat{\boldsymbol{\beta}}_T - \boldsymbol{\beta} = \left[\frac{1}{T}\sum_{t=1}^{T}\mathbf{x}_t\mathbf{x}_t^{\mathrm{T}}\right]^{-1} \cdot \frac{1}{T}\sum_{t=1}^{T}u_t\mathbf{x}_t \xrightarrow{p} \boldsymbol{\Sigma}_{\mathbf{x}}^{-1}\mathbf{0} = \mathbf{0}$$ □

13.1.2.1　$\hat{\sigma}_T^2$ 的一致性

在式(12.5)中，我们利用$\hat{\sigma}^2 := \mathrm{RSS}/(N-K)$估计误差方差$\sigma^2$，其中$N$表示样本量。而在这里，样本量是$T$，这是因为假定$T$相对于$K$来说是比较大的，所以我们有$1/(T-K) \approx 1/T$。因此，在这一章，我们设$\hat{\sigma}_T^2 := \mathrm{RSS}/T$。(但是，如果我们用$\mathrm{RSS}/(T-K)$，下面的理论也均不受影响。)

定理 13.1.2　如果假设 13.1.1 和假设 13.1.2 成立，则

$$\hat{\sigma}_T^2 \xrightarrow{p} \sigma^2, \quad 当 T \to \infty$$

证明　根据σ_T^2的定义和线性模型假设(13.1)，

$$\hat{\sigma}_T^2 = \frac{1}{T}\sum_{t=1}^{T}(y_t - \mathbf{x}_t^{\mathrm{T}}\hat{\boldsymbol{\beta}}_T)^2 = \frac{1}{T}\sum_{t=1}^{T}[u_t + \mathbf{x}_t^{\mathrm{T}}(\boldsymbol{\beta} - \hat{\boldsymbol{\beta}}_T)]^2 \tag{13.8}$$

展开平方可以得到

$$\hat{\sigma}_T^2 = \frac{1}{T}\sum_{t=1}^{T}u_t^2 + 2(\boldsymbol{\beta} - \hat{\boldsymbol{\beta}}_T)^{\mathrm{T}}\frac{1}{T}\sum_{t=1}^{T}\mathbf{x}_t u_t + (\boldsymbol{\beta} - \hat{\boldsymbol{\beta}}_T)^{\mathrm{T}}\left[\frac{1}{T}\sum_{t=1}^{T}\mathbf{x}_t\mathbf{x}_t^{\mathrm{T}}\right](\boldsymbol{\beta} - \hat{\boldsymbol{\beta}}_T)$$

根据假设 13.1.2 与大数定律，右边的第一项依概率收敛到σ^2。因此，只需证明第二项和第三项当

$T\to\infty$ 时,依概率收敛到 0。这些结果可由重复应用事实 6.2.1 以及我们已经建立的收敛结果得出。细节内容留作练习题来完成。 □

13.1.3 $\hat{\beta}$ 的渐近正态性

接下来,我们证明$\sqrt{T}(\hat{\beta}_T-\beta)$的渐近正态性。根据这些信息,我们可以研究渐近性检验和置信区间。

定理 13.1.3 如果假设 13.1.1 和假设 13.1.2 成立,则

$$\sqrt{T}(\hat{\beta}_T-\beta)\xrightarrow{d}\mathrm{N}(0,\sigma^2\Sigma_{\mathbf{x}}^{-1}),\quad 当\ T\to\infty$$

证明 表达式(13.2)给出

$$\sqrt{T}(\hat{\boldsymbol{\beta}}_T-\boldsymbol{\beta})=\left[\frac{1}{T}\sum_{t=1}^{T}\mathbf{x}_t\mathbf{x}_t^{\mathrm{T}}\right]^{-1}\cdot t^{-1/2}\sum_{t=1}^{T}u_t\mathbf{x}_t \tag{13.9}$$

设 $\mathbf{z}$ 是满足 $\mathcal{L}(\mathbf{z})=\mathrm{N}(\mathbf{0},\sigma^2\boldsymbol{\Sigma}_{\mathbf{x}})$ 的随机变量。假如我们可以证明

$$T^{-1/2}\sum_{t=1}^{T}u_t\mathbf{x}_t\xrightarrow{d}\mathbf{z},\quad 当\ T\to\infty \tag{13.10}$$

如果式(13.10)成立,那么应用假设 13.1.1 和事实 6.2.2,我们可以得到

$$\sqrt{T}(\hat{\boldsymbol{\beta}}_T-\boldsymbol{\beta})=\left[\frac{1}{T}\sum_{t=1}^{T}\mathbf{x}_t\mathbf{x}_t^{\mathrm{T}}\right]^{-1}\cdot T^{-1/2}\sum_{t=1}^{T}u_t\mathbf{x}_t\xrightarrow{d}\boldsymbol{\Sigma}_{\mathbf{x}}^{-1}\mathbf{z}$$

很明显,$\boldsymbol{\Sigma}_{\mathbf{x}}^{-1}\mathbf{z}$ 是均值为零的高斯过程。通过 $\boldsymbol{\Sigma}_{\mathbf{x}}^{-1}$ 的对称性(因为 $\boldsymbol{\Sigma}_{\mathbf{x}}$ 是对称的),$\boldsymbol{\Sigma}_{\mathbf{x}}^{-1}\mathbf{z}$ 的方差为

$$\boldsymbol{\Sigma}_{\mathbf{x}}^{-1}\mathrm{var}[\mathbf{z}]\boldsymbol{\Sigma}_{\mathbf{x}}^{-1}=\boldsymbol{\Sigma}_{\mathbf{x}}^{-1}\sigma^2\boldsymbol{\Sigma}_{\mathbf{x}}\boldsymbol{\Sigma}_{\mathbf{x}}^{-1}=\sigma^2\boldsymbol{\Sigma}_{\mathbf{x}}^{-1}$$

这就完成了定理 13.1.3 的证明,不过是以式(13.10)为条件的。现在我们验证式(13.10)是成立的。

通过克拉默-默尔德(Cramér-Wold)方法(事实 6.1.6),只需证明对于任何 $\mathbf{a}\in\mathbb{R}^K$,都有

$$\mathbf{a}^{\mathrm{T}}\left[T^{-1/2}\sum_{t=1}^{T}u_t\mathbf{x}_t\right]\xrightarrow{d}\mathbf{a}^{\mathrm{T}}\mathbf{z} \tag{13.11}$$

固定 $\mathbf{a}$,并设 $m_t:=u_t\mathbf{a}^{\mathrm{T}}\mathbf{x}_t$,式(13.11)左边的表达式可以重写为 $T^{-1/2}\sum_{t=1}^{T}m_t$。由于 $\mathcal{L}(\mathbf{z})=\mathrm{N}(\mathbf{0},\sigma^2\boldsymbol{\Sigma}_{\mathbf{x}})$,为了建立式(13.11),我们需要证明

$$T^{-1/2}\sum_{t=1}^{T}m_t\xrightarrow{d}\mathrm{N}(0,\sigma^2\mathbf{a}^{\mathrm{T}}\boldsymbol{\Sigma}_{\mathbf{x}}\mathbf{a}) \tag{13.12}$$

由引理 13.1.1 我们可以知道,$\{m_t\}$是平稳的并且$\mathbb{E}\{m_t^2\}=\sigma^2\mathbf{a}^{\mathrm{T}}\boldsymbol{\Sigma}_{\mathbf{x}}\mathbf{a}$,并且对于式(13.5)所给出的滤过来说,还是鞅差分序列(MDS)。根据定理 7.3.1 中鞅差分序列的中心极限定理,式(13.12)中的结果在满足以下条件时成立:

$$\frac{1}{T}\sum_{t=1}^{T}\mathbb{E}[m_t^2\mid\mathscr{F}_{t-1}]\xrightarrow{p}\sigma^2\mathbf{a}^{\mathrm{T}}\boldsymbol{\Sigma}_{\mathbf{x}}\mathbf{a},当\ T\to\infty \tag{13.13}$$

由于 $\mathbf{x}_t\in\mathscr{F}_{t-1}$,我们可以得出

$$\mathbb{E}[m_t^2\mid\mathscr{F}_{t-1}]=\mathbb{E}[u_t^2(\mathbf{a}^{\mathrm{T}}\mathbf{x}_t)^2\mid\mathscr{F}_{t-1}]=(\mathbf{a}^{\mathrm{T}}\mathbf{x}_t)^2\mathbb{E}[u_t^2\mid\mathscr{F}_{t-1}]=\sigma^2(\mathbf{a}^{\mathrm{T}}\mathbf{x}_t)^2$$

另一种写出最后一个表达式的方法是 $\sigma^2\mathbf{a}^{\mathrm{T}}\mathbf{x}_t\mathbf{x}_t^{\mathrm{T}}\mathbf{a}$。因此式(13.13)的左边可以写作

$$\frac{1}{T}\sum_{t=1}^{T}\mathbb{E}[m_t^2\mid\mathscr{F}_{t-1}]=\frac{1}{T}\sum_{t=1}^{T}(\sigma^2\mathbf{a}^{\mathrm{T}}\mathbf{x}_t\mathbf{x}_t^{\mathrm{T}}\mathbf{a})=\sigma^2\mathbf{a}^{\mathrm{T}}\left[\frac{1}{T}\sum_{t=1}^{T}\mathbf{x}_t\mathbf{x}_t^{T}\right]\mathbf{a}$$

由假设 13.1.1 和事实 6.2.1 可以证明依概率收敛到 $\sigma^2\mathbf{a}^{\mathrm{T}}\boldsymbol{\Sigma}_{\mathbf{x}}\mathbf{a}$。这就验证了式(13.13),完成定理 13.1.3 的证明。 □

例 13.1.3　再次考察标量的线性高斯序列 AR(1)模型 $x_{t+1}=ax_t+\omega_{t+1}$,其中 $|a|<1$,并且$\{\omega_t\}$是独立同分布的,而且服从标准正态分布。设$\{x_t\}$是平稳的。如同第 12.2.2 节所讨论的,a 的普通线性最小二乘估计量为

$$\hat{a}_T := \frac{\mathbf{x}^{\mathrm{T}}\mathbf{y}}{\mathbf{x}^{\mathrm{T}}\mathbf{x}}, \quad 其中\ \mathbf{y}:=(x_1,\cdots,x_T),\mathbf{x}:=(x_0,\cdots,x_{T-1})$$

因为假设 13.1.1 和假设 13.1.2 都满足,所以$\sqrt{T}(\hat{a}_T-a)$依分布收敛到 $\mathrm{N}(0,\sigma^2\boldsymbol{\Sigma}_{\mathbf{x}}^{-1})$。在这种情况下,$\sigma^2=1$,这是因为冲击是标准正态分布的。此外,$\boldsymbol{\Sigma}_{\mathbf{x}}^{-1}$ 减小到 $1/\mathbb{E}[x_1^2]$,其中期望值处于平稳分布下。利用式(7.18),我们可以发现平稳分布是 $\mathrm{N}(0,1/(1-a^2))$。因此,$\mathbb{E}[x_1^2]$的逆是 $1-a^2$,并且

$$\sqrt{T}(\hat{a}_T-a)\xrightarrow{d}\mathrm{N}(0,1-a^2) \tag{13.14}$$

13.1.4　大样本检验

在第 12.1.4.1 节中,我们已经考察了关于单个系数 β_k 的假设检验问题。我们在大样本设置中再次考察这个问题。要检验的假设是

$$H_0:\beta_k=\beta_k^0$$

在第 12.1.4.1 节,我们已经证明,如果误差项服从正态分布,则表达式$(\hat{\beta}_k-\beta_k)/\mathrm{se}(\hat{\beta}_k)$是自由度为 $N-K$ 的 t 分布。在大样本情况下,我们可以利用中心极限定理证明,同样的统计量是渐近正态的。① 接下来的定理给出了细节。

定理 13.1.4　设假设 13.1.1 和假设 13.1.2 成立,同时设

$$\mathrm{se}(\hat{\beta}_k^T):=\sqrt{\hat{\sigma}_T^2 v_k(\mathbf{X})}$$

在原假设 H_0 下,我们有

$$z_k^T:=\frac{\hat{\beta}_k^T-\beta_k^0}{\mathrm{se}(\hat{\beta}_k^T)}\xrightarrow{d}\mathrm{N}(0,1), \quad 当\ T\to\infty \tag{13.15}$$

在定理中,$\hat{\sigma}_T$ 如同式(13.8)所定义的,而 $v_k(\mathbf{X})$是$(\mathbf{X}^{\mathrm{T}}\mathbf{X})^{-1}$的第$(k,k)$个元素。

证明　回顾定理 13.1.3 可知,$\sqrt{T}(\hat{\boldsymbol{\beta}}_T-\boldsymbol{\beta})\xrightarrow{d}\mathbf{z}$,其中 $\mathbf{z}$ 表示随机向量,其分布是 $\mathrm{N}(\mathbf{0},\sigma^2\boldsymbol{\Sigma}_{\mathbf{x}}^{-1})$,$\beta$ 是真实的参数向量。由此可得

$$\sqrt{T}(\hat{\beta}_k^T-\beta)=\mathbf{e}_k^{\mathrm{T}}[\sqrt{T}(\hat{\boldsymbol{\beta}}_T-\boldsymbol{\beta})]\xrightarrow{d}\mathbf{e}_k^{\mathrm{T}}\mathbf{z}$$

$\mathbf{e}_k^{\mathrm{T}}\mathbf{z}$ 的分布是 $\mathrm{N}(0,\mathbf{e}_k^{\mathrm{T}}\mathrm{var}[\mathbf{z}]\mathbf{e}_k)=\mathrm{N}(0,\sigma^2\mathbf{e}_k^{\mathrm{T}}\boldsymbol{\Sigma}_{\mathbf{x}}^{-1}\mathbf{e}_k)$,所以

$$\frac{\sqrt{T}(\hat{\beta}_k^T-\beta_k)}{\sqrt{\sigma^2\mathbf{e}_k^{\mathrm{T}}\boldsymbol{\Sigma}_{\mathbf{x}}^{-1}\mathbf{e}_k}}\xrightarrow{d}\mathrm{N}(0,1) \tag{13.16}$$

应用式(13.7)和事实 6.2.1 中的(v),

① 这并不奇怪,因为当自由度趋向于无穷大时,t 分布会收敛到标准正态分布。但是,因为我们的模型假设不同,所以不能直接使用此结果。

$$Tv_k(\mathbf{X}) = T\mathbf{e}_k^{\mathrm{T}}(\mathbf{X}^{\mathrm{T}}\mathbf{X})^{-1}\mathbf{e}_k = \mathbf{e}_k^{\mathrm{T}}\left[\frac{1}{T}\sum_{t=1}^{T}\mathbf{x}_t\mathbf{x}_t^{\mathrm{T}}\right]^{-1}\mathbf{e}_k \xrightarrow{p} \mathbf{e}_k^{\mathrm{T}}\boldsymbol{\Sigma}_{\mathbf{x}}^{-1}\mathbf{e}_k$$

由定理 13.1.2 我们可以得出 $\hat{\sigma}_T^2 \xrightarrow{p} \sigma^2$,因此

$$\sqrt{\hat{\sigma}_T^2 Tv_k(\mathbf{X})} \xrightarrow{p} \sqrt{\sigma^2 \mathbf{e}_k^{\mathrm{T}}\boldsymbol{\Sigma}_{\mathbf{x}}^{-1}\mathbf{e}_k}$$

将这个式子和式(13.16)结合起来,可以得到

$$\frac{\sqrt{T}(\hat{\beta}_k^T - \beta_k)}{\sqrt{\hat{\sigma}_T^2 Tv_k(\mathbf{X})}} \xrightarrow{d} \mathrm{N}(0,1)$$

假设 H_0 同时消去$\sqrt{T}$,则得出式(13.15)。

13.2 马尔可夫过程的最大似然估计

现在我们转向时间序列情景中的非线性估计问题,这里采用最大似然法。我们将只讨论构建的基本原理,还有对似然函数的最大化。

13.2.1 似然函数

如果我们有来自某个常见密度分布的独立同分布观测值,那么如同我们在第 8.3.1 节中所看到的那样,该数据的似然函数是样本处边缘密度的乘积。相反,如果数据具有相依性,则似然函数会更加复杂。

马尔可夫过程是一种中间情况,其联合分布已经由式(7.17)所给出。假定转移密度 $p_{\boldsymbol{\theta}}$ 取决于某个未知参数向量 $\boldsymbol{\theta} \in \Theta$。进一步假定这个过程对于所有 $\boldsymbol{\theta}$ 都有唯一的稳定态密度 π_∞^θ,同时 $\mathbf{x}_1$ 是从这个稳定态密度抽取得到的。那么,对数似然函数由下面的式子给出:

$$\ell(\boldsymbol{\theta}) = \ln\pi_\infty^\theta(\mathbf{x}_1) + \sum_{t=1}^{T-1}\ln p_{\boldsymbol{\theta}}(\mathbf{x}_{t+1} \mid \mathbf{x}_t)$$

在实际应用中,通常会删除此表达式中的第一项,尤其是在数据量较大时,这是因为单个元素的影响可以忽略不计。此外,即使稳定密度是由式(7.19)正式定义的,但在许多过程中,这个密度不存在已知的解析表达式。① 在这里,我们将遵循此惯例,稍微滥用一下符号,记为

$$\ell(\boldsymbol{\theta}) = \sum_{t=1}^{T-1}\ln p_{\boldsymbol{\theta}}(\mathbf{x}_{t+1} \mid \mathbf{x}_t) \tag{13.17}$$

13.2.1.1 示例:ARCH 情况

首先,我们考察一个相对简单的情况:来自式(7.5)的 ARCH 模型。根据式(13.17),对数似然函数是

$$\ell(a,b) = \sum_{t=1}^{T-1}\left\{-\frac{1}{2}\ln(2\pi(a+bx_t^2)) - \frac{x_{t+1}^2}{2(a+bx_t^2)}\right\} \tag{13.18}$$

重新排列,删除与 a 或 b 不相关的项并乘以 2(递增变换),我们可以将其重写成(再次滥用符号)

$$\ell(a,b) = -\sum_{t=1}^{T-1}\left\{\ln z_t + \frac{x_{t+1}^2}{z_t}\right\}, \quad \text{其中 } z_t := a + bx_t^2 \tag{13.19}$$

① 仍然可以计算密度的数值。例如,参看 Stachurski and Martin(2008)。

让我们通过模拟来查看这个函数的形状是什么样的。在模拟中,我们设 $T=500$,而 $a=b=0.5$。因此,我们设想一种情况,在这种情况下我们不知道真实参数值是 $a=b=0.5$,并且我们观察到了由这些参数所生成的时间序列 $x_1,\cdots,x_{500}$。为了估计 a 与 b,我们构建似然函数(13.19),并得到最大似然估计 $\hat{a}$ 与 $\hat{b}$ 作为使 $\ell(a,b)$ 最大化的向量 $(\hat{a},\hat{b})$。

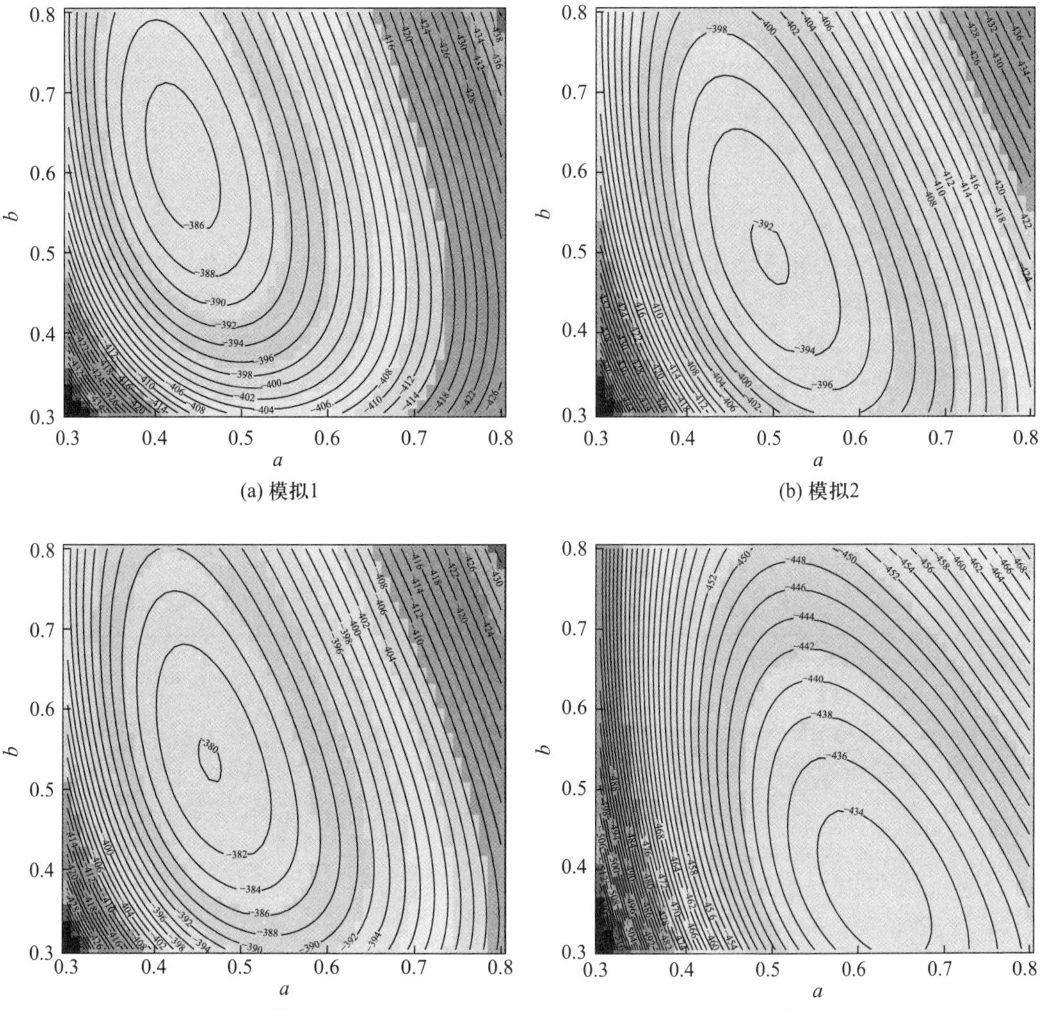

(a) 模拟1　(b) 模拟2　(c) 模拟3　(d) 模拟4

图 13.1　当 $T=500$ 时函数(13.19)的模拟

图 13.1 展示出 ℓ 的四种不同模拟。在每个图中,使用实际参数值 $a=b=0.5$ 生成单独的数据集 $x_1,\cdots,x_{500}$,然后使用轮廓线和灰度绘制式(13.19)中函数 ℓ 的图像。浅色表示较大的值。横轴是 a 值,纵轴是 b 值。列表 11 中给出了生成其中一幅图(模数随机)的代码。函数 `arch_like(theta,data)` 表示式(13.19)中的 ℓ,其中 `theta` 对应于 (a,b),`data` 对应于时间序列 $x_1,\cdots,x_T$。

在这四个模拟中,都仅通过在图中寻找最大化值就能获得最大似然估计的粗略猜测。例如,在模拟 1 中,最大似然估计看起来是在 $\hat{a}=0.44,\hat{b}=0.61$ 附近。为了获得更准确的估计,我们可以使用某种解析最优化或数值最优化的形式。对于这个问题,我们没有最大似然估计的任何解析表达式,这是因为将式(13.19)中 ℓ 的两个偏导数设为零并不会产生 $\hat{a}$ 和 $\hat{b}$ 的解析解。但是,我们可以使用一些数值计算程序来得到给定数据集的最大似然估计。

最简单的方法是使用R的内置最优化程序之一。例如,给定列表11中 arch_like 函数的定义以及存储在向量 xdata 中的观测值序列 $x_1,\cdots,x_T$,可以通过以下命令对 arch_like 函数进行数值最优化求解:

```
start_theta <-c(0.65,0.35)  # An initial guess of(a,b)
neg_like <-function(theta) {
    return(-arch_like(theta,xdata))  # xdata is the data
}
opt <-optim(start_theta,neg_like,method="BFGS")
```

其中 optim 是内置的R函数,用于对多元函数进行数值最优化求解。大多数内置函数执行的是最小化而不是最大化,并且 optim 也不例外。因此,我们传递给 optim 的函数是 neg_like,即 ℓ 的-1倍。optim 的第一个参数是初始值的向量(最大似然估计的猜测值)。最后一个参数告诉 optim 使用 BFGS 程序,该程序是 Newton-Raphson 算法的变形。optim 的返回值是一个列表,并且近似最小化向量是该列表的一个元素(称为 par)。

在此特定设置中,对于大多数数据和初始值的实现值,会发现算法收敛于一个全局最优化值的良好近似值。然而,这并不能保证它会成功。在遇到问题时,了解这些算法的运作方式以及如何自行编写简单的操作代码很有用。下一节内容将帮助你入门。

列表11　图13.1的代码(R)

```
arch_like<- function(theta, data){
    Y <- data[-1]                 #  All but first element
    X <- data[-length(data)]      #  All but last element
    Z <- theta[1]+theta[2] * X^2
    return(-sum(log(Z) + Y^2 /Z))
}
sim_data <- function(a, b, n=500){
    x <- numeric(n)
    x[1]=0
    w = rnorm(n)
    for (t in 1:(n-1)){
        x[t+1] = sqrt(a + b * x[t]^2) * w(t)
    }
    return(x)
}

xdata <- sim_data(0.5, 0.5)  #  True parameters

K <- 50
a <- seq(0.3, 0.8, length=K)
```

```
b <- seq(0.3, 0.8, length=K)
M <- matrix(nrow=K, ncol=K)
for (i in 1:K) {
    for (j in 1:K) {
        theta <- c(a[i], b[j])
        M[i,j] <- arch_like(theta, xdata)
    }
}
image(a, b, M, col=topo.colors(12))
contour(a, b, M, nlevels=40, add=T)
```

13.2.2 Newton-Raphson 算法

Newton-Raphson 算法是一种寻根(root-finding)算法。换句话说,已知函数 $g:=\mathbb{R}\to\mathbb{R}$,算法就是要搜索点$\bar{s}\in\mathbb{R}$,使得 $g(\bar{s})=0$。任何寻根算法都可以用于对可微函数进行最优化,这是因为对可微函数来说,内部最优化值总是目标函数的一阶导数的根。

为了描述该算法,我们从阐述寻根问题开始,然后专门研究最优化。首先,设 $g:=\mathbb{R}\to\mathbb{R}$,并设 s_0 是$\mathbb{R}$ 中的初始点,我们认为(希望)此点在根附近。我们不知道如何从 s_0 直接跳到 g 的根(否则就没有问题要解决了),但我们能做的是移动到函数的根,它在 s_0 处形成 g 的切线。换句话说,我们用 s_0 附近的 g 的线性近似替换 g,它由下式给出:

$$\tilde{g}(s):=g(s_0)+g'(s_0)(s-s_0)\quad(s\in\mathbb{R})$$

然后求出 $\tilde{g}$ 的根。该点在图 13.2 中表示为 s_1,很容易得出 $s_1:=s_0-g(s_0)/g'(s_0)$。将点 s_1 作为我们对根的下一个猜测,然后重复前面的程序,在 s_1 处取 g 的切线,然后求其根,以此类推。这将生成满足以下条件的点序列$\{s_k\}$:

$$s_{k+1}=s_k-\frac{g(s_k)}{g'(s_k)}$$

存在多种结果的事实告诉我们,当 g 具有良好的特性且 s_0 与给定根 $\bar{s}$ 足够接近时,那么序列$\{s_k\}$将收敛到 $\bar{s}$。①

现在从一般的寻根问题转向最优化的具体问题,假定 $g:=\mathbb{R}\to\mathbb{R}$ 是我们希望最大化的二次可微函数。我们知道,如果 s^* 是 g 的最大化值,则 $g'(s^*)=0$。因此,通过求解这个方程的根来开始寻找最大化值是一种自然而然的方法。而这可以通过对 g' 应用 Newton-Raphson 算法来实现,该算法生成如下的序列:

$$s_{k+1}=s_k-\frac{g'(s_k)}{g''(s_k)}\tag{13.20}$$

我们也可以把这个算法推广到多变量情况。假定 g 是两个自变量的函数。特别地,假定 g 是二次可微的,并且 $g:=\mathbb{R}^2\to\mathbb{R}$。$g$ 在$(x,y)\in\mathbb{R}^2$ 处的梯度向量和海塞矩阵被定义为

① 在实际情况中,我们常常无法知道这些条件是否得到满足,已经有许多努力使程序变得更加稳健。上述 R 最优化程序就是此过程的子程序。

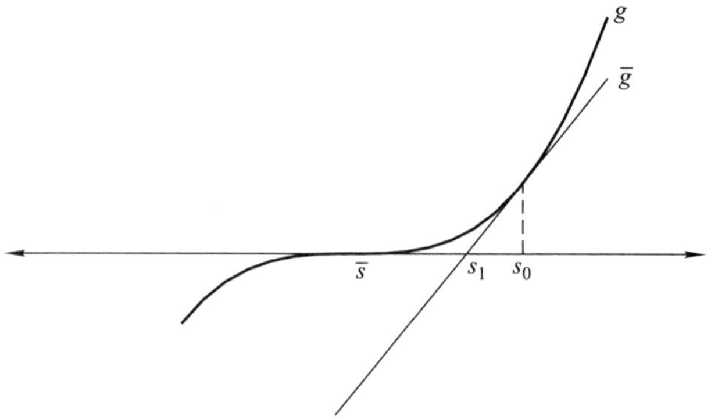

图 13.2 Newton-Raphson 算法的第一步

$$\nabla g(x,y) := \begin{pmatrix} g'_1(x,y) \\ g'_2(x,y) \end{pmatrix}, \text{以及} \nabla^2 g(x,y) := \begin{pmatrix} g''_{11}(x,y) & g''_{12}(x,y) \\ g''_{21}(x,y) & g''_{22}(x,y) \end{pmatrix}$$

其中 g'_i 是 g 相对于其第 i 个自变量的一阶偏导数，g''_{ij}是二阶交叉偏导数，以此类推。

与式(13.20)类似，对于这种二维情况的 Newton-Raphson 算法是如下的算法过程：从某个初始猜测点(x_0,y_0)开始，生成由

$$(x_{k+1},y_{k+1}) = (x_k,y_k) - [\nabla^2 g(x_k,y_k)]^{-1} \nabla g(x_k,y_k) \tag{13.21}$$

定义的序列$\{(x_k,y_k)\}$。①

为了练习的目的，我们将其应用到对式(13.19)进行最大化。设 z_t 由式(13.19)所定义，求一阶偏导数得出

$$\frac{\partial \ell}{\partial a}(a,b) = \sum_{t=1}^{T-1}\left[\frac{x_{t+1}^2}{z_t^2} - \frac{1}{z_t}\right], \quad \frac{\partial \ell}{\partial b}(a,b) = \sum_{t=1}^{T-1} x_t^2\left[\frac{x_{t+1}^2}{z_t^2} - \frac{1}{z_t}\right]$$

求二阶偏导得出

$$\frac{\partial^2 \ell}{\partial a^2}(a,b) = \sum_{t=1}^{T-1}\left[\frac{1}{z_t^2} - 2\frac{x_{t+1}^2}{z_t^3}\right], \quad \frac{\partial^2 \ell}{\partial b^2}(a,b) = \sum_{t=1}^{T-1} x_t^4\left[\frac{1}{z_t^2} - 2\frac{x_{t+1}^2}{z_t^3}\right]$$

再求交叉偏导得到

$$\frac{\partial^2 \ell}{\partial a \partial b}(a,b) = \sum_{t=1}^{T-1} x_t^2\left[\frac{1}{z_t^2} - 2\frac{x_{t+1}^2}{z_t^3}\right]$$

从这些表达式中，我们可以建立梯度向量和海塞矩阵，选择初始猜测点，然后根据式(13.21)进行迭代。图 13.3 展示出此程序的四次迭代，从$(a_0,b_0)=(0.65,0.35)$开始。② 在这种情况下，收敛速度很快，并且已经接近全局最优值。

对这个图(模数随机)进行复制将留作练习题。

① 我们假定海塞矩阵是非奇异的。

② 和以前一样，模拟使用 $a=b=0.5$，并且 $T=500$。

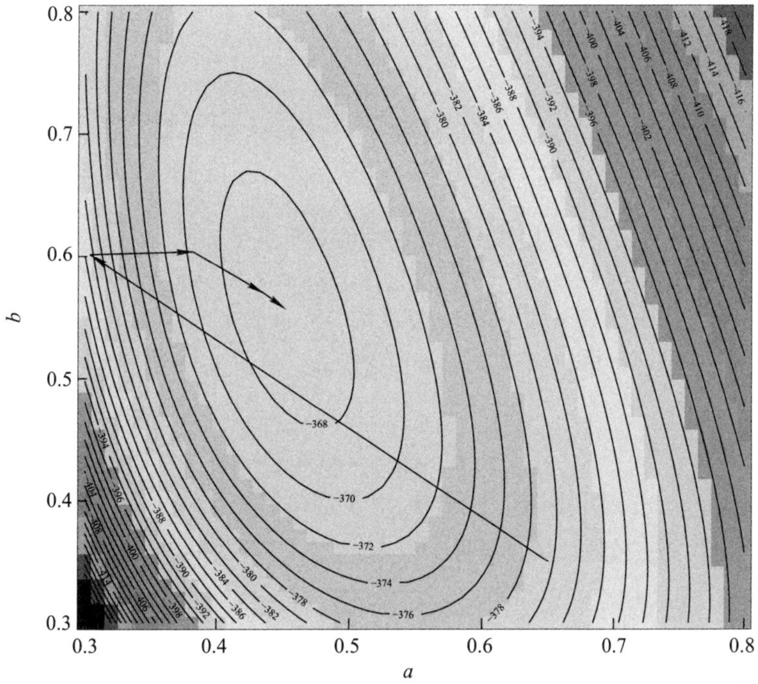

图 13.3　Newton-Raphson 迭代

13.3　进一步阅读

在阅读本章之后,有许多可以继续深入研究的专题,包括 GARCH 模型、隐马尔可夫模型、马尔可夫转换模型、随机波动率模型、因子模型和协整。在时间序列计量经济学中,研究这些专题和其他专题的优秀教科书包括 Martin et al. (2012)和 Hamilton(1994)。关于时间序列计量经济学的有用章节可以在 Hansen(2015)和 Hayashi(2000)中找到。对于最近的综述研究,参看 Diebold et al. (2009)。关于金融方面的应用,可以参看 Ruppert(2011)。

13.4　练习题

练习题 13.4.1　设$\{x_t\}$是标量 AR(1)过程 $x_{t+1}=ax_t+w_{t+1}$,其中$|a|<1$,$\{w_t\}$是独立同分布的,并且服从标准正态分布。设 x_0 是从平稳分布 $\pi_\infty=\mathrm{N}(0,1/(1-a^2))$中抽取得到的。证明

$$\frac{1}{\sqrt{T}}\sum_{t=1}^{T}x_t\xrightarrow{d}\mathrm{N}(0,v),\quad 其中\ v:=\frac{1}{(1-a)^2}\tag{13.22}$$

(注意 v 在 a 中是如何递增变化的,这意味着对于相关性越大的数据,想要通过样本均值来估计 x_t 的均值会越难。我们的直觉判断是,相依数据的信息量要少于独立数据的信息量。)

练习题 13.4.2　回顾当数据独立同分布时,样本方差是分布方差的一致且渐近正态的估计

量。这个观点在例 9.2.11 中给出了证明。现在假定在练习题 13.4.1 的条件下,尽管数据序列 $\{x_t\}$ 不再是独立同分布的,但它是平稳的马尔可夫过程。以例 9.2.11 中的证明作为起点,证明渐近正态性仍然成立。具体来说就是证明

$$\sqrt{T}\{s_T^2 - \mathrm{var}[x_t]\} \xrightarrow{d} \mathrm{N}(0,\gamma^2),\text{其中 } \gamma^2 := 2\frac{1+a^2}{(1-a^2)^3}$$

注意,此练习题涉及大量的计算。

练习题 13.4.3 例 13.1.1 声称其所研究的阈值过程满足假设 13.1.1 的所有条件。验证这个陈述的正确性。

练习题 13.4.4 当假设 13.1.2 成立时,验证式(13.4)成立。

练习题 13.4.5 设 $K\times 1$ 随机向量 $\hat{\boldsymbol{\theta}}_T$ 是 $\boldsymbol{\theta}$ 的估计量。假定这个估计量在下面式子的意义上是渐近正态的:

$$\sqrt{T}(\hat{\boldsymbol{\theta}}_T - \boldsymbol{\theta}) \xrightarrow{d} \mathrm{N}(\mathbf{0},\mathbf{C})$$

其中 $\mathbf{C}$ 表示正定矩阵。由练习题 3.5.36 可知,对于这样的 $\mathbf{C}$,存在一个对称 $K\times K$ 矩阵 $\mathbf{D}$,使得 $\mathbf{DCD}=\mathbf{I}$。设 $\hat{\mathbf{D}}_T$ 是 $\mathbf{D}$ 的一致估计量。证明

$$T\|\hat{\mathbf{D}}_T(\hat{\boldsymbol{\theta}}_T - \boldsymbol{\theta})\|^2 \xrightarrow{d} \chi^2(K) \tag{13.23}$$

另外,式(13.23)可用于检验原假设 $\boldsymbol{\theta}=\boldsymbol{\theta}_0$。在原假设成立的情况下,我们有

$$T\|\hat{\mathbf{D}}_T(\hat{\boldsymbol{\theta}}_T - \boldsymbol{\theta}_0)\|^2 \xrightarrow{d} \chi^2(K)$$

固定 a,并设 c 是 $\chi^2(K)$ 分布的 $1-a$ 分位数,如果 $T\|\hat{\mathbf{D}}_T(\hat{\boldsymbol{\theta}}_T-\boldsymbol{\theta})\|^2>c$,则拒绝原假设。这个检验渐近具有 a 大小。

练习题 13.4.6 再次考察线性高斯向量 AR(1) 模型 $x_{t+1}=ax_t+w_{t+1}$,其中 $|a|<1$,$\{w_t\}$ 是独立同分布的,且服从标准正态分布。在例 13.1.3 中,我们看到普通最小二乘估计量 $\hat{a}_T$ 是 a 的一致且渐近正态估计量,其渐近方差是 $1-a^2$。现在,我们考察 a 的另外一个一致且渐近正态的估计,并根据渐近方差(以较小的方差为佳)将其性能与普通最小二乘估计量进行比较。

对于第二个估计量,我们可以利用样本方差收敛到 x_t 的平稳方差这一事实,在这种情况下,这个值是 $1/(1-a)^2$。一旦利用样本方差来估计方差,就可以求解 a 值。本题的目的是使这个想法公式化,并证明

$$\sqrt{T}(a_T^* - a) \xrightarrow{d} \mathrm{N}\left(0,(1-a^2)\left(1+\frac{1-a^2}{2a^2}\right)\right) \tag{13.24}$$

其中 a_T^* 表示刚才所述的估计量。下面给出两点评论。

- 本练习题证明,普通最小乘估计量的渐近方差比 a_T^* 的方差小(参看式(13.14))。于是我们说,普通最小二乘估计量是相对更有效的估计量。
- 在做这个练习题时,应该首先查看练习题 13.4.2。

13.5 练习题解答节选

练习题 13.4.1 解答 设 $\{x_t\}$ 如题目所说的那样。要证明式(13.22)成立。为了说明这一点,

应用式(7.27)。(满足所有相关的条件;尤其是参看例 7.2.10。而且经过观察发现,平稳分布 $\pi_\infty = \mathrm{N}(0,1/(1-a^2))$ 具有所有阶的有限矩。)这表明

$$\frac{1}{\sqrt{T}}\sum_{t=1}^{T} x_t = \sqrt{T}\left[\frac{1}{T}\sum_{t=1}^{T} x_t\right] = \sqrt{T}\left[\frac{1}{T}\sum_{t=1}^{T} x_t - \int s\pi_\infty(s)\,\mathrm{d}s\right] \xrightarrow{d} \mathrm{N}(0,v)$$

其中,由式(7.28)得出,

$$v = \mathrm{var}[x_0] + 2\sum_{t=1}^{\infty}\mathrm{cov}[x_0,x_t]$$

回顾这里 $\mathcal{L}(x_0) = \mathrm{N}(0,1/(1-a)^2)$,所以上式变为

$$v = \frac{1}{1-a^2} + 2\sum_{t=1}^{\infty} a^t\mathbb{E}[x_0^2] = \frac{1}{1-a^2} + \frac{2}{1-a^2}\sum_{t=1}^{\infty} a^t = \frac{1}{1-a^2} + \frac{2a}{(1-a)(1-a^2)}$$

其中,第一个等式是由第 7.2.4 节中对相关性的讨论得出的。对右边进行简化可以得到 $v = 1/(1-a)^2$。□

练习题 13.4.2 解答　在这个练习题中,我们假定 $x_{t+1} = ax_t + w_{t+1}$,其中 $|a|<1$,$\{w_t\}$ 是独立同分布的并且服从标准正态分布,而且 $\mathcal{L}(x_0) = \pi_\infty = \mathrm{N}(0,1/(1-a^2))$。(平稳分布是由第 7.2.4 节得到的。)目标是证明

$$\sqrt{T}\left\{s_T^2 - \frac{1}{1-a^2}\right\} \xrightarrow{d} \mathrm{N}(0,\gamma^2),\text{其中 } \gamma^2 := 2\frac{1+a^2}{(1-a^2)^3} \tag{13.25}$$

设 $v := 1/(1-a^2)$,注意利用例 9.2.11 中的运算,只需证明

$$\sqrt{T}\left\{\frac{1}{T}\sum_{t=1}^{T} x_t^2 - v\right\} \xrightarrow{d} \mathrm{N}(0,\gamma^2) \tag{13.26}$$

定理 7.2.2 中的所有条件都满足,我们应用式(7.27)中的中心极限定理结果以及 $h(x) = x^2$,得到式(13.26)且满足

$$\gamma^2 := \mathbb{E}[(x_0^2 - v)^2] + 2\sum_{t=1}^{\infty}\mathbb{E}[(x_0^2 - v)(x_t^2 - v)] \tag{13.27}$$

为了验证式(13.25),只需证明 γ^2 的表达式与式(13.25)中的表达式相同。为了说明这一点,考察式(13.27)右边的第一项。我们有

$$\mathbb{E}[(x_0^2 - v)^2] = \mathbb{E}[x_0^4] - 2v\mathbb{E}[x_0^2] + v^2 = 2v^2$$

(分布 $\mathrm{N}(0,\sigma^2)$ 的四阶矩是 $3\sigma^4$。)对于式(13.27)右边的第二项,我们有

$$\mathbb{E}[(x_0^2 - v)(x_t^2 - v)] = \mathbb{E}[x_0^2x_t^2] - v^2 = \mathbb{E}\{x_0^2[a^tx_0 + s(w)]^2\} - v^2$$

对于 $s(w) := \sum_{i=1}^{t} a^{t-i}w_i$。注意 $s(w)$ 与 x_0 是独立的。(对于马尔可夫过程,初始条件总是被假定为与冲击无关。)通过代数运算我们得到

$$\mathbb{E}[(x_0^2 - v)(x_t^2 - v)] = 2a^{2t}v^2$$

回到式(13.27),我们可以得出

$$\gamma^2 = 2v^2 + 2\sum_{t=1}^{\infty} 2a^{2t}v^2 = 2v^2 + 4\frac{a^2}{1-a^2}v^2 \tag{13.28}$$

利用 $v = 1/(1-a^2)$,同时经过某些代数运算,将得到式(13.25)中的 γ^2 表达式。□

练习题 13.4.3 解答　设 $\pi_\infty(s) = 2\phi(s)\boldsymbol{\Phi}(qs)$,其中 $q := a(1-a^2)^{-1/2}$,ϕ 表示标准正态分布密度,$\boldsymbol{\Phi}$ 表示标准正态分布累积分布函数。由于我们假定 $\mathcal{L}(x_0) = \pi_\infty$(参看事实 7.2.5),因此这与例 13.4.3 所研究的序列 $\{x_t\}$ 的分布是相同的。还需要验证是以 $\boldsymbol{\Sigma}_{\mathbf{x}}$ 为条件的。在目前的情况下,

$$\boldsymbol{\Sigma}_{\mathbf{x}}=\mathbb{E}\left[x_t^2\right]=\int_{-\infty}^{\infty}s^2\pi_{\infty}(s)\,\mathrm{d}s=\int_{-\infty}^{\infty}s_2^2\phi(s)\boldsymbol{\Phi}(qs)\,\mathrm{d}s$$

为了验证 $\boldsymbol{\Sigma}_{\mathbf{x}}$ 是正定的,我们需要检查右边的项是否严格为正。很明显,这是正确的,因为积分内的函数在除零点外任何地方都严格为正。注意,我们还需要检查 $\boldsymbol{\Sigma}_{\mathbf{x}}$ 是否为有限的,这也是正确的,因为 $\boldsymbol{\Phi}(qs)\leqslant 1$,因此

$$\int_{-\infty}^{\infty}s^2 2\phi(s)\boldsymbol{\Phi}(qs)\,\mathrm{d}s\leqslant\int_{-\infty}^{\infty}s^2 2\phi(s)\,\mathrm{d}s=2\int_{-\infty}^{\infty}s^2\phi(s)\,\mathrm{d}s=2$$

最后,我们需要证明

$$\frac{1}{T}\sum_{t=1}^{T}x_t^2\xrightarrow{p}\boldsymbol{\Sigma}_{\mathbf{x}}=\mathbb{E}\left[x_t^2\right]\tag{13.29}$$

由于满足定理 7.2.2 中的条件,因此式(13.29)中的收敛是成立的。 □

练习题 13.4.4 解答 假定假设 13.1.2 是成立的。我们需要证明

$$\mathbb{E}\left[u_s u_t\mid\mathbf{x}_1,\cdots,\mathbf{x}_t\right]=\begin{cases}\sigma^2, & \text{当 } s=t\\ 0, & \text{当 } s<t\end{cases}$$

一方面,当 $s=t$ 时,由独立性可以得到$\mathbb{E}\left[u_t^2\mid\mathbf{x}_1,\cdots,\mathbf{x}_t\right]=\mathbb{E}\left[u_t^2\right]=\sigma^2$;另一方面,当 $s<t$ 时,则

$$\begin{aligned}\mathbb{E}\left[u_s u_t\mid\mathbf{x}_1,\cdots,\mathbf{x}_t\right]&=\mathbb{E}\left[\mathbb{E}\left[u_s u_t\mid\mathbf{x}_1,\cdots,\mathbf{x}_t,u_s\right]\mid\mathbf{x}_1,\cdots,\mathbf{x}_t\right]\\&=\mathbb{E}\left[u_s\mathbb{E}\left[u_t\mid\mathbf{x}_1,\cdots,\mathbf{x}_t,u_s\right]\mid\mathbf{x}_1,\cdots,\mathbf{x}_t\right]\\&=\mathbb{E}\left[u_s\mathbb{E}\left[u_t\right]\mid\mathbf{x}_1,\cdots,\mathbf{x}_t\right]\\&=\mathbf{E}\left[u_s 0\mid\mathbf{x}_1,\cdots,\mathbf{x}_t\right]=0\end{aligned}$$

□

13.4.5 解答 由假设我们可以得出 $\hat{\mathbf{D}}_T\xrightarrow{p}\mathbf{D}$ 并且$\sqrt{T}(\hat{\theta}_T-\theta)\xrightarrow{d}\mathbf{z}$,其中 $\mathcal{L}(\mathbf{z})=\mathrm{N}(\mathbf{0},\mathbf{C})$。应用斯卢茨基定理,我们可以得到

$$\hat{\mathbf{D}}_T\sqrt{T}(\hat{\boldsymbol{\theta}}_T-\boldsymbol{\theta})\xrightarrow{d}\mathbf{Dz}\tag{13.30}$$

很明显,$\mathbf{Dz}$ 服从均值为 $\mathbf{0}$ 的正态分布。此外,

$$\mathrm{var}[\mathbf{Dz}]=\mathbf{D}\mathrm{var}[\mathbf{z}]\mathbf{D}^{\mathrm{T}}=\mathbf{DCD}=\mathbf{I}$$

换句话说,$\mathbf{Dz}$ 服从标准正态分布。因此,$\|\mathbf{Dz}\|^2\sim\chi^2(K)$。将连续映射定理应用到式(13.30),我们可以得到

$$\|\hat{\mathbf{D}}_T\sqrt{T}(\hat{\boldsymbol{\theta}}_T-\boldsymbol{\theta})\|^2\xrightarrow{d}\|\mathbf{Dz}\|^2\sim\chi^2(K)$$

这等价于式(13.23)。 □

13.4.6 解答 设 $v:=1/(1-a^2)$ 是 x_t 的渐近方差。我们可以求解 a,得到

$$a=g(v),\text{对于 } g(v):=\sqrt{1-\frac{1}{v}}$$

我们用统计量 $g(s_T^2)$ 替代估计量 a_T^*,其中 s_T^2 表示样本方差。于是,我们可以得出

$$\sqrt{T}(a_T^*-a)=\sqrt{T}\{g(s_T^2)-g(v)\}$$

应用德尔塔方法(见第 6.2.3 节)并结合练习题 13.4.2 中的结果,我们可以得到

$$\sqrt{T}(a_T^*-a)\xrightarrow{d}\mathrm{N}(0,g'(v)^2\gamma^2),\text{其中 }\gamma^2:=2\frac{1+a^2}{(1-a^2)^3}$$

利用 v 的定义,并经过某些代数计算可以得到式(13.24)右边的表达式。 □

第 14 章　正则化

在本书正文的几个小节里,我们曾经提到正则化的专题(比如第 8.2.1.2 节和第 8.2.3 节)。各种统计学方法和机器学习算法均运用正则化(在各种不同的名称下)来改进样本外拟合。一个良好的样本外拟合意味着从观测数据中进行归纳推广,正如我们之前所强调的,这是统计学的关键问题。本章介绍一些运用正则化的方法,同时讨论它们的统计学特性。

14.1　非参数密度估计

非参数密度估计是将正则化应用于从数据中复原分布的问题。它将数据和一种先验信念结合起来,即概率质量最有可能落在迄今为止观测到的样本点以外的地方。非参数密度估计不仅在理论观点上看起来非常有趣,而且在许多研究中都有应用。我们从对参数密度估计的回顾开始分析,然后继续讨论非参数方法。

14.1.1　引论

假定我们的数据由从$\mathbb{R}^d$上的未知分布 P 中抽取的独立同分布观测值 $\mathbf{x}_1,\cdots,\mathbf{x}_N$ 组成。我们这一节自始至终假定 P 是绝对连续的。我们的目标是估计 P 的密度,下面用 f 表示。

我们知道如何在参数设置中做到这一点。例如,我们添加如下的前提假设:f 属于$\mathbb{R}$上的正态密度类型,因此 $f=f(\cdot;\mu,\sigma)=$ 正态分布 $\mathrm{N}(\mu,\sigma^2)$ 的密度。参数的最大似然估计是 $\hat{\mu}_N:=\bar{x}_N$ 以及 $\hat{\sigma}_N:=s_N$(参看第 8.3.1 节)。将这些代入 f 就可以得到密度估计 $f(\cdot;\bar{x}_N,s_N)$。因为 $\bar{x}_N$ 和 s_N 是一致的(参看第 9.2.4 节),所以对于很大的 N 来说,随机密度 $f(\cdot;\bar{x}_N,s_N)$ 以很高的概率接近 $f(\cdot;\mu,\sigma)$。

如果我们将一致性的概念从向量扩展到密度,那么我们就可以澄清密度本身的收敛性。为了推广密度的一致性,我们需要密度之间的全局偏差的概念。也许最重要的全局距离的度量是 L_p 距离。现在我们就来定义和讨论它们。

对于任何 $\mathscr{B}$ 可测函数 $f:\mathbb{R}^d\to\mathbb{R}$,同时 $p\geqslant 1$,我们设

$$\|f\|_p:=\left\{\int|f|^p\right\}^{1/p}:=\left\{\int|f(\mathbf{s})|^p\mathrm{d}\mathbf{s}\right\}^{1/p} \tag{14.1}$$

其中积分是针对$\mathbb{R}^d$上的所有元素。如果这个表达式是有限的,那么我们写成 $f\in L_p$。对于$\mathbb{R}^d$上的密度函数 f 与 g,这些密度之间的距离 L_p 被定义为

$$d_p(f,g):=\|f-g\|_p \tag{14.2}$$

范数$\|\cdot\|_p$满足迄今为止我们所遇到的绝大多数范数的性质。例如,我们有三角不等式

$$\|f-g\|_p \leqslant \|f-h\|_p + \|h-g\|_p \tag{14.3}$$

对于所有$p\geqslant 1$与$f,g,h\in L_p$。例如,可参看 Dudley(2002)中的定理 5.1.5。

如果具体设$p=1$,就可以得到L_1距离,它是绝对偏差之和。如果具体设$p=2$,就得到流行的L_2距离,这是我们在第 5.2.2 节所用的L_2距离的变形。具体来说,参看式(5.28),其中随机变量之间的距离是根据期望偏差来计算的。

L_2距离之所以受欢迎,主要原因在于它非常容易处理,而且它与欧几里得向量距离相似,这意味着我们可以用L_2与向量空间上的各种基本结果进行类比。然而,L_1距离对于研究密度之间的偏差来说是一个更好的选择。例如,密度之间的L_1距离总是良好定义的(参看练习题 14.4.1),如果希望提供普遍的一致性结果,这是至关重要的。

事实 14.1.1 Scheffé 引理:如果$\{f_n\}$与f都是$\mathbb{R}^d$上的密度,则

$$f_n(\mathbf{s})\to f(\mathbf{s}),\text{对于}\mathbb{R}^d\text{上的所有}\,\mathbf{s}\Longrightarrow \|f_n-f\|_1\to 0$$

事实 14.1.2 对于$\mathbb{R}^d$上的密度f,g,h,我们有

(i) $\|f-g\|_1\leqslant\sqrt{2D(f,g)}$,其中$D(f,g)$表示式(8.34)所定义的 KL 偏差;

(ii) $\|f-g\|_1=2\sup_{B\in\mathscr{B}(\mathbb{R}^d)}\left|\int_B f-\int_B g\right|$。

(i)的结果被称为 Pinsker 不等式(Pinsker's inequality),(ii)的结果被称为 Scheffé 等式(Scheffé's equality)。Scheffé 等式告诉我们,L_1距离度量的是我们直接关注的内容:当L_1偏差很小时,分配给事件的概率之间的最大偏差也很小。①

在下文中,我们称$\mathbb{R}^d$上的随机密度$\{\hat{f}_N\}$序列对于$\mathbb{R}^d$上的密度f是L_p一致的,如果

$$\|\hat{f}_N-f\|_p\xrightarrow{p}0,\quad \text{当}\,N\to\infty$$

例 14.1.1 设$\hat{f}_N=f(\cdot;\bar{x}_N,s_N)$是上述正态密度序列的第$N$个元素,其中$x_1,\cdots,x_N$是从正态密度$f=f(\cdot;\mu,\sigma)$中独立抽取的,并且$\bar{x}_N$和$s_N$分别表示样本均值和标准差。这个密度序列对于$f$来说是$L_1$一致的。参看练习题 14.4.3。

14.1.1.1 一致性的失效

参数方法的风险在于参数假设可能是不正确的,也就是说参数类型并不包含生成数据的密度或任何好的近似。如果是这种情况,那么参数方法通常是不一致的。更准确地说,如果我们用参数类型$\{f_\theta\}_{\theta\in\Theta}$来估计$f$,那么我们的估计与$f$之间的$L_p$偏差就会有下界,即

$$\delta(f):=\inf_{\boldsymbol{\theta}\in\Theta}\|f-f_{\boldsymbol{\theta}}\|_p \tag{14.4}$$

只有当f可以达到元素$\{f_{\boldsymbol{\theta}}\}_{\boldsymbol{\theta}\in\Theta}$的极限时,这个值才是零。

例 14.1.2 再次考察第 14.1.1 节中的设置,但现在假定真实密度f并不是高斯分布。于是,序列$\{\hat{f}_N\}$对于任何密度来说都不是L_1一致的;或者如果它对于某个密度来说是L_1一致的,那么该密度就不是f。原因在于,当参数类型是高斯分布时,式(14.4)中的$\delta(f)$总是正的而f不是,这是由于正态密度集合在L_1中取极限条件下是闭的。

14.1.2 核密度估计

有时候,我们可以利用描述统计学或求助于某些具有明显数量含义的理论来对参数类型做出

① 有关证明,参看 Devroye and Lugosi(2001)的第 39 页。

正确的选择。而在其他时候，这一点则很难做到。在此种情况下，最好的方法是运用在较弱假设下一致的非参数方法。

我们从直观的讨论开始，然后再转向理论。假定我们有从$\mathbb{R}^d$上的未知密度f所生成的独立同分布数据$\mathbf{x}_1,\cdots,\mathbf{x}_N$。为了利用数据估计$f$，我们将使用核密度估计量(kernel density estimator, KDE)，其形式为

$$\hat{f}_N(\mathbf{s}) := \frac{1}{Nh^d}\sum_{n=1}^{N} K\left(\frac{\mathbf{s}-\mathbf{x}_n}{h}\right) \tag{14.5}$$

其中K表示估计量的核函数(kernel function)，h表示带宽(bandwidth)。核函数K必须是$\mathbb{R}^d$上的密度函数，但在其他方面没有限制。带宽h是任意的正数。练习题 14.4.4 要求你证明$\hat{f}_N$总是一个密度。

为了理解如何估计式(14.5)中的$\hat{f}_N$，我们考察仅仅利用$\mathbb{R}$上的三个数据点x_1,x_2,x_3来创建的简单例子。对于K，我们取为标准正态密度。由于$N=3$，$\hat{f}_N$函数是三个独立函数之和，第n个独立函数可以写成

$$g_n(s) = \frac{1}{Nh}K\left(\frac{s-x_n}{h}\right) = \frac{1}{Nh}\frac{1}{\sqrt{2\pi}}\exp\left\{-\frac{(s-x_n)^2}{2h^2}\right\}$$

这是$1/N$乘以一个$\mathrm{N}(x_n,h^2)$随机变量的密度。因此，这三个函数g_n是平滑的凸点，每个函数都以其中一个数据点为中心，其在x_n附近的自由度由h控制。图 14.1 的上面一幅图显示了当$h=1$时的这三个函数以及数据点。总的连线表示这些函数的逐点求和，即密度估计$\hat{f}_N$。通过构造，它的大部分在数据点附近，而较少部分偏离了数据点。

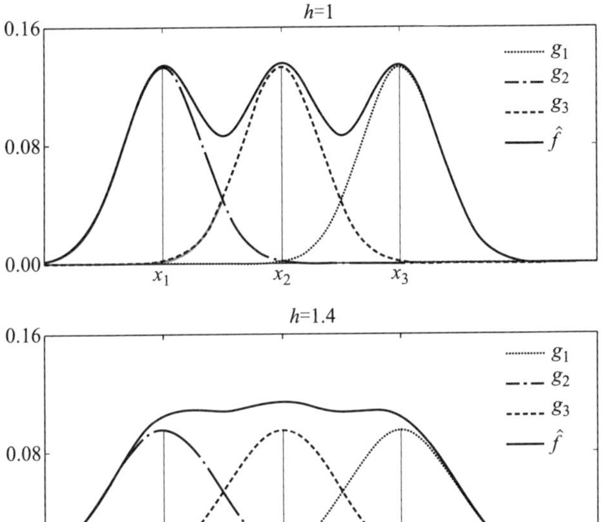

图 14.1　非参数的核密度估计量(不同的宽带)

图 14.1 的下面一幅图展示了当带宽增加到 1.4 时相同函数的表现。每一个g_n变得更加分散，总和$\hat{f}_N$是更光滑的。

正如下面详细讨论的,带宽的作用是为经验分布增加平滑性,因此我们可以从有限样本中归纳推广。但是平滑的适当数量是多少呢?图 14.2 展示了与平滑性有关的权衡。阴影部分是密度 f,我们假定它是未知的。从这个分布中抽取 40 个观测值,然后用点表示。每一幅图中的连线是由这些观测值所画出的核密度估计量 $\hat{f}_N$。核还是标准正态密度,而带宽在不同的图中有所不同。

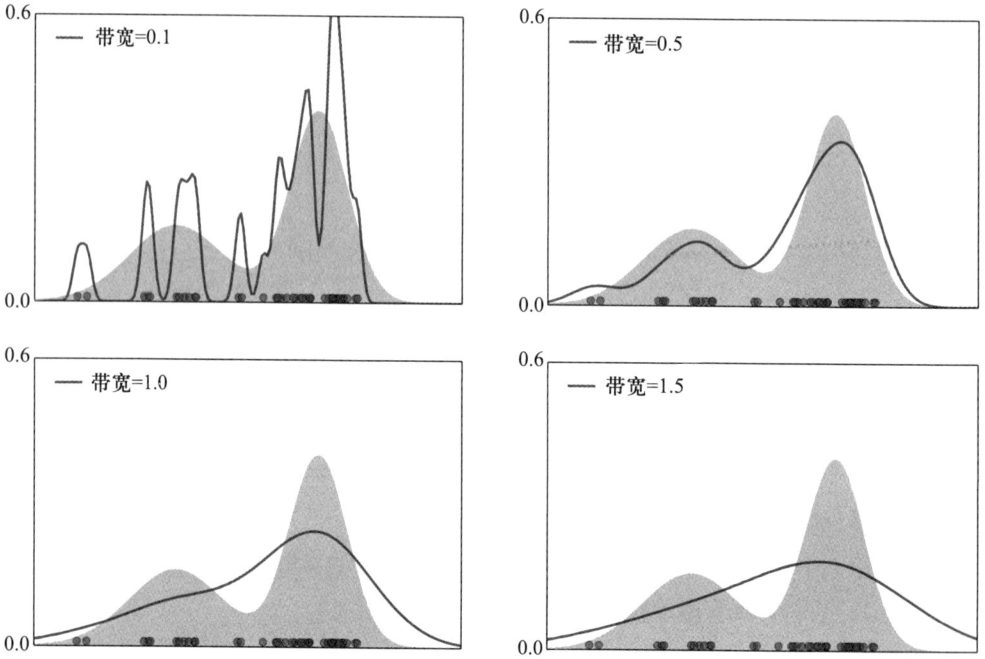

图 14.2 改变宽带后的效果

当带宽趋近于零时,核密度变得与经验分布十分相似,所有概率质量都位于样本点周围非常小的区域内。因此,当我们运用非常小的带宽时,就犯了将经验分布处理成为真实分布的错误。这是过度拟合。同时,过度平滑会导致偏倚增大,掩盖了真实分布的特征。①

使 L_p 偏差最小化的最优带宽取决于未知密度 f。例如,如果 f 是平滑的,那么应该使用相对较大的带宽。当然 f 是未知的。因此,存在两种标准方法。一种方法是对 f 进行假设,并选择相应的带宽。另一种方法是使用交叉验证。这两种方法的介绍可以参看 Scott(2015)。我们将在下面关于岭回归的内容中更多地讨论交叉验证。

14.1.3 理论

研究核密度估计的一种自然方法是通过卷积(convolution)的概念来研究。$\mathbb{R}^d$ 上的任意分布 Q 与密度 K 的卷积是如下定义的 $\mathbb{R}^d$ 上的密度

$$(K \star Q)(\mathbf{s}') = \int K(\mathbf{s}' - \mathbf{s}) Q(\mathrm{d}\mathbf{s}) \quad (\mathbf{s}' \in \mathbb{R}^d) \tag{14.6}$$

我们已经在练习题 5.4.10 中遇到过这个概念,在那里要求你给出事实 14.1.3 的另一种形式的

① 图 14.2 是利用 `scikit-learn` 画出的。参看网页 johnstachurski.net/emet.html 上的代码。在 R 语言中,核密度估计量可以由 `density` 函数建立。例如尝试 `plot(density(runif(200)))`。

证明。

事实 14.1.3　对于$\mathbb{R}^d$上的任何密度 K 与任意分布 Q，当 $\mathbf{x}$ 与 $\mathbf{y}$ 是独立的，且满足 $\mathcal{L}(\mathbf{x})=K$ 与 $\mathcal{L}(\mathbf{y})=Q$ 时，$K\star Q$ 密度等于 $\mathcal{L}(\mathbf{x}+\mathbf{y})$。

例 14.1.3　如果 $K=\mathrm{N}(0,\sigma^2)$，其中 $\sigma>0$，且 Q 是$\mathbb{R}$上的分布，将其质量 q_n 分配到点 $s_1,\cdots,s_N$ 上，则由式(14.6)以及离散分布上的积分法则(参看式(5.14))可以得到

$$(K\star Q)(s')=\sum_{n=1}^{N}K(s'-s_n)q_n \tag{14.7}$$

这个分布是正态分布的混合。练习题 14.4.5 说明了式(14.7)和事实 14.1.3 之间的联系。

我们特别感兴趣的一类卷积由下面的密度形式生成

$$K_h(\mathbf{s}):=\frac{1}{h^d}K\left(\frac{\mathbf{s}}{h}\right) \tag{14.8}$$

其中 K 表示任何密度，而 $h>0$ 表示参数。当 $\mathbf{x}$ 是$\mathbb{R}^d$上具有密度 K 的随机变量时，式(14.8)中的密度 K_h 是 $h\mathbf{x}$ 的密度(参看练习题 14.4.6)。

例 14.1.4　图 14.3 展示出帐篷形状分布 Q 与 K_h 的卷积，其中 K 是标准正态密度而 h 取各种不同的值。

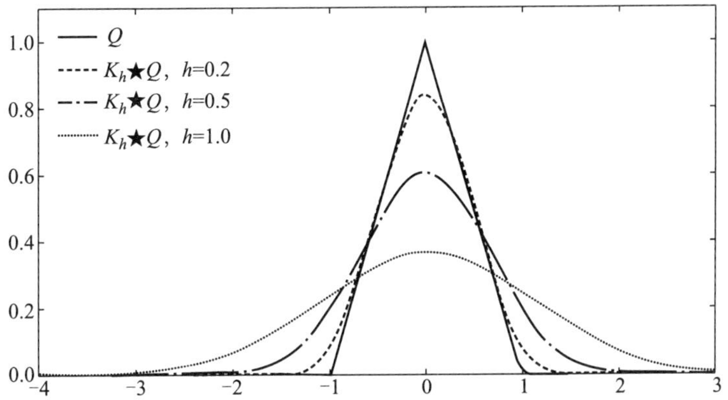

图 14.3　由卷积所产生的平滑

注意当 h 接近零时 $K_h\star Q$ 的分布是怎样接近 Q 的。因为 $K_h\star Q$ 是 $x+hy$ 的分布，其中 x 是从 Q 中抽取的，而 y 是标准正态，所以这是说得通的。当我们取 $h\downarrow 0$，则有 $x+hy$ 的分布收敛于 x 的分布。实际上，这总是成立的，可以总结成如下事实。

事实 14.1.4　设 f 与 K 是$\mathbb{R}^d$上的任意密度，同时设 K_h 是利用 K 经由式(14.8)来定义的。如果 $f\in L_p$，则 $K_h\star f\in L_p$，并且

$$\lim_{h\downarrow 0}\|K_h\star f-f\|_p=0$$

关于此事实的证明，参看 Devroye and Lugosi(2001)的定理 9.1。

14.1.3.1　*卷积和核密度估计量*

设 h 是正数，并设 K_h 是如同式(14.8)所定义的。利用这样的记号，我们可以将式(14.5)中的核密度估计量重新写成 $\hat{f}_N(\mathbf{s})=\dfrac{1}{N}\sum_{n=1}^{N}K_h(\mathbf{s}-\mathbf{x}_n)$。用 $\hat{P}_N$ 表示样本的经验分布，回顾针对 $\hat{P}_N$ 积分的表达式(参看第 8.1.3 节)，我们就还可以写成 $\hat{f}_N(\mathbf{s}')=\int K_h(\mathbf{s}'-\mathbf{s})\hat{P}_N(\mathrm{d}\mathbf{s})$，或者更为简单的

$$\hat{f}_N = K_h \star \hat{P}_N \tag{14.9}$$

这个方程表示的内容非常有趣。在第 8.2.1.2 节中,我们首先尝试通过样本类比原理的简单应用来估计密度。这个方法失败了。在式(14.9)中,我们有一个使用平滑或正则化的替代方法。除了用经验分布代替目标分布,我们还应用"平滑算子"$K_h \star$。正如下一节所证明的,这种方法可以在非常温和的假设下成立。

14.1.3.2 一致性

可以证明,对于任意密度 f 与核 K,非参数核密度估计量 $\hat{f}_N$ 对于 f 来说是 L_1 一致的。参看 Devroye and Lugosi(2001)的定理 9.2。L_1 的证明涉及许多测度论方法。这里我们将只是陈述并证明相应的 L_2 结果。

定理 14.1.1 设 f 与 K 是 $\mathbb{R}^d$ 上的密度,并且是 L_2 的元素,如果

(i) $\{\mathbf{x}_n\}_{n\geqslant 1}$ 是抽取自 f 的独立同分布序列,同时

(ii) 带宽序列 $\{h_N\}$ 满足当 $N \to \infty$ 时,$h_N \to 0$ 且 $Nh_N^d \to \infty$。

那么,如同式(14.5)所定义的密度估计量序列 $\{\hat{f}_N\}$ 对于 f 来说是 L_2 一致的。

我们将这个陈述分解成较小的部分。对于本节其余部分,$\|\cdot\|$ 表示 L_2 范数,同时 $h := h_N$。利用式(14.9)中 $\hat{f}_N$ 的表达式和三角不等式(14.3),我们可以得到

$$\|\hat{f}_N - f\| \leqslant \|K_h \star \hat{P}_N - K_h \star f\| + \|K_h \star f - f\| \tag{14.10}$$

式(14.10)右边第一项被称为估计误差(estimation error),第二项被称为近似误差(approximation error)或偏倚(bias)。第一个误差是由于我们只观察经验分布 $\hat{P}_N$ 而不是真实分布 f 这一事实导致的。第二个误差是由我们有意添加的用于控制估计误差的平滑引起的(与第 11.1.3 节的误差分解加以比较)。

定理 14.1.1 中的条件(ii) $h_N \to 0$ 这一事实意味着,随着样本量的增大,我们就可减小平滑的数量,从而减小近似误差。要求 $Nh_N^d \to \infty$ 将保证平滑不至于过快地降低,允许我们控制估计误差。

一种思考推论和样本之间关系的方式是,当将它看成"广义密度",也就是所有质量都集中在数据点上时,它的经验分布就显得太粗糙。为了推广的目的,我们需要增加平滑。与此同时,随着样本量的增大,对平滑的需求减少。

定理 14.1.1 的证明 根据事实 14.1.4,在定理 14.1.1 的假设条件下,近似误差收敛到零。因此,只需证明估计误差依概率收敛到零。固定 $\delta>0$,通过切比雪夫不等式(参看第 4.1.4.2 节),我们可以得到

$$\mathbb{P}\{\|K_h \star \hat{P}_N - K_h \star f\| \geqslant \delta\} = \mathbb{P}\{\|K_h \star \hat{P}_N - K_h \star f\|^2 \geqslant \delta^2\} \leqslant \frac{\xi_N}{\delta^2}$$

其中

$$\xi_N := \mathbb{E}\{\|K_h \star \hat{P}_N - K_h \star f\|^2\}$$

为了完成证明,我们只需证明 ξ_N 收敛到零。设

$$\bar{K}_N(\mathbf{s}) := (K_h \star \hat{P}_N)(\mathbf{s}) - (K_h \star f)(\mathbf{s}) = \frac{1}{N}\sum_{n=1}^{N}\{K_h(\mathbf{s}-\mathbf{x}_n) - \mathbb{E}[K_h(\mathbf{s}-\mathbf{x}_n)]\}$$

于是,可以写出

$$\xi_N = \mathbb{E}\left\{\int [\bar{K}_N(\mathbf{s})]^2 \mathrm{d}\mathbf{s}\right\} = \int \mathbb{E}\{[\bar{K}_N(\mathbf{s})]^2\}\,\mathrm{d}\mathbf{s} \tag{14.11}$$

(对于非负的被积函数来说,期望和积分的顺序是可以交换的,参看 Dudley(2002)中的定理(4.4.5)。因为 $\bar{K}_N(\mathbf{s})$ 是 N 个独立同分布的零均值随机变量的样本均值,所以我们有

$$\mathbb{E}\{[\bar{K}_N(\mathbf{s})]^2\} = \mathrm{var}[\bar{K}_N(\mathbf{s})] = \frac{1}{N}\mathrm{var}[K_h(\mathbf{s}-\mathbf{x}_n)]$$

此外,

$$\mathrm{var}[K_h(\mathbf{s}-\mathbf{x}_n)] = \mathbb{E}\{[K_h(\mathbf{s}-\mathbf{x}_n)]^2\} - \{\mathbb{E}[K_h(\mathbf{s}-\mathbf{x}_n)]\}^2 \leqslant \mathbb{E}\{[K_h(\mathbf{s}-\mathbf{x}_n)]^2\}$$

总之

$$\xi_N \leqslant \frac{1}{N}\int \mathbb{E}\{[K_h(\mathbf{s}-\mathbf{x}_n)]^2\}\mathrm{d}\mathbf{s} \tag{14.12}$$

现在经过观察发现,再一次改变积分的顺序得到

$$\int \mathbb{E}\{[K_h(\mathbf{s}-\mathbf{x}_n)]^2\}\mathrm{d}\mathbf{s} = \int\left\{\int[K_h(\mathbf{s}-\mathbf{s}')]^2\mathrm{d}\mathbf{s}\right\}f(\mathbf{s}')\mathrm{d}\mathbf{s}'$$

从 K_h 的定义和对变量参数进行变换可以得出

$$\int[K_h(\mathbf{s}-\mathbf{s}')]^2\mathrm{d}\mathbf{s} = \frac{1}{h^{2d}}\int\left[K\left(\frac{\mathbf{s}-\mathbf{s}'}{h}\right)\right]^2\mathrm{d}\mathbf{s} = \frac{1}{h^d}\int[K(u)]^2\mathrm{d}\mathbf{u}$$

将此与式(14.12)联系在一起得到边界

$$\xi_N \leqslant \int \frac{1}{Nh^d}\|K\|^2 f(\mathbf{s}')\mathrm{d}\mathbf{s}' = \frac{1}{Nh^d}\|K\|^2$$

由假设可知,项 $\|K\|^2 := \|K\|_2^2$ 是有限的。回顾 $Nh^d = Nh_N^d \to \infty$,我们发现 $\xi_N \to 0$,这正是所要证明的。

14.1.4 评论

在某些科学领域,研究人员对参数类型和特定函数形式具有相当多的知识。例如,布朗运动理论描述了微小粒子在液体中的位置服从近似正态分布。因而,基本理论提供了一个精确的参数类型。在这种情况下,参数化方法是最好的。它允许我们通过将数据与函数形式上的信息组合起来进行推广。

不幸的是,经济学和其他社会科学的数量基础更为松散,更容易随时间变化。计量经济学家通常对参数类型和函数形式的知识比较缺乏。这些事实使非参数技术具有吸引力。

同时,非参数方法并不能解决我们的所有问题。上面所述的理论结果只不过是渐近的。尽管有限样本的结果是可用的,但在目标密度没有相应严格假设的条件下,该方向上不可能获得强有力的结果。对于所有目标密度来说,不存在一致的收敛速度(Devroye and Lugosi,2001,第 85 页)。这是因为非参数方法具有相对较少的作为先验知识的结构信息,所以才会需要大量的数据。

14.2 控制复杂性

在上一节中,我们讨论了具有良好渐近性能的灵活估计方法。在本节中,我们将注意力转向有限样本性质。共同的线索将是岭回归,无论是在计量经济学中,还是在机器学习领域,这个方法都是一种流行的估计方法(比如参看 Peysakhovich and Naecker(2015)、Kim and Swanson(2014),或者 Varian(2014))。岭回归还与有限样本理论的某些核心思想有关,包括复杂性、先验知识以及偏差-方差权衡(bias-variance trade-off)。

14.2.1 岭回归

我们从第 12.1.1 节的经典普通最小二乘法(OLS)设置开始,假设 12.1.2 至假设 12.1.4 都成立。通常普通最小二乘估计量 $\hat{\boldsymbol{\beta}}$ 是由式(12.3)给出。它也可以表示成

$$\hat{\boldsymbol{\beta}} = \underset{\mathbf{b} \in \mathbb{R}^K}{\operatorname{argmin}} \sum_{n=1}^{N} (y_n - \mathbf{x}_n^{\mathrm{T}} \mathbf{b})^2$$

如同第 11.1.2 节所证明的,当假设空间是线性函数集时,普通最小二乘估计量能够最小化二次损失形式的经验风险。在我们当前的假设下,它对于 $\boldsymbol{\beta}$ 来说是无偏的(定理 12.1.1),并且由高斯-马尔可夫定理可知,它在 $\boldsymbol{\beta}$ 的所有线性无偏估计量中是方差最小的(定理 12.1.3)。

虽然高斯-马尔可夫定理具有重要的历史意义,但评价估计量的一种更自然的方法是考察它们的均方误差,它直接告诉我们,估计量在试图要估计的目标周围有多大的概率质量(参看第 9.2.3 节)。回顾式(9.9),$\boldsymbol{\beta}$ 的估计量 $\hat{\boldsymbol{b}}$ 的均方误差被定义为

$$\operatorname{mse}(\hat{\mathbf{b}}, \boldsymbol{\beta}) := \mathbb{E}\{\|\hat{\mathbf{b}} - \boldsymbol{\beta}\|^2\}$$

正如练习题 14.4.8 要求证明的那样,下面的表达式也是有效的:

$$\operatorname{mse}(\hat{\mathbf{b}}, \boldsymbol{\beta}) = \mathbb{E}\{\|\hat{\mathbf{b}} - \mathbb{E}[\hat{\mathbf{b}}]\|^2\} + \|\mathbb{E}[\hat{\mathbf{b}}] - \boldsymbol{\beta}\|^2 \tag{14.13}$$

这个方程将式(9.10)予以推广,告诉我们均方误差是方差与偏差之和。对均方误差最小化会涉及这两项之间的权衡。通常,最优的选择并不是取这两者当中的任何一个极端:当允许存在一定的偏差时,均方误差最小。

将这个想法用于普通最小二乘设置背景,Hoerl and Kennard(1970)已经证明,存在一个有偏的线性估计量,它比 $\hat{\boldsymbol{\beta}}$ 的均方误差更小。此估计量被定义为修正最小二乘问题的解:

$$\min_{\mathbf{b} \in \mathbb{R}^K} \left\{ \sum_{n=1}^{N} (y_n - \mathbf{x}_n^{\mathrm{T}} \mathbf{b})^2 + \lambda \|\mathbf{b}\|^2 \right\} \tag{14.14}$$

其中 $\lambda \geqslant 0$ 被称为正则化参数(regularization parameter)。在求解式(14.14)时,我们对经验风险以及惩罚 $\|\mathbf{b}\|$ 的值较大的项一起取最小值。其效果是“收缩”解(相对于非惩罚解 $\hat{\boldsymbol{\beta}}$ 而言)。经过某些计算可以证明式(14.14)的解是

$$\hat{\boldsymbol{\beta}}_\lambda := (\mathbf{X}^{\mathrm{T}} \mathbf{X} + \lambda \mathbf{I})^{-1} \mathbf{X}^{\mathrm{T}} \mathbf{y} \tag{14.15}$$

估计量 $\hat{\boldsymbol{\beta}}_\lambda$ 被称为岭回归估计量(ridge regression estimator)。注意,

(i) $\hat{\boldsymbol{\beta}}_\lambda$ 是当 $\lambda = 0$ 时的普通最小二乘估计量;

(ii) 只要 $\lambda > 0$,$\hat{\boldsymbol{\beta}}$ 就是有偏的(练习题 14.4.9)。

下面的结论由 Hoerl and Kennard(1970)给出证明。

定理 14.2.1 在普通最小二乘假设 12.1.2 至假设 12.1.4 下,存在 $\lambda > 0$,使得

$$\operatorname{mse}(\hat{\boldsymbol{\beta}}_\lambda, \boldsymbol{\beta}) < \operatorname{mse}(\hat{\boldsymbol{\beta}}, \boldsymbol{\beta})$$

之所以最小二乘估计量能减小均方误差,原因在于对于 λ 的某个中间值,$\hat{\boldsymbol{\beta}}_\lambda$ 的方差下降足以抵消由正则化所引起的偏差。

注意,对于选择合适的 λ 来说,岭回归估计量 $\hat{\beta}_\lambda$ 优于 $\hat{\beta}$,即使所有经典普通最小二乘假设都是成立的。同时,正确选择 λ 是一个重要的问题。这个问题属于模型选择的范畴,这是接下来几节要讨论的专题。

14.2.1.1　解释

看待岭回归的传统观点如下:标准普通最小二乘假设被视为有效。然而,在某些情况下,由于回归元之间的强相关性,$\mathbf{X}^{\mathrm{T}}\mathbf{X}$ 几乎是奇异的。在这种情况下,求解 $\mathbf{X}^{\mathrm{T}}\mathbf{X}$ 的逆过程在数值形式上是不稳定的。我们可以通过对式(14.15)中的 λ 添加某个正的值来使逆过程稳定。

这里存在另一种观点:普通最小二乘的标准假设是不可信的。因为我们的损失函数是二次的,所以理想情况下我们希望得到回归函数 f^*,但是利用有限数量的数据来恢复这个无限维度的对象是不适定的。我们需要控制那些用来近似回归函数的备选函数的复杂性。岭回归中的正则化项就提供了一种管理复杂性的方法。

14.2.1.2　Tikhonov 正则化

我们借助于模拟来对定理 14.2.1 的结果建立更多的直觉。我们将在一般设置情况下进行模拟,其中岭回归是一个特例。

我们知道,最小二乘估计量是一个超定方程组的解。存在一种求解高维不适定线性方程组的理论。其基本思想是,任何通过求解方程组来推算或推断一个我们拥有有限信息的对象的尝试都需要一定程度的正则化。

为了进行解释,假定:

(i) $\mathbf{Ab}=\mathbf{c}$ 是一个超定方程组,其中 $\mathbf{A}$ 表示 $N\times K$ 矩阵,满足 $N>K$。

(ii) 由于存在测量误差,我们仅仅观测到 $\mathbf{c}$ 的近似值 $\mathbf{c}_0$。

(iii) $\mathbf{b}^*$ 是 $\mathrm{argmin}_{\mathbf{b}}\|\mathbf{AB}-\mathbf{c}\|^2$ 的(不可观测的)最小二乘解。

在缺乏其他信息的情况下,一种自然的方法是采用最小二乘法求解 $\mathbf{Ab}=\mathbf{c}$ 来逼近 $\mathbf{b}^*$。另一种不太明显的方法则是,对某个小的正数 λ 来最小化

$$m(\lambda):=\|\mathbf{Ab}-\mathbf{c}_0\|^2+\lambda\|\mathbf{b}\|^2 \tag{14.16}$$

第二种方法被称为 Tikhonov 正则化。我们对最小二乘项加惩罚项一起进行最小化。

我们考察如下的模拟:$\mathbf{A}$ 是随机选择的,但存在多重共线性的趋势。① 为了方便阐述,我们首先设 $\mathbf{b}^*:=(10,10,\cdots10)^{\mathrm{T}}$,然后设 $\mathbf{c}:=\mathbf{Ab}^*$。通过构造可知,$\mathbf{b}^*$ 是方程组 $\mathbf{Ab}^*=\mathbf{c}$ 的一个解,也是最小二乘解。

$\mathbf{c}$ 的测量受到高斯冲击的干扰。具体来说,$\mathbf{c}_0$ 是来自 $\mathrm{N}(\mathbf{c},\sigma^2\mathbf{I})$ 的抽样值,其中 σ 表示小的正数。然后我们绘制基于 $\mathbf{c}_0$ 的普通最小二乘解,它使 $\|\mathbf{Ab}-\mathbf{c}_0\|^2$ 最小化,同时给出正则化的解,使式(14.16)中的 $m(\lambda)$ 最小化。具体结果如图 14.4 所示。

图 14.4 展示出 10 个普通最小二乘解和 10 个正则化解,对应于 $\mathbf{c}_0$ 的 10 个抽样值。正则化解从平均角度来看更接近真实解。

注意,这个结果依赖于对 λ 的合理选择。如果你尝试运用本书网站上提供的代码,那么将会看到对于非常小的 λ 值,正则化解和非正则化解几乎是一样的。相反,非常大的 λ 值则会使正则化解过于接近零向量。

① 选择 $\mathbf{A}$ 的全部细节已经由这一章的代码(见网页 johnstachurski.net/emet.html)给出。

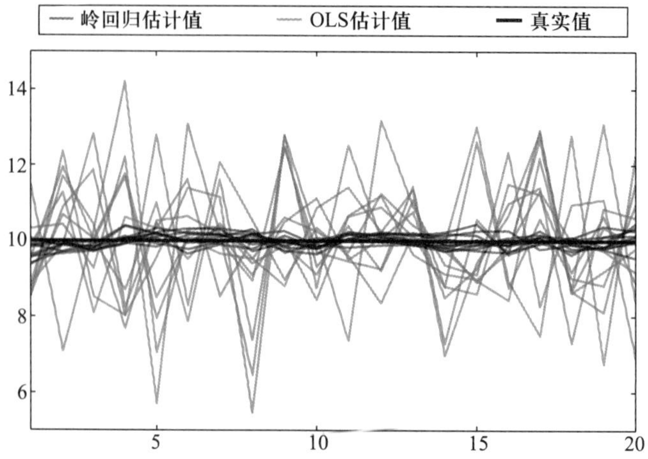

图 14.4 当 $\lambda=1$ 时 Tikhonov 正则化的效果

14.2.2 子集选择和岭回归

回归问题中经常遇到的问题是应该包括哪些变量。例如,如果我们比较不同城市的犯罪率,我们可以考察任何可能相关的变量,例如工资中位数、失业率、警察密度等。如果我们试图为某些群体的个人信用违约率或不同学校的教育成就建立模型,那么情况也是如此。在时间序列模型中也出现了类似的问题,我们想知道所包含的状态变量的滞后阶数应该是多少。这一大类问题被称为子集选择(subset selection),因为我们试图选择所有备选回归元的正确子集。

当我们考察基函数时,则会出现维数的问题。已知协变量集合 $\mathbf{x}$,我们可以选择利用基函数将这个 $\mathbf{x}$ 映射到一个更大的向量 $\boldsymbol{\phi}(\mathbf{x})$,如同第 11.2.1 节所讨论的那样。例如,已知单个协变量 x,我们可以考虑将它映射到 $\boldsymbol{\phi}(x)=(1,x,x^2,\cdots,x^d)$,并将 y 对 $\boldsymbol{\phi}(x)$ 进行回归。正如我们在图 8.5 至图 8.8 中所看到的,正确选择 d 是至关重要的。选择 d 是子集选择问题的另一个例子,这是因为我们要决定是否包含某个给定 j 的回归元 x^j。

子集选择是经验风险最小化问题的一种形式。假定我们有输出 y 和输入 $\mathbf{x}\in\mathbb{R}^K$,即 $\mathbf{x}$ 包含 K 个备选回归元。如果我们想要包含所有回归元,那么我们就可以在式(11.4)中的假设空间 $\mathcal{H}_\ell$ 上对经验风险最小化,即线性函数从 $\mathbb{R}^K$ 到 $\mathbb{R}$ 的假设空间。如果我们想要排除某些回归元的子集,则将 $I\subset\{1,\cdots,K\}$ 设为想要排除回归元的指标集合,并将 y 对其余回归元进行回归,这等价于在以下假设空间上对经验风险最小化:

$$\mathcal{H}_{-I}:=\{\text{所有满足 } b_k=0 \text{ 的函数 } f(\mathbf{x})=\mathbf{b}^{\mathrm{T}}\mathbf{x},\text{对于所有 } k\in I\}$$

我们回到了选择合适假设空间来对经验风险最小化的问题上。

子集选择问题已经被许多研究者尝试解决。一些著名的方法包括 Akaike 信息准则(AIC)、贝叶斯信息准则(BIC)以及 Mallow 的 C_p 统计量。例如,Mallow 的 C_p 统计量由两项组成,一项随经验风险的增大而增大,另一项则随 $|I|$(即选择子集的大小)的增大而增大。目标是使该统计量最小化,这涉及在欠拟合(大的经验风险)与假设空间的过度复杂(大的 $|I|$)之间进行权衡。

就子集选择而言，其中一个问题是 K 个回归元意味着要遍历 2^K 个子集。① 为了避免这个计算问题，一种替代方法是使用岭回归。在岭回归中，正则化项会促使我们选择那种范数较小的估计值。这意味着，在实际应用中，那些不太有用的回归元的系数会趋向于零，因此“几乎排除”那些回归元。虽然模型选择问题还没有解决，但已经简化为调整单个参数。

我们可以通过重新考察第 8.2.3 节所讨论的回归问题来说明这个观点。图 8.5 至图 8.8 显示，我们凭借在越来越大的假设空间中对经验风险最小化来获得拟合。假设空间是关于 d 的各种不同值的 d 次多项式的集合 $\mathscr{P}_d$。对于每个 d，我们在 $\mathscr{P}_d$ 上对经验风险进行最小化，也就是求解

$$\min_{\mathbf{b}} \sum_{n=1}^{N} [y_n - \mathbf{b}^{\mathrm{T}} \boldsymbol{\phi}(x_n)]^2, \text{其中 } \boldsymbol{\phi}(x) = (x^0, x^1, \cdots, x^d)$$

正如上面所讨论的，选择正确的 d 与选择子集是同构的，因为我们要决定将 x 的哪些幂作为回归元。图 8.4 显示，d 的中间值在最小化风险方面做得最好。

我们可以利用岭回归做类似的事。首先，我们取 $\mathscr{P}_{14}$ 为假设空间。这个空间当然足够大，可以提供对数据的良好拟合，但是经过经验风险最小化，其结果是过度拟合（参看图 8.8）。在这里，我们不再使用经验风险最小化，而是对于各种不同的 λ 值求解下面的正则化问题

$$\min_{\mathbf{b}} \sum_{n=1}^{N} \{[y_n - \mathbf{b}^{\mathrm{T}} \boldsymbol{\phi}(x_n)]^2 + \lambda \|\mathbf{b}\|^2\}$$

这里所用的数据与第 8.2.3 节中图 8.5 至图 8.8 的数据完全相同。对于每一个 λ，我们用 $\hat{\beta}_\lambda$（也就是岭回归估计量）表示其解，并用 $\hat{f}_\lambda$ 表示由此产生的预测函数，因此 $\hat{f}_\lambda(x) = \hat{\beta}_\lambda \boldsymbol{\phi}(x)$。

对于图 14.5 至图 14.7 中越来越大的 λ 值，函数 $\hat{f}_\lambda$ 是用虚线画出来的，实线是风险最小化函数。在图 14.5 中，因 λ 的值太小而不能施加任何实际的限制，所以导致过度拟合。在图 14.6 中，λ 的值较大，拟合很好。在图 14.7 中，λ 的值太大而导致估计欠佳。

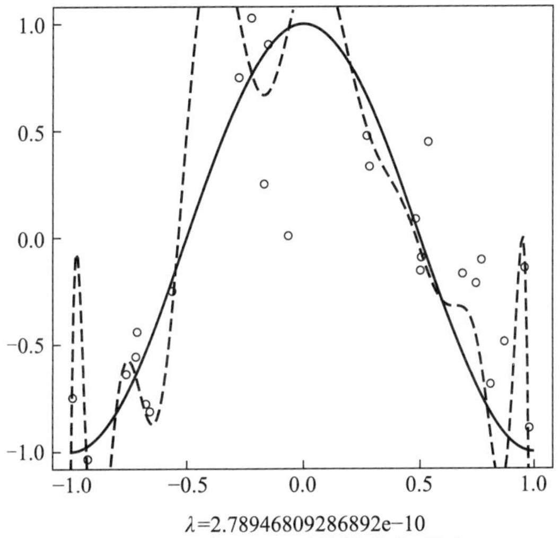

图 14.5　当 $\lambda \approx 0$ 时的拟合多项式

① 还记得 Sala-i-Martin（1997）和他的 200 万次回归吗？

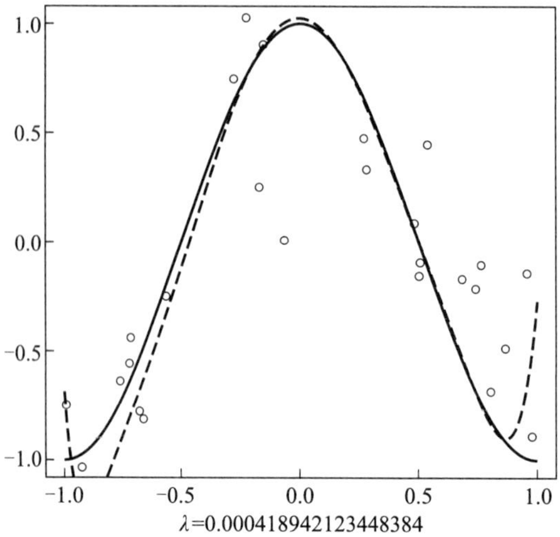

图 14.6　当 $\lambda \approx 0.0004$ 时的拟合多项式

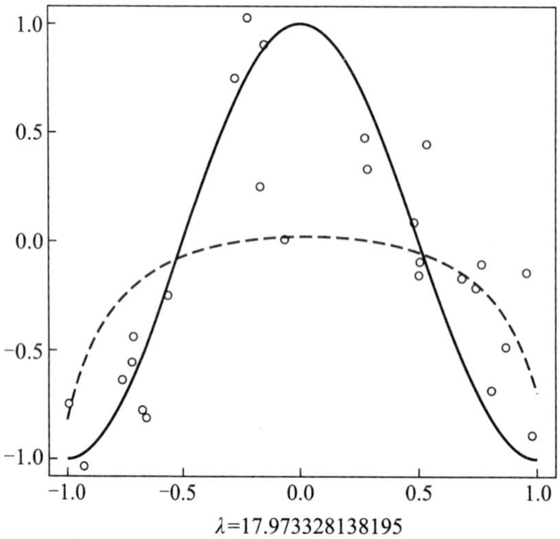

图 14.7　当 $\lambda \approx 18$ 时的拟合多项式

如同第 8.2.3 节，我们可以计算每个函数 $\hat{f}_\lambda$ 的风险，这是因为我们知道基本模型（参看式（8.25））。还可以画出对应于 λ 的风险的图形，如图 14.8 所示。x 轴是对数尺度。对于很小且非零的 λ 值来说，风险是最小的。

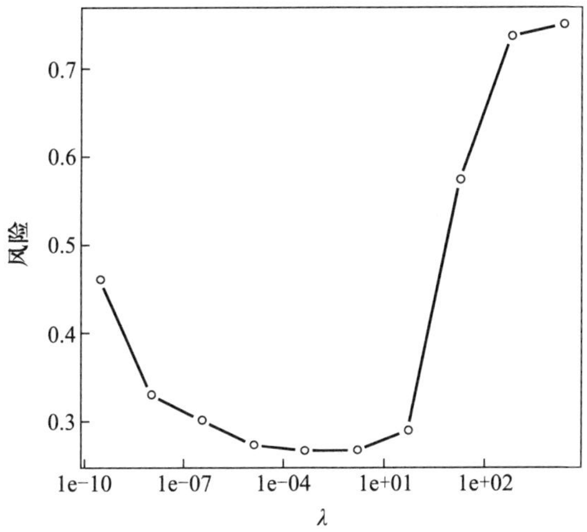

图 14.8　对应于 λ 所画出的 $\hat{f}_\lambda$ 的风险

14.2.3　贝叶斯方法和正则化

模型选择的理想情况是,我们具有明确的经济理论来指导应该包含哪些回归元、使用哪些函数形式、选择多大的正则化参数值等。如果理论或先验知识提供了这些信息,那么应该尽一切努力来利用它们。一种将先验信息融入统计估计的技术是贝叶斯分析。现在我们考察贝叶斯线性回归,然后将它和岭回归进行比较。

假定我们的回归数据取成线性函数形式 $\mathbf{y}=\mathbf{X}\boldsymbol{\beta}+\mathbf{u}$。为了简化表示,我们将假定 $\mathbf{X}$ 是非随机的(假设 $\mathbf{X}$ 是随机的可以得到同样的结论,但推导过程更长一些)。和以前一样,$\mathbf{u}$ 是随机的且不可观测。贝叶斯角度所提供的新特征是,我们将 $\boldsymbol{\beta}$ 取为随机且不可观测的。此外,我们还假定关于这些变量的可能值具有主观的先验信念,并以概率分布的形式表示。这里我们将先验信息取为 $\mathcal{L}(\mathbf{u})=\mathrm{N}(\mathbf{0},\sigma^2\mathbf{I})$ 以及 $\mathcal{L}(\boldsymbol{\beta})=\mathrm{N}(\mathbf{0},\tau^2\mathbf{I})$。

假定我们的模型是 $\mathbf{y}=\mathbf{X}\boldsymbol{\beta}+\mathbf{u}$,则我们关于 $\mathbf{u}$ 的先验信息意味着给定 $\boldsymbol{\beta}$ 时 $\mathbf{y}$ 的密度是 $\mathrm{N}(\mathbf{X}\boldsymbol{\beta},\sigma^2\mathbf{I})$。如果用通用符号表示,我们可以将分布写成

$$p(\mathbf{y}\mid\boldsymbol{\beta})=\mathrm{N}(\mathbf{X}\boldsymbol{\beta},\sigma^2\mathbf{I})\quad 与\quad p(\boldsymbol{\beta})=\mathrm{N}(\mathbf{0},\tau^2\mathbf{I}) \tag{14.17}$$

将贝叶斯法则(参看式(5.25))用于$(\mathbf{y},\boldsymbol{\beta})$,可以得出

$$p(\boldsymbol{\beta}\mid\mathbf{y})=\frac{p(\mathbf{y}\mid\boldsymbol{\beta})p(\boldsymbol{\beta})}{p(\mathbf{y})} \tag{14.18}$$

式(14.18)左边是给定数据 $\mathbf{y}$ 时 $\boldsymbol{\beta}$ 的后验密度,并且代表我们的新信念是基于数据 $\mathbf{y}$ 的先验信息更新而来的。

总结后验信息所包含的信息的方法是检验它的最大化值。后验函数的最大化值被称为最大后验(maximum a posteriori, MAP)概率估计。对式(14.18)取对数,同时删除不包含 $\boldsymbol{\beta}$ 的项,它可以表示为

$$\hat{\boldsymbol{\beta}}_M:=\underset{\boldsymbol{\beta}}{\operatorname{argmax}}\{\ln p(\mathbf{y}\mid\boldsymbol{\beta})+\ln p(\boldsymbol{\beta})\} \tag{14.19}$$

将我们的函数形式代入式(14.17),去掉常数项并乘以−1,就得到表达式

$$\hat{\boldsymbol{\beta}}_M = \underset{\boldsymbol{\beta}}{\operatorname{argmin}}\left\{ \sum_{n=1}^{N} (y_n - \mathbf{x}_n^{\mathrm{T}}\boldsymbol{\beta})^2 + \frac{\sigma^2}{\tau^2}\|\beta\|^2 \right\} \tag{14.20}$$

这正是式(14.14)中的惩罚最小二乘法问题,其中正则化参数 $\lambda = (\sigma/\tau)^2$。鉴于式(14.15),所以解是

$$\hat{\boldsymbol{\beta}}_M := (\mathbf{X}^{\mathrm{T}}\mathbf{X} + (\sigma/\tau)^2\mathbf{I})^{-1}\mathbf{X}^{\mathrm{T}}\mathbf{y}$$

因而,贝叶斯估计为岭回归的惩罚目标函数提供了推导原则。贝叶斯分析提供了与 Tikhonov 正则化相同的效果,但正则化现在是由先验知识和数据相结合而产生的。此外,至少在原则上,$(\sigma/\tau)^2$ 值是我们先验知识的一部分,因此就没有了模型选择问题。

当然,在实际应用中可以质疑是否有如此之多的先验知识以使正则化参数 $\lambda := (\sigma/\tau)^2$ 能够被确定下来。如果缺乏这些知识,那么我们又回到模型选择问题。在下一节,我们将放弃较强的先验知识已知的假设,并考察一种更加自动化的方法来选择 λ。

14.2.4 交叉验证

考察模型选择的一种自然而然的方法是考虑最小化风险。回想一下,给定损失函数 L 以及能产生输入-输出对 $(\mathbf{x}, y) \in \mathbb{R}^{K+1}$ 的系统和联合分布 P,函数 $f: \mathbb{R}^K \to \mathbb{R}$ 的预测风险是下面的期望损失

$$R(f) := \mathbb{E}[L(y, f(\mathbf{x}))] = \iint L(t, f(\mathbf{s}))P(\mathrm{d}t, \mathrm{d}\mathbf{s})$$

当我们使用 $f(\mathbf{x})$ 来预测 y 时,就会出现这种情况。现在我们假定观测到 N 个独立同分布的输入-输出对 $\mathbf{z}_D := \{(\mathbf{x}_1, y_1), \cdots, (\mathbf{x}_N, y_N)\}$。给定一系列模型选择,我们希望找到的模型是利用这个数据集并且得到的预测式 $\hat{f}$ 的风险比其他模型低的模型。

我们必须精确地给出风险的定义,因为如果我们将风险定义为 $\mathbb{E}[L(y, \hat{f}(\mathbf{x})]$,那么我们就是针对所有随机性去取数学期望,也包括 $\hat{f}$ 在内,这取决于数据集 $\mathbf{z}_D$。现在我们所要做的是将数据集看成已知的,然后考察我们能否在预测新值方面做得更好,这可以通过期望损失的大小来评价。因此,我们将 $\hat{f}$ 的预测风险定义为取 $\mathbf{z}_D$ 时的期望损失(因此 $\hat{f}$):

$$R(\hat{f} \mid \mathscr{D}) := \mathbb{E}[L(y, \hat{f}(\mathbf{x})) \mid \mathscr{D}] = \iint L(t, \hat{f}(\mathbf{s}))P(\mathrm{d}t, \mathrm{d}\mathbf{s})$$

如果我们有一个用 m 标记的模型集合 M,$\hat{f}_m$ 表示用数据 D 拟合模型 m 所得到的预测式,那么我们想要找到模型 m^*,使得

$$R(\hat{f}_{m^*} \mid \mathscr{D}) \leqslant R(\hat{f}_m \mid \mathscr{D}), \quad \text{对于所有 } m \in M$$

这种想法存在一个明显的问题,即风险是无法观察到的。如果我们知道联合分布 P,那么就可以计算它。但是,如果我们知道 P,就不需要在一开始估计任何东西了。

仔细考虑这个问题,你可能有下述想法:虽然我们不知道 P,但我们确实有数据 $\mathbf{z}_D$,它由 P 中的独立同分布抽样值组成。利用大数定律我们可以知道,期望可利用对独立同分布的抽样取平均值来近似,所以我们可以由

$$\frac{1}{N}\sum_{n=1}^{N} L(y_n, \hat{f}(\mathbf{x}_n))$$

来近似 $R(\hat{f} \mid \mathscr{D})$，其中数据对 $(\mathbf{x}_n, y_n)$ 来自数据集 $\mathbf{z}_D$。

然而，这仅仅是经验风险，而经验风险是关于风险的高度有偏估计量。这一点已经在第 8.2.3 节中进行了广泛的讨论。尤其是参看图 8.4。该图表明，复杂模型往往倾向于过度拟合，所产生的经验风险比较小，但是风险较高。问题的本质在于我们使用了两次数据 $\mathbf{z}_D$，并且用在两个相互冲突的目标上。第一，我们利用它来拟合模型，从而得到 $\hat{f}$。第二，我们利用它来评价 $\hat{f}_\lambda$ 对新观测值的预测能力。

所以我们真正需要的是新数据。新数据将告诉我们 $\hat{f}$ 在样本外的表现如何。如果我们有 J 个新观测值 $(y_j^v, \mathbf{x}_j^v)$，那么可以通过

$$\frac{1}{J}\sum_{j=1}^{J} L(y_j^v, \hat{f}(\mathbf{x}_j^v))$$

来估计风险。当然，这不是一种通用的解决方案，原因在于我们一般没有任何新数据。解决这个问题的一种方法是，将 $\mathbf{z}_D$ 分成两个不相交的子集，一个被称为训练集（training set），另一个被称为验证集（validation set）。训练集用于拟合 $\hat{f}$，而验证集则用于估计 $\hat{f}$ 的风险。然后，我们对所有模型重复这个过程，进而选择估计风险最小的那个模型。

由于缺乏数据，一种更常见的方法是交叉验证（cross-validation），该方法试图使用整个数据集来既拟合模型，又估计风险。为了说明这个思想，假设我们把数据集分成两个子集 D_1 和 D_2。我们先用 D_1 作为训练集，D_2 作为验证集；再用 D_2 作为训练集，D_1 作为验证集。风险的估计则是这两个步骤所产生的风险估计的平均值。

当然，我们可以将数据分成两个以上的集合。一种最极端的情况是，将数据划分为 N 个子集。这个过程被称为“差一法交叉验证”（leave-one-out cross-validation）*。设 $D_{-n} := \mathbf{z}_D \setminus \{(\mathbf{x}_n, y_n)\}$，该数据集仅省略第 n 个数据点 $(\mathbf{x}_n, y_n)$，则差一法交叉验证算法可以表示为：

1：**for** $n=1,\cdots,N$ **do**

2：　fit $\hat{f}_{-n}$ using data D_{-n}

3：　set $r_n := L(y_n, \hat{F}_{-n}(\mathbf{x}_n))$

4：**end for**

5：return the risk estimate $r := \frac{1}{N}\sum_{n=1}^{N} r_n$

在循环内的每一步，我们利用除第 n 个数据点外的所有数据点拟合模型，然后利用拟合模型来预测第 n 个数据点。预测质量是根据损失来评价的。当这样的过程重复 n 次时，我们可以利用平均损失来得到风险的估计。从直观上看，这个过程非常引人入胜，因为我们尽可能地利用了可用的数据，但仍然是基于样本外误差进行评价。

就模型选择而言，其思想是通过交叉验证方法来分析每个模型，然后选择产生最小 r 值的模型，即估计风险最小的模型。我们通过再次考虑第 14.2.2 节中所用的岭回归方法来说明这个观点。在这个问题上，模型的集合用 λ 标出，即岭回归中的正则化参数。数据集 $\mathbf{z}_D$ 是图 14.5 至图 14.7 所示的点集。对于每个 λ，拟合函数 $\hat{f}_\lambda$ 是

---

* 其中 leave-one-out 简写为 LOO，是机器学习领域的词汇，目前国内文献中对这个词的翻译没有统一的术语，有“舍一法”“留一法”“排一法”等翻译，这里采用“差一法”的翻译。——译者注

$$\hat{f}_{\lambda}(x)=\hat{\boldsymbol{\beta}}_{\lambda}^{\mathrm{T}}\boldsymbol{\phi}(x), \quad 其中\ \hat{\boldsymbol{\beta}}_{\lambda}:=\operatorname{argmin}_{\mathbf{b}}\sum_{n=1}^{N}\{(y_n-\mathbf{b}^{\mathrm{T}}\boldsymbol{\phi}(x_n))^2+\lambda\|\mathbf{b}\|^2\}$$

这里回忆 $\boldsymbol{\phi}(x)=(x^0,x^1,\cdots,x^d)$,并且将 d 固定在 14,因此,我们是通过最小化正则化最小二乘的误差来用 14 次多项式来拟合数据。正则化的数量随着 λ 而增加。对于 λ 的各种不同值,所得到的函数 $\hat{f}_{\lambda}$ 已由图 14.5 至图 14.7 给出。依据最小化风险来看,λ 的中间值产生了最佳拟合(参看图 14.6 至图 14.8)。

在讨论中,我们运用了如下事实:我们知道用于评估风险的基本模型,并由此知道能产生低风险的 λ 的值(图 14.8)。在实际估计问题中,风险是不可观测的,我们需要仅仅基于数据来选择 λ(假定我们没有先验知识,如同贝叶斯情况,参看第 14.2.3 节)。我们接下来考察基于数据的方法,如交叉验证过程,在选择一个好的 λ 值方面表现如何。

在这个实验中,对于网格 `exp(seq(-22,10,length=10))` 中的每一个 λ,我们执行差一法交叉验证。循环内的每一步拟合都是经由岭回归而得到的,省略第 n 个数据点,所得到的多项式用于从 x_n 预测 y_n。预测误差是用损失平方来测量的。换句话说,对于网格中的每一个 λ,我们运用下面的算法来估计风险:

1: **for** $n=1,\cdots,N$ **do**

2: set $\hat{\boldsymbol{\beta}}_{\lambda,-n}:=\operatorname{argmin}_{\mathbf{b}}\sum_{i\neq n}\{(y_i-\mathbf{b}^{\mathrm{T}}\boldsymbol{\phi}(x_i))^2+\lambda\|\mathbf{b}\|^2\}$

3: set $r_{\lambda,n}:=(y_n-\hat{\boldsymbol{\beta}}_{\lambda,-n}^{\mathrm{T}}\boldsymbol{\phi}(x_n))^2$

4: **end for**

5: return $r_{\lambda}:=\frac{1}{N}\sum_{n=1}^{N}r_{\lambda,n}$

能产生最小估计风险 r_{λ} 的 λ 的值大约是 0.015。这实际上与使实际风险最小化的值非常接近(参看图 14.8)。相关函数 $\hat{f}_{\lambda}$ 已由图 14.9 中的虚线标出,这个拟合确实是接近的。从这个意义上说,我们的全自动方法是成功的。①

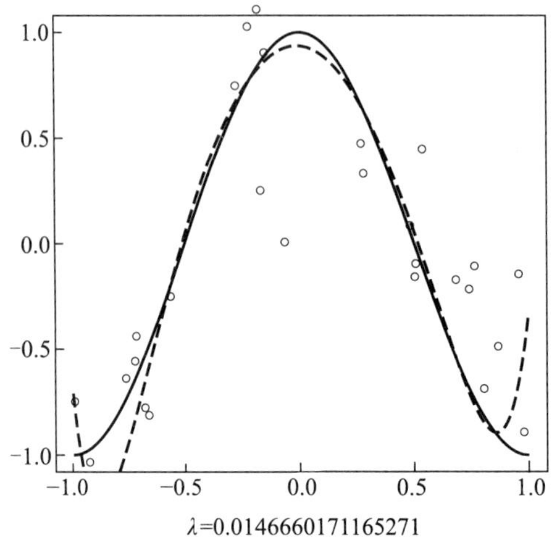

图 14.9 当 $\lambda\approx 0.015$ 时的拟合多项式

① 这个实验的代码可在网页 johnstachurski. net/emet. html 上找到。

14.3 进一步阅读

在计量经济学领域有许多介绍非参数方法的教材，比如 Pagan and Ullah(1999)、Li and Racine(2006)、Ullah(1989)、Henderson and Parmeter(2015)以及 Hansen(2015)。Bosq(1996)研究了时间序列模型的非参数化。最近利用非参数和半参数方法研究计量经济学的文献包括 Chen and Hong(2012)、Jeong et al. (2012)、Henderson et al. (2012)、Christensen(2014)、Canay et al. (2013)、Su and Ullah(2013)、Bajari et al. (2013)、Newey(2013)、Hansen(2014a)、Mastromarco and Simar(2015)、Hickman and Hubbard(2015)、Matzkin(2015)，Bhattacharya(2015)以及 Du and Escanciano(2015)。Geman and Hwang(1982)提供了关于非参数和筛选方法的出色概述。

Friedman et al. (2009)和 Abu-Mostafa et al. (2012)对岭回归和交叉验证进行了很好的讨论。岭回归的一种替代方法是 LASSO 方法(Tibshirani，1996)，在该方法中，式(14.14)中的 $\lambda\sum_{k=1}^{K} b_k^2$ 项被绝对偏差惩罚 $\lambda\sum_{k=1}^{K} |b_k|$ 所代替。另一种有关的方法是惩罚最大似然估计。Gentzkow et al. (2015)提供了最新的应用。

在子集选择领域，Efron et al. (2004)的最小角回归(the least angle regression)是一项重要贡献。而 Hesterberg et al. (2008)讨论了这种方法与其他子集方法的关系。

计量经济学文献中涉及处理正则化和相关论题的最新论文包括 Florens(2003)、Carrasco et al. (2007)、Chen and Reiss(2011)、Florens and Simoni(2014)、Darolles et al. (2011)、Hoderlein and Holzmann(2011)、Horowitz(2014)、Hautsch et al. (2012)、Li et al. (2015)、Lunde et al. (即将出版)、Chernozhukov et al. (2015)以及 Ando and Bai(即将出版)。

对于实际应用来说，贝叶斯学习中一个功能强大而且越来越流行的软件包是 Stan，参看 http://mc-stan.org/。岭回归中交叉验证方面十分流行的高质量方法是 Python 的 `scikit-learn` 软件包中的 `sklearn.linear_model RidgeCV` 方法。

14.4 练习题

练习题 14.4.1　设 $\|\cdot\|_1$ 表示如式(14.2)所定义的范数 L_1，证明 $\|f-g\|_1$ 对于所有密度的集合来说是有界的。[①]

练习题 14.4.2　在 L_1 的情境下证明三角不等式，参看式(14.3)。

练习题 14.4.3　证明例 14.1.1 中的陈述。[②]

练习题 14.4.4　在 $d=1$ 的情境下，证明式(14.5)中的 $\hat{f}$ 对于每个 N、每个 $h>0$ 以及样本的每个实现值来说都是密度。[③]

① 提示：这是积分的基本性质，即 $g \leqslant h$ 蕴含着逐点积分 $\int g \leqslant \int h$。

② 提示：利用事实 14.1.2 以及练习题 8.5.9。

③ 提示：可以尝试变量变换。

练习题 14.4.5 设 x 是有限的随机变量,它以概率 p_n 取 $\{s_n\}_{n=1}^{N}$ 中的值 s_n,设 y 属于$\mathbb{R}$ 且具有密度 g,并与 x 是独立的。证明 $z=x+y$ 具有密度 $f(s')=\sum_{n=1}^{N} g(s'-s_n)p_n$。

练习题 14.4.6 设 $\mathbf{x}$ 是高斯多维随机变量,服从分布 $\mathrm{N}(\boldsymbol{\mu},\boldsymbol{\Sigma})$,同时设 $h>0$。假定 $\boldsymbol{\Sigma}$ 是非奇异的。设 K 是 $\mathbf{x}$ 的密度,并设 K_h 是 $h\mathbf{x}$ 的密度。证明 K 与 K_h 满足式(14.8)所示的关系。(这一结论在更广泛的意义上也是正确的,但高斯情况是一个很好的练习。)

练习题 14.4.7 设 $x_1,\cdots,x_N$ 是具有共同密度 f 的独立同分布标量随机变量,并设 $\hat{f}$ 如式(14.5)所定义。证明如果 $K(t)=\mathbb{1}\{-1/2<t<1/2\}$,则对于任何数 s,我们有

$$\mathbb{E}[\hat{f}(s)]=\frac{1}{h}\int_{s-h/2}^{s+h/2}f(t)\,\mathrm{d}t$$

练习题 14.4.8 验证式(14.13)中的陈述。

练习题 14.4.9 通过对式(14.14)求导来寻找驻点,得到岭回归估计量 $\hat{\boldsymbol{\beta}}_\lambda$ 的表达式。证明当 $\lambda>0$ 时,$\hat{\boldsymbol{\beta}}_\lambda$ 是 $\boldsymbol{\beta}$ 的有偏估计量。

练习题 14.4.10 在推导式(14.15)中的 $\hat{\boldsymbol{\beta}}_\lambda$ 时,只要 $\lambda>0$,我们就不需要满秩的假设(参看假设 11.1.1)。解释原因。

练习题 14.4.11 利用式(14.17)和式(14.19)验证式(14.20)。

14.5 练习题解答节选

练习题 14.4.1 解答 设 f 与 g 是$\mathbb{R}^J$ 上的任意两个密度。由三角不等式可知,对于任意给定的 $\mathbf{s}\in\mathbb{R}^J$,我们可以得出

$$|f(\mathbf{s})-g(\mathbf{s})|\leqslant|f(\mathbf{s})|+|g(\mathbf{s})|=f(\mathbf{s})+g(\mathbf{s})$$

对该不等式的两边积分,得出 $\|f-g\|_1\leqslant 2$。 □

练习题 14.4.2 解答 固定$\mathbb{R}^d$ 上的密度 f,g 以及 h,选取任意 $\mathbf{s}\in\mathbb{R}^d$,由标量三角不等式可知

$$|f(\mathbf{s})-g(\mathbf{s})|\leqslant|f(\mathbf{s})-h(\mathbf{s})|+|h(\mathbf{s})-g(\mathbf{s})|$$

按照练习题 14.4.1 中的提示,两边积分可以保留这个界限。这就得到 L_1 情境下的三角不等式。 □

练习题 14.4.3 解答 由 Pinsker 不等式和练习题 8.5.9,我们得出

$$\|f(\cdot;\mu,\sigma)-f(\cdot;\bar{x}_N,s_N)\|_1\leqslant\sqrt{\frac{\delta_N}{2}},\text{其中 }\delta_N:=\ln\frac{s_N}{\sigma}+\frac{\sigma^2+(\mu-\bar{x}_N)^2}{2s_N^2}-\frac{1}{2}$$

由于 $\bar{x}_N\xrightarrow{p}\mu$ 与 $s_N\xrightarrow{p}\sigma$(参看第 9.2.4 节),应用事实 6.1.1,我们得到 $\delta_N\xrightarrow{p}0$。进而得证。 □

练习题 14.4.4 解答 $\hat{f}$ 的非负性是非常明显的。为了证明 $\int\hat{f}(s)\,\mathrm{d}s=1$,只需证明,对于任何给定的 a,$\int K\left(\frac{s-a}{h}\right)\mathrm{d}s=h$。这个等式可通过变量变换 $u:=(s-a)/h$ 来得到,从而得出

$$\int K\left(\frac{s-a}{h}\right)\mathrm{d}s=\int K(u)h\,\mathrm{d}u=h\int K(u)\,\mathrm{d}u$$

由于 K 是密度,进而得证。 □

练习题 14. 4. 5 解答　固定 $s' \in \mathbb{R}$，由全概率定理我们可以得出

$$\mathbb{P}\{z \leqslant s'\} = \sum_{n=1}^{N} \mathbb{P}\{x + y \leqslant s' \mid x = s_n\} \mathbb{P}\{x = s_n\} = \sum_{n=1}^{N} \mathbb{P}\{y \leqslant s' - s_n\} p_n$$

对 s' 进行微分可以得到 z 的密度表示式。 □

练习题 14. 4. 6 解答　采用练习题 14. 4. 6 的设置和符号，我们的目标是证明 K 与 K_h 满足式(14. 8)。由高斯的线性变换规则可得，$h\mathbf{x}$ 的分布是 $\mathrm{N}(h\boldsymbol{\mu}, h^2\boldsymbol{\Sigma})$。也就是

$$K_h(\mathbf{s}) = (2\pi)^{-d/2}\det(h^2\boldsymbol{\Sigma})^{-1/2}\exp\left\{-\frac{1}{2}(\mathbf{s} - h\boldsymbol{\mu})^{\mathrm{T}}(h^2\boldsymbol{\Sigma})^{-1}(\mathbf{s} - h\boldsymbol{\mu})\right\}$$

应用关于逆和行列式的数乘法则，我们也可以将它写成

$$K_h(\mathbf{s}) = \frac{1}{h^d}(2\pi)^{-d/2}\det(\boldsymbol{\Sigma})^{-1/2}\exp\left\{-\frac{1}{2}(\mathbf{s}/h - \boldsymbol{\mu})^{\mathrm{T}}\boldsymbol{\Sigma}^{-1}(\mathbf{s}/h - \boldsymbol{\mu})\right\}$$

也就是 $K_h(\mathbf{s}) := \frac{1}{h^d}K\left(\frac{\mathbf{s}}{h}\right)$，其中 K 表示 $\mathrm{N}(\boldsymbol{\mu}, \boldsymbol{\Sigma})$ 的密度。 □

练习题 14. 4. 10 解答　全秩假设是不必要的，原因在于矩阵 $\mathbf{Z} := \mathbf{X}^{\mathrm{T}}\mathbf{X} + \lambda\mathbf{I}$ 总是可逆的。为了证明这一点，只要证明 $\mathbf{Z}$ 是正定的就足够了。利用定义来验证这一点并不困难。 □

第4篇

附录

第 15 章　附录

15.1　集合

在本书正文中，我们经常提到实数(real numbers)。实数用$\mathbb{R}$表示，我们知道它包含“所有数”。$\mathbb{R}$可以被看成是“连续的”实直线：

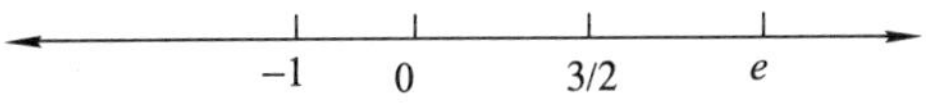

“实数”这个术语听起来有点奇怪，但它的含义是指“不虚”。

$\mathbb{R}$是集合(set)的一个例子。集合是将一组不同的对象看作整体。对于$\mathbb{R}$来说，它的对象是数。其他集合的一些例子包括平面上所有矩形的集合，或日本所有猴子的集合。

如果A是集合，那么$x \in A$意味着x包含在A中(或者是A的元素)。倘若是另一个集合，则$A \subset B$意味着A中的任何元素也是B中的元素，并且我们说A是B的子集(subset)。$A=B$意味着A与B包含相同的元素(或者等价地，$A \subset B$且$B \subset A$)。例如，若$\mathbb{I}$是无理数①，则$\mathbb{I} \subset \mathbb{R}$。此外，还有$0 \in \mathbb{R}$，$\pi \in \mathbb{R}$，$-3 \in \mathbb{R}$，$e \in \mathbb{R}$，等等。

$\mathbb{R}$的常用子集包含区间。对于$\mathbb{R}$中的任意a与b，开区间(a,b)被定义为

$$(a,b) := \{x \in \mathbb{R} : a < x < b\}$$

闭区间$[a,b]$被定义为

$$[a,b] := \{x \in \mathbb{R} : a \leqslant x \leqslant b\}$$

我们也使用半开区间，比如$[a,b) := \{x \in \mathbb{R} : a \leqslant x < b\}$，射线$(-\infty, b) = \{x \in \mathbb{R} : x < b\}$，等等。

设S是一个集合，A与B是S的两个子集，如图 15.1 所示。A与B的并集(union)是指在A或B或同时在二者中的S的元素的集合：

$$A \cup B := \{x \in S : x \in A \text{ 或 } x \in B\}$$

此处以及其他地方的“或”是数学意义上的，表示“和/或”。A与B的交集(intersection)是指S中既在A中又在B中的元素的集合：

$$A \cap B := \{x \in S : x \in A \text{ 且 } x \in B\}$$

集合$A \backslash B$是指所有在A中但不在B中的点：

$$A \backslash B := \{x \in S : x \in A \text{ 且 } x \notin B\}$$

---

① 无理数(irrationals)是指那些诸如π与$\sqrt{2}$的数，这类数不能表示成整数的分数形式。

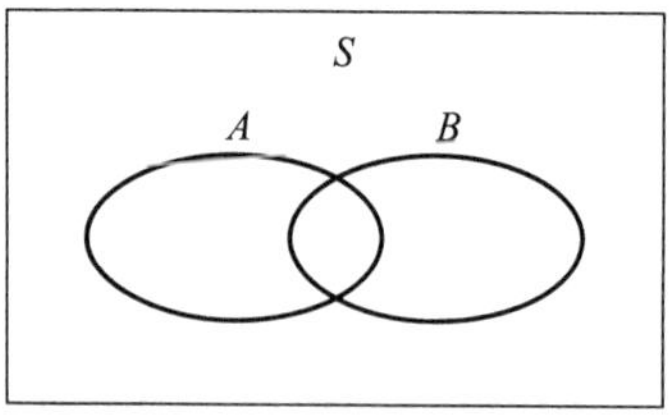

图 15.1　S 中的集合 A 和 B

A 的补集(complement)是指 S 中不包含在 A 中的元素的集合：

$$A^C := S\backslash A := \{x \in S : x \notin A\}$$

图 15.2 说明了这些定义。

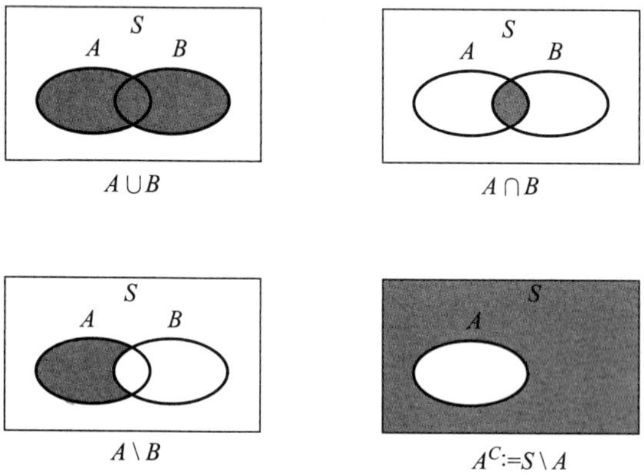

图 15.2　并集、交集以及补集

例如，因为实数集$\mathbb{R}$是由无理数$\mathbb{I}$和有理数$\mathbb{Q}$组成的，所以我们有

$$\mathbb{Q} \subset \mathbb{R}, \mathbb{I} \subset \mathbb{R}, \mathbb{Q} \cup \mathbb{I} = \mathbb{R}, \mathbb{Q}^C = \mathbb{I}, \text{等等}$$

并且，

$$\mathbb{N} := \{1, 2, 3, \cdots\} \subset \mathbb{Q} \subset \mathbb{R}$$

空集(empty set)是指不包含元素的集合，用$\varnothing$表示。如果 A 与 B 的交集是$\varnothing$，则 A 与 B 不相交(disjoint)。

下面的事实列出了一些众所周知的集合的运算规则。

事实 15.1.1　设 A 和 B 是 S 的子集，则下列陈述是正确的：

(i) $A \cup B = B \cup A$ 且 $A \cap B = B \cap A$。

(ii) $(A \cup B)^C = B^C \cap A^C$ 且 $(A \cap B)^C = B^C \cup A^C$。

(iii) $A \backslash B = A \cap B^C$。

(iv) $(A^C)^C = A$。

如果$\{A_\alpha\}_{\alpha \in \Lambda}$是 S 的子集的无限集合，则并集$\cup_{\alpha \in \Lambda} A_\alpha$ 被定义为对于某个 $\alpha \in \Lambda$，所有那些使得 $x \in A_\alpha$ 的 $x \in S$。交集$\cap_{\alpha \in \Lambda} A_\alpha$ 被定义为对于所有 $\alpha \in \Lambda$，那些位于 A_α 中的所有 $x \in S$。

例 15.1.1　如果对于每个 $n \in \mathbb{N}$，$A_n = (-n, n)$，那么$\cup_{n \in \mathbb{N}} A_n = \mathbb{R}$。

15.1.1 笛卡尔积

通常将拥有自然顺序的集合写成元组(tuples),这是一些项的有限序列,经常用符号(a_1,a_2)或(x_1,x_2,x_3)表示。元组的集合可以自然地利用笛卡尔积(Cartesian product)来表示。集合A_1,$\cdots$,A_N的笛卡尔积是指集合

$$A_1\times\cdots\times A_N:=\{(a_1,\cdots,a_N):a_n\in A_n,\text{对于 }n=1,\cdots,N\}$$

向量空间(vector space)$\mathbb{R}^N$是笛卡尔积的一个例子,其定义是

$$\mathbb{R}^N=\mathbb{R}\times\cdots\times\mathbb{R}\ (N\text{次})$$

因而,$\mathbb{R}^N$是全部元组$(x_1,\cdots,x_N)$,其中对于每个n都有$x_n\in\mathbb{R}$。

$\mathbb{R}^N$中一类十分有用的子集是区间的笛卡尔积,它们被称为矩形(rectangles)。一个例子是

$$I=\times_{n=1}^{N}(a_n,b_n]:=\{(x_1,\cdots,x_N)\in\mathbb{R}^N:a_n<x_n\leqslant b_n,\text{对于 }n=1,\cdots,N\}$$

其中$a_1,b_1,\cdots,a_N,b_N$表示已知数,图15.3给出了矩形$(2,5]\times(1,2]$的图形。

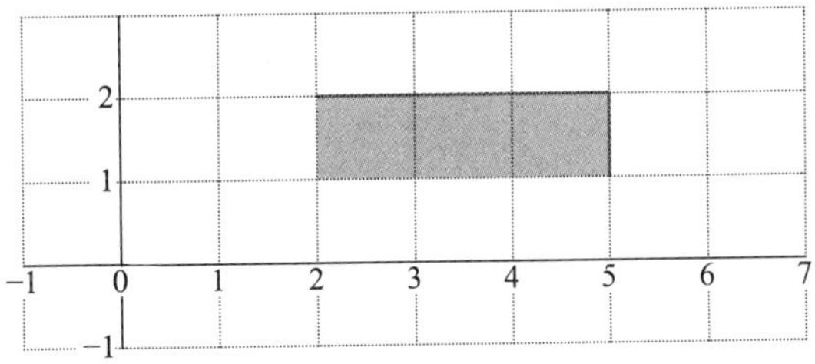

图15.3 $\mathbb{R}^2$中的矩形$(2,5]\times(1,2]$

15.2 函数

数学中存在两个根本的基础概念:集合和函数(function)。① 从集合A到集合B的函数f是将A中的每一个元素与B中的唯一元素相关联的规则。符号$f:A\to B$表示f是从A到B的函数。集合A被称为f的定义域(domain),而B被称为上域(codomain)。如图15.4所示。

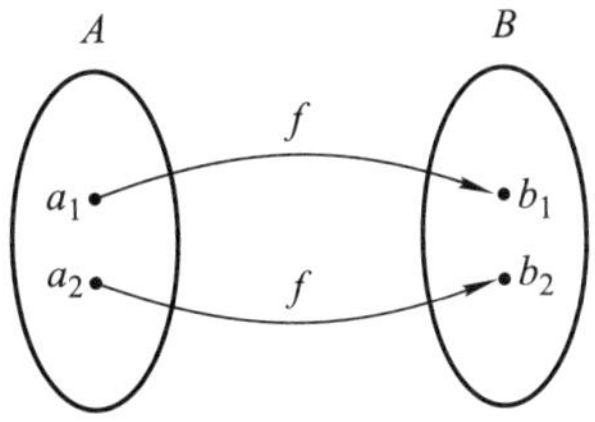

图15.4 从A到B的函数

如果$f:A\to B$且$g:B\to C$,则由$h(a)=g(f(a))$所定义的函数$h:A\to C$称为g与f的复合函数(composition),写成$g\circ f$。

---

① 实际上,函数可以被表示为一种包含有序对的特殊类型的集合,因此在纯数学中不能声称函数和集合一样是基础性的。但是,就我们的目的而言,可以将函数自身看作基础概念。

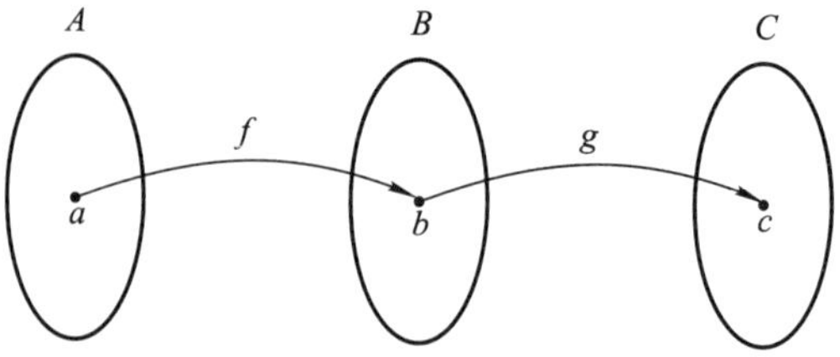

图 15.5 复合函数 $g\circ f$

例 15.2.1 如果$f:\mathbb{R}\to\mathbb{R}$是由$f(x)=\mathrm{e}^x =: \exp(x)$所定义的，并且$g:\mathbb{R}\to\mathbb{R}$是由$g(x)=x^2$所定义的，则

$$(g\circ f)(x)=g(f(x))=\exp(2x)$$

如果a与b是满足$f(a)=b$的点，则称a为b的原像(preimage)。b的原像集可以是空集、单元集或包含多个值。点集

$$\{b\in B:f(a)=b,a\in A\}$$

被称为f的值域(range)，写成 rng f。因此，如果b至少有一个原像，则b在f的值域内。图 15.6 给出了给定函数$f:A\to B$的值域。

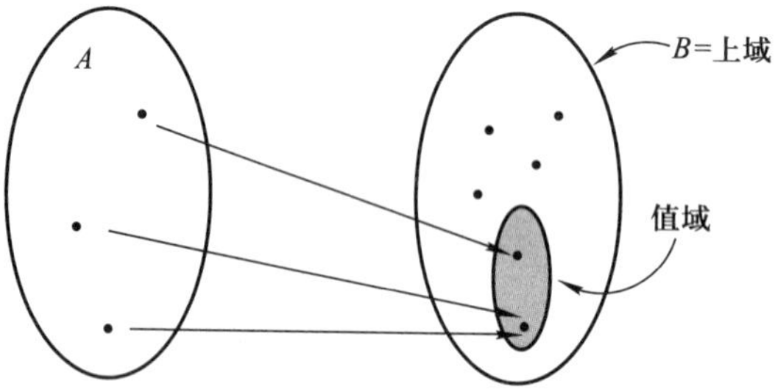

图 15.6 $f:A\to B$ 的值域

如果A的不同元素总是映射到B的不同元素，则函数$f:A\to B$被称为一一映射的(one-to-one)。也就是，如果

$$a\in A,a'\in A \text{ 且 } a\neq a'\Rightarrow f(a)\neq f(a')$$

或者等价地，如果$f(a)=f(a')\Rightarrow a=a'$。很明显，当且仅当$B$的每个元素在$f$下至多有一个原像时，$f:A\to B$是一一映射。如果存在函数$f:A\to B$且$f$是一一映射，则方程$f(x)=b$至多有一个解。

如果 rng $f=B$，即每个$b\in B$至少有一个原像，则函数$f:A\to B$被称为满射的(onto)。如果存在函数$f:A\to B$且f是满射的，则方程$f(x)=b$至少有一个解。

最后，$f:A\to B$被称为双射的(bijection)，如果f既是一一映射的，又是满射的。有时，双射被称为一一对应的(one-to-one correspondence)。

例 15.2.2 函数$f(x)=2x$是从$\mathbb{R}$到$\mathbb{R}$的双射。

如果f是双射的，那么方程$f(x)=b$总是只有一个解。因此，我们可以将f的逆函数(inverse function)——用f^{-1}表示——定义为$B\to A$的映射，使得$f^{-1}(b)$是满足$f(a)=b$的唯一的a。

例 15.2.3 图 15.4 中的函数$f:A\to B$是双射的，则$f^{-1}:B\to A$将b_1映射到a_1，将b_2映射到a_2。

例 15.2.4 如果$f:\mathbb{R}\to(0,\infty)$由$f(x)=\exp(x):=e^x$所定义，而$\phi:(0,\infty)\to\mathbb{R}$由$\phi(x)=\log(x)$所定义，则$\phi=f^{-1}$，这是因为对于任何一个$a\in\mathbb{R}$，我们有$\phi(f(a))=\log(\exp(a))=a$。

事实 15.2.1　设 $f:A\to B$ 与 $g:B\to C$ 为双射。

(i) f^{-1} 是双射,其逆函数是 f。

(ii) $f^{-1}(f(a))=a$,对于所有 $a\in A$。

(iii) $f(f^{-1}(b))=b$,对于所有 $b\in B$。

(iv) $g\circ f$ 是从 A 到 C 的双射,且 $(g\circ f)^{-1}=f^{-1}\circ g^{-1}$。

图 15.7 说明了事实 15.2.1 的(iv)。

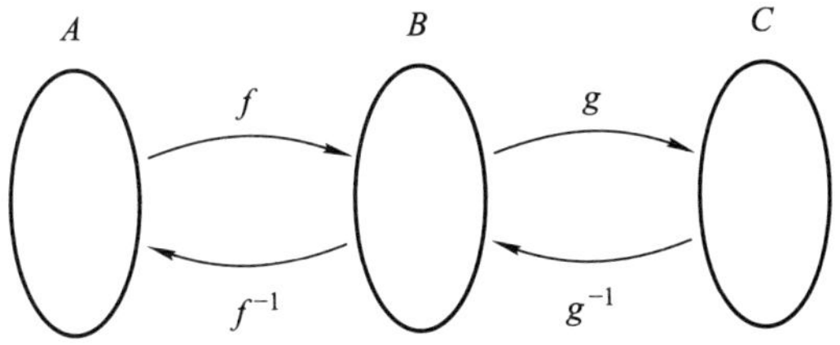

图 15.7　$g\circ f$ 的逆函数是 $f^{-1}\circ g^{-1}$

15.2.1　集合的原像

给定从 A 到 B 的函数 f,还有 B 的任一子集 E,符号 $f^{-1}(E)$ 表示在 f 下映射到 E 中的点的集合。也就是

$$f^{-1}(E):=\{x\in A:f(x)\in E\}$$

集合 $f^{-1}(E)$ 被称为 f 下 E 的原像。

例 15.2.5　如果 $f(x)=x^2$ 且 $E=[0,1]$,则 $f^{-1}(E)=[-1,1]$。

集合的原像可以与集合运算很好地相互作用。例如,给定任何 $E,F\subset B$,我们有

(i) $f^{-1}(E\cup F)=f^{-1}(E)\cup f^{-1}(F)$;

(ii) $f^{-1}(E\cap F)=f^{-1}(E)\cap f^{-1}(F)$;

(iii) $f^{-1}(E^C)=[f^{-1}(E)]^C$。

等式(i)与(ii)也可以扩展到无限的交集与并集中。

15.3　势与测度

对于有限集合来说,我们对"相同大小"的意思有一个相当清晰的概念。对于无限集合来说,这个概念会变得有些奇怪,但是根据大小来区分无限集合仍然是有价值的。为此,当集合 A 与集合 B 之间存在双射时,它们被认为具有相同的势(same cardinality),写作 $|A|=|B|$。

例 15.3.1　如果 $A=\{a_1,\cdots,a_n\}$,$B=\{b_1,\cdots,b_n\}$,则 $|A|=|B|$,这是因为 $f(a_n)=b_n$ 是双射。(记住,依据定义,集合中的元素是不同的。)

更一般地说,我们有下述结果。

事实 15.3.1　如果 A 与 B 是有限的,则当且仅当 A 与 B 具有相同数量的元素时 $|A|=|B|$。

这个事实告诉我们,由势对集合进行分类一般化了按元素数量对集合进行分类的概念。

事实 15.3.2　对于任何集合 A,B,C,我们有 $|A|=|B|$ 和 $|B|=|C|\Rightarrow|A|=|C|$。

换句话说,势是具有传递性的,这可由双射的复合函数是双射的事实得到(事实15.2.1)。

一个非空集合 A 被称为有限的(finite),如果 $|A| = |\{1,2,\cdots,n\}|$,$n\in\mathbb{N}$。否则,A 被称为无限的(infinite)。

如果一个集合是有限的或者与$\mathbb{N}$具有相同的势,则将其称为可数的(countable)。

例 15.3.2 $E:=\{2,4,\cdots\}$ 是可数的集合,这是因为它可以与$\mathbb{N}$通过 $f:E\ni m\longmapsto m/2\in\mathbb{N}$ 进行一一对应。

本质上,由序列所组成的集合都是可数的。

不可数的(uncountable)集合是指非可数的集合。例如,$\mathbb{R}$ 是不可数的,就像任何包含非空开区间(a,b)的集合都是不可数的。简而言之,你不能写出一个会穷尽这些集合的元素的序列。对于$\mathbb{R}^N$也是类似的。(这样的集合被认为是具有连续统的幂集(the power of the continuum)。)关于$\mathbb{R}$是不可数的漂亮证明,可以查看格奥尔格·康托尔*对角论证。

15.3.1 勒贝格测度和零测度集

$\mathbb{R}$ 中的集合 $B\subset\mathbb{R}$ 被称为勒贝格零测度集(Lebesgue measure zero),如果给定任意 $\varepsilon>0$,存在一个区间序列 $I_n=(a_n,b_n)$,使得 B 包含在这些区间的并集中,并且 $\sum_{n=1}^{\infty}(b_n-a_n)\leqslant\varepsilon$。通过用矩形代替区间可以将定义扩展到$\mathbb{R}^N$。

例如,任何可数集都有零测度。为了在$\mathbb{R}$中理解这一点,设 $C:=\cup_{n=1}^{\infty}\{x_n\}$,其中 $x_n\in\mathbb{R}$。给定 $\varepsilon>0$。对于每个 x_n,我们分配一个包含 x_n 且满足 $b_n-a_n<\varepsilon 2^{-n}$ 的区间(a_n,b_n)。区间的并集包含 C,另外,它们的长度之和是 $\varepsilon\sum_{n=1}^{\infty}2^{-n}=\varepsilon$。

不可数集也可以具有零测度。例如,每一个满足 $\dim S<N$ 的线性子空间 S 在$\mathbb{R}^N$中都有零测度。康托尔集是一个更加经典的具有零测度的不可数集。至于详细内容,可在许多分析学方面的书中找到。

零测度集的概念形成了被称为测度论(measure theory)的数学分支的一部分。** 我们在本书正文中已经涉及测度论的一些方面,例如,我们对第4.1.1.2节中 σ 代数和第4.1.2节中概率的讨论有所用到。测度论的基本问题是如何为集合提供一个明确定义的"测度"或"大小"的概念。如果我们只是讨论一个圆(面积$=\pi r^2$)或矩形的面积,或者球体的体积,这是很容易的。但是,对于$\mathbb{R}^N$的任意子集呢?对此类集合来说,是否存在一个明确定义并被广泛接受的"大小"的概念?

这个问题的答案是肯定的。所谓的勒贝格外测度(Lebesgue outer measure)对任意集合的大小给出了一个自然而然的概念,它是一个映射,通常用 λ^* 表示。它通过使用较为简单的集合,诸如矩形来逼近任意集合,并且与常见的几何体面积或体积的标准概念相一致。唯一的问题在于,它并不总是可加的,也就是

$$\lambda^*(A\cup B)=\lambda^*(A)+\lambda^*(B)\tag{15.1}$$

可能不成立。为了解决这个问题,我们排除导致式(15.1)失败的任何集合。也就是说,我们将勒

---

* Georg Cantor,1845—1918,数学家,集合论的创始者。集合论是现代数学的基础,康托尔在研究函数论时产生了探索无穷集和超穷数的兴趣。康托尔证明了无穷数的存在,并对无穷问题进行哲学讨论,最终建立了较完善的集合理论,为现代数学的发展奠定了坚实基础。——译者注

** 测度论研究定义在一个可测空间而取值于另一个可测空间的可测函数族,而概率论的重点在于研究函数族在这种变换下的不变量,即其联合分布,概率论是对分布的研究。——译者注

贝格可测集(Lebesgue measurable sets)定义为那些可加性成立的集合。这不会造成任何困难,因为被排除的集合从未出现在日常分析中。实际上,我们通常关注的是表现良好的较小的集合,这样的集合被称为博雷尔集(Borel sets)。博雷尔集已经在前面的第 4. 1. 1. 2 节介绍过。

15.4 实值函数

对于任何集合 A,如果 $f:A\to\mathbb{R}$,则称 f 为实值函数(real-valued function)。如果 f 与 g 都是实值函数,则 $f+g$ 由 $(f+g)(x)=f(x)+g(x)$ 所定义,而 αf 由 $(\alpha f)(x)=\alpha f(x)$ 所定义。f 在 A 上的最大化值(maximizer)是指点 $a^*\in A$,使得对于所有 $a\in A$,$f(a^*)\geqslant f(a)$。值 $f(a^*)$ 被称为 f 在 A 上的最大值(maximum)。f 在 A 上的最小化值(minimizer)是指点 $b^*\in A$,使得对于所有 $a\in A$,$f(b^*)\leqslant f(a)$。值 $f(b^*)$ 被称为 f 在 A 上的最小值(minimum)。

函数的单调递增变换并不影响最大化值。为了理解这一点,设 $f:\mathbb{R}\to\mathbb{R}$,并设 h 是单调递增的(monotone increasing),这意味着如果 $x\leqslant x'$,那么 $h(x)\leqslant h(x')$。同时,设 g 是由 $g(a)=h(f(a))$ 所定义的函数。f 在 A 上的任何最大化值也是 g 在 A 上的最大化值。为了弄清楚为什么,设 $a\in A$,由于 a^* 是 f 的最大化值,因此必有 $f(a)\leqslant f(a^*)$。由于 h 是单调递增的,这意味着 $h(f(a))\leqslant h(f(a^*))$。假定 a 是任意选取的,我们现在已经证明,对于所有 $a\in A$,$g(a^*)\geqslant g(a)$。换句话说,a^* 是 g 在 A 上的最大化值。

15.4.1 上确界与下确界

最大化值和最小化值并不总是存在。为了进行说明,考察由 $f(x)=x$ 所定义的 $f:(0,1)\to(0,1)$。此函数 f 在 $(0,1)$ 上既没有最大化值,也没有最小化值。例如,因为 $b:=a/2$ 属于 $(0,1)$ 且 $f(b)<f(a)$,所以不存在 $a\in(0,1)$ 是最小化值。

为了解决这类问题,我们可以使用上确界(supremum)的概念。如果 A 是一个集合,那么上确界 $s:=\sup A$ 是唯一的 $s\in\mathbb{R}$,使得(i)对于每一个 $a\in A$,有 $a\leqslant s$,并且(ii)存在一个序列 $\{x_n\}\subset A$,使得 $x_n\to s$。例如,1 是 $(0,1)$ 与 $[0,1]$ 的上确界。下确界(infimum)$i:=\inf A$ 是唯一的 $i\in\mathbb{R}$,使得

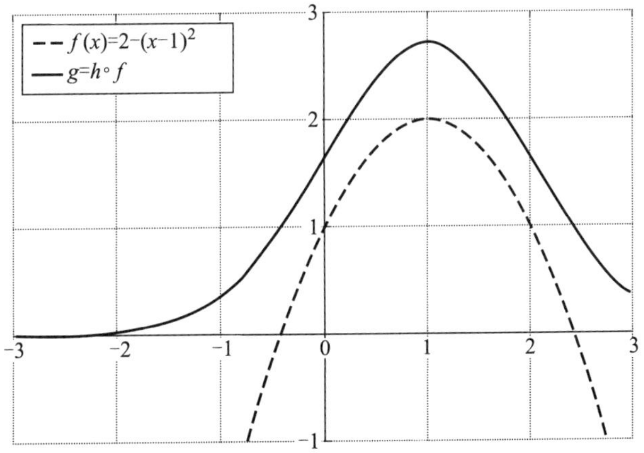

图 15.8 递增变换 $h(x)=\exp(x/2)$ 保持最大化值点不变

(i)对于每一个 $a\in A$,有 $a\geqslant i$,并且(ii)存在一个序列$\{x_n\}\subset A$ 使得 $x_n\to i$。例如,0 是(0,1)和[0,1]的下确界。

可以证明,任何有界集合 A 都存在上确界与下确界。如果将 $-\infty$ 与 ∞ 这样的值认为是一种可能的下确界和上确界,人们就可以去掉有界性的要求。

回到我们最初的例子 $f(x)=x$,当 $\max_{x\in(0,1)}f(x)$ 不能明确定义时,$\sup_{x\in(0,1)}f(x):=\sup\{f(x):x\in(0,1)\}=\sup(0,1)=1$。

参考文献

Abu-Mostafa, Y. S., M. Magdon-Ismail, and H.-T. Lin. 2012. *Learning from Data*. AML-Book.com.

Ando, T., and J. Bai. Forthcoming. Selecting the regularization parameters in high-dimensional panel data models: consistency and efficiency. *Econometric Reviews*.

Angrist, J. D., and J.-S. Pischke. 2009. *Mostly Harmless Econometrics: An Empiricist's Companion*. Princeton: Princeton University Press.

Aschenbrenner, K., and B. Biehl. 1994. "Improved safety through improved technical measures?" In *Challenges to Accident Prevention. The Issue of Risk Compensation Behaviour*, edited by R. M. Trimpop and G. J. S. Wilde, 81–89.

Athey, S. 2015. Machine Learning and Causal Inference for Policy Evaluation. In *Proceedings of the 21th ACM SIGKDD International Conference on Knowledge Discovery and Data Mining*, 5–6. ACM.

Athey, S., and S. Wager. 2015. *Estimation and Inference of Heterogeneous Treatment Effects using Random Forests*. Technical report. arXiv preprint arXiv:1510.04342.

Auffhammer, M., and C. D. Wolfram. 2014. Powering up China: income distributions and residential electricity consumption. *American Economic Review* 104 (5): 575–580.

Axler, S. 2015. *Linear Algebra Done Right*. New York: Springer.

Bajari, P., H. Hong, and D. Nekipelov. 2013. Econometrics for game theory. In *Advances in Economics and Econometrics: Theory and Applications, 10th World Congress*, 3:3–52.

Belloni, A., V. Chernozhukov, and C. Hansen. 2014. High-dimensional methods and inference on structural and treatment effects. *Journal of Economic Perspectives* 28:29–50.

Benhabib, J., A. Bisin, and S. Zhu. 2015. The wealth distribution in Bewley economies with capital income risk. *Journal of Economic Theory* 159:489–515.

Bergeijk, P. A. van, and S. Brakman. 2010. *The Gravity Model in International Trade: Advances and Applications*. Cambridge, UK: Cambridge University Press.

Bhattacharya, D. 2015. Nonparametric welfare analysis for discrete choice. *Econometrica* 83 (2): 617–649.

Bishop, C. M. 2006. *Pattern Recognition and Machine Learning*. New York: Springer.

Bonhomme, S., and J.-M. Robin. 2009. Assessing the equalizing force of mobility using short panels: France, 1990–2000. *The Review of Economic Studies* 76 (1): 63–92.

Bosq, D. 1996. *Nonparametric Statistics for Stochastic Processes: Estimation and Prediction*. Vol. 110. New York: Springer.

Brooks, S., A. Gelman, G. Jones, and X.-L. Meng. 2011. *Handbook of Markov Chain Monte Carlo*. Boca Raton: CRC Press.

Bru, B., and M. Yor. 2002. Comments on the life and mathematical legacy of Wolfgang Doeblin. *Finance and Stochastics* 6 (1): 3–47.

Cameron, A. C., and P. K. Trivedi. 2005. *Microeconometrics: Methods and Applications*. Cambridge, UK: Cambridge University Press.

Canay, I. A., A. Santos, and A. M. Shaikh. 2013. On the testability of identification in some nonparametric models with endogeneity. *Econometrica* 81 (6): 2535–2559.

Carrasco, M., J.-P. Florens, and E. Renault. 2007. "Linear inverse problems in structural econometrics estimation based on spectral decomposition and regularization." In *Handbook of Econometrics*, edited by J. J. Heckman and E. E. Leamer, 6:5633–5751. Elsevier.

Casella, G., and R. L. Berger. 2002. *Statistical Inference*. 2nd ed. Pacific Grove CA: Duxbury.

Chen, B., and Y. Hong. 2012. Testing for smooth structural changes in time series models via nonparametric regression. *Econometrica* 80 (3): 1157–1183.

Chen, X., and T. M. Christensen. 2015. Optimal uniform convergence rates and asymptotic normality for series estimators under weak dependence and weak conditions. *Journal of Econometrics* 188:447–465.

Chen, X., H. Hong, and D. Nekipelov. 2011. Nonlinear models of measurement errors. *Journal of Economic Literature* 49 (4): 901–937.

Chen, X., and M. Reiss. 2011. On rate optimality for ill-posed inverse problems in econometrics. *Econometric Theory* 27 (3): 497–521.

Cheney, W. 2001. *Analysis for Applied Mathematics*. New York: Springer.

Cheng, K. M., N. Durmaz, H. Kim, and M. L. Stern. 2012. Hysteresis vs. natural rate of US unemployment. *Economic Modelling* 29 (2): 428–434.

Chernozhukov, V., and I. Fernández-Val. 2011. Inference for extremal conditional quantile models, with an application to market and birthweight risks. *Review of Economic Studies* 78 (2): 559–589.

Chernozhukov, V., I. Fernández-Val, and B. Melly. 2013. Inference on counterfactual distributions. *Econometrica* 81 (6): 2205–2268.

Chernozhukov, V., C. B. Hansen, and M. Spindler. 2015. *Post-selection and post-regularization inference: linear models with very many controls and instruments*. Technical report. No. 15-02. MIT Department of Economics.

Christensen, T. M. 2014. Nonparametric identification of positive eigenfunctions. *Econometric Theory* 31 (06): 1310–1330.

Çinlar, E. 2011. *Probability and Stochastics*. New York: Springer.

Çinlar, E., and R. J. Vanderbei. 2013. *Real and Convex Analysis*. New York: Springer.

Cochrane, J. H. 1991. A critique of the application of unit root tests. *Journal of Economic Dynamics and Control* 15 (2): 275–284.

Darolles, S., Y. Fan, J.-P. Florens, and E. Renault. 2011. Nonparametric instrumental regression. *Econometrica* 79 (5): 1541–1565.

DasGupta, A. 2008. *Asymptotic Theory of Statistics and Probability*. New York: Springer.

Davidson, R., and J. G. MacKinnon. 2004. *Econometric Theory and Methods*. Oxford: Oxford University Press.

Devroye, L., and G. Lugosi. 2001. *Combinatorial Methods in Density Estimation*. New York: Springer.

Diaconis, P. 2009. The Markov chain Monte Carlo revolution. *Bulletin of the American Mathematical Society* 46 (2): 179–205.

Dickey, D. A., and W. A. Fuller. 1979. Distribution of the estimators for autoregressive time series with a unit root. *Journal of the American Statistical Association* 74 (366a): 427–431.

Diebold, F. X., L. Kilian, and M. Nerlove. 2009. "Time series analysis." In *The New Palgrave Dictionary of Economics*, edited by L. E. Blume and S. N. Durlauf. New York: Palgrave Macmillan.

Drenik, A., and D. J. Perez. 2015. *Price setting under uncertainty about inflation.* Technical report. New York University.

Du, Z., and J. C. Escanciano. 2015. A nonparametric distribution-free test for serial independence of errors. *Econometric Reviews* 34 (6-10): 1011–1034.

Dudley, R. M. 2002. *Real Analysis and Probability.* 2nd ed. Cambridge, UK: Cambridge University Press.

Dufour, J.-M., and A. Taamouti. 2010. Short and long run causality measures: Theory and inference. *Journal of Econometrics* 154 (1): 42–58.

Durrett, R. 2010. *Probability: Theory and Examples.* 4th ed. Cambridge, UK: Cambridge University Press.

Efron, B., T. Hastie, I. Johnstone, and R. Tibshirani. 2004. Least angle regression. *Annals of Statistics* 32 (2): 407–451.

Einav, L., and J. D. Levin. 2014. The data revolution and economic analysis. *Innovation Policy and the Economy* 14:1–24.

Evans, G. W., and S. Honkapohja. 2005. An interview with Thomas J. Sargent. *Macroeconomic Dynamics* 9 (4): 561–583.

Florens, J.-P. 2003. Inverse problems and structural econometrics. In *Advances in Economics and Econometrics: Theory and Applications, Eighth World Congress,* 2:46–85. Cambridge, UK: Cambridge University Press.

Florens, J.-P., and A. Simoni. 2014. Regularizing priors for linear inverse problems. *Econometric Theory* FirstView:1–51.

Freedman, D. A. 2009. *Statistical Models: Theory and Practice.* 2nd ed. Cambridge, UK: Cambridge University Press.

Friedman, J., T. Hastie, and R. Tibshirani. 2009. *The Elements of Statistical Learning.* 2nd ed. New York: Springer.

Geman, S., and C.-R. Hwang. 1982. Nonparametric maximum likelihood estimation by the method of sieves. *Annals of Statistics* 10 (2): 401–414.

Gentzkow, M., J. M. Shapiro, and M. Taddy. 2015. *Measuring polarization in high-dimensional data: method and application to congressional speech.* Technical report. National Bureau of Economic Research.

Geweke, J. 1996. "Monte Carlo simulation and numerical integration." In *Handbook of Computational Economics*, edited by Z. Griliches, R. F. Engle, and M. D. Intriligator, 1:731–800. Elsevier.

———. 2005. *Contemporary Bayesian Econometrics and Statistics*. Hoboken, NJ: Wiley.

Geweke, J., J. L. Horowitz, and M. Pesaran. 2006. *Econometrics: a bird's eye view*. Technical report. CESifo Working Paper Series. CESifo Group Munich.

Geweke, J., G. Koop, and H. Van Dijk. 2011. *The Oxford Handbook of Bayesian Econometrics*. Oxford: Oxford University Press.

Granger, C. W. 1969. Investigating causal relations by econometric models and cross-spectral methods. *Econometrica* 37 (3): 424–438.

Greene, W. 2011. *Econometric Analysis*. 7th ed. New York: Prentice Hall.

Gut, A. 2009. *An Intermediate Course in Probability*. 2nd ed. New York: Springer.

Hall, R. E. 1978. Stochastic implications of the life cycle-permanent income hypothesis: theory and evidence. *Journal of Political Economy* 86 (6): 971–987.

Hamilton, J. D. 1994. *Time Series Analysis*. Princeton: Princeton University Press.

Hansen, B. E. 2014a. "Nonparametric sieve regression: Least squares, averaging least squares, and cross-validation." In *The Oxford Handbook of Applied Nonparametric and Semiparametric Econometrics and Statistics*, edited by J. Racine, L. Su, and A. Ullah. Oxford: Oxford University Press.

———. 2015. *Econometrics*. Textbook in preparation. `http://www.ssc.wisc%20edu/~bhansen/econometrics`.

Hansen, L. P. 2014b. Nobel lecture: Uncertainty outside and inside economic models. *Journal of Political Economy* 122 (5): 945–987.

Hansen, L. P., and T. J. Sargent. 2008. *Robustness*. Princeton: Princeton University Press.

Hansen, L. P., and K. J. Singleton. 1982. Generalized instrumental variables estimation of nonlinear rational expectations models. *Econometrica* 50 (5): 1269–1286.

Hautsch, N., L. M. Kyj, and R. C. Oomen. 2012. A blocking and regularization approach to high-dimensional realized covariance estimation. *Journal of Applied Econometrics* 27 (4): 625–645.

Hayashi, F. 2000. *Econometrics*. Princeton: Princeton University Press.

Heckman, J. J. 1992. Haavelmo and the birth of modern econometrics: A review of the history of econometric ideas by Mary Morgan. *Journal of Economic Literature* 30 (2): 876–886.

Henderson, D. J., J. A. List, D. L. Millimet, C. F. Parmeter, and M. K. Price. 2012. Empirical implementation of nonparametric first-price auction models. *Journal of Econometrics* 168 (1): 17–28.

Henderson, D. J., and C. F. Parmeter. 2015. *Applied Nonparametric Econometrics*. Cambridge, UK: Cambridge University Press.

Hesterberg, T., N. H. Choi, L. Meier, and C. Fraley. 2008. Least angle and ℓ_1 penalized regression: A review. *Statistics Surveys* 2:61–93.

Hickman, B. R., and T. P. Hubbard. 2015. Replacing sample trimming with boundary correction in nonparametric estimation of first-price auctions. *Journal of Applied Econometrics* 30:739–762.

Hill, R. C., W. E. Griffiths, and G. C. Lim. 2008. *Principles of Econometrics*. Vol. 5. Hoboken, NJ: Wiley.

Hoderlein, S., and H. Holzmann. 2011. Demand analysis as an ill-posed inverse problem with semiparametric specification. *Econometric Theory* 27 (03): 609–638.

Hoerl, A. E., and R. W. Kennard. 1970. Ridge regression: biased estimation for nonorthogonal problems. *Technometrics* 12 (1): 55–67.

Hong, Y., and H. White. 1995. Consistent specification testing via nonparametric series regression. *Econometrica* 63 (5): 1133–1159.

Horowitz, J. L. 2014. Adaptive nonparametric instrumental variables estimation: Empirical choice of the regularization parameter. *Journal of Econometrics* 180 (2): 158–173.

Imbens, G. W., and D. B. Rubin. 2015. *Causal Inference in Statistics, Social, and Biomedical Sciences: An Introduction*. Cambridge, UK: Cambridge University Press.

Izenman, A. J. 2008. *Modern Multivariate Statistical Techniques: Regression, Classification, and Manifold Learning*. Vol. 1. New York: Springer.

Jänich, K. 1994. *Linear Algebra*. New York: Springer.

Jeong, K., W. K. Härdle, and S. Song. 2012. A consistent nonparametric test for causality in quantile. *Econometric Theory* 28 (04): 861–887.

Joe, H. 1997. *Multivariate Models and Multivariate Dependence Concepts*. Vol. 73. Boca Raton: CRC Press.

Jones, G. L. 2004. On the Markov chain central limit theorem. *Probability Surveys* 1:299–320.

Kendall, D., G. Batchelor, N. Bingham, W. Hayman, J. Hyland, G. Lorentz, H. Moffatt, W. Parry, A. Razborov, and C. Robinson. 1990. Andrei Nikolaevich Kolmogorov (1903–1987). *Bulletin of the London Mathematical Society* 22 (1): 31–100.

Kennedy, P. 2008. *A Guide to Econometrics*. 6th ed. Hoboken, NJ: Wiley Blackwell.

Kim, H. H., and N. R. Swanson. 2014. Forecasting financial and macroeconomic variables using data reduction methods: New empirical evidence. *Journal of Econometrics* 178:352–367.

Kim, K., and A. R. Pagan. 1999. "The econometric analysis of calibrated macroeconomic models." In *Handbook of Applied Econometrics in Macroeconomics*, edited by M. H. Pesaran and M. R. Wickens, 356–390. Oxford: Blackwell.

Koenker, R., and K. Hallock. 2001. Quantile regression: an introduction. *Journal of Economic Perspectives* 15 (4): 43–56.

Kroese, D. P., and J. C. Chan. 2014. *Statistical Modeling and Computation*. New York: Springer.

Kydland, F. E., and E. C. Prescott. 1991. The econometrics of the general equilibrium approach to business cycles. *Scandinavian Journal of Economics* 93 (2): 161–178.

Lasota, A., and M. C. Mackey. 1994. *Chaos, Fractals, and Noise: Stochastic Aspects of Dynamics*. Vol. 97. New York: Springer.

Li, J., V. Todorov, and G. Tauchen. 2015. Estimating the volatility occupation time via regularized Laplace inversion. *Econometric Theory*: 1–36.

Li, Q., and J. S. Racine. 2006. *Nonparametric Econometrics: Theory and Practice*. Princeton: Princeton University Press.

Lucas, R. E. 1978. Asset prices in an exchange economy. *Econometrica* 46 (6): 1429–1445.

Lunde, A., N. Shephard, and K. Sheppard. Forthcoming. Econometric analysis of vast covariance matrices using composite realized kernels and their application to portfolio choice. *Journal of Business and Economic Statistics*.

Manski, C. F. 1986. "Analog estimation of econometric models." In *Handbook of Econometrics*, edited by R. F. Engle and D. McFadden, 4:2559–2582. Elsevier.

Marcus, M., and H. Minc. 1988. *Introduction to Linear Algebra*. Mineola, NY: Dover Publications.

Martin, V., S. Hurn, and D. Harris. 2012. *Econometric Modelling with Time Series: Specification, Estimation and Testing*. Cambridge, UK: Cambridge University Press.

Mastromarco, C., and L. Simar. 2015. Effect of FDI and time on catching up: new insights from a conditional nonparametric frontier analysis. *Journal of Applied Econometrics* 30:826–847.

Matzkin, R. L. 2015. Estimation of nonparametric models with simultaneity. *Econometrica* 83 (1): 1–66.

McCloskey, D. N., and S. T. Ziliak. 1996. The standard error of regressions. *Journal of Economic Literature* 34 (1): 97–114.

McKernan, S.-M., C. Ratcliffe, E. Steuerle, and S. Zhang. 2014. Disparities in wealth accumulation and loss from the great recession and beyond. *American Economic Review* 104 (5): 240–244.

Meyn, S. P., and R. L. Tweedie. 2009. *Markov Chains and Stochastic Stability*. 2nd ed. Cambridge, UK: Cambridge University Press.

Mitchell, W. F. 1993. Testing for unit roots and persistence in OECD unemployment rates. *Applied Economics* 25 (12): 1489–1501.

Negri, I., and Y. Nishiyama. 2010. Review on goodness of fit tests for ergodic diffusion processes by different sampling schemes. *Economic Notes* 39 (1-2): 91–106.

Nelson, C. R., and C. R. Plosser. 1982. Trends and random walks in macroeconmic time series: some evidence and implications. *Journal of Monetary Economics* 10 (82): 139–162.

Newey, W. K. 2013. Nonparametric instrumental variables estimation. *American Economic Review* 103 (3): 550–556.

Newey, W. K., and K. D. West. 1987. A simple, positive semi-definite, heteroskedasticity and autocorrelation consistent covariance matrix. *Econometrica* 55 (3): 703–708.

Olley, G. S., and A. Pakes. 1996. The dynamics of productivity in the telecommunications equipment industry. *Econometrica* 64 (6): 1263–1297.

Pagan, A., and A. Ullah. 1999. *Nonparametric Econometrics*. Cambridge, UK: Cambridge University Press.

Pearl, J. 2009. *Causality*. 2nd ed. Cambridge, UK: Cambridge University Press.

Peysakhovich, A., and J. Naecker. 2015. *Machine learning and behavioral economics: evaluating models of choice under risk and ambiguity*. Technical report. SSRN 2548564.

Pollard, D. 2002. *A User's Guide to Measure Theoretic Probability*. Vol. 8. Cambridge, UK: Cambridge University Press.

Richey, M. 2010. The evolution of Markov chain Monte Carlo methods. *American Mathematical Monthly* 117 (5): 383–413.

Roberts, G. O., J. S. Rosenthal, et al. 2004. General state space Markov chains and MCMC algorithms. *Probability Surveys* 1:20–71.

Rosenthal, J. S. 2006. *A first Look at Rigorous Probability Theory*. 2nd ed. New Jersey: World Scientific.

Ruppert, D. 2011. *Statistics and Data Analysis for Financial Engineering*. Springer.

Ruud, P. A. 2000. *An Introduction to Classical Econometric Theory*. Oxford: Oxford University Press.

Sala-i-Martin, X. X. 1997. I just ran two million regressions. *American Economic Review* 87 (2): 178–183.

Schilling, R. L. 2005. *Measures, Integrals and Martingales*. Cambridge, UK: Cambridge University Press.

Scott, D. W. 2015. *Multivariate Density Estimation: Theory, Practice, and Visualization*. 2nd ed. Hoboken, NJ: Wiley.

Silver, N. 2012. *The Signal and the Noise: Why So Many Predictions Fail–But Some Don't*. London: Penguin Press.

Sklar, M. 1959. Fonctions de répartition à n dimensions et leurs marges. *Publications of the Institute of Statistics*: 229–231.

Stachurski, J. 2009. *Economic Dynamics: Theory and Computation*. Cambridge: MIT Press.

Stachurski, J., and V. Martin. 2008. Computing the distributions of economic models via simulation. *Econometrica* 76 (2): 443–450.

Stein, C. 1956. Inadmissibility of the usual estimator for the mean of a multivariate normal distribution. In *Proceedings of the Third Berkeley Symposium on Mathematical Statistics and Probability*, 1:197–206. 399.

Su, L., and A. Ullah. 2013. A nonparametric goodness-of-fit-based test for conditional heteroskedasticity. *Econometric Theory* 29 (01): 187–212.

Sun, Y. 2011. Robust trend inference with series variance estimator and testing-optimal smoothing parameter. *Journal of Econometrics* 164 (2): 345–366.

Taylor, J. C. 1997. *An Introduction to Measure and Probability*. New York: Springer.

Teoh, E. R. 2011. Effectiveness of antilock braking systems in reducing motorcycle fatal crash rates. *Traffic Injury Prevention* 12 (2): 169–173.

Tibshirani, R. 1996. Regression shrinkage and selection via the lasso. *Journal of the Royal Statistical Society. Series B (Methodological)* 58:267–288.

Tierney, L. 1994. Markov chains for exploring posterior distributions. *The Annals of Statistics* 22 (4): 1701–1728.

Ullah, A. 1989. *Semiparametric and Nonparametric Econometrics*. Heidelberg: Physica.

Van der Vaart, A. W. 2000. *Asymptotic Statistics*. Cambridge, UK: Cambridge University Press.

Vapnik, V. N. 2000. *The Nature of Statistical Learning Theory*. 2nd ed. New York: Springer.

———. 2006. *Estimation of Dependences Based on Empirical Data*. New York: Springer.

Varian, H. R. 2014. Big data: New tricks for econometrics. *The Journal of Economic Perspectives* 28:3–27.

Wald, A. 1939. Contributions to the theory of statistical estimation and testing hypotheses. *The Annals of Mathematical Statistics* 10 (1): 299–326.

Wasserman, L. 2013. *All of Statistics: A Concise Course in Statistical Inference*. New York: Springer.

White, H. 1980. A heteroskedasticity-consistent covariance matrix estimator and a direct test for heteroskedasticity. *Econometrica* 48 (4): 817–838.

Williams, D. 1991. *Probability with Martingales*. Cambridge, UK: Cambridge University Press.

Wooldridge, J. M. 2010. *Econometric Analysis of Cross Section and Panel Data*. 2nd ed. Cambridge: MIT Press.

Young, G. A., and R. L. Smith. 2005. *Essentials of Statistical Inference*. Cambridge, UK: Cambridge University Press.

关键词列表

F-distribution, F 分布
σ-algebra, σ 代数
$\sqrt{N}$-consistent, $\sqrt{N}$一致的

Absolute continuity, 绝对连续性
Adapted process, 适应过程
Additivity, 可加性
Affine, 仿射的
Annihilator, 零化子
AR(1) process, AR(1)过程
ARCH model, ARCH 模型
Archimedean copula, 阿基米德连接
Asymptotic normality, 渐近正态性
Asymptotic variance, 渐近方差

Bases, 基底
Basis, 基底
Basis functions, 基函数
Bayes, 贝叶斯
  Risk, 贝叶斯风险
  Rule, 贝叶斯规则
Bayes' law, 贝叶斯法则
Bayesian estimation, 贝叶斯估计
Bernoulli random variable, 伯努利随机变量
Best linear predictor, 最佳线性预测式
Beta, 贝塔
  density, 贝塔密度
  distribution, 贝塔分布
  function, 贝塔函数
Bias, 有偏的、偏倚
Bijection, 双射
Binary random variable, 二元随机变量
Binary response model, 二元响应模型
Binomial distribution, 二元分布
Borel measurable, 博雷尔可测的
Borel sets, 博雷尔集合

Cardinality, 势
Cauchy distribution, 柯西分布
Cauchy-Schwarz inequality, 柯西-施瓦茨不等式
Central limit theorem, 中心极限定理
Central moment, 中心矩
Chebyshev's inequality, 切比雪夫不等式
Chi-squared distribution, 卡方分布
Cholesky decomposition, 乔列斯基分解
Clayton copula, Clayton 连接
Coercive function, 强制函数
Column space, 列空间
Column vector, 列向量
Complement, 补集
Composition of functions, 函数的复合
Conditional, 条件的
  density, 条件密度
  determinism, 条件确定性
  expectation, 条件期望
  heteroskedasticity, 条件异方差性
  log likelihood, 条件对数似然
  probability, 条件概率
Confidence interval, 置信区间
Confidence set, 置信集

Conformable,一致的
Conjugate,共轭的
Consistent,一致性的,相容的
Consistent test,一致性检验
Continuous mapping theorem,连续映射定理
Convergence,收敛
  in distribution,依分布收敛
  in mean square,均方收敛
  in probability,依概率收敛
  of vectors,向量的收敛
Convolution,卷积
Copula,连接
Countable additivity,可数可加性
Countable set,可数集
Covariance,协方差
Cramér-Wold device,克拉默-沃尔德方法
Critical value,临界值
Cross-covariance,互协方差
Cumulative distribution function (CDF),累积分布函数
Cylinder set,柱集

Delta method,德尔塔方法
Density,密度
Design matrix,设计矩阵
Determinant,行列式
Diagonal matrix,对角矩阵
Diagonalizable matrix,可对角化矩阵
Diagonalization,对角化
Dimension,维数
Discrete distribution,离散分布
Discrete random variable,离散随机变量
Disjoint sets,不相交集合
Distribution,分布
  function,分布函数
  of a random variable,随机变量的分布
Drift condition,漂移条件

ECDF,经验累积分布函数
Eigenpair,特征对
Eigenvalue,特征值
Eigenvalue decomposition,特征值分解
Eigenvector,特征向量
Empirical,经验的,实证的
  cdf,经验累积分布函数
  distribution,经验分布
  risk minimization,经验风险最小化
Empirical risk minimization (ERM),经验风险最小化
Empty set,空集
Endogeneity,内生性
Entropy,熵
Ergodic,遍历的
Errors-in-variables,变量误差
Estimator,估计量
Event,事件
Exactly identified,恰好识别
Expectation,期望
Expectation, vector,向量期望
Explained sum of squares,解释平方和

Feature space,特征空间
Filtration,滤过
Full column rank,列满秩

Gamma distribution,伽马分布
Gamma function,伽马函数
GARCH model,GARCH 模型
Gaussian distribution,高斯分布
Generalization,一般化
Generalized least squares,广义最小二乘法
Generalized method of moments (GMM),广义矩方法
Glivenko-Cantelli theorem,Glivenko-Cantelli 定理
Gradient vector,梯度向量
Gram-Schmidt orthogonalization,格拉姆-施密特正交化
Gumbel copula,Gumbel 连接

Hessian,海塞
Heteroskedasticity,异方差性
Heteroskedasticity-consistent standard errors,异方差性一致标准误差
Homoskedasticity,同方差性
Hypothesis space,假设空间

Idempotence,幂等
Identically distributed,同分布
Identifiable,可识别的
Identity matrix,单位矩阵
IID,独立同分布
IID copies,独立同分布复制
Image,像
In-sample fit,样本内拟合
Inadmissibility,不可接受的
Independence,独立性
of events,事件的独立性
random variables,独立随机变量
random vectors,独立随机向量
Independence copula,独立连接
Indicator function,指示函数
Induction,归纳
Infimum,下确界
Information set,信息集
Inner product,内积
in L_2,L_2 中的内积
of vectors,向量内积
Instrumental variables,工具变量
Instruments,工具
Integrable random variable,可积随机变量
Intersection,交集
Invariant distribution,不变分布
Inverse matrix,逆矩阵
Inverse transform method,逆变换方法
Invertible matrix,可逆矩阵
Irrational numbers,无理数

Joint density,联合密度
Joint distribution,联合分布

Kernel,核
Knightian uncertainty,奈特不确定性
Krylov-Bogolyubov theorem, Krylov-Bogolyubov 定理
Kullback-Leibler deviation,Kullback-Leibler 散度

Law,定律
Law of iterated expectations,迭代期望定律
Law of large numbers,大数定律
Law of total probability,全概率定律
Least absolute deviation regression,最小绝对偏差回归
Least squares,最小二乘法
Lebesgue integral,勒贝格积分
Lebesgue measure,勒贝格测度
Likelihood function,似然函数
Limits,极限
Linear,线性的
combination,线性组合
function,线性函数
independence,线性无关
subspace,线性子空间
Linearity of expectations,期望的线性
Log likelihood function,对数似然函数
Logit,对数单位
Lognormal distribution,对数正态分布
Loss function,损失函数
Lower triangular,下三角形矩阵
Lyapunov equation,李雅普诺夫函数

Marginal distribution,边缘分布
Markov chain Monte Carlo,马尔可夫链蒙特卡洛
Markov process,马尔可夫过程
Martingale difference sequence,鞅差分序列
Matrix,矩阵
Matrix multiplication,矩阵乘法
Matrix norm,矩阵范数,矩阵模

Maximizer,最大化值
Maximum,最大值
Maximum likelihood estimate,最大似然估计
Mean,均值
Mean squared error,均方误差
Measurability,可测性
Measure theory,测度论
Measure zero set,零测度集合
Median,中位数
Median regression,中位数回归
Metropolis-Hastings algorithm,梅特罗波利斯-黑斯廷斯算法
Minimax rule,最小化最大规则
Minimizer,最小化值
Minimum,最小值
Modulus,模
Moment,矩
Monotone increasing function,单调递增函数
Monotonicity,单调性
Monotonicity of expectations,期望的单调性
Moving average,移动平均
Multicollinearity,多重共线性
Multivariate cdf,多变量累积分布函数

Negative binomial,负二项
Negative definite,负定
Neumann series,诺伊曼级数
Neumann series lemma,诺伊曼级数引理
Newey-West estimator, Newey-West 估计量
Nonnegative definite,非负定
Nonparametric class,非参数类
Nonpositive definite,非正定
Nonsingular,非奇异的
Nonsingular matrix,非奇异矩阵
Norm,范数
Normal density,正态密度
Normal distribution,正态分布
Null hypothesis,原假设

OLS estimator,OLS 估计量
One-to-one function,一一对应函数
Onto function,满射函数
Ordinary least squares,普通最小二乘法
Orthogonal,正交的
complement,正交补
matrix,正交矩阵
projection,正交投影
projection theorem,正交投影定理
random variables,正交随机变量
set,正交集合
vectors,正交向量
Orthonormal,标准正交的
basis,标准正交基底
set,标准正交集合
Out-of-sample fit,样本外拟合
Outcome space,结果空间
Overdetermined system,超定系统
Overfitting,过度拟合
Overidentified,过度识别

Parametric class,参数类
Pareto distribution,帕累托分布
Partition,划分
Pinsker's inequality,Pinsker 不等式
Pivot,主元
Plug-in estimator,插入式估计量
Positive definite,正定
Posterior distribution,后验分布
Power function,幂函数
Power of a matrix,矩阵的幂
Prediction risk,预测风险
Preimage,原像
Principle diagonal,主对角线
Principle of maximum likelihood,最大似然原理
Priors,先验的
Probability,概率

Probability mass function(PMF),概率质量函数
Probability measure,概率测度
Probability space,概率空间
Probit,概率
Product distribution,乘积分布
Pythagorean law,毕达哥拉斯定理

QR decomposition,QR 分解
Quantile,分位数
Quantile function,分位数函数

R squared,R 平方
R squared,centered,中心化 R 平方
Random,随机的
matrix,随机矩阵
variable,随机变量
vector,随机向量
Random walk,随机游走
Range,值域
Rank,秩
Rational numbers,有理数
Real numbers,实数
Real-valued function,实值函数
Rectangles,矩形
Regression function,回归函数
Regularization,正则化
Rejection region,拒绝域
Residual projection,残差投影
Residual sum of squares,残差平方和
Ridge regression,岭回归
Risk function,风险函数
Robust standard errors,稳健标准误差
Row vector,行向量

Sample,样本
correlation,样本相关
covariance,样本协方差
mean,均样本值
median,样本中位数
moment,样本矩
standard deviation,样本标准差
variance,样本方差
Sample analogue principle,样本类比原理
Sample space,样本空间
Sampling distribution,抽样分布
Scalar product,标量积
Scheffé's identity,Scheffé 等式
Series regression,序列回归
Set,集合
Similar matrix,相似矩阵
Singular,奇异的
Singular matrix,奇异矩阵
Size of a test,检验的水平
Slutsky's theorem,斯卢茨基定理
Span,张成空间
Spectral radius,谱半径
Spectral theorem,谱定理
Square matrix,方阵
Square root of a matrix,矩阵的平方根
Standard,标准
Cauchy distribution,标准柯西分布
deviation,标准差
normal distribution,标准正态分布
Standard error,标准误差
Stationary,平稳性
density,平稳密度
distribution,平稳分布
process,平稳过程
Statistic,统计量
Stochastic difference equation,随机差分方程
Stochastic process,随机过程
Student's t-distribution,学生 t 分布
Subadditivity,次可加性
Subset,子集
Sum,vectors,向量和
Supremum,上确界
Symmetric densities,对称密度
Symmetric matrix,对称矩阵

Test,检验
Test statistic,检验统计量
Tikhonov regularization,Tikhonov 正则化
Topological conjugacy,拓扑共轭
Total sum of squares,总平方和
Trace,迹
Transition density,转移密度
Transpose,转置
Triangle inequality,三角不等式
Triangular,三角形矩阵
Tuple,元组
Two-stage least squares,两阶段最小二乘法
Type I error,第一类错误
Type II error,第二类错误

Unbiased,无偏的
Unconditional distribution,无条件分布
Uncountable set,不可数集合
Underfitting,欠拟合
Underidentified,不可识别的
Uniform distribution,均匀分布
Union,并集
Upper triangular,上三角形矩阵

Vandermonde matrix,范德蒙矩阵
Variance,方差
Variance-covariance matrix,方差-协方差矩阵
Vector,向量
  autoregression,向量自回归
  of fitted values,拟合值向量
  of residuals,残差向量

Z-score,Z 分数